Arzneimittelbild und Persönlichkeitsportrait

Konstitutionsmittel in der Homöopathie

Willibald Gawlik

4., überarbeitete und erweiterte Auflage

Hippokrates Verlag · Stuttgart

Die Deutsche Bibliothek – CIP-Einheitsaufnahme

Ein Titeldatensatz für diese Publikation ist bei Der Deutschen Bibliothek erhältlich

Anschrift des Verfassers:

Dr. med. Willibald Gawlik
Hofzaunweg 11
83677 Greiling

1. Auflage 1990
2. Auflage 1996
3. Auflage 1999
4. Auflage 2002

Unsere Homepage: www.hippokrates.de

Printed in Germany
Umschlaggestaltung: Thieme Verlagsgruppe
Umschlagabbildung unter Verwendung von:
Sandro Botticelli, Die Geburt der Venus
Satz und Druck: Druckerei Sommer, Feuchtwangen
Grundschrift: 8,5/10 Pkt. GulliverRegular

ISBN 3-8304-5213-6 1 2 3 4 5 6

Wichtiger Hinweis: Wie jede Wissenschaft ist die Medizin ständigen Entwicklungen unterworfen. Forschung und klinische Erfahrung erweitern unsere Erkenntnisse, insbesondere was Behandlung und medikamentöse Therapie anbelangt. Soweit in diesem Werk eine Dosierung oder eine Applikation erwähnt wird, darf der Leser zwar darauf vertrauen, dass Autoren, Herausgeber und Verlag große Sorgfalt darauf verwandt haben, dass diese Angabe **dem Wissensstand bei Fertigstellung des Werkes** entspricht.

Für Angaben über Dosierungsanweisungen und Applikationsformen kann vom Verlag jedoch keine Gewähr übernommen werden. **Jeder Benutzer ist angehalten,** durch sorgfältige Prüfung der Beipackzettel der verwendeten Präparate und gegebenenfalls nach Konsultation eines Spezialisten festzustellen, ob die dort gegebene Empfehlung für Dosierungen oder die Beachtung von Kontraindikationen gegenüber der Angabe in diesem Buch abweicht. Eine solche Prüfung ist besonders wichtig bei selten verwendeten Präparaten oder solchen, die neu auf den Markt gebracht worden sind. **Jede Dosierung oder Applikation erfolgt auf eigene Gefahr des Benutzers.** Autoren und Verlag appellieren an jeden Benutzer, ihm etwa auffallende Ungenauigkeiten dem Verlag mitzuteilen.

Geschützte Warennamen (Warenzeichen) werden **nicht** besonders kenntlich gemacht. Aus dem Fehlen eines solchen Hinweises kann also nicht geschlossen werden, dass es sich um einen freien Warennamen handele.

Inhaltsverzeichnis

Vorwort zur 4. Auflage

Zuerst möchte ich mich herzlich für die vielen Zuschriften aus dem wieder gewachsenen Leserkreis bedanken. Viele Zuschriften kamen diesmal aus Patientenkreisen mit teilweise sehr guten Anregungen, die in diese Neuauflage Eingang gefunden haben. In den bisherigen drei Auflagen wurden bereits alle großen Persönlichkeitsportraits abgehandelt, und so habe ich jetzt nur kleine, nicht sehr große Wesenspunkte enthaltende Arzneimittel aufgeführt. Es handelt sich nur um solche Arzneimittel, die ich selbst oftmals erfolgreich angewendet habe.

Ich möchte meine Leser bitten, mir auch weiterhin ihre Erfahrungen und Anregungen mitzuteilen. Dieser Auflage wünsche ich eine große Verbreitung, damit immer mehr kranke Menschen mit der Hahnemann'schen Homöopathie geheilt werden oder ihnen geholfen werden kann. Seit 50 Jahren arbeite ich nun schon mit der Homöopathie. Zuerst dachte ich, ich solle an Wunder glauben. Heute bin ich glücklich, diese Therapie kennen gelernt zu haben und damit so vielen Patienten helfen zu können.

Bitte vergessen Sie nicht, unsere Arzneimittel sind auch Geschöpfe Gottes, die wir nicht wie eine chemische Formel rezeptieren sollten. Wir müssen sie kennen lernen wie Freunde: auf den Wiesen, im botanischen Garten, auf Mineralienausstellungen und auch im Tierpark. In den über 50 Jahren Arbeit mit der homöopathischen Therapie habe ich wieder das Staunen gelernt. Und das wird immer größer.

Greiling, im Juli 2002 *Dr. med. Willibald Gawlik*

Vorwort zur 3. Auflage

Die 3. Auflage dieses Buches veranlasst mich zunächst, allen Lesern herzlich zu danken für Anregungen und Wünsche, aber auch für Korrekturen, die mich zum Nachdenken anregten und, manchmal in modifizierter Form, in die vorliegende Ausgabe eingingen.
Nachdem ich einige neue Persönlichkeitsportraits eingefügt habe, weisen nunmehr über 80 Arzneimittelbilder den Weg zum Verständnis der Patienten. Die ebenfalls neu aufgenommene Zusammenfassung der jeweils wichtigsten Symptome und Modalitäten soll dem Leser eine umfassende Übersicht über die Persönlichkeitsportraits ermöglichen. Sie kann schon im Vorfeld auf die vielen Facetten des ganzheitlichen Menschenbildes der Homöopathie einstimmen, die im Folgenden ausführlich besprochen werden.
Ich hoffe, dass es mir auch hinsichtlich der oben genannten Erweiterungen gelingen wird, wichtige Denkansätze und in langjähriger Praxis erworbene therapeutische Erfahrungen in persönlich ansprechender Weise zu übermitteln: Es liegt mir daran, Arzneimittelbilder lebendig werden und sie als fassbare, sichtbare und erlebbare Wesen aus dem trockenen Stoff naturwissenschaftlicher Botanik, Zoologie und Mineralogie entstehen zu lassen.
Im Zeitalter fortschreitender Vernetzung, Telekommunikation über Internet und e-mail fällt es uns immer schwerer, mit zwischenmenschlicher Nähe umzugehen, so auch mit der Nähe zu einem Menschen, der als Patient zu uns kommt. Gerade ein junger Arzt kann diese Nähe mitunter kaum angemessen erleben und sie manchmal einfach aushalten, mitunter aber auch freudig genießen. Wir als Ärzte sind grundsätzlich gefordert, uns vollständig einzubringen und gewissermaßen zu opfern, hebräisch »korban«, das auch »annähern« oder »näherbringen« bedeutet. Dürfen wir hier nicht vermuten, dass Nähe und Distanz Urformen menschlicher Kommunikation darstellen?
Somit ist es gänzlich unangebracht, vor der Nähe zum Patienten Angst zu haben: Sie dient vielmehr als Voraussetzung für unsere Hilfestellung. Der Patient lädt uns auf diese Weise ein, mitzugehen, auf ihn und seine Persönlichkeit einzugehen: Neue Eingänge können uns Wege zu seiner Person weisen und damit gänzlich andere, intensive Kommunikationsformen ermöglichen – ein am Ausgang unseres so technisch-materialistisch geprägten Jahrhunderts bedeutender Befund, dessen Umsetzung dem Wohle des Patienten und dem des Arztes dient.
Die Annäherung an einen Patienten ist weder ein rein humanitäres, psychologisches, philanthropisches, biologisches oder soziales Unternehmen, sondern ein Akt, der bei richtiger Ausführung großen Gewinn bringt: Patient und Arzt erleben die Verwirklichung der ganzen Person und ihrer Talente, sie erleben ihre innerste persönliche Mitte. Die Fähigkeit, sich einem anderen Menschen anzunähern, gerade bei der Anamnese, und die damit verbundene Ergründung seiner Persönlichkeit ist letztlich Ur-sache allen Miteinanders und – wie die Liebe – wichtiges Element weltlicher, geistiger, aber auch heilender Unterfangen.
Wichtig ist, hier zu betonen, dass jeder Arzt immer wieder neue Überraschungen an langjährig vertrauten Patienten erlebt. Wie die russische Babuschka besteht der Mensch aus vielen Schichten, die von außen nicht zu erkennen und schwer zu erfassen sind. In Anlehnung an Wilhelm Busch kann man somit feststellen: »Kein Ding sieht so aus, wie es ist. Am wenigsten der Mensch, dieser lederne Sack voller Kniffe und Pfiffe, dieses wunderbare einmalige Geschöpf von Geist und Verstand … Wer glaubt, dass das, was er sieht, den Menschen ausmacht, der irrt sich – genau wie der, der heutzutage … Weltgeschichte und Biographien noch als Realitäten betrachtet. Sie gleichen vielmehr Sagen und Anekdoten, die Namen, Zeit und Ort benennen, um sich glaubhaft zu machen.« (aus »Von mir über mich«)
Auf der Grundlage eines brennenden Interesses für das, was ein Mensch ist und was in ihm vorgeht, können wohl nur Arzt und Dichter zu derart umfassenden Erkenntnissen gelangen. Deshalb habe ich bei einigen Arzneimitteln auch Literaturhinweise ergänzt, die die künstlerische Umsetzung der entsprechenden psychischen und somatischen Charakteristika präsentieren.
Es ist kein Zufall, dass ein Menschenschicksal von Krankheiten des Körpers, des Geistes und des Gemüts begleitet ist. Da wir in der Homöopathie nicht die Krankheit, sondern den kranken Menschen behandeln, müssen wir im Hinblick auf Hahnemann den ganzen Menschen genau

betrachten, um richtig vorgehen zu können. Es ist notwendig, vom kleinsten lokalen Infekt über Intellekt, Temperament und Charakter, Verstand und Gemüt bis zum Menschlichen und allzu Menschlichen alles zu beobachten, um den Weg zur körperlichen Struktur zu finden. Eine gut durchgeführte Anamnese führt uns durch viele Türen in jenen Bereich, der im Allgemeinen verschlossen ist: zum Menschen als einem den eigenen Gesetzen oft entgegengesetztem, zumindest außerhalb des eigenen Denkungskreises stehenden Wesen, das in eine Beziehung zur Umwelt, d.h. aktiv handelnden Mitmenschen eingebunden ist. Es liegt mir daran, mit den Persönlichkeitsportraits Fenster und Türen zu öffnen und so zu vermitteln, dass alles Wirkliche, also auch der Mensch, etwas Zauberhaftes, Wunderbares ist – was zu der Erkenntnis führt, dass alles Wunderbare, Zauberhafte in der Schöpfung Wirklichkeit ist.

So betrachtet, gibt die Homöopathie uns Behandelnden große Kraft, die der Energie entspricht, die wir als des Heilens Kundige aus dem Akt des Behandelns erhalten.

Die Aufgabe des homöopathischen Arztes findet sich bei genauer Betrachtung auch in der Übertragung des Wortes »Homöopathie«, gemeinhin als Heilung mittels des Ähnlichkeitsprinzips umschrieben. Hinterfragt man diesen Begriff im Sinne von Kratylos, dem Lehrer von Sokrates, der ein solches Vorgehen für alle relevanten Worte forderte, ergibt sich ein gänzlich neuer Ansatzpunkt: Griechisch »pathein« bedeutet außer »Leiden, Schmerz« auch »Mitgefühl, persönliches Interesse«. Die zweite Bedeutungsebene des Begriffes »Homöopathie« beschreibt also die Begegnung des Arztes mit dem Patienten als ein durch echtes Mitgefühl und weder von Sympathie noch durch Antipathie getragenes Erlebnis.

Dem Hippokrates Verlag, vor allem der Cheflektorin, Frau Dorothee Seiz, danke ich für alle Hilfe, die sie mir mit ihrer Kenntnis der Materie der Homöopathie zukommen ließ. Dank sage ich auch meiner Lektorin, Frau Adelheid Trenz-Steinheil M.A., für viele kompetente Ratschläge bezüglich inhaltlicher und stilistischer Probleme sowie für die Gestaltung des Gesamttextes.

Ich wünsche mir freundliche Anregungen und ehrliche Kritik von meinen Lesern und überreiche Ihnen die 3. Auflage mit allen guten Wünschen für eine erfolgreiche Anwendung der Homöopathie.

Greiling, im Frühjahr 1999 *Willibald Gawlik*

Aus dem Anhang zur 2. Auflage

Sehr gerne denke ich an die alten Kulturen und werde von Wehmut überwältigt, wenn meine Gedanken im Bereich der griechischen Mythologie wandeln. Macht es mir nur Freude, mich zwischen Olymp und Hades zu bewegen, oder sehne ich mich nach der Muße der damaligen Zeit?

Die Epoche der alten Griechen hat etwa 2000 Jahre gedauert. Jedes einzelne Menschenleben ahmt die Geschichte der Menschheit nach: Am Anfang verläuft die Entwicklung langsam und beschleunigt sich dann immer mehr. Ein lebendiger Mensch wird geboren, wächst heran, geht in die Schule, erlebt die Pubertät, wird zwanzig, reift langsam zu einem Mitglied der modernen Leistungsgesellschaft heran, wird dann durch Krankheit und viele andere Lebensumstände verändert. Die Familie, der Beruf, die Freunde, der Leistungsdruck, die Zwänge gesellschaftlicher Ordnung, aber auch die Zwänge des bestehenden Chaos lassen es nicht zu, dass jemand bis zu seinem Tod genauso bleibt wie als Kind.

So muss ein Persönlichkeitsportrait, wie es in diesem Buch beschrieben ist, die Momentaufnahme eines lebendigen Menschen bleiben, der sich fort- und weiterentwickelt und dann auch andere Symptome, andere Merkmale zeigt. Vom Physiologischen und Chemischen her gesehen bleibt er sich gleich. Er ändert sich jedoch in Psyche und Geist. Jeder von uns verfügt über sein ureigenes Raster, das er mit **wandelbaren Symptomen** füllt.

Denken Sie beispielsweise an den Säugling, der mit seinen schweißnassen Füßchen, dem schwitzenden Köpfchen, seinen dicken Backen und dem pflegeleichten Erdendasein ein **Calcium-carbonicum-Portrait** darstellt. Wie schnell kann sich das ändern: Der kleine Wildling jagt durch die Gegend, hat immer wieder Durst auf Kaltes und fängt an, seine Umwelt zu ärgern – ein **Calcium-phosphoricum-Kind**. Hat er die Pubertät mit all ihren bedrängenden Problemen hinter sich, wird unser junger Mann rasch ermüdbar. Er bekommt bereits Kreislaufbeschwerden, wenn er zu viel lernt, und ruht sich gerne aus, wenn er vom Sport, den er als Ausgleich betreibt, nach Hause kommt – ein **Acidum-phosphoricum-Mensch**. Ihm wird erst am Abend in Gesellschaft seiner Freunde, auch bei einem Glas Wein, wohler, und er macht so manche Nacht zum Tage. Die weiteren Lebensereignisse werden in der Folge mitbestimmen, ob sich unser junger Mann in die Natrium-muriaticum-, vielleicht aber auch in die Ignatia-Ecke stellen lässt, wie viel von Pulsatilla, auch von Phosphor er zeigen wird. Unser einstiges Calcium-carbonicum-Baby hat seine Wandelbarkeit bereits bewiesen; gut vorstellbar, dass ihm noch **Kalium-phosphoricum-Jahre** bevorstehen, er **Calcium-jodatum-Episoden** durchlebt und sein Leben als **Barium-jodatum-Persönlichkeit** beschließt.

Für unsere ärztliche Entscheidung ist die immer neue gute Beobachtung auch langjähriger Patienten Voraussetzung: Eine Fixierung auf ein Arzneimittelbild würde die Entwicklung der Persönlichkeit missachten und wäre ein unverzeihlicher Fehler. Richten wir daher unser Augenmerk immer auf die Ambivalenz alles Lebendigen.

Seien wir uns immer dessen bewusst, dass jeder noch so an äußeren Zielen orientiert erscheinende menschliche Weg immer ein Weg zum eigenen Ich ist, der auch dort, wo er passiv, unselbständig und wenig kreativ »gefahren« wird, »Erfahrungen« bereithält, die uns ändern: »Du Mensch wanderst immer zu Dir selbst. Du erfährst immer Dich selbst.«

Das Schicksal von Herakles enthält die Aussage, die ich Ihnen mit diesem Buch nahe bringen will.

Einführung

Wir alle sind, was wir gelesen.
Joseph von Eichendorff

Grundlagen

Warum dieses Buch?

Die Menschenkunde ist das zentrale Gebiet der Erfahrungswissenschaft und der Homöopathie. Gegenüber anderen Bereichen zeichnet sie sich dadurch aus, dass, insbesondere bei der Homöopathie, das Objekt der Untersuchung und Therapie nicht grundsätzlich verschieden ist vom beobachtenden Subjekt.

Diese Menschenkunde wendet sich von vornherein den eigentlichen menschlichen Wesensanlagen zu. Sie lässt zunächst deren Beziehung zur natürlichen Entwicklung außer acht und mündet in der Betrachtung und Erkennung eines **ganzheitlich** gesehenen Menschen.

Aus der Religiosität der frühgeschichtlichen Menschen hervorgegangen, wurde sie im griechischen Altertum durch den Logos erweitert. Heraklit, der philosophische Entdecker der Vernunft, postulierte gleichzeitig, dass der Streit »der Vater aller Dinge« sei. Das Zentrum der einem vielfältigen Spannungsfeld ausgesetzten menschlichen Struktur gleicht weit eher einem heillosen Kampfplatz als einer Bindungsmitte. Aus dieser Notlage ergibt sich die Dringlichkeit der Frage, wie wohl eine Versöhnung im personalen Selbstverständnis möglich ist.

Dies führt zur Beantwortung der Frage, warum ich ein Buch geschrieben habe, in dem Persönlichkeitsportraits und Arzneimittelbilder eine Rolle spielen.

Bei meinem schon Jahrzehnte dauernden Studium der Homöopathie habe ich mich immer an dem Begriff »Konstitutionsmittel« gestoßen und deshalb lange überlegt, um den gemeinten Sinnzusammenhang klar zu definieren.

Aus dem Konstitutionsmittel könnte man vielleicht den »Konstitutionstyp« herausschälen, besser noch die »Arzneimitteltypen«, jedoch ist immer davon auszugehen, dass zwischen dem Arzneimittelbild und dem Patienten, dem Menschen, ein **Simile** vorhanden ist.

Ich habe mich also entschlossen, bei einigen Arzneimitteln, bei denen wir früher von Konstitutionsmitteln sprachen, Persönlichkeitsportraits zu entwickeln. Dabei habe ich mich bemüht, zu den vor allem in der Homöopathie vordringlich erscheinenden Quellen vorzudringen und somit gerade die Originalwerke Hahnemanns und die Literatur seiner Zeit sorgfältig und kritisch zu betrachten.

Konstitutionsbegriff

Die Konstitution nach Hahnemann. In der allgemeinen medizinischen Terminologie ist die Konstitution als eine individuelle, durch genetische Information und durch Umwelteinflüsse bedingte Eigentümlichkeit eines Individuums definiert, die die von den Augen wahrgenommene Gestalt des Körpers, dessen vom Denken erfassbare Funktionen, seine Leistungs-, Reaktions- und Widerstandsfähigkeit umfasst. Im erweiterten Sinn sind hier aber nicht nur die somatische Gestalt und Funktion, sondern auch die geistige, emotionelle und schließlich seelische Gestalt zu betrachten. Das spielt nun eine besondere Rolle, wenn wir von Krankheiten sprechen, die von der Konstitution abhängig sind. Der Begriff »Konstitution« wird im Zusammenhang mit Krankheiten gebraucht, bei deren Entstehung und Verlauf die Konstitution eine besondere Rolle spielt. Sowohl in der anthropologischen und medizinischen als auch in der philosophischen Literatur erweist sich der sehr alte, nicht ganz exakt definierte Begriff als sehr wandlungsfähig und sehr schwer realisierbar. Vielleicht dient er im Wesentlichen als Anhaltspunkt dafür, die eigenen Gedanken in eine bestimmte Richtung zu lenken.

Auch Hahnemann kannte den Begriff der Konstitution, benutzte ihn allerdings selten, so in § 81 seines »Organon«. Hier finden wir den Hinweis auf den »uralten Ansteckungszunder« und die unbeschreibliche Vielfalt der Menschen in ihren »angeborenen Körperkonstitutionen«, welche für sich schon so »unendlich voneinander abweichen«.

Mit dem »uralten Ansteckungszunder« umschreibt Hahnemann den Begriff der Miasmen; die »voneinander abweichenden Körperkonstitutionen« meinen die unbeschreibliche Vielfalt der Menschen. Miasmen sind also keine Konstitutionen. Die Konstitution kann nach Hahnemann durch unterschiedliche Ursachen in verschiedene Richtungen gelenkt werden. Er verweist auf Klima, Beschaffenheit des Wohnortes, Erziehung von Körper und Geist, auf die vernachlässigte, verschrobene und überfeinerte Ausbildung beider, den Missbrauch derselben im Beruf oder in der allgemeinen Lebensführung, die diätetische Lebensart und Leidenschaften der Menschen, ihre Sitten, Gebräuche und Gewohnheiten.

Wörtlich schreibt er: »... dass es kein Wunder ist, wenn auch so verschiedene, von psorischen Miasmen durchdrungene Oranismen so verschiedene, oft dauernd von innen und außen einwirkende Schädlichkeiten, auch unzählbar verschiedene Mängel, Verderbnisse, Verstimmungen und Leiden hervorbringen, welche unter einer Menge eigener Namen fälschlicherweise als für sich bestehende Krankheiten bisher in der alten Pathologie aufgeführt wurden.«

Er meint hier auch mit dem Begriff der Psora eindeutig eine chronische miasmatische Krankheit (»uralter Ansteckungszunder«), die auch von der kräftigsten Konstitution nicht allein überwunden werden kann. Die Psora kann lange schlummern und kaum merklich hervortreten. Wenn aber der Mensch durch Kummer, Trauma oder etwas anderes geschwächt ist, wird sie sichtbar. Dieser »chronische Ansteckungszunder« tritt also bei Schwächung der Konstitution stärker hervor, ist aber nicht selbst ein konstitutioneller Faktor, sondern eben eine chronische Infektionskrankheit, hervorgerufen durch ein Miasma, z. B. durch die Krätze.

Auch bei der Therapie kannte Hahnemann zumindest konstitutionelle Gesichtspunkte. In seinen Ausführungen zu Nux vomica, zu Pulsatilla, in der »Reinen Arzneimittellehre« hat er unmissverständlich darauf hingewiesen, dass bei der Arzneimittelwahl auch der **Typ des Kranken** zu berücksichtigen sei.

So findet er schon den Keim zu einer anderen Betrachtungsweise, indem er bei einigen Arzneimitteln, besonders bei Nux vomica, das Beispiel eines »Charakters« herausarbeitet, der nicht dem Arzneimittelprüfungsbild entspricht: »Der Nux-vomica-Charakter eignet sich vorzüglich nur für Personen, welche feurigen, eifrigen, hitzigen Temperamentes sind, auch wohl zu stürmischem Zorn aufgelegt; unter welche Zahl gewöhnlich diejenigen gehören, welche in gesunden Tagen viel Gesichtsröte haben.«

Diesen Charakter hat man später bei den Arzneien vielfach stark, ja mitunter vorzugsweise beachtet, so dass man ein Mittel weniger darum wählte, weil es dieselben Symptome hervorruft, wie sie beim Kranken vorliegen, sondern weil der allgemeine Charakter der Person dem der jeweiligen homöopathischen Arznei ähnelt.

Dass Hahnemann nicht nur die Gesamtheit der Symptome, sondern auch den Typ des Kranken berücksichtigte, geht z. B. aus der Anwendung von Arnika hervor: Bei der Prüfung tritt ein Zerschlagenheitsgefühl der Muskeln auf; so wendet man es nach mechanischen Verletzungen und Quetschungen mit, aber auch ohne dieses Symptom an.

Hier wird deutlich, dass Hahnemann durchaus nicht nur auf dem Konzept des Simile beharrte, wie man immer annahm, und letzterem in der Praxis Unklarheiten und Zweideutigkeiten anhaften: Er führte den »Typ« in die homöopathische Arzneimittellehre ein und wurde somit seinen sonstigen Regeln untreu. Wie wenig er dennoch den »Typ« bei der Arzneimittellehre berücksichtigt hat, geht daraus hervor, dass man in seinem umfangreichen und voluminösen Werk nur zwei Sätze findet, die sich darauf beziehen. Sie sind allerdings die historischen Angelpunkte, an denen die späteren homöopathischen Arztgenerationen das konstitutionelle Denken der Homöopathie Hahnemanns verankerten.

Eine weitere Stelle in seinem umfangreichen Werk, an der das Konstitutionsproblem bei der homöopathischen Therapie angestoßen wird, ist den heutigen homöopathischen Ärzten bezeichnenderweise trotz der großen Bedeutung für Hahnemanns Denkwelt fast unbekannt. Ich wurde durch Mössinger auf sie aufmerksam.

Nach der Einführung des Wortes »Homöopathie« in das medizinische Denken überhaupt hat Hahnemann zwei Krankengeschichten veröffentlicht, an denen er das homöopathische Verfahren praktisch darstellte. Diese finden sich in der Vorerinnerung der zweiten Auflage des zweiten Bandes seiner »Reinen Arzneimittellehre«. Hier beschreibt er in allen Einzelheiten die Symptomatik zweier Patienten.

Im ersten Fall bekam eine Frau aufgrund ihrer Symptome Bryonia-Urtinktur. Der zweite Fall, ein Mann, bekam Pulsatilla D24.

Zu Bryonia schreibt Hahnemann: »Da nun das Weib sehr robust war, so gab ich ihr eine der stärksten homöopathischen Gaben, nämlich einen vollen Tropfen ganzen Zaunrebenwurzelsaftes.«

Über den Mann schreibt er entsprechend: »Dieser Kranke konnte also durch nichts leichter, gewiss und dauerhafter geheilt werden als durch die hier homöopathische Pulsatilla, aber seiner Schwächlichkeit wegen nur in einer sehr verkleinerten Gabe, d. h. ½ Tropfen des Quadrillionstel eines starken Tropfens Pulsatilla.«

Hier erscheint zwar nicht das Wort »Konstitution«, aber konstitutionelle Merkmale, wie »robust« bei der Frau oder »Schwächlichkeit« beim Mann, werden festgehalten.

Interessant ist dabei, dass die konstitutionellen Merkmale dieser Patienten nicht nur bei der Wahl des Arzneimittels herangezogen werden, wie wir es heute im Allgemeinen tun, sondern auch zur Bestimmung der Arzneidosis, der Potenz. Die robuste Frau erhielt eine Urtinktur, der reizbare und schwächliche Mann eine höhere, sogar hohe Potenz. Hahnemann nutzte offenbar bei seiner praktischen Tätigkeit die ganze Breite der homöopathischen Dosierung aus. Dies scheint mir doch ein sehr bemerkenswerter Hinweis darauf zu sein, dass auch diese von vielen homöopathischen Ärzten praktizierte Methode, hohe oder tiefe Potenzen zu verordnen, in geradezu klassischer Weise der Hahnemannschen Behandlungsweise entspricht.

Ein Rätsel gibt uns Hahnemann auf in seiner Psora-Miasmen-Lehre, die hier nicht zur Diskussion steht. Ich möchte nur darauf hinweisen, dass er selbst eine entscheidende Beschränkung für sein Simile gesetzt hat, so in der Einleitung der »Chronischen Krankheiten«, noch viel deutlicher aber durch die Wiedereinführung des »Contrarium« und die Vorsilbe »anti« in der neuen Wortbildung »antipsorische Mittel«. Neben dem Denken im Simile führt Hahnemann jetzt wieder das **Denken im Contrarium** ein, eine Denkweise, die er eigentlich verdammt. Das konnte in der Weiterentwicklung der Homöopathie nicht ohne Folgen bleiben. Wenn es nämlich Grenzen für das Simile gab, so musste hier wieder ein neues Konzept in die Begriffswelt der Homöopathie eingeführt werden: die Konstitution. Tischner schreibt hierzu: »Die Psoralehre, obwohl sie nicht konstitutionell gemeint war, hatte doch insofern den nachhaltigen Einfluss auf die Homöopathie, dass diese dadurch ›konstitutionell‹ zum Denken gewöhnt wurde.«

Weitere Konzepte. Die Weiterentwicklung des konstitutionellen Denkens in der Folgezeit war das Werk der naturwissenschaftlichen Gruppe unter den homöopathischen Ärzten, die sich von vornherein nicht so streng durch die Lehren Hahnemanns gebunden fühlten und damit auch seinem Simile freizügiger gegenüberstanden.

So wendet sich Grieselich mit Nachdruck gegen das bloße Abzählen der Symptome und nennt als ersten und wichtigsten Punkt, der bei der Arzneimittelwahl zu berücksichtigen sei, die **Individualität** des Kranken bezüglich Umfang, Anlage usw. Interessanterweise taucht in diesem Bereich auch das bis dahin völlig unbekannte Wort »Arzneimittelbild« auf.

Mössinger weist darauf hin, dass es zum ersten Mal in dem 1851 erschienenen Buch »Das rationelle, sprich spezifische oder idiopathische Heilverfahren« von Arnold gelesen werden könne.

Um diese Zeit dringt ein weiterer Impuls in die Homöopathie ein, der auch für die Festigung des konstitutionellen Begriffs in der Homöopathie nicht ohne Folgen war. Er geht von Rademacher und seiner Schule aus. Rademacher bewegte sich auf Bahnen, die das Denken in Arzneimittelbildern begünstigen und fördern mussten. Den Schlusspunkt dieser Entwicklung des Konstitutionsgedankens im homöopathischen Bereich stellt von Grauvogl dar. Er war der Erste, der den Begriff »Konstitution« offiziell in einem homöopathischen Lehrbuch verwendete. Im zweiten Teil seines Lehrbuches der Homöopathie verfasste er ein Kapitel »Die verschiedenen Körperkonstitutionen«.

Sein Buch ist in etwa 350 Paragraphen eingeteilt. Nach einleitenden Berichten über verschiedene Konstitutionsgedanken seiner Zeit erklärt er in § 301 bis § 340 ganz deutlich seine Konstitutionen, die er chemisch und naturwissenschaftlich begründet.

Aus seiner Vorstellung, der Organismus der einen Menschengruppe beinhalte zu viel Wasserstoff, der zweiten zu viel Sauerstoff, der einer dritten zu viel Kohlenstoff, erklären sich die Bezeichnungen »hydrogenoide«, »oxygenoide« und »carbonitrogene Konstitution«.

Diese an sich chemischen Bezeichnungen ergänzte von Grauvogl durch **charakterisierende Einzeleigenschaften**. Die Vertreter der »hydrogenoiden Konstitution« fühlen sich bei feuchtem und nassem Wetter schlechter, sie vertragen flüssigkeits- und wasserreiche Speisen, z. B. Melonen, schlecht, und der Aufenthalt in der Nähe von Wasser bekommt ihnen nicht. Er hat also trotz Chemie, trotz Wasserstoff, Sauerstoff und Stickstoff, den Menschen nicht vergessen und versucht, ein »Bild« dieser Konstitutionstypen zu zeichnen – der Begriff »Bild« war, wie oben erwähnt, bereits im Sprachgebrauch der Homöopathie eingeführt. Dieses Bild vom Konstitutionsträger hat von Grauvogl in freier Phantasie geschaffen und dazu die äußere Form der homöopathischen Symptomsprache benutzt.

Hier war man nun endgültig von dem strengen und unerbittlichen Vergleich zwischen den Prü-

fungssymptomen der Arzneimittelprüfung einerseits und den Krankheiten andererseits, wie Hahnemann sie forderte, abgerückt.
Bei dem wohl interessantesten Geschichtsschreiber der Homöopathie, Tischner, lesen wir über von Grauvogl: »Als Ganzes genommen, kann man Grauvogls Lehre nicht als eine Fortbildung der Homöopathie und deren wissenschaftlichen Unterbauung ansehen; sie sprengt sie ja sogar, da sich die auf dem Simile beruhende Arzneimittelwahl und die von chemischen Gesichtspunkten ausgehenden Behandlungen nicht miteinander vertragen.«
Über diesen Stand der Konstitutionsfrage ist die Homöopathie nicht mehr hinausgekommen. Man hat zwar später noch neue Namen gehört, neue Gruppierungen, man hat einiges dazugefügt, aber man konnte die Unvollkommenheit, die von Grauvogl hinterlassen hatte, nie überwinden.
Hier liegt eine Dissonanz in der Homöopathie, die es zu überwinden gilt, so dass der Konstitutionsbegriff sinnvoll mit einem Simile zusammengebracht oder zum Simile gemacht werden kann.
Für jeden, der homöopathisch arbeitet, ist offenkundig, dass eine Beziehung zwischen beiden besteht, und die Homöopathie würde sich jetzt nicht so intensiv mit Konstitutionen beschäftigen, wenn sie nicht vorhanden wären.
Um dieses Problem zu lösen, müssen wir den Konstitutionsbegriff auch nach **anthropologischem, medizinischem**, ja sogar **psychologischem Denken** definieren. Um in den medizinisch-anthropologischen Bereich eindringen zu können, müssen wir uns z. B. mit dem Anthropologen Vetter, dem Anthroposophen Rudolf Steiner, den psychologischen Typen C. G. Jungs und den Konstitutionsgedanken Kretschmers beschäftigen.
Rademacher hat uns gezeigt, welcher Weg bei der therapeutisch-empirischen Fragestellung Sicherheit gibt:
Man muss von der Beobachtung der Heilwirkung ausgehen und von hier aus empirisch beschreiben, was geheilt wurde, mit welchen Eigenschaften, Symptomen, klinischen Befunden, mit welcher konstitutionellen Besonderheit der Kranke behaftet war, der durch ein Arzneimittel gesundete. Diese Einzelheiten müssen in der täglichen Praxis gesammelt werden. Bücher können hier allenfalls Hilfsmittel, Gedächtnisstützen, erste Anhaltspunkte sein. Die letzten Weisheiten hinsichtlich der unmittelbaren und unvoreingenommenen Beobachtung des geheilten Kranken und seiner Heilmittel – dem Simile – findet man nur in der unmittelbaren, unvoreingenommenen **Beobachtung der Natur**.
Nach Vetter tritt vor dem Hintergrund der gesellschaftlichen Umwälzung in der Neige des 18. Jahrhunderts, für die Rousseau das begeisternde Losungswort fand, der Mensch ins Zentrum der Beobachtung. Auch bei Kant taucht die Frage nach dem Menschen als Abschluss der bis dahin unter theologisch-philosophischem Leitstern stehenden europäischen Geistesentwicklung und als Programm der Zukunft auf.
Diese weltgeschichtliche Wende ist von unabsehbarem Ausmaß in der Geburtsstunde selbstbestimmter Anthropologie, die jedoch schon in ihren Anfängen von der gleichzeitig zur Vormacht gelangenden Naturwissenschaft vereinnahmt wurde. Ihr eigentliches Anliegen – die neue Begründung der inneren Erfahrung – entschwand dem auf das Außenfeld biologischer Nachforschung gerichteten Blick und wurde zur romantischen Unterströmung.
In der Mitte des vorigen Jahrhunderts hat Kierkegaard die Kantsche Fragestellung zum leidenschaftlichen Ringen um die Erhellung des menschlichen Selbstseins vertieft. Zur Auswirkung kam sein gegen Hegel gerichteter Vorstoß allerdings erst in der dialektischen Theologie und dem philosophischen Existenzialismus unseres Jahrhunderts.
Eine psychologische Menschenkunde leitet Nietzsche mit seinem Angriff auf den autonomen Moralismus ein, den Kant aus dem Zusammenbruch der idealistischen Metaphysik zu retten suchte.
Die zeitgenössische Psychologie ist ebenso wie die Anthropologie der Gegenwart naturwissenschaftlich orientiert. Letztere umfasst jedoch den ganzen Menschen, auch wenn sie sich gegen seine wesentliche Personalität und Individualität und Innerlichkeit abzuschirmen trachtet. Die Einbeziehung des Selbstseins als seelische Erfahrung wird indessen unerlässlich, sobald als Voraussetzung einer Menschenkunde die Frage nach der Abgrenzung unserer Existenz vom tierischen Dasein auftaucht. Und aus diesem Grunde muss die Anthropologie eine **personale Ganzheitsbetrachtung** darstellen, bei der wirklich alle Aspekte des »homo sapiens« erkennbar werden.
Vetter beschreibt dieses Menschenbild der Anthropologie in seinem Werk »Natur und Person«.
Rudolf Steiner schreibt hierzu: »Eine Organik muss den Typus als allgemeinste Form und dann auch in verschiedenen Sondergestalten zeigen.

Unser Geist muss in dem Erfassen des Typus viel intensiver arbeiten als beim Erfassen von Naturgesetzen. Er muss mit der Form den Inhalt erzeugen. Wir haben es mit einer anschauenden Urteilskraft zu tun, die Hindurchführung des Typus durch alle Erscheinungen ist hier maßgebend die vergleichende Methode Goethes.«

Alla Selawry, eine moderne Interpretin der Wirkungsprinzipien, Lebenserscheinungen und Seelenregungen, meint: »Immer wieder erhebt sich die Frage nach übergeordneten Wirkungsprinzipien von Lebenserscheinungen und Seelenregungen. Seit Urzeiten hat man auf die geistigen Prinzipien geblickt, die alles aus sich hervorbringen und im Dasein erhalten.«

Die biblische Schöpfungsgeschichte weist in urgewaltigen Bildern ihrer Schöpfungstage auf ein willenhaftes Wirken göttlich-geistiger Wesen hin. Auch Platos Urbilder oder Ideen erinnern daran.

Im seelischen Bereich finden sich Urtypen einer Urseele, so die antiken Planetengötter, welche unser Seelenleben prägen, in der Morphologie sind Goethes Urpflanze und Urtier dynamische Urtypen, welche die Gattungen Pflanze und Tier darstellen. Als alles umfassende Urtypen bestimmen sie alle vorhandenen oder möglichen Pflanzen- oder Tierarten.

Innerhalb des Funktionellen kann man entsprechende Urprozesse erfassen, die alle Lebensvorgänge regieren. Hierher gehören die sieben Kraftsysteme der Metalle. Nach Paracelsus gibt es »ein oberstes Gestirn, das alles Vergängliche regiert: die Wirkungen der Elemente, Wirkung und Lauf der Sterne sowie die animalischen Anlagen und Organfunktionen des Menschen«.

Hier wird völlig klar, dass Kraftsysteme einen dynamischen Funktionstypus darstellen, der sich in Variationen auswirkt und gesetzmäßig unerschöpfliche Abwandlungen hervorbringen kann. Sie sind so eindeutig wie die Farben des Regenbogens oder Töne der Tonskala und erweisen sich als führende **Steuerungssysteme** aller Lebensprozesse und Seelenanlagen.

Anders die Definition von C. G. Jung. Hier ist der Typus ein den Charakter einer Gattung oder Allgemeinheit in charakteristischer Weise wiedergebendes Beispiel oder Musterbild. Im engeren Sinne repräsentiert er eine in vielen individuellen Formen vorkommende allgemeine Einstellung, wobei diese als Prädisposition sensorischer-motorischer Zentren für eine bestimmte Erregung oder einen bestimmten Impuls definiert werden kann. Dabei sind Übungserscheinungen vorhanden, die das Gewohnte in davon abweichende Einzelleistungen hineintragen.

Der Typus ist auch eine Bereitschaft der Psyche, in einer gewissen Richtung zu agieren oder zu reagieren.

Dieser Begriff ist wichtig, weil er es ermöglicht, personale Definitionen und bestimmte Richtungen zu determinieren. Von zahlreichen möglichen Einstellungen hebt Jung in seinen Untersuchungen vier heraus, die sich an den psychologischen Grundfunktionen **Denken, Fühlen, Intuieren** oder **Empfinden** orientieren. Dadurch, dass sie dem Charakter des Individuums ein bestimmtes Gepräge geben, prägen sie jeweils einen besonderen Typus, der introvertiert oder extrovertiert sein kann. Auf diese Weise zeigt er Dissoziationen bestimmter Persönlichkeiten an, d. h. Auflösung der Geschlossenheit des Bewusstseins infolge heftigen Affektes oder eines Nervenschocks, aber auch durch Persönlichkeitsverlust, wie wir ihn bei psychiatrischen Krankheiten finden. Vor der Ausführung eigener Gesichtspunkte sei noch Kretschmer aus seinem Hauptwerk »Körperbau und Charakter« zitiert. Er umreißt zunächst die Aufgabe: »Vor allem aber müssen wir lernen, unsere Augen, unsere Sinne zu gebrauchen, einfach schlicht zu sehen und zu beobachten, ohne Mikroskop und ohne Laboratorium.«

Diesem Ausspruch wird wohl jeder homöopathische Arzt ohne Einschränkung zustimmen.

Kretschmer erweitert sodann den im allgemeinen von uns vertretenen Therapieansatz: »Echte Typen braucht man nicht zu erfinden …, weder in beliebiger Zahl, noch an beliebigen Stellen, denn sie ergeben sich ganz von selbst, sobald man anfängt, gründlich und in großem Stil Merkmalskorrelationen am psycho-physischen Organismus des Menschen zu erforschen.«

Damit beschreibt er das dringliche Anliegen der Homöopathie hinsichtlich ihrer Symptome und Konstitutionstypen.

Ein letzter Satz aus dem Buch von Kretschmer, dem jeder erfahrene homöopathische Arzt zustimmen wird, lautet:

»Ich stehe immer auf dem Standpunkt, ein intuitiver Gesamteindruck, wenn er richtig ist, muss sich auch zergliedern und messend begründen lassen.«

Dies bestätigen auch unsere heute noch großen Homöopathen wie Peer, Schmidt, Flury, Stübler, Dorcsi, Buchmann oder Becker.

Wollen wir es heute auch wagen, nicht nur wie von Grauvogl Bilder zu entwerfen oder Essenzen zu kreieren, sondern wie Kretschmer intuitive Bilder systematisch erforschen.

Therapieansatz

Die homöopathische Arzneimittellehre bietet nicht wenige Einzelheiten, die sich zwanglos auf Gebiete wie Konstitution, Habitus, Reaktionstyp, psychomotorische Reaktionsweise projizieren lassen und bei denen wir uns ohne Mühe und ohne großes Nachdenken der parallelen Nomenklatur aus der Konstitutionslehre der Schulmedizin und der Anthropologie erinnern. Bei eindeutiger Definition von Arzneikonstitution und Konstitution nach der klassischen Typenlehre der alten Griechen (Choleriker, Sanguiniker, der Melancholiker und der Phlegmatiker) ist allerdings keine Kongruenz dieser beiden Begriffsinhalte zu erwarten.

Decken sich einmal die verschiedenen psychischen und somatischen Konstitutionen nicht vollkommen, so kann man jedoch von einer ungefähren Korrelation sprechen.

Die konstitutionellen Momente sind in der Homöopathie zwar nicht primär, aber immerhin so gewichtig, dass die homöopathische Arzneikonstitution manchem, dem vielleicht die Denkweise der biologischen Medizin, insbesondere der Homöopathie, ferner liegt, eine willkommene, ihm gemäße Eintrittspforte für solches Denken bietet. Ich kenne viele Kollegen, die dadurch für die homöopathische Ausbildung motiviert wurden.

Fassen wir alle Betrachtungsweisen zusammen, so kann man von menschlichen Unterschieden im vollen Sinn zweifellos nur dann reden, wenn man auch den seelischen Aspekt berücksichtigt. So stellt, ungeachtet des Wertes einzelner Körpermerkmale, die ganzheitliche Orientierung, das echte **holistische Betrachten** eine große Erweiterung der wissenschaftlichen Aufgabe dar.

Es geht darum, Menschen oder Menschengruppen als Gestalten mit charakteristischen Wesenszügen abstrahierend zu erschauen, zu analysieren und wieder zu komponieren. Will man das »Bezeichnende« in typischen Bildern darstellen und gliedern (Typologie), so muss es übersichtlich geschehen und erfordert die **Hypothese einer gesetzmäßigen Ordnung**. Zwar sind alle Individuen verschieden, doch gruppieren sich erfahrungsgemäß bestimmte Eigenschaften häufiger. So erst entstehen verschiedene Konstitutionstypen.

Persönlichkeitsportrait. Ausgehend von den genannten Begriffsbestimmungen wie Typologie oder Habitus finden wir, dass die mannigfaltigen Symptome, die jeder Mensch zeigt, die Elemente sind, aus denen sich die unübersehbare Zahl chronischer Krankheiten, aber auch die genau so wenig überschaubare Zahl verschiedener Individuen zusammensetzt.

Wie oben erwähnt, zieht Hahnemann die ursprüngliche Körperkonstitution als bewertenden Teilfaktor zum Verständnis der chronischen Krankheiten heran. Alle anderen genannten Umstände nimmt er als krankmachende Ursache dazu.

Der bekannte homöopathische Arzt Rabe führte den Begriff »Arzneikonstitutionsbilder« ein. Hier treten tatsächlich Arzneimitteltypen auf, die mit dem Arzneimittelbild identisch sind. So wird sich durch die Ähnlichkeit des Arzneimittelbildes mit Krankheit und Verhaltensweisen einer erkrankten Person zwangsläufig ein Typ herauskristallisieren lassen, den wir dann »Arzneimitteltyp« nennen können.

Jetzt beginnt sich die Terminologie ein wenig zu verknoten. Ein Arzneimitteltyp oder auch ein Arzneimittelportrait ist ein direkt vom Arzneimittel abhängiges Bild, also ein in der Arzneimittelprüfung gefundenes Arzneimittelbild, nicht mehr das Individuum, das Unteilbare, der Mensch (»individuus« heißt »unteilbar sein«). Wir können also hier nicht von einem »Arzneimitteltypen«, sondern müssen von einem »Arzneimitteltyp« sprechen. Auch der Terminus »Arzneimittelportrait« ist nicht angemessen: Wir müssen von einer »Persönlichkeit« ausgehen, die uns bei genauer Betrachtung viele Ähnlichkeiten aus dem Arzneimittelbild bietet und die wir nun portraitieren wollen.

Im Vordergrund bleibt allerdings immer der Mensch, nicht das Arzneimittel, denn der Mensch ist der zentrale Angelpunkt der Homöopathie. Ihm wird die Therapie zuteil.

Der völlig neue Begriff »Persönlichkeitsportrait« soll ein vollkommenes Äquale für das homöopathische Denken darstellen.

Mit der Subsumierung psychologischer Typen, anthropologischer und medizinischer Konstitutionen sowie alter griechischer Temperamente strebte ich ein Persönlichkeitsbild an, das der Homöopathie absolut entspricht.

Der Darstellung einer Erkenntnis dient jedoch nicht nur die Hypothese oder Wortfindung. Auch die bereits in der Medizin, in Anthropologie und Psychologie bekannten Verhaltensweisen eines

Menschen, die sich entsprechend einem Arzneimittelbild, aber auch nach Konstitution, Temperament, Typus und Habitus darstellen lassen, müssen gefasst werden. Krankheitsdispositionen, Umwelteinflüsse, Responsibilitäten, Quantitäten und Qualitäten eines Menschen sind hier ebenfalls von Bedeutung.
Wir müssen also ein **bio-psycho-sozial-medizinisches** und **anthropologisches** Muster haben, das uns ein solches Portrait ermöglicht. Es geht hier nicht um Portrait oder Essenz eines Arzneimittels, sondern allein um den Menschen in seiner Verhaltensweise.
Dr. Money hat in seinem sexualwissenschaftlichen Werk eine ganz ausgezeichnete und äußerst bildhafte, dabei sehr gut verständliche und eindrucksvolle Lösung gefunden. Er betont, jeder Mensch habe seine spezielle sexuelle Verhaltensweise. Genetisch oder durch die Umwelt bedingt, habe er ein Muster aufgebaut, eine Matrix, aus der heraus er sein Verhalten schöpfe, die aber auch von ihm und seinem Verhalten gebildet wird. Für jeden Menschen bildet er ein Raster. Dieses bezeichnet er mit »Love map«.
Wir können uns diese Betrachtungsweise von Money zunutze machen, indem wir das Verhaltensmuster eines Menschen sowohl anatomisch als auch physiologisch, sowohl psychologisch als auch sozial, sowohl biologisch als auch individuell und personal in einer Matrix sehen, von der wir ein Portrait machen können. Angelehnt an Moneys Definition nenne ich es **»Life map«**.
Die Matrix eines Menschen mit allen nur möglichen Betrachtungspositionen und Betrachtungsweisen gibt uns das Recht, hier von einem Persönlichkeitsportrait zu sprechen, dem wir, weil eine so große Ähnlichkeit besteht, den Namen eines homöopathischen Arzneimittels geben.
Ein Persönlichkeitsportrait ist im somatischen Bereich eine Erscheinungsform, die sich nach außen projiziert und bestimmte Menschen charakterisieren kann, so wie etwa ein Karikaturist mit ein paar Strichen ganz deutlich die äußeren Zeichen eines in seinen Besonderheiten hervorstechenden Individuums darstellen kann. Aber auch im Charakter- und Temperamentsbereich finden wir eine ähnliche Symptomatik wie bei der Arzneimittelprüfung. So können wir tatsächlich die Persönlichkeitsportraits anstelle der früheren Konstitutionstypen darstellen.
Ganz bewusst werde ich die Arzneimittelbilder mit ihren Leitsymptomen anführen, damit wir die ursprünglich praktisch-therapeutische Betrachtung eines Arzneimittelbildes als fruchtbares Erkenntnis- und Einteilungsprinzip für Persönlichkeitsportraits benutzen können. Dies ist berechtigt, denn die Homöopathie hat durch das Experiment, durch die Prüfung am Gesunden, durch die Verknüpfung von Krankheitszuständen mit Arzneimitteln zuerst die systematische Beobachtung erschlossen. Damit wurde nicht nur das Arzneimittelbild geschaffen, sondern auch für die Persönlichkeitsportrait-Forschung ein neuer Weg eröffnet.
Bei dem Begriff »Konstitution« läuft man immer Gefahr, im starren und unfruchtbaren Sinn die Gesamtheit der erblichen Individualeigenschaften, weniger die Persönlichkeit, zu erfassen. Die Betrachtung des Arztes muss sich auf eine individuelle, personale Linie ausrichten. In der Homöopathie werden nun die personalen Tendenzen des Vergleichs mit Arzneiempfindlichkeit auf einen Punkt bezogen. Dadurch wird die **Zusammenschau häufig miteinander verbundener Eigenschaften**, etwa psychische Stimmungslage, Schlaf, somatische Symptomatik und Modalitäten, deutlich erleichtert.
Das bedeutet aber auch, dass alle psychosomatischen Reaktionsweisen des Individuums, gleich auf welcher Ebene, intensiv, klar, kritisch und mit allen Sinnesorganen erfasst und aufgezeigt werden.
Immer muss das Individuum als das Unteilbare, das Personale mit seiner Phänomenologie im Vordergrund stehen. Abstrakte Gruppierungen wie bestimmte Diathesen rücken vom Individuum zu weit ab und verschieben damit Merkmale und Grenzen.
Bei der Betrachtung eines Persönlichkeitsportraits sind einerseits die Hahnemannschen Gedankengänge, andererseits das Arzneimittelbild, gewonnen aus Prüfung und Erfahrung, einzubeziehen. Wie das Persönlichkeitsportrait müssen wir auch das Arzneimittel als eine geschlossene, individuelle, in einer bestimmten Wirkungsrichtung laufende Kraft ansehen, die in dynamisiertem Zustand schließlich die ihr ähnliche Persönlichkeit in ihren krankhaften Äußerungen wieder ins Gleichgewicht bringen kann.
Mit unserem Persönlichkeitsportrait auf der Basis aller teils hypothetisch, teils empirisch gewonnenen Erkenntnisse über die Lehre von den alten Temperamenten, über anthropologische und klinische Konstitutionslehre, Typen- und Habituslehre, Anthroposophie und Psychologie heben wir uns deutlich von anderen Konzepten ab. Es gibt **keine fundamentale Gleichartigkeit** der einzelnen Individuen; sie unterscheiden sich

durch ihre absolute, große Ungleichartigkeit sowohl in der Psyche als auch im Soma. Hier ist daran zu erinnern, welche Distanz zwischen dem Bewusstsein und der Psyche eines primitiven Menschen, eines aristotelischen Griechen und eines heutigen europäischen Managers besteht. Schon die Denkweise des Versicherungsmathematikers und die des den Musen dienenden Tonkünstlers erweisen sich als äußerst verschieden.
Jeder Typus unterscheidet sich im innersten Wesen von seinem Nachbarn ganz erheblich. Würde ich den Menschen auf seine phylogenetische Vorlage reduzieren, müsste ich ihn in seine Elementarvorgänge zerlegen. Wollte ich ihn dann rekonstruieren, ergäbe sich vielleicht ein Affe oder eine Anhäufung von elementaren Vorgängen, deren Zusammenspiel sinn- und zwecklos wäre. Die große Schwierigkeit, auch für den Wissenschaftler, besteht darin, dass wir dieses in so vielen Farben schillernde Individuum nicht gleichartig aufgebaut sehen können.
Immerhin haben wir hier in der Homöopathie die Möglichkeit, eine Ähnlichkeit zu finden: zwischen der Persönlichkeit und dem Arzneimittelbild.
Die Existenz von Typen zu leugnen hilft nicht gegen die Tatsache ihres Daseins. Wem aber dient eine derartige Betrachtungsweise?
Die homöopathische Arzneiintegration gemäß pathophysiologischen Konstitutionstypen körperlicher und seelischer Art erfolgte ziemlich bald, bereits vor dem Entstehen der grandiosen wissenschaftlichen Lehrgebäude von Kretschmer, und wurde zu einem wesentlichen Kernstück der homöopathischen Arzneimittellehre. Dass das, wie ich oben erwähnte, innerhalb der Homöopathie gewissermaßen sekundär geschah, ist unwichtig. Die homöopathischen Arzneitypen, die Persönlichkeitsportraits haben ihre feste Stellung behauptet. Auch klinisch hat die Homöopathie in ihrem Gesamtgemälde, das so farbenreich und faszinierend ist, eine Personotropie geschaffen, eine nach Konstitution angewandte Therapie in reinster Form.
Bei Dorcsi haben wir dies später in etwas abgewandelter Form noch intensiver, aber zu intuitiv wiedergefunden.
Bei aller Bewunderung vor den großen theoretischen Ausführungen von Kretschmer, Jung und allen anderen genannten Autoren kann man allenfalls bei der Psychologie und den von Jung gegebenen Voraussetzungen Psychotherapie, kaum aber Arzneitherapie treiben. Die homöopathische Denkweise mit ihren Arzneimitteltypen oder Persönlichkeitsportraits zeichnete sich dadurch aus, dass diese persönlichen Eigenschaften für die praktische Therapie ungemein wichtig sind, was sich in jeder Sprechstunde quasi experimentell beweisen lässt.
Habe ich beispielsweise einen Patienten untersucht, Symptomatik und Modalitäten in allen Details eruiert, niedergeschrieben und trotz Repertorisieren, Nachdenken und Intuition die Simile-Arznei immer noch nicht gefunden, so kann ich noch in der Sprechstunde das Repertorium durchforsten. In Anwesenheit des Patienten fällt dies recht leicht, da dessen Gesamthabitus dauernd gegenwärtig ist. Nach der Sprechstunde versagt zwangsläufig die synthetisierende Zusammenschau der Konstitution, der Persönlichkeit, es sei denn, ich habe ein phänomenales visuelles und noetisches Gedächtnis. Die »Person« des Kranken ist dann nicht mehr plastisch, wenn sie nicht gegenwärtig ist.
So erweist sich die Betrachtung der Persönlichkeit des Individuums und deren Diagnose als Habitus, Typus und Konstitution in einem Persönlichkeitsportrait als äußerst positive Zusammenschau, die im Gegensatz zu allen andern Konstitutionsthorien praktische Handhaben vermittelt, um einen Patienten zu heilen.
Die Überlegenheit des früheren homöopathischen Konstitutionsbegriffes in der Kombination mit dem Persönlichkeitsportrait gegenüber allen anderen Konstitutionstheorien ist damit nicht zu übersehen.

Holistische Medizin und Konstitutionsmittel. Ein weiterer wichtiger Gesichtspunkt ist, dass diese Art der Betrachtung eines Patienten und die Therapieform uns mitten in die moderne Betrachtungsweise des kranken Menschen und der Medizin führt. Echt holistisch repräsentieren sie den heutigen Begriff der »Ganzheitsmedizin«. Die Persönlichkeit des Individuums, nicht die riesigen nanogrammbestimmten Parameter der Labormedizin, ist wichtig. Es geht darum, die **Phänomene einer menschlichen Existenz** zu erheben. Phänomene sind Symptome, Ereignisse im Leben eines Menschen (Life events), die uns einen Weg zeigen, auf dem wir eine Therapierichtung mit einer anderen Denkweise einschlagen können, sollen oder vielleicht sogar müssen.
Wir therapieren unter dem Aspekt einer Medizin, die für den kranken Menschen da ist. Der kranke Mensch sollte ein akademisches Vorlesungsfach werden. Um die Medizin wirklich ho-

listisch zu gestalten, sollte ein »Lehrstuhl für den kranken Menschen« inauguriert werden.

In der amerikanischen Literatur finden wir Hinweise darauf, dass die von uns »Konstitutionsmittel« genannten Medikamente auch »Basismittel« genannt werden, die mitunter zur Heilung bestimmter Krankheitszustände ausreichen. Dabei wird von der Assoziation bestimmter Symptomenmuster mit einem homöopathischen Mittel gesprochen, so dem Phosphor-, Sulfur- und Arsen-Typ. Diese Typologien beziehen sich nicht nur auf eine besondere Art von beispielsweise Husten und auf alle Faktoren, die diesen Husten verschlimmern, lindern oder auch auf körperliche Symptome, die möglicherweise damit einhergehen. Modalitäten kommen selbstverständlich noch dazu.

Häufiger leitet ein solches Mittel – immer ein Polychrest – den Heilungsprozess nur ein, und im Folgenden werden weitere Mittel benötigt, um eine vollständige Heilung zu erzielen. Während dieses Heilungsprozesses entwickelt sich häufig wieder ein völlig neues Bild, das auch die Verordnung eines neuen Mittels erforderlich macht.

Die Frage, ob ein Konstitutionsmittel sich ändert oder nicht, wird verschieden beantwortet. Ich persönlich bin der Meinung, dass es durchaus veränderlich ist. Die Bestimmung eines solchen Arzneimittels, um eine Persönlichkeit zu behandeln, erfordert intellektuelle Fähigkeiten und intuitive Begabung. Hier sei daran erinnert, dass das Wort »Medikament« eine Verbindung des Imperativs von lat. medicare = heilen und lat. mens = denkender Geist, Verstand darstellt. Die Gabe von Medikamenten beinhaltet also den Anspruch, mit unserem Verstand zu heilen. So gesehen sind alle Substanzen, die wir anwenden, Medikamente, wenn wir unseren Geist mit Vernunft einsetzen, wie es die Homöopathie seit Hahnemann verlangt.

Der homöopathische Arzt muss also teilweise sowohl die Rolle eines naturwissenschaftlich Denkenden, mathematisch Operierenden übernehmen als auch die Rolle eines Psychologen, vielleicht auch die eines Reporters, der nur recherchieren muss.

Im Blick auf den Auftrag, mit dem die homöopathischen Ärzte betraut sind, zitiert Werner Buchmann in »Homöopathie in der Weltliteratur« Goethes »Faust«:

»So schreitet in dem engen Bretterhaus
den ganzen Kreis der Schöpfung aus
und wandelt mit bedächt'ger Schnelle
vom Himmel durch die Welt zur Hölle.«

Hier werden die drei Miasmen bemüht, die den handelnden Personen den Stempel aufdrücken. Es geht um eine Berührung mit allen Seinsebenen, die sich vom Himmel, d. h. der psorischen, über die sykotische Welt bis zur destruktiven Hölle erstrecken – immer im Hinblick auf das faustische »dass ich erkenne, was die Welt im Innersten zusammenhält!«.

Freilich müssen wir uns darüber klar sein, dass wir diesen Anspruch nicht erfüllen werden und es manches Unwägbare gibt, das wir nicht nachvollziehen und erfassen können.

An dieser Stelle möchte ich darauf hinweisen, dass es nicht ratsam ist, für sich selber ein Konstitutionsmittel zu verordnen. Die Komplexität der Behandlung chronischer Zustände erfordert professionelle Betrachtung und auch Überwachung. Und da die Therapie chronischer Krankheiten meist eine Reihe von Verordnungen erfordert, sollte man die Therapie mit homöopathischen Mitteln im Bereich der Persönlichkeit denjenigen vorbehalten, die über eingehende Kenntnisse homöopathischer Prinzipien der Materia medica und auch der Verordnung der Mittel bei der ersten, zweiten und folgenden Gabe verfügen.

Laien sollten auch deshalb sogenannte konstitutions- oder persönlichkeitsgebundene Mittel nicht verordnen, weil diese bisweilen schwere Krisen verursachen können, teils im Rahmen einer Erstverschlimmerung, teils aber auch, weil Verschlimmerungen nach der Therapie auftreten. Der Unerfahrene wird eine solche Situation kaum beherrschen, und der Behandelte wird keinen Nutzen aus der Wirkung dieser homöopathischen Arznei ziehen können.

Ein Arzneimittel für die eigene Persönlichkeit zu finden ist sehr schwierig. Beim Studium eines Mittels neigt man dazu, gewissermaßen autosuggestiv Symptome bei sich zu sehen, die objektiv vielleicht gar nicht vorhanden sind. Jeder Arzt weiß, wie schnell man beispielsweise bei psychiatrischen Vorlesungen die einzelnen Symptome manischer, depressiver und suizider Krankheiten bei sich gefunden hat.

Viele Menschen sehen auch bestimmte Symptome bei sich selbst übersteigert, oder sie übertreiben die Symptome, damit sie einem vielleicht sehr sympathischen Mittel entsprechen.

Und schließlich will so manch einer als ein interessanter Typ gelten, wie Sulfur, Lycopodium oder Arsen, auch Nux vomica. Hier wird die Gefahr der Selbsttäuschung sehr groß, und man hat Schwierigkeiten, objektiv zu bleiben.

Das richtig gewählte Konstitutionsmittel ist imstande, bestimmte physische oder psychische Tendenzen so zu reduzieren, dass sie der Entfaltung des individuellen großen Potenzials nicht mehr im Wege stehen. Solche homöopathischen Mittel vermögen ganz extreme Symptome, die Körper und Psyche belasten, zu reduzieren, auf der anderen Seite die Belastbarkeit und Spannkraft zu erhöhen. Doch wird ein homöopathisches Mittel niemals jene personalen Eigenheiten und individuellen Tendenzen verändern, die jeden Menschen zu diesem unteilbaren und einmaligen Individuum oder Persönlichkeitsportrait machen.

So kann die Homöopathie mit ihren Arzneimitteln verschiedene psychische oder körperliche Symptome beseitigen, nicht jedoch die ureigensten Neigungen der Person selber.

Die Behandlung des gesamten konstitutionellen Zustandes mit Psyche, Soma, Temperament und Emotion ist ein uralter therapeutischer Ansatz, aber auch ein Konzept, das für die Zukunft viel verspricht. Schon seit Hippokrates glaubt man, die Konstitution behandeln zu können, und diese Art der Therapie wird als fester Bestandteil der Medizin bei der Behandlung bestimmter Symptome oder einer Krankheit häufig eingesetzt.

Unter modernen medizinischen Aspekten sind konstitutionelle Therapien diejenigen, die das Immunsystem und die körpereigenen Abwehrkräfte unterstützen und sich als besonders wertvoll erweisen bei der Vorbeugung und Behandlung verschiedener akuter und chronischer Zustände, die teils infektiöser Art, teils aber auch durch die Umwelt bedingt sind.

Sehen wir die gesamte homöopathische Methode mit ihrer individuellen Arzneimittelwahl auf der Basis der Gesamtheit der Symptomatik und des Individuums, der Persönlichkeit, dann finden wir hier eine hoch entwickelte Wissenschaft, die sicher im 21. Jahrhundert eine führende Stellung einnehmen wird.

Ein Beispiel

Wie man einen – nicht schwierigen – Krankheitsfall nach allen oben genannten Theorien erläutern kann, möchte ich im Folgenden aufzeigen. Zunächst sei noch einmal betont, dass im Mittelpunkt der Betrachtung die Physiologie des Menschen steht, die durch Krankheit eine Veränderung erfährt.

Der Mensch ist also das Primäre, und er wird in seinem Portrait gemessen am Arzneimittelbild, das hier ein Mittel zum Zweck darstellt: zum Zweck der Therapie eines kranken Menschen.

Eine 52-jährige adipöse Frau hat ein schwabbeliges, voluminöses und pastöses Fettgewebe, schlechten Turgor und eine kaum ausgebildete und schlaffe Muskulatur. Sie ist etwas ungelenk, nicht besonders differenziert oder sensibel und klagt vor allem darüber, dass sie beim Treppensteigen sehr schnell unter Atemnot leidet, mit dem charakteristischen Gefühl, als ob sich die Luft zwischen die Schulterblätter setzt. Sie schwitzt leicht, wobei sowohl somatische Anstrengungen als auch nervöse Komponenten zusammenwirken. Weiter erkältet sie sich oft und hat mitunter auch bei geringsten alimentären oder äußeren Anlässen urtikarielle Hauterscheinungen.

Bei der Untersuchung fällt der Dermographismus auf sowie eine leichte Rhinitis. Sie hat Widerwillen gegen die kalkhaltige Kuhmilch, isst sehr gern Eier. Allgemein ist sie ein müder Typ.

Betrachten wir diesen Typ jetzt einmal nach verschiedenen konstitutionellen Gesichtspunkten, die oben beschrieben worden sind.

Calcium carbonicum entspricht entschieden dem **pyknischen Habitus** nach Kretschmer. Dessen Kennzeichen sind starker Umfang der Eingeweidehöhlen Brust, Kopf und Bauch und die Neigung zum Fettansatz am Stamm bei graziler Ausbildung der Bewegungsapparate. Gedrungene Figur, weiches, breites Gesicht auf kurzem, massivem Hals, Fettbauch mit tiefem, gewölbtem Brustkorb. Die Gliedmaßen sind weich, rundlich, mit wenig Muskeln, die Hände weich, kurz und breit.

Die Haut ist nicht schlaff wie beim Astheniker oder Athletiker, sondern weich und anliegend, nicht sehr dick, gelegentlich auch prall. Bei Frauen finden wir die Hauptfettansätze am Stamm, aber auch an den Brüsten und Hüften konzentriert. Im morphologisch-anthropologischen Teil wird der Pykniker als endodermaler Typ bezeichnet. Er ist kräftig mit starkem Unterhautfettgewebe, rundem Kopf, breitem, rundem Gesicht, kurzem Hals, sparlichem Haarwuchs sowie fleischig und ödematös. Er zeigt extrovertierte Gefühlsäußerungen, kann sehr viel weinen, ist aber ein Spießer, mit heiterem bis traurigem Temperament. Die Vergangenheit schätzt er sehr. Seine Reaktionen zeigen eine niedrige Reizschwelle bei immer erhöhter Reizbarkeit.

Das sehr wasserhaltige Unterhautzellgewebe zeigt neben anderen Symptomen der Körperverfassung des Calcium-carbonicum-Patienten genau das Bild der von von Grauvogl so benannten **hydrogenoiden Konstitution**. Wir finden einen H_2O-Reichtum der Gewebe, Kolloidquellung, Frostigkeit, Periodizität der Beschwerden. Nasskaltes Wetter verschlechtert, ozonreiche Luft verbessert. Hydroskopische Salze wie Natrium und Kaliumsalze sind Heilmittel. Er verträgt keine Wasserkuren.

Nach Rademacher haben wir hier einen **Nitrum-Typ** vor uns, dessen Heilmittel $NaNO_3$, KNO_3 sind, nach den alten griechischen Temperamenten den **phlegmatischen Typus**.

Zusammengefaßt ergeben sich geringe Anhaltspunkte für die Therapie. Auch Rademacher und von Grauvogl werden dem Krankheitsbild, d. h. der gesamten Symptomatik und den Modalitäten, nicht gerecht. Der einzige hier infrage kommende Betrachtungsweg ist die Zusammenschau von Symptomen und allgemeinem Eindruck des Patienten. Es ist wichtig, wie ich ihn in der Sprechstunde erlebe.

Hier kommt also nur Calcium carbonicum infrage.

Sulfur, Phosphor, Silicea, Barium carbonicum, Aurum, Causticum und viele andere – auch pflanzliche – Mittel kann man in diesem Sinne beispielhaft darstellen. Nux vomica, vor allem aber Pulsatilla und Ignatia sind wohl die prägnantesten, dabei aber am besten durchschaubaren homöopathischen Persönlichkeitsportraits. An ihnen kann man studieren, wie tief greifend und ausgeprägt die Arzneieigenschaft ist.

Man kann aber auch aufgrund der Inhaltsstoffe bei Nux vomica und Ignatia, Strychnin und Brucin den Schluss ziehen, dass Gesamtkonstitutionen aufgrund der Inhaltsstoffe etwas Gemeinsames haben. Hier ist beispielsweise an die widerspruchsvolle und unkoordinierte Lebensweise von Ignatia und Nux vomica zu erinnern.

So vermittelt die homöopathische Arzneimittellehre aufgrund ihrer Arzneimittelprüfungsergebnisse sowie der aus der Erfahrung gewonnenen Symptomatik mit allen Einzelheiten tiefe Einblicke in die somatische Konstitution, den psychologischen Typus, das emotionelle Verhalten und das Aussehen des Patienten.

Die Persönlichkeit, das Individuum selbst wird so zu einem der größten Hilfsmittel in der Arzneimittelfindung eines Homöopathikums.

Neurogastroenterologie und Homöopathie. Die Neurogastroenterologie ist ein Teilgebiet der neueren allopathischen Medizin, die von einer völlig neuen Betrachtungsweise des Magen-Darm-Traktes ausgeht. Empfindungen und Gemütsverfassung werden in Bezug zum Magen-Darm-Trakt gesetzt; entsprechende Verbindungen werden nachgewiesen. Pressemitteilungen wie »Im Darm liegt ein zweites Gehirn« oder auch volkstümliche Wendungen wie »Daran werde ich tagelang kauen« oder »Das schlägt mir auf den Magen« bestätigen diesen Sachverhalt, der schon vor 2500 Jahren von Hippokrates beschrieben wurde. In den »Vier Temperamenten« verweist er auf die Bedeutung der Körpersäfte und beschreibt den leicht aufbrausenden, jähzornigen Choleriker, dessen Galle so erregbar ist, dass sie gelegentlich sogar »überläuft«. Beim trübsinnigen, grübelnden und gehemmten Melancholiker schlägt sich die schwarze Galle aufs Gemüt. Der langsam fließende Darmschleim schließlich, griech. phlegma, charakterisiert den Phlegmatiker, einen überaus langsam reagierenden Menschen. Der Sanguiniker hingegen ist der »blutvolle«, lebhafte, heitere, reaktionsschnelle Mensch.

In der Homöopathie finden sich schon seit 200 Jahren Arzneimittel, die die Bedeutung neuronaler Vernetzungen berücksichtigen und auf die bedeutende Rolle des Verdauungstraktes für Temperament und Gemütsverfassung Bezug nehmen. Bei der genauen Arzneimittelprüfung am Gesunden ergeben sich nicht nur gastroenterologische Erscheinungen, sondern ganz persönliche Verhaltensweisen und Eigenschaften, was sich mit den wissenschaftlichen Befunden der Neurogastroenterologie bezüglich der Neuronen im Darmbereich deckt. Die neue Wissenschaft der Neurogastroenterologie tritt also im kleinen Rahmen den Beweis dafür an, dass die homöopathischen Medikamente nicht nur gastroenterologisch, sondern auch konstitutionell von großer Bedeutung sind.

Für akute gastroduodenoenterologisch-kolitische Beschwerden geeignete Arzneimittel kommen auf der Grundlage einer entsprechend gearteten Persönlichkeit als **Konstitutionsmittel** in Frage, die auch bei ganz anderen Krankheiten, beispielweise Rheuma, wirken. Allerdings muss das Mittel dann in einer höheren Potenz gegeben werden.

Akute Erkrankungen des im Munde beginnenden Verdauungstraktes, wie **Stomatitis,** benötigen vor allem Acidum nitricum, Acidum sulfuricum, Hydrastis, Mercurius sublimatus corrosivus, Pulsatilla.

Akute Reizustände des Magens, die möglicherweise durch verdorbene Speisen, zu viel Alkohol, zu viel Nikotin, bakterielle oder virale Entzündungen oder psychischen Druck hervorgerufen werden, sowie **Gastritis, Ulcus ventriculi** oder **Ulcus duodeni** verlangen Antimonium crudum, Argentum nitricum, Atropa Belladonna, Bryonia, China, Ignatia, Lycopodium, Nux vomica, Phosphor, Pulsatilla, Sulfur.

Bei **Enteritis, Enterokolitis** und **Kolitis** sind neben diesen Arzneimitteln Acidum arsenicosum, Aethiops antimonialis, Mercurius corrosivus, Mercurius solubilis und Podophyllum angezeigt.

Beschwerden am After wiederum verlangen die oben bei Stomatitis genannten Mittel.

Im Folgenden sollen einige der Arzneimittel des Magen-Darm-Traktes in ihrer Funktion als Konstitutionsmittel beschrieben werden, die sich im Blick auf deren Wesen für ganz bestimmte Persönlichkeiten eignen.

Das hier zunächst anzuführende **Acidum arsenicosum** ist ein großer Polychrest, der eine Vielzahl von Krankheiten, Persönlichkeiten, Eigenschaften, Temperamenten und Charakteren vertritt und die nicht mehr heilbaren Erkrankungen alter Menschen lindern kann. Im Vordergrund stehen hier Adynamie und Angst, auch vor dem Tod, verbunden mit kaltem Schweiß. Der auffallend ordentliche Patient betrachtet seine Umwelt unter diesem Aspekt, registriert entsprechende Details, wie die zerknitterte Hose seines Arztes, und erwähnt dies im Gespräch. Körperlich und geistig ist er sehr schwach, dabei aber äußerst unruhig. Er friert stark. Die Haut zeigt trockene oder nässende Effloreszenzen.

Häufig ist dieser Typ sehr durstig, trinkt aber nur winzige Schlucke.

Alle Beschwerden sind von brennendem Charakter. Sie verschlimmern sich um Mitternacht und bessern sich bei Wärme.

Argentum nitricum entspricht vor allem intelligenten, sehr ehrgeizigen und zielgerichetet lebenden und arbeitenden Menschen. Dies zeigt sich schon bei der Anamnese: In wenigen Sätzen schildern sie äußerst exakt den Ablauf der Krankheit. Die Patienten leiden vor entscheidenden Situationen wie Prüfungen unter Erwartungsangst, womit Magen-Darm-Beschwerden und Stuhldrang einhergehen. Direkt vor der Prüfung müssen sie mindestens ein- bis zweimal die Toilette aufsuchen, gestehen aber ihre Angst erst auf Anfrage ein. Häufig findet sich Sodbrennen als Nüchternschmerz sowie ein bis zwei Stunden nach den Mahlzeiten, nach dem Essen muss der Patient aufstoßen. Den sehr unruhigen Meschen wird leicht schwindlig, wenn sie aus großer Höhe herunter schauen.

Die durch ihren Ehrgeiz belasteten Patienten leiden häufig unter rezidivierenden Ulcera ventriculi, die anfänglich mit niederen Potenzen zu behandeln sind. Eine wirkliche Gesundung dieser Menschen verlangt jedoch die Beeinflussung der Persönlichkeit mittels der weiterführenden Therapie mit C30 oder höheren Potenzen. Ich habe in meiner Praxis sehr schwierige Patienten erlebt, die zehn Jahre lang unter periodisch wiederkehrenden Ulcera ventriculi gelitten hatten und nach der Einnahme von Argentum nitricum gesundeten.

Strychnos ignatii enthält Strychnin, verursacht also Verkrampfungen. Dieser Polychrest ist zunächst vor allem bei – auch rezividierenden – Entzündungen im Zwölffingerdarm, aber auch bei Magenbeschwerden vor allem bei Frauen und Jugendlichen angezeigt. Meist finden sich auch ein Globusgefühl und starke Kopfschmerzen.

Bei Hunger müssen die Patienten unmittelbar Nahrung zu sich nehmen. Nach dem Essen fühlen sie sich besser. Alle Beschwerden sind auf Kummer und Schreck zurückzuführen.

Die sensiblen Menschen werden leicht von Weinkrämpfen geschüttelt und zeigen hysterische Züge; sie sind sehr reizbar, launisch und voller Selbstvorwürfe, verdrängen dies aber häufig. Bei Kopfschmerzen und Migräne meinen sie, in ihren Kopf werde ein Nagel eingeschlagen.

Nux vomica ist ein weiteres Mittel, das bei Magenbeschwerden wie Ignatia wirkt. Weiterhin ist es ein geradezu ideales Mittel, um akute Vergiftungen zu therapieren. Bei dem durch Alkoholvergiftung ausgelösten »Kater« beispielsweise hilft die Einnahme einer Tablette D4 vor dem Einschlafen. Aber auch bei Nahrungsmittelvergiftung mit Übelkeit und Erbrechen oder Brechneigung ist das Mittel angezeigt.

Nux-vomica-Persönlichkeiten haben einen rauen Hals und sind oft heiser, der Magen schmerzt häufig etwa eine halbe Stunde nach dem Essen, es finden sich starke Blähungen. Das Mittel ist weiterhin bei spastischer Diathese angezeigt und betrifft vor allem Dingen Männer, die schon von Hahnemann als »Staatshämorrhoidarier« bezeichnet wurden. Diese ständig am Schreibtisch sitzenden, reizbaren, überarbeiteten, sehr intelligenten und sehr gut arbeitenden Neurastheniker fallen oft durch heftige Gemütsäußerungen auf, die bis zu akutem cholerischem Anfall führen.

Dabei besteht häufig ein vergeblicher Stuhldrang, verbunden mit krampfartigen Reizzuständen im Bauch, vor allem nach reichlichem Essen. Diese Persönlichkeiten fühlen sich deutlich wohler, wenn sie aufstoßen oder die Blähungen abstoßen können. Sie schlafen sehr unruhig, wachen sehr früh auf, schlafen dann wieder ein. Beim Aufstehen sind sie todmüde.
Eine deutliche Besserung findet sich durch Ruhe. Gefährlich sind alle Reizmittel, von Medikamenten bis zum Kaffee.
Ein weiteres hier anzuführendes Mittel ist **Pulsatilla**. Bei akuter Gastritis, wie sie beispielsweise im Sommer durch Verzehren von Speiseeis hervorgerufen werden kann, wirkt Pulsatilla ausgezeichnet. Auch die Gastritis von Patienten, die frieren, sich aber nach frischer Luft sehnen, ist hier anzuführen. Selbst wenn sie Fieber haben, sind sie nie durstig, empfinden aber ein großes Völlegefühl mit Druck im Oberbauch; dies nicht gleich nach dem Essen, sondern ein bis zwei Stunden später. Die Zunge ist sehr trocken.
Meist sind hier Frauen betroffen, die auch an einer Hepatopathie leiden. Sie sind häufig wenig entschlusskräftig. Zum Erwerb eines Kleidungsstückes benötigen sie beispielsweise mehrere Tage, da sie in mehreren Geschäften die immer wieder gleiche Auswahl wiederholt anprobieren, um ein Kleid auszusuchen, von dem sie dann auf dem Heimweg keinesfalls mehr überzeugt sind. Diese nicht ganz einfachen Menschen sind sehr sympathisch; sie beeindrucken durch den liebevollen Blick eines wiederkäuenden Kälbchens. Bemerkenswert ist auch ihre launische, mimosenhafte Hypochondrie, die schwache Kopfschmerzen schon fast als tödlich empfinden lässt.
Es besteht eine deutliche Empfindlichkeit beim Essen. Fette Sachen werden abgelehnt, weil sie große Beschwerden verursachen. Dabei neigt Pulsatilla zu sehr schlechtem Mundgeschmack. Die Unterschenkel sind meist etwas geschwollen, die Füße sind eiskalt, auch im heißesten Sommer, selbst am Strand in der Sonne. Wenn der magenkranke Patient auf wandernde Gelenkbeschwerden hinweist, ist Pulsatilla ebenfalls ein wunderbares Mittel.

»Universitas litterarum«

Jedes der im Folgenden dargestellten Persönlichkeitsportraits ist in verschiedene Punkte gegliedert.
Zuerst wird der **Ursprung** des Arzneimittels kurz dargestellt. Auf die Pflanze, das Mineral, das Metall oder das Tier wird hingewiesen, dabei werden Geschichte, Botanik, Zoologie und Chemie einbezogen. Diese Betrachtungen sind in aller Kürze dargestellt, weil sie in vollkommenem Maße in den entsprechenden Lehrbüchern nachgelesen werden können.
Weiterhin werden teilweise Betrachtungen über die **Mythologie** der Griechen und Römer angestellt, an die sehr viele Namen erinnern. Ein Freund der Wissenschaften sollte sich hier einige Kenntnisse verschaffen.
Vor allem der Botaniker wird oft mit Mythologie konfrontiert, weil Gattungs- und Familiennamen vieler Pflanzen von ihr geprägt sind, so Atropa belladonna, Artemisia, Daphne mezereum, Herakleum, Nymphea oder Protea, Auch sind die frühesten Lehren nicht nur der Agrikultur, sondern auch der Medizin, der Heilkunde mit den Mythen der Alten verwoben. Aus den griechischen Göttertempeln ging die Medizin, insbesondere die Arzneipflanzenkunde, hervor. Alle diese Umstände beurkunden den innigen Zusammenhang dieser Wissenschaften mit der mythologischen Dichtung des Altertums.
Ich bin ein großer Anhänger der »Universitas litterarum«. Wir sollten nicht mit Scheuklappen unser eigenes Fach betrachten, sondern darüber hinaus auch die Borderline unseres Fachgebietes überschreiten, um viele interessante und faszinierende Dinge in den anderen Wissenschaften zu finden. Seit frühester Jugend ist die griechische Mythologie mein großes Hobby, und viele meiner Überlegungen wurden durch griechische Philosophie und Mythologie motiviert. Trotzdem war ich bemüht, nur das Wichtigste anzuführen und mich dabei an die entsprechenden literarischen Quellen zu halten.
Das **Persönlichkeitsportrait** als zentrales Kapitel jedes Arzneimittels ist der Kernpunkt. Es beinhaltet die Darstellung der wichtigsten, in der Homöopathie gebräuchlichsten Arzneimittel und Polychreste für die Anwendung bei bestimmten Persönlichkeiten. Diese sind im Allgemeinen verhältnismäßig knapp, aber soweit nötig auch ausführlich dargestellt, womit ich mich bemüht habe, die Kinderportraits dieser Arzneimittel teilweise gesondert aufzuführen.
Der aufmerksame Leser wird außerdem hier Verbindungen sowohl zur Mythologie als auch zum Ursprung des Arzneimittels entdecken und dabei das Vergnügen haben, Beziehungsstufen herzustellen zu Mythologie und Etymologie, aber auch zur Persönlichkeit.

Im Kapitel **Literatur** werden Ausschnitte aus bekannter moderner und klassischer Literatur zitiert, deren Protagonisten dem jeweiligen Arzneimittel oder Persönlichkeitsportrait entsprechen. Bei vielen Arzneimitteln ist es noch nicht gelungen, entsprechende Literatur zu finden, was nicht ausschließt, dass in weiteren Auflagen Ergänzungen vorgenommen werden. Auch kunstgeschichtliche Gegebenheiten werden hier verbindend erwähnt.

Im Anschluss daran werden die **wichtigsten Symptome** und **Modalitäten** der einzelnen Arzneimittel aufgeführt, weiterhin kurze **toxikologische Daten** der einzelnen Arzneimittel, ohne entsprechende Parallelen zu den Wirkungsweisen innerhalb des Arzneimittels und ohne Hinweise für die Grenzwerte in der Therapie. Mit der kurzen Auflistung der wichtigsten für dieses Arzneimittel passenden **Indikationen** endet das einzelne Persönlichkeitsportrait oder Arzneimittel.

Eine Auflistung aller Arzneimittel ist im Inhaltsverzeichnis zu finden, wobei sämtliche aufgeführten Arzneimittel und Persönlichkeitsportraits der modernen Nomenklatur entsprechen. Ich habe bewusst auf Sach- und Stichwortverzeichnisse verzichtet, da sie den Rahmen dieses Buches sprengen würden. Hierfür müssen die zuständigen Arzneimittellehren und Repertorien dienen.

In der am Schluss zitierten Literatur habe ich mich zu einer unorthodoxen Vorgehensweise entschlossen: Sie werden ein Verzeichnis aller literarischen Quellen vergeblich suchen und nur die mir wichtigsten Quellen finden.

Ein persönliches Wort an den Leser[1]

Was können Sie nun, liebe Leser, mit diesem Buch anfangen? Sie haben gelesen, warum ich hier Persönlichkeitsportraits niedergelegt habe im Vergleich zu Arzneimittelbildern. Sie haben einen sehr kurzen und knappen Einstieg in die alten und modernen Konstitutionsbetrachtungen erfahren und schließlich die Definition für diese Betrachtung im bio-psycho-sozial-medizinischen Bereich als Matrix oder Raster kennengelernt, das ich »Life map« genannt habe.

Meine Hoffnung ist, Ihnen, meinem verehrten und lieben Leser, mit diesem Buch ein Hilfsmittel in die Hand zu geben, nach dessen Lektüre Sie die Arzneimittel für bestimmte Persönlichkeiten leichter finden können. Die Arzneimittel sollen auf diese Weise lebendiger werden, und sie sollen Sie an Ihre Patienten erinnern, die in der Sprechstunde vor Ihnen sitzen, die Sie auch mit Ihren Augen, mit Ihren Ohren, vielleicht auch mit der Nase und mit dem Tastsinn erkennen können. Dann werden auch Sie die Freude erfahren, Homöopathie unter dem Aspekt einer dem Arzneimittelbild ähnlichen Persönlichkeit zu betreiben, und Sie werden dann nach über 50-jähriger Tätigkeit – wie ich – feststellen können, dass neben der Gesamtheit der Symptome gerade das gesamte Erscheinungsbild einer Persönlichkeit im somatischen, psychischen, im seelischen und emotionellen Bereich eine sehr wichtige Voraussetzung ist für erfolgreiche homöopathische Behandlung.

[1] Aus der Einleitung zur 1. Auflage vom 3. August 1989

Wichtige Symptome und Modalitäten: eine Synopsis

Ausgehend von einer Konstitutionsbetrachtung, die das portraitierte Verhaltensmuster des Menschen als »Life map« in ihre Überlegungen einbezieht, betrachtet die Homöopathie die Erhebung von Symptomen und Modalitäten als fruchtbares Vorgehen, das ein sinnvolles Erkenntnis- und Einteilungsprinzip gewährleistet. Als »roter Faden« therapeutischer Überlegungen sind sie Basis einer notwendigen Zusammenschau häufig miteinander verbundener Eigenschaften: Das unteilbare Individuum steht im Vordergrund aller Bemühungen.
Der folgende Überblick über in langjähriger Praxis erfahrene Leitsymptome und wichtige Modalitäten ermöglicht dem Behandelnden zum einen die Einsicht in ein gegebenes bio-psycho-sozial-medizinisches und anthropologisches Raster. Zum anderen findet sich hier eine Checkliste, auf deren Grundlage im Sinne echter »Ganzheitsmedizin« therapiert werden kann < 1>.
Die sich durch starke Polyvalenz und vielfältigste Symptomenbildung auszeichnenden miasmatischen Mittel können allerdings nicht in wenigen Worten skizziert werden und sind deshalb in der folgenden Tabelle nicht enthalten.

< 1 >

Arzneimittel	Symptome
▶ Tierische Mittel	
Acidum formicicum e formica rufa	Allergie, Rheuma Schwäche, Schweiße, Ängste
Ambra grisea	andere Personen stören, vor allem bei Stuhlgang und Wasserlassen Schlaflosigkeit Jucken der Geschlechtsteile, Hyperreflexie Reizbarkeit
Apis mellifica (Apis)	Unruhe, Stechen, Brennen Schwellungen
Aranea diadema	Ungeschicklichkeit Zuckungen stechende Schmerzen zur immer selben Tageszeit Gefühl von Eiseskälte in den Knochen
Bufo bufo (Bufo rana)	aggressive Affekte im Wechsel zu Schüchternheit
Corallium rubrum	in den Morgenstunden Schleimabsonderungen in Nase und Rachen, Reizhusten bei kalter Luft Nasenbluten
Crotalus horridus (Crotalus)	Sepsis Hämorrhagien, Blutungen nach Multipharmakotherapie
Lac caninum	sensibel, Sehnsucht nach Freunden, Angst, allein zu sein Erwartungsangst, Angst vor Spinnen
Lachesis muta (Lachesis)	links, launisch, Logorrhö Sepsis, Lähmungen
Lycosa (Tarantula hispanica)	Widerspruch von Verstand und Gemüt, schwer durchschaubar, misstrauisch Verlassenheitsgefühl

< 1 > Fortsetzung

Arzneimittel	Symptome
Naja tripudians	Zusammenschnüren des Kehlkopfes mit Erstickungsgefahr Brustschmerzen, die in die linke Hand, zum linken Ohr und zum linken Schulterblatt ziehen Herzklopfen mit Unregelmäßigkeiten, Angst und Schwäche brennende Schmerzen an der Fußsohle
Sepia officinalis (Sepia)	faszinierendes Multitalent, tänzerische Fröhlichkeit bis reizbare Aggression, cool und heiß Folgen von Traumen der weiblichen Geschlechtsteile
▶ **Pflanzliche Stoffe**	
Aconitum napellus (Aconitum)	Herzsensationen, Todesangst Folgen von kaltem Wind und psychischem Trauma, Folgen von Unterdrückung physiologischer Sekrete
Amanita muscaria (Agaricus)	Exaltiertheit und Angst Krämpfe aller Muskeln, Parästhesien, juckende Frostbeulen
Anamirta cocculus (Cocculus)	eigenbrötlerisch, hat nie Zeit, verträgt im Alter keinen Widerspruch Kinetosen, Schlafdefizit
Anhalonium lewinii (Peyotl)	Halluzinationen Überempfindlichkeit der Sinnesorgane Neuralgien im Nacken- und Gesichtsbereich
Arnica montana (Arnica)	egoistisch Folgen von Schlaganfall, Zerschlagenheitsgefühl heißer Kopf und kalte Extremitäten
Atropa belladonna (Belladonna)	hoch akute Entzündungen, hohes Fieber mit Erregungszuständen Überempfindlichkeit der Sinnesorgane, kälteempfindlich
Bellis perennis	Brennschmerzen im Mund Abgeschlagenheit Hauterscheinungen, kapillare Hämatome
Bryonia cretica (Bryonia)	Entzündungen der serösen Häute Angst vor Verarmung im Alter, ärgerliche Reizbarkeit großer Durst
Cannabis indica	Überreizung und Täuschung der Sinnesorgane, sehr wechselhaftes Benehmen und Verhalten großer Appetit
Capsicum annuum (Capsicum)	frostig, Brennen, Allodynie nach Apoplexie Heimweh
Chamomilla recutita (Chamomilla)	Unfähigkeit zu leiden, heftige Emotionen, zynisch, nervös, ungeduldig, rücksichtslos
Cimicifuga racemosa (Cimicifuga)	klimakterische Beschwerden, Rheuma Schlaflosigkeit, Melancholie, Logorrhö, Herzneurosen
Coffea arabica (Coffea)	körperlich und geistig sehr beweglich Schlaflosigkeit, Herzsensationen, Überempfindlichkeit der Sinnesorgane
Cola (Kola)	Geist und Körper sehr lebendig, Schlaflosigkeit durch Gedankenfluss nervöse Erregungszustände, Euphorie-Hypomanie

< 1 > Fortsetzung

Arzneimittel	Symptome
Conium maculatum (Conium)	Indolenz, leicht beleidigt Schwindel im Liegen bei Bewegung des Kopfes Folgezustände nach Verletzung der weiblichen Brust (auch iatrogenes Trauma)
Datura stramonium (Stramonium)	hypomanisch, rücksichtslos, erotisch zügellos, alles wechselt ständig (auch der Job) Angst vor Dunkelheit
Delphinium staphisagria (Staphisagria)	mangelndes Selbstbewusstsein, gefühlsbetont, will niemandem zur Last fallen ständig sexuelle Gedanken Folge von Schnittverletzungen
Gnaphalium polycephalum	Waden- und Fußkrämpfe Taubheitsgefühl in der Lende schießende Schmerzen im N. ischiadicus imperativer Stuhldrang und Tenesmen
Hyoscyamus niger (Hyoscyamus)	Eifersucht, erotische Manie, Schamlosigkeit misstraut jedem und allem
Iris versicolor	Migräne mit Übelkeit und Erbrechen Kopfschmerzen mit Sehstörungen Stuhl brennt am After wie Feuer, klebt in der Kloschüssel fest Trigeminusneuralgie
Lilium lancifolium (Lilium tigrinum)	Folgen von unerfüllten erotischen Wünschen fällt durch multilaterales Beschwerdebild jedem Partner auf die Nerven
Lycopodium clavatum (Lycopodium)	Leberbelastung Aggression und Melancholie, aufgeblähtes Ego
Mandragora e radice siccato	Konzentrationsmangel bis Apathie, Arbeitsunlust und Reizbarkeit, kann Krankung nie vergessen Nüchternschmerz
Mezereum (Daphne mezereum)	Hautrötung mit Bläschenbildung und brennenden Schmerzen scharfe Sekrete, die die Haut reizen
Opium	Somnolenz, retardierte Reaktionsfähigkeit warme Schweiße, Wärmeunverträglichkeit Folge nach Kopftraumen und zerebralen Schäden nach Infektionskrankheiten
Paris quadrifolia	Gefühl, als ob die Augen an einer Schnur in den Kopf gezogen würden Pulsieren am Hals bis in den Kopf, Schweißausbrüche am Kopf heißer Kopf bei kalten Füßen, kalte und taube Fingerspitzen starke sexuelle Libido
Piper methysticum	Hauterscheinungen bei seelischer Belastung überstarke Geräuschempfindlichkeit Erwartungsangst, besonders vor wichtigen Examina Kopfschmerzen, verbunden mit Bewegungsdrang

< 1 > Fortsetzung

Arzneimittel	Symptome
Pulsatilla pratensis (Pulsatilla)	liebenswert, seelenvoller Blick eines wiederkäuenden Kälbchens empfindsam, weinerlich, wechselhaft Hang zur Perfektion
Secale cornutum	kraftlos, blass, ausgezehrt, Brennen in allen Körperteilen Besserung durch Kälte
Semecarpus anacardium (Anacardium)	Mangel an Selbstvertrauen, fühlt sich verfolgt schwört und flucht, nachtragend Nüchternschmerz
Strychnos ignatii (Ignatia)	rasch wechselnde Beschwerden, Meinungen und Reaktionen starke Libido, aber impotent
Strychnos nux-vomica (Nux vomica)	intelligent, cholerisch, streitsüchtig, aber nicht nachtragend hohe Arbeitsmoral Genussmittelmissbrauch, Magen-Darm-Erkrankungen
Tabacum (Nicotiana tabacum)	Entkräftung Schwindelgefühl mit Übelkeit bei kleinster Bewegung, Doppeltsehen Schwächegefühl in der Magengrube eiskalte, totenblasse Haut am ganzen Körper, bedeckt mit eiskaltem Schweiß
Thuja occidentalis (Thuja)	verschlossen, argwöhnisch, wetterabhängig Varizen am Zungengrund
Toxicodendron quercifolium (Rhus toxicodendron)	große Unruhe, Ruhe verschlimmert Folgen von Anstrengungen, Durchnässung und Unterkühlung: alles besser bei Bewegung
Veratrum album (Veratrum)	Perpetuum mobile Kollapsigkeit, kalter Schweiß auf der Stirn hypomanische Ideenwelt
▶ **Mineralien**	
Acidum arsenicosum (Arsenicum album)	größte Schwäche, Schweiße, Angst bis Todesangst, Zwänge friert ständig, großer Durst nach kleinen Schlucken »Pfennigfuchser«
Acidum hydrofluoricum	behaupten, gesund zu sein große Libido ohne Potenz immer heiß, sucht Kälte
Acidum nitricum	sehr schwach Angst um Gesundheit alle Sekrete und Worte sind ätzend
Acidum phosphoricum	große geistige und körperliche Schwäche Folge von Krankheit, Auseinandersetzungen und Enttäuschungen, äußerste Empfindlichkeit gegen Sinneseindrücke
Acidum picrinicum	Schwäche nach kleinster Anstrengung, Schweiße nach Erschöpfung, Angst vor sexuellem Versagen frostig
Acidum silicicum (Silicea)	frostig, verzagt, schüchtern, Angst vor spitzen Gegenständen chronische Entzündungen, Fisteln empfindlich gegen Luftzug

< 1 > Fortsetzung

Arzneimittel	Symptome
Acidum sulfuricum	große Hast, Ungeduld profuse, erschöpfende Schweiße Zwang, sich zurückzuziehen
Aluminium oxydatum (Alumina)	hager, schwächlich, frostig, braucht viel Wärme, auch im geheizten Zimmer Zittern, große Unruhe bei langsamer Redeweise und Verbalisierungsschwierigkeiten
Argentum nitricum	überreizt, ehrgeizig, impulsiv Hitze ist unverträglich Erwartungsangst, Splittergefühle
Barium carbonicum	Mangel an Selbstvertrauen, kälteempfindlich kindisch, kindlich Herzschwäche ▷ vor allem Kinder und Greise
Calcium carbonicum Hahnemanni (Conchae)	Lymphatismus, Kräftemangel, Immunschwäche eiskalte Extremitäten Ambivalenz zwischen körperlichen und geistigen Symptomen, Angst, verrückt zu werden
Calcium fluoratum	Verschlimmerung durch geistige und körperliche Belastung jede Initiative geht mit Unruhe und Hast einher Ängstlichkeit Hauterscheinungen an den Körperöffnungen
Calcium phosphoricum	geschäftig, geistig sehr beweglich, aber geringe körperliche Belastungsfähigkeit geistiger Kummer erfordert viel Kraft Wirbelsäulenempfindlichkeit bei feuchter Kälte
Carbo vegetabilis	große Schwäche und Mattigkeit friert, sehr kalte Haut Kreislaufversagen alle Sekrete stinken
Causticum Hahnemanni	ausgelaugt, sehr mitleidig Schwächezustände, rheumatischer Formenkreis
Cinnabaris (Mercurius sulfuratus ruber)	Kopfdruck über der Nasenwurzel Zahneindrücke am Zungenrand, Hauterscheinungen von Urtikaria bis zum Abszess Empfindlichkeit gegen kalte Luft, Neigung zu Schweißen Entzündungen im oberen Verdauungstrakt
Graphites	fett, faul, gefräßig, verstopft friert ständig Fötor aller Sekrete und Körperöffnungen pathologische Hautanhangsteile
Hepar sulfuris (Hepar sulfuris calcarea)	empfindlich gegen jede Berührung, gegen Kälte Intoleranz gegen Leidensdruck ängstlich wegen Gesundheit und Geld

< 1 > Fortsetzung

Arzneimittel	Symptome
Hydrargyrum bichloratum corrosivus (Mercurius corrosivus)	blutiger, eitriger, schleimiger Stuhl plötzlicher Stuhldrang mit Brennen am After, Brennen beim Wasserlassen Empfindlichkeit gegen Kälte Lichtscheu und Tränenfluss
Hydrargyrium stibiato-sulfuratum (Aethiops antimonialis)	imperativer Stuhldrang, Stuhl mit Schleim, scharf und brennend Schwäche, nächtliche Schweiße
Jodum	Bewegungsdrang emotionales Chaos, destruktive Handlungen Hitzeunverträglichkeit, unmäßiger Hunger
Kalium bichromicum	verschlossen, zurückhaltend, korrekt kleine eigene Welt, Leben nach Terminkalender Verlangen nach Bier, Folgen von Biergenuss
Kalium carbonicum	Geräuschempfindlichkeit, Reizbarkeit, Schwäche, Frostigkeit, Kältegefühl in allen Körperteilen wird vom Verstand beherrscht schwer diagnostizierbar
Magnesium carbonicum	alles riecht sauer, Sinnesüberempfindlichkeit, Ambivalenz von Ablehnung und Verlangen starke Erschöpfung Milchunverträglichkeit
Magnesium muriaticum	immer unzufrieden, sehnt sich aber nach Frieden, Konfliktvermeidung um jeden Preis fordern sich selbst sehr stark Kälte und Wind laugen aus
Magnesium phosphoricum	Krämpfe, Neuralgien Singultus Dentitio difficilis
Natrium carbonicum	Folge von starkem Licht Kopfschmerzen Abneigung gegen frische Luft und Anstrengungen
Natrium chloratum (Natrium muriaticum)	große Sensibilität Folgen von Isolation, schließt sich gern ab großer Appetit ohne Zunehmen Herpes
Natrium nitricum	Energiemangel, Schläfrigkeit nächtliche Schweiße, Nasenbluten ohne pathologische Ursache Beschwerden aller Art als Folge nasskalter Umgebung
Natrium sulfuricum	Spätfolgen von Schädelverletzungen Melancholie, Misslaunigkeit Entfremdung von Freunden und Angehörigen Musik verschlimmert
Phosphorus	ruhelos, unzufrieden, neugierig, ängstlich durstig

< 1 > Fortsetzung

Arzneimittel	Symptome
▶ Metalle	
Stibium sulfuratum nigrum (Antimonium crudum)	ängstlich, müde, schreckhaft, kann nicht allein sein Magen als Reaktionszentrum dickweiß belegte Zunge, frostig, aber empfindlich gegen Feuer und Sonne
Sulfur	Brennen, Hitzegefühl, nur Füße kalt, nachts brennen die Füße im Bett Rötung der Körperöffnungen, rezidivierende Entzündungen Gier nach Süßigkeiten ▷ stärkstes Reaktionsmittel, größtes Antipsorikum
Argentum metallicum	bewahrend, beschützend überheblich, genießend, lässt andere im Unklaren Erwartungsangst
Aurum metallicum	Plethora, Hyperämie, Hypertonie Machtbewusstsein Foetor ex ore Melancholie bis Depression, besser durch Musik
Cuprum metallicum	Krämpfe aller Art, Singultus »Hans Dampf in allen Gassen«, immer froher Mut, Kontaktfreudigkeit
Ferrum metallicum	resolut, wehrt sich gegen jeden Angriff Überempfindlichkeit aller Sinne, Hang zur Perfektion Angst vor Kritik
Hydrargyrum metallicum (Mercurius vivus)	Infekte der Haut und Schleimhäute Nachtverschlimmerung Schweiße, fauliger Fötor
Platinum metallicum	Depression, Hochmut, diktatorisches Verhalten, Eitelkeit Krämpfe und Überempfindlichkeit im Sexualbereich
Plumbum metallicum	missmutig, Einzelgänger, unfreundlich, sehr kritisch starke Prinzipientreue ohne Ansehen der Konsequenz (Wissenschaftler) kaum zu erwärmendes Gemüt
Stannum metallicum (Stannum)	Schwäche, Spannungslosigkeit, will sich nicht bewegen Heißhunger, aber appetitlos
Zincum metallicum	Unruhe der Beine und des Gemüts, Muskelspasmen, auch fibrillär Folge von Unterdrückungen an Haut und Nerven, pektanginöse Beschwerden

Tierische Stoffe

Denn nicht die Rinde bildet die Pflanze, und nicht das Fell bildet das Tier, sondern die unvernünftige und sinnliche Seele …

aus: Giovanni Pico della Mirandola, Über die Würde des Menschen

Einleitung

Diese Erde ist bevölkert von uns Menschen und unzähligen Tierarten. In der homöopathischen Materia medica kommen nur etwa 60 Tierarten zur Anwendung, die meisten davon äußerst selten. Ihre Bedeutung ist sehr gering. Andererseits gibt es einige sehr wichtige und häufig gebrauchte Arzneimittel unter den Tierstoffen, von denen wiederum nur ganz wenige geeignet sind zur Darstellung von Persönlichkeitsportraits. Dazu gehören vor allem Apis, Bufo bufo, Formica, Crotalus horridus, Lac caninum, Lachesis, Lycosa, Sepia.
Fast alle Tierstoffe sind in der offiziellen Pharmakologie und Therapie unbekannt. Toxikologisch sind einige interessant, weil durch Bisse lebensgefährliche Vergiftungen hervorgerufen werden können. In der offiziellen Medizin sind lediglich einige Fischarten wichtig als Lieferanten von Vitaminen oder bestimmten Fettsäuren, beispielsweise der Omegasäure. Auch werden Hormone gewonnen, die für die Immuntherapie nützlich sind. Interessant ist in dem Zusammenhang die Auseinanderentwicklung der Methodik von Homöopathie und Schulmedizin auf dem gemeinsamen Hintergrund des jahrtausendelangen Gebrauchs von Tierstoffen. Diese wurden vor allem von der Volksmedizin, auch im Zusammenhang mit Scharlatanerie und aus Aberglauben, angewendet. Dennoch darf die Heilkunde Erfahrungen vieler Völker nicht vernachlässigen, um **Kontinuität** und **kritische Tradierung** wertvoller Erkenntnisse zu gewährleisten.
Die arzneiliche Verwendung von Tierstoffen hatte ihren Höhepunkt im 18. Jahrhundert. Das Hahnemannsche Apothekerlexikon gibt den Stand der Arzneimittellehre zu dieser noch vorhomöopathischen Zeit wieder. In der Schulmedizin verloren diese Stoffe im Laufe des 19. Jahrhunderts an Bedeutung. Sehr selten wird heute noch Cantharis in Form des Cantharidenpflasters in den Arzneibüchern der konventionellen Therapie aufgeführt. Lebertran wurde aufgrund weitreichender empirischer Erfahrungen, besonders aber durch den Gehalt an Viamin A und D, für die Substitutionstherapie legitimiert.
Ursprünglich lag der Anwendung von Tierorganen oder -sekreten das Prinzip »Similia similibus curentur« zugrunde. Man beabsichtigte, die Funktionen verschiedener Organe beim Menschen anzuregen. Heute werden einige Tierstoffe benutzt, um eine indifferente Reiztherapie ohne bestimmte Wirkungsrichtung auszulösen. So dient die Therapie mit tierischer Milch, mit Fremdserum, als Reiz unspezifischer Art, um den Organismus umzustimmen.
Die homöopathische Methode erfordert, dass die Wirkung der Stoffe, die als Arzneien dienen sollen, durch planmäßige Versuche am gesunden Menschen festgestellt wird. Hahnemann führte diese Prüfung mit Sepia durch. Hering, der den berühmten Versuch mit Lachesis durchführte, hat uns gezeigt, dass auch die Schlangengifte sehr viele Arzneimittelsymptome liefern.
Die im Folgenden dargestellten Persönlichkeitsportraits zeigen, dass mit den entsprechenden Arzneimitteln ein langjähriger, sehr intensiver, sehr bekannter und äußerst erfolgreicher Therapievergleich erfolgte, den wir heute nutzen können.
Nicht ohne Grund verwies der Athener Asklepios darauf, der Mensch stelle sich aufgrund einer sich ständig wandelnden Natur als Geheimnis dar. Auf dieser Gegebenheit beruhen die berühmten Metamorphosen der Hebräer, die beispielsweise Heilige in Engel der Gottheit, »Melech Cheschakanach« genannt, verwandeln. Die Pythagoräer schließlich lassen verbrecherische Menschen die Gestalt von Tieren annehmen. Eine dementsprechende Haltung vertritt auch Mohammed: »Wer sich vom göttlichen Gesetz getrennt hat, der wird als ein Tier hervorgehen ... Wenn du aber einen Menschen erblickst, der nach der richtigen Art der Philosophen alles betrachtet, diesen sollst du verehren, denn er ist ein himmlisches und kein irdisches Wesen ...«
Freilich ist hier anzumerken, dass viele Menschen die große Zuverlässigkeit und Treue, durch die sich Tiere im Blick auf einmal eingegangene Bindungen auszeichnen, vermissen lassen. Einige Strophen aus Tucholskys Gedicht »Großstadt« mögen dies verdeutlichen:

»Du gehst dein Leben lang
auf tausend Straßen;
du siehst auf deinem Gang,
die dich vergaßen.

Ein Auge winkt,
die Seele klingt,
du hast's gefunden,
nur für Sekunden ...

Zwei fremde Augen,
ein fremder Blick,

die Braue, Pupillen,
die Lider –
was war das?
Kein Mensch dreht die Zeit zurück …

Vorbei, verweht, nie wieder.«

Wir wissen, dass die von großartiger Loyalität geprägten tierischen Arzneistoffe eine Besserung somatischer und seelischer Schwierigkeiten bewirken können. Voraussetzung hierfür ist allerdings, dass wir Ärzte uns viel Zeit nehmen für den Patienten: Nur dann ist es möglich, »unter die Haut« zu schauen.

Acidum formicicum e formica rufa

Ursprung

Die aus dem Sekret der Ameisen gewonnene Ameisensäure Acidum formicicum e formica rufa, meist als »Secretum formicicum« oder »Acidum formicae« rezeptiert, wirkt wesentlich besser als die chemisch reine, synthetische Ameisensäure HCOOH. Acidum formicicum ist auch in der Brennnessel enthalten. Mezger sieht in Acidum formicicum im Gegensatz zu Acidum formicicum e formica rufa auch ein Konstitutionsmittel.

Ameisen werden in der Bibel wegen ihres Fleißes erwähnt. Schon in früher Zeit glaubte man auch an ihre Fähigkeit, Witterung und Hungersnöte voraussagen zu können.

Medizinisch wurde die Ameise in der Antike gegen Gicht, Rheumatismus, Hautkrankheiten und als Abortivmittel verwendet.

Die auffallende Emsigkeit der Tiere erinnert an die ununterbrochene Sangeslust der Zikaden. Von deren Entstehung kündet ein in Platos »Phaidron« überlieferter Mythos, den Sokrates bei einem Spaziergang seinem jungen Freund Phaidros erzählt. Vor langer Zeit hätten Menschen gelebt, die keinerlei Kenntnis von Musik und Gesang hatten, aber nach der Geburt der Musen zu deren Propheten wurden: Von Sangeslust überwältigt, vergaßen sie über dem Singen, Nahrung zu sich zu nehmen, und endeten so ihr Leben, ohne es zu bemerken. So entstand das Geschlecht der Zikaden, die von den Musen damit beschenkt wurden, keinerlei Nahrung zu bedürfen und gleich nach der Geburt bis zum Lebensende ununterbrochen singen zu können.

Dieser mythologischen Erklärung über die Entstehung der Zikaden entspricht eine Sage über die Ameisen, die ebenfalls auf die – hier allerdings völlig anders intendierte – Neigung des Menschen verweist, sich entsprechenden Gegebenheiten ganz und gar hin- und dabei aufzugeben. Als nach den Musenkindern die Arbeit in die Welt kam, wurden manche Menschen von so großer Arbeitslust gepackt und berauscht, dass sie vergaßen, sich zu ernähren, und schließlich völlig ausgezehrt starben. Aus diesen griechischen »ergobakcheuontes«, in unserer Zeit »workaholic« genannten Menschen ging das Geschlecht der Ameisen hervor, das die Musen damit beschenkten, ohne den Genuss jeglicher Künste unaufhörlich arbeiten zu können.

Die beschriebenen, wahrheitsweisenden Mythen erlauben eine Zuordnung menschlicher Gruppierungen: In dem weiten Spektrum zwischen zikadenseligen Grillen, den »Musaholics«, die »Grillen im Kopf« haben, und den amusischen (griech. amusoi), ameisenfleißigen »Worcaholics« finden sich die Menschen, die weder Zikaden noch Ameisen geworden sind.

Geschichte

In alten Kräuterbüchern, besonders der Alpenregion, finden wir Hinweise darauf, dass Bergsteiger bei großer Anstrengung, die gelegentlich zu Atemnot mit verschlossener Nase führt, mit der Hand auf Ameisenhaufen klopfen, um dann die von den Ameisen ausgespritzte Ameisensäure einzuatmen. Innerhalb von Sekunden kommt es zu völlig freier Nasenatmung, so dass die Bergtour fortgesetzt werden kann.

Während meiner Gefangenschaft habe ich erlebt, dass sich russische Soldaten bei hartnäckigem Ischias und akuter Lumgabo nackt in einen Ameisenhaufen setzten, eine Zeitlang laut jammerten, dann aufsprangen, sich weiterhin wegen des Brennens beklagten, nach ein bis zwei Stunden jedoch wieder völlig beschwerdefrei waren.

Die gewöhnliche Waldameise, Formica rufa, ist für den Menschen ein harmloses Insekt. Sie sticht nicht, ihr Stechapparat ist vielmehr ein Rudiment; anders aggressive Arten der Ameisen machen indes noch Gebrauch von ihrem kräftigen Stachel. Unsere Formica rufa beißt, kann aber nur zarte Oberflächenschichten durchdringen und nur sehr kleine Wunden verursachen. In diese spritzt das Insekt den sauren Inhalt eines Säckchens, in das tubuläre Giftdrüsen einmünden. Wie bei den Bienen und Wespen verfügen auch bei den Ameisen nur die Königinnen und die Arbeiter über einen Giftapparat.

Das Gift der Formica rufa besteht hauptsächlich aus Ameisensäure. Der Säuregehalt liegt zwischen 21 und 71 %, je nachdem, wo die Ameisen leben. Die Ameisensäure als reine Säure kann bis zu 18 % des gesamten Köpergewichts betragen.

Außer bei den oben genannten akuten Ischias- oder Lumbagobeschwerden wurde Ameisensäure jahrhundertelang als Ameisenspiritus bei Lähmungen, Rheumatismus und bestimmten Leiden eingerieben und als Badezusatz empfohlen. Auch heute wird sie häufig angewendet. Bei reiner Säure treten die entsprechenden Hautreaktionen auf, so in wechselnder Stärke erscheinende Erytheme und Juckreiz.
Das Arzneimittel Formica rufa enthält auch die Sekrete weiterer Drüsen, eigenartige Terpenoide, die sehr viel Ähnlichkeit mit Caritharidin haben, sowie Iridomyrmecin. Formica rufa und Acidium formicicum wirken verschieden. Hier ist daran zu erinnern, dass der menschliche Körper regelmäßig etwa 30 mg Ameisensäure pro Tag im Urin ausscheidet. In der Leber, in der Niere kann sie oxydiert werden. Im intermediären Stoffwechsel dient die Ameisensäure in Gegenwart von Folinsäure zur Synthese gewisser Aminosäuren, z. B. Serin aus Glycin, und von Purinen. Die oben erwähnten Hauterscheinungen sind bei dieser Säure üblich. Dies gilt auch für den örtlichen Schmerz und die Hyperämie, die nach Injektion von selbst verdünnter Ameisensäure auftreten.
Arzneiprüfungen mit Ameisensäure in **D3** bis **D6** sind mit subkutanen Injektionen an zehn Versuchspersonen durchgeführt worden. Dabei finden sich Symptome meist an Muskeln des Rumpfes, der Arme, der Beine, der Gelenke sowie bei Neuralgien. Jedoch sind wenige Modalitäten vermerkt. Beschrieben werden Erscheinungen wie Einschlafgefühl, gelegentliche Müdigkeit in den Schenkeln, aber kein Einfluss von Ruhe, Bewegung, Kälte oder Wärme.
Außerdem treten bei den Ameisensäureprüfungen allergische Zustände auf, von urtikariellen Erscheinungen bis zu heufieberähnlichen Zuständen und Bronchialasthma. Weiter werden ein eigenartiger Körpergeruch, stark riechender Schweiß und stark riechender Urin beschrieben.
Weitere Arzneimittelprüfungen zeigten, dass fast alle Prüfer rheumatische Beschwerden in den Gliedmaßen, verbunden mit lähmendem Gefühl und einer außerordentlichen Müdigkeit, in den Vordergrund stellten. Manche schwitzten auch dabei oder hatten Hauterscheinungen. Bei spastischen Bronchitikern kam es auch zu Asthma.
Acidum formicicum wirkt antimykotisch und antibiotisch, Acidum formicicum e formica rufa zusätzlich antitoxisch.

Persönlichkeitsportrait

Es handelt sich um Patienten mit starker allergischer Diathese, die zu Gicht und rheumatischer Konstitution neigen. Gelegentlich leiden sie schon in der Jugend an Arthritiden, Neuralgien, Muskelrheumatismus und Ischias. Klimakterische Arthropathien, Arthrosis deformans sind weitere Symptome. Vordergründiger als diese rheumatischen Diathesen sind die Erkrankungen der Schleimhäute und Drüsen.
Alle Formen der exsudativen Diathese, wie Milchschorf der Kinder, Intertrigo, Ekzeme und Urtikaria, chronisch wiederkehrende Katarrhe, Neigung zu Schleimhautentzündungen, Mandelentzündungen, Drüsenschwellungen bis zu allergischen Erkrankungen und Bronchialasthma werden günstig beeinflusst durch Acidum formicicum e formica rufa. Es ist ein sehr wertvolles Mittel beim kindlichen Bronchialasthma, bei der Urtikaria sowie bei Schleimhauterscheinungen am Magen, bei Hyperazidität, gelegentlich auch bei Magengeschwüren und Zysten. Diese Patienten sind sehr empfindlich gegen Kälte und Nässe. Dagegen steht die Verschlimmerung auch durch Bettwärme.
Deutliche Schmerzen werden bei Bewegungen empfunden. Wie alle Säuren fühlt sich der Patient jedoch in einer gewissen Zwangssituation, die ihn dazu veranlasst, sich dennoch dauernd zu bewegen.
Nach der Arzneimittelprüfung leiden alle in der Homöopathie üblichen Säuren unter Ängsten, Schwächen, Zwängen, Schweißen.
Weiterhin sind die rheumatischen und sonstigen, auch allergischen Beschwerden begleitet von starker Müdigkeit, sogar großer Schlappheit bis zur Ohnmacht.
Warme Schweiße bringen keine Erleichterung. Neben dem äußerst starken Bewegungsdrang ist der Patient von der typischen Angst bestimmt, es könnte Unheil geschehen.
Müdigkeit und Schlappheit bewirken eine deutliche körperliche und geistige Leistungsunfähigkeit. Die Menschen leben dabei immer auch in der Angst, an einer schlimmen Krankheit zu leiden, auch wenn sie nur eine – binnen kurzer Zeit wieder abklingende – Urtikaria aufweisen. Diese ängstlichen, meist schwitzenden, äußerst schwachen Patienten erinnern mit dem eigenartigen Bewegungszwang, der sie nicht ruhig auf einem Stuhl sitzen läßt, an Tarantula.
In meiner Praxis waren das jene Patienten, die gerade im Frühling an akuten und schweren Heu-

schnupfenzuständen, gravierenden urtikariellen Erscheinungen, aber auch Asthmaerscheinungen litten, schon im Wartezimmer sehr unruhig hin- und herliefen, teils aus Angst, es könne etwas passieren, teils aus dem Zwang heraus, sich bewegen zu müssen. Dabei hatten sie warme Schweiße im Gesicht und waren so müde, dass sie am liebsten geschlafen hätten, was der Bewegungszwang wiederum nicht erlaubte.

Bei diesen Patienten brachte Acidum formicicum, in der **D30** bis **C200** i. v. injiziert, immer wieder eine kurze Zeit wirksame positive Entspannung; die Beschwerden gingen deutlich zurück.

Mit Formica rufa in gleicher Potenz oder ähnlicher Gabe hatte ich dabei keinen Erfolg. Formica rufa wirkt somit eher antiphlogistisch, während Acidum formicicum eine in der Praxis deutlich sichtbare histaminähnliche Wirkung hat, ohne noch stärker müde zu machen.

Bei Kindern ist Acidum formicicum gerade um die Potenz **C30** äußerst wirksam, auch oral. Es kann mitunter die von Angst geprägte Spannungssituation bei Heuschnupfen und Heuasthma deutlich vermindern und auch die Krampfzustände deutlich lösen.

Arzneimittelbild

Wichtige Symptome

- plötzlich auftretende Sensationen, Schmerzen, Juckreiz, Urtikaria, spastische Bronchitis, allergisches Asthma
- Gelegentlich plötzlich auftretende rheumatische Beschwerden. Dabei handelt es sich um allergische und hyperergische Haut- und Schleimhauterkrankungen, seltener um gelenkrheumatische Erkrankungen, außer bei Kindern.

Modalitäten

Besserung: durch Wärme und Druck.
Verschlimmerung: durch Kälte, Nässe und Bettwärme; durch Bewegung. Obwohl diese mehr Schmerzen verursacht, erzeugt ein Bewegungszwang Unruhe.

Wichtige Indikationen

- allergische Erscheinungen der Haut und Schleimhäute, wie Urtikaria, Heuschnupfen, Heuasthma, spastische Bronchitits
- starker Juckreiz
- seltener: rheumatischer Formenkreis (hier besser: Formica rufa!)

Ambra grisea

Ursprung

Die Herkunft dieses Mittels ist nicht genau bekannt. Das vermutlich pathologische Sekret des Pottwals wird im Meer schwimmend oder am After des Pottwals gefunden. Es dient als kostbarer Rohstoff zur Parfümherstellung. Bei der chemischen Analyse finden sich Terpenoide, die in mancher Hinsicht dem ähnlich wirkenden Castoreum entsprechen.
Ambra grisea wird seit etwa 500 Jahren in der medizinischen Literatur für die verschiedensten Indikationen, vor allem aber als Aphrodisiakum sowie Herz und Gemüt stärkendes Mittel erwähnt.
Arzneimittelprüfungen wurden von Hahnemann, Allen, Hering und Clarke durchgeführt.

Persönlichkeitsportrait

Erwachsene

Ambra-Persönlichkeiten sind meist sehr alt und wirken schwach, erregbar und äußerst nervös. Abends leiden sie an Angstzuständen. Sie sind oft verzweifelt, nie fröhlich. Redelust wechselt mit Niedergeschlagenheit. Ambra kann kein lockeres Gespräch führen, ist in Gesellschaft oft gehemmt und wechselt bei Unterhaltungen häufig das Thema. Enger Kontakt mit den Mitmenschen wird vermieden.
Ausgesprochen schwer fällt das Nein-Sagen, zumal Ambra der Meinung des anderen großes Gewicht beimisst und keine eigene Identität besitzt.

Kinder

Ambra-Kinder sind abgemagert und permanent erkältet. Bei psychisch verursachten Symptomen kommt es zu Zuckungen und Zittern der Gesichtsmuskulatur. Häufig finden sich dem Keuchhusten ähnliche Krampfzustände, Schlafstörungen und Angstträume. Auch fällt es den Kindern sehr schwer, sich zu konzentrieren.

Arzneimittelbild

Wichtige Symptome

- Die Anwesenheit anderer Personen wird als störend empfunden. Beim Stuhlgang oder Wasserlassen muss der Patient immer allein sein; selbst die Krankenschwester muss das Zimmer verlassen.
- Stärkere Eindrücke und geringste Beanspruchung der Nerven, beispielsweise durch Unterhaltungen, wirken verschlimmernd.
- Schlaflosigkeit infolge Gedankenfluss
- krampfartiger Husten mit Aufstoßen
- Kältegefühl im Unterleib
- leichte sexuelle Erregbarkeit
- Blutandrang zum Kopf
- Jucken der Geschlechtsteile
- einseitige Schweiße

Modalitäten

Verschlimmerung: durch Schlafmangel, beim Erwachen, nach dem Essen; durch Musik und laute Gespräche; bei zu hoher Raumtemperatur und beim Denken an die eigenen Beschwerden.
Besserung: durch Bewegung im Freien; kalte Luft, kalte Speisen.

Wichtige Indikationen

- Schlafstörungen
- Asthma, krampfartiger Husten
- Eierstockentzündung
- Obstipation, besonders bei nervösen Frauen

Praxistipp
Bei beginnender Alzheimer-Krankheit mit Gesichtsmuskelzuckungen kann Ambra zunächst in **D3**, dann langsam steigernd bis **C30** verordnet werden.

Apis mellifica (Apis)

Ursprung

Schon seit 50 Millionen Jahren existiert auf unserer Mutter Erde Apis mellificia, die Hausbiene, bestäubt Blüten und sammelt Honig. Ihre Art zu leben beeindruckte Staatsmänner und Philosophen. So ist im Koran zu lesen:
»Aus ihren Leibern kommt ein Trank, verschieden an Farbe, in dem eine Arznei ist für Menschen. Siehe, hierin ist wahrlich ein Zeichen für nachdenkende Menschen.« (16. Sure, 71)
In der Bibel finden wir:
»Iss, mein Sohn, Honig, denn er ist gut und Honigseim ist süß in Deinem Halse.« (Sprüche Salomonis, 24, 13)
Vergil schließlich schreibt in der »Georgica«, dem Lehrgedicht über Obst- und Gartenbau:
»Einzig nur sie haben alles gemein: Stadt, Kinder und Häuser, und sie leben beherrscht von ewigen, großen Gesetzen, einzig nur sie kennen Vaterland und gesicherte Heimstadt.«
Als unsere Urahnen noch in kaum geordneten Gruppen um Ernährung und Fortpflanzung stritten, hatten die Bienen schon eine staatliche Ordnung: Die Biene war das erste konsequent durchorganisierte Zoon politikon auf dem sich nach und nach bevölkernden Erdball.
Da sie gelegentlich in flüssiges Baumharz gerieten, finden wir Bienen heute unverändert in honigfarbenen glänzenden »Särgen« aus Bernstein. Sie waren königlich einbalsamiert, fast wie die Pharaonen. Auch der Kalkstein der rauhen Alb enthält Überreste vieler Bienen.
In den weiteren Erdzeitaltern veränderte sich ihre Form nicht.
Irgendwann im Laufe der Erdgeschichte kam es zur Begegnung des – noch nicht als Homo sapiens zu bezeichnenden – Menschen mit den schwärmenden Nomadenvölkern der Bienen. Der Mensch trat in ihre Lebensbezirke raubend und zerstörend ein. Dabei ging er im Gegensatz zum Bären überlegt vor: Er sah genau, wann im Laufe eines Jahres in dieser summenden Höhle, in der die Bienen lebten, die begehrten süßen Fladen, aber auch Wachs und Bienengift herauszuholen waren. Der süße Honig war etwas Einzigartiges, eine Art flüssiges Gold, das man in Felsenklüften, in alten Baumstämmen entdeckte. So ist es zu erklären, dass die Steinzeitmenschen schon damals die weiblichen Wesen mit verborgener Süße in Verbindung brachten. Auch die Poesie der alten Völker versah Inhalte wie Weib, Kind, Stimme, Gesang, Schlaf oder Liebe in allen Sprachen mit dem Attribut süß. In alten deutschen Weihnachtsliedern wird das Jesuskind als »honigsüß« apostrophiert. Und in der Odyssee finden wir das »melieusi gelausi«, das »honigsüße Gelächter«.
Die Bienenkönigin ist nie allein. Immer ist sie von ihren Hofdamen umgeben und wird gefüttert. Geht sie bei ihrem Hochzeitsflug einmal aus, ist sie sofort Ziel und Mittelpunkt einer sexuell rasenden Männergesellschaft, die mit ihr in dichter Wolke durch die Luft tobt. Als Resultat dieser Luft- und Lustreise wird diese Bienenkönigin die große Mutter eines ganzen Volkes, umhegt und gepflegt von Dienerinnen, stetig geleckt und gefüttert von Arbeitsbienen. Mehr als eine halbe Million Eier legt sie von Februar bis September, stellt also im Grund eine ungeheure Gebärmaschine dar. Dabei wirkt sie, die götzenhaft plump, schwer beweglich ist, mit Millionen Samenfäden im Leib, auf geheimnisvolle Weise auf ihren Hofstaat und auf ihr ganzes Volk zurück: Sie sondert Pheromon ab, einen Wirkstoff, der die Geschlechtersubstanz der weiblichen Arbeitsbienen, die die Königin umdrängen, völlig degenerieren lässt. Binnen kurzem sind alle Arbeitsbienen im Stock angesteckt.
Der weibliche Geschlechtstrieb wandelt sich, wenn die Legezeit zu Ende geht, in einen Bautrieb um, wiederum ausgelöst durch eines jener Pheromone, mit dem die Königin das ganze Volk ihrem eigenen Leben, dem Fruchtbarkeitsrhythmus, anpasst.
Auch das nymphenhafte Bienenvolk verständigt sich durch Signale und Alarmzeichen, die als Tanzrhythmen und Duftwolken erscheinen. Die chemischen Zusammensetzungen der meisten hier relevanten Wirkstoffe sind mittlerweile bekannt.
Königin, Arbeitsbienen, Drohnen sind Funktionen eines Überorganismus, vergleichbar etwa dem Leben einer Schwammkolonie, jedoch viel aktiver, kreativer und von großem Aktionsradius. Dabei sind alle Teile untereinander verbunden durch einen gemeinsamen Kreislauf von Nahrung, Hormon, Vitamin und nicht durch Instink-

te. Mittels ihrer Tanzsprache, erforscht durch von Frisch, können die Glieder eines solchen Volkes Trachtplätze und Entfernung vom Bienenstock übermitteln.
Die Biene ist nur ein Teil eines sozialen Organismus. An einem für uns unsichtbaren Faden ist sie an die Gemeinschaft gebunden und kann nicht als Einzelwesen leben. Versuche haben ergeben, dass sie, von der Gruppe getrennt, auch unter günstigsten Ernährungsbedingungen nach vier bis fünf Tagen zugrunde geht. Wenn der Mensch in das Bienenleben eingreift, gleicht das immer einem Naturereignis, wenn er den Stock ausräubert, sogar einer Naturkatastrophe. Jedes Mal nimmt das ganze Bienenvolk dieses Schicksal stoisch und gelassen hin, wenn auch im Kampf um die Erhaltung der gestörten Ordnung viele einzelne Glieder dieses hochstehenden Organismus ihr Leben lassen. Einen heroischen Kampf gegen ein Wesen wie den Menschen zu führen ist für die Bienen sinnlos, gegen ihresgleichen wehren sie sich jedoch mit Erfolg. Bei Naturkatastrophen, in denen dem Menschen jeglicher Gedanke an Verteidigung schwinden würde, oder auch in einer neuen Umgebung zeigen sie einen äußerst starken Erneuerungswillen.

Mythologie

Aus dem Bereich des Bienenlebens heraus entstanden zärtliche Anreden und Kosenamen, die natürlich nur in der Intimspähre gebraucht werden, so beispielsweise »mein geliebtes Honigtierchen«, auf griechisch »Melitta« oder auch »Melissa« und somit ein ganz offizieller Name. Welcher Vater, der seiner kleinen, süßen Tochter diesen Namen gibt, denkt dabei an Griechenland, an die Antike, an Bienenstachel oder an Honigsüße? Da er ein Mann ist und damit zur Gattung der Drohnen gehört, denkt er vielleicht bei der Namenswahl unbewusst an den Fleiß des weiblichen Honigtierchens. Melissa, die kleine, geflügelte Nymphe, ehemals eine Königstochter, erntete Blütennektar und fütterte mit »mel«, dem Honig, auf der Insel Kreta den Knaben Zeus, dessen Mutter Rhea ihn vor dem seine eigenen Kinder fressenden Titanen Kronos dorthin gerettet hatte.
Zusammen mit der schwesterlichen Ziegennymphe Amalthea, die dem künftigen Göttervater die Milch lieferte, zog Melissa diesen Kroniden Zeus groß. Nach griechischer Vorstellung muss also die Biene schon vor den Göttern auf der Erde gewesen sein. Wie das gelobte Land den Juden Milch und Honig verhieß, sahen die Griechen in diesen beiden Produkten Urnahrung und Götterspeise, die in der olympischen Küche zu Nektar und Ambrosia »melioriert« wurde. Lateinisch »melior«, »das Bessere«, ist also das »ins Honighafte gesteigerte Gute«. »Honigsüß« oder »wie Honig« ist ein schmückendes Beiwort, das den ganzen Homer durchzieht.
In Delphi stand neben dem Orakel ein Tempel des Apoll, in dem die Kranken behandelt wurden, beispielsweise durch Inkubation, Träume, Psycho- und Musiktherapie. Sie lagen in der großen Tempelhalle. Unter ihnen im Keller, durch Löcher im Boden deutlich zu sehen, waren Schlangen, deren heilsame Wirkung bei dieser Inkubation eine Rolle spielen sollte. Die Tempeldienerinnen empfingen in leichten Gewändern die Patienten mit ihren Angehörigen, die ihnen zur Fütterung der Schlangen Honigbrote gaben, die wir als honigsüße Kuchen heute noch in Griechenland essen können. Einen Teil davon aßen auch die Mädchen. Jede Tempeldienerin wurde, weil sie das honigsüße Gebäck in Empfang nahm, »Melitta« (Biene) genannt. Wenn die Nacht hereinbrach, kümmerten sich die Priester und Ärzte, damals noch häufig in einer Person, um die Patienten. Die Tempeldienerinnen gingen nach Hause oder aber auch zu den Angehörigen, die auf die Heilung der Kranken im Tempel warteten. Sie unterhielten die Angehörigen, trösteten sie in ihrem Schmerz und schenkten ihnen ein wenig Liebe, allerdings nicht ohne Entgelt, da der Gottesdienst ein Ehrenauftrag war und keine Einnahmen brachte. Die »Bienen« waren also bereit, die Nächte mit den Angehörigen zu verbringen, und im Rahmen der käuflichen Liebe hat sich der Name »Melitta« bis heute erhalten.

Persönlichkeitsportrait

Als Persönlichkeitsportrait finden wir Apis nicht nur bei kleinen Kindern, sondern auch bei Erwachsenen, nicht nur in der Blüte der Lebensjahre, sondern auch noch im Herbst und im Winter des Daseins. Selbst im Greisenalter und Stunden vor dem Tod kann Apis noch personotrop eingesetzt werden.
Für Leben, Liebe, Gesundheit, Krankheit, Arbeit, Sterben oder Tod ist die Biene und ihr Medikament von Bedeutung, oft geheimnisvoll, dämonenhaft, als moralisches Symbol, aber auch als Symbol dämonischen Sexualverhaltens.
Im Hinblick auf die Produkte der Bienen, den Ho-

nig, wie Honigtöpfe und Honigwaben, das Wachs, ja sogar Propolis ist der Hl. Ambrosius zu zitieren. Er ist der Heilige der Imker, der mit einem Bienenkorb dargestellt wird und eine fromme Laudatio auf die Biene hielt. Seit dem Hl. Ambrosius gilt für alle Bienen-Segen die Formel: »Das Wachs den Heiligen, der Honig den Menschen.«

Das Wachs erfährt eine wunderbare Verwandlung zur Flamme, es löst sich auf in Licht, verzehrt sich selbst und wird so sublimiert als Symbol der Reinigung und Erleuchtung. Die Kerzenständer in jeder Kirche erinnern an diesen Läuterungsgedanken. So kann sich auch eine Apis-Persönlichkeit selbst verzehren für einen anderen. Sie kann sich in die Lage des anderen versetzen, sich identifizieren mit Leid, Schmerz und Sorgen und so als großer Helfer auftreten.

Die Unterdrückung der geschlechtlichen Funktion, wie wir sie bei der Biene deutlich gesehen haben, kann sich auch bei jungen, etwas albernen, schwärmenden Teenagern, aber auch bei geschlechtsreifen Frauen in den besten Jahren auswirken, beispielsweise in einer Amenorrhö, als Folge von Schreck und Entsetzen. Diese gestörte oder noch nicht angefangene Beziehung zur eigenen Geschlechtlichkeit zeigt sich auch deutlich in Träumen. Hier kann der Junge träumen, er sei ein Mädchen, oder ein Mädchen, es sei schon eine Frau. Wichtige Persönlichkeiten vor oder nach der Menopause sind die »grünen« bzw. die »feurigen Witwen«, die bis hin zur sexuellen Manie oder gar zur Nymphomanie gesteigeres Geschlechtsverlangen haben, vergleichbar dem der Königin. Dies sind dann meist sehr lebhafte, äußerst sympathische, gut aussehende Frauen, die auch im Alter von 50 bis 60 Jahren noch eine sehr gute Figur haben. Sie treten auf wie ein Mannequin, das ein wenig nervös und reizbar ist. Immer sind sie sehr elegant und ordentlich angezogen, sorgfältig frisiert, sehr sauber, dabei aber etwas unruhig oder auch exaltiert. Gerne tragen sie etwas, dabei bewegen sie fortlaufend die Hände. So wandert beispielsweise die Handtasche von einer Hand in die andere. Einer ihrer Körperteile bewegt sich immer, sei es die Schulter, sei es der Kopf, sei es die Glutäalgegend oder auch die meist hübschen Brüste. Die beschriebenen Frauen ähneln in ihrem Verhalten den Bienen, die an wunderschönen Blüten landen und sich dort dauernd bewegen, indem sie den Kopf vorstrecken, die Flügelchen und die Beinchen bewegen. Ihre meist starke erotische Ausstrahlung verhehlen sie nicht. Vernachlässigte, frustrierte Apis-Frauen können sich zu Nymphomaninnen entwickeln, die sich unter Umständen nur mit Mühe zurückhalten können, auch fremde Männer anzusprechen.

Meist hat Apis viele Freunde, verkraftet dies allerdings seelisch nicht ganz.

Charakterlich zeichnen sich Apis-Persönlichkeiten durch großen Fleiß, Geschäftigkeit und Unruhe aus. Auch nach leichter Arbeit können sie sehr schnell erschöpft sein. Um alles machen sie sich Sorgen, können an keiner Freude mehr teilnehmen, manchmal müssen sie sogar weinen. An den Tod denken sie ohne Furcht. Apis sorgt sich und opfert sich auf für andere, scheint aber keinen eigenen Willen zu haben, besonders in dem ausgeprägten Triebleben. Unruhig ist Apis, nervös, dabei ordentlich und fleißig. So schnell diese Persönlichkeit von der Arbeit erschöpft ist und ausruhen muss, so wenig erschöpft ist sie vom Lieben; immer wieder aufs Neue ist sie zu lieben bereit.

Die Erwachsenen träumen häufig sehr viel, von Plagen, weiten Reisen, wie Flugreisen, oder von Luftsprüngen. Dabei werden sie zu einem Vogel. Sie träumen von Flugzeugen, die nicht richtig funktionieren oder sogar abstürzen, oder von großen Tafeln, auf denen Speisen stehen und an die sie herangeführt werden. Sie träumen auch von Orten, an denen unendlich viele Leute versammelt sind. Hier ist an den Bienenstock und an die vielen Bienen zu erinnern, die dort versammelt sind: Die Bienen führen durch ihren Tanz alle zu den Futterstellen. Das Fliegen der Bienen und ihr Leben im Bienenstock sind in diesem Zusammenhang auch von Bedeutung, so die gesteigerte Lust, anderen zu helfen, sich mit anderen zu identifizieren. Hier ist an Dädalus und Ikarus zu erinnern, die der Sonne zu nahe kamen. Sie brachte das Wachs zum Schmelzen, und beide stürzten dann ab: von der Höhe der Luft in die Tiefe des Trieblebens.

Gesteigerte Reizbarkeit ist ein weiteres Merkmal der Apis-Persönlichkeit, z. B. wenn sie bei der Arbeit gestört wird. Schließlich ist sie auch, ähnlich wie Lachesis, unglaublich eifersüchtig auf den Partner, der sich mit seiner Arbeit, mit seinem Beruf so stark identifiziert, dass man ihm am liebsten den Beruf wegnehmen möchte. Manche Frauen zerreißen ihren Männern Bücher, die diese als besonders wertvoll empfinden, und werfen sie in den Mülleimer.

Freilich sind hier auch jene alten Herren und Damen zu erwähnen, die in höherem Alter noch ein pubertäres Schwärmen in ihrem Herzen tragen,

sich verlieben in junge Menschen, mitunter auch albern und lachen und ihr Gehirn zermartern mit tausend Gedanken darüber, was das verehrte Wesen während der eigenen Abwesenheit wohl treibt.
Die Biene, die das Wachs für die Kerze liefert, die am Sterbebett angezündet wird, und der Honig, mit dem man den Sterbenden einen letzten erfrischenden Trank süßen kann, sind unter gewissen Voraussetzungen auch wunderbare Mittel für die letzten Stunden und Minuten des Lebens.
Der Patient trotzt seiner Sterbestunde. Es ist ihm viel zu heiß, er sehnt sich nach Kühlung und möchte das Gefühl, ein Feuer brenne in ihm, mit kalten Tüchern, mit Kälte vertreiben. Er hat Sehnsucht nach einem kalten Umschlag, nach kalten Getränken, trinkt aber nur winzige Schlucke. Die allgemeine Unruhe ist viel größer als seine Angst, und ein ständiges Bewegen der Extremitäten und des Kopfes zeichnet seine Kinetik aus. Mit wachen, immer beweglichen Augen lässt er seinen Blick schweifen, schaut den Arzt, seine Angehörigen und die Krankenschwester an, und zwischendurch richtet sein Blick sich in die Ferne, vielleicht in die Unendlichkeit, in die er selber bald eingehen wird.

Literatur

Die Apis eigene Sehnsucht nach Geborgenheit und Heimat, der Mangel an Wärme findet sich auch in dem Gedicht »Vereinsamt« von Friedrich Nietzsche:

Die Krähen schreien
und ziehen schwirrend flugs zur Stadt:
Bald wird es schneien.
Wohl dem, der jetzt noch Heimat hat.

Nun stehst du starr,
schaust rückwärts, ach! Wie lange schon?
Was bist du Narr
vor Winters in die Welt entflohen?

Die Welt – ein Tor
zu tausend Wüsten stumm und kalt!
Wer das verlor, was du verlorst,
macht nirgends halt.

Nun stehst du bleich,
zu Winterwanderschaft verflucht,
dem Rauche gleich,
der stets nach kältern Himmeln sucht.

Flieg, Vogel, schnarr
dein Lied im Wüsten-Vogel-Ton! –
Versteck, du Narr,
dein blutend Herz in Eis und Hohn.

Die Krähen schreien
und ziehen schwirrend flugs zur Stadt:
Bald wird es schneien.
Weh dem, der keine Heimat hat!

Arzneimittelbild

Wichtige Symptome

- Ödematöse Schwellungen und Erytheme: plötzliches Einsetzen mit voller Intensität. Brennen, Stechen und Jucken, plötzlich auftretend. Brennen und Roheit der geschwollenen Zunge.
- Feurig rote Schwellung des Schlundes mit Uvulaödem, Zusammenschnüren des Halses. Schlucken von einem Tropfen Wasser ist schon erschwert. Ödematöse Anschwellung der Schamlippen. Scharlachartiges Erythem.
- Reizung der Harnwege: häufiger Drang. Akute Anurie, Besserung mit reichlichem Urinabgang einsetzend. Durchfällige Stühle. Gefühl des »offenen Anus«.
- seriöse Ergüsse: Pleura, Synovial- und Peritonealergüsse, Ovarialzysten
- Allgemeinwirkung: Herzsynkopen, Verwirrung, Schwindel, dumpfer Kopfschmerz, gelindert vom Druck der Hände. Abwechselnd trockene Hitze und Frösteln. Kein Durst trotz Trockenheit des Mundes. Kein Schwitzen, oder Schwitzen nur an manchen Stellen.
- Eifersucht

Modalitäten

Verschlimmerung: durch Wärme in jeder Form. Empfindlichkeit gegen Berührung, besonders am Kopf, am Hals, in der Ovarialgegend und an allen lokalen Erkrankungsstellen.
Schmerzen schlimmer durch Druck, aber Kopfschmerzen besser durch Gegendruck.
Besserung: durch kalte Anwendungen, kaltes Wasser, kalte Luft und Aufdecken.
Causa: Eifersucht, Schicksalsschläge mit völligem Verlust der Habe.

Toxikologie

Es ist verwunderlich, dass die Honigbiene, die sich nur von Zucker ernährt, ein starkes Gift produzieren kann, das für ihre eigenen Artgenossen, aber auch für andere Insekten, wie Wespen oder Hummeln, tödlich ist. Dieses Gift dient nicht nur zur Selbstverteidigung, sondern hauptsächlich zum Schutz der sozialen Gemeinschaft gegen Eindringlinge, wie Bienen eines anderes Stockes, Wespen oder unerwünschte Königinnen. Da der gestochene Feind fast sofort stirbt, muss man einen neurotropen Bestandteil im Bienengift als wahrscheinlich ansehen, das somit dem Gift der Grabwespen vergleichbar ist, die Spinnen oder Raupen durch Einspritzen ihres Giftes in die Zervikalganglien töten. Im Experiment zeigt eine Fraktion der Bienengifte, wie Curare oder Nikotin, neuromuskuläre Wirkungen. Es werden Erregungszustände der ungestreiften Muskulatur sowie von Kreislauf und Blutdruck ausgelöst.

Toxisch werden die Gifte dann, wenn der Stachel zufällig in eine kleine Vene eingedrungen ist und das Toxin in die Blutbahn gelangt. Möglicherweise sind die seltenen schweren, machmal tödlichen Folgen eines Bienen- oder Wespenstiches auf ein solches Ereignis zurückzuführen. Aber auch dann ist eine besondere Empfindlichkeit der Person mit verantwortlich. Hier kommen wir in Bereiche von Immunität und Allergie, die uns noch einige ungelöste Aufgaben stellen.

Wichtige Indikationen

- Urtikaria
- angioneurotisches Ödem
- Keratokonjunktivitis mit starker Chemosis
- akute Netzhautablösung
- Glossitis
- Laryngitis und Pharyngitis
- Meningismus
- Zystitis
- Nephritis
- Enterokolitis
- Pleuritis
- Aszites
- Hydroarthrosis
- Ovarialzyste
- Hilfe in Todesstunden bei heftiger Hyperkinetik

Aranea diadema

Ursprung

Aranea diadema, die Kreuzspinne, zählt wie alle Spinnen zum Stamm der Gliederfüßler (Arthropoden), der in die Klasse der Insekten, Tausendfüßler und Spinnentiere (Arachniden) unterteilt wird. Kennzeichen der Gliederfüßler ist der Panzer, ein Außenskelett aus der leichten, aber sehr harten Substanz Chitin, der das Wachstum hemmt und deshalb mehrfach abgeworfen wird.
Der Spinnenkörper besteht aus Kopf- und Bruststeil, an dem sich die acht Beine befinden, sowie dem Hinterleib mit den die Spinnfäden produzierenden Spinndrüsen. Jede Spinnenart hat anders ausgebildete Augen. Die bei Lycosa ausführlich beschriebenen, mit den Giftdrüsen verbundenen Kieferklauen (Chelizeren) dienen zum Ergreifen und unmittelbaren Töten der Beute. Manche Spinnen umspinnen das Opfer, um es danach zu lähmen und zu töten. In die Beute wird dann Verdauungssaft gespritzt. Die so entstandene Substanz wird dann von der Spinne aufgesaugt.
Für den Menschen sind Spinnenbisse nicht lebensgefährlich. Sie wirken lokal toxisch, können allerdings starke Schmerzen und Lähmungen verursachen.
Nur wenige Spinnen wohnen in Gemeinschaft, da sie sich in der Regel gegenseitig auffressen; so frisst das Weibchen häufig nach der Befruchtung das Männchen, die Jungspinne die Mutter und Geschwister. Das Brutpflegeverhalten ist dennoch sehr ausgeprägt.
Als Radnetzspinne baut die Kreuzspinne ein rundes Spinnennetz. Aufgrund des weißes Kreuzes, das sie auf dem Hinterleibrücken trägt , galt sie im Mittelalter als heilig.

Persönlichkeitsportrait

Aranea-diadema-Persönlichkeiten sind ungeduldig, verlieren häufig den Faden beim Reden und wirken sehr zerstreut. Sie sind verschlossen, sprechen aber besonders gut auf Musik und Rhythmus an. Mit der eigenen Sexualität haben sie große Probleme. Oft findet sich in der Kindheit ein Missbrauch durch die Mutter. Sie erleben zu selten Geschlechtsverkehr oder empfinden diesen als zu intensiv. Auch die Schwangerschaft ist häufig problematisch.
Diese Menschen schlafen sehr unruhig, haben große Angst und fühlen sich bei Menschenansammlungen bedroht. Enge Kleidungsstücke verursachen heftige Beklemmungen. Weiterhin besteht das Gefühl, das Gesicht sei klebrig. Schokolade und Obst werden gerne verzehrt.
Areana diadema zählt zu den Mitteln, die nach Grauvogl vor allem für die hydrogenoide Konstitution wichtig sind. Es besteht große Empfindlichkeit gegenüber Feuchtigkeit und Kälte. Diese Menschen können nicht in der Nähe von Seen, Bächen oder Flüssen leben und lehnen Baden im Freien ab.
Alle Symptome zeigen sich periodisch immer zur selben Zeit.

Arzneimittelbild

Wichtige Symptome

- Ungeschicklichkeit
- Gefühl von Eiseskälte in den Knochen
- unruhige, kalte Hände
- Zuckungen, Zittern
- stechende Schmerzen, die immer zur selben Tageszeit auftreten

Modalitäten

Verschlimmerung: in der Frühe nach dem Aufstehen, durch Kälte und Feuchtigkeit.
Besserung: durch Wärme, Trockenheit, Tabakrauchen, Musik.

Wichtige Indikationen

- Spätfolgen von HWS-Trauma nach Auffahrunfall
- Neuralgien, Neuritis
- unklare, periodisch wiederkehrende rheumatische Beschwerden
- bohrender Fersenschmerz unklarer Genese bei jungen Männern

Praxistipp
Patienten, die nicht auf Schlangengift reagieren, sprechen häufig auf Aranea diadema an. Bei einem meiner Patienten, der erst nach einem Jahr regelmäßiger Konsultationen erzählte, als Fünfjähriger von seiner Mutter missbraucht worden zu sein, bewirkte das Mittel endlich deutliche Besserung.

Bufo bufo (Bufo rana)

Herkunft

Von den Amphibien hat nur die gewöhnliche Kröte Rana Bufo L. oder Bufo bufo einen Platz in unserer Arzneimittellehre. Von jeher war der Mensch gegen die Kröte voreingenommen und empfand Abneigung gegen das hässliche, kalte und langsam kriechende Tier. In alten Büchern finden wir allerlei Fabeln über seine Giftigkeit und Vorschläge, wie man es töten könnte. Im Grunde ist diese Kröte ganz harmlos, solange sie nicht provoziert wird. Dafür, dass sie in den Gärten sehr viele Schädlinge vertilgt, hat sie eigentlich nie den richtigen, ihr gebührenden Rang erhalten.

Ein auffälliges Merkmal der Kröte sind die warzenartigen Erhebungen, die über die ganze Rückenoberfläche verstreut sind, und die Polster hinter den Ohren. Sie werden durch Drüsen gebildet, deren eigenartiges Sekret für die arzneiliche Wirkung der Krötenhaut verantwortlich zu machen ist.

Das Drüsenpaket ist als Parotis beschrieben worden, hat aber nicht die Funktion, Speichel zu produzieren. Die physiologische Bedeutung dieser Hautdrüsen ist nicht bekannt, wohl aber die chemische Zusammensetzung des Sekretes, dessen arzneiliche Wirkung somit besser zu verstehen ist.

Geschichte

Die Geschichte der Kröte in der Medizin kann man bis ins hohe Altertum verfolgen. Auch im griechischen, römischen und arabischen Raum finden wir Autoren, die die Kröte erwähnen. Selbst die Chinesen verwenden seit Jahrhunderten die getrocknete und pulverisierte Krötenhaut als Arznei, Ch' an Su genannt, und wissen sie wohl zu gebrauchen.

Bei Dioskurides und Matiolus finden wir Hinweise auf die Wirksamkeit des Krötengiftes oder aber auch der ganzen Kröte in pulverisierter Form. Avicenna schreibt: »Getrocknete und pulverisierte Kröten im Getränk verursachen Entzündungen, Trockenheit des Rachens und des Schlundes, aber auch geistige Schwäche, Delirium und Amentia.«

Wenn wir heute bedenken, dass die Hauptwirkung von Bufo entsprechend der Arzneimittelprüfung im psychischen und motorischen Bereich liegt, erscheint so manche dieser Bemerkungen nicht aus der Luft gegriffen.

Die empirischen Anwendungen von Bufo waren vor allem bei hydropischen Zuständen, Drüsentumoren und Brustkrebs bekannt. Hahnemann betrachtete diese Kröte in der Therapie mit Skepsis, Paracelsus hat sie bei der Pestilenz empfohlen.

Pharmakologie

Die Bestandteile Bufagenin und Bufagin sind bei den verschiedenen Krötenarten in unterschiedlicher Menge vorhanden. Ihre Strukturform ähnelt der der Aglucone der Herzglykoside, am meisten der der Scilaride.

Von größerer pharmakologischer Bedeutung hinsichtlich Arzneimittelbild und homöopathischer Anwendung sind andere Bestandteile des Hautdrüsensekretes der Kröten, besonders im Hinblick auf die Hauptwirkung des Bufo, die das zentrale Nervensystem betrifft. Wir finden sie gelegentlich in der offiziellen Pharmakologie als Kuriosität. Schlüsselsubstanz ist Bufotenin, ein Stoff, der auch in der Mukosa des Darms von Säugetieren gefunden wurde. Wie schon Avicenna angibt, wirken Bufotenin und seine Begleitderivate vornehmlich auf die Ganglien des Hirnstammes, was die Einwirkung von Bufo auf das psychische Verhalten erklärt.

In der neueren Zeit bestätigte sich die Auffassung, dass Bufotenin die psychischen Funktionen tiefgreifend beeinflussen kann. Bufotenin wurde als aktive Substanz in Piptadenia peregrina, einem tropischen Strauch aus der Familie der Leguminosen, festgestellt. Die Samen dieser Pflanzen wurden früher in gepulverter Form von den Indianerstämmen am oberen Amazonas unter dem Namgen »Cochobba Parica« oder »Niopo« angewandt und wegen ihrer psychomimetischen Wirkungen als Schnupfmittel eingesetzt. Heute noch benutzen die Eingeborenen dieses Mittel bei religiösen Zeremonien, um mit unsichtbaren Mächten in Verbindung zu treten. Es ist anzunehmen, dass dabei Zustände auftreten, die an die Verwendung von Rauschgift erinnern. Reiseerzählungen alter Forscher beschreiben eine auf-

fallende Wirkung auf die sonst gewöhnlich stumpfsinnigen und schweigsamen Menschen. Sie werden gesprächig, singen, schreien, springen in wilder Aufregung hin und her. Bei Nachlassen der Erregung fangen sie wieder an zu trinken, und so vollzieht sich tagelang ein Wechsel zwischen Erregung und Depression.
Als Folge der beschriebenen ekstatischen Zustände dieser Pflanze, die Bufotenin enthält, kennen wir immer eine Depression.
Bei der ersten Arzneimittelprüfung im Jahre 1832 von Hencke wurde Bufo in die Arzneimittellehre eingeführt. Er prüfte eine Tinktur, die durch Mazeration des ganzen Tieres in Alkohol hergestellt war. Weitere Arzneimittelprüfungen wurden 1850 von Mure und später von Desterne vorgenommen.

Persönlichkeitsportrait

▶ Erwachsene

Während im vorigen Jahrhundert die Epilepsie als Hauptindikationsgebiet für den homöopathsichen Gebrauch von Bufo angegeben worden war, haben sich die Meinungen über den Wert des Mittels inzwischen deutlich geteilt. Die Anwendung von Bufo bei Epilepsie hatte ihren Ursprung in Frankreich.
Ich selbst habe es in meiner Praxis nie bei Epilepsie angewandt und bei diesem Krankheitsbild nie eine Symptomatik gefunden, die Bufo notwendig machte. In anderen, ebenfalls anfallsartigen Situationen hat es sich in meiner Praxis jedoch bei Erwachsenen und bei Kindern sehr bewährt.
Houats Bericht und die Arzneimittelprüfung nennen sehr interessante Symptome, nämlich »nervöse Anfälle mit Lachen und Weinen zugleich, die unvermittelt ineinander übergehen«. Dies gilt auch für Strychnin, als Folge einer Wirkung auf die Basalganglien am Hirnstamm. Ähnliche Situationen haben wir auch bei Parkinsonismus, wenn Anfallssituationen eintreten. Angriffsort und Wirkungsrichtung dieses Mittels sind somit wohl in diesem Bereich zu finden.
Grundsätzlich sind diese Persönlichkeiten sehr ängstlich und haben vor allem Angst zu versagen. Gerade bei Kindern besteht häufig Versagensangst, bei Erwachsenen Erwartungsangst und Erwartungsspannung. Diese wie Natrium muriaticum im Grunde verschlossenen Menschen sind unruhig, nicht gerade redselig und öffnen die Tür zu ihrem eigenen Ich nur sehr schwer. Sie vermitteln das Gefühl, in ihrer eigenen Welt zu leben, und wirken auf den Außenstehenden manchmal direkt geistesabwesend. Bei diesen Menschen treten plötzlich völlig unerwartete Situationen auf, so beispielsweise ein starker, quälender Juckreiz. Möglich sind auch aggressive Anfälle, beispielsweise beim Heimkommen. Die Betroffenen werfen einen Gegenstand in die Ecke, regen sich auf und schreien, um hinterher zu weinen und an Schlaflosigkeit zu leiden. Um Aufmerksamkeit auf sich zu ziehen, ziehen sich diese Menschen häufig sehr zurück und vermitteln den Eindruck zu träumen.
Häufig sitzen sie nicht still, haben immer irgendetwas zu tun, müssen sich immer bewegen und fühlen sich besonders bei Bewegung wohl. Auch gehen sie nicht gerne früh zu Bett. Hier ist zu beachten, dass die ebenfalls unruhigen Sulfur-Patienten im Gegensatz zu Bufo häufig eine Vikariation und Hauterscheinungen oder andere neurologische Symptome aufweisen.
Bufo-Patienten sind sehr nervös; selbst die Erwachsenen kauen noch auf ihren Nägeln. Auch hier hat sich Bufo als ein Mittel für anfallsartig auftretende, emotionale, temperamentvolle oder krampfähnliche Anfälle erwiesen. Dabei ist häufig ein starker Wechsel des Aspektes zu beobachten: Neben den genannten aggressiven Anfällen finden sich völlige Ruhe und Freundlichkeit, ja sogar ein Zärtlichkeitsbedürfnis. Häufig vermitteln diese Patienten den Eindruck, nicht zuzuhören, und reagieren erst nach mehrmaligem Ansprechen. Manche scheinen nicht sehr klug zu sein. Man weiß aber, dass sie sehr fleißig sind und vieles erreichen können.
Die immer wieder auffallende Unruhe beinhaltet auch Ungeduld, die sehr stark sein kann. In Verbindung mit den anfallsweise auftretenden Temperamentsregungen oder Affekten kann das Problem einer sehr starken Libido auftreten, was wiederum dazu führt, dass der Patient sehr gern masturbiert. Die Aussagen älterer Literatur, bei epileptischen Anfällen träten häufiger Masturbationen auf, kann ich nach meinen Erfahrungen nicht bestätigen.
Mit dem pausenlosen Wechsel von Träumerei und Affekten, von Temperamentsausbrüchen, Aggressionen und Zärtlichkeitsbedürfnis ist Bufo ein bemerkenswerter, zumindest sehr stark Aufmerksamkeit heischender Patient. Mangelt es bei seinem Partner, in diesem Fall dem Arzt, an Aufmerksamkeit, bekommt er sehr schnell wieder Anfälle. Ich habe nie einen epileptischen Anfall erlebt, aber doch sehr starke krampfbezoge-

ne Situationen, die bis zu Schreien und körperlichen tonisch-klonischen Zuckungen führten. Man hat den Eindruck, diese Persönlichkeit leidet sehr darunter, dass der Außenstehende nicht begreift, was ihm durch Worte, Bewegungen oder Handlungen mitgeteilt werden soll.

Bufo-Patienten erfordern intensives Nachdenken und das Suchen nach dem roten Faden des Aspektwechsels, der ganz plötzlich scheinbar grundlos auftritt.

Kinder

Bei Kindern hilft dieses Mittel nach meiner Erfahrung vor allem bei auffallenden Situationen im ersten und zweiten Lebensjahr sehr gut.

Schon beim Kleinkind zeigt sich Ungeduld, die sich vor allem darin äußert, dass es nicht stillhalten kann. Manchmal allerdings setzt es sich allein in eine Ecke und will alleine spielen oder mit seinen geliebten Tieren sein. Bitten Älterer, insbesondere der Eltern, werden überhört oder genau ins Gegenteil verkehrt, was die verlangte Tätigkeit anbelangt.

Das Kind erfordert immer die Aufmerksamkeit der anderen, zieht sich dann aber zurück, um plötzlich wieder da zu sein. Es kann sich träumerisch zeigen, um Sekunden später äußerst aggressiv zu werden, ist also von wechselhaftem Temperament.

Zwischen Kind und Außenwelt besteht ein Beziehungsproblem, da es sich nur schwer äußern kann. Gerade aufgrund von Sprachschwierigkeiten ist es sehr unglücklich und dadurch wiederum aggressiv. So streckt es beispielsweise die Zunge heraus und vermittelt meist auch durch den Gesichtsausdruck den Eindruck geringer geistiger Kapazität. Auch kann es sehr wütend werden.

Das Kind hat die Neigung zum Nägelbeißen, Zähneknirschen kommt gelegentlich vor. Epileptische Anfälle finden wir bei diesen Kindern nicht. Im Schlaf kommt es häufig zu einem Zucken der Extremitäten. Werden die Kinder älter, gehen sie plötzlich gern schlafen, um masturbieren zu können. Schon in ganz frühen Jahren spielen sie mit ihren Genitalien, wie Hyoscyamus und, seltener, Cantharis, Belladonna und Stramonium (Kent III, 745).

Zusammenfassend ist festzuhalten, dass die Kinder in ihrer Entwicklung gestört und durch Verhalten sowie Sprache geistesschwach scheinen. Allerdings verfügen sie über ein sehr gutes Gedächtnis. Beispielhaft sei hier ein mir bekannter, beruflich sehr erfolgreicher promovierter Versicherungs-Mathematiker erwähnt, der hinsichtlich der Kontaktfähigkeit weit in der Entwicklung zurückgeblieben war. Er zeigte sich daher nicht nur verschlossen, sondern etwas kindlich.

Körperlich erscheinen meist kleinere Eiterungen, kleine Panaritien, die einmal rezidivieren, aber ähnlich wie Sulfur nicht ganz generalisieren.

Arzneimittelbild

Wichtige Symptome

- Gedächtnisschwäche, Traurigkeit, Träumerei, dabei aber Ruhelosigkeit, große Reizbarkeit mit Ungeduld, Zorn, Aggression, Weinen, Nervosität. Manchmal Zeichen von Imbezillität, dann wieder deutliche Zeichen einer guten und klaren Intelligenz.
- Neigung, andere zu beißen und auf den Nägeln zu kauen. Unvollständiges Sprechen, mangelhafte Wortbildung.
- Verlangen nach Einsamkeit. Aggressionen, wenn man nicht verstanden wird oder keine Aufmerksamkeit erregt.
- Lachen und Weinen zugleich, Kichern bei allen Gelegenheiten
  Herausstrecken der Zunge oder andere ablehnende Äußerungen, wenn man sich nicht verstanden fühlt.
  Dies sind keine Zeichen von Geistes- oder Gemütskrankheit, sondern zeugen eher von geistiger Entwicklungshemmung. Bei Kindern sind diese Hinweise häufig, bei Erwachsenen selten sichtbar.
- Mangel an Selbstkontrolle, große Fresssucht oder ungenügende Beherrschung des Geschlechtstriebes
- Bei Aggressionen schlägt er um sich, beißt oder kratzt. Er kann sich trotz aller Bitten nicht beherrschen und zieht sich dann lieber zurück.
- Glänzende Gegenstände und helles Licht werden nicht ertragen (Hyoscyamus), Musik wird nicht gut vertragen.
- Ständiges Lecken der Lippen und Herausstrecken der Zunge, beißt sich leicht in die Zunge, Mundgeruch.
- verlangt nach süßen Getränken
- Stuhlgang normal, mehrmals täglich
- Immer Neigung, mit den Genitalien zu spielen.

- Mitunter hat man den Eindruck, als ob die Beine nicht ganz gehorchen, besonders bei Absencen.
- nach den Mahlzeiten schläfrig

Modalitäten

Verschlimmerung: im warmen Zimmer, in Wärme überhaupt, auch bei Sonnenwärme und beim Erwachen.
Besserung: durch Baden oder in kühler Luft; wenn die Füße mit heißem Wasser bedeckt sind.

Wichtige Indikationen

- Entwicklungsstörungen
- Immer dann, wenn der Eindruck besteht, dass der Patient Probleme mit seiner Umwelt hat und darunter leidet, dass seine Umgebung ihn nicht versteht, sei es, weil er schlecht sprechen kann, sei es, weil er sich schlecht mitteilen kann.
- unglaublich starker Wechsel zwischen gegensätzlichen Emotionen, Lachen und Weinen, Aggressionen und Zurückgezogenheit, Zärtlichkeitsbedürfnis, Beißen, Kratzen usw.
- Entzündungen der Haut bei geringsten Verletzungen, leichte Entzündlichkeit von Follikeln oder oberflächlichen Verletzungen bis zu Eiterungen und Lymphangitis. Rezidivierendes Panaritium.

Corallium rubrum

Ursprung

Die Rote Koralle zählt zu der formenreichen, meeresbewohnenden Klasse der Zölenteraten. Sie besteht nahezu gänzlich aus Calciumkarbonat. Die chemische Konstitution des roten Farbstoffs ist nicht ganz geklärt; mit großer Wahrscheinlichkeit ist er ein Derivat des Alizarins, eine Anthrachinonverbindung, und enthält Jod. Hierfür spricht, dass Atemwege und deren Schleimhäute reagieren.

Nach Hahnemanns im Apothekerlexikon nachzulesender Anmerkung ist die in der Roten Koralle enthaltene Arzneikraft die der reinen Kalkerde; hinsichtlich des roten Farbstoffs bemerkt er, dass dieser sich durch anhaltendes Sieden in ätherische Öle ausziehen lässt, so dass die Koralle plötzlich weiß wird, das Öl rot. Entgegen anderen Forschern schließt er daraus, die Farbe rühre von einem Pigment her, nicht aber vom Eisen.

Die Rote Koralle ist seit Jahrhunderten bekannt und wurde schon bei Dioscorides und Paracelsus lobend erwähnt. Allerdings hat erst Attomyr an sich selbst und zwei Prüflingen Corallium in der dritten Verreibungsstufe eingesetzt; als Hauptwirkungsbereich zeigte sich die Belüftung der Ohren.

Persönlichkeitsportrait

Corallium klagt häufig über starke Stirnkopfschmerzen, die von innen nach außen drücken und sich bessern, wenn der Patient den Oberkörper entblößt.

Die Patienten leiden häufig und völlig unabhängig von Nässe und Kälte an einem Fließschnupfen, der nach zwei Tagen in den Nasen-Rachen-Raum übergeht. Es folgt ein bei Tag und Nacht überaus quälender Reizhusten.

Aufgrund der Empfindlichkeit gegen kalte Luft kriecht Corallium nachts unter die Bettdecke; tagsüber hält er sich ein Tuch vor den Mund.

Arzneimittelbild

Wichtige Symptome

- trockene Schleimhäute der Nase und des Rachens
- große Empfindlichkeit gegen kalte Luft
- Nervöser Reizhusten, der in schneller Folge zum »Schnellfeuerhusten« wird. Der Patient schnappt schon vor dem Anfall nach Luft.
- Ständiges Räuspern durch Schleimklumpen, die sich im hinteren Nasen-Rachen-Raum lösen, und Aushusten von zähem, fadenziehendem Schleim.
- Bei tiefem Einatmen verspürt der Patient eiskalte Luft. Dabei kommt es zu Hustenreiz und oft sehr schmerzhaftem Husten.
- In den Morgenstunden starke Schleimabsonderung beim Husten mit heftigem Druckschmerz an der Brust, der bis in die Schulterblätter zieht.
- Geschwür auf der rechten Nasenseite und in der Nasenschleimhaut, verbunden mit einem bis in die Stirn ziehenden Schmerz
- Nasenbluten durch Niesen und Schneuzen
- Bei Besserung durch homöopathische Gaben tröpfelt geruchloser und weißer Schleim aus der Nase.

Modalitäten

Verschlimmerung: durch kalte Luft, nachts.
Besserung: im warmen Raum.

Wichtige Indikationen

- Keuchhusten
- in regelmäßigen Intervallen wiederkehrender, wochenlang anhaltender Reizhusten
- Hustenanfälle, ausgelöst durch Schleim im hinteren Nasen-Rachen-Raum
- kleine, flache Geschwüre an Glans penis und Praeputium penis

Crotalus horridus (Crotalus)

Ursprung

Diese in Südamerika heimische Klapperschlange ist den Crotaliden zuzuordnen. Im Gegensatz zu Lachesis, die zur gleichen Familie gehört, hat sie eine große, laut tönende Rassel im Bereich des Schwanzes, die sie beim Angriff einsetzt.
Schon im Jahre 1937 beschrieb Hering das Arzneimittelbild des Crotalus-Giftes in seiner Monographie »Wirkung der Schlangengifte«.

Persönlichkeitsportrait

Viele Symptome gleichen denen von Lachesis, allerdings ist bei Crotalus horridus die Blutungsneigung wesentlich verstärkt.
Crotalus horridus findet sich vor allem bei Männern, die einen Herzinfarkt, Hirnblutungen oder andere plötzlich auftretende Blutungen erlitten haben und danach erheblich wesensverändert sind. Dies resultiert zum einen aus dem seelischen Schock, der mit einer derart schweren Erkrankung einhergeht, zum anderen aus der Polypharmakologie, die diese Patienten erfahren. Medikamente wie Madopar, Zyloric, Marcumar oder ASS werden häufig gleichzeitig eingenommen, zumal die Patienten oft bei Ärzten mehrerer Fachrichtungen in Behandlung sind. Neben organischen Nebenwirkungen wie Blutungen, Thrombopenien, Verstärkung der Antikoagulation, Blutbildveränderungen, Absinken der Thrombozytenwerte etc. ergeben sich dabei oft schwerwiegende psychische Folgeerscheinungen, die – wie Wechselwirkungen und Inkompatibilitäten der Arzneimittel – großenteils unwägbar und in den meisten Fällen nicht erfasst sind.
Insbesondere nach ambulant vorgenommenen Operationen wie Zahnextraktionen und Tonsillektomien oder bei Verletzungen im Haushalt sind solche Patienten erheblich gefährdet. Die sehr starken Blutungen sind dabei nicht immer – wie in den Lehrbüchern vermerkt – von dunkelrotem Charakter.
Im Vordergrund steht eine leichte Neigung zur Kollapsigkeit.
Die Patienten fühlen sich sehr elend und weisen immer wieder darauf hin, dass alte Wunden und Narben in regelmäßigen Abständen wieder aufbrechen, bluten, sich entzünden und eitern.
Mit zunehmendem Alter werden die Patienten immer ängstlicher. Aktivität und Kreativität lassen deutlich nach. Die weinerliche Stimmung führt mitunter zu Agonie und Verzweiflung.
Die ängstlichen und depressiven Menschen sind leicht zu Tränen gerührt. Bei Tag sind sie schläfrig, können aber nachts nur schlecht schlafen und werden von ängstlichen Träumen gequält. Beim Erwachen besteht Blutandrang zum Kopf. Häufig leiden sie an Kopfschmerzen. Das Gesicht ist leicht gedunsen und eher blass, der Hals scheint wie zugeschnürt. Crotalus fällt es schwerer, feste Speisen zu schlucken als flüssige.
Haut und Augen sind häufig leicht gelblich verfärbt. Die Laborparameter bestätigen jedoch, dass der Patient nicht an Gelbsucht leidet.
Sehr starker Meteorismus, Kolikschmerzen und gelegentliche Verstopfung sind charakteristisch. Weiterhin findet sich besonders bei feuchtwarmem Wetter Herzschwäche, die sich beim Erwachen verschlimmert und schon morgens von melancholischer Grundstimmung begleitet ist.
Crotalus weist mehrere eigentümliche Symptome auf. Er hat häufig das Gefühl, einen Schlag auf den Hinterkopf bekommen zu haben. Zunge und Hals scheinen festgebunden. Dabei empfindet der Patient ein Würgegefühl und meint, einen Pflock im Hals zu haben und ihn schlucken zu müssen.
Alle Patienten, die ich erfolgreich mit Crotalus behandelt habe, hatten nach Herzinfarkten, Schlaganfällen, schweren Schocksituationen, auch nach Hirnoperationen starke Blutungen erlitten, die zunächst nicht gestillt werden konnten. Den Hinweis auf diese Indikation verdanke ich dem Zahnarzt Dr. Feldhaus.

Arzneimittelbild

Wichtige Symptome

- Neigung zu septisch-fieberhaften Prozessen mit Gewebszerfall, Gangrän nach Erysipel oder Verletzungen
- Herzschwäche mit Neigung zu Kollapsen, große Schwäche, nervöses Zittern

- Blutungen an allen möglichen Körperöffnungen, aber auch Blutungen nach Verletzungen
- Wiederkehr der Symptome in langen Intervallen bei lokalen Bisssymptomen
- Ängstlichkeit und Depressionen, Schwindelgefühl
- Schmerzen wie nach einem Schlag auf den Hinterkopf. Gefühl, als sei der Hals zu eng, die Zunge festgebunden

Hinweis: Auch aus der von Allen verfassten Enzyklopädie geht hervor, dass sich die häufig in der Literatur angegebene Rechtsseitigkeit bei der Arzneimittelprüfung nur beschränkt bestätigt.

Modalitäten

Verschlimmerung: morgens nach dem Erwachen, durch feuchtwarmes Wetter, durch Kleiderdruck.
Besserung: bei Licht und durch Bewegung.

Toxikologie

Crotalus kann gerinnungshemmend wirken, unter bestimmten Voraussetzungen aber auch Blutungen und Thrombosen erzeugen. Bekannt ist auch eine embolytische und zytolytische Wirkung sowie die Zerstörung der Thrombokinase. Die neurotoxische Wirkung ist bei Crotalus deutlich geringer als bei Lachesis.

Wichtige Indikationen

- Sepsis, septischer Verlauf aller Infektionskrankheiten, sowohl nach Verletzungen als auch nach Entzündungen
- vasomotorische Störungen wie Wallungen, Hypertonie, Thrombophlebitis, Embolie
- Folgen von Hirnblutungen, von Myokard-Infarkt, von Polypharmakologie
- Agranulozytose nach Bestrahlungen

Praxistipp
Blutung nach blutgerinnungshemmenden Medikamenten erfordert **Crotalus D12**.
Nicht stillbare Blutung ohne medikamentöse Beeinflussung erfordert **Hirudo D12.**

Lac caninum

Herkunft

Es erscheint eigenartig, ein so gewöhnliches Nahrungsmittel wie die Milch in der Arzneimittellehre zu finden, zumal es sich um die Milch einer Hündin, Lac caninum, handelt. Viele Autoren übergehen dieses Thema völlig oder behandeln es nur flüchtig.
Kent und Clark führen eine große Fülle von Wirkungen und Wundern bei der Anwendung dieses Mittels an. Es ist nicht leicht, anhand der bisherigen Literatur, die zwischen Ablehnung und kritikloser Hinnahme schwankt, zu einem abgerundeten Urteil zu gelangen.
Viele Versuche, den arzneilichen Gebrauch von Hundemilch aus der Geschichte respektabel zu machen, sind nicht sehr ergiebig. Eigene Erfahrungen bestätigten jedoch seinen Wert als Arzneimittel. Nach Dioskurides, Plinius und Sexus wurde schon im Altertum Hundemilch empfohlen, und zwar zur Austreibung eines toten Fötus. Außer bei Hundemilch wurden auch bei Katzenmilch, Lac felinum, oder abgerahmter Kuhmilch, Lac vaccinum defloratum, Arzneiwirkungen beobachtet.

Etymologie

Im Blick auf das Wort »Hundemilch« sei zunächst daran erinnert, dass der Hund ein Nachkomme des Wolfes ist. Beim Wolf finden wir wie beim Hund einerseits die Mutterliebe, andererseits die Aggressivität, die unglaubliche Triebhaftigkeit, wie sie beispielsweise die läufige Hündin zeigt und die zum Tragen kommt, wenn scharfe Hunde auf jemand gehetzt werden. Auch die Reißzähne der Hunde sind hier anzuführen. Bei den verdeckten Trieben der manchmal so friedlichen Tiere spielt auch die Frage der Sexualität eine große Rolle.
Weiterhin ist daran zu erinnern, dass die Bezeichnung »Hund« beleidigend wirkt. Ausdrücke wie »Du Hund« oder »Du Hundesohn« werden gelegentlich auch von den entsprechenden Patienten ganz unbewusst in den Mund genommen.
Da der Wolf einem Rudel zugehörig ist, wird er sich nie allein zeigen. Mit anderen zusammen kann er unglaubliche Kräfte und Dynamik entwickeln, um andere Tiere oder auch Menschen zu jagen.
Zweite Komponente des Begriffes ist die Milch. Gemeint ist das Stillen des Säuglings, die Mutterliebe, die Mutterbindung, sozusagen der Beginn einer Inkarnation auf dieser Erde. Man denke hier an den Patienten mit seiner Mutterbindung oder sogar nach einem Mutterentzug durch Krankheit, Unglück oder Krankenhausaufenthalt. Schließlich sei an die in der Mythologie bekannte Situation der ausgesetzten Kinder erinnert, so z. B. an Romulus und Remus, die von einem Wolf ernährt worden sind. Auch im Dschungelbuch findet sich eine derartige Situation. Manchmal spielt auch die Trennung von der Mutter, z. B. in Form einer Kindesaussetzung, eine große Rolle.

Persönlichkeitsportrait

Lac-caninum-Menschen sind sehr nervös, häufig ruhelos, sehr empfindlich, schwermütig und manchmal auch hoffnungslos. Sie streben danach, einen Freund zu haben, für den es sich lohnt zu leben. Oft brechen sie in Tränen aus und wünschen sich den Tod. Dabei sind sie vom Gefühl beherrscht, schwarze Wolken schwebten über ihrem Haupt und hüllten sie ein. Sie sind ärgerlich und reizbar, mitunter auch Freunden und Angehörigen gegenüber von großem Hass erfüllt. Dazu kommt die große Furcht vor dem Alleinsein, vor dem Sterben, die Furcht, ihre Pflicht nicht erfüllen zu können.
Lac caninum hat keine Angst im Dunkeln, dafür aber große Angst, dass alles, was er sagt, möglicherweise Lüge ist. Wie bei keinem anderen Mittel besteht Angst vor Spinnen, manchmal auch vor Schlangen und Gewürm. Bezüglich der Spinnenangst ist an Kent zu erinnern. Diese Patienten haben immer das Gefühl, dass andere auf sie herabschauen, dass sie selber bedeutungslos sind. Sie haben überhaupt kein Selbstbewusstsein und empfinden beim Betrachten ihres Körpers Ekel und Horror.
Gespannte Erwartung vor allem, was auf sie zukommen könnte, kennzeichnet diese Menschen. Sie erinnern sich immer wieder an die verschiedensten Dinge, allerdings nicht an das, was notwendig ist. Auffällig ist der starke Seitenwechsel der Beschwerden beim Gehen. Sie schwanken pendelartig immer wieder von links nach rechts

und von rechts nach links. Schon hier sei an das Märchen erinnert, in dem sich ein Geißlein in einem Uhrenkasten versteckt, wo das Pendel immer hin- und herschwingt.

Frauen zeigen erhebliche Beschwerden, besonders vor und während der Periode. Es kommt zu Schwellungen und Schmerzen in den Brüsten, besonders bei Erschütterungen. Am stärksten ausgeprägt sind Halsschmerzen, die sich beim Schlucken von Speisen und im Zusammenhang mit der Periode verschlimmern. Bei Beginn der Periode besteht die Neigung einzuschlafen.

Außer dem Symptom- und dem Rechts-links-Wechsel finden sich sehr schnell von einem Gelenk zum andern wandernde Schmerzen. Diese Patienten schlafen meist in Bauchlage. Dabei besteht vordergründig die Knie-Ellbogen-Lage, immer wieder ist es notwendig, die Lage zu wechseln.

Häufig finden sich Kopfschmerzen hinter den Augen, die über den Kopf bis zu den Schultern ziehen. Die Nase ist häufig auf einer Seite verstopft, während sich auf der anderen Seite ein Sekret findet. Weiterhin besteht ein sehr starker Geruchssinn für Blumenduft. Das Gesicht wechselt häufig die Farbe und ist blass oder rot.

Es besteht Empfindlichkeit gegen Kleiderdruck, besonders in der Bauchgegend. Sexuelle Empfindsamkeit zeigt sich schon bei Berührung. Nicht selten finden sich Warzen am kleinen Finger.

Für die beschriebenen Menschen eignet sich dieses ausgefallene Mittel ausgesprochen gut: auf der einen Seite steht der Mutterinstinkt, auf der anderen Seite die unvermittelte, aggressive, triebhafte Annäherung, die niemand für möglich halten würde. Manchmal findet sich auch gestörte Mutterliebe gegenüber den eigenen Kindern.

Weiterhin spielen starke Einbildungen eine Rolle. Man denke an tierische Instinkte, besonders die Instinkte von Hunden. Oft findet sich eine kalte Nase, auch hier ist ein Bezug zum Hund feststellbar. Bei Frauen sind diese Symptome wiederum während der Periode am stärksten ausgeprägt.

Allen und Hering waren beide unabhängig voneinander der Meinung, die Lac-caninum-Patienten würden »spinnen« und somit den Spinnen in ihrer Art zu leben und zu handeln gleichkommen.

Literatur

In dem Märchen »Der Wolf und die sieben Geißlein« der Gebrüder Grimm ist Lac caninum deutlich zu erkennen. Im Folgenden sei es kurz vorgestellt.

Eine alte Geiß, Mutter von sieben Kindern, will im Wald Futter holen. Sie ermahnt die Geißlein, während ihrer Abwesenheit dem bösen Wolf nicht zu öffnen, da er sie mit Haut und Haaren verschlingen würde. Erkennungszeichen des Wolfes seien besonders die raue Stimme und die schwarzen Pfoten.

Kurz nachdem sie sich auf den Weg gemacht hat, begehrt der Wolf Einlass. Die Geißlein erkennen ihn jedoch an der rauen Stimme und öffnen nicht. Darauf verfeinert der Wolf mit einem Stück Kreide seine Stimme und versucht zum zweiten Mal eingelassen zu werden. Wieder klopft er umsonst, denn die Geißlein erkennen seine schwarzen Pfoten. Nachdem er diese beim Bäcker mit Mehl bestreuen ließ, glauben die Geißlein tatsächlich, die Mutter stände vor der Tür, und öffnen. Herein aber kommt der Wolf. Obwohl sie sich alle schnell verstecken, findet sie der Wolf und verschlingt sie, bis auf das Jüngste, das sich in den Kasten der Wanduhr geflüchtet hat. Mit gefülltem Bauch verlässt er die Hütte und legt sich auf einer Wiese schlafen.

Die alte Geiß findet bei ihrer Rückkehr ein verwüstetes Zuhause vor. Vom jüngsten Geißlein erfährt sie, dass der Wolf alle anderen Kinder gefressen hat, und weint sehr um diese. Schließlich sieht sie auf der grünen Wiese den heftig schnarchenden Wolf liegen. Als sie bemerkt, dass sich in seinem Bauch etwas regt und heftig zappelt, kommt ihr der Gedanke, ihre Kinder könnten noch am Leben sein. Schnell lässt sie eine Schere, Nadel und Faden holen und schneidet dem Ungetüm den Bauch auf. Es gelingt ihr, alle Kinder lebendig herauszuholen, da der Wolf sie in seiner Gier ganz verschluckt hat. Alle freuen sich sehr über das gesunde Wiedersehen. Danach holen die Geißlein Wackersteine und füllen den Bauch des immer noch schlafenden Wolfes, den die alte Geiß dann wieder zunäht.

Nach dem Erwachen verspürt der Wolf großen Durst und macht sich auf den Weg zum Brunnen. Dort angekommen, beugt er sich über das Wasser um zu trinken, wird aber durch die schweren Steine in den Brunnen gezogen, so dass er jämmerlich ertrinkt. Die Geißlein führen einen Freudentanz auf.

In diesem Märchen geht es um Tiere, deren Instinkte und Triebe. Die alte Ziege verkörpert den Mutterinstinkt und die Mutterliebe. Ein männliches Tier spielt dabei keine Rolle, zumal nur die Mutter Milch gibt. Die sieben jungen Geißlein zeigen sich verspielt und sind wie Kleinkinder

geborgen in der Welt der Mutter. Hier finden wir Lac caninum.
Der Wolf ist von verschlingender Aggressivität, verschlagen und gefährlich. Auch hier ist Lac caninum zu erkennen.
Von entscheidender Bedeutung ist, dass die Kinder beim dritten Versuch des Wolfes nicht mehr zwischen dem Bösen und der Mutterliebe unterscheiden können. Das Arzneimittelbild von Lac caninum legt nahe, dass es sich um die Aggressivität der eigenen Mutter handelt, die nicht mehr liebevoll, sondern böse und gefährlich ist. Sie lassen die absolut böse, feindliche Welt in die Mutter-Kind-Idylle ein. Alles wird von Entsetzen erfasst und verschluckt. Lediglich das jüngste Geißlein befindet sich im Uhrenkasten in Höhe des Pendels. Man bedenke: Lac caninum hat diesen pendelartigen Seitenwechsel wie kein anderes Mittel. Die Wanduhr wird zur Lösung des Lac-caninum-Problems.
Nach dem aggressiven Anfall des Wolfes wird der Mutter das entsetzliche Geschehen bewusst. Es kommt zu einer typischen Lac-caninum-Situation, die auch eintritt, wenn eine Mutter in der frühen Stillzeit ihre Kinder verliert: Sie fühlt sich mutterseelenallein.
Als der Aggressionstrieb des Wolfes wieder erwacht, hat er Durst nach dem Wasser in der Tiefe, dem Schöpferischen, aus dem alles Leben quillt, und fällt in diesen Brunnen hinein. Als männliches Symbol geht der Wolf in das weibliche Symbol des Brunnens ein. Hier wird der sexuelle Aspekt deutlich angesprochen: Auch sexuelle Unausgewogenheit kann geheilt werden.
So werden alle Polaritäten überwunden: gut und böse, schwarz und weiß, männlich und weiblich, oben und unten, Tod und Leben, unschuldig und entsetzlich, aggressiv und fürsorglich, gebärend und verschlingend.
Dieses Prinzip ist nicht nur im Zusammenhang mit den kleinen Ziegen und ihrer Mutter festzustellen. In der Kulturgeschichte findet sich der Fenriswolf: Aggressivität, Triebhaftigkeit und Verlogenheit des Wolfes verschlingt die Zukunft, aber das germanische, mütterlich-heilige Ahnenwissen verhilft ihr zu einem geläuterten Weiterleben in echter Freude.

Arzneimittelbild

Wichtige Symptome

- steigert Einbildungskraft und Erregbarkeit der Sinne
- häufiger Seitenwechsel aller Beschwerden, wie bei keinem anderen Mittel
- Gefühl, als sei das Bett zu hart
- Frieren bei Bewegung
- Häufig beginnen und enden Beschwerden mit der Periode.
- sehr berührungsempfindliche Brüste
- Herpes am ganzen Körper rezidivierend, immer an einer anderen Stelle
- Große Mutterliebe. Will die ganze Familie beschützen, kann aber sehr aggressiv sein und flucht dabei.
- deutliche Verstärkung sexueller Erregung durch Berühren der Brüste oder der Genitalien

Modalitäten

Verschlimmerung: durch Kälte, Ruhe. Morgens. Während oder besonders gegen Ende des Stillvorganges.
Besserung: bei großem Appetit, Wärme, Bewegung, in der frischen Luft, bei Drehen auf die rechte Seite, beim Gehen.

Toxikologie

Unverträglichkeit von Milch als Nahrungsmittel dürfte nur bei entsprechender Hundemilchintoleranz vorliegen. Dies ist allerdings in der Literatur nicht bekannt.

Wichtige Indikationen

- alle Krankheiten mit Seitenwechsel der Symptome, mit morgendlicher Verschlimmerung durch Kälte, Menstruations- und Stillbeschweren
- Angst vor Spinnen
- Schon fast neuropathisch anmutende Symptomatik, bei der einerseits eine »hündische« Mutterliebe, andererseits fast unverständliche Aggressivität vorliegt.
- Migräne-Kopfschmerzen sowie Schmerzen im Bereich von Hals, Muskeln und Gelenken mit dauerndem Seitenwechsel

Praxistipp
Mir hat sich Lac caninum immer bewährt bei wirklich ausgefallenen Persönlichkeiten mit den oben aufgetretenen Symptomen, wobei die Spinnenangst immer vordergründig war.

Lachesis muta (Lachesis)

Ursprung

Der homöopathische Arzt Konstantin Hering begegnete im Jahre 1830, also noch zu Lebzeiten Hahnemanns, in Südamerika einer drei bis vier Meter langen Schlange mit einem etwas herzförmigen Kopf, der durch die großen Giftdrüsen etwas verbreitert wirkte. Der Hals war deutlich abgesetzt. Die weit über 2 cm langen Giftzähne verrieten die ungeheure Gefährlichkeit dieser Schlange, der Lachesis muta oder Buschmeister. Giftschlangen sind sehr ängstlich und fühlen sich vor allem von Menschen immer angegriffen. Sie rollen sich dann zusammen, um sich plötzlich wie ein Pfeil auf den vermeintlichen Angreifer zu stürzen. Die Wirkung des Bisses ist abhängig von der Abwehrlage des Körpers und kann tödlich sein, wenn nicht sofort das Gegengift gespritzt wird.
Im Gegensatz zu allen anderen Säugetieren haben Schlangen keine Tränendrüsen, können also keine Tränen produzieren.
Die Schlange liebt nicht die heiße Sonne, sondern die kühlen, großen, schattenreichen Wälder.
Im Gift der Lachesis muta sah Hering ein ideales Mittel für die Homöopathie.
Der bekannte deutsche Arzt Karl Stauffer schreibt dazu: »Wenn dieser Mann nichts anderes getan hätte, als das Schlangengift der Lachesis bei uns einzuführen, wäre ihm eigentlich schon ein königlicher Platz unter den homöopathischen Ärzten zuzuweisen. So umfassend ist die Wirkung von Lachesis. Von Lachesis weiß man, dass sie sehr stolz ist. Sobald man sie gefangen hat, mag sie nicht mehr fressen. Es dauert dann etwa drei bis vier Monate, ehe sie zugrunde geht. Sie muss in der Freiheit leben, kann die Gefangenschaft nicht ertragen.«

Mythologie

Grundlegend für den Mythos der Schlange sind die fünf Bücher der Weisung. So heißt es in Genesis 3, 1–7 (nach einer Übertragung von Martin Buber):

»Die Schlange war listiger als alles
Lebendige des Feldes,
das ER, Gott, gemacht hatte.
Das Weib sprach zur Schlange:
›Von der Frucht der Bäume im Garten
mögen wir essen,
aber von der Frucht des Baumes, der
mitten im Garten ist,
hat Gott gesprochen:
Ihr sollt davon nicht essen und nicht
daran rühren,
sonst müsst ihr sterben.‹
Die Schlange sprach zum Weib:
›Sterben, sterben werdet ihr nicht,
sondern Gott ist's bekannt,
dass am Tag, da ihr davon esset,
Euere Augen sich klären,
und ihr werdet wie Gott,
erkennen Gut und Böse.‹

Das Weib sah, dass der Baum gut war
zum Essen
und dass er reine Wollust in den
Augen war
und anreizend der Baum zu begreifen.
Sie nahm von seiner Frucht und aß
und gab auch ihrem Mann bei ihr
und er aß.

Die Augen klärten sich ihnen beide.
Sie erkannten,
dass sie nackt waren.
Sie flochten Feigenlaub und machten
sich Schürzen.«

Im Hebräischen heißt die Schlange hier »Nachasch«. Dieses Wort bedeutet »Feuer des Begehrens«, »Glut der Begierde«. Es steht also für eine Leidenschaft, eine Gier, die die Willensfähigkeit herabsetzt, beinhaltet aber auch »Finsternis«. Buber interpretiert den Begriff zusätzlich mit »listig« und »schleichend«. Der Akt, an dem die Schlange im hebräischen Mythos beteiligt ist und der dann zur Vertreibung aus dem Paradies führt, wird »Sündenfall« genannt, obwohl dieses Wort in dem Bericht nirgends vorkommt. Tiefenpsychologisch gesehen, spielt dann nach dem Sündenfall die Angst eine große Rolle im Bereich des eben entstandenen Bewusstseins. Diese Angst dürfte im Zusammenhang damit stehen, dass hier der erste Abfall von Gott stattgefunden hat.

Persönlichkeitsportrait

Erwachsene

Die Persönlichkeit von Lachesis, häufiger bei Frauen als bei Männern auftretend, hat etwas Faszinierendes an sich. Bei jedem homöopathischen Mittel versucht man, einen roten Faden zu finden, der sich durch das ganze Mittel hindurchzieht. Das ist bei Lachesis nicht einfach. Hier befindet sich der Körper immer in Aufruhr. Es herrscht Überreizung, manchmal ein Überspanntsein wie in einem Dampfkessel, in dem der Druck zu hoch wird. Dieser Zustand findet sich in den Wechseljahren genauso wie bei seelischen Ausnahmezuständen, aber auch bei akuten septischen Infekten. Die vulkanische Kraft muss zum Ausbruch kommen, sich Luft verschaffen, ein Sicherheitsventil öffnen.

Wenn wir heute von einer Frau als »Schlange« sprechen, meinen wir immer einen etwas vulkanischen Charakter, der von Hochspannung, fast von Überdruck geprägt ist. Dieses Bild entsteht auch, wenn man von einer Lachesis gebissen wird, das tödliche Gift in sich trägt, das in die Blutbahn kommt und bewirkt, dass vom Schüttelfrost bis zum Zusammenbrechen die körperliche, die geistige und schließlich auch die emotionellen Ebenen des Seinsbereichs ergriffen werden. Schon Konstantin Hering fiel auf, dass Lachesis besonders bei Menschen wirkt, die depressiv veranlagt sind. Dies zeigt sich bei Frauen sehr häufig in den Tagen vor der Regel: Sie werden trübsinnig, gereizt und depressiv. Kaum, dass die Menstruation beginnt, bessert sich die Stimmung: Eines der ganz großen Lachesis-Symptome ist die Besserung aller Symptome, besonders der seelischen, durch Absonderung. Hierzu zählt auch die bei Lachesis bekannte Logorrhö. Die Patienten wollen ihren Überdruck, den sie nicht ertragen können, loswerden und reden »wie ein Wasserfall«.

Allerdings zeichnet sich das Lachesis entsprechende Persönlichkeitsportrait durch Mangel an Tränen aus. Selbst schwerste Belastungen durch Schmerzen oder Kummer, Zorn sowie Freude, Liebe oder Leid, auch Depressionen verursachen keine Tränen. Lachesis steht damit in vollständigem Gegensatz zu Arzneimittelbildern wie Pulsatilla, Natrium muriaticum, Calcium carbonicum, Causticum, Ignatia oder Sulfur, die zu starkem Tränenfluss neigen.

Dostojewski charakterisiert Tränen mit den Worten: »Tränen reinigen das Herz.« Bei Grillparzer sind die Tränen des Schmerzes »heilig«, Heinrich Heine beschreibt sie als »der Seele weißes Blut«. Diese Zitate lassen erkennen, auf welch wichtigen, die Psyche regulierenden Mechanismus Lachesis verzichten muss.

Auch durch Kleidung erzeugter Druck wird nicht ertragen, so beispielsweise zu enge Kragen, Krawatten, Pullover, Blusen, zu enge Büstenhalter, Sockenhalter, aber auch ein Korsett oder gar ein Gürtel. Im beruflichen Leben erträgt Lachesis ebenfalls weder von seinen Mitarbeitern, noch von seinen Vorgesetzten irgendeine Pression. Lieber gibt er sein Arbeitsverhältnis auf, ohne dabei zum Revolutionär oder gar Reformator zu werden. Lachesis redet zwar viel, macht aber keine Szene und provoziert keinen Eklat.

Der beschriebene Druck wird auch bei Beschwerden empfunden, so bei Kopfschmerzen, wo er sich als Hämmern, als brodelnder Blutandrang erweist. Er kommt und geht in Wellen und bessert sich bei Absonderungen. Der Patient hat das Gefühl, die Augen würden herausgedrückt.

Im Bereich des Kreislaufs kommt es zu Hitzewallungen, Blutungen, Blutstauungen und Schweißausbrüchen, die wieder zu einer Erleichterung führen, sowie zu hohem Blutdruck, der auch mit niedrigem wechseln kann. Mitunter ist eine etwas zyanotische Färbung von Haut und Schleimhäuten gegeben. Sie findet sich vor allem auch bei Ulzera am Unterschenkel.

Auch im Triebleben von Lachesis findet sich dieser Druck. Wird dieser sehr starke Trieb gewaltsam unterdrückt, führt dies schließlich zu einem Krankheitsbild, das bei uns eben einen Lachesis-Zustand darstellt. Der Lachesis-Typ muss sich abreagieren können. So hat Lachesis auch manchmal einen sehr wichtigen Einfluss bei Alkoholikern, deren Kreislauf angegriffen ist. Lachesis kann hier, wenn die Gesamtheit der Symptomatik passt, mitunter sehr gut wirken.

Die Lachesis-Persönlichkeit zeigt beispielsweise bei Muskeln und Knochen eine gewisse Schwäche und ist mitunter anfällig gegen Erkältungen. Vor allen Dingen neigt sie dazu, bewusst allem auszuweichen, was die Psyche belasten könnte. Es fehlt die Fähigkeit, seelischen Druck auszuhalten. Der Lachesis-Patient weiß das selbst genau und erscheint so als Patient, der es sich sehr bequem macht. Eine grundlegende Eigenschaft ist die pessimistische Welteinstellung, die häufig mit Misstrauen und Kritik verbunden ist. Sind sie eifersüchtig, so werden sie lebhaft, sogar wild und brauchen lange, um sich zu beruhigen, vor allem bei begründetem Verdacht. Meist bleibt ein »Stachel« zurück. Die Eifersucht kann sehr stark sein und sogar schon auftreten, wenn mit dem Partner zusammen ein Dritter begrüßt wird. Der Patient weiß, dass er hier eine krankhafte Reaktion zeigt, aber er muss seine Eifersucht zum Ausdruck bringen. Wird die Partnerschaft erst einmal belastet, dann wächst die Qual. Die Ursachen dafür dürften die sich in der geschlechtlichen Sphäre abspielenden gesteigerten Gefühle und Leidenschaften sein, deren Befriedigung der Lachesis-Patient anstrebt. Er fühlt sich ungeheuer stark zu dem Objekt seiner Leidenschaft hingezogen; Objekt deshalb, weil er nach der Erfüllung seiner eigenen Sehnsucht, seiner Ichsucht trachtet, die so weit führt, dass er dann auf ein ganz niedriges, ausschweifendes Niveau absinkt. Er hat nur noch Angst, sein »Lustobjekt« zu verlieren.

Andauernde derartige Situationen führen zu erheblichen Ängsten und Depressionen. Ist der Mensch längere Zeit solchen Qualen ausgesetzt, dann kommt die Angst vor Krankheiten, vor der Zukunft, die Angst, geisteskrank zu werden.

Geistig sind sie aufgeweckt, interessiert, phantasievoll, besonders in den Abendstunden. Sie sind Nachtmenschen, Nachtarbeiter, aber auch Menschen, die es sich nachts sehr gut gehen lassen, sei es in baccho oder in venere. Morgens aber kommen sie kaum aus dem Bett heraus. Dass Lachesis in seine Verschlimmerung hineinschläft, ist bekannt. Aus diesem Grunde nehmen diese Patienten natürlich gerne in den Morgenstunden anregende Mittel ein. Rauchen ist bei Männern und Frauen äußerst beliebt. Alkohol mögen sie auch, vertragen ihn aber nicht besonders gut. Schon ein kleiner Schluck Wein, ein Likör ist für sie nicht verträglich, so dass sie ihn eher meiden. Kaffee hingegen ist für sie bekömmlich.

Im Wartezimmer wirken diese Patienten, die unter ihrem Zustand sehr leiden, mitunter arrogant, eingebildet und hochmütig. Dem Arzt gegenüber sind sie ängstlich, kritisch und misstrauisch und vergewissern sich auch, ob das Medikament, das er ihnen verschreibt, nicht etwa schaden könnte. Sie bringen den Waschzettel der Medizin mit und zeigen ihn rot unterstrichen vor, in der für sie unerträglichen Vorstellung, wie viele schreckliche Leiden sie wohl befallen könnten.

Vor allem die männliche Lachesis-Persönlichkeit ist ein sehr guter, intelligenter Betrachter und Kritiker, aber auch ein sehr guter Redner, als Gesprächspartner dagegen nicht unbedingt zu empfehlen. Lachesis versucht immer, anderen die eigene Meinung aufzudrängen, kann schlecht zuhören, unterbricht und möchte am liebsten schon antworten, bevor die Frage gestellt ist.

Die Behandlung einer Lachesis-Persönlichkeit stellt für den Arzt ein großes Erlebnis dar.

Kinder

Lachesis-Kinder sind ausgesprochen selten. Sie sind extrem eifersüchtig, wollen ihre Freunde in Besitz nehmen, sind froh, wenn sie von diesen geliebt werden, lehnen es aber ab, wenn diese auch noch mit dritten oder vierten sprechen oder gar diese aufsuchen. Weiterhin sind sie geschwätzig und überempfindlich gegen jede Berührung.

Erscheinen bei Säuglingen oder Kleinkindern Hämorrhoiden, ist Lachesis anzuwenden, wenn eine Verschlimmerung durch Schlaf, Berührung oder zu große Wärme auftritt. Lachesis-Kinder erkranken bei fieberhaften Infektionen immer hochfieberhaft mit Hämorrhagien. Oft finden sich Erkrankungen mit einer Purpura. Ganz selten besteht eine linksseitige Angina, die dann nach rechts zieht. Verschlimmerung erfolgt besonders durch Berührung des Halses, deshalb werden alle Halsumschläge abgelehnt.

Ich habe in meiner Praxis lediglich zwei- oder dreimal erlebt, dass Kleinkinder Lachesis brauchten.

Literatur

In der »Komödie der Irrungen« (5. Akt, 1. Szene) beschreibt Shakespeare die große Geschwätzigkeit von Lachesis. Die Ehefrau jagt ihren vermeintlich wahnsinnigen Mann Tifolis in die Flucht, indem sie pausenlos auf ihn einredet und überaus eifersüchtig agiert. Eine Idee jagt die andere, immer neue Stichwörter provozieren neue Interpretationen; die Lachesis eigene Logorrhö richtet großes Unglück an:

»Daher kam's eben, dass er rasend ward.
Der giftige Lärm der eifersüchtigen Frau
vergiftet mehr als toller Hunde Zahn.
Du hindertest durch Schelten seinen Schlaf
und davon hat sich sein Gehirn entzündet.
Mit deinem Tadel würzest du sein Mahl;
gestörte Mahlzeit hindert das Verdauen,
und daher rührt des Fiebers Raserei.
Denn was ist Fieber als ein Wahnsinnhauch!
Du störtest stets mit Schelten sein Ergötzen;
Erholung, die süße, was wird daraus,
versperrt man ihr die Tür? Melancholie,
die Blutsfreundin untröstlicher Verzweiflung,

und hinter ihr ein ungeheures Heer
von bleichen Kränklichkeiten, Lebensfeinde!
Beim Mahl, im Scherz, bei lebensnährender Ruh'
gestöret stets, muss Mensch und Tier verrücken,
und daraus folgt: Vor deiner Eifersucht
ergriff der Witz des Gatten hier die Flucht!«

Arzneimittelbild

Wichtige Symptome

- Vor allem Wirkung auf Kapillaren, Blutgerinnung und Blutzellen. Purpurrote und dunkelblaue Schleimhaut- und Hautentzündungen und Geschwüre, reaktionslose Geschwüre mit einer fehlenden oder nur unvollkommenen Leukozytenreaktion. Septisch-gangränöse Tendenz, dabei Fehlen des »guten« Eiters.
- örtliche Stase mit Besserung bei Bewegung, mit Thrombosen- und Embolieneigung
- häufig Ulcus cruris, besonders links, besser bei Absonderungen und Blutungen
- Das Blut ist dunkel, flüssig, gerinnt schlecht oder gar nicht.
- Skleren und Haut erscheinen gelb (hämatogener Ikterus), besonders bei septischen Infektionen.
- Petechien und Purpura
- Die Absonderungen sind übel riechend wie zersetztes Eiweiß.
- stinkende Stühle
- Die Zunge ist trocken bei schweren fieberhaften Zuständen, häufig glänzend rot, kann nur mit Schwierigkeit herausgestreckt werden.
- Wirkung auf Kreislauf und Herz
- Spasmenähnliche Zustände mit starkem Beengungsgefühl, besonders am Hals, Gefühl des Zusammenziehens und dabei Erstickungsanfälle, beispielsweise bei Husten.
- Das Schlucken von Flüssigkeiten ist schwieriger als von fester Nahrung.
- Krampfartige Beklemmung in der Präkordialgegend. Puls ist stark beschleunigt, auch unregelmäßig und schwach.
- Hypotonie mit Schwächeanfällen. Auch Hypertonie mit Schwindel, der beim Schließen der Augen schlimmer wird.
- Herzklopfen, Pulsation bis zum Hals
- Hitzewallungen, Schweiße mit Bangigkeit und Beklemmung. Dabei kalte Glieder bei heißem Kopf. Frostschauer wechseln mit Hitzewallungen (Klimakterium).
- Hitze und Druck besonders auf dem Scheitel, meist über dem linken Auge, schlimmer von Sonne, dabei aber ein blasses Gesicht. Neigung zu hohem Blutdruck.
- schläft in die Verschlimmerung hinein
- Schmerzen in der Gegend des linken Unterbauches, Unterleib empfindlich gegen Berührungen und Kleiderdruck
- Äußerste Empfindlichkeit gegen Berührung und Druck von Kleidungsstücken; fühlt sich am Hals, Magen und Abdomen beengt und zusammengeschnürt.
- Der psychische Zustand dokumentiert sich in Geschwätzigkeit, Logorrhö, Erregtheit bis zur Ekstase. In den Morgenstunden ist er depressiv, traurig.
- verliert den Zusammenhang beim Reden, macht Fehler beim Schreiben
- mangelhafter Zeitsinn, Versagen des Gedächtnisses, Schwindel

Modalitäten

Verschlimmerung: durch Sonne, Wärme, warme Bäder, warme Getränke, feucht-warmes Wetter, Schlaf.
Wiederkehr der Beschwerden im Frühjahr. Schläft in die Verschlimmerung hinein. Große Empfindlichkeit gegen Berührung, besonders am Hals, Magen; kann keine engen Kleider vertragen. Deutliche Linkslateralität.
Besserung: in kühler, frischer Luft.
Causa: Kummer, Enttäuschung, Seelenqual, Eifersucht und Argwohn.

Toxikologie

Entsprechend ihrer weiten Verbreitung und dem häufigen Vorkommen nehmen die Schlangen den ersten Platz bei den Vergiftungsfällen mit Gift produzierenden Tieren ein. Sie besitzen einen vollständigen Giftapparat, der aus hochspezialisierten Zähnen sowie aus Giftdrüsen besteht. Letztere entsprechen den Ohrspeicheldrüsen. Die Ausführungsgänge münden in die Giftzähne, die zur Weiterleitung des Giftes mit einer Rille oder Röhre versehen sind.

Das Schlangengift führt einmal zum raschen Erlegen der Beute, zum anderen unterstützt es die Verdauung des im Mund zerkleinerten und verschlungenen Beutetieres.

Dem Menschen gegenüber sind Schlangen in der Regel eher scheu als angriffslustig; sie beißen nur, wenn sie sich bedroht fühlen, etwa, wenn sie erschreckt werden oder wenn man auf sie tritt, wobei sie häufig unter Gras oder Laub verborgen liegen.

Die Mortalitätsrate von Lachesis muta liegt bei 0,2 %, bezogen auf die klinisch behandelten Fälle von Schlangenbissen. Für die Untersuchung im Labor gewinnt man das Gift durch »Melken« der Schlangen. Bei leichtem Druck auf die Giftdrüse tropft das Gift aus den Zähnen. Man fängt es auf und trocknet die farblose bis gelbliche Flüssigkeit im Exsikkator. Zurück bleiben 10 % trockene Substanz, die in dieser Form viele Jahre haltbar ist.

Wir wissen, dass die Giftwirkung vorwiegend von spezifischen Toxinen herrührt, die überwiegend kardiotoxisch und curareähnlich wirken. Kardiotoxine greifen direkt an der Muskelmembran an, Neurotoxine führen zu einer neuromuskulären Blockade. Die Erregungsleitung des Nerven wird nicht beeinflusst. Im Einzelnen ist der Vergiftungsvorgang äußerst kompliziert und in der hier gebotenen Kürze nicht darzustellen.

Das Lachesis-Gift wirkt hämatotoxisch, kardiotoxisch und – sehr selten – neurotoxisch. Beim Menschen wirkt es meist tödlich. Es kommt zu Blutgerinnungsstörung, zu Embolie- und Thromboseneigung, Blutzersetzung und Ausbleiben der normalen Blutgerinnung; weiterhin folgen krampfartige Spasmen stenokardischer Art am Herzen, große seelische Erregung, Geschwätzigkeit und Überempfindlichkeit am ganzen Körper.

Der Biss ist in der Regel äußerst schmerzhaft, es kommt zum Anschwellen der betroffenen Stelle, die sich dann nekrotisch verändern kann.

Die Behandlung der Vergiftung erfolgt durch wirksame Antisera. Diese kommen als monovalente und polyvalente Sera auf den Markt.

Wichtige Indikationen

- Schleimhaut- und Hautentzündungen, links → rechts
- Ulzera, besonders Ulcera cruris am linken Bein
- variköser Symptomenkomplex, links schlimmer als rechts
- Purpura
- septische Zustände und Eiterungsprozesse mit übel riechender Absonderung
- pektanginöse Beschwerden, besonders im Klimakterium
- hypotone Kollapszustände, Hypertonie mit Schwindel
- Klimakterium, wenn die Gesamtheit der Symptome stimmt
- Ovarialzysten links
- Adnexitis und Parametritis

Lycosa cubensis (Tarantula hispanica)

Ursprung

Die Tarantula (Tarantel) gehört zu der großen Familie der Araneae (Spinnen). Sie ist in Italien, Sardinien und Spanien beheimatet. Angewandt wird die Substanz des getöteten Tieres, das mit 90 %igem Alkohol verrieben wird.
Die Spinnen besitzen besondere Werkzeuge zum Ergreifen, Lähmen und Töten ihrer Opfer, die Chelizeren. Das sind Zangen oder Klauen, die wie umgewandelte Antennen aussehen. Jede Greifzange endet in einem scharfen Chitinhaken. In den Chelizeren befinden sich die Ausführungsgänge der beiden Giftdrüsen des Cephalothoraxes der Spinne; die Ausführungsgänge münden nahe der Spitze der Klauen, so dass das Gift unmittelbar mit der Verwundung eingeflößt wird. Die Klauen bewegen sich zangenartig in horizontaler oder vertikaler Ebene. Die Lycosa-Toxine sind zytotoxisch. Der Biss verursacht akute, heftige Schmerzen sowie eine lokale Nekrose. Tarantula ist jedoch weniger gefährlich als berühmt. Spinnen beißen sehr selten und im Wesentlichen nur zur Verteidigung. Der Biss ist kaum schwerwiegender als ein Hornissenstich, allerdings sind die Wunden entsprechend den stärkeren Gift-Chelizeren größer. Da diese Tiere nicht besonders reinlich sind, ist die Gefahr von Sekundärinfektionen besonders groß. Berücksichtigt werden müssen bei den Spinnen und ihrer vielleicht gelegentlich auftretenden Angriffslust äußere Einflüsse, wie das Wetter und auch die Jahreszeit. Es ist bekannt, dass insbesondere die Weibchen vor der Paarungszeit bis zum Schlüpfen der Jungen extrem gefährlich sind. Für die Folgen eines Bisses sind immer die körperliche Konstitution des Opfers und das Geschlecht des Tieres maßgebend: Die schweren Vergiftungen werden durchweg durch weibliche Tiere verursacht. Männliche Tiere sind nicht in der Lage, eine für den Menschen tödliche Menge Gift abzugeben.
Der in Spanien so berühmte Tanz »Tarantella« wurde im 18. Jahrhundert als Heilmittel gegen die Bisse der Tarantula empfohlen. Tatsächlich finden wir nach einem Biss von Tarantula heftige Muskelbewegungen, die einen exzentrisch-makaberen Tanz entsprechen.

Persönlichkeitsportrait

▶ Erwachsene

Tarantula ist das Mittel in der Materia medica homöopathica, das es am eiligsten hat, es ist zweifelsohne der »König der Eiligkeit«. Eine unaufhörliche, extreme Ruhelosigkeit der Beine und des ganzen Körpers kennzeichnet den Patienten. Die ganze Nacht wirft er sich im Bett hin und her, dreht und wendet sich. Beim Aufwachen findet er sich möglicherweise mit dem Kopf am Fußende, vielleicht sogar neben dem Bett, umgeben von zerwühlten Laken.
Diese Ruhelosigkeit ist sowohl auf körperlicher als auch auf emotioneller und geistiger Ebene vorhanden. Die Unruhe im geistigen Bereich setzt Energie frei und kann auf der einen Seite Angst mit sich bringen, auf der anderen Seite gute und hochstehende geistige Aktivitäten erzeugen, die aber immer einhergehen mit körperlicher Unruhe.
Alles, was Tarantula macht, denkt, schreibt und sagt, muss ungeheuer schnell vor sich gehen. Dabei ist er ungeduldig, besonders, wenn er andere Menschen um sich hat, die langsam oder gar bedächtig sind. Auf Autobahnen erleben wir gelegentlich Tarantula-Persönlichkeiten, die in kürzestem Abstand hinter ihrem Vordermann herfahren, der doch schon 160 km/h fährt, und sich auch noch an den Kopf greifen, weil ihr Motor schneller ist. Mitunter fährt Tarantula auch bei Nacht sehr schnell, weil eine gewisse Ängstlichkeit ihn treibt.
Insgesamt ist das Nervensystem äußerst angespannt. Musik und Rhythmus führen hier sehr häufig zur Entspannung. Auf der anderen Seite kann Musik, die nicht dem Zustand des Patienten adäquat ist, die Unruhe sogar noch verschlimmern.
Tarantula ist dafür bekannt, dass er tanzen, springen und rennen kann und den schnellen Rhythmus beim Tanz liebt, was eine Folge dieses starken Triebes ist, entsprechend seinem Rhythmus zu leben. Auffällig sind die ballettartigen, fließenden, sehr anmutigen Bewegungen.
Triebfeder des schnellen Tagesablaufes ist die Angst davor, die Arbeit nicht bewältigen zu können. Bildlich gesprochen, besteht das ganze Nervensystem der Tarantula-Patienten aus unge-

heuer angespannten, elastischen Federn. Der Patient ist gezwungen, laufend in Aktion zu sein und sich ständig zu bewegen. Hier ist an den modernen, stressgeplagten Manager zu erinnern, der termingebunden von Ort zu Ort hetzen muss, gejagt wird, aber sich selbst und die Umwelt anheizt, mitzujagen.
Unter diesen Voraussetzungen wird Tarantula auch ein Mittel des neurotischen, selbst des hysterischen Patienten, bei dem Krämpfe und spastische Zustände auftreten.
Wird dieser angespannte Tarantula-Typ in seiner Ruhelosigkeit irgendwie behindert oder gar gebremst, dann kann er sogar gewalttätig werden, es tritt Zerstörungswut auf, die nicht nur offen, sondern oftmals sehr versteckt zutage tritt. Eigentlich sehr schlau vermittelt er den Eindruck, nichts getan zu haben. Man sagt vom Tarantula-Patienten, er hätte »Augen wie ein Luchs« und wäre »schlau wie ein Fuchs«.
Wird die Grenze der geistigen Gesundheit überschritten, kommt es in der unkontrollierten Bewegungs- und Ruhelosigkeit zu zerstörerischen Handlungen. Tarantula zerreißt Kleider, wirft Gegenstände an die Wand, kann aber auch mit dem Kopf an die Wand schlagen und richtet diese Zerstörungwut somit auch gegen sich selbst.
Bei Geisteskrankheiten treten ziemlich grobe Gewalttätigkeiten auf, die mit übermenschlicher Kraft ausgeführt werden und häufig das Verlangen zu schlagen dokumentieren. Auf der anderen Seite kann auch eine gewisse Eros-Besessenheit den Patienten dazu zwingen, sehr aktive, offene sexuelle Annäherungsversuche zu machen.
Im körperlichen Bereich erfolgt eine Abmagerung, aber auch eine Frostigkeit, die bei der bestehenden Unruhe und dauernden Bewegung recht eigenartig anmutet. Dabei bestehen Angst, Herzklopfen, pektanginöse Beschwerden und Atembeschwerden. Im Sexualbereich finden wir häufig Nymphomanie, aber auch Satyriasis.
Die beschriebene Zerstörungswut und die Grausamkeiten vermitteln sehr klare Bilder vom Leben einer solchen Spinne. Auf der einen Seite verhalten sich Tarantula-Menschen genau wie die Tarantel, sie müssen ihren Weg gehen, ob sie wollen oder nicht. Sie müssen unruhig, bewegt und ängstlich sein und sich selbst fast zerstören, wie wir das beim Männchen der Schwarzen Witwe kennen.
Selbst wenn wir das Männchen wegnehmen, sucht es seine Mörderin, um sich einfangen und fressen zu lassen.
Hier ist daran zu erinnern, dass am Ende des Lebens, an der Schwelle zum Tod, wenn der Übergang noch sehr schwer fällt, Arsen als Mittel gegen die große Angst anzuwenden ist.
Wird aber ein Mensch in der Nähe des Todes neben der Angst auch von unheimlicher körperlicher Unruhe erfasst, die den Charakter von Arsen, aber auch von Tarantula haben kann, kann es für den Arzt sehr beglückend sein, mit Tarantula dem Patienten Angst und Unruhe zu nehmen. Der Weg aus diesem in ein fernes Leben wird plötzlich leicht. Ich habe bei Tarantula-Patienten in der Todesstunde nach der Gabe von Tarantula in Potenzen von **D30** bis **D200** erlebt, dass die Angst in ihren Augen luchsartiger Neugier wich, bis Gott Tanatos sie bedeckte mit seinem Tuch.

▶ Kinder

Tarantula-Kinder sind verhältnismäßig selten. Sie zeigen sehr viele und immer wieder wechselnde Chorea-minor-Symptome. Die hochgradige Unruhe manifestiert sich besonders in den Händen und im Gesicht. Das Kind zupft an den Lidern, rollt den Kopf hin und her oder wiegt den Körper, besonders im Sitzen. Im Schlaf fährt es oft zusammen und zuckt mit den Gliedern. Sehr häufig bestehen Schlafstörungen.
Ganz großes Leitsymptom für Tarantula-Kinder ist die Periodizität, mit der sie jede Nacht um exakt dieselbe Zeit ein- oder auch zweimal erwachen.

Arzneimittelbild

Wichtige Symptome

- Unruhige, erregte Menschen mit Überempfindlichkeit aller Sinnesorgane und auch sexueller Übererregbarkeit. Häufig nachts Schmerzen mit stärksten Beklemmungsgefühlen, mit Kollapsneigung und kaltem Schweiß, nicht nur auf der Stirn, sondern am ganzen Körper.
- peripher deutliche Zyanose der Akren
- Die Bewegungsorgane zeigen starke, motorische Unruhe, Zuckungen, choreatische Bewegung. In keiner Stellung können sie sich ruhig verhalten, sie müssen in Bewegung bleiben, obwohl alle Symptome wieder schlimmer werden beim Gehen.
- Geringste Berührung ruft Schmerzen hervor.
- Kopfschmerzen, als ob Tausende von Nadeln ins Gehirn stechen würden
- Eiterungen am Nagelbett, an der Haut, Abszesse und Furunkel

- Die betroffenen Stellen haben eine deutlich zyanotische Farbe und brennen stark. Die Qualen einer Nagelbetteiterung zwingen den Patienten, schlaflos umherzugehen.
- Auch alle bösartigen Geschwüre, wie Karbunkel, Gangräne gehen mit großer motorischer Unruhe, dem Zwang umherzugehen einher, wobei sich die Beschwerden beim Gehen wieder verschlimmern.
- sexuelle Erregung bis zur Erotomanie

Modalitäten

Verschlimmerung: durch Ruhe, durch Schlaf, Berührung der betroffenen Stellen, Geräusche und Wetterwechsel, Tabakrauchen und nach Koitus.
Besserung: bei Bewegung, nachts, im Freien, durch Reiben der betroffenen Körperstellen, im psychischen Bereich durch Musik.

Toxikologie

Die einzelnen Spinnenarten überwältigen und töten ihre Beute auf ganz verschiedene Weise. Auch die Zusammensetzung des Giftes ist verschieden.
Nach den Folgeerscheinungen von Bissen beim Menschen sind zwei Typen von Spinnengiften zu unterscheiden. So ruft eine Reihe von Spinnenarten, namentlich südamerikanische, örtliche Entzündungen und mehr oder weniger ausgedehnte Gewebsnekrosen hervor, von denen intermittierendes, septisches Fieber ausgehen kann. Dazu kommen Gangräne mit nekrotischen Gewebsschädigungen ohne direkte Allgemeinwirkung.
Eine andere Art, deren Gifte hauptsächlich nekrotisch wirken, ist Tarantula (Lycosa hispanica). Ihre Gifte enthalten ein sehr starkes, proteolytisches Enzym, das dem Trypsin ähnlich wirkt. Durch das menschliche Serum wird diese Wirkung gehemmt. Durch Hitze und Ultraviolettstrahlen werden die Neurotoxine inaktiviert. Sehr erstaunlich ist, dass von Tarantula gestochene, matte und fast gelähmte Menschen durch Musik aktiviert werden. Sie fangen an zu stampfen und zu tanzen, sobald sie die Töne von Saiteninstrumenten oder Flöten hören. So lange damit fortgefahren wird, scheinen sie gesund und keine Schmerzen zu leiden, macht aber der Musiker eine Pause, fallen die Kranken zu Boden und verfallen in Mattigkeit und Benommenheit. Wenige Stunden nach dem Biss entstehen zunächst große Schwierigkeiten beim Atmen, dann ein heftiger Schmerz nahe dem Herzen und große Niedergeschlagenheit. Schließlich entsteht eine bizarre, motorische Unruhe, die an Chorea erinnert, dazu tritt eine übermäßige Empfindlichkeit aller Sinne. Lichte und grelle Farben wirken erregend und verschlimmern die Beschwerden. Geräusche erschrecken und verschlimmern ebenfalls alles. Schließlich kommt eine unglaublich extreme Affektlabilität hinzu mit Schwindel, besonders in frischer Luft beim Treppengehen (treppab).

Wichtige Indikationen

- Chorea minor mit nervöser Erregbarkeit und besonderer Empfänglichkeit für Musik (wobei die Musik Linderung bringt)
- erheblicher Bewegungsdrang mit Zuckungen
- Nymphomanie
- septische Prozesse mit starker nervöser Unruhe, choreatischen Bewegungen, Schweißausbrüche mit Kollapszuständen
- beim Todeskampf, wenn Todesangst besteht mit Unruhe
- Zittern einzelner Muskelgruppen, starke Unruhe, Schwindelgefühl
- vor allem bewährtes Mittel bei übertrieben starker Motorik, verbunden mit erheblicher Angst, wie Arsen und Apis

Naja tripudians

Ursprung und Mythologie

Die Kobra, auch Brillen- oder Hutschlange genannt, ist in Südamerika heimisch und als Giftnatter bekannt. Sie zählt zur Familie der Elapidae und wird über zwei Meter lang. Im Gegensatz zu Lachesis kann sie auch in Gefangenschaft leben.
Die Kobra verfügt über Giftdrüsen, die als umgewandelte Speicheldrüsen zu betrachten sind. Beim Biss wird das Gift in die Beute eingebracht; die dadurch verursachte Lähmung führt später zum Tod des Opfers.
Beim Menschen verursacht der Kobrabiss zunächst große Schmerzen an der Bissstelle. Das gebissene Glied schwillt an und fühlt sich taub und kalt an. Durch Blutungen unter der Haut entstehen blaue Flecken und nekrotische Geschwüre; auch die Umgebung der Bissstelle zeigt sich bläulich oder purpurrot verfärbt, zumindest fleckig. Manche Patienten spüren an der Fußsohle brennende Schmerzen. Bald setzen Mattigkeit und Benommenheit mit Sprachstörungen und Gehörverlust ein. Verwirrung und Bewusstseinsverlust können bis zum Koma gehen. Es kommt zur Lähmung motorischer Muskeln, Beschleunigung der Herztätigkeit und Kreislaufkollaps, schließlich zur Lähmung der Atmung.
Die Mythologie der Schlange und daraus abzuleitende Bezüge wurden bei Lachesis dargestellt. Im Blick auf das Arzneimittel Naja sei hier betont, dass der hebräische Begriff für Schlange gleichzusetzen ist mit »Gier« und »Leidenschaft«, letztlich mit »Sündenfall«, aus dem das von Angst geprägte Bewusstsein resultiert, nicht mehr im Paradies zu weilen.

Persönlichkeitsportrait

An gesunden Tagen ist Naja tripudians meist sehr aktiv und kreativ, verändert sich dann aber meist infolge einer Herzattacke. Naja wird überaus ängstlich, depressiv und melancholisch, ist vergesslich und zerstreut, sinniert über vermeintliches Unglück und ist sogar suizidgefährdet. Die Patienten ängstigen sich vor allem vor öffentlichen Auftritten und scheuen den Kontakt mit anderen Menschen. Sie fühlen sich oft bedrängt durch Kollegen oder Vorgesetzte und sind sehr empfindlich gegenüber Überredungsversuchen. Ähnlich Aurum leiden sie unter starkem Gedankenfluss und der Vorstellung, das ganze Leben völlig falsch geführt zu haben.
Wie alle Schlangengiftpersönlichkeiten neigt Naja zur Lüge oder Übertreibung und zu Ängsten, die bis zur Todesangst gehen. Im Vordergrund stehen dann Kreislauf- und Herzbeschwerden. Häufig ist der Patient dann nicht einmal mehr in der Lage zu sprechen. Alle Aufregungen bewirken starkes Herzklopfen, das auch chronisch sein kann. Die Herzbeklemmungen strahlen bis in den linken Arm, die linke Schulter und ins linke Ohr aus. An Haut- und Schleimhaut finden sich bisweilen Veränderungen, der Puls ist häufig unregelmäßig. Naja fasst sich oft an den Hals aufgrund eines Erstickungsgefühls und blickt starr.
Beim Erwachen und in den Morgenstunden sind die Patienten sehr müde und verstimmt und verspüren extrem große Angst. Häufig erwacht der Patient an dem Gefühl, an einem Klumpen im Halse zu ersticken, er meint dann, der Kehlkopf schnüre sich zusammen.
Besonders nachts und nach dem Erwachen klagt Naja oft über heftige Kopfschmerzen. Enge Kleidungsstücke sind diesen Patienten sehr unangenehm.

Arzneimittelbild

Wichtige Symptome

- Brustschmerzen, die bis in den kleinen Finger der linken Hand ziehen und zum Nacken bis hinter das linke Ohr sowie zwischen die Schulterblätter ausstrahlen.
- Zusammenschnüren des Kehlkopfes mit Erstickungsgefahr
- Angst und Schwächeanfälle nach Herzinfarkt
- erregtes Herz mit Tachyarrhythmien, dabei kalte Gliedmaßen
- brennende Schmerzen an der Fußsohle

Modalitäten

Verschlimmerung: in den Morgenstunden; durch Alkohol, Liegen auf der linken Seite; durch schlechte Luft, Aufregung und Ärger.
Besserung: durch ruhige Bewegung, Gehen im Freien, innere Ruhe.

Wichtige Indikationen

- akute Myokarditis, vor allem nach Tonsillitis und eitrigen grippalen Infekten
- Folgen von Endokarditis
- Angina pectoris und Schmerzen nach Herzinfarkt
- Herzhypertrophie nach Schocksituationen, verbunden mit körperlicher Belastungsunfähigkeit und trockenem Reflexhusten
- Depressionen nach Herzinfarkt
- Schwächezustände nach Diphtherie

Praxistipp
Naja tripudians sollte nicht unter **D12** verordnet werden. Lediglich bei langwierigen Beschwerden kann man mit einer niedrigeren Potenz therapieren.
Die Symptome der Schlangengifte sind sich sehr ähnlich; bei Naja tripudians steht jedoch stets das Herzleiden im Vordergrund.

Sepia officinalis (Sepia)

Ursprung

Der zoologische Fachausdruck »Sepia« im Allgemeinen mit »Tintenfisch« übersetzt, bedeutet eigentlich »Tintenschnecke« und verweist darauf, dass Sepia ein Weichtier ist.
Hier ist zunächst festzuhalten, dass Sepia kein Frauenmittel, sondern ein Mittel für Mann, Frau und Kinder ist. Schnecken sind sehr weiche Tiere, haben aber trotzdem eine harte Schale. Besonderheiten, wie wir sie beim Persönlichkeitsportrait von Sepia entdecken, finden wir in gewisser Form auch bei Sepia.
Zu beachten ist die merkwürdige, fast unheimliche Fortpflanzung der Sepia. Ein die Geschlechtsdrüsen tragender Arm trennt sich vom männlichen Tier, und wandert zum weiblichen Tier, um dort die Befruchtung durchzuführen. Der Arm als Träger der Fortpflanzung wird dann später im Innern der weiblichen Tintenfische als halbverdaute Substanz wiedergefunden. Die Vorstellung, dass sich ein ganzer Teil des Tieres loslöst, ist an sich schon befremdend.
Weiterhin ist von Bedeutung, dass Sepia Tinte produziert. Ein Fuß dieses Tieres ist zu einem Trichter umgebildet. Wenn der Tintenfisch schwimmt, stößt er das Wasser aus dem Trichter sehr rasch aus und schwimmt dadurch rückwärts. Das Rückstoßprinzip, das den Düsenflugzeugen zugrunde liegt, ist hier längst technisch verwirklicht. Er kann natürlich auch nach vorne und, durch die Seitenflossen, in seitlicher Richtung schwimmen. Schnell schwimmen kann er jedoch nur durch den Rückstoß, dem er unter Umständen eine schwarze Flüssigkeit zufügt, die ihn vor seinen Feinden schützt: Er verschwindet im Nebel. Diese schwarze Flüssigkeit ist Melanin, eine Substanz, auf der die Dunkelfärbung der Haut und Augen beruhen. Konzentriert und in großer Menge vorhanden ist Melanin nur im Hintergrund unseres Auges.

Persönlichkeitsportrait

▶ Erwachsene

Als Weichtier ist Sepia ein Kupferatmer, wobei hier zu ewähnen ist, das Cuprum eine der Liebesgöttin geweihte Substanz darstellt. Kupfer war im alten Ägypten und auch in Griechenland das Liebesmetall. Immer wieder wurde postuliert, Sepia sei ein Frauenmittel. Diese Einteilung der homöopathischen Arzneimittel in Frauenmittel oder Männermittel lehne ich ab. Sicherlich sind bestimmte Mittel besonders bei Frauen hilfreich, aber nach Hahnemann sollten wir immer die Gesamtheit der Symptome sehen. Bei Sepia ist dieser Grundsatz besonders wichtig, da in ihrem Arzneimittelbild das männliche Prinzip durchaus überwiegt. Das weibliche Prinzip, die Mutterwelt, befindet sich diesem männlichen Prinzip gegenüber in Aufruhr, zumal Sepia vor allem zu Beginn des Klimakteriums von Bedeutung ist. Im weiblichen Organismus tritt in dieser Übergangsphase das allgemein Menschliche in den Vordergrund, und damit treten Schwierigkeiten auf.
Zu erinnern ist auch hier an das Kontaktverhalten von Sepia im Meer. Die Begattung, d. h. der persönliche Kontakt, wird häufig vermieden. Ein Arm wird auf Brautschau ausgeschickt, um die Begattung zu vollziehen. Das Tier hält sich von allem fern. So ist es auch beim Sepia-Bild. Die Begegnung mit der Weiblichkeit wird zurückgedrängt, verborgen. Das Weibliche wird der Frau selbst gerade im Klimakterium fragwürdig.
Wie kompliziert dieser Vorgang ist, erkennen wir an den Depressionen von Sepia. Sie stellen die dunkle Wolke dar, die Sepia ausstößt, um sich darin einzuhüllen, und enthalten das ängstliche Element, das sich schützen will, und die raubtierhafte Komponente. Beide Züge sind sowohl im Tier als auch im Menschen vorhanden.
Eine Sepia-Frau wehrt sich dagegen, sich von Haushaltspflichten vereinnahmen zu lassen. Stundenlanges In-der-Küche-Stehen, Abwaschen, Wäsche waschen, Bügeln hält sie für menschenunwürdig. Sie strebt danach, ihren Beruf auszuüben, in dem sie Erfolgserlebnisse hat und ganz offensichtlich viel leistet.
Die Sepia-Frau ergreift gern männliche Berufe. Ihre Hilfsbereitschaft führt sie auch gerne im Beruf fort und bringt sich in sozialer Hinsicht ganz ein. Besonders typische Berufe sind beispielsweise Krankenschwester oder Nonne. Hier tritt das Sexuelle sehr in den Hintergrund und der Einsatz für die Menschheit, für eine große Idee wird vordergründig. Auch in modernen technischen Berufen arbeitet Sepia ausgezeichnet und sehr zuver-

lässig. Die familiäre Nähe mag Sepia nicht. Ist Distanz vorhanden, setzt Sepia sich gerne in Vereinen, in Clubs für andere Menschen, für die Dritte Welt ein. Auch Diskussionen mit Sepia sind aufgrund ihrer Intelligenz sehr ergiebig. Die Sepia-Frau kann in Beruf und Politik unglaublich engagiert und eine sehr gute Sportlerin sein und in allen »männlichen« Berufen Großes leisten.

Rein sexuelle Annährungen mag Sepia nicht. Es kommt zu ausgesprochen zärtlichen Beziehungen zum eigenen Geschlecht. Ist die Sepia-Persönlichkeit einmal erwachsen, so hat sie es mit sich selbst am schwersten: Sie will nicht durchschaut werden. Gerade beim Arzt stellt dies eine Komplikation dar. Man muss als Arzt deswegen sehr klug vorgehen und Sepia erkennen. Zumindest sollte Sepia nicht merken, dass man sie durchschaut, da sie sich sonst sehr schnell entfernt. Sepia hat, genau wie ihr Tintenfischvorbild, die Eigenschaft, sich in Schlupfwinkeln zu verstecken und sich dort zu tarnen.

Die Sepia-Frau zeichnet sich nicht nur durch Starrsinn und Sinn für Gerechtigkeit, sondern auch durch Perfektionismus aus. Das ist keine unbedingt liebenswerte weibliche Eigenschaft, obgleich sie für die Geschäftswelt wundervoll ist. Hat sie sich einmal entschieden, dann ist sie wohl auch treu.

Nicht selten ergeben sich spirituelle Begegnungen mit anderen Menschen. Häufig neigt Sepia auch zum Geistigen und tendiert dazu, eine bestimmte Geisteshaltung mit vollkommenem und umfassendem Einsatz zu realisieren.

In der körperlichen Liebe erlebt die Sepia-Frau oft große Enttäuschungen. Berührt sie das erste sexuelle Erlebnis unangenehm, dann entsteht eine unglaubliche Frigidität. Hierüber kann sich der Arzt mit ihr unterhalten, wenn er ihr Vertrauen gewonnen hat. Zunächst muss er sich jedoch etwas tarnen, genau wie der Tintenfisch, und darf solche Dinge nur beiläufig erwähnen.

Für das Sepia-Mädchen ist es sehr schwer, sich zur eigenen Weiblichkeit zu bekennen. Nicht selten opfert es diese und wird zum intermediären oder asexuellen Typ, zum Blaustrumpf.

Während Pulsatilla und Sulfur sich dem Freund warmherzig und hemmungslos zuwenden können, wird dies für Sepia ein großes Problem. Bei Freude am Sex kommt es gern zum »strapazierten Uterus«.

Im Zuge der Familienplanung wünscht sich die Sepia-Frau ein Kind, das ihr dann zur Last wird und im Wege ist. Sie weiß, dass sie sich über ein Kind freuen, es liebhaben **muss**. Eine Sepia-Mutter ist energisch, geradlinig, stark, konsequent. Sie geht in der übermäßigen Pflege ihres Kindes völlig auf und ist übervorsichtig. Haus oder Wohnung müssen sehr sauber sein. Hier wird das Kind zu einem Problem, da es alles wieder beschmutzt. So fühlt sich die Sepia-Patientin häufig als Sklavin, die immer wieder von neuem Putzarbeiten verrichten muss. Dennoch wird das Kind hervorragend gepflegt; darin sieht sie ihre Pflicht.

Als Arzt spürt man diese distanzierte, pflichtbewusste, auch etwas kühle Art der Sepia-Mutter.

Häufig vertreten Sepia-Eltern die antiautoritäre Erziehung. Kinder sollen sich frei entfalten dürfen, Gerechtigkeit ist in ihrem Sinn. Aber die Kinder sind voller Leben und nicht mit Theorie zu erziehen. Sepia-Eltern können diese Theorie nicht ganz und gar umsetzen. Plötzlich verfallen sie in Wut, das Prinzip wird durchbrochen und das Kind auf einmal geschlagen; dann sind sie über sich selbst enttäuscht, finden sich abstoßend und erleben wieder Schuldgefühle, die bis zur Selbstzerstörung führen können.

Weder das Vaterleitbild der Kindheit und Jugend noch der Weg, den sie selber geht, gibt der Sepia-Persönlichkeit völlige Erfüllung: Sie verurteilt sich selbst, lebt wie in einer dunklen Wolke. So entsteht eine Abneigung gegen die nächste Familie sowie Gerechtigkeitsfanatismus, für die Entstehung von Depressionen wichtige Faktoren. Nicht wenige depressive Frauen unserer Zeit brauchen unbedingt Sepia. Sie stellen Telefon und Hausglocke ab, wollen keine Kontakte. Die Störung ihrer privaten Sphäre ist unerträglich. Die Sepia-Frau will allein sein, vor allem auch im Bett, obwohl sie dort durchaus ab und zu auch Gesellschaft haben möchte. Wird der Sepia-»Fisch« in seiner Seele gestört, die er eingebuddelt in dem Meeresboden verbringt, stürzt er heraus, wird äußerst aggressiv und beißt dem Opfer den Kopf ab mit dem scharfen, schneidenden Gebiss. Solche Aggressionen finden wir bei Sepia-Frauen. Sie beißen zwar keinen Kopf ab, können aber jede Lebenskraft aus dem anderen heraussaugen. Dahinter steht eine große Anspruchshaltung. Die Augen der Sepia sind die größten Augen, die es auf der Welt gibt. Sie sehen alles. Auch unser Sepia-Patient sieht alles, daher hat er ein ungemein scharfes Bewusstsein, lebt aber nicht sehr glücklich.

Wie alle Menschen sehnt sich Sepia nach Helligkeit, produziert aber Dunkelheit. Sepia ist für den Mitmenschen ein Gewinn, aber gleichzeitig eine ungemein schwere Aufgabe.

Kinder

Sepia-Kinder haben eine etwas blasse, rosa getönte Haut und sind von eher zartem Körperbau. Sehr häufig sind es Mädchen. Sie zeichen während der Pubertät manchmal schon Sepia-Symptome wie eine Frau in den Wechseljahren. Als Kleinkinder sind sie erkennbar an der mitunter vorhandenen Lustlosigkeit und ihren Launen. Ein Sepia-Kind weint schnell, schmollt häufig und lässt sich nicht gern trösten, schiebt selbst die Mutter weg und beißt sogar, wenn man es festhalten und trösten will. Als kühles Kind ist es weder leicht zu erziehen noch anlehnungsbedürftig.

Vor der Dunkelheit und dem Alleinsein hat das Sepia-Kind große Angst. Es ist ständig nervös und immer auf die eigene Person konzentriert.

Wie der Sepia-Erwachsene wird das Sepia-Kind erst dann munter, wenn es sich körperlich abreagieren kann. So tanzen diese Kinder sehr gerne alleine, aber auch bei gesellschaftlichen Anlässen, beispielsweise einer Geburtstagsfeier.

Gelegentlich finden wir bei Enuresis-Kindern Sepia-Typen, die meist in den ersten Abendstunden beim Einschlafen einnässen.

Erkältungen sind oft von Herpes-Bläschen auf den Lippen begleitet.

Das junge Mädchen hat viele Pigmente, einen matten Teint und schwarz wirkende Augen, einen traurigen Gesichtsausdruck und etwas furchtsame Züge, die nicht ohne Stolz sind. Es ist gefühlvoll, stark von Emotionen bestimmt, wirkt aber nach außen sehr verhalten und dadurch indifferent. Gemütsbewegungen kommen besonders bei ungerechter Behandlung zum Ausdruck: Als Folge treten Wutausbrüche auf. (Bei Sepia im Meer gibt es ähnliche Reaktionen.)

Die Wut ist für das Kind schwer zu ertragen. Sie ist nicht dem warmen Zornausbruch eines Cholerikers gleichzusetzen, der schnell vergeht, sondern eiskalt und zornig und zeigt große Verachtung, mitunter auch Arroganz. So kommt es dazu, dass es ein Sepia-Mädchen in der Familie schwer hat. In der Nähe eines so wachen, aufmerksamen und gespannten Wesens, das seine Gefühle sehr stark verbirgt, nicht aber seine spitze Zunge, fühlt man sich nicht sehr wohl. Man meint dann, dieses Kind sei sehr selbstsüchtig, egoistisch und abgekapselt; das ist aber nicht der Fall: Sobald Not am Mann ist, wird es sich sofort hundertprozentig für die ganze Familie einsetzen. Allerdings sind ihm Dankesbezeugungen unangenehm.

Das Sepia-Mädchen ist eine gute Schülerin, aufmerksam, penibel, gewissenhaft. Beim Spiel kann es nicht verlieren und bricht häufig ab, wenn es bemerkt, dass es nicht gewinnen kann. Dieses Symptom ist gerade im Kindesalter sehr wichtig.

Sepia ist nicht sehr gesellig, abgesehen von erotischen Beziehungen, die unter Umständen schon in sehr jungen Jahren entstehen können. Sonst ist Sepia, besonders als Mädchen, gerne ein Einzelgänger mit wenig Freunden, wenig Kameraden, vielleicht einer Herzensfreundin. Sehr gern hat sie einen Freund. Aber sie beansprucht Freundin oder Freund ganz für sich. Ist dies nicht gegeben, beendet sie die Freundschaft.

Sepia ist ein Kind, das am Vater hängt und ihn als exakten Bezugspunkt für eine Entscheidung sieht. Ältere bzw. alte Sepia-Patienten erzählen immer wieder von ihrem Vater: Mit dem Tode des Vaters verloren sie alles.

Der Vater ist eine sehr wichtige Figur, besonders wenn er aktiv und energisch, sehr streng, stark, besonders charakterstark, und konsequent ist. Solchen Anforderungen sollte man freilich nicht unbedingt gerecht werden; auch kann man ihnen oft nicht genügen. Das Sepia-Kind stellt sie nicht nur an den Vater, sondern auch an sich selbst. Das hat natürlich zur Folge, dass diese Kinder in ihrem Leben furchtbar enttäuscht sind; ein ganzes Leben lang sucht das Sepia-Mädchen vor allen Dingen nach dem Vater.

An die Stelle des Vaters kann auch der Lehrer in der Schule treten oder der mutige Trainer, der alle Übungen beherrscht und ein wunderbares Vorbild ist. Aber auch der Lehrer oder Trainer kann einmal versagen, und dann sind Sepia-Kinder vollkommen enttäuscht. Die Maßstäbe des Sepia-Kindes sind sehr hart und sehr genau, und es übt in dem Augenblick, in dem es enttäuscht ist, unbarmherzige Kritik. Für den, der das Kind enttäuscht hat, wird es fast unerträglich. Das Kind kennt auch seine eigenen Fehler sehr genau und verurteilt diese. Auf diese Weise erzeugt es Schuldgefühle, die später zu Depressionen führen. Es wird dann undurchsichtig, unliebenswürdig, sogar eiskalt.

Von Psychologen wissen wir, dass Sepia-Kinder logisch denken. Sie entwickeln starke, überempfindliche Enttäuschungsreaktionen, auch gegen sich selbst, und werden dann zerstörerisch tätig, was bis zum Masochismus führen kann: Sie zerstören sich selbst durch dauernde Schuldgefühle, aber auch durch Widersprüche. Die kritische Phase ist die Pubertät. Das Sepia-Mädchen kann sich von der Mutter trennen, aber nur sehr schwer vom Vater. Es hat immer das Gefühl, zu

entwurzeln, sucht dann die Charakterbilder des Vaters und tritt genauso auf, will ein männliches Wesen sein.
In der Pubertät erlebt es die große Krise, es wird zur Frau, die Mutter zur Rivalin. Innerlich steht es ganz auf der Seite des Vaters.
Zu einer Freundschaft mit einem Jungen kommt es nur, wenn das Vaterbild unklar wird oder verschwindet. Dann findet Sepia nicht selten auch eine innige Freundin, unter Umständen auf homophiler Basis. Beim Zusammentreffen der beschriebenen psychischen und physischen Phänomene mit einem Ekzem oder Neurodermitis kann Sepia äußerst schnell und sehr gut helfen.

Literatur

Eine geradezu klassische Figur einer Sepia-Frau stellte Dürrenmatt, der sicher keinerlei Kentnisse von der Psora Hahnemanns hatte, in seiner fulminanten Komödie »Die Physiker« vor.
Das Werk verdeutlicht die Auswegslosigkeit und Hoffnungslosigkeit der modernen wissenschaftlichen Entwicklung. Die existentielle Auseinandersetzung mit tödlichen Gefahren, verzweifelte Versuche einer Rettung scheitern. Viele Bezüge sind zum antiken Drama zu finden, in dem ebenfalls alle Versuche, das Schreckliche abzuwenden, scheitern. Die Griechen nannten dies »Moira«, das Schicksal. In einer sehr guten Darstellung finden wir in mit Schwung gezeichneter und nur gelegentlich unterbrochener Linie die typische Sepia-Frau.
Dargestellt wird die nervöse Unsicherheit und der unechte, etwas falsche und nur oberflächliche Gefühlsaufwand der Missionarsfamilie Rose beispielsweise, dabei die sich übertrieben und sinnlos aufopfernde, sich auf Gott stützende Frau, bieder und wach, verlässlich und unsicher. Darauf folgt eine Phase der großen echten Gefühle, der überschießenden Reaktion bis zum Mord.
Zentrale Figur ist jedoch die Irrenärztin, das kleine, etwas bucklige Fräulein Dr. Mathilde von Zahnd.
Sie ist zunächst mit leicht skurrilen Zügen behaftet, hat kleine liebenswerte, häufig versteckte Ticks, wirkt bescheiden und führt ohne großen Einsatz ihrer Intelligenz oder Emotion. Später steigert sich bei aller kühlen Überlegenheit langsam ihre innere Unruhe, eine oft nur mühsam kontrollierte innere Erregung, die schon deutlich hypertrophe Züge zeigt. Diese arten in große, böse Machtgebärden aus, die aus ihr herausbrechen und ihren Wahnsinn verdeutlichen. Dessen gläserne Kälte lässt die Gestalt der Irrenärztin zum personifizierten Weltenwahnsinn werden, in dem das namenlose Leid der elenden, verkrüppelten, ungeliebten alten Jungfer doch noch anklingt, erschreckendes Grauen und gleichzeitig sogar noch Mitleid erweckend. Die beschriebene Gestalt mit den erst psorischen, später deutlich sykotischen Zügen, syphilinischen, höchst destruktiven Gedanken und Äußerungen stellt die multimiasmatische Konstitution einer Sepia vor.
Eine sepiaähnliche Figur finden wir in dem Drama »Peer Gynt« von Ibsen. Peer kommt nach langem, wildem und chaotischen Leben zu Solvejg zurück. Diese ist darüber sehr glücklich und gibt zu verstehen, dass ihr Leben trotz seiner Abwesenheit durch ihn zu einem »schönen Gesang« wurde: Sie glaubte an ihn, hoffte auf ihn und liebte ihn. Erschüttert birgt Peer Gynt sein Haupt in ihrem Schoß und fühlt sich dort vor den Dämonen seines Lebens geschützt.
Sepia ist ein ungeheuer ambivalentes Mittel, das einerseits große Aggressionen und Überdruss beinhaltet, andererseits ein Portrait der Geduld, der Hoffnung, der Liebe, des Wartens und Verzeihens darstellt.

Arzneimittelbild

Wichtige Symptome

- Gefühl von Schwere und Abwärtsdrängen, als wolle der Inhalt des Unterleibs aus dem Körper herausfallen. Gelbe Flecken wie Leberflecken, besonders auffällig im Gesicht, wo sie mit Vorliebe Sattelform, gelegentlich auch Schmetterlingsform annehmen, dies vor allem an Wangen, Nase und um den Mund herum.
- Ekzeme in den Falten fast aller Gelenke mit Exkoriationen
- Steifheit und Schwere in den Extremitäten, besonders nach dem Schlaf. Gelenkschwäche. Die Gelenke knicken beim Gehen leicht um.
- Gefühl eines Fremdkörpers, einer Kugel, an verschiedenen Körperteilen, besonders im Rektum, aber auch im Larynx
- Die Kleidung scheint zu eng, dass man sie lockern muss.
- übel riechende Schweiße, besonders in Achselhöhle und an den Knien
- Neigung zu Übelkeit und Erbrechen, bei allen seelischen, aber auch bei körperlichen Ursachen, besonders beim Anblick oder Geruch von Speisen

- Gefühl von Leere im Magen mit Durst
- Die Speisen erscheinen häufig versalzen.
- Unverträglichkeit von Fett und Fleisch
- Widerwillen gegen Milch, die nicht vertragen wird.
- Die Schmerzen machen sich oft in der Ruhe bemerkbar, aber Bewegung bessert nicht immer. Die Schmerzen strahlen immer von einer Körperstelle zur Wirbelsäule hin aus, sie sind von Frösteln begleitet und rufen das Gefühl von Schwere hervor.
- Der Stuhlgang wird, selbst wenn er weich ist, mit Mühe entleert, notfalls ist manuelle Nachhilfe notwendig. Manchmal ist ein Gefühl vorhanden, als laufe eine Maus am Bein auf und ab.
- Gegenmittel bei großem Tabakabusus, besonders bei Frauen im Klimakterium mit sitzender Beschäftigung, die hoher geistiger Beanspruchung standhalten müssen.

Modalitäten

Verschlimmerung: morgens, abends, bei Mondwechsel, kalter Luft oder trockenem Ostwind, in Ruhe, bei schwülem, feuchtem Wetter, vor einem Gewitter, nach sexuellen Exzessen.
Besserung: nachmittags, durch körperliche Bewegung, Bettwärme, heiße Auflagen, viel Gymnastik, Tanz und andere Bewegung.

Sepia als multimiasmatisches Mittel

Nach Hahnemann entstehen die chronischen Krankheiten durch die Miasmen **Psora, Sykosis** und **Syphilis**. Da sich bei Sepia alle drei Miasmen finden, gilt es als multimiasmatisches Mittel, dessen einzelne Symptome sich bei anderen Arzneimitteln wiederfinden lassen < 2 > < 3 >.

<2>

Psorisch	Sykotisch	Syphilinisch
Müdigkeit Nat.-Mur.	noetische Vigilanz und Kraft wechselt Nat.-Sulf.	Aktivität fällt andern auf die Nerven Argent.
Schlaffheit, Schwäche Kal.-C. Nat.-Mur.	lügenhaft, oberflächlich Calc.-Phos.	argwöhnisch, grausam Arg.
Gleichgültigkeit, unglücklich Nat.-Mur.	wechselnde Kalorik Nat.-Sulf.	Hitzen u. Schweiße Jod.
Frostigkeit Cal.-C. Kal.-C. Mag.-C.	überschießende Sexualität Cupr.	sexuelle Aggression Plat.
genitale Schwäche, Impotenz Cal. Kal.-C. Nat.-Mur.	Geheule, Geplärre Nat.-Sulf.	erethische Depression Aur. Plat.
Traurigkeit, Melancholie Calc.-C. Nat.-Mur.	lauter Ärger (Türe schlagen) Magn. sulf.	wütender zerstörender Ärger Jod.
Ärger (verhaltene Reizbarkeit) Calc.-C. Nat.-Mur.	Überaktivitäten Calc.-Phos.	streitsüchtig, Rechthaberei Jod.
Versagerbewusstsein Kal.-C. Nat.-Mur.	unkontrollierte Extrovert. Calc.-Phos. Cupr.	übertriebene Euphorie Jod.
Unsicherheit Kal.-C. Nat.-Mur.	vergesslich, flüchtig, oberfl. Calc.-Phos.	belästigt ständig die Umgebung Jod.
introvertiert Cal.-C. Kal.-C. Nat.-Mur. nachtragend, lehnt Trost ab Nat.-Mur.	Krämpfe Cupr.	grenzenloser Hass bis zum Tötungswunsch Jod. Plat.

<3>

Symptome		Modalitäten	
▶ Statische Symptomatik		▶ Besserung	
Widerwillen gegen Milch (wird nicht vertragen)	Calc.-C. Nat.-Carb.	bei heftiger Bewegung	Arg. Calc. Mang. Kal.-C.
Glottiskrampf	Cupr.-Jod. Calc.-Phos.	Laufen im Freien	Arg. Jod. Nat.-Mur.
Katarrhe, Sekret stinkt Husten, Auswurf	Calc. Nat.-Mur.	lokale trockene Wärme Gegendruck	Calc.-Phos. Kal.-C. Kal.C. Cupr.
▶ Variable Symptomatik		▶ Verschlimmerung	
Ekzeme in Gelenkbeugen	Nat.-Mur. Calc.	abends	Arg. Mang. Nat.-Mur.
		nachts	Arg. Jod. Cup. Plat.
Urtikaria – Jucken	Nat.-Mur. Calc.	ruhig sitzen	Cal.-C. Cupr. Mang. Jod.
Herpes	Nat.-Mur.	beim Essen	Ca.-C. Nat.-Mur. Kal.-C.
Achselschweiße stinkend	Calc.	nach dem Essen	Calc.-C. Nat.-Mur. Mang. Jod.
Haarausfall	Nat.-Mur.	Vollmond	Cal.-C.
Kopfschmerzen	Calc.-Phos. Nat.-Mur.	Neumond	Cal.-C. Cupr.
weint viel	Nat.-Mur.	Kälte	Kal.-C. Cal.-C. Mang. Nat.
Kreuzschmerzen	Kal.-C. Cupr.	Zugluft	Calc.-Phos. Kal.-C. Nat.-Mur.
		vor den Menses	Cal.-C. Cal.-Phos. Cupr. Mang.-C. Nat.-Mur. Plat.

Toxikologie

Die Wirkungsmechanismen von Sepia sind deswegen so schwer zu beurteilen, weil die chemische Konstitution der Wirkstoffe noch nicht gesichert ist. Unwahrscheinlich ist, dass Melanin für eine Wirkung auf den menschlichen Organismus verantwortlich ist.

Wichtige Indikationen

- wichtigstes Mittel bei allen klimakterischen Störungen und bei Störungen während und nach der Schwangerschaft
- »Immer krank seit der Hysterektomie«
- hormonell abhängige Pigmentveränderungen
- schmerzhafte Dysmenorrhö vor der Regel mit dem Gefühl, die Vulva stände offen
- Amenorrhö, Amenorrhagien, wenn sie durch venöse Stauung verursacht sind
- Pfortaderstauung mit Leberschwellung und Gallensteinleiden
- Dyspepsie mit Gefühl von Leere und Herabsinken des Magens, mit saurem oder bitterem Geschmack im Mund, Verlangen nach sauren Speisen und scharfen Gewürzen sowie Meteorismus
- Erbrechen schon bei geringfügigen Ursachen, wie Zähneputzen und Geruch von Speisen, auch bei unangenehmen Nachrichten
- Unverträglichkeit von Milch; sie verursacht saures Aufstoßen und Durchfall
- Halbseitenkopfschmerz mit klopfenden Schmerzen über einem Auge, meist mehr auf der linken Seite
- Hypotonie mit Kollapsneigung, meist in Verbindung mit dem allgemeinen Hormongeschehen
- Ekzem am Kopf, Gesicht, in Gelenkfalten, an der Vulva und am Anus. Trockene, schuppige, schwer und langsam sich lösende Krusten, besonders dann, wenn uterine Erkrankungen parallel laufen. Das Ekzem hat häufig ringförmigen Charakter, besonders in den Gelenkfalten, und zeigt eine deutliche Verschlimmerung während der Menstruation, aber auch bei Bettwärme. Die Hauterscheinungen variieren gern mit genitalen Störungen
- plötzliches Nachlassen der Sehkraft und andere Sehstörungen im Zusammenhang mit Unterleibserkrankungen
- Melchancholie und Depressionen, insbesondere im Zusammenhang mit der Vernachlässigung familiärer Pflichten und dem beginnenden Klimakterium, aber auch danach

Pflanzliche Stoffe

Das Wirkliche ist ebenso zauberhaft,
wie das Zauberhafte wirklich ist.

Ernst Jünger

Einleitung

Die Kenntnisse der Heilkräfte der Natur waren schon im Altertum vorhanden. Manchmal ein natürlicher Trieb, unverdorben durch Zivilisation, manchmal auch der Zufall führten zur Auffindung von Heilkräutern, die schmerzlindernd wirkten, aber auch bestimmte Funktionen und Organe beeinflussen konnten.
In der frühen Antike waren die wirksamen Stoffe der Pflanze und deren pharmakologische Eigenschaften überhaupt nicht bekannt. Die Menschen suchten damals Heilung in Magie und Mystik.
Allerdings besaßen sie die Fähigkeit zu genauer Beobachtung der Natur und verbanden praktische Erfahrung mit einer intuitiven Ahnung von den den Pflanzen innewohnenden Kräften.
In früheren Zeiten wurden die Heilkräfte der Pflanzen vor allem zur Wundbehandlung eingesetzt. Es ist zweifelsohne das Verdienst von Hippokrates, erstmals die nicht traumatischen Krankheiten vom göttlichen Schicksal losgelöst, deren wirkliche Ursache erforscht und dieser durch eine sorgfältige durchdachte medikamentöse Therapie entgegengewirkt zu haben.
Eine klassische Heilpflanzenlehre beginnt freilich erst mit Theophrastos und erreicht ihren Höhepunkt mit Dioskorides, der über 500 und somit 8 % der damals im griechischen Raum existierenden Kräuter gegen Erkrankungen des menschlichen Körpers gezielt einsetzen konnte.
Seine Arzneimittellehre zeichnet sich dadurch aus, dass man hier eine deutliche Einteilung von Pflanzen nach eventuell wirksamen Stoffen und medizinischen Eigenschaften vorfindet. Gegen über 50 Erkrankungen des Menschen, vom einfachen Kopfschmerz bis zu Gelbsucht, Entzündung der einzelnen Organe, Nierensteine und Darmgeschwüre, hatte er ein geeignetes Mittel.
Heute sind von den etwa 600 000 bekannten Pflanzenarten nur etwa 5 % pharmakologisch untersucht.
Ein weiterer großer, bahnbrechender Arzt war Claudius Galenus. Er hatte Philosophie bei Aristoteles und Theophrastos, dem Schüler von Aristoteles, studiert, wandte sich dann der Medizin zu und ging aus diesem Zweck nach Smyrna, Korinth und Alexandrien. Durch diese Studien konnte er später die medizinischen Grundsätze des Hippokrates um die bei den Alexandrinern in Anatomie und Physiologie erlernten Fortschritte bereichern.
Galen beschreibt 304 einfache Mittel aus dem Pflanzenreich und über 155 weitere Substanzen aus dem Reiche der Natur. Dieser Arzneischatz wurde durch eine Menge von komplizierten Arzneimischungen bereichert, die eigentlich die Vorstufen moderner Arzneimittel darstellen.
Kenntnis und Pflege der Heilkunde wurden in der Antike den Göttern zugeordnet. Dem jüngsten der griechischen Götter, Asklepios, einem Sohn des Apoll, wurden an besonders anmutig gelegenen Orten, an Flüssen, Quellen und schattenspendenden Hainen, eigens zu diesem Zweck eingerichtete Heiligtümer gewidmet, wo die Hilfesuchenden in Opfern und Gebeten von ihren Leiden Gesundung erhofften. Inkubationen durch die Erscheinung von göttlichen Offenbarungen konnten auch stellvertretend von dritten Personen ausgeführt werden.
Krankengeschichten aus Epidaurus, aus der zweiten Hälfte des 4. Jahrhunderts, ist zu entnehmen, dass auch Wunderheilungen stattfanden, so die Heilung der einäugigen Ambrosia von Athen, die nach Aufschneiden ihres kranken Auges und Einträufeln eines Heilmittels wieder sehen konnte.
Dem sich seiner Glatze schämenden Heraius aus Mytilene salbte Gott den Kopf und ließ ihm über Nacht Haare wachsen.
Asklepios hatte bei dem weisen Zentauren Cheiron die Heilkunde und somit die Kräfte der Wurzeln, die Säfte der Kräuter kennengelernt. Auf dem Höhepunkt seiner Kunst versuchte er jedoch die menschlichen Schranken zu durchbrechen und bereits Verstorbene wieder zum Leben zu erwecken. Damit zog er sich den Zorn des Herrschers des Hades zu, der die Entvölkerung seines Schattenreiches fürchtete. Er zerschmetterte Asklepios, der die Macht über den Tod an sich reißen wollte, mit dem Donnerkeil. Neben der rein mystischen Medizin entwickelte sich bei den Göttern und Helden sehr frühzeitig eine Heilkunde, die auf tatsächlichen Heilkräften der Pflanzen basierte. Man nahm an, dass die Heilkräuter ein Geschenk der Götter waren, und konnte nun an Hand der Formen von Blättern und Blüten die Heilwirkung auf entsprechende Organe richten.
Paeon, einer der ältesten Heilgötter der Weltgeschichte, heilte Hades und Ares auf dem Olymp mit einem Balsam, als diese im Kampf um Troja verwundet wurden. Seinen Namen führt heute noch die Pfingstrose (Paeonia).
Auch Artemis, die Zwillingsschwester Apolls, wurde als Heilgöttin verehrt und vollbrachte sehr viele Heilungen. Weitere Heilgötter und

-göttinnen waren Apoll, Hades, Dionysos, Persephone; bei ihnen wirkten vor allem die Traumorakel als Heilkräfte.
Herakles, ein großer Held, gilt als der Entdecker der Heilquellen und von Hyoscyamnus albus, dem Bilsenkraut.
Castor und Pollux wussten ebenfalls von den Heilkräften der Natur redlich Gebrauch zu machen.
In der christlichen Kultur wurden sie von Kosmas und Damian abgelöst.
Die Söhne des Asklepios, Mahaon und Podalirius, von Homer einige Male als Kämpfer und Heerführer benannt, übten ihre medizinische Tätigkeit nebenbei aus und behandelten die Verletzungen ihrer Mitkämpfer. In der Ilias lesen wir viel über die Heilkunde. So lesen wir in Vers 4.217:

»Als er die Stelle besehn, wo der spitzige Pfeil ihn verwundet,
sog er das Blut und legte mit
kundiger Hand ihm
die milden
Kräuter darauf, die Cheiron als Freund seines Vaters ihm gegeben.«

Vers 11.844 beschreibt, wie der verwundete Patroclos von seinem Freund Achilles behandelt wird:

»Hierauf bettet er ihn und schnitt mit dem Messer
den scharfen,
stechenden Pfeil aus dem Schenkel und spülte davon mit erwärmtem
Wasser das schwärzliche Blut, zerrieb die bittere Wurzel,
legte sie auf, die schmerzstillende,
welche die Schmerzen
alle bezwang;
da versiegte das Blut und vernarbte
die Wunde.«

War in der Antike die Heilung von Krankheiten vor allem den Göttern und Zauberern überlassen, entwickelte sich mit der Zeit über Jahrhunderte hinweg aus Kenntnis der Tatsachen und Erfahrung eine medizinische Wissenschaft. Sie kann aufgrund der Inhaltsstoffe und der homöopathischen Arzneimittelprüfung genaue Hinweise geben über die starken Kräfte, die solchen mitunter kleinen, bescheidenen und kaum sichtbaren Pflänzchen eigen sind.

Aconitum napellus (Aconitum)

Herkunft

Das stärkste Pflanzengift unserer europäischen Region ist nach den Mythen, die Ovid in den Metamorphosen erzählt, aus dem Speichel des Zerberus hervorgegangen. Dieses dreiköpfige Untier ist der Wachhund der Unterwelt, zum Hades. Eine der Sühneaufgaben, die Herakles zu erfüllen hatte, war, diesen Hund aus der Unterwelt heraufzuholen.

Das Gift des Höllenhundes sowie dessen angstvolles Verhalten nach dem Würgegriff des Herakles entspricht den Symptomen des Aconitum: Er zeigt äußerste Unruhe, Angst und Furcht, wirft sich in Todesangst hin und her. Der Sturm hat ihn überrumpelt, in ihm ist Entsetzen, eine Erschütterung des ganzen Körpers. Die Schmerzen von Aconitum sind schlimmer bei Schreck und kalter Luft.

Nach Ovid halfen Athene und Hermes Herakles bei diesem Abenteuer. Hermes, der Begleiter der Seelen, Thanotopompos, führte Herakles in das Königreich des Hades. Nach kurzem Kampf packte Herakles den riesigen Hund am Genick und würgte das dreiköpfige Untier bis zur Bewusstlosigkeit. Athene begleitet ihn mit seiner Beute wieder zurück und griff beim Übersetzen über den Grenzfluss Styx selbst zum Ruder. So gelangte Herakles wieder an die Oberwelt.

»Der Hund, wie sehr er sich sträubte, wie wild er das Aug'
vor des Tages blitzenden Strahlen verdrehte, das Untier,
gestachelt zu wilder Wut, erfüllte die Luft mit drei Gebellen zugleich
und sprengte aufs grüne Gefild seines Geifers weißliche Tropfen.
Diese, nachdem sie geronnen, haben im fruchtbaren Boden
Nahrung gefunden und so die Kräfte zu
Schaden gewonnen.
Weil es wuchernd wächst auf dem harten Grunde der Felsen, nennen die Bauern es Steinkraut.«

Aconitum heißt »im Felsen stehend«. Und so finden wir es in den felsigen Kalkalpen, in den Dolomiten und anderenorts.

Die ein bis zwei Meter hohe Pflanze wird vom Sturm umgeworfen, um sich danach sofort wieder aufzurichten und strahlend dem Himmel entgegen zu blicken.

Persönlichkeitsportrait

Aconitum-Persönlichkeiten sind meist kräftig, vollblütig, dabei aber leicht erregbar. Sie sind furchtsam und ängstlich. Dazu kommt sehr starke nervöse Erregung, verbunden mit der Angst auszugehen. Aconitum zeigt Angst vor einer aufgeregten Menschenmenge oder auch beim Überqueren der Straße sowie in allen möglichen Lebenssituationen.

Während einer Schwangerschaft besteht die Angst zu sterben und das Kind in den Tod mitzunehmen.

Schon in dem meist etwas roten, vollblütigen Gesicht drückt sich die Furcht vor einem erbärmlichen Leben aus. Diese Menschen sind sicher, dass jede noch so banale Krankheit tödlich verlaufen kann, ja sie sagen sogar ihre Todeszeit voraus. Auch gegenüber Wetterwechsel sind solche Persönlichkeiten sehr empfindlich.

Aconitum ist sehr hastig, ängstlich und ruhelos, muss beim Liegen oft seine Lage wechseln. Alles erschreckt. Er kann nicht ruhig sitzen, muss immer wieder herumlaufen. Noch unerträglicher als Ruhe sind Schmerzen, die ihn äußerst unruhig und nervös werden lassen. So wird nachts seine Ruhelosigkeit immer größer, wenn Schmerzen auftreten.

Die nicht zu besänftigende Ruhelosigkeit und die große Angst, die sogar mit schweren Herzbeschwerden einhergehen können, treten als Folge von akutem Schmerz sowie eines gepeinigten Gemüts auf. Die Unruhe von Gemüt und Soma wird immer, selbst bei unbedeutenden Beschwerden, von Sorge und Furcht begleitet. Musik kann Beschwerden unerträglich machen.

Ein wichtiges Symptom ist, dass das Gesicht akut fiebernder oder rotgesichtiger Patienten beim Hinsetzen blass wird. Erwachsene empfinden beim Stehen Schwindel oder große Schwäche und bekommen Angst hinzufallen. Dabei besteht gelegentlich ein vorübergehender Verlust des Sehvermögens und des Bewusstseins.

Bei Fieber findet sich eine trockene und heiße Haut, das Gesicht ist rot, beim Hinsetzen blass.

Es kommt zu brennendem Durst auf große Mengen kalten Wassers. Im Vordergrund steht auch hier die Ruhelosigkeit. Der möglicherweise auftretende Husten ist trocken, erstickend laut, rau und hart, pfeifend bei der Exspiration. Er wird häufig von trockenen kalten Winden oder Zugluft ausgelöst.

Nicht selten finden wir bei dieser großen Angst und Unruhe, bei der vielleicht durch Schreck bestimmten Situation paroxysmale Tachyarrythmien mit Todesangst.

Alle Erscheinungen, gleich welcher Art, wie Schmerzen, sonstige Beschwerden oder Angst, treten immer plötzlich, stürmisch, nicht sehr häufig auf.

Es kommt dann zu einer panischen Angst, auch wieder mit Wallungen und Unruhe verbunden. Immer wieder hören wir von den Kranken, auch von den Kindern: »Ich glaube, ich muss jetzt oder zumindest bald sterben!«

Alles bei Aconitum verläuft aufregend, wie der Name dieses Mittels es besagt: Der Beginn aller Beschwerden ist stürmisch, das Ende plötzlich.

Literatur

Wir finden in den klassischen Literatur herrliche homöopathische Arzneimittelbilder. So ist es Agnes Miegel gelungen, im Gedicht »Die Nibelungen« eines der schönsten homöopathischen Bilder aufzuzeichnen. Sie beschreibt hier Aconitum, weshalb Buchmann vom »Aconitum-Gedicht« spricht. In geheimnisvoller und großartiger Weise decken sich hier Hahnemanns Symptomenbilder mit Dichtersprache und Charakterdarstellung.

Hahnemann schreibt in seiner »Reinen Arzneimittel-Lehre«, Band 1, S. 439: »... doch ist der am meisten mit denen, die einen tonischen Charakter haben ... Den tonischen Charakter haben sie, die Helden aus Burgund. Da sitzen sie um das Feuer, denken an die Schatten der Vergangenheit um Siegfried und um die geplante Reise, Kriemhilds Genossen.«

Und nach Otto Leser ist »der Aconitum-Patient kräftig, vollblütig, robust, Neigung zur Ängstlichkeit, besonders in der Dunkelheit ... Auslösung ist Angst und kalter Wind, speziell aus Nord-Ost.«

»In der dunklen Halle saßen sie,
sie saßen geschart um die Flammen,
Hagen Tronje zur Linken, sein Schwert auf dem Knie,
die Könige saßen zusammen.

Schön Kriemhild kauerte nah der Glut,
von ihren schmalen Händen
zuckte der Schein wie Gold und Blut
und sprang hinauf zu den Wänden.

König Gunter sprach: ›Mein Herz geht schwer,
hör ich den Ostwind klagen!
Spielemann, lang deine Fiedel her und
sing uns von frohen Tagen.‹«

Die Last des schlechten Gewissens um die Ermordung von Siegfried, diese unterdrückte Angst, der Gedanke an den Tod, alles das verursacht Herzklopfen in der Dunkelheit, einer unangenehmen Situation.

Jetzt haben wir bei Kriemhild ein unheimliches Aconitum-Symptom, wie es Hahnemann zeichnet: »erzeugt alle die krankhaften Zustände, welche in Ähnlichkeit der Personen sich ereignen, die einen mit Ärgernis verbundenen Schreck gehabt haben, und er ist auch die sicherste, schnellste Hilfe für sie ...«

»Auf flog ein jubelnder Bogen –
und flatterte an den Balken.
Herr Volker sang: ›Einst zähmte ich
einen edelen Falken ...‹

Die blonde Kriemhild blickte auf
und sprach mit Tränen und leise:
›Spielmann, hör mit dem Liede auf,
sing eine andere Weise!‹

Die braune Fiedel raunte alsbald,
träumend und ganz versonnen,
Herr Volker sang: ›Im Odenwald,
da fließt ein kühler Bronn!‹

Die blonde Kriemhild wandte sich
und sprach mit Tränen und Bangen:
›Mein Herz schlägt laut und fürchtet sich
und bebt bei deinem Sange.‹«

Hier ist das Schock-Symptom: Sie hat das schreckliche Erlebnis noch nicht überwunden, leidet an Aconit-Herzbeschwerden.

Im Folgenden zeigt sich der Todesgedanke, die Überflutung, die Ruptur, die Vernichtung, das Ende. Herr Volker singt:

»›Es treibt und schwimmt im Purpurquell,
es trinkt den Quell und lechzt nach mehr,
es braust und schäumt, die Flut steigt schnell,
breit wie die Donau strömt es her ...

Es schäumt und braust, atmet und steigt,
schon brandet's draußen an die Tür,
es klopft und pocht, der Riegel weicht,
nun flutet's heiß und rot herfür.‹

Jäh bei dem letzten Bogenstrich
sprangen die Saiten und schrien,
Hagen von Tronja neigte sich
und wiegte sein Schwert auf den Knien.

Die Könige saßen bleich und verstört,
doch die schöne Kriemhild lachte,
sie sprach: ›Nie habe ich ein Lied gehört,
das mich lustiger machte.‹«

Totenbleich sitzen die dem Ostwind ausgesetzten Männer da. Für Kriemhild jedoch bahnen sich Geschehnisse an, die ihren heimlichen Wünschen und Gedanken entgegenkommen. Das Aconitum-Symptom als Folge von Schreck stellt sich dar. Der Ostwind bringt die Lösung von der Last der Vergangenheit: Kriemhild will Blut und Angst, Tod und Vernichtung.

»Sie kniete nieder und schürte die Glut.
Von ihren schmalen Händen
zuckte der Schein wie Gold und Blut
und sprang hinauf an den Wänden.«

Arzneimittelbild

Wichtige Symptome

- Große Angst, Ruhelosigkeit mit Umherwerfen, Todesangst. Der Kranke gibt sogar seine Todesstunde an.
- beschleunigtes Herzklopfen mit trockener Hitze, Arrythmien
- Überempfindlichkeit der Sinne, besonders gegenüber Licht und Geräuschen, aber auch gegenüber Gerüchen
- Folgen von Schreck und Angst
- Brennende und reißende Schmerzen, Ameisenlaufen und Taubheitsgefühl. Bei der nervösen Übererregbarkeit sind alle Beschwerden unerträglich.
- Überempfindlichkeit gegenüber geringstem Luftzug, Folgen von kaltem Wind, vor allem, wenn er trocken ist
- Folgen von unterdrückten Absonderungen wie Schnupfen, Schweiß und Regelblutung

Modalitäten

Verschlimmerung: durch Berührung, durch warmes Wetter und warmes Zimmer, abends und nachts, Musik.
Besserung: durch reichlichen heißen Schweiß.

Toxikologie

Im Altertum wurde Aconitum seiner ungeheuren Giftigkeit wegen nicht arzneilich angewendet.
Aconitin ist das giftigste aller bei uns vorkommenden Alkaloide. Die letale Dosis für ein Pferd liegt bei 3 mg, für den Menschen bei etwa 3 bis 6 mg.
Bei Vergiftungen kommt es zu Herz-, Kreislauf-, Atmungs- und Vasomotorenlähmungen.
Im organotropen Bereich finden wir toxische Erscheinungen im Bereich der Trigeminusnerven. Alle toxischen Zeichen, aber auch die Zeichen der Arzneimittelprüfung führen immer wieder zu hochstürmischen, akuten Entzündungen. Allerdings sollte man nicht den Fehler begehen, Aconitum grundsätzlich bei jedem akuten Fieber oder bei jedem starken Schmerz zu geben. Voraussetzung ist, dass die Arzneimittelprüfungssymptome stimmen.

Wichtige Indikationen

- stürmisch und heftig auftretende Beschwerden nach akutem Schreck und hochfieberhaften Infekten
- Folge von psychischem Trauma, von akuten Angstzuständen.
  Dabei häufig Schlaflosigkeit, fiebrige Erregung mit Herzklopfen, Angst bei Träumen und Aufschrecken aus dem Schlaf
- alle akuten Schleimhautkatarrhe der oberen Luftwege, aber auch im Bereich der Verdauungswege
- Rheuma, Neuralgien
- heftige Schmerzen bei allen Symptomen

Amanita muscaria (Agaricus)

Ursprung

Amanita muscaria, der Fliegenpilz, hat einen leuchtend orange- bis scharlachroten, weißgefleckten Hut, der im Laufe des Jahres am Rand gelblich wird. Der Pilz ist ein ausgesprochener Waldbewohner. Der Fruchtkörper erscheint von Ende August bis etwa Oktober.

In unseren Breiten ist Amanita muscaria immer seltener zu finden.

Die drei Entwickungsstadien des Fliegenpilzes werden mythologisch als »Weltenei«, »Göttlicher Phallus« und »Eros mit ausgebreiteten Flügeln« gedeutet.

Wann der Pilz erstmals als Heilmittel gedient hat, ist kaum zu ermitteln. Als Giftpilz ist er schon im 17. Jahrhundert erwähnt. Haehl gibt an, dass er in der alten Volksmedizin bei schweren Vergiftungen und nach Verbrennungen, aber auch als Salbe und bei Rheuma Verwendung fand. Paracelsus verwendete ihn und empfahl ihn als Vorbeugungsmittel gegen Lungenphthise. Bei den alten Nordgermanen steigerte er die Kampfeslust zu höchster kriegerischer Wut. Sibirische Nomaden verwenden ihn auch heute noch als Rauschmittel.

Eingehende Darstellungen über diese Pilze und ihre Verwendung als Rauschmittel finden sich bei Howorka und Kronfeld.

Persönlichkeitsportrait

Erwachsene

Agaricus, in früheren Zeiten im Mittelalter auch als Rauschgift benutzt, kann zu erheblichen psychischen Reaktionen führen.

Im Vordergrund steht eine große körperliche und auch geistige Schwäche. Diese Trägheit und Mattigkeit ist nicht selten die Folge von Überempfindlichkeit des ganzen Körpers bei Beanspruchung durch übergroße geistige Tätigkeit, häufiger aber die Folge von Alkohol oder von sexueller Überreizung.

Auf der einen Seite immer das triebhafte, fast animalische Vegetativum, das alle Emotionen bestimmt, auf der anderen Seite die Schwäche, die sehr lange andauert und einhergeht mit fibrillären Muskelzuckungen, besonders im Gesicht, in den Augenlidern, aber auch im Bereich des Trigeminus. Diese Menschen geraten auch ohne Alkohol in delirante Zustände und fallen durch ihre Grimassierungen und gelegentlichen spinalen Affektionen auf.

Sie werden bestimmt von ihrer großen Furcht vor Krankheiten. Sie können völlig inaktiv werden, sich nur noch mit ihrer Krankheit beschäftigen und von Arzt zu Arzt gehen, um sich beweisen zu lassen, dass sie nicht krank sind. Trotzdem suchen sie weiter.

Hin und wieder, wenn viele Ärzte ihnen bewiesen haben, dass sie gesund sind, verliert sich die Furcht für kurze Zeit. Dann fühlen sie sich ungeheuer wohl und wollen das Leben bis zur Neige auskosten.

Es ist schwer, die Psyche eines solchen Menschen zu begreifen. Er befindet sich in der einem Rauschzustand ähnlichen Verfassung, was daran erinnert, dass der Fliegenpilz in alten Zeiten auch als Rauschgift verwendet wurde. Sehr deutlich gegeben sind die somatischen Hinweise, wie das Gefühl eiskalter Nadeln am ganzen Körper, am Kopf, an den Lippen, im Mund, an der Zunge, selbst an den inneren Organen. Manche Patienten beschreiben auch das Gefühl, als ob heiße, glühende Nadeln stächen. Dabei bestehen nicht selten deutliche Rückenschmerzen mit einer überaus großen Berührungsempfindlichkeit einzelner Wirbel am jeweiligen Dornfortsatz. Die Empfindlichkeit der Patienten ist besonders bei kalter Luft sehr groß.

In der Gesamtbetrachtung zeigt Agaricus ein etwas befremdendes Bild. Man hat zunächst den Eindruck, er sei rauschgiftsüchtig. Allein dieser Eindruck reicht manchmal schon aus, um Eigenartiges zu entdecken: Neben der erregenden, aufwühlend exaltierten Art steht die ängstliche, bis zur Morbidität neigende Eskalation der Ambivalenz. Hier sollte der Arzt seinen eigenen Geist schärfen, um aus dem Verständnis der somatischen Symptome den geistigen, seelischen und emotionellen Bereich erfassen zu können.

Kinder

Agaricus-Kinder weisen eine deutlich verzögerte körperliche und geistige Entwicklung auf. Sie sprechen undeutlich und lernen sehr spät laufen, sind sehr ungeschickt, lassen alles fallen, bewegen sich hastig. Ihre Gedächtnisschwäche ist so stark, dass sie kaum die erste Klasse besuchen können. Dazu kommt noch eine erhebliche Empfindlichkeit gegen Kälte und ein dauerndes Frösteln. Kinder haben neben ihrer so verspäteten Entwicklung häufig Chorea-minor-Zustände mit Lidzucken und einem Tic. Auch Krämpfe, besonders nach Tadel oder nach Schreck, sind vorhanden. Im ersten Schlaf setzen sie sich oft schreckhaft im Bett auf. Im Wachstumsalter klagen sie über Knochenschmerzen.

Literatur

Friedrich Georg Jünger beschreibt in seinem Gedicht »Der Fliegenpilz« dessen dämonische Kraft:

Rieselt der Wind und rinnt leis
durch herzförmiges Laub,
die Stämme leuchten schneeweiß,

aus dem Gras
sprießt ein Zauberei.
Rundet sich rot, fleckt sich weiß.
Und springt entzwei.

Eine Hexe wünscht ich mir,
vierzehn Jahre alt,
ich ritte mit ihr
durch den Fliegenpilzwald.

Mit Salben gesalbt, fliegt
wie die Schwalbe schnell
durch den grünen Wald
zarte Haut, glattes Fell.

Was mit Zauberkraft
sie leise berührt,
verliert sein Gewicht und wird
in die Lüfte entführt.

Stock, Stiel oder Bank,
es ist gleich, sie hebt, hebt
rund und zart den Leib,
sanft fliegt sie und schwebt.

Ich merk's, der Wald ist verhext,
wer vom Fliegenpilz isst,
der wird verrückt, der tanzt,
singt, fliegt und vergisst.

Arzneimittelbild

Wichtige Symptome

- Muskelkrämpfe, Muskelzittern, choreatische Bewegungen
- Liderspasmen, Nystagmus, Doppeltsehen
- Das Gefühl, als würde man von Eisnadeln gestochen, am ganzen Körper, immer wechselnd. Dabei Brennen, Jucken und Schwellungen der Finger, Zehen und auch Füße.
- Der Patient hat große Angst vor, vor allem viel zitierten, Krankheiten. Vor Jahren war hier der Krebs, jetzt ist Aids zu nennen.
- Der Patient spricht fortwährend, beantwortet keine Frage, redet einfach, kann keine Pause finden, dabei auch gelegentlich lachen, sogar singen, beispielsweise bei Fiebererkrankungen. Häufiges Zittern, plötzliches Aufschrecken kurz vor dem Einschlafen.
- Trotz all dieser Beschwerden kann der Patient aber gut schlafen, und alle Beschwerden, auch das Zittern und Zucken, die Muskelkrämpfe, hören während des Schlafens auf.

Modalitäten

Verschlimmerung: in kalter Luft, nach der Mahlzeit, nach geistiger Anstrengung, nach Koitus, vor Gewitter.
Besserung: durch langsame Bewegung, im Schlaf.

Toxikologie

Die Giftwirkung von Agaricus ist von den verschiedenen wirksamen Bestandteilen abhängig, die in ihrem prozentualen Anteil sehr wechseln können und somit ganz verschiedene Vergiftungsbilder erzeugen. Auch die Form der Anwendung ist nicht ohne Einfluss. So ergibt sich zum Beispiel nach subkutaner Injektion des Extraktes vermehrte Darmperistaltik, aber keine narkotische Wirkung.
Vergiftungserscheinungen, die schon durch den Genuß kleiner Mengen verursacht werden, wurden nach dem Genuss frischer Fruchtkörper sehr rasch, manchmal aber auch erst nach einer halben Stunde beobachtet. Auch eine Latenzzeit von bis zu zehn Stunden ist möglich. Der Tod kann schon nach dem Genuss von vier frischen Pilzen eintreten.

Die ersten Symptome sind Ekel, Erbrechen, Brennen im Magen, Durst, verstärkter Speichelfluss, sehr starke Schweißausbrüche oder vorhergehende Temperaturerhöhung, ebenso Steigerung aller übrigen Sekretionen. Dann folgen gastroenteritische Erscheinungen mit Koliken, Durchfällen, schleimig-blutigen Stühlen, schließlich rauschartige Zustände mit Umhertorkeln, als wäre man betrunken. Leberschäden sind nicht bekannt.

In der zweiten Periode kommt es zu Zittern und tetanieartigen Zuständen, die schon durch geringste Reizung der Sinnesorgane ausgelöst werden können. Später erfolgen Muskelzuckungen und Trismus. Durch den Wasser- und Elektrolytverlust kommt es schließlich zu Kreislaufkollaps nach Wadenkrämpfen und Oligurie.

Die dritte Periode ist charakterisiert durch kollapsartige Ohnmachten, rauschartige Endzustände, Betäubung und Bewusstseinsverlust. Der Puls wird langsam, es kommt gelegentlich zu Sehstörungen, schließlich erfolgt diastolischer Herzstillstand.

Wichtige Indikationen

- Muskelkrämpfe, besonders Spasmen im Gesicht, bei Blepharospasmus. Bei allen Formen von Chorea, wenn die Krämpfe, das Zucken und Zittern während des Schlafes aufhören
- Frostbeulen, die unerträglich jucken
- plötzlich auftretende Spasmen der glatten und der gestreiften Muskulatur
- Unerklärliche Furcht vor schweren Krankheiten. Diese Furcht verschwindet auch nicht bei Hinweis auf alle Untersuchungen, die ein negatives Ergebnis zeigen.

Anamirta cocculus (Cocculus)

Ursprung

Anamirta cocculus ist ein Schlingstrauch mit herzförmigen, hellgrünen Blättern und rispigen Blütenständen, der giftige Früchte, die Kockelskörner, trägt. Er wächst in Vorderindien, Sri Lanka und im malaiischen Archipel.

Im 16. Jahrhundert wurden Kockelskörner als Droge zunächst in Venedig unter dem Namen »Cracole« eingeführt. Später finden wir sie in Deutschland als »Crana cocculi«, zuerst in einem Verzeichnis der Ratsapotheke in Braunschweig (1528). Zu Beginn war nicht die arzneiliche Wirkung der Kockelskörner gefragt, sondern mehr ihre Wirkung auf Fische, die, damit betäubt, auf dem Rücken schwimmen und so sehr leicht gefangen werden können. Man nannte diese Art des Fischfangens »kockeln«.

In Norwegen verwendeten Seeleute die Kockelskörner gegen die Seekrankheit, in England wurden sie um des bitteren Geschmacks willen manchmal dem Bier zugesetzt. In Ostindien galten Wurzel und Stengel als Heilmittel. Der Stengel wurde zu einem Mittel gegen Wechselfieber verarbeitet. In der alten Medizin wurden die Kockelskörner als Mittel gegen Läuse, bei Hauterscheinungen und zur Entkrampfung empfohlen. Sie waren in den Apotheken zu kaufen und wurden auch gegen Rheuma, Epilepsie und Gliederkrämpfe angewendet.

Im Samen von Anamirta cocculus ist der Bitterstoff Pikrotoxin als stark wirksames Krampfgift enthalten. Es kommt als Mischkristallisat verschiedener Ausgangsstoffe nativ vor.

Aufgrund seiner chemischen Konstitution ist es vom Verdauungstrakt kaum, auf dem subkutanen Wege über das Gewebe jedoch rasch resorbierbar. Die Elimination erfolgt über die Niere. Wirkungsrichtung und pharmakologische Wirkung ähneln dem Strychnin.

In der Homöopathie beschrieb Hahnemann Anamirta cocculus in seiner »Reinen Arzneimittellehre« aus dem Jahre 1811. Später wurden von verschiedenen Autoren Arzneimittelbilder nach entsprechender Arzneimittelprüfung aufgestellt.

Persönlichkeitsportrait

▶ Erwachsene

Sowohl bei Männern als auch bei Frauen finden wir dem Arzneimittelbild ähnliche Typen. Die Frauen sind sehr sensibel, haben romantische und eigenbrötlerische Züge. Meist sind sie nicht verheiratet und leiden unter sehr starken Menstruationsbeschwerden, bei einer Gravidität unter heftigen Schwangerschaftsbeschwerden. Ihre Menses ist unregelmäßig.

Auch die Männer sind eigenbrötlerisch und verhalten sich als »Playboys«, die als Lebemänner ihr Glück suchen. Sie haben Erfolge, solange sie noch jung sind. Da sie viel lesen und sich auch in wissenschaftliche Probleme vertiefen, gelten sie als recht belesen und intelligent und finden auch dadurch Anklang.

Im Vordergrund steht allerdings ihr triebhaftes Leben, in dem sie völlig aufgehen. Erst wenn sie durch zu viele erotische Ausschweifungen und sexuelle Exzesse geschwächt sind, kommt es zu einer Minderung ihrer Lebenskraft. Auch ihre Lebensqualität wird dann geringer. Sie haben keinen Erfolg als Lebemann, werden müde, etwas zittrig sogar und sind dann leicht erregbar. Melancholisch, mutlos, ja sogar verzweifelt ziehen sie sich zurück zu ihren Büchern, denen sie dann völlig verfallen. Sie vergessen die Zeit und verlieren so unendlich viele Stunden des Schlafes, lesen und arbeiten bis in die Morgenstunden. Die Folgen dieser geistigen Anstrengungen, des Schlafdefizits und der dadurch verursachten körperlichen Belastungen sind erhebliche Beschwerden, wie krampfartige Muskelbeschwerden an Waden, Nacken oder Armen, fibrilläres Muskelzucken, Schwindel und Appetitmangel.

Die Intensität ihrer Arbeitswut entspricht dem Liebesleben ihrer jungen Jahre und verursacht die gleichen Erscheinungen. Die Zeit vergeht ihnen viel zu schnell. Dies führt dazu, dass sie äußerst schnell und hastig sprechen, sich dabei verhaspeln und die Sätze nicht recht zu Ende führen können.

Sie wollen unendlich viel arbeiten, sind dazu aber nicht in der Lage. Der ganze Körper wird matt, es fällt ihnen jetzt schwer, Haltung zu bewahren: Sie zeigen sich nach vorne gebeugt und

fühlen sich zu schwach, um sich aufzurichten oder sogar um zu sprechen.
Schon beim Aufstehen ist ihnen schwindlig, als wären sie betrunken. Im Auto, auf einem Schiff oder im Flugzeug können Schwindel, Übelkeit, Erbrechen aufkommen.
Je älter sie werden, desto weniger können sie Widerspruch vertragen. Sie sind dann leicht beleidigt und ärgern sich beim geringsten Anlass.
Sowohl der nur dem Leben und der Liebe zugewandte als auch der nur mit Büchern und Wissenschaft beschäftigte Typus hat weder zum Essen noch zum Trinken, zum Rauchen oder zum Schlafen Zeit; auch das Sprechen ist ihm lästig. Aufgrund fehlender Gewöhnung erfolgt eine Verschlimmerung aller Beschwerden bei Nahrungsaufnahme, langen Unterhaltungen und passiver Fortbewegung.

Kinder

Anamirta-cocculus-Kinder sind oft so erschöpft, dass sie alles fallen lassen und ihren Kopf nicht gerade halten können. Aufgrund einer Muskel- und Bänderschwäche laufen sie gebeugt und knicken in den Fußgelenken und Knien häufig ein. Wenn sie frühzeitig aufstehen, wird ihnen schon beim Aufsitzen schwindlig und sogar übel. Auch im Auto oder im Kinderwagen kommt es auf schlechter Straße zu Übelkeit.
Vor allem in den Morgenstunden haben sie keine Lust zu essen und sind häufig sehr erschöpft, besonders, wenn die Nachtruhe gestört war. Weiterhin leiden sie unter starker Flatulenz mit Leibschmerzen.
Bei Kleinkindern mit Beschwerden an der Halswirbelsäule oder Symptomen für eine Bandscheibenerkrankung, wie eingeschlafene Hände und Füße oder Ameisenlaufen, zeigt sich Anamirta cocculus sehr wirksam.
Für alle Unternehmungen, so auch für den Schulbesuch, sind diese Kinder zunächst sehr schwer zu gewinnen, weil sie immer zu schwach und zu müde sind und in hohem Grade körperlich erschöpft. Die geistige Erschöpfung steht hier nicht im Vordergrund.

Arzneimittelbild

Wichtige Symptome

- große Schwäche infolge nervöser Erschöpfung, infolge Schlafmangel durch Nachtwachen, durch Überarbeitung oder sexuelle Exzesse
- Schwindel, Übelkeit, Erbrechen beim Fahren im Auto, in der Eisenbahn oder im Flugzeug
- Kinetosen
- starker Speichelfluss mit Durst
- Taubheitsgefühl und Zittern
- Leeregefühl im Bauch
- Die Zeit vergeht viel zu schnell.
- Abneigung gegen alle Speisen, Übelkeit. Der Leib ist sehr aufgetrieben.
- Eigentümliches Symptom: Heftiges Verlangen nach Bier, wenn Kopfschmerzen vorhanden sind.

Modalitäten

Verschlimmerung: durch passive Fortbewegung im Auto, Schiff, Eisenbahn oder Flugzeug, durch lange Nachtwachen, beim Aufrichten aus der horizontalen Lage.
Besserung: bei ruhigem Liegen oder im Sitzen.

Toxikologie

Kockelskörner riefen früher, als sie in England dem Bier zugesetzt wurden, häufig Vergiftungen hervor. Sie äußerten sich als schwere Konvulsionen in den Extremitäten, starke tonische Rigidität im Masseterbereich und als kurze Tetanusanfälle (Trismus).

Wichtige Indikationen

- alle Kinetosen, Schwindel
- nervöses Erbrechen und Übelkeit
- schädliche Folgen von Schlaflosigkeit, lange Nachtwachen, Schlafmangel, großes Schlafdefizit
- eisige Kälte der Extremitäten, dabei Hitzeanfälle und viele Schweiße, heftiger Durst
- Kopfschmerzen am Hinterkopf mit Leeregefühl des Kopfes, Kopfschmerz besonders bei Schlafmangel

Anhalonium lewinii (Peyotl)

Ursprung

Die auch Peyotl genannte Kaktee wächst vor allem in Mexiko und Südamerika auf Kalkstein, in ausgetrockneten Flussbetten und an steinigen Hängen, kann aber auch im Topf gezogen werden. Indianische Stämme, beispielsweise die Azteken, verehren diese Pflanze als Rauschdroge, die häufig bei religiösen Zeremonien, Tänzen und Gelagen gegessen oder getrunken wird und bis zur Exstase führt. Zeit- und Raumbewusstsein verlieren sich, die geistige und körperliche Kraft scheint unermesslich gesteigert. Aufgrund dieser von den spanischen Missionaren beobachteten und als heidnisch bewerteten Wirkung wurde Peyotl lange Zeit von der katholischen Kirche verboten; mittlerweile werden die Peyotl-Zeremonien häufig mit christlichen Ritualen verbunden.
Der grüne obere Teil des Peyotl, aus dem die homöopathische Urtinktur hergestellt wird, enthält Mescalin, das mit dem Hirnhormon Noradenalin chemisch verwandt ist, und andere Alkaloide. Anhalonium wirkt halluzinogen, betäubend und schmerzstillend und wurde von den Eingeborenen Mexikos bei Rheuma und Fieber angewendet.

Persönlichkeitsportrait

Die Persönlichkeit von Anhalonium lewinii ähnelt einem Rauschgiftsüchtigen, der dringend Drogen benötigt, dabei gänzlich außer sich gerät und schließlich in einen apathischen, durch wiederholtes Aufflackern von Hoffnung und Sehnsucht geprägten Zustand verfällt. Die Patienten leben in einer Traumwelt, in der sie keine Identität mehr besitzen, sie wirken gespalten und leiden unter einem gestörten Wahrnehmungsvermögen, wissen also beispielsweise nicht mehr, wo sie sich befinden. Häufig beschreiben sie an Halluzinationen erinnernde, phantastische bunte Traumbilder und meinen, Stimmen zu hören, sind dabei gleichzeitig hoffnungslos und misstrauisch. Das Schmerzempfinden ist stark reduziert, allerdings reagieren sie intensiv auf Trommelklänge. Die Emotionen sind gedämpft. Rhetorisch wirken diese Menschen eher ungewandt.

Eigenerlebnis

Anlässlich einer Expedition mit elf Europäern nach Peru nahm ich an einem Indianerfest teil, an dem Peyotl eingenommen wurde. Dabei erlebten wir einige vordergründige Symptome. Zum einen waren Zeitsinn und Sehvermögen betroffen. Wir wussten nicht, ob es Tag oder Nacht war, und sahen plötzlich wunderbar klare, farbenprächtige oder auch eigenartig verschwommenene Phänomene, aber auch leuchtende Blitze. Die Sehfähigkeit war gesteigert; wir konnten Farben besser unterscheiden und wesentlich weiter sehen. Alles aus der Nähe Betrachtete schien vergrößert. Zum anderen hörten wir uns völlig unbekannte Klänge. Unser Gehör war ungemein empfindsam für alle Töne. Die Geräuschüberempfindlichkeit war so stark, dass das Ohr schmerzte. Wir hatten Denk- und Orientierungsstörungen und empfanden eine eigenartige Depersonalisation des Ich.
Am nächsten Tag waren wir bedrückt und gereizt, aber auch unruhig und ängstlich. Das Gefühl, aus der Traumwelt in die Wirklichkeit zurückkehren zu müssen, machte uns hoffnungslos und führte zu einem »Kater«, vergleichbar der Stimmung nach einem feucht-fröhlichen Abend. Nach 48 Stunden waren jedoch alle diese Beschwerden überstanden; die Erinnerung an den Rauschzustand ist allerdings immer noch sehr intensiv.
Dieses Erlebnis konnte ich mehrfach umsetzen, so bei einem Patienten mit Phantomschmerzen eines nach dem Krieg amputierten Beines. Er erzählte mir wiederholt von Träumen im Halbschlaf, die von zauberhaften Farben und wunderschöner Musik begleitet waren. Hier konnte ich mit Anhalonium helfen.

Arzneimittelbild

Wichtige Symptome

- Steigerung des Sehvermögens mit Halluzinationen farbenprächtiger Bilder
- Sehstörungen mit Blitzen, Flecken oder schwarzen Punkten
- gesteigertes Hörvermögen mit Geräuschüberempfindlichkeit
- Veränderungen der Denkabläufe
- linksseitige Kopfschmerzen
- Schmerzen im Nackenbereich, vor allem beim Einschlafen, die bis in die Schulter und die Fingerspitzen ausstrahlen
- erweiterte Pupillen
- Gefühl, als ob das Herz stillstehen würde

Modalitäten

Verschlimmerung: bei meteorologischen Veränderungen, Bewegung.
Besserung: bei Dunkelheit, im Liegen.

Wichtige Indikationen

- Denkstörungen nach leichter Gehirnerschütterung und nach erschöpfender geistiger Arbeit
- Sehstörungen
- Schlaflosigkeit und Einschlafstörungen aufgrund halluzinatorischer Phänomene
- Störung des Schlaf-wach-Rhythmus
- Herzbeschwerden
- Trigeminusneuralgie
- Apathie bei deutlicher noetischer Vigilanz

Praxistipp
Neurotische Einzelkinder können durch die zwei- bis dreimalige morgendliche Gabe von Anhalonium C 12 psychisch tonisiert werden.

Arnica montana (Arnica)

Ursprung

Nach allen bisherigen Erkenntnissen steht fest, dass Arnica erst zu Beginn des 18. Jahrhunderts in der Medizin eingeführt wurde.
Die in der Volksheilkunde so hervorragende Droge Arnica montana (Bergwohlverleih) ist weder bei den alten Römern noch in den alten Botanikbüchern des Mittelalters zu finden. Der Name ist vermutlich erst im Mittelalter entstanden und kommt angeblich vom griechischen »arnakis«, d. h. Lammpelz, wahrscheinlich aufgrund der weißhaarigen, wolligen Blütenhülle.
Als Inhaltsstoffe sind verschiedene ätherische Öle, Karbonsäuren, Phenolsäuren und Sitosterol, ferner Inoline, Fruktose, Saccharose und Phytomelane zu nennen. In der Asche finden wir Mangan.

Persönlichkeitsportrait

Arnica wird sehr häufig für die Folgen von Traumata verwendet. Diesem Mittel entsprechen die vollblütigen, plethorischen Personen, dem Aurum gar nicht unähnlich, häufig athletisch gebaut. Man kann sie auch als kongestionierten Typus betrachten.
Diese Menschen lassen die Welt um sich kreisen, sind mürrisch, reizbar, mitunter auch schreckhaft und wollen in Ruhe gelassen werden. Sie haben keine Lust, sich mit jemand zu unterhalten, wollen auch nicht berührt werden und sind von sich selbst sehr überzeugt. Falls sie einmal ein Trauma hatten, halten sie über Monate und Jahre daran fest, um die ihnen dadurch zugefügten Beschwerden immer wieder zu erleiden. Ihre Selbstgefälligkeit führt bis zur Selbstüberhebung. Sie kultivieren ihr eigenes Ich auf ganz besondere Art, wollen keine Widerrede, sondern regen sich sofort auf, wenn jemand widerspricht. Selbstlosigkeit oder Altruismus fehlen völlig. Sie treiben einen Eigenkult bei deutlicher Selbstüberschätzung.
Diese Selbstsucht bringt sie der narzisstischen Persönlichkeit sehr nahe. Sie sprechen immer nur von sich selbst, beschäftigen sich immer nur mit sich selbst, können auch stundenlang vor dem Spiegel stehen. Einmal um sich selbst zu bewundern, aber auch, um festzustellen, wie viel Mitleid oder Anerkennung sie eigentlich bräuchten. Vor dem Spiegel pflegen sie dann auch ihre »Reden an das Volk« zu halten, zumal sie dann nicht mit einer Widerrede rechnen müssen.
Häufig haben sie einen auffällig roten und heißen Kopf, wogegen die Extremitäten, besonders die Beine, bis über die Knie hinauf kalt sind.
Als Arzt erkennt man sie daran, dass sie immer behaupten, sie wären eigentlich gesund, obwohl sie unter vielen Beschwerden leiden.
Die genannten Symptome zeigen Arnica-Persönlichkeiten nicht nur nach einem Trauma, sondern häufig auch nach einer Apoplexie. Oft frönen sie auch dem Äthanol und bekommen danach erhebliche Beschwerden mit den besprochenen Symptomen.
Auffallend sind bei ihnen die Blutungen aus der Nase, an Konjunktiva oder Retina. Sogar beim Zähneputzen treten sie auf. Gelegentlich kommt es auch zu ganz kleinen, äußerst schmerzhaften Furunkeln, die den Patienten, wie alle anderen Beschwerden, äußerst mürrisch und reizbar machen.
Nach Schlaganfällen finden wir auch demenzielle Erkrankungen mit all den Symptomen, bei denen die Persönlichkeit nicht immer voll gewahrt ist und deren Ursachen vaskuläre Erkrankungen, aber auch präsenile Degenerationserscheinungen sind.
Für diese Patienten ist dann nur noch das Ego wichtig.

Literatur

In Shakespeares Drama »Wie es Euch gefällt« (2. Akt, 3. Szene) wird die Rüstigkeit eines Achtzigjährigen dargestellt.
Der treue Diener Adam bietet dem alkoholabhängigen Orlando seine Dienste an:

»Sehe ich gleich alt, bin ich doch stark
und rüstig; …
Drum ist mein Alter wie
ein frischer Wind,
kalt, doch erquicklich.«

Signifikant ist die Kälte am ganzen Körper, lediglich das Gesicht ist warm, manchmal sogar heiß. Im Übrigen überwiegt bei aller Zerschlagenheit

große Frische nach dem Motto: »Er sagt, ihm fehle nichts«.
Werden alte, gebrechliche, müde Arnika-Menschen gefordert, sind sie trotz aller Gebresten in der Lage, Großes zu vollbringen. So erzählt Velmar Wallis eine indianische Legende, die den von einem Nomadenstamm während einer Hungersnot in Alaska vollbrachten Verrat an zwei alten Frauen beschreibt: Diese werden als unnütze Esser betrachtet und in der Wildnis zurückgelassen. Trotz ihrer verzweifelten Lage werden sie nicht mutlos, sondern bemühen sich mit größter Kraft zu überleben, was ihnen schließlich gelingt.

Arzneimittelbild

Wichtige Symptome

- große Schmerzen, Zerschlagenheitsgefühl, Gefühl, am ganzen Körper Quetschungen zu haben
- Außerordentliche Empfindlichkeit am ganzen Körper. Sogar das Bett ist zu hart. Auch enge Kleidungsstücke können nicht ertragen werden (Gürtel, Kragen etc.).
- Starke Kongestion des Kopfes mit Hitzegefühl. Heißer Kopf. Aber alle Extremitäten, sogar der Körper mitunter, sehr kalt.
- Bei geringer Belastung durch oder Anstrengung kommt es zu Ekchymosen.
- Platzangst

Modalitäten

Verschlimmerung: durch Bewegung, durch Berührung und Erschütterung des Bettes. Alles, worauf er liegt, ist zu hart. Nach Wein.
Besserung: in Ruhe. Äußert immer, es gehe ihm gut, er brauche keine Hilfe.

Toxikologie

In therapeutischen Dosen wirkt Arnica nicht toxisch.
Bei innerlicher Anwendung sind toxische Wirkungen der Sequiterpenlaktone zu erwarten: Gastroenteritis, Tachykardie, Kollaps. Unverdünnte Tinktur bewirkt Rötung der Haut mit Blasenbildung, auf Schleimhäuten auch starke Reizerscheinungen. Die sensibilisierende Wirkung der Helenalin-Ester ist beachtlich, so dass nach wiederholter Anwendung der Tinktur immer mit dem Auftreten einer allergenen Kontaktdermatitis gerechnet werden muss. Bei vielen Kosmetika muss daher von der Verwendung von Arnica abgeraten werden.

Wichtige Indikationen

- Folgen von Traumata, Gewebsdefekten, Blutergüssen
- Apoplexien mit Folgeerscheinungen
- Hypertonus der individuellen Prägung, wie sie im Persönlichkeitsportrait dargestellt ist.
- Stauungserscheinungen, besonders bei Varizen mit Unterschenkelekzem bei plethorischen Patienten
- rezidivierende Furunkulose mit winzig kleinen, äußerst schmerzhaften Furunkeln

Atropa belladonna (Belladonna)

Ursprung

Atropa belladonna (Tollkirsche), wie Hyoscyamus und Stramonium aus der Familie der Solanaceae (Nachschattengewächse), ist eine der bedeutendsten europäischen Giftpflanzen, die in der Medizin schon lange als krampflösendes Mittel und Narkotikum bekannt ist. Schon im Mittelalter als Rauschgift des kleinen Mannes begehrt, kann es allerdings auch zu intensiven Halluzinationen führen. Der Mensch erlebt sich beispielsweise als Tier, sieht Gesichter, schwebt nach oben, um danach wieder umso tiefer zu fallen. Im Traum findet er sich bei dionysisch-venerischen, orgastischen Festen, wie sie im Mittelalter auch von den durch die »Hexensalbe« toxisch Geschädigten beschrieben wurden.

Versuche mit Belladonna ließen Hahnemann erkennen, dass die Arznei dynamisch wirkt, d. h. nicht mechanisch und nicht mechanistisch. Im Jahre 1801 schrieb er an Hufeland auf dessen Frage, was denn 1/100 000 Gran Belladonna bewirken könne:

»Eine recht hart getrocknete Pille des Belladonna-Dicksaftes bewirkt bei einem robusten, ganz gesunden Landmann gewöhnlich nichts, jedoch wird er heftig und gefährlich krank, wenn ein Gran Dicksaft in zwei Pfund Wasser aufgelöst und fünf Minuten geschüttelt eingenommen werden. 1 Tropfen jetzt davon in einer Unze Wasser (20 000 Tropfen) wieder unter intensivem Schütteln aufgelöst und aus dieser Lösung einige Teelöffel entsprechend einem Millionstel Gramm. Von dieser unvorstellbar kleinen Menge wird er an den Rand des Grabes kommen, wenn er vorher recht ordentlich krank war und seine Krankheit von der Art ist, dass Belladonna auf sie passt.«

Hahnemann hat hier deutlich erkannt, dass eine Substanz, die an sich schon giftig ist, durch Verdünnung oder Potenzierung nicht mehr toxisch oder mikrotoxisch, sondern darüber hinaus dynamisch wirkt, was zu schwersten Krankheitserscheinungen führen kann.

Verwendet werden Blätter und Wurzeln. Wirksame Inhaltsstoffe sind L-Hyoscyamin, das Racemat Atropin, weitere Tropan-Alkaloide in geringeren Mengen, darunter auch Scopolamin, weiterhin Flavonoide und Cumarin-Derivate, z. B. Scopoletin.

In der frischen Pflanze überwiegt zum Erntezeitpunkt das Hyoscyamin. Dieses Alkaloid wirkt als kompetitiver Hemmstoff, indem es mit Acetylcholin um die postganglionären Rezeptoren konkurriert. Alle muskarinartigen Acetylcholin-Wirkungen werden dadurch abgeschwächt, die parasympatholytische Wirkung äußert sich an verschiedenen Organen in unterschiedlicher Weise. So ist es verständlich, dass Belladonna in verschiedenen Zubereitungen für sehr viele Indikationsbereiche Gültigkeit hat.

Am Auge wirkt Atropin als Mydriaticum, am Herzen wird der Einfluss des Nervus vagus dosisabhängig reduziert, die Herzfrequenz gesteigert. Bei bradykarden Rhythmusstörungen, die durch erhöhten Vagotonus bedingt sind, ist Atropin das Mittel der Wahl.

Die Drüsen, vor allem Speichel-, Haut- und Bronchialdrüsen, schränken unter dem Einfluss des Alkaloids ihre Tätigkeit stark ein und vermindern ihr Sekret. Die Magensaftsekretion wird erst bei der Gabe von hohen Dosen vermindert, ohne dass dabei die Protonen-Konzentration erniedrigt ist.

Spasmen glattmuskeliger Organe werden durch Tonusverminderung beseitigt, solche des Magen-Darm-Kanals, der Gallenwege und der Harnblase sind zu beeinflussen. Bronchialmuskulatur-Spasmen dagegen nur, wenn sie vagusbedingt sind.

Die antiemetische Wirkung ist bei Scopolamin ausgeprägt.

Als Anti-Parkinson-Mittel werden Atropin, Scopolamin oder Belladonna-Wurzelextrakte eingesetzt, um das cholinerge System zu hemmen.

In hohen Dosen wirkt Atropin erregend auf das ZNS, so dass es zu Halluzinationen, sogar zu Tobsuchtsanfällen kommen kann.

Persönlichkeitsportrait

Erwachsene

Verhältnismäßig wenige Erwachsene zeigen das Portrait eines Belladonna-Patienten. Um so häufiger finden wir jedoch bei Kindern ein entsprechendes Bid.

Bemerkenswert bei Erwachsenen ist vor allem die Psyche. Sie haben eine lebhafte Fantasie, die

den Eindruck vermittelt, der Patient befinde sich auf der Reise in eine Traumwelt. Der geringste Reiz der Sinnesorgane kann dann zu Wutanfällen mit Schreien führen. Der Patient ist kampfeslustig, verhält sich aggressiv und destruktiv, wie ein tollwütiger Hund. Sehr interessant ist, dass diese Patienten sehr oft und fast immer von Hunden träumen.
Diese Träume zeichnen auch aggressiv-erotische Komponenten. Das Animalische kommt dann sehr stark zum Vorschein. Mitunter richtet der Patient die Aggressionen gegen sich selbst. Er reißt sich die Haare aus und ist erstaunt, wenn er am nächsten Tag benommen erwacht, Kopfschmerzen hat und gar nicht mehr weiß, was vorgefallen ist.
Die Pupillen sehen bei einem solchen Anfall aus, als seien sie schreckhaft geweitet, sind also sehr groß und verweisen in besonderem Maße auf Atropa belladonna als Arzneimittel.

Kinder

Belladonna wird bei sehr vielen Kinderkrankheiten angewendet. Die Kinder, besonders die Kleinkinder, die uns einen Prototyp eines Belladonna-Portraits zeigen, sind sehr lebhaft, intelligent und aufgeweckt und empfinden alles sehr intensiv. Sie sehen blühend aus. Der Kopf scheint etwas zu dick für den zierlichen Körper, die Pupillen sind weit. Im ersten Schlaf schwitzen sie gern am Haaransatz über der Stirn. Beim Spielen schwitzen sie am ganzen Kopf. Sinneseindrücke, wie Geräusche, Licht und Berührung, auch Sonnenbestrahlung, können Krankheiten verursachen. Sie überhitzen sich tagsüber durch ihre Motorik und durch ihre geistige Lebhaftigkeit, schwitzen dann sehr und kühlen sich plötzlich ab. Kommen sie dann in kalten Wind, hat dies im ersten Schlaf ein Aufschreien wie aus einem heftigen Alptraum zur Folge, verbunden mit fieberhafter Fantasie. Die Temperatur ist dann sehr hoch.
In dem beschriebenen Fieberdelirium ergeben sich die Krämpfe, die sehr gefürchtet werden von den Eltern. Zittern und Zuckungen werden durch irgendeinen Sinnesreiz ausgelöst. Man braucht nur das Bett zu berühren, den Patienten laut anzusprechen. Dieser Zustand ist den konvulsivischen Stadien der Keuchhusten-Kinder vergleichbar: Unter wild-wütend-bellenden Hustenstößen stoßen die Kinder alle weg, die ihnen hilfreich zur Seite stehen wollen. Sie werfen dann mit Gegenständen, knirschen mit den Zähnen und zeigen alle Anzeichen eines unglaublich aggressiven Menschen, wobei auch hier die Pupillen sehr groß sind. Sie schwitzen sehr stark.
Alle Krankheitssymptome treten plötzlich auf und sind häufig von Krämpfen begleitet.
Um zu erfahren, wie stark Belladonna wirkt, sollte man einmal abends, wenn man etwas ausgeruht ist, keine anstrengenden geistigen und körperlichen Arbeiten verrichtet und keinen Alkohol oder andere Reizgifte zu sich genommen hat, Atropa belladonna **C30** einnehmen. Dadurch werden Erlebnisse ausgelöst, die unwahrscheinlich sind, wenn man sie wieder mit klaren, nüchternen Augen betrachtet.

Literatur

Im »Erlkönig« fürchtet sich der Sohn:
»Mein Vater, mein Vater, jetzt fasst er mich an!
Erlkönig hat mir ein Leid getan!«
In solchen Situationen, bei solchen halluzinatorischen Gedanken, ist Belladonna das Mittel der Wahl. In der Vertonung kommt deutlich das rauschende, lebhafte, das faszinierende und orgastische Element zum Ausdruck, auch der Zusammenbruch und die Trauer.
Die in den Phantasien von Belladonna auftretenden Hunde, Ochsen, Wölfe und Stiere erscheinen in einem roten Hof. Patienten, die ein solches Erlebnis haben, haben einen ganz »stieren« Blick und fallen deswegen auf.
Hier sei an die Sage der Europa erinnert, die von Zeus als Stier entführt wird. Sie enthält viele Atropa-belladonna-Symptome und -Motive, die wir schon kennengelernt haben.
Europa träumt in den Stunden nach Mitternacht von zwei Weltteilen, die in einer Frauengestalt erscheinen und sich darum streiten, die Frau zu besitzen. Das Arzneimittelbild von Belladonna enthält die Wahnidee, der Patient sei durchgeschnitten in zwei Teile. Schließlich umfasst ein Unbekannter Europa und raubt sie, ohne dass sie zu widerstehen vermag. Dies entspricht der Wahnidee, gefangengenommen und vom Teufel geholt zu werden. Aus diesem Traum schreckt Europa mit klopfendem Herzen auf (Herzklopfen und Traum im Arzneimittelbild), sitzt aufrecht in ihrem Bett und starrt vor sich hin (Belladonna). Vor ihren weit offenen Augen (Belladonna) stehen noch die beiden Frauen.
Mit ihren Gespielinnen geht Europa durch blumenübersäte Wiesen hinunter zum Meer. Alle tragen golddurchwirkte und blumenbestickte Gewänder.

Zeus sieht diese Schönheit und ist von ihr ergriffen. Er verwandelt sich in einen herrlichen Stier mit Hörnern, die wie Juwelen aussehen. Es gelingt ihm, Europa dazu zu verleiten, auf seinem breiten Rücken Platz zu nehmen. Ehe sie sich besinnen kann, galoppiert er davon, springt schließlich ins Meer und schwimmt mit seiner Beute davon. (Belladonna hat Halluzinationen von Rennen, Laufen, Gehen, Schwimmen.)
Daraufhin verschwindet der Stier, und an seiner Stelle tritt ein herrlicher, göttergleicher Mann hervor, der erklärt, dass er der Beherrscher der Insel Kreta sei und sie schützen werde, wenn auch er durch ihren Besitz glücklich würde. In ihrer trostlosen Verlassenheit reicht sie ihm die Hand, Zeus hat somit sein Ziel erreicht.
Am nächsten Tag erwacht Europa, sucht ihre Heimat und ruft nach ihrem Vater, meint, alles nur im Traum erlebt zu haben. Verzweifelt befürchtet Europa, nun bliebe ihr nur noch der Tod. Hier erscheinen drei Wahnideen von Belladonna: die Ansicht, jetzt sei die Zeit zum Sterben gekommen, der Glaube und die Vorstellung, von zu Hause weg zu sein. Plötzlich erscheint Aphrodite, ihren kleinen Sohn, den Liebesgott, mit gesenktem Blick zur Seite, und erklärt Europa, dass sie die irdische Gattin des großen, unbesiegten Gottes Zeus sei. Ihr Name werde unsterblich, da der Erdteil, der Europa aufgenommen habe, nach ihr benannt sei und »Europa« heiße.
Europa gebiert schließlich Minos, den späteren König von Kreta, der wiederum mit Pasaphea, der Tochter der Sonne, Ariadne und Glaukos zeugt.
Belladonna ist somit für Säuglinge und Kinder des heutigen Europa von therapeutischer Bedeutung. Freilich scheint es auch wichtig zu sein in der Wiege Europas, der minoischen Kultur auf Kreta.

Arzneimittelbild

Wichtige Symptome

- delirante Zustände, Wahnvorstellungen
- Kongestion des Kopfes mit Rötung und manchmal Schwellung des Gesichtes, dabei Karotidenklopfen.
- Zurückwerfen des Kopfes
- Überempfindlichkeit und Erregbarkeit aller Sinne bei geringstem Reiz wie Licht, Berührung, Stoß, Geräusch etc. Der Belladonna-Kranke will Ruhe, Schweigen und Dunkelheit: »Herr Doktor, bitte nicht ans Bett stoßen!«
- Heftigkeit aller Krankheitserscheinungen, gleich welcher Art. Sie kommen plötzlich, gehen aber auch plötzlich. Belladonna krampft. Kleine Spasmen an den Körperöffnungen (Pharynx, Ösophagus, Anus) sowie an den Muskeln.
- Trockenheit der Schleimhäute, starker Durst, Konstriktionsgefühl und Trockenheit im Schlund
- Die Haut ist rot, glatt, glänzend, warm und feucht. Wer sie anfasst, hat das Gefühl, sie brenne.
- starke Empfindlichkeit des Bauches, schon beim Erzittern des Bettes
- Kann leiseste Berührung nicht vertragen. Die Schmerzen sind sehr heftig und plötzlich, von kurzer Dauer, bohren oder lanzieren.

Modalitäten

Verschlimmerung: durch geringste äußere Einflüsse wie Geräusche, Licht, Berührung, Anfassen, Erschütterung, Luftzug, Kälte; nach Mitternacht und gegen 15 Uhr.
Besserung: durch Wärme, Ruhe, in einem warmen Zimmer, bei hohem Fieber.

Toxikologie

Während bei therapeutischen Dosen (½ bis 2 mg Atropin) die Wirkung im wesentlichen auf das periphere Nervensystem beschränkt bleibt, wirkt Atropin in toxischen Dosen vor allem auf das zentrale Nervensystem.

Bei Applikation weniger Milligramm Atropin treten zunächst noch die peripheren Wirkungen in Erscheinung: Trockenheit im Mund und Rachen durch Versiegen der Speichelsekretion, Kratzen in Hals und Kehlkopf, heisere Stimme infolge Hemmung der Bronchialsekretion. Durch Atmungslähmung wird die Atmung zunächst verlangsamt, der Puls frequent, die Haut brennend heiß und rot. Nach Zentrigrammdosis hingegen treten Erscheinungen des Gehirns in den Vordergrund. Vor allem ist der Zustand hochgradiger Aufregung mit Trübung des Bewusstseins auffällig; es gibt Zeichen von Verwirrtheit, Zwangsbewegung, Halluzinationen, Sehstörungen und Delirien. Der Tod erfolgt durch Atmungslähmung, wenn die Lähmung auf das Atemzentrum selbst übergreift. 0,05 g bilden den Anfang einer lebensgefährlichen Dosis, 0,1 g wird allgemein als Dosis letalis bezeichnet.

Atropin als Antidot bei Vergiftungen mit Cholinesterase-Hemmern vom Oranophosphat-Typ (E605 o. ä.) erfordert die Gabe von bis zu 100 mg pro Tag, verteilt auf mehrere Dosen.

Wichtige Indikationen

- plötzliches hohes Fieber mit heißer feuchter Haut
- Angina mit Erdbeerzunge, sehr schmerzhaft, plötzlich beginnend
- Otitis media mit flammend rotem Trommelfell und klopfenden Schmerzen
- Sinusitis, häufig nach Schweißunterdrückung oder nach Unterdrückung von Schnupfen
- Gesichtsneuralgien, die plötzlich auftreten und verschwinden
- trockener Husten mit Trockenheit der Schleimhäute, starkem Kitzeln und erschütternden, bellenden Krampfhustenanfällen
- Dysmenorrhöen
- Gallenblasen- und Gallenwegskoliken
- Fieberdelirien

Bellis perennis

Ursprung

Das in Europa und Asien heimische Gänseblümchen, auch Maßliebchen genannt, ist eine auch bei Kindern überaus beliebte Pflanze. Sie zählt zur Familie der Compositae, wächst auf Wiesen, an Waldrändern und an Wegen und blüht das ganze Jahr. Inhaltsstoffe sind Saponin, Cosmisin, organische Säuren, Bitterstoff, Glykosid und ätherisches Öl.
In der Volksmedizin wurde Bellis perennis schon in frühen Zeiten als Wundheilmittel benutzt. Burnett, der die Pflanze in die Homöopathie einführte, erzielte gute Erfolge bei Magenbeschwerden nach eiskalten Getränken.
Die homöopathische Urtinktur wird aus der ganzen Pflanze samt Wurzeln hergestellt.

Persönlichkeitsportrait

Der Begriff »Maßliebchen« stellt eine interessante Verbindung zum Arzneimittelbild her. Bei Bellis-Persönlichkeiten finden sich häufig kleine kapillare Hämatome, die den so genannten Knutschflecken ähneln. Die lebenslustigen Patienten sind meist erotischen Abenteuern nicht abgeneigt und ziehen stundenlange erotische Vergnügungen einer kurzen leidenschaftlichen Begegnung vor. Häufig klagen sie über Abgeschlagenheit oder bleierne Müdigkeit, die aber nach kurzer Ruhezeit verschwindet, sowie über ein Schwächegefühl in der Herzregion.
Magendruck bessert sich bei Bellis durch von Zusammenkrümmen ausgelöstem Aufstoßen.
Die meist sehr fleißigen und kreativen, oft überarbeiteten, manchmal auch pedantischen Menschen sind sehr karrierebewusst und meist gut situiert. Sie schlafen meist schlecht, wachen oft um drei Uhr nachts auf, können dann aber nicht mehr einschlafen. Morgens sind sie wie gerädert und eher benommen und gereizt. Sie sehnen sich nach frischer Luft und zeigen einen starken Bewegungsdrang.

Arzneimittelbild

Wichtige Symptome

- Melancholie
- Abgeschlagenheit, Müdigkeit
- wundes Gefühl im Körper
- Bewegungsdrang
- Verlangen nach kaltem Wasser mit Brenngefühl an der Zunge und Schluckbeschwerden
- Kopfschmerzen
- Hautausschläge
- Überanstrengung der Muskeln, vor allem des Deltamuskels am »Arbeitsarm«

Modalitäten

Verschlimmerung: bei Nacht, nach Mitternacht, morgens beim Erwachen; durch Kälte und zu heftige Bewegung.
Besserung: durch Wärme, moderate Bewegung und Massage oder zartes Reiben der betroffenen Körperteile, durch Essen (bei Bauchbeschwerden).
Lediglich Kopfschmerzen bessern sich durch Kälte.

Wichtige Indikationen

- Überarbeitung
- langsam heilende Wunden
- Rippenbrüche
- rheumatische Beschwerden mit Zerschlagenheitsgefühl
- Muskelkater
- Verstauchungen
- Emblem érotique
- Quaddeln und urtikarielle Erscheinungen
- Seelischer Zustand nach Kindsmissbrauch

Praxistipp
Mit Bellis perennis **D3** oder **D4** kann man Hauterscheinungen meist innerhalb von 48 Stunden erfolgreich therapieren.

Bryonia cretica (Bryonia)

Im Jahre 1816 prüfte Hahnemann Bryonia alba. Diese Pflanze wird heute durch Bryonia dioica ersetzt, die bei neuen Prüfungen etwa gleiche Symptome erbracht hat und zur Familie der Cucurbitaceae gehört.
Bryonia wurde häufig auf seine Wirksamkeit geprüft. 1958 wurde eine Arzneimittelprüfung durchgeführt.
Mezger hat als erster die seelischen Symptome, wie Ärgerlichkeit, Gereiztheit, Depressionen deutlich beschrieben.

Persönlichkeitsportrait

Erwachsene

Bryonia, die weiße Zaunrübe, ist ein an Hecken und Zäunen hervorragend kletterndes, rauhaariges Kürbisgewächs mit einer rübenförmigen Wurzel. Entsprechend der starken Veränderung der Pflanze im Boden ist der Bryonia-Patient bodenständig und in seiner Heimat verwurzelt. Trotz der massiven Wurzel stützt sich Bryonia gern auf noch stärkere Pflanzen, Zäune oder gar Bäume. Der Bryonia-Patient findet größtmöglichen Halt in einer Lebenssicherung für das Alter, vor allen Dingen mittels materiellem Wert. Er steht mit beiden Beinen fest auf der Erde und macht, sofern er finanziell abgesichert ist, einen zufriedenen, vertrauenswürdigen und gutmütigen Eindruck. Dadurch, dass er sehr gründlich und ausdauernd ist und beharrlich alle Dinge durchführt, die er sich vornimmt, kann er sehr viel Geborgenheit vermitteln und Gemütlichkeit ausstrahlen. Anderen scheint er beneidenswert stabil. Er ist in seiner Beständigkeit traditionsverbunden und konservativ und vermittelt immer den Eindruck eines sehr ordentlichen, braven und anständigen Bürgers, der rechtschaffen und eifrig, rau, aber herzlich seiner Arbeit nachgeht. Im Grunde will er sich für das Alter eine materielle Grundlage schaffen. Trotz dieser sehr positiven Charakterzüge hat der Bryonia-Patient ein sehr schwaches Selbstbewusstsein und ist im Blick auf zwischenmenschliche Beziehungen recht unsicher und unbeholfen, gerade wenn er neue Kontakte knüpft. Er wünscht sich Bequemlichkeit, Ruhe und keinen Ärger und kapselt sich deshalb ab. Seinen Eigenwert misst er grundsätzlich an seinen finanziellen oder materiellen Grundlagen und wertet somit sein geringes Selbstwertgefühl durch den Kauf von Immobilien, Geschmeide oder sehr kostspieligen Sammlungen stark auf. Da er allein steht und mit keiner Unterstützung rechnen kann, benötigt er beträchtliche finanzielle Rücklagen. Es ist ihm unmöglich, seine Angst vor Armut im Alter zu verleugnen, die er auch bei stabiler Finanzlage empfindet. Allerdings äußert er diese Empfindungen erst nach langer Zeit oder auf Nachfrage. Manchmal berichten auch sein Partner oder gute Freunde von dieser Eigenart.
Im somatischen Bereich ist er eher ruhig, bequem und träge. Sportliche Leistungen sind ihm deshalb zuwider. Eines seiner wichtigsten Symptome ist somit Verschlimmerung durch Bewegung, beispielsweise bei Entzündungen an serösen Häuten, aber auch bei allen anderen Beschwerden. Wie im somatischen, findet sich auch eine Starrheit im individuellen, emotionalen und mentalen Bereich. Das Defizit im Gefühlsbereich kompensiert er im Allgemeinen durch gutes und reichliches Essen. Gefühlsträgheit und Zurückhaltung ändern sich jedoch schlagartig, sobald er sich gegenüber äußeren Einflüssen wehren muss, wenn er sich in seiner Struktur oder Sicherheit gefährdet sieht. Er wird dann äußerst reizbar, neigt zu Ärger, Zorn, Groll, cholerischen Anfällen. Ist er krank, lehnt er Trost ab. Grundsätzlich soll sich niemand einmischen und ihm helfen.
Er kann sehr schnell resignieren und hat dann nur den Wunsch an seine Umwelt, ihn alleine zu lassen.
Neben Sturheit, Verschlossenheit und Hartnäckigkeit steht die Tendenz, das Altbewährte vorzuziehen. Bei Neuerungen ist er skeptisch, und sein Argwohn veranlasst ihn, alles genau zu überlegen und erst nach langer Zeit eine Entscheidung zu treffen. Diese Eigenart führt im fortgeschrittenen Alter zu Verwirrung und Benommenheit.
Da er sich zurückzieht, vermittelt er den Eindruck, an dieser Welt überhaupt kein Interesse mehr zu haben.
Krankheiten entwickeln sich nur langsam: Der Bryonia-Patient ist anfänglich kränklich, wird dann krank und schließlich, wie er glaubt, sogar todkrank.

Zunehmender Druck von außen hinsichtlich der Veränderung des Lebens bewirkt unter Umständen einen sehr starken inneren Hochdruck. Hier trifft die homöopathische Idee zu, dass der innere erhöhte Druck des Patienten am besten von außen durch Druck gebessert werden kann. Dies ist ein für Bryonia führendes Symtpom.
Ein weiteres Symptom für Bryonia ist das Trinkverhalten. Man kann Bryonia als das durstigste Mittel der Materia medica ansprechen: Bryonia-Patienten können größte Mengen Flüssigkeit zu sich nehmen. Solchen Durstperioden folgt jedoch eine lange durstfreie Zeit. Ähnlichkeit besteht hier mit dem Kürbis, der ungeheure Mengen Wasser speichern kann, allerdings auch sehr viel Wasser benötigt. Je älter er wird, desto mehr bekommt er Probleme dadurch, dass andere ihn scheinbar verachten, was aber gar nicht der Fall sein muss. Außerdem sind dann Schreck, Ärger und Zorn häufig auslösende Ursachen. Im Alter oft Angst zu verarmen, deshalb geizig.

Kinder

Ein Kinder-Portrait ist bei Bryonia kaum vorhanden, es sei denn, das Kind bekommt Rheuma. Dann kann sich eine ähnliche Symptomatik finden.

Literatur

Hier ist das Märchen »Die Rübe« von den Gebrüdern Grimm anzuführen. Es geht hier um die Kriegs- oder Nachkriegsnotzeit, in der das Thema Brüderlichkeit von Arm und Reich eine große Rolle spielte. In dieser Notzeit erfährt ein armer Bauer eine unglaubliche Wachstumskraft in Form einer riesigen Rübe. Er überlegt sich, was es mit dieser ungewöhnlichen Rübe auf sich hat und beschließt, sie dem König zu verehren. Dieser fragt nicht, wozu dieses Geschenk dient, sondern woher es kommt: Wer mag der Schöpfer gewesen sein? Besitzt der Bauer besondere Kräfte, entsprechend dem Sprichwort: »Die dümmsten Bauern ernten die dicksten Kartoffeln«? Als Dank versieht er den armen Bauer mit großem Reichtum.

Der beschriebene Bauer war nicht neidisch-ärgerlich auf seinen reichen Bruder, sondern ehrte den König trotz seiner Armut. Betrachtet man den kleinen König als Abbild des großen Allmächtigen, wird die Leistung des Bauern noch deutlicher: Nicht einfach auf den Herrgott zu schimpfen, der die Not zulässt, sondern ihn ehren zeigt einen inneren Reichtum, der sich mit dem materiellen gar nicht vergleichen lässt. Dabei evoziert der Begriff »steinreich« Gedanken an die Gallensteine der Bryonia.
Das Märchen stellt eine zentrale Krankheit dar, die in dem Gebot »Du sollst nicht begehren deines nächsten Weib, Knecht, Magd oder Vieh oder alles was sein ist« angesprochen wird. Der reiche Bruder stellt die krankhafte, der arme die gesunde Seite dar. Der Irrtum des Reichen besteht darin, dass er nur materiell dankt, nicht ideell. Er meint, der Reichtum des armen Bruders sei durch die Rübe erworben worden, und versteht das Motiv des Königs nicht. Durch ein geschicktes Tauschgeschäft will er seinen Reichtum vergrößern und bringt dem König Gold und Pferde. Dabei spekuliert er auf das Gegengeschenk, schenkt also nicht von Herzen.
Der König wird jetzt allerdings zornig. Dies lässt uns ebenfalls an Bryonia denken, im Gegensatz zum armen Bruder, der keinen Zorn zeigte.
Mit Gewalt und Hinterlist will der reiche Bruder das Werk des Königs, das er als Betrug empfindet, zunichte machen und wieder den alten Zustand herstellen. Hier finden wir Bryonia mit allen Handlungen, die aus dem Neid auf Wohlstand anderer entsteht, mit Bereicherung in Nachkriegszeiten. Hier geht es ums Geschäft, und wie im Märchen »steckt man den Bruder in den Sack«, ein zentrales Motiv zu Bryonia.

Immer wieder wird betont, man solle den Kopf gerade halten, nicht irdisch schwerfällig, sondern geistesgegenwärtig sein und die Augen zum Himmel erheben. Man muss also, um wirklich klüger zu sein, ruhig sitzen. Hier ist daran zu erinnern, dass Bryonia bei Bewegung verschlimmert.

Arzneimittelbild

Wichtige Symptome

- Reizbarkeit, Ärgerlichkeit, verträgt keinen Widerspruch. Kann explosiv zornig sein, aber auch weinerlich zugleich.
- großer Durst
- Der auf ihm lastende innere Druck bessert sich durch äußeren Druck.
- akute entzündliche Veränderungen des rheumatischen Formenkreises, vor allem im Bereich der serösen Häute
- entzündliche Schwellungen der Gelenke, Ergüsse in serösen Häuten, Trockenheit der Schleimhäute
- Pharyngitis, Laryngitis, Pleuritis, aber häufig auch Tracheitis mit heftigen Beschwerden, wobei der Patient durch entsprechenden Gegendruck von außen Beschwerden vermindert
- Die Zunge ist weiß belegt, nach dem Essen häufig Magendrücken, als wenn ein Stein darin liegen würde.
- Schmerzen im rechten Hypochondrium, die Gallenblase ist oft beteiligt.
- Obstipation mit trockenem und sehr hartem Stuhl
- Verarmungsangst im Alter
- An der Haut finden wir deutliche Schweißneigung, tagsüber und nachts, die sehr erleichternd wirkt.

Modalitäten

Verschlimmerung: durch Bewegung, durch Wärme und durch Kälte, besonders kalte Nässe.

Besserung: durch Ruhe, durch starken Druck, Liegen auf der schmerzhaften Seite, durch kalte Getränke und durch kalte Umschläge (bei sonst warmem Zimmer!).

Toxikologie

In der Literatur sind einige Vergiftungen beschrieben mit Bauchschmerzen, heftigem Durst sowie Hitze und Erregungen, Krämpfen, Erbrechen, Bewusstseinsstörungen. Andere Patienten zeigen pseudomembranöse Katarrhe der oberen Luftwege. Bei einigen Vergiftungsfällen gab es Pupillenerweiterungen, Delirien, schwerstes Erbrechen mit furchtbarem Angstgefühl.

Die Angst vor Verarmung im Alter bewirkt auch ständige Zählbewegungen mit dem Daumen und Zeigefinger der rechten Hand, als ob Scheine abgegeben werden müssten.

Trägt der Patient eine schwere Brieftasche auf der Brust, dann drückt dies natürlich positiv auf seine Seele und auf sein angstvolles Gemüt, es geht ihm deutlich besser.

Wichtige Indikationen

- alle akuten Erkrankungen der serösen Häute, wie Pleuritis, Meningitis, Perikarditis, Peritonitis, Cholezystitis, Pericholezystitis, Synovialentzündungen
- akute Schleimhautaffektionen mit Pharyngitis, Laryngitis, Gastritis, Cholezystitis
- rheumatische Erkrankungen: Arthritis, rheumatisches Fieber, Purpura rheumatica, Iritis
- Mastitis in der Puerperalphase (Nachgeburtsphase)
- Bronchitis und Bronchopneumonie mit Pleurobeteiligung
- Folgen von akutem Ärger, von Angst vor finanziellen Problemen im Alter

Cannabis indica

Ursprung und Geschichte

In der Bundesrepublik Deutschland ist die Anpflanzung von Cannabis indica (Indischer Hanf) nicht erlaubt, da daraus Rauschgift hergestellt werden kann. In gepulverter Form wird es häufig mit Tabak gemischt und in Zigaretten geraucht. Das Gemisch der getrockneten Blüten und Blätter der weiblichen Pflanze des Indischen Hanfs wird auch als »Marihuana« bezeichnet. Vor allem Mohammedanern dient das – mehr oder weniger gereinigte – Harz, arabisch »Haschisch«, an Stelle des ihnen verbotenen Alkohols als Genussmittel.
Wirksamer Bestandteil von Cannabis ist Tetrahydrocanabinol (THC), eine Stickstoffverbindung, die über das Großhirn einen angenehmen Rauschzustand, Licht- und Farbvisionen und damit den Verlust des Zeitgefühls hervorruft.
Nahezu alle pflanzlichen Halluzinogene enthalten das Element Stickstoff und gehören damit zur großen Gruppe der Alkaloide. Von den kulturell bedeutenderen psychoaktiven Pflanzen ist Cannabis der einzige Vertreter mit stickstofffreien Wirkstoffen. Gezielt eingesetzt, dient Cannabis indica als wirksames homöopathisches Arzneimittel.
In der Botanik ist Cannabis indica schwer einzuordnen. So wurde es früher den Urticaceae, später den Moraceae zugeordnet. Heute zählt es zu den Cannabaceae, die aus den zwei Gattungen Cannabis indica und Humulus lupulus (Hopfen) bestehen.
Cannabis ist seit mehr als zehntausend Jahren verbreitet. Nach indischer Überlieferung schenkten die Götter dem Menschen die Hanfpflanze, um ihm Verzückung, Mut und sexuelle Begierde zu verleihen. Schon die Skythen berauschten sich am Rauch von Hanfkörnern. So schrieb der griechische Historiker Herodot: »Sie errichten ein Zelt aus drei in die Erde gesteckten Stangen, die sie mit Pelzen überziehen. Im Inneren wird eine Schüssel auf den Boden gestellt, in die sie eine Anzahl glühend heißer Steine legen, auf die sie dann Hanfsamen streuen. Sogleich fängt es an zu rauchen. Es entsteht ein solcher Dampf, dass die entzückten Skythen vor Lust schreien.«
Einige Archäologen bestätigten vor kurzem, dass in skythischen Gräbern Metallpfannen mit Resten von Cannabisblättern und -früchten gefunden wurden.
Auch andere Historiker beschrieben den Hanf. Nach Galen (200 n. Chr.), dem neben Hippokrates bedeutendsten Arzt der Antike, war es üblich, geladenen Gästen Hanf anzubieten, um deren gute Laune zu fördern. Oft wurde er auch Kuchen zugesetzt.
Der medizinische Ruf von Cannabis verbreitete sich rasch. In Afrika schätzte man die Pflanze als Heilmittel bei Malaria, Ruhr und Cholera, Milzbrand und Fieber. Die Hottentotten verwendeten sie bei Schlangenbissen. Die Wertschätzung von Cannabis beruhte hier vor allem auf der euphorisierenden und halluzinogenen Eigenschaft.
Den Tibetanern war Cannabis indica heilig. Nach einer Überlieferung der Mahayana-Buddhisten verzehrte Buddha während der sechs Stunden der Askese, die zu seiner Erleuchtung führte, täglich lediglich einen einzigen Hanfsamen. Auch der römische Dichter Plinius erwähnt Cannabis.
Cannabis hat in seiner Eigenschaft als Rauschgift Justiz und Gesetzgeber in den letzten Jahrzehnten vor erhebliche Aufgaben gestellt, zumal es im Gesundheitswesen und sozialen Bereich große Probleme geschaffen hat. Voraussetzung für eine einstimmige Lösung des Grundsatzkonfliktes ist ein angemessenes Verständnis bezüglich Geschichte und Haltung der Völker, die die Pflanze lange Zeit verwendet haben.
Bereits 1845, bevor die Psychiatrie eine eigene Lehre entwickelt hatte, veröffentlichte der französische Arzt Moreau eine Schrift, in der er feststellte, die Rauschsymptomatik wäre mit dem Erscheinungsbild gewisser Psychosen gleichzusetzen. Dieses Merkmal fand sich auch in der Arzneimittelprüfung, die von Trinks 1843 durchgeführt wurde. Hale, Allen, Dahlke, Nash, Stauffer und Böricke bestätigten dieses Symptom.

Persönlichkeitsportrait

Einen »Cannabis-Fall« zu erkennen fiel mir in den ersten Jahren meiner Berufsausübung sehr schwer. Erst der Rat meines Lehrers Flury, bei auf keine homöopathische Gabe reagierenden Patienten mit ständig wechselnden Arzneimittelbildern an Cannabis zu denken, führte mich zu entsprechenden Erfolgserlebnissen. Patienten, die ich beispielsweise erfolglos mit Belladonna, Hyoscyamus und Stramonium behandelt hatte, gesundeten nach Einnahme von Cannabis.

Cannabis-Typen zeigen immer wieder wechselnde Bilder geistiger Erregtheit, sind unglaublich schnell und fallen durch starken Redefluss auf. Der Patient überholt sich quasi selber im Denken und Reden: Ein Gedankengang wird durch den nächsten abgelöst und sofort verbalisiert, was vom Therapeuten erhebliche Aufmerksamkeit erfordert. Dieser Zustand wechselt mit Schweigsamkeit und Ruhebedürfnis.

Auffällig ist, dass keine klaren Vorstellungen über Raum und Zeit bestehen. Der Patient kann nicht zwischen Realität und Phantasie unterscheiden, was für den Behandler ein großes Problem darstellt. Auch den Angehörigen, die sehr große Schwierigkeiten haben, mit dem Patienten umzugehen, ist es unmöglich, den verworrenen Zeit- und Raumvorstellungen zu folgen. Der sehr gut ausgeprägte Intellekt wirkt durch die Raum-Zeit-Verdrehung abgeschwächt.

Die Fantasien können metaphysische Erscheinungsbilder hervorbringen. So finden wir wie bei Stramonium Gespräche mit Engeln, aber auch Kontakte mit dem Teufel. Alle Patienten verteidigen die Realität solcher überirdischer Erscheinungen sehr emotional, werden dabei aber nie aggressiv. Sie vermitteln den Eindruck, den Therapeuten in gemessener Form zu reizen, um sich sofort schweigsam zurückzuziehen und darauf wiederum mit größter Redelust und völlig andere Themen berührender Gedankenflucht zu imponieren. Inadäquate Heiterkeit wechselt mit plötzlichen Beklemmungen und Angst.

Da Cannabis-Patienten völlig einsträngig erscheinen können, ist der Weg zum richtigen Arzneimittel häufig lange blockiert: Der erste Eindruck ist immer der eines freundlichen, liebevollen, Geborgenheit suchenden Menschen, der im Gespräch einen starken Zugang zu seinen Gefühlen eröffnet.

Am liebsten möchte Cannabis immer in einem schwerelosen Zustand über dem eigenen Leben schweben. In Traum und Wachtraum taucht immer wieder der Wunsch auf zu fliegen. Wie seine Gedanken wechseln auch seine Jobs. Alles, was sich regelmäßig wiederholt, ist ihm, Zincum vergleichbar, zuwider, beispielsweise pünktliches Erscheinen zum Dienst, regelmäßiges Üben, Essen oder studieren. Cannabis kann nicht warten und will immer schnell zum Ziel kommen, was oft nicht gelingt.

Manche Cannabis-Persönlichkeiten verfügen über einen »sechsten Sinn«, mediale Fähigkeiten und hellseherische Kräfte. In Gesellschaft mit Gleichgesinnten findet sich Cannabis häufig auch in esoterischen Zirkeln und erlebt dort rauschähnliche Zustände, um schließlich in Panik und Angst zu geraten: Es gelingt ihm nicht mehr, dem Netz gefährlicher Organisationen zu entkommen. Er wird fast bis zum Wahnsinn getrieben und steht im Banne überirdischer Heilserwartungen.

Cannabis-Typen haben keinen »Biss« mehr und Angst, die Kontrolle über sich zu verlieren. Dabei können sie sehr unterhaltsam sein, ja sogar zum Philosophieren neigen. Sie sind sehr belesen. Mathematik wird vollständig abgelehnt. Sowohl gegen geistige als auch gegen körperliche Arbeit besteht eine ausgesprochen starke Abneigung.

Neben sehr großem Schlafbedürfnis findet sich Schlaflosigkeit. Immer wieder überfallen den Patienten wollüstige Gedanken. Starkes sexuelles Verlangen verbindet sich mit dem Drang nach baldiger Befriedigung oder Masturbation. Häufig hat Cannabis auch das Gefühl, die Schädeldecke öffne sich unter Schmerzen. Kitzelhusten löst Angst vor Asthma aus. Cannabis meint, er müsse ersticken. Gelegentlich finden sich beim Wasserlassen schmerzhafter Harndrang und brennende Schmerzen. Nach geringer Belastung der Beine kommt es zu völliger Erschöpfung und dem Gefühl, die Glieder seien gelähmt.

Häufig bestehen Erkrankungen der ableitenden Harnwege, verbunden mit schmerzhaftem Harndrang und Jucken in der Urethra.

Cannabis isst gerne und viel: Vier bis acht Weißwürste zu essen macht einfach Spaß.

Literatur

Die beschriebenen Charakteristika von Cannabis sind in den entsprechenden Kultbüchern, so z. B. in »Engel, Kiff und ferne Länder« von Jack Kerouac oder in dem Werk »Politik der Ekstase« von Timothy Leary, ausgezeichnet portraitiert.

Arzneimittelbild

Wichtige Symptome

- Überreizung der Sinnesorgane mit üppigen Fantasien in allen Bereichen
- Täuschungen vor allem auf den Ebenen Zeit und Raum
- sehr geschwätzig, aber auch sehr schweigsam
- Unfähigkeit, sich zu konzentrieren und einen Gedanken zu verfolgen
- Körperteile werden als größer und kleiner werdend empfunden.
- Minuten werden zu Jahren.
- Hypersexualität
- Ängste in der Brust und vor dem Tod
- Schmerzen in allen Gliedern und Muskeln. Kann sich nicht aufrichten.
- nach kleiner Gehbelastung völlige Erschöpfung, Lähmung aller Glieder
- Entzündungen der Luftwege und der ableitenden Harnwege

Modalitäten

Verschlimmerung: durch Kaffee, Alkohol, Tabak; bei Liegen auf der rechten Seite; morgens.
Besserung: an der frischen Luft, durch Waschen mit kaltem Wasser; in Ruhe, durch Druck.

Toxikologie

Bei Haschischrauchern treten gehäuft Beschwerden des Respirationstraktes auf. Weiterhin finden sich Gingivitiden, Stomatiden, Sinusitiden, Otitiden. Auch Leber- und Kreislaufstörungen sind möglich.
Die intravenöse Injektion von 1 ml eines wässrigen Auszuges von 5 g Marihuana führt zu schweren Symptomen einer Überdosierung mit Gastroenteritis, Hypoalbuminämie, toxischer Hepatitis und akutem Nierenversagen. Haschischrauchen kann zu Chromosomenbrüchen und einer Störung der Keimentwicklung führen. Haschisch ist jedoch weniger schädlich als Opium und beeinflusst die Verdauung nicht.

Wichtige Indikationen

- Psychosen verschiedener Natur
  - ▶ eventuell Psychiater hinzuziehen, da Suizidgefahr (»Ich möchte fliegen«)
- Delirium tremens
- Migräne mit Geschwätzigkeit
- Entzündungen der ableitenden Harnwege
- nervöses und kardiales Asthma
- rauschartige Ekstasen
- Spasmen im Schlund beim Trinken
- Lähmungen der Beine mit heftigen Schmerzen

Praxistipp
Die Therapie eines Cannabispatienten ist eine faszinierende, aber sehr schwere Aufgabe. Er belustigt, strengt aber auch sehr an und kann enorm anregen, ist also nicht in ein Schema zu pressen. Das äußerst facettenreiche Portrait verlangt vom Therapeuten Intensität und **Stringenz.**

Capsicum annuum (Capsicum)

Herkunft

Capsicum zählt zur Gattung der Solanaceae und bezeichnet mehrere verschiedene Gewürze. Neben Capsicum annuum (Gemüsepaprika) ist vor allem Capsicum longum (Gewürzpaprika) von Bedeutung. Gemüsepaprika entspricht den dickfleischigen rundlich-kantigen Früchten, die in der Regel mild, je nach Reifegrad auch süßlich schmecken und gelb, rot, orangefarben, aber auch schwarz gestreift sein können. Gewürzpaprika, auch »Spanischer Pfeffer« oder »Pepperoni« genannt, hat längliche, speerförmige Früchte, die sehr scharf schmecken. Die Schoten sind zunächst grün, später gelb-orange bis leuchtend rot.
Die Heimat des Paprika ist Mittel- und Südamerika. Eine erste Beschreibung hat ein Arzt aus Sevilla geliefert. Von Spanien aus hat sich Paprika über ganz Europa ausgebreitet.
Verschiedene kleinere Verwandte von Capsicum, »Chili« genannt, weisen wesentlich stärkere Würzkraft auf. Aus Chili-Schoten entsteht der sehr starke, nach der französischen Insel Cayenne benannte, aber nicht daher stammende Cayenne-Pfeffer. Die scharfe Wirkung von Paprika und Chili beruht auf dem Wirkstoff Capsicain, der, subkutan injiziert, heftige Schmerzen verursachen kann. Schon eine Menge von nur 0,04 mg wirkt äußerst stark.

Persönlichkeitsportrait

Ein wichtiges Merkmal von Capsicum ist Empfindlichkeit gegen die geringste Berührung, auf die diese Menschen ganz anders reagieren, als es die Causa vermuten lässt. So kann die Berührung mit einem Streichholz ein stechendes oder brennendes Gefühl oder sogar Schmerzen hervorrufen, starke Hitzeeinwirkung kann auch einmal das Gefühl von Kälte erzeugen. Dieses mit dem Begriff »Allodynie« umschriebene Phänomen findet sich auch bei der ebenfalls zu der Gattung der Soleanaceae zählenden Dulcamara.
Die Patienten sind reizbar, ärgerlich, leicht beleidigt, manchmal schweigsam und nur mit sich beschäftigt, dann wieder launisch und ausgelassen. Gelegentlich fällt ein – teilweise auch halbseitig – gerötetes Gesicht in Verbindung mit depressivem Gemütszustand auf, was in der Arzneimittellehre dazu führte, die Indikation »Heimweh mit roten Wangen« aufzunehmen. Dieses Symptom, das Hahnemann selbst erkannte und von Anfängern häufig belächelt wird, habe ich immer wieder gefunden und dabei bemerkt, dass es bei jüngeren und sich in den besten Lebensjahren befindenden Menschen die entscheidende Voraussetzung für eine Wirksamkeit von Capsicum annuum darstellt. Die Behandlung von Gastarbeitern aus Italien und Griechenland, die an akuter Angina mit hohem Fieber, rotem Kopf, eiskaltem Körper und großem Frieren erkrankt waren und an überaus starkem Heimweh litten, bestätigten diese Erfahrung.
Weiterhin habe ich Capsicum als Konstitutionsmittel kennengelernt, das vor allem für ältere Menschen infrage kommt, die von »schlaffer Faser« (Hahnemann) sind, deren Tonus und Turgor deutlich nachlassen. Schon Hahnemann hat darauf aufmerksam gemacht, dass die Erschlaffung bei Capsicum auch das Kapillarsystem beinhaltet. Die Haut der immer frostigen, frierenden, äußerst kältempfindlichen Menschen fühlt sich kalt an. Gerade alten Menschen mit Kreislaufschwierigkeiten kann Capsicum helfen, ganz besonders aber auch denen, die einen apoplektischen oder kapillaren Insult oder auch TIA erlitten haben, wobei nicht selten die Allodynie der befallenen Körperseite, besonders der unteren Extremitäten, eine sehr große Rolle spielt. Lange nach einem apoplektischen Insult kann Capsicum die Beschwerden bessern.
Auffallend sind auch pustulöse, vesikuläre Hautveränderungen.
Die Tatsache, dass niemand bei dem Genuss des Capsaicin enthaltenden Pfeffers Schmerzen verspürt, verdeutlicht, dass Schmerz keinesfalls ein simples physiologisches Phänomen, sondern eine Wahrnehmung darstellt, die von Mensch zu Mensch erstaunlich variiert. Große klinische Untersuchungen zeigen, dass Schmerzen von anderen Empfindungen überlagert werden können, so z. B. in Höchstleistungs- oder Stresssituationen, aber auch bei sexuellen Kontakten, und individuell geprägt sind, abhängig vom kulturellen Hintergrund, der Erziehung, persönlicher Erfah-

rung, seelischen Zuständen. Das Schmerzempfinden sichert jedem Menschen das Überleben: Der Schmerz dringt aus dem Unterbewussten unaufhaltsam in die Ebene bewusster Empfindung vor. Ohne das auf der Erinnerung an schmerzhafte Erlebnisse beruhende Schmerz-Warnsystem würden wir keiner heißen Herdplatte oder einem glühenden Stab ausweichen.
Nicht alle Situationen, Symptome und Stoffwechselreaktionen verlangen unser Bewusstsein. So kann die den Schlaganfall verursachende Störung des Leitungssystems im Thalamus, in vorgeschalteten Regionen des Hirnstamms oder Rückenmarks stattgefunden haben. Das hat zur Folge, dass nachgeschaltete Zentren ihre Empfindlichkeit drastisch erhöhen und manchmal harmlose Impulse völlig falsch interpretieren. Diese Gegebenheiten erklären die Indikation von Capsicum bei neuronalen Fehlschaltungen älterer Menschen. Wenn das Gesamtarzneimittelbild stimmt, kann Capsicum auch gänzlich verzweifelten Patienten mit sehr heftigen Schmerzen helfen.

Arzneimittelbild

Leitsymptome

- Kälte an allen Körperteilen
- kann keine Kälte ertragen
- brennende Schmerzen an Haut und Schleimhäuten; berührungsempfindliche Haut
- Kopfschmerzen, als wenn der Kopf zerspringen wollte
- Das Gesicht ist heiß und auch bei Kälte gerötet.
- Durch Berührung sind alle Nerven am ganzen Körper stark erregbar.
- Beim Husten ausgestoßene Luft ist übel riechend.
- brennendes Gefühl im Mund und im Magen; Kältegefühl im Magen
- nach jedem Stuhlgang großes Durstgefühl, brennende Schmerzen beim Wasserlassen
- deutliche Allodynie (Schmerzen werden anders empfunden als der auslösende Moment vermuten lässt)

Modalitäten

Verschlimmerung: durch Kälte, kaltes Wasser, Berührung; morgens nach der Nachtruhe; Kopfschmerzen verschlimmern sich durch Husten und Bewegung.
Besserung: durch Bewegung und Wärme.

Toxikologie

In geringen Dosen steigert Capsaicin die Salzsäure-Sekretion im Magen und regt die Darmperistaltik an. Große Dosen lähmen die Sekretionstätigkeit und verursachen unter Umständen dem anaphylaktischen Schock ähnliche Symptome oder auch eine tödliche Hypothermie.
Chronische Vergiftung infolge Missbrauch als Gewürz gehen mit Appetitlosigkeit, Gastritis, Nieren- und Leberschädigung einher.
Auf der Haut löst Capsaicin Rötungen, Wärmegefühl und Brennen aus. Nach längerer Einwirkung kommt es zu pustulöser Dermatitis bis zur Nekrose.

Wichtige Indikationen

- akute Angina mit starker Rötung des Rachens und Brennen auf der Zunge
- eitrige Otitis media
- Trigeminusneuralgie
- Herpes zoster im Gesichtsbereich
- Dysurie
- Gastritis atrophica

Praxistipp
Wenn die Patienten eine völlig unverständliche Empfindlichkeit bestimmter Hautareale oder Extremitäten zeigen, ist immer Capsicum das Mittel der Wahl – zunächst in der **D12**, später auch in der **C30**.

Chamomilla recutita (Chamomilla)

Herkunft und Geschichte

Kamille wächst häufig auf Äckern und unbebauten, kalkfreien Flächen. Sie findet sich in Mitteleuropa und auch in Nordamerika und Australien eingebürgert.
Für den allopathischen und phytotherapeutischen Gebrauch sammelt man die Blütenköpfe im Juni und Juli, während man für den homöopathischen Gebrauch die ganze Pflanze während der Zeit der Blüte verwendet, um die Urtinktur zu bereiten.
Der Gattungsname »matricaria« leitet sich vom lateinischen »mater« ab, also von der Gebärmutter. Man hat früher die Kamille besonders bei Krankheiten des Wochenbettes verwendet.
Die griechische Stammform »chamaeolon«, aus der das lateinische »chamomilla« und die deutsche Bezeichnung »Kamille« durch Wortabkürzung gebildet worden sind, wird von Plinius gedeutet: griechisch »chamaie« heißt »niedrig«, »am Boden«, »melon« bedeuet »Apfel«, wobei hier ein niedriger, auf dem Boden wachsender Apfel gemeint ist, entsprechend dem apfelartigen Geruch dieser Blütenköpfchen. Leider hat man es sich in unserer modernen Zeit angewöhnt, die Kamille etwas abzuwerten. Diese Geringschätzung ist sicher nicht berechtigt, denn die einfachste Anwendung, der Kamillentee, ist eines der in unserer Zeit am häufigsten gebrauchten Arzneimittel. Allerdings sollten wir darauf achten, dass der Tee richtig zubereitet wird. Denn zwei, drei Tassen starken Kamillentees, so richtig goldgelb, werden, besonders bei Kindern, ein Arzneimittelbild auslösen, das Krämpfe und immer stärkere Schmerzen zeigt. Kamillentee sollte somit kurzfristig überbrüht werden. Er muss so hell sein, dass man die gelbe Farbe kaum ahnt.
Die Erfahrung vieler Menschenalter besagt, dass die Kamille im menschlichen Organismus unendlich viel zu leisten vermag, vorausgesetzt man weiß, wie man diesen Tee zubereitet und auch anwendet.
Bei Dioskorides und Plinius lesen wir, dass auch schon in der vorchristlichen Zeit Kamille verwendet worden ist, allerdings nicht nur unsere echte Kamille, sondern auch andere Kompositen. Die Dermatologen fürchten heute noch die allergisierende Wirkung der Kamillenanwendung. Diese tritt jedoch nur auf, wenn man starken Kamillentee verwendet. Ist der Tee schwach und zusätzlich mit Wasser verdünnt, treten keine lokalen Allergien auf.
Kamillen-Teeaufguss gilt als magenstärkend, blähungstreibend, krampfstillend, leicht bis mittelstark schweißtreibend. Nach Pfarrer Kneipp hilft Kamillentee auch bei Erkältungen, Bauchgrimmen und Blutandrang im Kopf. Die warmen Kamillensäckchen als Volksmittel werden von Pfarrer Kneipp stark propagiert bei allen kleinen Entzündungen der Oberflächen, z. B. an den Augen.
Kamillenöl wird verwendet zu Einreibungen, die allgemein nervenstärkend sein sollen.
Kamille war zu Hahnemanns Zeit auch schon in der Allopathie üblich und deswegen ein Mittel, das er bereits 1805 in seinen »Fragmenta des viribus« ausführlich abgehandelt hat. Es lohnt sich, in der »Reinen Arzneimittellehre« von 1825 auf 37 Seiten seine Anmerkungen und auch Fremdbeobachtungen zu lesen. Diesem präzisen Arzneimittelbild ist heute kaum noch etwas hinzuzufügen. Lange Zeit war die Kamille Hahnemanns »Lieblingsmittel«. Allerdings haben wir von ihm gelernt, dass wir kein Lieblingsmittel haben sollten.

Persönlichkeitsportrait

Erwachsene

Im Vordergrund steht die Unfähigkeit zu leiden. Chamomilla ist auch überhaupt nicht bereit zu leiden. Schmerzen sind eine persönliche Zumutung, selbst der Arzt ist von diesem Groll nicht ausgeschlossen.
Dabei kann Chamomilla ungeheuer schnippisch und ironisch sein. Bei Kindern sehen wir dies in noch etwas extremerer Form
Der empfundene Ärger steigert sich mit jedem Wort und wird schließlich leidenschaftlich. Der Patient kann sich nicht beherrschen, er muss sich an seiner Umgebung abreagieren, er muss »Luft ablassen«. Er quengelt, jammert, ächzt, schreit, bringt die ganze Umgebung in Rage. Alles, nicht nur der Schmerz, ist ihm unerträglich. Dabei kommt es zu einer unglaublichen Überempfindlichkeit gegenüber Sinneseindrücken:

Sie machen rasend, auch wenn sie nicht besonders heftig sind.
Wärme wird meist nur bei Ohrenschmerzen gut vertragen. Ohrenschmerzen sind stechend, sausend, es kommt zu Klingeln im Ohr. Der Patient stöhnt und schreit mitunter.
Dabei besteht auch große Angst vor Wind.
Bei übernervösen Erwachsenen wirkt Chamomilla sehr günstig. Gemeint sind Menschen, die sich nur beim Auto- oder Zugfahren, im Kino oder vor dem Fernseher entspannen können und Radiomusik zur geistigen Arbeit brauchen. Mit den Worten Voisons: »Sie ist die Dame, die sich unter der surrenden Trockenhaube beim Friseur am allerbesten erholt.«
Hering hat darauf hingewiesen, dass Magnesium carboncium die chronische Form von Chamomilla ergänzt. Der Patient kann nämlich äußerst wütend werden, man darf ihn dann nicht anfassen. Manchmal lässt er sich nicht einmal ansehen. Dies trifft meist auf Kinder zu.
Die Ungeduld im Schmerzfall ist sehr gut zu vergleichen mit Coffea, Aconitum, Hepar sulfuricum und Nux vomica. Hier finden wir ähnliche unerträgliche Schmerzen, die andere Menschen wahrscheinlich mit einem Wimpernzucken abtun.
Bei Chamomilla finden wir hysterische Frauen mit unbeherrschter Reizbarkeit, mit angestauten, übertriebenen Affekten. Ihre Gefühle sind bei jeder Kleinigkeit sofort verletzt, und die jeweilige Reaktion steht in keinem rechten Verhältnis zur Ursache. Sie können auf andere keine Rücksicht nehmen, können sich sogar selbst nicht leiden. Von Kleinigkeiten überanstrengt, werden sie durch Kaffee, den sie gerne trinken, stark übererregt; sie bekommen dann hysterische Krämpfe, fallen in hysterische Ohnmachten. Danach tritt Migräne auf, besonders, wenn sie an den entsprechenden Zustand denken. In einem solchen Zustand der Übererregung bekommt die Chamomilla-Frau sofort Krämpfe in den Armen, wenn sie etwas anfasst und hochheben will. Es ist auch möglich, dass die Arme »einschlafen«.
Während der Schwangerschaft ist Chamomilla hilfreich bei Zahnschmerzen und bei starker Geruchsempfindlichkeit.

▶ Kinder

Chamomilla ist ein ausgesprochenes Kindermittel. Es wird bei Kindern wesentlich häufiger verwendet als bei Erwachsenen. Schon der Säugling quengelt und schreit. Nach der Mahlzeit leidet er sofort an Blähungskoliken, krümmt sich und schreit viel. Das erpresserische, laute Schreien erregt die Mutter so, dass sie ihm spontan am liebsten einen Klaps geben würde. Die linke Wange wird meist heiß und rot, besonders während der Zahnung.
Vor allen Dingen wollen die Kinder ständig auf dem Arm herumgetragen werden. Dann sind sie auch ruhig. Kaum legt man sie hin, fangen sie – besonders in der etwas schwierigen Zahnungszeit – wieder an, heftig zu schreien. Interessant ist in dem Zusammenhang nach Becker, dass auch Katzen, deren nächtliches Brunftgeschrei dem Schreien dieser Kinder ähnelt, beim Herumtragen ruhig sind.
Chamomilla-Kinder bekommen Krämpfe im Bauch, wenn die Mutter vor dem Stillen einen Wutanfall hatte.
Bei der Zahnung haben die Kinder oft unerträgliche Schmerzen. Sie schreien dann vor allem nachts. Es kommt häufig zu Durchfall, der wie Spinat mit Rührei aussieht und nach verfaulten Eiern riecht. Häufig entstehen Fieberkrämpfe, wenn man mittels irgendwelcher Gewaltmaßnahmen pharmakologischer Art Fieber senken will. Heißer Schweiß erleichtert den ganzen Zustand.
Die Kinder sind im allgemeinen launisch, frech, ungezogen. Sie sind nie zufrieden, was auch immer man ihnen gibt, und wollen immer wieder etwas anderes. Antworten sind schnippisch und ungehörig. Die Kinder lassen sich nicht anfassen, ja oft nicht einmal ansehen. Ein solches Kind in der Praxis untersuchen zu wollen ist furchtbar schwierig. Manchmal hilft nur ein kräftiger Schrei, damit Ruhe herrscht. Eltern lassen sich leicht von Chamomilla-Kindern erpressen.
Wir finden also kleine Patienten mit krankhaftem, sensiblem Nervensystem, die reizbar und ungebärdig sind und viel Lärm machen, meist um nichts, besonders aber um ihre Beschwerden. Sie sind unleidlich, überempfindlich. Nach großem Schreck besteht häufig auch Angst. Bei sehr ruhigen und stillen Kindern sollte dann Opium oder auch Antimonium crudum angewendet werden, bei frostigen Kindern Hepar sulfuris calcarea, bei Wurmkindern China, bei Zornigen Staphisagria. Das verwöhnte Kind, das immer viel zu viel Zucker bekommt, sollte Natrium phosphoricum erhalten.

Literatur

Theophrastos, der aufgrund seiner Redegabe berühmte Schüler von Aristoteles, hat etwa 300

v. Chr. Charaktere zitiert, wobei ihm wohl die Athener Modell standen. Er stellte unbedeutende menschliche Schwächen vor, die der alte Mensch im Alltagsleben viel häufiger begeht, als schwerwiegende moralische Fehler oder gar Laster. Da sich die Menschen in ihren Schwächen über Jahrtausende nicht ändern, finden sich hier besonders eindrucksvolle Arzneimittelbilder. Chamomilla zeigt sich in dem unten wiedergegebenen Portrait »Der Selbstgefällige«.
Oberflächlich betrachtet sind diese Menschen Sonderlinge, die sich schroff, humorlos, zurückhaltend, manchmal ungesellig und still, teilweise ernsthaft, immer aber etwas aggressiv verhalten. Diese Charaktere erfahren häufig im Laufe ihres Lebens eine Temperaturabkühlung von außen nach innen, so dass sie bei zunehmender Erstarrung ihrer nach außen gewendeten Schichten im Alter einen immer enger sich zusammenziehenden inneren Kern zurückbehalten.
Diese Vorstellung ist vor allem bei sehr sensiblen und feinsinnigen Charakteren angebracht, die immer von einer dünnen Eisschicht umgeben scheinen.
Hebbel beschreibt den Dichter Uhland mit den Worten: »Es ist ein Tropfen feurigen Weines in einem Fass von Eis!«

Der Selbstgefällige

1. Die Selbstgefälligkeit ist ein schroffes Benehmen in Worten. Der Selbstgefällige aber ist einer,
2. der auf die Frage: »Wo ist der oder jener?« antwortet: »Lass mich zufrieden!«
3. Angesprochen erwidert er nichts.
4. Wenn er etwas verkauft, sagt er nicht, wie teuer er es abgibt, sondern er fragt »Was bekomme ich?«
5. Wer ihm eine Aufmerksamkeit erweist und etwas zum Fest schickt, dem sagt er, er brauche sich nichts schenken zu lassen.
6. Hat ihn einer unabsichtlich beschmutzt, gestoßen oder auf den Fuß getreten hat, verzeiht er diesem nicht.
7. Fordert ihn ein Freund zu einer Beitragsspende auf, sagt er, er gebe nichts; später bringt er sie und sagt, nun verliere er auch noch dieses Geld.
8. Wenn er auf der Straße stolpert, pflegt er den Stein zu verfluchen.
9. Er bringt es wohl nicht fertig, lange Zeit zu warten.
10. Er hat weder Lust zu singen noch zu rezitieren noch zu tanzen.
11. Er pflegt auch nicht zu den Göttern zu beten.

Arzneimittelbild

Wichtige Symptome

- Fieber mit nächtlichen Verschlimmerungen und allgemeinen Schweißen
- nächtliche starke Zahnschmerzen, besonders bei der Dentitio difficilis, bei Fieber mit Mandel- und Rachenentzündungen
- vor allem Blähungsbeschwerden mit Krämpfen, nächtliche Durchfälle, Menstruationsbeschwerden
- Husten während der Zahnungsperiode
- Verhärtung der Brustdrüsen Neugeborener

Modalitäten

Verschlimmerung: durch kalten Wind, abends und nachts, durch nervöse Störungen bei Ärger, durch Bettwärme im warmen Zimmer, warme Anwendungen werden nicht vertragen; Zahnschmerzen schlimmer durch Wärme und Kaffee.
Besserung: von Kopfschmerzen durch Zurückbeugen des Kopfes; Koliken können besser werden durch warme und feuchte Anwendungen und durch Herumtragen.

Toxikologie

Zu starker Kamillentee in größerer Menge kann bei Kindern mit Bauchschmerzen erhebliche Koliken auslösen. Man sollte deshalb die Eltern davor warnen, den Tee zu stark zu machen. Ganz schwach gelb gefärbt kann er, auch bei Umschlägen, sehr gut wirksam sein.

Wichtige Indikationen

- Dentitio difficilis
- Blähkoliken
- Erregungszustände
- nervös bedingte Schlaflosigkeit
- Neuralgien
- nächtlicher Reizhusten
- Dysmenorrhö

Cimicifuga racemosa (Cimicifuga)

Ursprung

Cimicifuga racemosa (Wanzenkraut) gehört zu den Ranunculaceae. Es ist in Nordamerika beheimatet und wird in Europa nur kultiviert. Verwendet wird der frische Wurzelstock mit Wurzeln.

Diese alte Heilpflanze der Indianer Kanadas und Missouris wurde früher gegen die Folgen von Schlangenbissen angewendet, weswegen sie in Amerika auch Schlangenwurzel genannt wird. »Wanzenkraut« heißt sie wegen ihres stinkenden, abstoßenden Geruches.

Heute ist sie in der Schulmedizin kaum noch vertreten, gelegentlich allerdings in Hustentees und Elixieren enthalten.

Persönlichkeitsportrait

Cimicifuga kommt fast ausschließlich bei Frauen in Frage, die kurz vor oder in den Wechseljahren stehen bzw. auch danach ein Arzneimittel benötigen. Diese Menschen leben offenbar in Disharmonie mit sich selbst, die auf Hormonverschiebungen beruht. Sie sind unausgeglichen, wachen sehr zeitig auf und wissen nicht, ob sie früh aufstehen oder noch liegenbleiben sollen. Sie denken dann über vieles nach und schlafen nicht. Sie sind ziellos, auch beim Spazierengehen. Wollen sie ins Kino gehen, lassen sie sich auf dem Weg noch überreden, doch lieber ein Kaffeehaus aufzusuchen. Nehmen sie sich beispielsweise vor, Briefe zu schreiben, so entwickeln sie nach dem Heraussuchen der Kuverts und des Papiers wieder neue Ideen. Sie sind sehr unruhig, verrichten viele Dinge gleichzeitig, sind dabei aber sehr oberflächlich und wissen nicht, was sie eigentlich wollen.

Cimicifuga-Persönlichkeiten leben in einer sehr unglücklichen Gemütsverfassung. Sie erwarten dauernd ein Unglück, ja sogar eine Katastrophe.

Während der Menstruation haben sie große Schmerzen, die um so intensiver sind, je stärker die Regel ist. Hinzu kommen fast nicht auszuhaltende Migräneschmerzen, die das Gefühl vermitteln, das Hirn wäre zu groß oder die Schädeldecke würde nach oben gedrückt und hinabgestoßen.

Wird die Regel unterdrückt, führen schon kleine Aufregungen oder Sorgen, fast unmerkliche Schrecknisse, leicht deprimierende Nachrichten oder von Schnupfen begleitete Erkältungen zu einem Aussetzen der Vernunft.

Alle hormonalen Belastungen, sowohl das Klimakterium als auch schon der Hormonwechsel im Intermenstruum, die Schwangerschaft, eine Geburt oder gar eine Schwangerschaftsunterbrechung, verschlimmern den Zustand der Patientin. Dies gilt auch für die Einnahme der Ovulationshemmer sowie die Entfernung der Ovarien, z. B. bei Totaloperationen. Die Aufgeregtheit der Patientin steigert sich ständig und führt zu einer Angst, nie mehr gesund oder wahnsinnig zu werden, zu sterben. Sie träumt nur noch von drohendem Unheil, Katastrophen, Weltuntergang.

Die angespannten Patientinnen fallen in tiefe Depressionen, die das Gefühl auslösen, eine dunkle Wolke umhülle den Kopf. Freunden gegenüber sind Cimicifuga-Persönlichkeiten misstrauisch. Sie haben sogar Angst davor, Medizin einzunehmen, weil sie denken sich zu vergiften (→ Hyoscyamus).

Mit der Depression geht oft Schlaflosigkeit einher, besonders in den frühen Morgenstunden zwischen zwei und sechs Uhr, während des Klimakteriums auch häufig Migräne. Auch die operativ vorgezogene klimakterische Situation, z. B. nach Totaloperationen, bewirkt diese Symptome.

In der Schwangerschaft leidet Cimicifuga unter großer Angst vor der Geburt und vor einem eventuell behinderten Kind. Nach der Entbindung folgt häufig eine Wochenbett-Psychose, vor allem bei Frauen, die ihr erstes Kind sehr spät und bei der Geburt Krampfwehen bekommen. Der psychische Zustand kann so weit alteriert sein, dass richtiger Hass auf das Neugeborene entsteht. Auf der anderen Seite steht eine plötzlich auftretende, kaum verständliche Nymphomanie. Körperliche und seelische Beschwerden wechseln miteinander ab. Bessert sich der psychotische Zustand, so kommt es zu einer fast choreatischen Unruhe in den Gliedern, zu einer völligen Erschöpfung, bei der bis zur Verzweiflung treibenden Ohrgeräusche auftreten.

Schließlich ergeben sich Muskelschmerzen bei besonderen Anstrengungen wie Schreibmaschine schreiben oder Tanzen. Alle Beschwerden werden besser durch die Bewegung in frischer Luft, Essen, wärmende Umhüllungen und lokale Wärmeanwendung. Eine Verschlimmerung tritt auf bei nasskaltem Wetter, Aufregung und vor allem nicht aufkommender Menstruationsblutung.

Becker rät, sich das Krankheits- oder Persönlichkeitsbild von Cimicifuga am »Wolkenkratzer« zu verdeutlichen. Die Pflanze wird über 2 m hoch. Man bekommt das Gefühl, die hohe Blüte verhalte sich »wahnsinnig«, zumal in einem der obersten Stockwerke eines Wolkenkratzers, wo er schon in kleine Wölkchen eingehüllt ist, zielloses, regelloses und hektisches Treiben herrscht. So meint Becker, dass gerade in New York und vielen Großstadten mit Wolkenkratzern sehr viele Frauen Cimicifuga brauchen. Diese Frauen nehmen ständig die Pille, haben Angst vor einer Schwangerschaft, aber auch vor dem Weltuntergang und lassen sich totaloperieren, um ja kein Kind zu bekommen. Oder aber sie »programmieren« ihr Kind, und das erst dann, wenn sie nicht mehr sehr jung und deprimiert, schlaflos sind, Migräne haben und Ohrgeräusche, sogar Wahnideen und ganz und gar eingeschnürt sind in ein Netz von Drähten – wie ein Wolkenkratzer. Sie haben große Angst, wenn sie ihr Kind bekommen. Das Herz ist unruhig, sie sind geistig, beruflich, aber auch manchmal körperlich völlig überanstrengt, haben einen steifen Nacken und Kopfschmerzen.

Arzneimittelbild

Wichtige Symtome

- Auffallend sind schwermütige Traurigkeit, Launenhaftigkeit sowie Ruhelosigkeit und Bewegungsdrang.
- Geschwätzigkeit, häufiger Wechsel der Beschwerden
- gesamter klimakterischer Symptomenkomplex von Arthralgien, Myalgien und Neuralgien bis zu allgemeiner Schwäche
- endogen bedingte Kopfschmerzen und Herzneurosen

Modalitäten

Verschlimmerung: durch Erregung und Kälte.
Besserung: durch lokale Wärmeanwendung.

Toxikologie

Wirksame Inhaltsstoffe sind Triterpen und Glykoside, z. B. Actein und Cimicifugosid, außerdem Harzsubstanz. Therapeutische Dosen erzeugen keine Nebenwirkung, selbst nicht bei einer Langzeittherapie.

Wichtige Indikationen

- klimakterische Beschwerden mt neuralgisch-rheumatischen Syndromen
- Rheumatismus der Kleingelenke
- klimakterische Kopfschmerzen mit Verschlimmerung durch Bewegung
- nervöse Schlaflosigkeit
- linksseitige Neuralgien und Rheumatismus
- Schwangerschaftsmittel

Coffea arabica (Coffea)

Ursprung

Coffea arabica, der Arabische Kaffeestrauch, gehört zur Gattung der Rubiaceae, ist also mit China verwandt. Seine ursprüngliche Heimat war wohl Äthiopien, er wurde aber im Laufe der Zeit in allen tropischen Gegenden kultiviert. Heute wird die Hälfte des Kaffeebedarfs durch Brasilien gedeckt.
Der Kaffeestrauch kann bis zu 2 m hoch werden und gedeiht am besten auf humusreichem Boden und im Schatten sehr hoher Bäume, die ihn vor Wind und Sonne schützen. Seine Blätter sind ledrig und ähneln denen des Lorbeers. Die roten Früchte wachsen in Bündeln. Die in einer Art Pegriment im Fruchtfleisch eingehüllten Samen werden später als Kaffeebohnen geerntet. Diese müssen geschält und geröstet werden, um das an Fruchtsäure gebundene Coffein freizusetzen.
Coffein ist ein zentral anregendes Alkaloid, das in der gerösteten Bohne zu etwa 2% enthalten ist. Der daraus bereitete Kaffee ist seit Jahrhunderten als belebendes Getränk weltweit bekannt. Vor sehr langer Zeit war der Kaffee ein heiliges Getränk, das aufgrund seiner Wirkung von den afrikanischen Sulis zur Meditation getrunken wurde. Auch auf den erotischen Bereich erstreckt sich die durch Kaffee ausgelöste Stimulation. Um Kaffee als Aphrodisiakum zu benutzen, muss man ihn mit Cardamom (Eletaria cardamom) und etwas Honig versetzen.
In Europa ist Kaffee ein beliebtes Genussmittel, weil das Coffein die Aktivitäten von Körper und Geist deutlich steigert: Der Herzschlag wird beschleunigt, Diurese und Verdauung werden aktiviert. Aufgrund seiner anregenden Wirkung ist er ein wirksames Gegenmittel bei Vergiftungen und nach Hahnemann das wichtigste Antidot bei Fehl- oder Überreaktionen des Organismus nach homöopathischen Gaben.
Die wärmende, aufmunternde, wohltuende Wirkung des Coffeins führt aber schnell zur Abhängigkeit. Das Bedürfnis immer mehr Kaffee zu trinken, um sich aufzumuntern und anzutreiben, wird schnell zur Sucht und überbeansprucht das Nervensystem. Es kommt dann zu Nervosität, Unkonzentriertheit und Reizbarkeit. Unbehagen, Schwäche, Erschlaffung, Erschöpfung sind Folgen dauernden Coffein-Genusses, die häufig wiederum mit Kaffee bekämpft werden. Diesem Circulus vitiosus kann man nur mit größter Anstrengung entkommen.
An dieser Stelle gilt es zu betonen, dass, wie Hahnemann zeigt, jeder in der Natur vorkommende Stoff Gift oder Heilmittel sein kann. Entscheidend für die jeweilige Wirkung ist immer die Dosis. Das homöopathisch zubereitete Coffea-»Medikament« befreit allerdings nicht von der Sucht des Kaffeetrinkens.

Persönlichkeitsportrait

Coffea ist meist ausgelassen, fröhlich, temperamentvoll und motorisch äußerst beweglich. Die interessanten Menschen wirken durch ihre Aktivität, Kreativität und ihre Munterkeit auf andere sehr anregend und erinnern aufgrund ihrer äußerst lebhaften Phantasie oft an einen Märchenerzähler.
Coffea nimmt alles heiter und gelassen hin, ist aber sehr empfindsam und hat ein unglaublich gutes Gedächtnis. Die äußerst scharfen Sinne verleihen ihm eine sehr gute Auffassungsgabe. Coffea kann winzige Buchstaben lesen, hört aber auch die leisesten Geräusche und empfindet diese oft als störend. So finden wir oft sehr muntere, wenig schlafende, immer zu Gesprächen bereite alte Patienten, die sich beispielsweise in Seniorenheimen über störende Fernsehgeräusche beklagen, die aus einem Zimmer am Ende des Flures bis tief in die Nacht hinein zu vernehmen sind.
Außerdem besitzt er einen ausgeprägten exakten Tastsinn und kann die zarteste Berührung als unangenehm empfinden.
Im Liebesleben kann Coffea die hohe Sensibilität auf intensivste Weise umsetzen. Gerade hier sind die Sinnesorgane aufs höchste angespannt. Bei Coffea reichen sie bis zum Himmel: Die ganze Liebe besteht aus Flügelschlägen, von der leisesten Zärtlichkeit bis zum Orgasmus.
Dabei werden alle Eindrücke auch sehr exakt und rational verarbeitet. Alle geistigen und körperlichen Arbeiten werden schnell erledigt, die Arbeit geht flott von der Hand.
Coffea vermittelt immer den Eindruck, Geist und Körper würden pausenlos auf Hochtouren arbeiten. Er befindet sich quasi in Hochspannung,

aber nicht wie Lachesis-Menschen, die einem fast explodierenden Dampfkessel gleichen. Großer Ideenreichtum begleitet ihn, der ihn sogar vom Schlafen abhält. Er baut Luftschlösser, schmiedet Pläne und kann sich einfach innerlich nicht zurückziehen aus einer so wachen, bunten und aufregenden Welt.

Dieser überaus lebhafte, multitalentierte Mensch kann in große seelische Erregung geraten – seltener durch Schreck, Unglück oder Schock, sondern eher durch erfreuliche Überraschungen. Dann bekommt er Herzklopfen und einen roten Kopf, seine Extremitäten zittern und er hat Krämpfe bei kalten Händen und Füßen. Er gerät in einen Zustand übermäßiger Freude, die ihn irdische Gegebenheiten fast vergessen lässt. Kommt es häufig zu solchen fast orgiastischen Reaktionen, wird der Patient allerdings unruhig, schmerzempfindlich, sehr schwach und schließlich reaktionslos. Gerade unter neuralgischen Beschwerden wie Zahnschmerzen, aber auch bei kleinen Verletzungen leidet er dann sehr.

Werden die hohen Erwartungen des Patienten nicht erfüllt, ist er sehr enttäuscht. Die Rückkehr aus einer paradisisch anmutenden Wirklichkeit in die nüchterne Realität führt zu Traurigkeit, Melancholie und Unzufriedenheit. Coffea ist dann untröstlich, bis neue Reize ihn wieder in einen illusionären Zustand versetzen.

Eigenartige Umstände bessern sein Befinden. Zahnschmerzen nehmen ab, wenn er eiskaltes Wasser im Mund behält. Die kalorischen Modalitäten sind wechselhaft. So empfindet er Kälte bei Neuralgien als angenehm, während das Allgemeinbefinden durch kalten Wind, die kalte Jahreszeit eine deutliche Verschlechterung erfährt.

In Südamerika bei Paschero habe ich viele Coffea-Persönlichkeiten angetroffen. Diese temperamentvollen, kaffeebraunen, vollblütigen, feurigen und ungemein begeisterungsfähigen Menschen wirken auf uns Europäer, als ob sie gedopt wären. Sie brillieren mit Körper und Geist und faszinieren mit Witz und einem angeborenen Humor. Dabei lassen sie sich nie übertölpeln, was gerade in Südamerika von besonderer Bedeutung ist. Sie lesen das Kleingedruckte in Verträgen zuerst und »riechen« geradezu, wenn sie hintergangen werden.

In Europa sind Coffea-Persönlichkeiten nicht sehr häufig, durch Verbindungen zwischen Südländern aus Transozeanien und Europäern jedoch immer wieder zu beobachten.

Zum Persönlichkeitsportrait von Coffea vgl. auch Cola *(S. 115)*.

Literatur

Ingeborg Bachmann beschreibt in dem unveröffentlichten Gedicht »Schallmauer« die Welt von Coffea:

»Der Lärmteppich, breit und laut
hinter dir herschleift
was mehr lärmt, alles
lärmt und laut lärmt
es zittern
deine Häuser alle
jeder Fußbreit
in deinem Kopf
alle deine Besitzungen,
Gedanken, Gedanken,
das überrast
mit einer Geschwindigkeit,
die nie die deine war,
dieser Wahn;
es ist nicht
mehr, nichts ist mehr,
und es ist nicht mehr weit
bis mit dem großen Knall,
unter den du dich duckst
über dir, oben, du
die Schallmauer durchschlägst nach oben.
Du duckst dich, bist schon oben
und trittst eine Reise an
mit funkelnden Fetzen und Felgen,
mit angerissenen Nähten
und einer Wahnkraft für deren
Durchschlag der Himmel immer zu weich
und die Erde zu hart ist.«

Deutlich werden hier die Empfindlichkeit des Gehörs, der Gedankenzudrang und die Vorstellung, das Ziel nicht erreichen zu können, aber alles, quasi sich selbst überholend, erreichen zu wollen.

Der Geschwindigkeitsrausch wird als zwanghafte Flucht des Menschen aus seinen Gegebenheiten thematisiert.

Der destruktiv erfahrene Lärm manifestiert sich sprachlich in kurzen, hart aneinandergefügten Sprecheinheiten. Dieser kaum zu ertragende Verkehrslärm, aber auch der Lärm, den ein alter Coffea-Patient durch mehrere Wände hindurch im Seniorenheim hören kann, ist Ausdruck einer immensen Gewalt, deren Ursprünge lange zurückliegen. Ingeborg Bachmann kommentiert diese verzweifelte, lärmbedingte Situation mit den Worten: »Die Hölle an Geräuschen wird von dem Straßenlärm angerichtet. Dieser alles über-

flutende Lärm verhindert das Denken und Eingedenken.«
Wie bei Coffea die Innen- und Außenwelt mitunter sogar destruktiv ineinander verwoben sind, ist die Innen- und Außenwelt in der Metaphorik dieses Gedichtes derart ineinander verschränkt, dass die zerbrechende körperliche und psychische Identität sprachlich als Zerstörung des menschlichen Lebensraums erfahren wird.

Arzneimittelbild

Wichtige Symptome

- überaus lebendiger Geist und Körper
- Schlaflosigkeit infolge Gedankenzufluss
- große Ruhelosigkeit mit nervösen Erregungszuständen
- lebhafte Herztätigkeit mit heftigem Herzklopfen als Folgen von freudiger Erregung, Streit und Schreck
- Überempfindlichkeit gegen Schmerzen, die den Patienten zur Verzweiflung bringen können
- Überempfindlichkeit aller Sinnesorgane

Modalitäten

Verschlimmerung: nachts, durch Kälte, starke Gerüche; durch alle Sinneseindrücke.
Besserung: bei Ruhe, Harmonie.

Toxikologie

Coffein gehört zu den wenigen giftigen Pflanzenbasen. Therapeutische Gaben von 0,1 – 0,2 g können bis auf Gramm-Dosen erhöht werden, ohne dass lebensgefährliche Folgen eintreten. Die Gefahr besteht nach etwa 10 g.
Intravenös sind Dosen von 60 mg/kg Körpergewicht bereits als tödlich anzusehen.
Die Resorption des Coffein erfolgt innerlich und parenteral sehr rasch. Lediglich ein Bruchteil gelangt über Harn, Kot und Milz zur Ausscheidung, zum Teil in Form von Harnsäure.
Amerikanische und englische Studien bestätigen, dass Frauen mit Kinderwunsch und schwangere Frauen möglichst auf Kaffee, Tee und Cola-Getränke verzichten sollten, da das darin enthaltene Coffein das Geburtsgewicht des Kindes reduziert. In 200 ml des Erfrischungsgetränks Coca Cola befinden sich ca. 25 mg Coffein, also etwa die Hälfte des Coffeins einer durchschnittlichen Tasse Kaffee. Der Coffein-Metabolismus verläuft bei schwangeren Frauen dreimal langsamer als bei nicht schwangeren Frauen.
Multizentrische Studien in europäischen Ländern, die retrospektiv die Wirkung von Coffein auf die Fruchtbarkeit von Frauen untersucht haben, haben festgestellt, dass die Konzeptionsfähigkeit bei über 3000 Frauen bei Coffein-Genuss deutlich verzögert war.
Roberts und Ward (Chem-Biol Interactions 7) (1973) haben nachgewiesen, dass die durch Alkylanzien ausgelöste DNS-Reparatur durch 1 mM Coffein gestört wird. Forth und Klimmek (1991) bezeichnen Kaffee als »eine einzigartige Quelle von gentoxischen und karzinogenen Substanzen«.
Der Genuss von Coffein ist nicht dazu geeignet, die Leistungsfähigkeit von Kindern zu bessern. Es ist eher als Ursache für Hyperkinetik oder geistige Überreaktion zu betrachten.

Wichtige Indikationen

- Schlaflosigkeit durch Gedankenfluss beim Zubettgehen, Unerträglichkeit von Sinneseindrücken, Schmerzüberempfindlichkeit
- nervöse Herzstörungen, Pseudo-Hyperthyreose
- verminderte Libido und Potenzschwierigkeiten nach überaus starken Erlebnissen und bei gesteigertem Verlangen

Praxistipp
Coffein ist das größte Antidot für alle homöopathischen Arzneimittel.
Cave: Coffein nach Alkoholgenuss in großen Mengen mindert die Potenz.

Cola (Kola)

Ursprung

Cola gehört mit rund dreißig baumförmigen Arten zur Gattung der Sterculiaceae und ist in Afrika, Westindien, Südamerika und Ostasien beheimatet. Der Kolabaum ist vier bis fünf Meter hoch. Vor allem Cola nitida liefert die Kolanuss, deren Hauptinhaltsstoffe die Purine Theobromin und Coffein sind und die zur Herstellung von Pastillen, Wein, Extrakt und Schokolade dient. Theobroma bedeutet »Speise der Götter«.
In Afrika ist die Kolanuss schon seit mindestens 400, in unseren Regionen dagegen erst seit 150 Jahren bekannt. Erste Hinweise gab Lopez in seinen Reisebeschreibungen. Die erste homöopathisch relevante Beschreibung der Kolanuss findet sich in Hales »Materia medica«, die erste Monographie wurde von Heckel im Jahre 1883 veröffentlicht.
Der Bevölkerung des schwarzen Kontinents diente die Kolanuss als Genussmittel, das, gekaut, schöpferische Kraft und geistigen Schwung vermittelte und Gelassenheit, Mut, Standhaftigkeit, Freude und Übermut bewirkte, aber auch im Zusammenhang mit betrügerischem und feindschaftlichem Verhalten sowie verschlossenem Wesen gesehen wurde. Die Araber waren davon überzeugt, die Kolanuss könne Hunger und Durst vertreiben, weshalb sie auf ihren Reisen durch die Sahara stets Kolanüsse bei sich trugen. Letztere hielten sie für so kostbar, dass sie Gold gegen Kolanüsse im Wert 1 : 1 eintauschten. Nach Raetsch ist sie unersetzliches Genussmittel Westafrikas, das die Leistungsfähigkeit fördert und als Heil- und Zaubermittel sowie als Aphrodisiakum geschätzt wird. Damit entspricht sie den Coca-Blättern der Peruaner, deren Wirkungsgeschichte das uns bekannte Coca-Cola fortsetzen kann. Nachdem der berühmte French Wine in Amerika verboten worden war, stellte dessen Hersteller auf eine alkoholfreie Zubereitung seines Rezeptes um, bei der Coca-Cola-Sirup statt mit Wein mit Mineralwasser bzw. kohlensäurehaltigem Wasser gelöst wird, und erfand so den Soft-Drink Coca Cola.
Seit dem Jahre 1903, in dem Kokain in Amerika verboten und sein Verkauf strafbar wurde, müssen zur Herstellung des Coca-Cola-Sirups dekokainierte Coca-Blätter verwendet werden. Eine Gallone (etwa 4,4 l) Sirup enthält nunmehr zu 0,37 % Kolanüsse sowie dekokainierte Coca-Blätter.
In den medizinischen Präparaten der Allopathie ist die Kolanuss nicht enthalten.
Eine Abhandlung über Cola findet sich in Synthesis; Schuster beschreibt eine ausgezeichnete Arzneimittelprüfung.

Mythologie

Im zweiten Band seines »Lehrbuchs der biologischen Heilmittel« zitiert Madaus folgende Legende, die auf die Bedeutung der Kolanuss verweist: »Als Gott eines Tages auf der Erde weilte, um nach den Menschen zu sehen, legte er ein Stück Kolanuss, von welcher er gerade aß, beiseite und vergaß diese später mitzunehmen. Ein Mensch sah dies und aß die Speise Gottes. Er war gerade mit dem Kauen der Nuss beschäftigt, als der Schöpfer zurückkehrte und sah, wie der Mann sich bemühte, die Kolanuss eilig hinunterzuschlucken. Schnell griff er an dessen Kehle, zwang ihn, die Nuss wieder von sich zu geben. Und seit dem sieht man am Hals der Männer den Kehlkopf, der durch den Druck der göttlichen Finger entstanden ist.«

Persönlichkeitsportrait

Auffällig ist die Empfindungsfähigkeit aller Sinnesorgane, die sich vor allem als Überempfindlichkeit gegen Geräusche erweist. Sie werden grundsätzlich als laut und störend empfunden. Charakteristisch ist auch die Empfindlichkeit gegenüber Essensgerüchen und -geschmack, die zu Mundtrockenheit führt und ein nicht objektivierbares Wundgefühl bewirken kann.
Es ist nicht leicht, mit diesen häufig gereizten, ungeduldigen Menschen auszukommen, die bei jeder Gelegenheit in Rage kommen. Manchmal wachen sie schon frühmorgens völlig verstimmt auf und meinen, einen Kater zu haben, obwohl keinerlei Alkohol genossen wurde. Unzufrieden mit allen Aktivitäten anderer, ist es ihnen gleichgültig, ob ihr eigenes Tun Zustimmung findet. Von ihren Partnern fühlen sie sich vernachlässigt. Oft freuen sie sich über Gesellschaft, die sie aber auch wieder ablehnen.

Mitunter empfindet Cola eine große innere Leere. Diese Patienten sind entweder gänzlich antriebslos oder emsig dabei, Ordnung zu schaffen und beispielsweise Müll wegzubringen oder die Schränke auszuräumen. Manchmal hängen sie großen Träumen nach, die auch den sexuellen Bereich betreffen. Viele lüsterne Projektionen können jedoch in der Realität nie umgesetzt werden. Sie bauen Luftschlösser und fühlen sich in diesen zu Hause, empfinden aber nach kurzer Zeit moralische Schuldgefühle.
Nicht selten bestehen Sodbrennen, Schwindel und Herzklopfen; ältere Patienten leiden unter Ohrgeräuschen. Die Haut juckt. Alle Glieder schmerzen, und häufig hat Cola Muskelkater, ohne viel gearbeitet zu haben.
Nachts erwachen diese Patienten häufig, weil sie am ganzen Oberkörper schwitzen.
In den Morgenstunden findet sich oft heftiger Stuhldrang, der sich nach der Entleerung wiederholt. Nach dem Frühstück kann es zu Durchfall kommen.
Alle Schmerzsymptome treten abwechselnd im Lumbal-, Sakral- oder Zervikalbereich auf, sind aber auch an den Extremitäten zu spüren.
Aufgrund ihres Coffeingehaltes sind sich Cola und Coffea arabica *(s. S. 112)* sehr ähnlich. Wie Coffea hört Cola beispielsweise im Altersheim Radiosendungen, die in einem Zimmer am anderen Ende des Flurs empfangen werden, und fühlt sich dadurch sehr gestört.
Der sehr schwer in einem Persönlichkeitsportrait darzustellende Cola-Typus ist jedoch wesentlich launischer und viel hektischer als Coffea. Eine äußerst genaue Beobachtung ist Voraussetzung für seine erfolgreiche Behandlung.

Arzneimittelbild

Wichtige Symptome

- Geist und Körper sind überaus lebendig.
- schlechter Schlaf und Schlaflosigkeit infolge Gedankenfluss
- große Ruhelosigkeit mit nervösen Erregungszuständen
- lebhafte Herztätigkeit mit heftigem Herzklopfen als Folge von freudiger Erregung, Streit, Schreck
- Überempfindlichkeit gegen Schmerzen, die den Patienten zur Verzweiflung bringen können
- Überempfindlichkeit aller Sinnesorgane
- häufig depressive Phasen mit Kopfschmerzen, gelegentlich auch Schmerzen am ganzen Körper
- starke Libido mit triebhaftem Charakter. Versucht, mit jedem Andersgeschlechtlichen in engen Kontakt zu kommen.
- kann sich plötzlich innerlich öffnen und bislang verdrängte Träume erinnern

Hinweis: In vielen Symptomen entspricht Cola dem Arzneimittelbild von Coffea arabica *(s. S. 112)*, ist aber viel wechselhafter und launischer.

Modalitäten

Das Arzneimittelbild von Cola wandert nach Paul Herscu auf dem »schmalen Pfad zwischen göttlich berauschender Freiheit, Macht und Energie und dem ernüchternden Erlebnis des Absturzes und der Ohnmacht, der Antriebslosigkeit und Selbstzweifeln«. Wie die jeweiligen Verhaltensweisen sind auch die Reaktionen auf äußere Reize individuell verschieden und schlecht kalkulierbar.

Toxikologie

Sie entspricht im wesentlichen Coffea arabica *(s. S. 112)*.

Wichtige Indikationen

- Zeichen von Euphorie, Manie und Größenwahn
- Übersteigertes Selbstgefühl mit häufigem Wechsel zu Minderwertigkeitsgefühlen, die mit Hoffnungslosigkeit, Verzweiflung, psychischer Lähmung, Isolation und psychischer Verletzung einhergehen und Handlungsfehler evozieren.
- Überaus positiv gestimmte, aktive, leistungsfähige Menschen, die mit dem Dasein vollkommen zufrieden sind. Ab und zu sind sie träge und verlangen dann nach passiver Unterhaltung wie Fernsehen, Bücher, Zeitungen.
- sehr starke vegetative Dystonie mit unterschiedlich starken emotionalen Ambivalenzen
- alte, unruhige, sehr bewegliche Patienten, die über große Empfindlichkeit des Gehörs klagen

Conium maculatum (Conium)

Ursprung

Conium maculatum (Gefleckter Schierling) ist eine etwa ein bis zwei Meter hohe kahle Krautpflanze mit einem dicken runden Stengel, der im unteren Teil rotgefleckt und gerillt ist. Die Blätter sind fiederspaltig mit lanzettartigen Zipfeln. Vor allem die kleineren Dolden sind häufig zurückgebogen. Die Blüten riechen betäubend, die Doppelfrucht ist grün, später braun. Der Schierling kommt an äußerst öden Plätzen in Europa, Asien, Nordafrika und Nordamerika vor. »Conium« kommt von griechisch »koneion« und wird entweder von »konos« = Kreisel oder Schwindel oder von »kone« = Tötung abgeleitet.

Schon im Altertum wurde der Schierlingsbecher als Hinrichtungsmittel benutzt. Von den Klassikern schilderte Platon im »Phaidon« erstmalig diese Art der Todesstrafe, zu der Sokrates verurteilt wurde, weil er gottlos gewesen sei und die Jugend verdorben habe.

Dioskorides und Plinius beschreiben die Wirkung auf Hoden und Brustdrüsen und berichten über eigenartige mentale Erscheinungen nach dem Genuss.

Lonicerus und Mathiolus warnen vor Conium.

Zeitweilig wurde es bei Krebs und Skrophulose verwendet, bei Lupus in Form von Salbe.

Das Kraut enthält das Alkaloid Coniin sowie Conhydrin und Pseudo-Conhydrin, Flavone Chlorogensäure und Apfelsäure, sehr wenig ätherische Öle und wahrscheinlich auch Vitamin C.

Hahnemann beschrieb Conium in seiner »Kleinen Arzneimittellehre« aus dem Jahre 1818 sowie in den »Chronischen Krankheiten« (1837). Weitere Autoren wie Allen, Hering, Dahlke, Mesch und Böricke stellten ebenfalls genaue Beschreibungen und Arzneimittelprüfungen vor.

Persönlichkeitsportrait

Persönlichkeiten, die dem Conium-Arzneimittelbild entsprechen, sind meist ältere oder alte Menschen, die schon immer alleine leben. Sie haben ein schlaffes Gewebe und sind leicht erregbar. Diese Menschen zeigen ausgesprochene Schwächezustände, die freilich manchmal erst nach Verletzungen, Stürzen oder anderen Unfällen auftreten. Sie neigen nicht zum Studieren, zum Lernen oder zum Betreiben von Geschäften und sind sehr interesselos. Werden sie älter, so interessiert sie sogar die Zeitung nicht mehr.

Für den Arzt ist die große Indolenz interessant. Conium-Patienten lächeln und empfinden es als angenehm, wenn man ihnen eine Spritze gibt.

Geistige Belastung wird kaum ertragen. So sind lange Unterhaltungen unmöglich und es besteht Gedächtnisschwäche. Will man einen Sachverhalt jedoch nochmals erklaren, ist Conium leicht beleidigt und äußerst verdrießlich. Weiterhin ist er trotz der nachlassenden mentalen Kräfte tyrannisch und streitsüchtig, kann keinen Widerspruch vertragen. Jede Aufregung verursacht noch größere Schwäche.

Wichtig und interessant ist, dass diese Menschen nicht allein sein können, aber nur sie in allen Dingen bejahende Gesellschaft akzeptieren. So verkehren sie nur mit Menschen, die ihnen wie Untergebene zuhören, zustimmen und sich für sie einsetzen.

Immer steht der Schwindel im Vordergrund, der vor allem im Liegen vorhanden ist und heftig auftritt, wenn man den Kopf oder auch nur die Augen bewegt bzw. sich im Bett umdreht. Conium muss seinen Kopf völlig ruhig halten; nur dann ist er einigermaßen beschwerdefrei.

Gelegentlich wird die sexuelle Aktivität unterbrochen, so beispielsweise bei unterdrückter oder im Kimakterium nicht mehr auftretender Menses. Die mangelnde Befriedigung des Geschlechtstriebes, aber auch seine exzessive Befriedigung führt besonders im Alter zu teilweise sehr großer Misslaunigkeit. Auch das plötzliche Ende einer Liebesbeziehung oder sexuellen Beziehung durch Tod eines Partners beispielsweise kann erhebliche Beschwerden auslösen. Conium ist dann äußerst hilfreich. Im Klimakterium empfinden sowohl Frauen als auch Männer Conium oft als Balsam für Seele und Körper.

Conium-Persönlichkeiten haben eine erhebliche Abneigung gegen das Licht; manchmal besteht sogar eine Fotophobie, d. h. sie wollen im Dunkeln sitzen und in ihren Gedanken möglichst nicht gestört werden.

Bei jungen Menschen ist Conium als Persönlichkeit kaum einmal zu finden.

Arzneimittelbild

Wichtige Symptome

- Schwäche, besonders bei Frauen nach der Menopause, aber auch bei Männern, nach schweren akuten Krankheiten, besonders bei älteren Menschen. Folge sexueller Ausschweifung bei älteren Menschen und solchen, die sich sexuell selten betätigen.
- Verhärtung der Brustdrüsen und Hoden, vor allem nach Stoßverletzungen
- Schmerzen der Brüste. Sie sind sehr voll, angespannt, und der Schmerz wird durch Gehen und leichte Erschütterungen verschlimmert.
- Starker Schwindel, besonders im Liegen, bei jeglicher Bewegung des Kopfes, auch bei Bewegung der Augäpfel. Erhebliche Potenzstörungen. Es besteht eine sehr heftige Libido, jedoch kann der Akt nicht durchgeführt werden, weil die zunächst noch normale Erektion mit Beginn des Koitus sofort aufhört. Oder aber schon eine unfreiwillige Ejakulation bei geringster Berührung oder beim Anblick eines gefälligen Menschen.
  Sehr starke Schweiße bei Tag und bei Nacht, besonders in Ruhe, beim Schließen der Augen, beim Einschlafen.
- Großer Hunger nach Salz mit Abneigung gegen Milch. Die Milch wird sehr schlecht vertragen.

Modalitäten

Verschlimmerung: nachts, wenn der Kopf im Liegen bewegt wird, durch plötzliche sexuelle Enthaltsamkeit, nach übermäßiger sexueller Betätigung.
Besserung: durch Bewegung, Wärme, Druck, Spazierengehen, in der Dunkelheit.

Toxikologie

Vergiftungen kommen vor durch Verwechslung der Wurzeln und Blätter mit Petersilie, Sellerie, Pastinak und Kerbel. Bisher kaum bekannt sind Mordversuche mit Conium maculatum.
Coniin ist sehr giftig. Der Vergiftete schwankt beim Gehen, dann versagen die Knie. Die Sehkraft wird gestört, schließlich sieht er Doppelbilder. Auf der Haut können durch das Alkaloid sehr stark juckende papulöse Ausschläge entstehen. Erhalten bleibt der klare Verstand, der keinerlei Exazerbationen zeigt. Die letale Dosis bewirkt zunächst eine Lähmung des Ganglion lenticularis, so dass die Augenlider sich senken, die Bewegung des Augapfels sich verändert und die Pupillen sich erweitern. Vorübergehend entsteht Speichelfluss und Kopfdruck. Der Tod von Sokrates, wie ihn Platon im »Phaidon« erstmals beschreibt, erfolgt unter zunehmender motorischer Lähmung und bei vollem Bewusstsein durch Lähmung des Atemzentrums.
Bei äußerlicher Anwendung wird die Haut trocken und schuppig. Festzustellen sind Ausschläge und eine starke Reizung der Haut, die kupferfarben wird und das Bild einer Lepra vortäuscht.

Wichtige Indikationen

- Schwindel, entsprechend den Leitsymptomen und Modalitäten
- Tumoren, auch gutartige Tumoren der weiblichen Brust und der Hoden
- Gesichtsneuralgien
- verschiedene Augenerkrankungen, Lichtscheu, Hyperästhesie des äußeren Auges und der Netzhaut
- Akkomodationsschwäche
- trockener Husten, der für alle Menschen im Liegen und bei Lagewechsel unerträglich wird. Conium ist hier eines der besten Mittel.
- Folgen von Verletzungen der weiblichen Brust, auch Operationen

Datura stramonium (Stramonium)

Ursprung

Datura stramonium, »Stechapfel«, »Tobkraut« oder auch »Zigeunerapfel« genannt, ist ein bis zu 1 m hohes Kraut. Schon die Ägypter verwendeten es ähnlich wie Bilsenkraut zur Schmerzbekämpfung. Die Römer lernten seine Wirkung auf einem Feldzug des Antonius gegen die Parther im Jahre 33 v. Chr. kennen: Datura stramonium verursacht Geisteskrankheiten und absolutes Vergessen bisheriger Ereignisse. Den Griechen scheint diese Pflanze unbekannt geblieben zu sein.
In China wurde Stramonium gegen Schmerzen in der Leber und im Bauch angewendet, aber auch bei Patienten mit Hirnfieber, die irre redeten und Waden- oder Fußkrämpfe hatten.
In der Volksheilkunde wird Stramonium wegen seiner Giftigkeit nicht verwendet. In früheren Zeiten diente es hier oft als Liebes- oder Betäubungstrank. In der Schulmedizin wurde Stramonium noch gelegentlich bei »Asthma-Zigaretten« gebraucht.
Die Inhaltsstoffe sind etwa die gleichen wie bei Atropa belladonna und Hyoscyamus. Lediglich die prozentualen Quantitäten der wichtigsten Alkaloide L-Hyoscyamin, Scopolamin und Atropin sind etwas verschoben.

Persönlichkeitsportrait

Erwachsene

Datura stramonium, eines der großen Mittel aus der Familie der Solanaceen (Nachtschattengewächse), zeigt alle Nuancen hypomanischer und manischer Reaktionen. Destruktive Wutanfälle, rücksichtslose Brutalität oder wahnsinnige Raserei sind hier zu finden. Die Kreativität dieser sehr aktiven Menschen äußert sich in Zerstörungswut. In diesem Zustand können die Patienten sich nicht mehr kontrollieren und beißen, schlagen, schreien, fluchen, zerreißen alles. Sie werden von dem Gedanken beherrscht, zerstörend zu wirken.
In der Materia medica haben wir einige solche gewalttätige, hyperaktive, äußerst agile und hypermotorische Arzneimitteltypen, so aus der Gruppe der Solanaceen Belladonna, das als deutliches Symptom das Bedürfnis zeigt zu schlagen, aber auch Wahnvorstellungen ganz besonderer Art entwickelt. So steigt es im Fieberdelirium aus dem Bett heraus und versucht, die Wand hinaufzuklettern.
Hyoscyamus kann ebenfalls gewalttätig werden, besonders bei rasender Eifersucht oder in anderen Extremsituationen. Die gleiche Raserei, Gewalttätigkeit und auch Zorn finden wir bei Tarantula, Veratrum album, Acidum nitricum und vielen anderen Mitteln, die aber alle nicht so gewalttätig, nicht so destruktiv hyperaktiv und hypermotorisch sind wie gerade Stramonium.
Stramonium kann ein gutes Hilfsmittel sein bei Patienten, die in der Psychoanalyse plötzlich das unkontrollierte Hervorbrechen des Unbewussten spüren, das dann zu gewalttätigem und aggressivem Verhalten führt. Der gesunde Mensch hat sich erziehungsbedingt durch soziale oder religiöse Einflüsse unter Kontrolle. Hier, im kranken Zustand, wird jeder Kontrollmechanismus unterbrochen; der animalische Instinkt kommt zum Ausbruch und bezwingt den Patienten.
Freilich führen nicht nur derartige, sich am Rande geistiger Gesundheit bewegende Besonderheiten zu Stramonium. Auch beim gesunden Menschen ist der Einfluss des Unbewussten schon vorhanden, ohne dass sich solche destruktiven Verhaltensweisen deutlich zeigen. So besteht Angst vor der Dunkelheit; die ganze Nacht muß Licht brennen, damit man überhaupt schlafen kann. Da ist die Angst vor Friedhöfen, vor geschlossenen Räumen, davor, einen Lift zu benutzen oder mit der Bahn durch einen Tunnel zu fahren. Die große Angst aber auch vor Wasser, großen Seen, dem Meer und schließlich vor Hunden.
Alle die gananntten Angstobjekte lösen tatsächlich eine Verschlimmerung aus, wenn sie in Erscheinung treten.
Umgekehrt sind alle diese kleinen Symptome auch für den behandelnden Arzt ein Hinweis, aufmerksam zu sein, um eventuell ungezügelte, in Gewalttätigkeiten mündende Ausbrüche verhindern zu können.
Bei manchen Patienten, insbesondere bei Kindern, finden wir eine deutliche Hydrophobie, die sich nicht nur darin äußert, dass die Patienten Angst haben, ins Wasser zu gehen. Sie waschen sich auch nicht gerne und lehnen es ab, Wasser zu trinken.

Alle Persönlichkeiten, die etwas mit Stramonium zu tun haben, sind in ihrem Unbewussten, in ihrem Animalisch-Triebhaften zu betrachten bzw. zu explorieren. Man wird es nicht schwer haben, die entsprechende Symptomatik zu erkennen, denn Stramonium ist gern bereit, alles, so auch die Intimsphäre, deutlich darzustellen und mitunter mit obszönen Worten weitschweifend auszuführen.
In der körperlichen Ebene haben wir nur wenige Besonderheiten und Symptome, die Stramonium-Gaben erfordern. Stramonium-Persönlichkeiten sind redselig, nicht gern allein, verlangen nach Gesellschaft und nach Licht und fühlen sich immer schlecht in Dunkelheit und Einsamkeit. Sie sind gesellig, gutherzig, freundlich und gemütlich, häufig heiter bis humoristisch und lebhaft. Selten zeigen sie Traurigkeit und reden nicht gerne über Krankheiten. Ihre Einstellung ist sehr sozial, sie sind voller Arbeitsfreude und praktischer Energie, die sich nicht auf großen Ehrgeiz gründen, sondern auf emsigen Arbeitsgeist in einem von sich selbst überzeugten Menschen. Der brennende Durst nach hochgesteckten Zielen fehlt. Asoziale Eigenschaften sind sehr selten anzutreffen. Manchmal sind sie umtriebig und geschäftig. Man spricht von Charakteren, die gerne »auf zwei Hochzeiten tanzen«. Gelegentlich findet man Verschwendungssucht, manchmal erotische Zügellosigkeit, aber auch weit über dem Durchschnitt liegende Begabungen.

▶ Kinder

Stramonium-Kinder sind sehr lebhaft, motorisch häufig hyperkinetisch. Sie neigen zu Krämpfen, fahren selbst in der Nacht schreiend aus dem Schlaf, knirschen mit den Zähnen, rollen den Kopf hin und her und sind sehr unruhig. Diese Kinder brauchen im Schlafzimmer immer eine offene Tür, ein brennendes Licht. Zumindest wollen sie durch den Türspalt das Licht auf dem Flur sehen. Sie werden nie ohne Licht einschlafen. Die Hyperkinetik wird deutlich schlimmer durch die Betrachtung von Glänzendem, wie Wasser oder größere Spiegel. Auch Sonnenschein ist hier zu nennen. Schreck kann hier auch Krämpfe auslösen.
Diese Kinder können kaum alleine bleiben.
Vordergründig ähnlich wie bei Hyoscyamus ist die Hydrophobie. Sie zu waschen oder dazu zu bringen, sich zu waschen, sie gar in die Badewanne zu stecken, ist jedesmal mit großer Überredungskunst verbunden. Sie weigern sich sogar einfach, Wasser aus der Leitung zu trinken.

Literatur

Theophrastus stellt in seinen »Charakteren« einen Stramonium-Menschen, den »Redseligen«, vor:

»1. Die Redseligkeit ist die Verbreitung langer, unbedachter Reden, der Redselige ist aber einer,
2. der sich zu einem Unbekannten setzt und zuerst ein Loblied auf seine eigene Frau singt. Dann erzählt er, was er nachts im Traum gesehen hat, dann schildert er im Einzelnen, was es zu essen gab.
3. Dann spricht er davon, wieviel schlechter die Menschen heute sind als früher, wie billig der Weizen auf dem Markt ist, wie viele Fremde in der Stadt sind, und das Meer sei seit den Dionysien schiffbar. Und wenn Zeus es mehr regnen ließe, würde die Ernte besser werden. Er werde nächstes Jahr ein Feld bestellen, und das Leben sei sehr schwer, und Damippos habe bei den Mysterien die größte Fackel aufgestellt und so und so viele Säulen seien am Hodeon. Gestern habe er erbrochen. Dann erzählt er, welcher Tag heute sei, dass die Mysterien im September seien, die Apaturien im Oktober, die ländlichen Dionysien im Dezember. Und wenn einer bei ihm bleibt, lässt er ihn nie mehr los.«

Heinrich Heines Ballade »Belsazar« beschreibt die destruktive, gewalttätige Kraft eines überheblichen babylonischen Königs, die schließlich in Halluzinationen mündet. Durch die Hand seiner Untertanen findet diese Stramonium-Persönlichkeit einen jähen Tod:

»Die Mitternacht zog näher schon;
in stummer Ruh lag Babylon.
Nur oben in des Königs Schloss
da flackert's, da lärmt des Königs Tross.
Dort oben in dem Königssaal,
Belsazar hielt sein Königsmahl.
Die Knechte saßen in schimmernden Reih'n
und leerten die Becher mit funkelndem Wein.

Es klirrten die Becher, es jauchzten die Knecht';
so klang es dem störrischen König recht.
Des Königs Wangen leuchten Glut;
im Wein erwuchs ihm kecker Mut.

Und blindlings reißt der Mut ihn fort
und er lästert die Gottheit mit sündigem Wort.
Und er brüstet sich frech und lästert wild,
der Knechte Schar im Beifall brüllt.

...

Und der König ergreift mit frevelnder Hand
einen heiligen Becher, gefüllt bis zum Rand.
Und er leert ihn hastig bis auf den Grund
und rufet laut mit schäumendem Mund:
›Jehovah! Dir künd' ich auf ewig Hohn,
ich bin der König von Babylon!‹

Doch kaum das grause Wort verklang,
dem König ward's heimlich im Busen bang.

Das gellende Lachen verstummte zumal,
es wurde leichenstill im Saal.

Und sieh! Und sieh! An weißer Wand
da kam's hervor wie Menschenhand;

Und schrieb an weißer Wand
Buchstaben von Feuer, und schrieb und
schwand.

Der König stieren Blicks da saß
mit schlotternden Knien und totenblaß.

Die Knechteschaar saß kalt durchgraut,
und saß gar still, gab keinen Laut.

Die Magier kamen, doch keiner verstand
zu deuten die Flammenschrift an der Wand.

Belsazar ward aber in selbiger Nacht
von seinen Knechten umgebracht.«

Arzneimittelbild

Wichtige Symptome

- Geschwätzigkeit
- Furcht vor Wasser und Abneigung gegen alle Flüssigkeiten; sogar Unruhe, wenn Wasser fließt
- Glänzende Gegenstände können Krämpfe auslösen.
- Schwanken in Dunkelheit und bei geschlossenen Augen
- völliges Fehlen von Schmerzen
- Erbrechen beim Heben des Kopfes
- Heftigkeit aller Symptome
- große Angst, will nicht alleine bleiben
- äußerste Empfindlichkeit gegen alle Sinneseindrücke
- bei Sonnenschein Traurigkeit und Melancholie
- Eigentümliches Symptom: Husten wird durch strahlende Lichtquelle ausgelöst.

Modalitäten

Verschlimmerung: in der Dunkelheit, bei Alleinsein und fließendem Wasser, beim Anblick glänzender oder leuchtender Gegenstände, Schlucken und nach Schlaf.
Besserung: bei Licht, in Gesellschaft, durch Wärme.

Toxikologie

Nach Möchlin steht die lähmende Wirkung des Scopolamin im Vordergrund, so dass Krämpfe fehlen. Im übrigen gilt für die grobe Toxikologie das gleiche Vergiftungsbild wie für Atropa belladonna und Hyoscyamus.
Levin beschreibt mehrere Vergiftungsfälle nach dem Genuss von Samen oder Tee, wenn die Blätter mit Brennnesseln verwechselt wurden. Neben weiten, reaktionslosen Pupillen und schnellem Puls bestanden Schwere in den Beinen, Verwirrung, irre Reden, Erregungszustände, die nur durch Narkose gemindert werden konnten. Weiterhin waren Gesichts- und Gehörtäuschungen, Kopfschmerzen, Schwindel, Zähneknirschen zu beobachten. Die Lippen bewegten sich ständig. Harndrang und reichliche Urinentleerung waren gegeben. Nach etwa 24 Stunden klangen die Symptome ab. Kinder sind sehr empfindlich und können schon nach dem Genuss von vier, fünf oder zehn Samen sterben, die sie gelegentlich mit Mohnsamen verwechseln.

Wichtige Indikationen

- schwere Infektionen mit Halluzinationen, Angst, Erregung und Delirium
- Hydrophobie
- sexuelle Übererregbarkeit
- Schlaflosigkeit bei Kindern mit Angst vor Dunkelheit und Märchengestalten nach »Gute-Nacht-Märchen«
- unbeeinflussbare funktionelle Störungen bei Kindern, selten auch bei Erwachsenen, beispielsweis sehr starker Husten Tag und Nacht
- Muss sich ständig waschen. Ständiges Zupfen an den Lippen, an der Haut oder an den Genitalien (Hyoscyamus), Haareausraufen etc.
- Krämpfe der glatten Muskulatur
- Stammeln und Stottern zu Beginn eines Gesprächs bei Kindern

Delphinium staphisagria (Staphisagria)

Ursprung

Delphinium staphisagria (Stephanskraut) wächst als zweijährige, dem Rittersporn nahestehende Staude an den Berghängen der Mittelmeerzonen. Sie hat zottig-behaarte Stengel. Die Kronenblätter zeigen wechselnde Formen, verschiedene Farben und sind auch in der Zahl unterschiedlich.
Verwendet werden die getrockneten, reifen Samen, die ausgesprochen widerlich riechen und brennend, scharf und bitter schmecken.
Der Name stammt von griechisch »staphis«, d. h. »getrocknete Weinbeere«, und »agrios«, zu deutsch »wild« und »scharf schmeckend«. Der ebenfalls bekannte Name »Läusezahn« bezieht sich auf die Verwendung gegen Ungeziefer, wofür die Pflanze schon von den griechischen und römischen Ärzten gebraucht wurde.
In den alten Kräuterbüchern von Lonicerus, Bock und Matthiolus werden die Körner zur Heilung von Zahnschmerzen und als Salbe gegen Hautjucken und zur Tötung von Läusen empfohlen. Innerlich wurde es früher als Emetikum und gegen Hydrops gegeben.

Persönlichkeitsportrait

Erwachsene

Staphisagria wird selten als Konstitutionsmittel verwendet und fehlt bei Beuchelt sowie den Kindertypen von Bohrland. In Frankreich wird es häufiger als Konstitutionsmittel gebraucht; dort spricht man von zwei verschiedenen Typen. Der eine ist rasch wütend und sehr zornig, gegenüber der geringsten Kränkung sehr empfindlich. Er lebt in ewiger Sorge um die Zukunft. Der andere dagegen ist apathisch, gedächtnisschwach, möglicherweise infolge von geschlechtlichen Exzessen, und hypochondrisch.
Erst in letzter Zeit finden wir in der Literatur häufigere Angaben in Richtung von Persönlichkeitsportraits und Konstitutionsmitteln. Suchen wir nach einem roten Faden bei Staphisagria, so finden wir einmal die fehlende Anerkennung der eigenen Person mit der Folge, dass das Selbstwertgefühl ungeheuer stark leidet und großer Ärger vorherrscht. Weiterhin werden ganz persönliche, mitunter auch intime Gefühle stark unterdrückt.
Anzuführen sind hier auch die ständig vorhandenen, äußerst quälenden sexuellen Gedanken, durch die die entsprechende Persönlichkeit bis zur Selbstbefriedigung getrieben wird, was aber den Allgemeinzustand nicht bessert, sondern die Persönlichkeit weiter erotisiert. Daraus resultieren ganz erhebliche Schuldgefühle.
Staphisagria-Persönlichkeiten sind sehr gefühlsbetont, äußerst zart besaitet und sehr feinfühlig. Sie sind im Allgemeinen sehr beliebt, um andere besorgt, möchten selbst niemandem zur Last fallen und werden deshalb ihre eigenen Probleme anderen auch nicht gleich präsentieren. Das bedeutet aber nicht, dass sie verschlossen sind.
Sie wollen auch ihren Arzt nicht belasten. Erst wenn dieser ehrliches Interesse zeigt für alle ihre Kümmernisse, ihren Gram, die Gefühle, die sie unterdrücken, ihren Ärger, öffnen sie sich und gestatten Einblick in die Tiefen ihrer Seele. Die Ähnlichkeit mit Ignatia ist groß, allerdings verhält sich Ignatia zwiespältig.
Beleidigungen, Streitereien oder Unterdrückung werden hingenommen, ohne sich dagegen zu wehren. Die Bitterkeit wird nicht demonstriert, bleibt aber schmerzhaft und quälend unter der Oberfläche weiter bestehen.
Das Gefühl der verletzten Ehre kann nicht abreagiert werden, trotz überempfindlichen und übersteigerten Selbstwertgefühls. Im Vordergrund steht das ständige Denken an sexuelle Inhalte und Aktivitäten.
Diese Patienten werden durch ihr Ich angespornt, aber auch im Zaum gehalten. Und so kommt es schließlich zu einer Verhärtung im geistigen und seelischen Bereich. Die Empfindsamkeit nimmt weiter zu, und die Wunden und Narben, die im Gefühlsbereich zurückbleiben, heilen nie ganz aus, machen immer Beschwerden. Gefühle werden durch diese seelische Verhärtung immer weiter unterdrückt.
Auch äußerlich heilen Wunden schwer. Sie eitern nicht unbedingt, sondern werden hart. Chronische Indurationen aller Art treten auf, besonders bei den Sexualorganen, im Testis-, Uterus- und Ovarbereich. Das ist zu erwarten, da sehr viele starke erotische, romantische und se-

xuelle Erregungen im Vordergrund des Gefühlslebens stehen.
Schon als Jugendlicher begeistert Staphisagria sich sehr für romantische Beziehungen. Das Traumreich wird stimuliert. Den ganzen Tag denkt man an den Geliebten oder die Geliebte. Es kommt aber zu Problemen, wenn die Beziehung realisiert werden soll. Trotz aufgewühlter Gefühle fühlt man sich wohler, wenn man dem Geliebten nicht nahe ist. Diese Persönlichkeiten empfinden häufig bei platonischen Beziehungen große Freude und großes Glück und genießen dies bewusst. Da die Gefühle kein natürliches Ventil haben, legen diese Persönlichkeiten großen Wert auf Äußerlichkeiten, Kleinigkeiten. Hier verlassen sie das Reich der romantischen und geistigen Vorstellungen. Es kommt zu Enttäuschungen, zumal die Verletzlichkeit dann zunimmt, und schließlich bricht die Beziehung ab. Häufig bleibt die Eigenliebe, die schließlich auch zur Krankheit führen kann.
Um dem eigenen Selbstgefühl eine schöne Fassade zu geben, wird man dann zum edlen Ritter. Ob als Soldat oder als Student, ist man enttäuscht und sofort beleidigt, wenn man zurechtgewiesen wird. Man kann sich seinem Lehrer, dem Vorgesetzten gegenüber nicht äußern, wird leer, gleichgültig, wird Mitglied einer Burschenschaft. Mit Schmissen und glatten Schnitten als Zeichen der Ritterlichkeit und Ehre fühlt man sich dann wohler. (Glatte Schnitte nach Operationen können mit Staphisagria behandelt werden.)
Junge Mädchen sind dann ebenfalls leicht beleidigt und in ihrem Stolz gekränkt. Sie können mit niemandem über ihre Empörung reden und sind launisch. Häufig umgeben sie sich dann mit Hunden oder sind in Pferde vernarrt. Sie werden zu Amazonen. Ein harmloses Wort kann sie zutiefst beleidigen. Der kleinste Liebeskummer sticht sie tief ins Herz. Männer sind ihnen zuwider, Tiere lieben sie um so mehr.
Nach der Verheiratung merkt Staphisagria, wie schwer es bei der Unfähigkeit zur Auseinandersetzung ist, mit Ärger fertigzuwerden. Jede kleine Bemerkung wird als Beschuldigung aufgefasst. Der Ärger wird geschluckt, die Schuld beim anderen gesucht. Mittels Wutausbrüchen versuchen sie zwar, sich aus der Affäre zu ziehen; dabei zielen sie aber nur noch mit leeren Worten auf den Gegner, der es eigentlich gar nicht wert ist, dass man ihn überhaupt ansieht. Es kommt schließlich zu selbstzerstörerischen Selbstvorwürfen.
Interessant ist in diesem Zusammenhang das Verhalten beim Geschlechtsverkehr. Man wünscht ihn sich sehr, aber er ist eigentlich unter der eigenen Würde. Die Möglichkeit, dass man sich völlig öffnet, muss ausgeschlossen werden. Dabei fällt es äußerst schwer, sich gerade bei dieser Gelegenheit so im Zaum zu halten.
Dieser Ärger verursacht Koliken, in Darm, Magen, an der Gallenblase; aber trotz vollem Magen muss man weiteressen. Verstopfung oder Durchfall sind Manifestationen der Beleidigung.
In höherem Alter entwickelt sich die Prostatahypertrophie, bei den Witwen entstehen die Ovarialbeschwerden mit neuralgischen Schmerzen, auch Kondylome. Auch in höherem Alter können sich intensive sexuelle Gedanken einstellen. Man glaubt, man habe etwas wesentlich Besseres verdient und dürfe mehr auf diesem Gebiet erleben, zumal man sich doch immer so im Zaum gehalten und gleichzeitig angespornt, aber keinerlei Erfolge gehabt habe. Auch hier findet sich das Grundmotiv von Staphisagria, die Empörung, der geschluckte Ärger, die Unfähigkeit zu Auseinandersetzungen, weil alles unter der eigenen Würde ist. Unter diesem Blickwinkel sind verschiedene eigenartige Symptome zu betrachten: die Angst vor dem eigenen Schatten, die Wahnidee, dass man verfolgt wird, auch die peinliche, zwanghafte Ordnung, die man von jedem anderen unbedingt fordert.
Die eine so große Rolle spielende Sexualität kann bis zur Ausschweifung, zur totalen Hingabe in mehreren Beziehungen gehen. Plötzlich spürt dann der Staphisagria-Mensch, dass alle anderen über ihn bestimmen, und es entsteht ein Zustand, in dem er nicht mehr über sich verfügen kann. Er kommt in Situationen, in denen er nichts mehr ablehnen kann, und daraus entstehen neue Probleme, vor allen Dingen auch im Bereich der Sexualität, allen damit in Verbindung stehenden Gefühlen und dadurch unterdrückten Handlungen. Staphisagria ist in der Lage, gerade in diesem Bereich äußerst positiv zu wirken.

Kinder

Staphisagria ist das Kummer- und Ärgermittel. Kinder, die dieses benötigen, sind nicht selten. Wachsen sie in einer autoritären Familienatmosphäre auf, in der sie ständig getadelt oder barsch zurückgewiesen, bestraft, vielleicht sogar schikaniert werden und sind gleichzeitig schulisch stark gefordert, verhärten sie sich, wie die Narben an der Haut oder Schleimhaut.
Wie Chamomilla und Lycopodium sind sie häufig

übel gelaunt, dabei aber schüchtern und sehr gehemmt. Körperlich sind sie wenig leistungsfähig, sehen müde aus und haben immer etwas halonierte Augen.
Im Vordergrund steht ihre Überempfindlichkeit gegen alles, was nicht so abläuft, wie sie es sich wünschen. Alles, was sie tun, halten sie für richtig und sind bei jeglichem Tadel und Vorwurf sofort beleidigt. Sie ziehen sich dann in ihre eigene Welt zurück, antworten nicht mehr und verhalten sich solange ganz still und ruhig, bis man ihnen geduldig die jeweilige Handlungsweise erklärt hat. Ihr versteckter Ärger zeigt sich meist in stark juckenden Hautausschlägen oder wenn sie sich die Haare ausreißen.
Wird das Staphisagria-Kind streng erzogen, so entsteht aufgrund des empfindsamen Selbstwertgefühls ein Kampf, das Kind leidet, weil es Bevormundungen und Forderungen nachkommen soll, und wird reizbar.
Diese Kinder verlangen große Aufmerksamkeit. Straft man sie, provoziert man nur geheime Vergeltungsakte, bis das Kind völlig versagt. Es kann sich nicht mehr abreagieren, wird vielleicht zum Bettnässer, spielt ständig mit seinem Glied, was er natürlich nicht darf, oder reißt sich wiederum die Haare aus. Dies alles, weil sein Selbstwertgefühl unterdrückt wird.
In der Pubertät wird es noch schwieriger. Moralpredigten von seiten der Eltern, der Schule oder des Internats unterdrücken alle Bedürfnisse, die immer stärker werden. Die sexuellen Gedanken drängen sich immer mehr in den Vordergrund. Bei Masturbation kommt es zu starken Schuldgefühlen. Schließlich finden wir einen hohläugigen, lustlosen, blassen, weichen Knaben mit tief liegenden halonierten Augen, der einfach nicht weiß, was er mit seinen sexuellen Bedürfnissen anfangen soll. Religion, Schule und Eltern verschüchtern ihn weiter, und er wird zum Staphisagria-Naturell.
Sehr deutlich finden sich Veränderungen an den Zähnen. Schon bald nach Durchbruch der ersten Zähne findet sich bei diesen Kindern eine Karies. Das Zahnfleisch scheint eigenartig schwammig.

Literatur

Bei Staphisagria denken wir wegen des Grundmotivs des gesamten Arzneimittelbildes zuerst an die Sage um Pegasus, Medusa und Perseus. Hier handelt es sich um einen multilateralen Beziehungsmythos mit verschiedenen sexuellen Imaginationsvehikeln wie Schlange, Pferd, Tarnkappe.
Perseus, einer der vielen Söhne des Zeus, wurde, weil ein Orakel Unheil versprach, von seinem Großvater zusammen mit seiner Mutter in einer großen Kiste aufs Meer geworfen. Ein anderer König fand sie, nahm sie auf, vermählte sich mit seiner Mutter und versuchte, ihn loszuwerden, indem er ihn zu einem Helden erzog und dann zu Heldentaten überredete.
So machte er auch den Vorschlag, Perseus solle das Haupt der Medusa abschlagen. Auf dem Weg dorthin kam dieser zunächst zu Ungeheuern, die nur ein Auge und nur einen Zahn hatten, den sie sich gegenseitig ausliehen. Sie zeigten ihm den Weg zu den Nymphen, denen er dann ihre Flügelschuhe entwendete. Mit denen konnte er nun überall hinfliegen. Er hatte einen Sack als Tasche, in den er alles hineinstecken konnte, was nicht gesehen werden sollte. Auf dem Kopf trug er einen Helm als Hundefell, der ihn unsichtbar machte. So kam er zu Medusa, deren Haupt mit Drachenschuppen bedeckt war. (Das Arzneimittelbild zeigt manchmal ein krustiges Ekzem auf dem Kopf bei Kindern, die sich leicht ärgern und sich die Haare ausreißen.)
Statt Haaren wuchsen Schlangen auf ihrem Haupt. Wer sie ansah, wurde in Stein verwandelt. Perseus betrachtete lediglich ihr Spiegelbild auf seinem silbernen Schild, den er von Hermes geschenkt bekommen hatte, und schlug dann ihr Haupt ab. Aus dem blutigen Nacken des Ungeheuers sprang ein kleines Ross mit Flügeln: Pegasus, jenes Pferdchen, auf dem angeblich Dichter ritten, wenn sie besonders gute Einfälle hatten.
Später befreite Perseus Andromeda, die, an einer Meeresklippe gefesselt, einem sehr großen, gefährlichen Fisch ausgeliefert war. Den Fisch tötete er durch tiefe Stichwunden, heiratete später Andromeda. Doch nach der Hochzeit kam es zu einem langen mörderischen Kampf gegen ihren Onkel und seine Mannen. In der allergrößten Not zog er das Haupt der Medusa aus dem Sack und zeigte es diesen, die allesamt zu Steinen und Marmor verwandelt wurden. Der Onkel entsetzt sich darob und flehte nun in knechtig demütiger Haltung um sei Leben.
Beim Diskuswurf traf er, ohne überhaupt hingesehen zu haben, seinen Großvater. Danach lebte er glücklich und zufrieden mit Andromeda.
Pegasus duldete als menschlichen Reiter nur Elerophontes, der müde von seinen vergeblichen Anstrengungen eingeschlummert war, als Athene ihm im Traum das Zaumzeug gab und ihn wieder anspornte. Als Elerophontes übermütig

wurde durch Erfolge seiner Heldentaten, wollte er sich zum Olymp aufschwingen. Pegasus aber bäumte sich auf und warf ihn herab. So musste er nun einsam umherschweifen, den Himmlischen, den Menschen ausweichen und sich langsam in ruhmlosem und kummervollem Alter quälen.
Nach Becker finden wir hier zweimal das Staphisagria-Grundmotiv in ganz deutlicher Form. Er macht auch darauf aufmerksam, dass Staphisagria im Volksmund als »Läusekraut« gekennzeichnet wird und tatsächlich früher gegen Läuse Anwendung fand. Läuse sind ja wohl auch Reiter, die sich nicht gern abschütteln lassen, und ihre Beine sind zu Klammerwerkzeugen umfunktioniert.
Kaum ein Mann oder eine Frau kommen primär wegen eines solchen Parasitenbefalles in die Praxis; gelegentlich wird man aber die kleinen Tierchen entdecken, wenn über Ekzeme in den Augenbrauen oder im Schambereich gesprochen wird. Außerdem finden wir gerade bei Staphisagria-Patienten gern einmal Träume von Läusen.

Arzneimittelbild

Leitsymptome

- Im frühen Kindesalter, schon nach der ersten Zahnung, werden die Zähne schlecht. Sie werden an den Rändern kariös, bröckeln ab und werden schwarz.
- Brennen in der Urethra, aber nur, wenn man nicht uriniert, während des Wasserlassens hört das Brennen auf. Schon geringe Bewegungen verursachen Herzklopfen.
- Mürrische Laune, übertriebene Empfindsamkeit, manchmal auch Zornausbrüche. Verdrießliche Kinder stoßen einen noch eben verlangten Gegenstand zurück.
- Staphisagria ist ständig von sexuellen Vorstellungen und erotischen Gefühlen geplagt. Hier sind alle Krankheiten infolge sexueller Ausschweifung hinweisend.
- Geschlechtsorgane sind ungeheuer empfindlich. Ovarien und Testis schmerzhaft.
- geistig und seelisch übersteigerte Reaktionen infolge dauernder gemüts- und gefühlsmäßiger Erregungszustände im erotischen Bereich
- Ein *eigentümliches* Symptom ist das Gefühl, als ob Würmer auf der Haut herumkröchen.

Modalitäten

Verschlimmerung: durch Zorn, Ärger, Kummer, geschlechtliche Exzesse, Nikotin; durch geringste Berührung der Geschlechtsteile oder erkrankter Körperteile; durch geringe Mengen flüssiger oder fester Speisen; bei Neumond.
Besserung: durch Ruhe und nach dem Frühstück.

Toxikologie

Hauptwirkstoffe sind Alkaloide, vor allem Delphinin, Staphisagrin, ferner Delphisin und Delphinoidin und einige noch unbekannte Alkaloidbasen.
Die durch Delphinin hervorgerufenen Vergiftungserscheinungen ähneln denen des Aconitin. Es kommt zur schlaffen Lähmung der Herzmuskulatur. Das Auge ist nicht betroffen. Die Gefäße werden durch Delphinin viel stärker beeinflusst als durch Aconitin, weil es auf das Rückenmark oder die peripheren Gefäßnerven wirkt. Die bei Staphysagria beobachtete Atemnot ist außer bei Delphinin auch bei Staphisagrin zu beobachten.
Äußerlich verursacht es starke Entzündungen der Haut. Durch Staphisagria bewirkte Entfernung der Krätzmilben und deren Eier beruht also auf einer sekundären mechanischen Abschuppung der Haut. Beim Tierversuch treten Verlust des Bewegungsvermögens und der Stimme, Muskelzuckungen und unfreiwilliger Harnabgang, Diarrhö, dann allgemeine, völlige Unempfindlichkeit, Muskelschwäche und schließlich der Tod ein. Därme und andere innere Organe sind dann entzündet. Das Kraut ist sehr giftig.

Erste Hilfe

1. Magenspülung, Instillation von Kohle und Natriumsulfat unter Elektrolytsubstitution
2. Acetoseausgleich mit Natriumbikarbonat
3. bei Krämpfen Diazepam, notfalls Sauerstoffbeatmung nach Intubation

Wichtige Indikationen

- Folge von Verletzungen mit glatter und tiefer Wunde, die durch einen Schnitt hervorgerufen wurde. Schmerzen und Folgen von chirurgischen Eingriffen, besonders nach Laparotomie
- atonischer Ileus nach Bauchoperationen
- alle Erkrankungen infolge eines lange unterdrückten, in sich hineingefressenen Ärgers oder Kummers
- Koliken, auch gelegentlich Durchfälle nach Ärger, Durchfall bei Kindern, schneidende Schmerzen vor und nach Stuhlentleerung
- Schmerzen im Bereich der ableitenden Harnwege, mit Verschlimmerung nachts im Bett und morgens vor dem Aufstehen
- Erkrankung der Augen. Die Augen brennen und verursachen ein Gefühl großer Trockenheit, obgleich reichliche Tränenbildung besteht.
- Gerstenkörner, Hagelkörner, die nacheinander auftreten
- nervöse Depressionen infolge sexueller Ausschweifung, exzessiver Masturbation, mit Abmagerung, halonierten Augen, Traurigkeit und Reizbarkeit, Hang zur Einsamkeit
- Hauterkrankung, Ekzeme am Kopf, an den Ohren, Warzen und Kondylome
- Prostataerkrankung bei alten Männern
- Fleischgenuss verursacht alle möglichen Verdauungsstörungen, wie Schmerzen, Übelkeit und Erbrechen
- Kopfschmerzen mit dem Gefühl, einen Bleiklumpen in der Stirne zu haben
- sehr trockener Husten, durch einen Reiz im Kehlkopf ausgelöst, schlimmer durch Tabakrauch
- Narzissmus-Symptomenkomplex

Praxistipp

Bei atonischem Ileus: **D4** i.v.

Gnaphalium polycephalum

Ursprung

Das Vielköpfige Ruhrkraut ist auch unter dem Volksnamen Wollkraut bekannt und zählt zur Familie der Compositae. Es stammt aus Mittelamerika und wird dort gegen Wassersucht und Durchfälle angewendet.
Die einjährige, wollige Pflanze weist lanzettliche Blätter auf und blüht von Juli bis in den Oktober. Das Kraut enthält Flavonoide, ätherisches Öl, Bitterstoffe und Helichrysin.
Die homöopathische Urtinktur wird aus der frischen, blühenden Pflanze ohne Wurzel zubereitet.

Persönlichkeitsportrait

Gnaphalium-Persönlichkeiten arbeiten beruflich häufig am Schreibtisch, sind sehr empfindlich und lieben Wärme. Häufig leiden sie vor der homöopathischen Therapie jahrelang an vermeintlichen rheumatischen Beschwerden sowie an Magen-Darm-Beschwerden. Nach körperlichen Belastungen, besonders aber nach Durchnässung und Unterkühlung kommt es zu mit Parästhesien einhergehenden Neuralgien, vor allem zu Ischiasneuralgie. Bei geringster Fehlbelastung stellen sich Lumbosakralbeschwerden ein, die ebenfalls von Taubheit begleitet werden. Dabei besteht große Schmerzempfindlichkeit.
Die Patienten können sich nicht zu Bewegung aufraffen, obwohl sie wissen, dass diese Besserung verschafft.

Arzneimittelbild

Wichtige Symptome

- heftige schießende Schmerzen im N. ischiadicus und seinen Ästen, dabei Taubheitsgefühl und Waden- und Fußkrämpfe
- Lumbago mit Taubheitsgefühl
- dyspeptische Beschwerden mit Blähungen und stinkendem Durchfall
- Sensationen im Beckenbereich, z.B. häufiger, imperativer Stuhldrang, Durchfälle mit Tenesmen, Prostatabeschwerden

Modalitäten

Verschlimmerung: im Liegen, bei Bewegung; bei kaltem und feuchtem Wetter.
Besserung: beim Sitzen, beim Hochziehen des Oberschenkels, bei Kopfschmerzen und Waschen mit kaltem Wasser.

Indikationen

- Dysmenorrhö mit Völlegefühl, bei anfänglich spärlicher, aber sehr schmerzhafter Blutung
- Gicht
- periodisch wiederkehrende Colitis ulcerosa mit Ischiasbeschwerden
- Den Hinweis auf diese Indikation verdanke ich meinem Lehrer Oehmisch.

Praxistipp
Andauernde, von Taubheitsgefühl begleitete Ischiasschmerzen, die auf Aconitum oder Rhus toxicodendron nicht mehr ansprechen, können erfolgreich mit Gnaphalium **D3**, **D4** oder **D6** behandelt werden.

Hyoscyamus niger (Hyoscyamus)

Ursprung

Hyoscyamus niger (Bilsenkraut) zählt zu den ältesten bekannten Heilpflanzen. Seine Entdeckung wird Herakles, dem Spender und Beschützer der Heilquellen, zugeschrieben. Schon im Jahre 2700 v. Chr. wurde es auf assyrischen Tontafeln genannt und im Papyrus Ebers zur Beseitigung von Schmerzen empfohlen.
Auch Hippokrates kannte Hyoscyamus als Schmerzmittel. Zusammen mit Belladonna und Stramonium war es das Narkosemittel ägyptischer und griechischer Ärzte, das dem Patienten als Trunk verabreicht wurde. Auch wurden mit Hyoscyamus und anderen Mitteln getränkte Textilfäden dem Betroffenen in die Nase gesteckt.
Plinius berichtet, dass bereits wenige Blätter von Hyoscyamus die Sinne verwirren können und Wahnideen hervorrufen. Im Mittelalter und in der beginnenden Neuzeit wurde das Kraut in einer Verarbeitung als »Hexensalbe« mit anderen Drogen zusammen sehr beliebt. In Form eines Trunkes erzeugte es Rauschzustände mit stark erotisch gefärbten Bildern.
Der Name »Hyoscyamus« kommt aus dem Griechischen von »hys, hyos« = Schwein und »kyamos« = Bohne. Diese »Schweinsbohne« wirkt tatsächlich sowohl auf Menschen als auch auf Schweine giftig. Möglicherweise beruht der Name des Krautes auch darauf, dass es bei seinem Genuss zu seelisch-geistigen Verirrungen und Wahnideen kommt und man sich dann »wie ein Schwein« benimmt.
Als Odysseus mit seinen Freunden bei der Zauberin Circe landete, empfing diese sie zu einem köstlichen Mahl, in das sie einen Extrakt einer Pflanze gemischt hatte, worauf alle Männer in Schweine verwandelt wurden. Es ist anzunehmen, dass sie Hyoscyamus verwendet hatte und die Männer sich wie Schweine benommen hatten. Das entspräche dem Arzneimittelbild und den Rauschzuständen von Hyoscyamus. Schließlich wurde Circe von Odysseus besucht, der durch das Kraut Moly geschützt wurde, das er von Hermes bekommen hatte. Er konnte alle Speisen genießen, ohne selbst verwandelt zu werden. Nach langer Zeit intimer Verbundenheit mit Circe erfüllte sie seine Bitte, alle seine Freunde wieder in Menschen und Helden zurückzuverwandeln.

Persönlichkeitsportrait

Erwachsene

Nach Pilling gibt es keine Hyoscyamus-Konstitution. Allen bezeichnet reizbare und hysterische Personen mit sanguinischem Temperament, Hering hellhaarige Patienten, hysterische Frauen, junge Mädchen, alte Männer und Trinker als Hyoscyamus-Typen.
Ich meine, dass es einen deutlichen Hyoscyamus-Persönlichkeitstypus gibt, zumindest aber ein Profil, an dem man sich orientieren kann.
Vor allem psychische Zustände verweisen auf Hyoscyamus als Arzneimittel. Im Vergleich zu anderen Solanaceae, wie Belladonna oder Stramonium, ist Hyoscyamus weniger aktiv, gewalttätig und besitzt weniger Energie. Hyoscyamus-Persönlichkeiten zeigen in ihren Psychosen, die sich meist als Depressionen oder Manien leichterer Art erweisen, einen sehr passiven Charakter. Sie sind nach innen gekehrt, bleiben allein und erzählen manchmal Unsinn. Dabei zupfen sie beispielsweise an der Bettdecke oder an ihren Kleidern herum, oder sie zählen Geld, das nicht vorhanden ist. Sie interessieren sich nicht für ihre Umwelt, murmeln vor sich hin und sprechen mit Personen, die gar nicht anwesend sind. Nur wenn man ihn sehr reizt, reagiert ein Hyoscyamus-Typ emotionell, extrovertiert.
Drei Wesenszüge sind bei Hyoscyamus vordergründig auszumachen: die erotische Manie und ihre Folgen, wie Verliebtsein, Enttäuschungen in der Liebe und Wochenbettpsychose, weiterhin ein starkes Misstrauen gegenüber Familienangehörigen, Freunden, Bekannten, Kollegen oder sogar Fremden und schließlich die Eifersucht.
Die für Hyoscyamus typische erotische Manie zeigt sich bei den Erwachsenen als Exhibitionismus, bei den Kindern als andauerndes Spielen mit den Geschlechtsorganen. Bei den Patienten in geschlechtsreifem Alter und jenseits der Wechseljahre wird das ganze Verhalten durch manisch gesteigerten Sexualtrieb bestimmt. Auch ihre Äußerungen sind sexuell geprägt.

Dabei sind sie an der Reaktion ihrer Umgebung völlig uninteressiert.
Oft haben diese Menschen ein sehr ansprechendes Äußeres und sind sehr temperamentvoll mit hoher erotischer und sexueller Aktivität und Neigung zu obszönen Reden, unzüchtigen Witzen und Schamlosigkeit. So empfängt dieser Patient Besuche oder sogar den Arzt, während er nackt im Bett liegt, und redet sofort nur über Erotik und Sex.
Auch Pygmalionismus und Sodomie sind bei Hyoscyamus auszumachen.
Das Unterbewusstsein, das vielleicht durch Erziehung und mitunter starken Willen unter Kontrolle gehalten wurde, wird hier im Bereich des Urtriebes plötzlich frei, ohne allerdings gewalttätige Züge zu zeigen. Nur Instinkte, spontane Triebe, Launen werden hier wach.
Dies führt häufig zu Konfliktsituationen, besonders bei intellektuellen Menschen, die sich in ihrem Triebleben schamlosen Perversionen hingeben. »Grüne« und junge Witwen, die allein bleiben, erleben diesen spontanen Trieb, aber auch alte Menschen, ja sogar fromme, ihr Leben lang unangefochtene Würdenträger können plötzlich eine derartige Verstrickung erleben. Sie verwandeln sich beispielsweise nach kleinen Schlaganfällen oder ähnlichen somatischen Störungen schlagartig in fast kindlich triebhafte Wesen, die alles auf einmal nachholen wollen, was sie ihr Leben lang versäumt haben.
Wie das Kind zeigt dann der alte Patient plötzliches Einnässen oder Einkoten.
Das als zweites wesentliches Symptom hervorgehobene Misstrauen zeigt sich in einer Form, die fast an paranoide Schübe denken lässt. Hyoscyamus misstraut allem und jedem, sogar dem Arzt, aus Angst, vergiftet zu werden. Medikamente und Essen werden verweigert, weil sie möglicherweise Gift enthalten.
Die Eifersucht betrifft sowohl Ehepartner als auch Kollegen. Ihnen misstraut man, wenn sie mit jemand anderem sprechen, man ist eifersüchtig auf den jeweiligen Gesprächspartner. Kontakte der Ehefrau bzw. des Ehemannes werden unterbunden. Die Zwangsvorstellung, der Ehepartner betrüge ihn andauernd und überall, zwingt den Hyoscyamos-Patienten beispielsweise, den Partner auf dem Weg in den Keller zu begleiten, wenn er eine Flasche Wein holt, um den dort möglichen Kontakt zu Nachbarn oder Hausmeister zumindest zu beaufsichtigen. In diesem eigenartigen Zustand hat Hyoscyamus sonderbare Einfälle: Er kann die Wand anstarren und sieht dort Schaben und Würmer, Ratten und Mäuse laufen über Boden und Decke. Er meint, man könnte mit ihnen spielen, wird also plötzlich ganz kindlich.
In Erzählungen schwebt sein Geist in völlig anderen Sphären. Er beschreibt völlig unwichtige Phrasen, dass er hierin von keinem anderen Arzneimittelportrait übertroffen wird.
Die Hyoscyamus-Persönlichkeit leidet oft an Muskelzuckungen, die in ein stuporöses oder komatöses Stadium überleiten können, ist dann allerdings ansprechbar und kann Fragen beantworten.
Zu erwähnen ist weiterhin die Furcht vor allem, was mit dem Element Wasser verbunden ist. Angst und Scheu überkommen den Patienten, wenn irgendwo Wasser lauft. Es kommt zu Krämpfen oder einem Tic, der sich als Urinabgang erweisen kann. Der Patient will nicht im Meer baden.

Kinder

Ein Hyoscyamus-Kind ist schwer zu umreißen. Es gibt nur einige Hinweise darauf. Manche sehr aktiven, ruhelosen, zum Teil aggressiven Kinder benötigen Hyoscyamus. Nach ihren Aktionen sind sie dann sehr erschöpft und schlafen stundenlang. Sie können sich nur kurze Zeit mit einem Spielzeug beschäftigen und neigen dazu, es zu zerstören. Dabei führen sie meist sehr dumme Reden, begleitet von unmotiviertem Lachen oder Weinen und einem etwas läppischen Benehmen.
Die Kinder sind eifersüchtig, sehr misstrauisch und fangen schon in Kindheitstagen an zu onanieren.

Literatur

Die psychischen Symptome Schwatzhaftigkeit, das Reden ungereimter Dinge, Niedergeschlagenheit, Unruhe, Selbstvorwürfe, Angst und Furcht vor Vergiftungen stehen bei Hyoscyamus sehr im Vordergrund. Als somatische Hinweise finden sich vor allem der reißende oder stechende Schmerz in den Ohren und ein pustelartiger Hautausschlag, wie Pocken aussehend und sich nach vier Tagen schuppend.
Diese Symptome sind in Shakespeares »Hamlet« nachzulesen und werden in Akt 1, Szene 5, von einem Gespenst geäußert, das das Aussehen des kürzlich verstorbenen König Hamlet hat. Prinz Hamlet, der Sohn des Königs, kommt mit dem Gespenst in ein Gespräch und erfährt Folgendes:

»Ich bin Deines Vaters Geist:
Verdammt auf eine Zeit lang nachts
zu wandern
und tags gebannt zu fasten in der Glut ...
Es heißt, dass, weil ich schlief
in meinem Garten,
ein Wurm mich stach: so wird das Ohr
des Reichs
durch den erlogenen Hergang
meines Todes
schmählich getäuscht ...
Kurz lass mich sein: --- da ich im
Garten schlief ...
beschlich Dein Oheim meine
sichere Stunde,
mit Saft verfluchten Bilsenkrautes
in Fläschchen,
und träufelt in den Eingang
meines Ohres
das schwärende Gebräu,
wovon die Wirkung
so mit des Menschen Blut
in Feindschaft steht,
dass es durch die natürlichen Kanäle
des Körpers hurtig wie Quecksilber läuft
und wie ein saures Lab, in Milch
getropft,
mit plötzlicher Gewalt gerinnend macht
das leichte, reine Blut ...
Und Aussatz schuppte sich mir
augenblicklich ...
ganz um den glatten Leib.
So ward ich schlafend und
durch Bruderhand ...
in meiner Sündenblüte hingerafft,
ohne Nachtmahl, ungebeichtet,
ohne Ölung,
die Rechnung nicht geschlossen,
ins Gericht
mit aller Schuld auf meinem
Haupt gesandt!«

Auch in den Worten des Hamlet-Gespenstes sind alle genannten psychischen Symptome sowie die Hinweise auf Ohr und Haut enthalten. Besonders sehen wir Halluzinationen sowie das Gefühl, sich vom Leib zu lösen, Schwatzhaftigkeit, Selbstvorwürfe, Unruhe und Vergiftungsfurcht.
In Goethes »Faust« finden wir ebenfalls ein von verschiedenen Wahnvorstellungen geprägtes Persönlichkeitsportrait in der Kerkerszene: Gretchen verkennt den Geliebten, indem sie ihn für den erwarteten Henker hält. Dieses Verkennen ist Teil einer psychiatrischen Krankengeschichte. Goethe schildert hier Kraft seines dichterischen Genies ein delirantes Zustandsbild, lange bevor die Psychiatrie als Fachbereich existierte.
Ein Höhepunkt des psychotischen Erlebnisses steht am Anfang der Kerkerszene:

»Meine Mutter, die Hure,
die mich umbracht hat!
Mein Vater, der Schelm,
der mich gessen hat!
Mein Schwesterlein klein,
hub auf die Bein,
an einem kühlen Ort;
da war ich ein
schönes Waldvögelein,
fliege fort, fliege fort.«

Gretchen äußert sich dann zu Faust:

»Wer hat dir, Henker, diese Macht
über mich gegeben!
Du holst mich schon um Mitternacht,
erbarme dich und lass mich leben ...
Ich bin nun ganz in deiner Macht,
lass mich nur erst das Kind noch tränken,
Ich herzt es diese ganze Nacht;
sie nahmen mir es, um mich zu kränken,
und sagen nun,
ich hätte es umgebracht! ...
Sieh! Unter diesen Stufen,
unter der Schwelle,
siedet die Hölle!«

Hier haben wir alle für eine symptomatische Psychose charakteristischen Einzelheiten, wie sie im Arzneimittelbild deutlich werden. Die ängstliche Stimmung, der plötzliche Stimmungswechsel mit Sinnestäuschung, Todesangst, delirantes Höllenerlebnis. Auch Halluzinationen erlebt sie; so sieht sie das Blut ihres Bruders an Faustens Hand, ihre Mutter neben sich oder ihr Kind. Der Gesang ist typisch: der Vater habe sie gegessen, die Mutter sie umgebracht. Es sind inkohärente, schreckhafte, fast unmögliche oder als unmöglich erkannte Erlebnisse, die mit deliranten Zuständen sehr verwandt sind. Wir kennen diese Erlebnisse auch aus Traum und Rausch.
Dass bei dieser Gretchenszene Mephisto immer im Hintergrund steht, dieser Böse, der auch bei der Krankheit von Gretchen seine Hand im Spiel hatte, sollte uns zu denken geben, da wir hier das Persönlichkeitsportrait eines Heilmittels haben, das eigentlich im Mittelalter ein Zaubermit-

tel war, ein Bestandteil der Hexensalbe. Es gehört zu jenen teuflischen Pflanzen, die nicht nur Heil-, sondern auch Zauberpflanzen waren. Somit spüren wir die Nähe zum Simile der Arzneimittelsymptomatik noch stärker als bei anderen Mitteln.

Arzneimittelbild

Wichtige Symptome

- ängstliche, gereizte, angespannte Menschen, die häufig schlaflos sind, eine überreizte Fantasie haben und unter Artikulationsstörungen und erotischer Manie mit Eifersucht leiden
- allgemeine Hydrophobie (waschen, baden, Boot fahren, übers Meer fliegen)
- Allgemeine Hyperästhesie: Larynx und Trachea sind besonders berührungsempfindlich.
- Schlafstörung. Das Einschlafen wird gestört, weil er Muskelzuckungen bekommt und aufschreien muss. Kontraktionen sämtlicher Muskeln von Kopf bis zu den Füßen
- Krämpfe der unwillkürlichen Muskulatur, schon beim Anblick von Wasser, aber auch beim Hören von fließendem Wasser (Wasserhahn)
- Im Fieberdelirium entkleidet sich der Patient, wahrscheinlich wegen Überempfindlichkeit der Haut gegen Druck.
- Die Schleimhäute sind sehr trocken, Mund und Zunge wie rissiges Pergament, manchmal auch blutend.
- Der Patient stampft mit den Füßen auf den Boden.
- Schmerzen im Leib sind heftig und kolikartig, sonst leicht.
- Stuhlgang: unfreiwillige Durchfälle, deutlich schlimmer während oder nach Gemütserregung, unfreiwilliger Stuhlabgang

Modalitäten

Verschlimmerung: nachts, während der Ruhe, bei seelischen Affekten, Eifersucht, unglücklicher Liebe und beim Niederlegen, durch Kälte.
Besserung: durch Vorbeugen des Kopfes, besonders beim Sitzen; durch Wärme.

Toxikologie

Die niedrigste toxische Dosis liegt bei etwa 5 mg Scopolamin. Bereits nach zehn Minuten kommt es zu Verwirrung und Unruhe, die Pupillen sind weit und starr, das ganze Verhalten ist das eines Betrunkenen. Nach einer halben Stunde tritt ein tiefer Schlaf ein.
Noch größere Dosen bewirken in wenigen Minuten völlige Bewusstlosigkeit, nach mehreren Stunden tritt dann allmählich Erholung ein.
Die letale Dosis liegt bei etwa 100 mg.

Wichtige Indikationen

- typhöse Zustände
- Man kann den Patienten ansprechen, er reagiert auch, schläft aber sofort wieder ein.
- Delirium tremens
- hochgradige Eifersucht und ihre Folgen
- Nymphomanie
- leichtere Formen geistiger Störung, besonders bei Kindern, vor allem, wenn der Schlaf keine Erholung mit sich bringt, weil zahllose Träume die Erholung deutlich stören
- bei Kindern nützlich bei Strabismus, bei Grimassenschneiden (der lokalen Chorea); durch muskuläre Zuckungen während des Schlafes wachen die Kinder erschreckt auf
- alle Folgen von Schrecken mit Krämpfen
- Aphonie als Folge von seelischer Erregung, besonders bei Angst, Furcht
- Herzklopfen und Arrhythmie beim Niederlegen
- Keuchhusten, wenn das Kind sich nicht hinlegen kann, ohne dass der Husten einsetzt; der Husten hört erst auf, wenn das Kind sich wieder hinsetzt
- Krämpfe der unwillkürlichen und willkürlichen Muskulatur
- unwillkürlicher Stuhl- und Harnabgang
- Depressionen erotischen Charakters mit Suizidandrohung

Iris versicolor

Ursprung

Die Buntfarbige Schwertlilie ist in Nordamerika heimisch, wo der frische Wurzelextrakt schon in früher Zeit zur Anregung der Speichel- und Gallensekretion sowie bei Durchfall und bei Migräne gegeben wurde. Man nannte ihn das »vegetabile Quecksilber«; die entsprechende Wirkung wurde durch die homöopathische Prüfung bestätigt. So fanden sich bei einer mit Iris vergifteten Katze Kongestionen und kapillare Hämorrhagien in der Bauchspeicheldrüse.

Die Pflanze, deren Name »Schwertlilie« auf die lanzettlich geformten Blätter verweist, wächst an tief gelegenen feuchten Plätzen, so auf feuchten Wiesen und im Moor. Sie enthält Furfurol, Terpene, Myristin- und Isoptalsäure, Tannin, Schleim, Stärke und Zucker sowie das Alkaloid Iridin.

Die homöopathische Essenz wird aus der frischen Wurzel hergestellt.

Persönlichkeitsportrait

Die sehr empfindlichen, sensiblen, leicht zu verärgernden Persönlichkeiten identifizieren sich stark mit ihrer Tätigkeit und arbeiten sehr genau, fast pedantisch, fehlen auch selten am Arbeitsplatz. Sie sind sehr kritisch, neigen dabei zu Depressionen und sind oft gänzlich verzagt, fürchten sich vor Krankheit und Tod und schlafen schlecht. Es fällt auf, dass sie nur selten unter Erkältungs- oder Infektionskrankheiten leiden.

Die meist asthenischen Patienten klagen häufig über eine besondere, angiospastisch verlaufende Migräne, die so genannte Sonntags- oder Wochenendmigräne, die vor allem nach körperlichen und geistigen Anstrengungen immer an arbeitsfreien Tagen, also sonn- oder feiertags, auftritt. Sie ist begleitet von Magen-Darm-Symptomen, wie Sodbrennen, Erbrechen und Durchfällen, die den Patienten oft auch an den Arbeitstagen quälen.

Arzneimittelbild

Wichtige Symptome

- Kopfschmerzen mit Sehstörungen, meist verursacht durch geistige Anstrengung
- Migräne mit Sodbrennen, saurem Erbrechen und Durchfall
- Fazialis- und Trigeminusneuralgien, die morgens nach dem Frühstück beginnen.
- Speichelfluss in Mund und Rachen
- brennendes, wundes Hitzegefühl im Magen mit Übelkeit und Erbrechen
- Reichlicher, wässriger, sehr saurer, manchmal schleimiger und blutiger Stuhl, der am After wie Feuer brennt.
- fetter, in der Kloschüssel festklebender Stuhl
- neuralgische Beschwerden, besonders in den Armen

Modalitäten

Verschlimmerung: nach dem Frühstück, nach starker körperlicher oder geistiger Belastung, in kalter Luft, beim Husten .

Besserung: durch leichte Bewegung, bei reichlichem Harnabgang.

Wichtige Indikationen

- Sonntagsmigräne
- Trigeminusneuralgie
- Diarrhö
- rechtsseitiger Herpes zoster
- Gallenkolik

Lilium lancifolium (Lilium tigrinum)

Ursprung

Lilium lancifolium (Tigerlilie) gehört zur Gruppe der Zwiebelgewächse, die häufig giftlos sind. Der Name kommt von griech. liros, d. h. zart, dünn, sowie von griech. tigris, d. h. getigert.
Sie kommt in Ostasien, in Korea, der Mandschurei, China und Japan vor sowie im östlichen Nordamerika.
In der Gegend des Fujiyama findet man zu Ende des Frühjahres inmitten blühender Rhododendronsträucher bis zu einem Meter hohe, blühende Tigerlilien in großer Zahl. In unserer Voralpenlandschaft trifft man eine nahe Verwandte, Lilium martagon (Türkenbundlilie). Die Tigerlilie wird in Europa lediglich kultiviert.
Im 1737 gedruckten »Loniceri adami« von Adamus Lonicerus finden wir folgenden Hinweis:
»Im Anfang des April des 1582. Jahres in dem Garten weiland Johann Nesen Apothekers Wittiben haben wir zum ersten Male diese vom fernen Osten kommende Lilie gesehen.«
Zur Arzneibereitung wird die frische, blühende Pflanze verwendet.
Lilium lancifolium ist ein altes chinesisches und japanisches Heilmittel. Insbesondere in Ostasien wird die Zwiebel als Hustenmittel sehr geschätzt.
Die Inhaltsstoffe von Lilium lancifolium sind die gleichen wie bei anderen Lilienarten: Saponine, Liligenin und Juccagenin, außerdem das Enzym Arginase, Stärke und Glukomannane.

Persönlichkeitsportrait

Um die Persönlichkeit von Lilium lancifolium zu verstehen, müssen wir uns die Pflanze in der Natur anschauen. Erst bei Nacht fängt diese eigenartige Lilie an zu duften. Wenn sich alle anderen Blumenkelche schließen, die Blütenköpfchen sich zur Erde neigen, das Summen der Insekten verstummt, sendet sie ihre Signale hinaus in die Dämmerung und lockt späte Schwärmer an.
Diese stolze Einzelgängerin beugt so dem Besuch von Insekten-Ungeziefer vor und verhindert, dass sie mit gewöhnlichen Pollen befruchtet wird.
Auch Lilium-lancifolium-Persönlichkeiten sind Einzelgänger. Es sind fast immer Frauen, die stolz sind wie die Blume, aber auch sehr hastig und heftig sein können, sehr reizbar, dabei auch weinerlich. Sie haben Furcht vor unheilbaren Leiden und verzweifeln an ihrem Seelenheil. Abends werden sie jedoch plötzlich zu nymphomanen Wesen, nachdem sie nachmittags bis in den späten Abend hinein vielerlei Beschwerden und Klagen hatten. Nachts verlieren sie ihre Beschwerden, und wie Lilium lancifolium senden sie lustvoll ihr Lockrufe aus. Lilium lancifolium entfaltet seine Wirkung im körperlichen wie auch im seelischen Bereich ausschließlich bei Frauen.
Im körperlichen Bereich finden wir unter anderem verschiedene Menstruationsstörungen von der Amenorrhö bis zur Metrorrhagie sowie Uterinkongestion und chronische Metritis. Dabei stehen Krämpfe an allen möglichen Körperöffnungen, der Blase, am After im Vordergrund, schließlich auch das Gefühl, das Herz würde ganz heftig wie unter einer eisernen Klammer zusammengedrückt, meist dann, wenn die Seelenwünsche, die libidinösen Gelüste nicht erfüllt oder befriedigt werden.
Dabei kommt es zu Pulsbeschleunigungen bis zu 150 Schlägen in der Minute, der ganze Körper pulsiert und klopft. Schmerzen an kleinen umschriebenen Stellen kommen häufig und rasch, verschwinden aber genauso schnell.
Es kommt zu Angst um das eigene Seelenheil, zu Furcht vor ewiger Verdammnis. Daraus resultieren Herzbeschwerden, nervöse Herzstörungen mit Angstgefühlen. Die Patienten werden häufig durch einen heftigen Schmerz aus dem Schlaf gerissen und haben das Gefühl, das Herz werde immer wieder durch eine Faust gepackt, die langsam wieder locker lässt. Aufgrund der Heftigkeit dieser Herzsymptome werden häufig Uterus und Ovarien sowie ihre Bedeutung für den hormonalen und seelischen Bereich übersehen.
Die Beschwerden lassen nach durch Reiben oder Pressen der Herzgegend mit der Hand bei frischer Luft.
Der Beginn der Nacht bringt sämtliche Beschwerden, wenn die Begierden und libidinösen Gefühle nicht anderweitig abgelenkt sind. Man hört dann auch das Symptom des »verrückten Gefühls im Kopf«. Der Geist des Kranken ist verwirrt.

Mitunter kommen auch Schwindel und leichte Kopfschmerzen hinzu.
Bei Lilium lancifolium, diesem so nymphomanen Mittel, ist es wichtig, die bipolaren Spannungsstörungen und ihre Bedeutung im Leben einer Frau zu betrachten, sowohl im Bereich der Sexualität als auch im Vegetativum.
Der rhythmische Funktionswechsel ist für den wichtigsten Lebensabschnitt der Frau, für die Phase der Geschlechtsreife, charakteristisch. Der Gesamtorganismus passt sich in adäquater Form den an ihn gestellten Anforderungen an. Die Schwankungen spielen sich normalerweise in physiologisch bestimmten Grenzen ab.
Ist die vegetative Ausgangslage jedoch in der einen oder anderen Richtung verschoben, sei es konstitutionell oder funktionell oder durch verschiedene Umstände begründet, durch biographische Krisensituationen etwa, dann kann es zu einer pathologischen, das physiologische Maß überschreitenden Spannungserhöhung in einem der beiden vegetativen Systeme kommen.
Es handelt sich dann um eine vegetative Funktionsstörung, deren Reiz vom Organismus nicht adäquat beantwortet wird. Wissenschaftliche Untersuchungen haben gezeigt, dass bei der Untersuchung der Sexualität und vegetativer Reaktionslagen sehr deutlich unterschieden werden muss zwischen Libido und Orgasmus. Hauser findet beim Koitus eine allgemeine Überfunktion des sympathisch adrenergischen Systems, die Libido wird in erster Linie vom parasympathischen System gefördert. Der Koitus geht mit einer generellen sympathischen Hypertonie einher, der Orgasmus ist als eine sympathikotrope Entladung zu betrachten.
Für die Fortpflanzung ist aber nicht so sehr der Orgasmus als vielmehr die Libido entscheidend. Hier zeigt sich eine sinnvolle und zweckmäßige Auswirkung der vegetativen Rhythmusschwankungen im Verlaufe des Zyklus: Infolge der parasympathikotropen Pendelschwingung in der Follikelphase ist die Libido in der ersten Zyklushälfte größer als in der zweiten und nimmt gegen die Ovulation hin zu. Wo körperliche und seelische Sphäre sich im Lilium-tigrinum-Portrait begegnen, sehen wir starke Reizzustände im Sinne sexueller Erregung mit erheblicher Steigerung des Geschlechtstriebes. Libido bis zur Unersättlichkeit, erotische Vorstellungen können sogar Fluor verursachen. Moral und Erziehung, Wille und Haltung werden hinweggefegt, wenn leidenschaftliche Erregung die Lilium-Persönlichkeit packt. Sie ist unberechenbar, führt obszöne Reden, wechselt schnell aus der sexuellen Erregung in einen Zustand schlechten Gewissens. Vom Sexualismus wechselt sie zu Erotismus, den angeblich reinen Gefühlen der platonischen Liebe, und wünscht sich schließlich im sexuellen Wahn sogar die Selbstvernichtung.
Bei der Ruhelosigkeit, des Getriebenwerdens, der inneren Hast, wie unter dem Druck drängender Pflichten, ist diese farbige, buntschillernde, hemmungslose Lilium-Patientin nicht in der Lage, geistiger Arbeit nachzugehen. Sie ist kraftlos, fürchtet verrückt zu werden, zeigt vielfältige, hysterische Gemütssymptome.
Später kommt es zu einem Wechsel zwischen wilden sexuellen Gelüsten und phantastischen religiösen Extremideen, die dann eine Qual darstellen. Die Lilium-Frau verfällt in religiöse Melancholie und versteift sich auf verrückte Ideen hinsichtlich Religion und Lebensweise. Sie ist unvernünftig und unlogisch, schreibt und spricht fehlerhaft, kann sich nicht mehr konzentrieren, spricht nur noch von einem »unheimlichen Gefühl« im Kopf, ist gleichgültig und antriebslos, will aber nicht still sitzen. Muss sie still sitzen, brütet sie nur über Gegebenheiten, die sie beunruhigen und melancholisch machen.
Gewohnte Sicherheitsparadigmen wie Objektivität, Wissenschaftlichkeit, gesellschaftlicher Anstand, Erziehung, Religion können den Arzt im Falle Lilium lancifolium auf die falsche Fährte führen. Diese Persönlichkeiten fordern die sexuelle Annäherung eines männlichen Wesens unter Vorspiegelung platonischer und transzendentaler Zielrichtung.
Eros, Sexualität und Verliebtheit sind die wesentlichen Formen unseres menschlichen Trieblebens, deren krankhafte Äußerungen unsere Behandlung brauchen. Der Lilium-lancifolium-Typus ist eine in dieser Hinsicht krankhafte Persönlichkeit.

Literatur

Die lebendige Kraft eines Dichters und seine künstlerische Intuition finden wir konzentriert in einer Figur, die das Arzneimittelbild von Lilium lancifolium wiedergibt: Bei der Lektüre von Kleists »Penthesilea« können wir Lilium tigrinum deutlich sehen.
Penthesilia zeigt hysterische Charakterzüge besonderer Prägung. Ihr Verhalten, der Widerspruch in ihr zieht sich als roter Faden durch das dramatische Geschehen.
Bereits in der ersten Szene der Tragödie schildert

Diomedes das eigentümliche, Penthesilea und Achill verbindende Verhältnis mit folgenen Worten:

»Oft, aus der sonderbaren Wut
zu schließen,
mit welcher sie, im Kampfgewühl,
den Sohn
der Thetis (den Achill) sucht,
scheint's uns, als ob ein Hass
persönlich wider ihn die Brust ihr füllt ...
doch jüngst in einem Augenblick,
da schon sein Leben war in ihre
Macht gegeben,
gab sie es lächelnd, ein Geschenk,
ihm wieder:
Er stieg zum Orkus, wenn sie ihn
nicht hielt ...«

Hier finden wir das Kernstück des immer wiederkehrenden Verhaltens Penthesileas: den Widerspruch in sich selbst.

»Will ich ihn dann zum
Orkus niederschleudern?
Ich will ihn ja, ihr ewigen Götter, nur
an diese Brust will ich ihn niederziehen!«

Die widerspruchsvolle Zerrissenheit Penthesileas drückt sich auch in dem Wunsch aus, gleichzeitig ruhmreiche Kriegerin und betörende Frau zu sein:

»Lasst ihn mit Pferden häuptlings
heim mich schleifen,
den Hunden mag er ihn zur
Morgenspeise,
dem scheußlichen Geschlecht der
Vögel bieten,
Staub lieber als ein Weib sein,
das nicht reizt!«

Der 15. Auftritt mit einer unvergleichlich zarten Liebesszene steht in seltsamem Gegensatz zu den schwertklingenden und blutigen Auftritten der übrigen Tragödie und trägt zum Verständnis des Arzneimittelbildes bei:
Sie bekränzt ihren Geliebten mit roten Rosen und erzählt ihm, sie wolle ihn einige schöne, unbeschwerte Wochen lang in den Armen halten, wie beim Rosenfest der Amazonen:

»Ich dachte so: Wenn sie sich allzusamt,
die großen Augenblicke der Geschichte,
mir wiederholten, wenn die ganze Schar
der Helden, die die hohen Lieder feiern,
herab mir aus den Sternen stieg',
ich fände,
doch keinen trefflicheren,
den ich mit Rosen
bekränzt, als ihn,
den lieben, wilden, süßen,
schrecklichen,
den Überwinder Hektors!«

Letztlich zerbricht Penthesilea an ihrer Liebe und vernichtet sich selbst:

»Denn jetzt steig ich in meinen
Busen nieder,
gleich einem Schacht und grabe,
kalt wie Erz,
mir ein vernichtendes Gefühl hervor.
Dies Erz, dies läutere ich in der
Glut des Jammers,
hart mir zu Stahl; tränk es
mit Gift sodann,
heiß ätzendem, bereue
durch und durch;
trag es der Hoffnung
ewigem Amboss zu
und schärf und spitz es mir
zu einem Dolch;
und diesem Dolch jetzt reich
ich meine Brust!«

Die letzten Worte Penthesileas verdeutlichen wieder den widersprüchlichen Charakter des Arzneimittelbides:
»Glut des Jammers!«
»Kalt wie Erz!«

Kleist schildert Penthesileas Charakter, Psyche sowie Physis. Penthesilea steigert sich in exaltierte Zustände hinein. Die sich dann einstellende Überzeugung von der Echtheit des Erlebten verleihen der Hysterie einen schillernden Akzent und das immer wieder zu zwiespältiger Beurteilung herausfordernde Kolorit.
Die äußerst exaltierte Erregung finden wir immer wieder in maßlos übertriebenen Ausbrüchen Penthesileas. Penthesilea ist nicht verrückt, sondern reagiert nur entsprechend ihres hysterischen Charakters.
Die dramatischen Äußerungen sprengen zwar Grenzen bürgerlicher Alltagsgefühle, zeigen aber auch ganz deutlich, welche Spannungsbögen von Leidenschaft in menschlichen Herzen bestehen können.

Arzneimittelbild

Wichtige Symptome

- Der gesamte Inhalt des kleinen Beckens scheint nach unten gezogen zu werden; diese Empfindung wird gespürt im Mastdarm, im After und in der Scheide.
- Menstruationsblutung fließt nur beim Gehen, hört auf beim Stehen.
- häufiges Verlangen zu urinieren
- Gefühl, als würde das Herz mit einer eisernen Klammern zusammengedrückt.
- Pulsbeschleunigung, besonders im Bett, dabei manchmal rasch vorübergehende Herzschmerzen. Dies alles mit Pulsieren, Klopfen und Völlegefühl im ganzen Körper
- Schmerzen an umschriebenen Stellen, die rasch und plötzlich ihren Platz wechseln.
- Afterkrampf, zusammen mit Blasenbeschwerden krampfartiger Natur
- große Furcht um das Seelenheil, Angst vor ewiger Verdammnis

Modalitäten

Verschlimmerung: durch Wärme, nachts, bei Rückenlage, um Mitternacht, nachmittags 17 bis 20 Uhr.
Die Verschlimmerung erfolgt periodisch.
Besserung: im Freien, in der frischen Luft, bei Bewegung, bei Liegen auf der linken Seite.

Toxikologie

Aus der Toxikologie von Lilium lancifolium ist nur weniges bekannt. Leeser schreibt über durch Pollen ausgelöste tödliche Vergiftungen und bezieht sich dabei auf Path.
Nach Hegnauer ist für Lilium-Arten eine Akkumulation von Methylen-Glutamin-Säure charakteristisch.
Eingehende Arzneimittelprüfungen zeigen deutlich die gesamte Symptomatik.

Wichtige Indikationen

- Uterusprolaps. Die dabei auftretenden Beschwerden werden wesentlich gemindert.
- Schwindelanfälle junger Mädchen mit Amenorrhö
- Bei großer sexueller Erregung und Nymphomanie kann es die emotionellen und geistigen Symptome deutlich herabsetzen.
- funktionelle Herzstörungen, ähnlich wie bei einer Hyperthyreose
- depressive Verstimmungszustände mit Ängstlichkeit und Weinen
- Neigung zu fluchen, um sich schlagen
- exaltierte Erregtheit
- hysterische Reaktionen
- widerspruchsvolle seelisch-geistige Zerrissenheit

Lycopodium clavatum (Lycopodium)

Ursprung

Lycopodium clavatum gehört zur Familie der Bärlappgewächse. Verwendet werden die getrockneten Sporen des Bärlapps, gelegentlich auch das Kraut. Wirksame Inhaltsstoffe sind fettes Öl, Sporopollenine in den Sporen, Alkaloide, darunter Lycopodin und Flavonoid LYC. Die Sporen sind pharmakologisch indifferent.

Persönlichkeitsportrait

▶ Erwachsene

Gerade an der Lycopodium-Persönlichkeit zeigt sich, dass es doch fast ein unhaltbares Unterfangen ist, einen Menschen in Psyche und Physis zu typisieren, da jeder Mensch in seiner Entwicklung vom Kind bis zum reifen, alten Menschen sehr viele verschiedene Stadien des psychischen und körperlichen Reifungsprozesses durchläuft.
Die Erfahrung zeigt aber auch, dass man doch einen bestimmten Typ herauskristallisieren kann. Hierbei ist anzumerken, dass die Beschreibung eines Arzneimittelbildes immer subjektiv geprägt ist und somit verschieden akzentuiert sein kann. Nach meiner Erfahrung fallen Lycopodium-Menschen immer wegen ihrer faltigen, gelblich-schmutzigen Haut und ihrer Augenringe auf. Häufig sehen sie viel älter aus als sie sind. Der Lycopodium-Mensch ist von sehr scharfem Verstand und einer Ironie, die bis zum Sarkasmus reichen kann. Daneben besteht eine körperliche Schwäche, die fast mitleiderregend ist.
Trotz seiner Melancholie ist er sehr reizbar und kann bei Widerrede aufbrausen und aggressiv sein. Er hat sehr großen Hunger, besonders Verlangen nach Süßigkeiten, aber ist schnell wieder satt, empfindet dann ein großes Völlegefühl und verträgt nicht einmal den Druck eines Gürtels.
Der Erwachsene leidet meist an Leberbeschweden, die sich als Stauungen oder Entzündungen äußern. Auch Beschwerden von seiten der Gallenblase sind möglich. Venöse und hepatische Stasen sowie andere hepatische Störungen liegen vor. Er verträgt warme Speisen und Getränke besser als kalte, hält sich gerne an der frischen Luft auf und liebt lockere Kleidung. Eine Verschlechterung, besonders am Nachmittag zwischen 16 und 20 Uhr, wird in allen Arzneimittellehren beschrieben, und ich habe dies in meiner Praxis deutlich bestätigt gefunden, so dass ich meine Lycopodium-Patienten auf der Karteikarte rechts oben mit einem roten »L« bezeichne: Solche Patienten sollten nicht nachmittags nach 15 Uhr einberufen werden.
Wie viele große Mittel, die auch als Polychreste multimiasmatische Wirkungen haben, stellt sich auch Lycopodium im Laufe der einzelnen Lebensjahre ganz unterschiedlich dar.
Lycopodium spürt seine Unzulänglichkeit, stellt sich aber den anderen gegenüber als stark, tüchtig und mutig dar. Trotzdem hat er ständig Angst, dass andere seine Schwäche entdecken. Kraft seiner Intelligenz und seiner intellektuellen Einstellung kann er sehr wohl alle seine Aufgaben erfüllen, lebt aber immer in Angst vor der Verantwortung. Aus dieser Angst sowie der Unzulänglichkeit und seiner Art, sich anderen gegenüber als große Persönlichkeit darzustellen, resultiert die Eigenschaft des Patienten, gern zu bluffen. Er übertreibt und erzählt Unglaubliches. Das eigene Ich wird überhöht. In späteren Jahren verlangt der Lycopodium-Mensch nach Macht. Hier kompensiert er die innere Schwäche im geschäftlichen, politischen und geistigen Bereich. Er wird diktatorisch, tyrannisch gegenüber Mitarbeitern und Untergebenen oder auch Familienmitgliedern.
Später kann die Ängstlichkeit und die innere Schwäche auch zur Hypochondrie, zur Neurose führen. Man wird zum Einzelgänger, hat Angst um die Gesundheit und vor dem Lebensende, das plötzlich kommen könnte.
Die beschriebene Energieverschwendung führt zu einer Abschwächung, später auch einmal zur Störung der geistigen Funktionen.
Innerlich ist der Patient immer voller Winde und muss seine Nahrungsmittel mit Bedacht auswählen, um keine großen Beschwerden zu bekommen. Diese Verdauungsschwäche ist fast immer die Folge eines Leberleidens.
Die Lycopodium-Persönlichkeit ist in ihrer Überheblichkeit gelegentlich äußerst ironisch, manchmal sogar sarkastisch. Manche Autoren sehen als herausragendes Merkmal des Lycopodium-Patienten die Feigheit. Ich lehne das ab und meine, dass bei Lycopodium die Schwäche

im körperlichen Bereich eine große Rolle spielt. Im geistigen Bereich ist er durchaus stark und kann ein recht anspruchsvoller intellektueller Gesprächspartner sein.
Ich persönlich glaube, dass gerade ein Mensch, der ironisch ist und bei seiner Intellektualität bis zum Sarkasmus geht, Mut beweist, wenn er dem anderen zeigt, wo er ihn einstuft. Der Intellektuelle wird, wenn er feige ist, sich hüten, ironisch oder spöttisch zu werden, denn das könnte sehr schnell in eine Reactio umschlagen. Allenfalls kann man ihn als diplomatisch vorsichtig bezeichnen, niemals aber als feige. In diesem Zusammenhang ist zu erwähnen, dass einige meiner Lycopodium-Patienten während des Krieges hochdekorierte Offiziere an vorderster Front waren, auch Pfarrer oder Staatsanwälte, die Kraft ihrer Intellektualität wirklich mutig waren.
Lycopodium-Persönlichkeiten besitzen einen Sinn für Ordnung und Autorität und damit für Disziplin, solange sie diese als gerecht und logisch erachten. Die Anerkennung von Disziplin bedeutet keine Feigheit, sondern Mut: Bei Lycopodium sind Gelegenheiten für Konflikte sehr häufig, denn seine intellektuellen Fähigkeiten, sein Widerspruchsgeist und sein Eigensinn lassen ihn oft rechthaberisch und frei erscheinen – zum Schrecken der Vorgesetzten.
Er kann keine Ungerechtigkeiten ertragen, auch im Hinblick auf seine Mitmenschen, für die er sich dann einsetzt. Freilich steht im Gegensatz hierzu seine Empfindlichkeit beim Spiel: Er ist ein sehr schlechter Verlierer.
Gerade Lycopodium verlangt eine gesonderte Darstellung des weiblichen Geschlechtes, da sich einige der geschilderten Symptome in etwas veränderter Form präsentieren. Lycopodium-Frauen fallen zunächst durch einen auffälligen Ordnungssinn auf, mit dem sie jedes Staubkorn und jeden Fussel monieren und beseitigen. Weiterhin erwarten sie wahrheitsgemäß Auskünfte und finden Unwahrheit sehr schnell heraus, nehmen es aber selbst mit der Wahrheit nicht zu genau.
Ihr wacher Geist vermittelt häufig den Eindruck hohen Intellekts. Die oft mangelnde Aus- und Herzensbildung wird durch Intelligenz und anspruchsvolle Berufsbezeichnungen kompensiert. Es dauert beispielsweise meist lange, bis der Therapeut erkennt, dass die Patientin durchaus nicht – wie vorgegeben – aus einer angesehenen Familie stammt.
Diese oft sehr amüsanten und anregenden, gelegentlich aber auch herablassend wirkenden Frauen neigen dazu, in Gesellschaft die kleinen Fehler der anderen respekt- und taktlos aufzudecken. Erst nach Jahren erkennt der Therapeut, dass dieses Verhalten auch mit dem täglich in großer Menge aufgenommenen Alkohol zusammenhängt. Ich habe immer wieder erlebt, dass diese Patientinnen trotz dieser Gegebenheit erstaunlich normale Leberwerte aufwiesen. Meist kam es jedoch nach geraumer Zeit aufgrund zerebraler Einbußen zu einer grundlegenden Veränderung der Persönlichkeit.
Zusammenfassend ist festzuhalten, dass die Lycopodium-Persönlichkeit ein großes Maß an Hochmut und Eitelkeit besitzt und ein sehr ausgeprägtes Ego hat. Immer besteht das große Bedürfnis nach Exaktheit und Wahrheit, das von anderen nicht immer leicht zu befriedigen ist. Die Neigung zu Zweifeln und die Unzufriedenheit sind schon sehr früh vorhanden. Früher wurde Lycopodium aufgrund dieser Symptomatik als »Sulfur vegetabile« bezeichnet.

Kinder

Bei akuten Gesundheitsstörungen, besonders durch Unverträglichkeit von Milch, kann man an Lycopodium denken. In diesem Zusammenhang finden wir dann häufig kleine, pastöse Calcium-carbonicum-Kinder, die sich strecken und zum Phosphor-Typ entwickeln. Andererseits kann das Lycopodium-Kind auch schlank und groß sein, ohne die feine Haut und die unbeständige Zirkulation von Phosphor. Es ist dann eher etwas blass, sogar gelblich. Das Lycopodium-Kind schwitzt nicht, seine Haut scheint etwas dicker. Es ist schüchtern, aber nicht so scheu und zurückhaltend wie das Silicea-Kind, und intelligent. Der erste Eindruck, es habe keine Selbstsicherheit, täuscht: Das Lycopodium-Kind ist von großer Eigenliebe geprägt. Es neigt zu Verdauungsstörungen, hat einen guten Appetit und isst mehr als manche älteren Kinder, nimmt aber nicht an Gewicht zu. Manchmal hat es einen etwas vergrößterten Bauch, Mesenterialdrüsen kann man bei dünnen Bauchdecken deutlich durchtasten.
Phosphor-Kinder haben eher Verlangen nach Pikantem und Fleisch, während die Lycopodium-Kinder sehr gerne Süßigkeiten verzehren und warmes Essen bevorzugen, im Gegensatz zu den Calcium-carbonicum-Kindern. Bei Überanstrengung in der Schule bekommen sie jedoch Kopfschmerzen wie Calcium phosphoricum, die nicht denen von Phosphor ähneln, sondern von dumpfem Charakter sind. Lycopodium-Kinder sind frostig, am empfindlichsten in dumpfer, schlechter, muffiger Luft. Beim ersten Anblick fällt einem

der Gegensatz zwischen einem gut entwickelten Kopf und einem etwas schlanken, kümmerlichen Körper auf. Sie haben häufig Husten, der dann zu einem Leistenbruch führen kann. Oft ist ein Fuß kalt, der andere warm. Hier finden wir schon beim Kind eine Betonung der rechten Seite.
Um das 20. Lebensjahr zeigen sich Lycopodium-Persönlichkeiten als freundliche, tüchtige, extrovertierte Menschen, die auch Mut erfordernde Arbeiten entschlossen angehen. Später werden sie dann etwas schwächer, sind nicht mehr ganz in der Lage, ihren Verpflichtungen nachzukommen. Auch der Verantwortung, die auf ihnen ruht, entziehen sie sich sehr gern. Schon im frühen Erwachsenenalter ist ihre zentrale Idee die Beziehung zur Sexualität. Sie streben förmlich nach Gelegenheiten, ihr sexuelles Velangen zu befriedigen, entziehen sich aber gern der Verantwortung, die sich bei einem Intimverhältnis im allgemeinen entwickelt. So finden wir unter ihnen häufig Menschen mit wechselnden Partnern und Ehelosigkeit: Lycopodium scheut sich, für Frau und Kinder Verantwortung zu tragen, sucht Befriedigung, kennt aber keine Liebe.
Andererseits besteht keine sehr große Intensität in der sexuellen Praktik, da die Konstitution zu schwach ist. Dies führt zu sexuellen Störungen, Impotenz, Ejaculatio praecox und Erektionsschwierigkeiten.
Lycopodium kann ein großer Skeptiker werden.
Nach einem französischen Autor behalten die Lehrer »Lycopodium-Kinder lange in ihrem Gedächtnis, weil sie zwar sehr schwierig in der Schule waren, aber intelligent, äußerst interessiert und meist faszinierend in ihrem ganzen Wesen«.

Fallbeispiel

Eine meiner Patientinnen hatte nie eine höhere Schule besucht, konnte sich aber sehr eindrucksvoll darstellen und verkehrte in besten Kreisen. Eines Tages erlebte ich sie in sehr feiner Gesellschaft und beobachtete, wie sie eine Speise mit herablassendem Blick und hochgezogenen Schultern von sich stieß und dabei in lässiger Haltung Cicero zitierte: »Aquila non captat musces« (Ein Adler fängt doch keine Fliegen). Sie hatte nie Latein gelernt und war keinesfalls in der Lage, diesen Satz zu übersetzen!

Literatur

In der Tragödie »William Ratcliff« von Heinrich Heine wird eine Lycopodium-Persönlichkeit thematisiert. Sie schwelgt im Überfluss und verfügt über ein aufgeblähtes Ego, das sie in ihren Beziehungen zur Umwelt bis hin zu den höchsten Stellen des Staates ungeniert um- und einsetzt:

»... und stolz herabsehen auf den Hungerleider,
der, mit dem letzten Hemde unterm Arm,
langsam und seufzend nach dem Leihhaus wandert.
O seht mir doch die klugen, satten Leute,
wie sie mit einem Walle von Gesetzen
sich wohl verwahren gegen einen Andrang
der schreiend überläst'gen Hungerleider!
Weh dem, der diesen Wall durchbricht!
Bereit sind Richter, Henker, Stricke, Galgen –
je nun! Manchmal gibt's Leut, die das nicht scheu'n.«

Ein weiteres literarisches Beispiel verdeutlicht den zwiespältig-ironischen, doppelzüngigen, aber doch funkelnd brillanten Charakter von Lycopodium. So beschreibt Plutarch einen Besuch des Pompeius in Athen im Jahre 67 v. Chr., erwähnt diese Episode jedoch im Grunde nur wegen zweier Spruchbänder, mit denen die Athener den mächtigen Imperator verabschiedeten. Sie enthalten einen ironisch akzentuierten Widerspruch, lassen also Lycopodium erkennen.
Der erste Abschiedsgruß an der Innenseite des Tores enthielt den unverfälschlichen Tribut des klassischen, griechischen Geistes an den römischen Feldherrn. Hier finden wir das schlichte und eindringliche »Gnothi se auton«, »Erkenne Dich selbst«.
Dies war die Weihegabe der sieben Weisen an den delphischen Apollo. Doppelzüngig orakelhaft, geschliffen zu einem Paradoxon, aus dem auch der einem bunt schillernden Lycopodium-Portrait ähnliche Pompeius herauslesen konnte, was er wollte. Hier ist daran zu erinnern, dass Lycopodium immer das herausliest, was er will, und eigene Interpretationsansätze hat. Für Pompeius gilt: »Je mehr Du Dir bewusst bist, ein Mensch zu sein, desto mehr bist Du ein Gott.«
Der zweite Abschiedsgruß an der Außenseite des Stadttores, also das letzte Wort der Athener an ihren hohen Staatsgast lautete: »Wir ersehnten Dich, wir verehrten Dich; jetzt sahen wir Dich; nun geleiten wir Dich.«
Plutarch spricht von diesem Spruch als einem Wort, das »attischen Honig« enthält und den ersten Abschiedsgruß versüßen sollte.

Arzneimittelbild

Wichtige Symptome

- Cholerische Hypochonder, geistig sehr hochstehend und sehr beweglich und temperamentvoll, dabei aber vorzeitige Alterung, auch Abmagerung, besonders am Oberkörper. Sarkastische Besserwisser, die keinen Widerspruch dulden.
- Verschlimmerung vor allen Dingen zwischen 16 und 20 Uhr
- Rechtsseitigkeit der Beschwerden, die gelegentlich auch nach links wandern.
- meist magere, strenge Gesichter
- reizbar, aufbrausend, aber auch niedergeschlagen
- nicht selten Gedächtnisverlust
- Heißhunger, der aber nach wenigen Bissen gestillt ist. Nach dem Essen übermäßiges Aufgeblähtsein des Leibes, Kollern im Bauch und Druck nach unten
- harnsaure Diathese
- häufig eine Extremität kalt, die andere warm (auch im Bett)
- Trockenheit verschiedener Körperteile, mitunter die Handflächen, die Fußsohlen, aber auch die Vagina und der Mund
- trotz leichten Frierens Besserung durch Aufdecken (ähnlich wie Sulfur)
- außerordentliche Empfindlichkeit der Kopfhaut
- Verlangen nach Zucker und Süßigkeiten
- Brennen zwischen den Schulterblättern
- schmerzhafte Empfindlichkeit der Fußsohlen, nicht nur beim Gehen, auch beim Berühren
- Schmerzen kommen und gehen plötzlich, sind aber rechts immer schlimmer als links. Brennende Schmerzen werden durch Wärme gebessert.
- Darmträgheit. Der erste Teil des Stuhls ist meist sehr fest, schwierig entleerbar und hart, während der zweite Teil weich ist. Immer besteht nach der Entleerung das Gefühl, als wäre ein Großteil des Stuhlganges noch zurückgeblieben.

Modalitäten

Verschlimmerung: von 16 bis 20 Uhr und nach dem Schlaf, durch warme Anwendungen.

Besserung: im Freien, durch Kälte, Bewegung und Aufdecken im Bett, warme Speisen und warme Getränke, Lockerung der Kleider und Entblößen des Kopfes.

Toxikologie

Im Kraut befinden sich zahlreiche, meist noch unbekannte Alkaloide, darunter Lycopodin, Clavatin und Clavatoxin. Fraglich ist ein glykosidischer Bitterstoff. Lycopodium ist toxisch: 0,2 g Herba tötet Mäuse und Frösche unter den Erscheinungen einer Curare-Vergiftung. Außerdem sind beim Kraut Intoxikationen aufgrund der schleimhautreizenden Wirkung der Alkaloide möglich.

Wichtige Indikationen

- **Lycopodium** bildet zusammen mit **Calcium carbonicum** und **Sulfur** das große Trio der antipsorischen Mittel. Im Wesentlichen ist es bei chronischen Krankheiten angebracht, seltener bei akuten. Die charakteristischen Symptome dieses Mittels sind fast ausschließlich mit Lebersymptomatik verknüpft. (Mein alter Lehrer Öhmisch hat immer auf diese Conditio sine qua non hingewiesen.)
- Vorwiegend rechtsseitig wirkendes Mittel, das seine Beziehung hauptsächlich zur Leber deutlich entfaltet: Alle Formen der Hepatopathie chronischer Natur mit Störung des Zellstoffwechsels, dabei aber auch noch harnsaure Diathese, Gallensteinerkrankung, chronische Duodenitis mit Pylorospastik. Außerdem Fermentschwäche, spastische Obstipation und große Flatulenz. Chronisch Dyspepsia gastro-hepatogenen Ursprungs. Dabei ist zu beachten, dass die Patienten nach dem Essen wegen ihres aufgeblähten Leibes und der Empfindlichkeit der Leber kein enges Kleidungsstück um die Taille vertragen können.
- Atonische Obstipation bei Achylie und Acholie. Dabei starker Meteorismus.
- Hämorrhoiden. Das Rektum kann mit dem Stuhl heraustreten, bei Stuhlentleerung muss heftig gedrückt werden. Die Stühle werden aber oft infolge Afterbeschwerden zurückgehalten.
- Chronische Lebererkrankung bis zur Zirrhose mit Hydropsie. Dabei nicht selten Ulcera crurium.
- Nierensteinleiden, besonders auf der rechten Seite. Immer besteht als Vorbote einer Nierenkolik ein sandiger Niederschlag in dem sonst klaren Urin.
- Chronische Bronchitis mit reichlich gelbem, eitrigem Ausfluß, besonders am Ende einer fieberhaften Bronchitis, wenn der Kranke sich nicht erholen kann. Hier ähnlich wie Sulfur anzuwenden.
- Affektionen des Nervensystems, besonders bei Folge von Hirnerkrankung, z. B. nach Apoplexie, bei Aphasie, wenn zu gleicher Zeit absolute Mutlosigkeit, Gedächtnisschwäche besteht. Sehr gutes Mittel unter der Voraussetzung, dass es sich hier um einen Lycopodium-Patienten handelt mit entsprechender Leberbelastung.
- Nachtblindheit, besonders bei Lebererkrankung
- Impotenz infolge der Lebererkrankung, wechselt mit Agnus castus
- Pruritus vulvae mit Jucken und Brennen und häufiger geschlechtlicher Erregung
- rheumatische und gichtige, rechtsseitige Erkrankungen an Gelenken
- chronische Exzeme als Folge von Stoffwechselstörung

Praxistipp

Die Behandlung von psorischen Erkrankungen wird immer in folgender Reihenfolge durchgeführt:
Zuerst **Sulfur**, nach Abklingen der Beschwerden, aber keinem weiteren Fortschreiten der Besserung **Calcium carbonicum** und als letztes Mittel **Lycopodium**.

Mandragora e radice siccato

Ursprung und Mythologie

Die Alraune, den Solanaceae zugehörig, ist eine nahe Verwandte der Tollkirsche und des Bilsenkrautes. Hauptinhaltsstoffe sind Hyoscyamus, Atropin und Scopolamin. In Vorderasien und im arabischen Raum wachsend, ist das schon im »Papyrus Ebers« erwähnte Arzneimittel sehr lange bekannt.
Die dicke, fleischige Wurzel erinnert an die Gabelung der menschlichen Beine, in der man einen penisähnlichen Fortsatz zu erkennen glaubte. Gemäß der Signaturen-Lehre wurde sie deshalb in früheren Zeiten als Aphrodisiakum und zur Steigerung der Fruchtbarkeit verwendet. So soll Rahel ihren Sohn Joseph mittels Mandragora, genannt »Dudaim«, empfangen haben. Bei den Griechen galt die Wurzel als Instrument des giftigen Liebeszaubers, mit dem die Zauberin Circe die Menschen in Tiere verwandeln konnte, und war Hekate, der Göttin der Unterwelt, geweiht, in deren Zaubergärten sie wucherte. Die Griechen gedachten ihrer nur mit ahnendem Schauder, wie aus dem orphischen Argonauten-Gesang im Hain der mächtigen Göttin hervorgeht: »Polion wuchs, Mandragoren dazu und fahles Dictamon, Krokus von südlichem Ruf.«
Die Bedeutung Mandragoras als Aphrodisiakum verdeutlicht unter anderem eine im Physiologus 43, Supplement XXII, veröffentlichte Abhandlung aus dem Jahre 1930. Sie beschreibt den Elefanten als »Symbol der weisen, bedächtigen Ruhe, der Keuschheit und Kühle«, dem keinerlei Gier nach geschlechtlicher Vereinigung eigen ist. Will er für Nachkommenschaft sorgen, wandert er zunächst gegen Osten, in die Nähe des Paradieses, um von dem dort wachsenden Kraut Mandragora zu fressen. Nachdem das Weibchen, danach das Männchen vom »wohlduftenden Gewächs« verzehrt hat, entbrennen sie in Liebe, und das Weibchen empfängt neues Leben.
Dieser mythische Vorgang wird zum Sinnbild dessen, was sich zu Beginn der Menschengeschichte im Paradies begab. Nach Hugo Rahner ist der eigentliche Mandragora der »Baum der Erkenntnis und die aus dem Genuss aufbrennende Liebe ... der Ursprung des menschlichen Geschlechts«. Rahner bezeichnet die Pflanze deshalb in seinem Buch »Griechische Mythen in christlicher Deutung« als »ewige Menschenwurzel«. Die früher verwendete Bezeichnung »Äpfel« für die Früchte der Mandragora-Pflanze legt den Gedanken an den Apfel des biblischen Sündenfalls nahe. Eine Verbindung zu Mandragora findet sich auch in dem biblischen Text Genesis 39, 14.
Aber auch andere Wirkungen der Pflanze waren schon in früher Zeit bekannt. Hermes Trismegistos berichtet, dass König Salomon Mandragora aufgrund der Heilwirkung in seinen Besitzungen habe anpflanzen lassen. Alte persische Berichte geben Ähnliches für die Nutzung der Pflanze an. In der antiken Medizin wurde sie eingesetzt als Narkotikum bei chirurgischen Eingriffen, bei Zahnschmerzen, Kopfschmerzen, vor allem aber bei Podagra.
Schon immer beflügelte die einem Humunculus ähnliche Wurzel die Phantasie der Menschen: So schreibt Plinius, dass bei ihrer Ausgrabung kein Gegenwind herrschen dürfe. Man müsse das Gesicht von der Pflanze wenden und vorher mit dem Schwert drei Kreise in der Luft ziehen. Josef Flavius schließlich beschreibt die lange Zeit überlieferte Methode, die Wurzel durch einen schwarzen Hund aus der Erde ziehen zu lassen. Dieser wird dann durch den markerschütternden Schrei der Alraune getötet, weshalb sich der Alraunen-Gräber seine Ohren mit Wachs verschließen muss, um zu überleben. Doch gerade die große Gefahr, die die Alraune mit ihrem angeblichen Schreien verursachte, verlieh ihr Bedeutung: Man schätzte sie in der damaligen Zeit als eines der wichtigsten Medikamente.
Auf diese magische Kraft der Alraune, die den Volksglauben des Mittelalters bewegte, verweist Julia in der 3. Szene des 4. Aktes von Shakespeares »Romeo und Julia«:

»Was mit ekeligem Dunst
und Gekreisch wie von Alraunen,
ausgerissen aus der Erde,
die Sterblichen, die's hören,
in den Wahnsinn treibt ...«

Hildegard von Bingen empfahl, die Alraunen-Wurzel mit Wasser zu waschen und ins Bett zu legen. Sie könne, da menschenähnlich und wie Adam aus der Erde entstanden, vor der Versuchung des Teufels schützen. Auch die Theriak-Händler des Mittelalters verbreiteten die Kunde von der großen Wirksamkeit der Alraune und unterstrichen sie mit dem Gerücht, dass man diese Pflanzen nur auf Hügeln ernten solle, auf denen einst Galgen standen. Das dort abtropfende Blut und Sperma der Erhängten soll die Erde befruchtet haben, woraus dann Alraunen entstanden seien. Den Preis solcher Alraunen, deren Herkunft durchaus nicht immer eindeutig war, konnten die Händler in große Höhen treiben.

Die ersten Arzneimittelprüfungen wurden 1834 und 1874 durchgeführt. 1951 hat Mezger eine umfassende Arzneimittelprüfung an 30 Ärzten, darunter acht Frauen, vorgenommen, die ihre Verwendung als Narkotikum, Antispasmotikum und Aphrodisiakum bestätigte und deutliche Beziehungen zu Leber, Magen, Galle, Duodenum und den Gelenken ergaben.

Persönlichkeitsportrait

Die Patienten leiden sehr stark unter einer Belastung der Leber, sind also eher depressiv, was sich interessanterweise durch den Abgang von Harn deutlich bessert. Fette Speisen führen häufig zu Durchfällen. Auch Kaffee, Alkohol und Tabak bewirken deutliche Beschwerden. Meist reagieren sie mit starken Blähungen, die besonders in den Morgenstunden noch im Bett explosiv entleert werden. Das Nervensystem ist äußerst empfindlich, besonders gegen Geräusche und Gerüche.
Bereits in jungen Jahren finden sich Beschwerden im Magen-Darm-Trakt. Die Patienten beschreiben weiterhin einen trockenen Mund und Rachen, die sich, wie auch andere Körperstellen, häufig betäubt anfühlen. Die Zunge ist weiß belegt.
Häufig besteht ein Singultus mit erheblichem Speichelfluss trotz des Gefühls von Mundtrockenheit.
Die häufig brennenden Schmerzen erinnern an Capsicum, eine Pflanze aus der gleichen Pflanzenfamilie. Die meisten Erscheinungen sind auf der rechten Seite.
Mandragora klagt tagsüber häufig über Müdigkeit, die das Gefühl vermittelt, man habe ein Schlafmittel genommen. Gelegentlich, besonders in den Morgenstunden, besteht Ohrensausen.
Am wohlsten fühlen sie sich, wenn der Tag exakt durchstrukturiert ist. Auf pikante Speisen haben sie großen Appetit.
Diese eigenartigen, deutlich leberbetonten Menschen sind sehr launisch und spüren die eigene Unzulänglichkeit deutlich. Im Gegensatz zu Lycopodium stellen sie sich jedoch nicht als stark, tüchtig und mutig dar, sondern zeigen ständig ihre Angst, ihre Unvollkommenheit nicht beherrschen zu können. Sie haben wenig Freunde, weil sie oft missmutig sind und dazu neigen, cholerisch zu reagieren.
Besonders bei Frauen, aber auch bei Männern, besteht trotz allgemeinem Schwächegefühl und schlechter Laune eine erheblich gesteigerte Libido, die so stark sein kann, dass die Patienten mit sich selber uneins sind. Häufig wechselt sich dieser Zustand mit dem gänzlicher Ablehnung gegenüber sexueller Betätigung ab.
Alle Beschwerden im Bereich des Nervensystems, aber auch des Magen-Darm-Traktes werden besser durch pünktliches Essen und Zurückbeugen des Oberkörpers. Wird nicht zur gewohnten Zeit gegessen, verschlechtern sich alle Beschwerden, häufig bekommen sie dann Kopfschmerzen.
Erhebliche Verschlimmerung tritt oft auch beim Gehen auf. Jeder Schritt ruft einen stechenden Schmerz hervor.

Literatur

Schon der Renaissancepolitiker und Schriftsteller Nicolo Machiavelli (1469 – 1527) thematisierte in der Komödie »La Mandragora« die fruchtbarkeitsbringende Kraft der Alraune. Die gesteigerte Libido des Mandragora-Typus verkörpert Helena in Goethes »Faust II«:

»Das Übel, das ich brachte, darf ich nicht
bestrafen. Weh mir! Welch streng Geschick
verfolgt mich, überall der Männer Busen so zu betören,
dass sie weder sich noch sonst ein Würdiges verschonten.
Raubend jetzt,
verführend, fechtend, hin und her drückend,
Halbgötter, Helden, Götter, ja Dämonen
sie führten mich im Irren her und hin.
Einfach die Welt verwirrt dich;
nun dreifach, vierfach bring ich Not auf Not.«

Arzneimittelbild

Wichtige Symptome

- ruhelose, eigentümliche hysteriforme Erregbarkeit
- Schwere und Benommenheit des Kopfes, Gefühl, als wäre zu viel Blut im Gehirn
- hypersensibles Gehör, deutliche Überempfindlichkeit des Riechorgans
- Mundtrockenheit
- Stuhlgang abwechselnd verstopft und durchfällig
- Sehr starke Krämpfe verursachen Blähungen.
- Kältegefühl und Unbehaglichkeit
- abgespannt und müde

Wichtige Indikationen

- Gastroduodenitis
- Ulcus duodeni
- Hepato- und Cholezystopatie
- Pankreopathie
- hepatogene Kopfschmerzen
- sexuelle Neuropathie

Praxistipp
Um Mandragora zu erkennen, benötigt man langjährige Erfahrung.
Am besten hat mir bei Beginn der Behandlungen Mandragora **D12** geholfen, nach Besserung der Beschwerden **C30** einmal in 14 Tagen oder auch seltener.

Modalitäten

Verschlimmerung: bei schwülem Wetter, vor Gewitter, nach 24 Uhr. Höhepunkt der Beschwerden zwischen drei und fünf Uhr.
Durch langes Stehen und Herabhängen der Glieder, durch Fettgenuss und Reizmittel wie Alkohol und Tabak.
Besserung: durch Bewegung an der frischen Luft, durch Essen und Aufstoßen, Rückwärtsbeugen und Ausstrecken, bei Abgang von Winden und Stuhlgang.

Mezereum (Daphne mezereum)

Ursprung

Die von Linné mit dem Beinamen Daphne versehene, auch als Seidelbast bekannte Pflanze zeigt schon zu Beginn des Frühjahrs, bevor die ersten Blätter sprießen, rosarote, stark duftende Blüten. Im Hochsommer reifen scharlachrote, giftige Beeren. Der bis zu zwei Meter hohe Strauch zählt zur Familie der Thymelaeceen. Er wächst in den heimischen Wäldern bis in eine Höhe von 2000 m, findet sich aber auch als Zierpflanze im Garten.
Seidelbast wurde schon im 16. Jahrhundert von Hieronymus Bock als Heilpflanze beschrieben. Die Rinde enthält Daphnin, das als Hautreizmittel gilt.
Die homöopathisch verwendete Urtinktur wird aus der frischen Zweigrinde hergestellt.

Mythologie

Daphne, Tochter des Flussgottes Peneus, war die schönste der Gespielinnen Aphrodites. Als diese ermüdet in tiefen Schlaf fiel, nutzte ihr Geliebter Apoll die Gelegenheit und stellte Daphne nach, die ihm allerdings recht spröde begegnete. Schließlich versuchte sie zu fliehen. Apoll jedoch jagte ihr nach, über die Pyrenäen, zum Apennin, zu den Alpen, zum Peloponnes, und kam ihr immer näher. Dies beobachtete Hermes, der Götterbote, der auf dem Weg vom Olymp zur Erde war. Eifersüchtig auf Apoll und gerne bereit, ihm zu schaden, eilte er mit geflügelten Schuhen zu Aphrodite, weckte sie und machte sie auf das Geschehen aufmerksam. Aphrodite erkannte, wie sehr sich Apoll in großer Ferne um Daphne bemühte, und wurde sehr wütend. In dem Augenblick, in dem Apoll Daphne an sich reißen wollte, verwandelte sie das Mädchen in einen Lorbeerbaum. Apoll konnte nur noch Rindenstücke abreißen, wobei er starke Verbrennungen erlitt, die zu Nekrosen führten; er war wohl der erste Mann in der Weltgeschichte, der sich an einer Frau im doppelten Sinne »die Finger verbrannte«.
Die bei Apoll evozierten Phänomene und Symptome decken sich mit denen der Arzneimittelprüfung von Mezereum und erklären so den Beinamen Daphne. Im Übrigen sind sich Lorbeerbaum, d.h. die Pflanze, in die Daphne verwandelt wurde, und Seidelbast ähnlich, was die Verwendung dieses Namens ebenfalls rechtfertigt.

Persönlichkeitsportrait

Frauen, die in den Wechseljahren an Herpes zoster litten und sich in der Folge mit starken nächtlichen Schmerzen quälen, sprechen häufig auf Mezereum an. Sie sind häufig verzagt und wirken hypochondrisch.
Mezereum-Typen sind oft phlegmatisch und einfallslos und verlieren beim Reden den roten Faden. Freude empfinden sie lediglich nach dem Essen. Vor dem Essen spüren sie ein Schwächegefühl in der Magengegend. Meist sind sie gleichgültig gegenüber allem, was andere Menschen betrifft, können aber auch umso wütender werden aufgrund völlig belangloser Gegebenheiten und versuchen dann, andere verbal zu bedrängen. Einige Zeit später machen sie sich deswegen große Vorwürfe.
Mezereum fröstelt auch bei warmen Temperaturen und ist sehr empfindlich gegen kalte Luft; die Nähe eines offenen Feuers wird ebenfalls nicht vertragen.
Beständige Schwäche und Müdigkeit verursachen eine große Abneigung gegen jegliche Tätigkeit. Die immer traurig und verzweifelt wirkenden Patienten leiden an Kopfschmerzen und Schwindelgefühlen und empfinden heftigen Juckreiz, weshalb sie sich bis zum Bluten kratzen.

Arzneimittelbild

Wichtige Symptome

- entzündliche Haut mit Verbrennungserscheinungen, wie Bläschen mit Hautrötung, und starkem Juckreiz sowie Eiterbildung; dabei brennende Schmerzen
- Nässende Haut mit scharfen Sekreten, die die Haut stark reizen und Geschwüre verursachen.
- Neuralgien mit schießenden Schmerzen

Modalitäten

Verschlimmerung: durch nasskalte Luft und Zugluft, bei Druck und Berührung.
Besserung: durch frische, nicht kalte Luft.

Toxikologie

Der Seidelbast enthält die Giftstoffe Mezerin und Daphnin und verursacht beim Menschen schon bei der Berührung Hautentzündungen. Beim Verzehr kommt es zu Brennen in Mund und Hals, Erbrechen, Schwellung der Mundschleimhaut und Darmkrämpfen sowie Nierenschädigung.

Wichtige Indikationen

- stark juckende Ekzeme mit eitriger Krustenbildung
- Neuralgie nach Herpes zoster
- Milchschorf
- Neurodermitis

Opium

Ursprung

Stammpflanze ist Papaver somniferum (Schlafmohn). Dies ist eine etwa 1m hohe, einjährige Pflanze mit einer Pfahlwurzel und kahlen, unverzweigten Stielen, länglichen Blättern, Einzelblüten und behaarten Stielen. Die Fruchtblätter mit zahlreichen Narben bilden eine Porenkapsel mit zahlreichen Samen. Die Pflanze enthält einen weißen Milchsaft, der getrocknet wird und dann »Opium« heißt. Das Pulver ist dunkelbraun, krümelig mit eigenartigem, bitterem, manchmal etwas scharfem Geschmack. Der Papaver somniferum kommt im östlichen Mittelmeer vor und wird dort kultiviert.

Die schmerzstillende und einschläfernde Wirkung von Mohnpräparaten war im frühen Altertum lange bekannt. Hinweise auf medizinische Verwendung sind in altägyptischen Schriften (Papyrus Ebers, 15 Jhr. v. Chr.), in der assyrischen und in der griechischen Medizin vorhanden. Später wurde Opium durch die Araber eingeführt, im 16. Jahrhundert machte es Paracelsus unter dem Namen »Laudanum« bekannt.

An die Opiumkriege in China soll hier ebenfalls erinnert werden.

Opium enthält etwa 40 Alkaloide im Milchsaft, zum Teil an Säuren gebunden. Sie gehören teilweise zum Phenantren-Morphinan-Typ (z. B. Morphin, Codein, Heroin), zum Teil sind es Benzylisochinolin-Derivate (Papaverin, Narcotin, Noscapin, Nacheiin und viele andere).

Persönlichkeitsportrait

▶ Erwachsene

Ein Kennzeichen alter Opium-Menschen ist eine Bindegewebsschwäche. Ihre Responsibilität im somatischen Bereich ist äußerst mangelhaft, auch z. B. in ihren Reaktionen auf Arzneimittel. Selbst gut gewählte homöopathische Mittel zeigen keinen großen Effekt und verweisen somit auf eine durchaus vitale Schwäche.

Diese kann von großen Schrecken und ihren schlimmen Folgen, aber auch von Gasvergiftungen herrühren, die in unserer modernen Zeit beispielsweise durch Kolonnenfahren entstehen. Die latenten CO-Vergiftungen, auch auf Urlaubsreisen, mit Stop-and-Go-Fahren, bedeuten eine große Gefahr, besonders für ältere Menschen.

Es sind Menschen, die immer gern schlafen wollen, selbst im Sitzen schon einschlafen, aber sich nicht darüber beklagen. Sie klagen nie über irgendwelche Schmerzen oder Beschwerden und haben kein Verlangen nach bestimmten Dingen; trotzdem sind sie nicht glücklich. Sie schwatzen gerne, wiederholen dabei vieles, vor allem das, was ihnen besonders am Herzen iegt.

Die Augen sind dabei weit geöffnet, die Pupille ist aber relativ klein.

Sie entwickeln verschiedene Gedanken: Meist möchten sie gerne nach Hause. Nie glauben sie, dass sie zu Hause sind, auch wenn sie in ihrem heimischen Bett liegen, und leben ständig in Tagträumen, in denen reale Gegenstände eine Rolle spielen, aber auch Pflanzen und Tiere vorkommen, die skurril und kauzig wirken. Auffällig übrigens, dass sie während des Schlafens dauernd an der Bettdecke herumzupfen. Bei den Solanaceen Hyoscyamus und Stramonium finden wir das Zupfen an der Bettdecke im wachen Zustand, hier erfolgt es im Schlaf.

Opium-Patienten schlafen sehr oberflächlich, wachen also beim leisesten Geräusch auf. Während des Schlafes schnarchen sie laut oder röcheln. Das zyanotische Gesicht ist schweißbedeckt.

Alle Gegenstände, auf denen sie liegen oder sitzen, erscheinen ihnen zu weich. So suchen sie immer wieder einen harten Platz, der auch kühl sein soll. Im Bett pflegen sie die Decke wegzunehmen, weil ihnen immer zu heiß ist.

Zu den Symptomen zählt auch die Obstipation, verursacht durch ihre Untätigkeit sowie durch paretische Erscheinungen. Der Stuhl ist dann selten, hart und enthält schwarze Knollen.

Auf der anderen Seite, das zeigt wieder die Ambivalenz des Mittels, wird bereits bei Erschrecken Stuhl entleert. Bei jüngeren Menschen kann es auch zu einer Harnverhaltung bei voller Blase kommen.

Bei schweren Infektionskrankheiten wie Typhus und Fleckfieber treten gelegentlich auch Enzephalitiden auf mit Symptomen, die deutlich an Opium erinnern.

Nicht selten erfolgt bei der Behandlung akuter, stark juckender Hauterscheinungen eine möglicherweise durch Cortison-Salbe erzeugte Beruhigung, danach ein plötzliches Verschwinden. Es kommt dann entweder zu Krämpfen oder zu eigenartigen Lähmungserscheinungen, den für Opium-Menschen typischen Reaktionen.

Kinder

Bei Kindern finden wir einen ganz anderen Typ. Die kleinen Kinder haben eine faltige Haut und sehen aus wie ganz kleine, ausgetrocknete Erwachsene. Sie sind sehr selten. Nach schweren Erkrankungen können sie sich manchmal nicht erholen. Sie sind äußerst schreckhafte Kinder, die schon bei der Annäherung fremder Menschen so erschrecken, dass sie verstummen und sich mit rotem Gesicht, engen Pupillen und schweißbedeckter Stirn ängstlich an die Mutter klammern. Erschrickt die Mutter beim Stillen, reagieren sie eventuell ebenso.
Wenn diese Kinder schlafen und plötzlich einen Muskel- oder Atemkrampf, einen Pseudokrupp vielleicht, bekommen, schreien sie so laut auf, dass die ganze Umgebung erschrickt. Diese Kinder sind auch häufig schlaflos, da sie irgendwann sehr erschrocken sind, sich aber nicht dazu äußern können, weil sie noch zu klein sind.

Eigenerlebnis

Es war mitten im Winter. In einem russischen Gefangenenlager, in dem ich als Arzt tätig war, brach Fleckfieber aus. Nur zehn Kriegsgefangene blieben nach dieser schweren Infektion am Leben, darunter auch ich. Wir alle zehn hatten eine völlig retrograde Amnesie. Keiner wusste mehr etwas aus seiner Biographie. Ein deutscher homöopathischer Arzt betreute uns. Aus Tinctura opii simplex stellte er eine **C30** von Opium her. Ohne Umschweife: Ich wurde fast schlagartig gesund und fast alle anderen Kameraden auch.
Als eingefleischten Allopathen hat mich dieser ungeheuerlich heftige psychische Schock mit einem gewaltigen Sturz in die Gesundheit hinein zur Homöopathie geführt, die ich mit viel Energie, Arbeit und Intensität bis zum heutigen Tag noch immer weiter lerne in Dankbarkeit für diese homöopathische Heilung. Ein Saulus in mir wurde zum Paulus.

Literatur

Der bedeutende russische Lyriker der Gegenwart Joseph Brodzky (1940–1996) stellt in dem Gedicht »An Urania« die Gedankenwelt eines Opium-Menschen vor, der ganz individuell auf die Umwelt reagiert:

»Alles hat seine Grenze, auch die Trauer.
Der Blick verfängt sich im Fenster wie im Gitter das Blatt.
Mit den Schlüsseln ließe sich rasseln. Wasser kauen.
Einsamkeit ist der Mensch im Quadrat.
So schnüffelt das Dromedar empört an den Gleisen.
Die Leere öffnet sich wie ein Portière.
Und was, und was ist denn Raum, wenn nicht gleiche
Abwesenheit eines Körpers, in jedem Punkt sich bewährend?
Drum ist Urania älter als Clio.
Bei Tag und im Licht stark qualmender Fackeln
siehst du: Nichts hat sie verborgen, nichts verschwiegen,
du schaust auf den Globus und siehst einen kahlen Nacken.
Hier sind sie ja, jene Wälder von Heidelbeeren,
die Flüsse, wo die Hand vom Fang des Störs ermüdet,
oder die Stadt, in deren Telefonbuch du entbehrlich
wurdest. Und immer weiter Richtung Süden,
genauer Südosten, erheben sich braun die Berge
Im Riedgras toben Przewalskipferde, die keiner reitet.
Gesichter werden gelber. Und noch weiter, da
fahren Zwerge von Schlachtschiffen,
und wie Spitzenunterwäsche blaut die Weite.«

Arzneimittelbild

Wichtige Symptome

- Völlige Indolenz, auch bei kraftvollem Eingreifen. Die Haut ist schweißbedeckt und sehr warm, nur die unteren Gliedmaßen sind kalt.
- dunkelrotes Gesicht, schnarchende Atmung, tiefer Stupor
- starke Pupillenkontraktion
- Schläfrigkeit, kann aber nicht einschlafen
- Befindet sich in einem Zustand ständiger Somnolenz, hört dauernd Geräusche, die man als Gesunder nicht wahrnehmen kann.
- Fehlende Lebenskraft, moralisch völlig unhaltbar, es sind »die größten Lügner der Welt« (Heroin!).
- Schreckvorstellungen, muskuläre Zuckungen und Krämpfe

- Der Puls ist fast immer verlangsamt, erst in schweren Vergiftungsstadien kommt es dann zum Kollaps.

Modalitäten

Verschlimmerung: während und nach dem Schlaf, durch große Wärme.
Besserung: durch kalte Speisen und Getränke, beim Spazierengehen.
Causa: Folge von sehr schweren seelischen Traumen und schwersten Infekten.

Toxikologie

Opium wirkt stark auf das zentrale und vegetative Nervensystem und erzielt eine Überreizung aller Sinne, außerdem Spastik der glatten und willkürlichen Muskulatur.
Bei einer Vergiftung kommt es zu einer fortschreitenden Lähmung, von der vor allem das Atemzentrum betroffen ist. Die physiologische Erregbarkeit für Kohlendioxyd wird herabgesetzt, dadurch kommt es zu einer Anhäufung von CO_2, das plötzlich das Atemzentrum erregt. Nach Exhalierung des Kohlendioxyds tritt dann die Morphinlähmung mit neuerlicher Atempause in Erscheinung.
Dieser Wechsel von Lähmung und Erregung des Atemzentrums bewirkt das als »Cheyne-Stokesscher Atemtypus« bezeichnete periodische Atmen.
Später erfolgt die Lähmung der zentralen Wärmeregulierung, infolge Hemmung der Wärmebildung sogar eine gewisse Temperatursenkung, weiterhin tiefer Schlaf, ganz enge Pupillen, blasse, kalte Haut. Der Tod tritt ein durch Atemstillstand.
Längere Verabreichung von Opium in kleineren, nicht tödlichen Dosen beinhaltet die Gefahr der Gewöhnung. Die erhöhte Toleranz des Körpers gegenüber dem Alkaloid liegt darin begründet, dass der Organismus befähigt ist, auch die erhöhten Dosen rasch durch Niere und Darm auszuschalten. Gehirnzellen selbst werden gegen die Giftwirkung dann abgestumpft. Der ständige Gebrauch größerer Mengen Opiums führt zu einer schweren Intoxikation, der chronischen Opiumvergiftung: Verminderung aller Sekretionen, Verschlechterung der Darmfunktion, Ernährungsstörungen der Zähne, Abmagerung, Störungen auf endokrinem und psychischem Gebiet. Bei Entzug heftigste Abstinenzerscheinungen, deren Grad uns anzeigt, wie tief das Alkaloid bereits in die Protoplasmafunktion der Zellen eingegriffen hat.
Die Abstinenzerscheinungen äußern sich in Verstimmungen, Angstzuständen, großer Schwäche, Halluzinationen, Delirien, Sprach- und Sehstörungen.

Wichtige Indikationen

- Das völlige Fehlen von Stuhldrang und die beträchtliche Stuhlanhäufung im Darm sind die wichtigsten Hinweise.
- Obstipation mit aufgetriebenem, hartem Leib und rotem Gesicht
- Obstipation bei Stuhlanhäufung ohne jeglichen Stuhldrang
- Stuhlverhaltung von alten Leuten und Kranken, die wegen einer Verletzung ans Bett gefesselt sind
- Bewusstseinsverlust nach schweren Krankheiten oder Delirien mit Koma, nach schweren Infektionen, wie Fleckfieber, Typhus etc.
- zyanotisches Gesicht, Pupillenkontraktion, häufig nach malignen Infektionskrankheiten, die mit einem Ausschlag einhergehen
- Alle hochfieberhaften Zustände wie Typhus, Fleckfieber und ähnliche Erkrankungen, bei denen das Schlafen mit Schnarchen, Zucken der Glieder und brennender Hitze sowie Schwitzen einhergeht. Während des Fiebers besteht kein Durst.
- Kopfschmerzen, besonders im Hinterkopf. Der Kopf erscheint dann besonders schwer, man kann ihn nicht heben.
- Husten auch spastisch und trocken, vor allem wenn er nachts durch Kitzeln in der Luftröhre ausgelöst wird.
- Ein eigenartiges Symptom dabei ist das Gähnen vor und nach einem Hustenanfall.

Paris quadrifolia

Ursprung

Die vierblättrige Einbeere, auch Wolfsbeere genannt, zählt zur Familie der Liliengewächse. Der englische Name lautet One-berry oder True-love, der französische Parisette à quatre feuilles. Die Pflanze wächst in schattigen, feuchten und humusreichen Laubwäldern Mittel- und Nordeuropas sowie Asiens. Sie blüht im Mai; im September reift dann eine himbeergroße Beere.
In früheren Zeiten galt die Einbeere als Mittel bei Wahnsinn.
Zur Herstellung der homöopathischen Urtinktur dient die frische, ganze Pflanze.

Mythologie

Ein vom trojanischen Königsohn Paris erzählender, in der Ilias zu findender Mythos spielt auf der in vorgeschichtlicher Zeit beschriebenen griechischen Insel Samothrake. Hier wohnten die zwei Brüder Jason und Dardanos, Söhne von Zeus und der Pleiade Elektra. Einer ihrer Urenkel, Priamos, vermählte sich mit Hekabe, die vor der Geburt ihres zweiten Kindes eines Nachts träumte, sie gebäre eine Fackel, die die ganze Stadt Troja in Flammen setze und zu Asche verbrenne. Erschrocken erzählte sie den Traum ihrem Gemahl. Ein von diesem beauftragter Wahrsager riet, das Kind nach seiner Geburt auszusetzen. Tatsächlich wurde das Neugeborene einem Hirten übergeben, der es auf dem Berg Ida aussetzte. Dort wäre es verhungert, hätte es nicht eine Bärin gesäugt, so dass es der Mitleid empfindende und seine Tat bereuende Hirte nach fünf Tagen gesund und munter im Wald vorfand. Er nahm es zu sich, zog es wie sein eigenes Kind auf und gab ihm den Namen Paris.
Zum Jüngling herangewachsen, zeichnete sich Paris durch besondere Schönheit und ungeheure Körperstärke aus und schützte so die Hirten gegen Räuber.
Als er sich eines Tages in einem unwegsamen Gelände zwischen Tannen und Eichen, fern vom Vieh, befand, bebte plötzlich die Erde um ihn. Er erblickte den Götterboten Hermes, der von Flügeln und Füßen getragen wurde und den goldenen Hermesstab Caducaus in Händen trug. Begleitet wurde er von den drei wunderschönen Göttinnen Hera, Aphrodite und Pallas Athene, bei deren Anblick Paris erschauerte. Hermes erklärte ihm nun, er müsse entscheiden, wer die Schönste sei: Bei der Hochzeitsfeier von Tetis und Theseus habe die nicht eingeladene Göttin der Zwietracht einen goldenen Apfel auf den Tisch geworfen, den alle drei Göttinnen Hera, Aphrodite und Pallas Athene erhaschen wollten, da auf ihm die Worte »der Schönsten« geschrieben standen.
Um Paris zu beeinflussen , machten ihm die Göttinnen große Versprechungen. Aphrodite, die Göttin der Liebe, versprach ihm sogar, die schönste Frau der Welt als Frau zu geben – und sie siegte: Der vor Aufregung bebende, gleichzeitig errötende und erbleichende Paris war gefangen von ihrer Schönheit, die Botticelli später in einem Gemälde festhielt und Mörike in der Übersetzung eines Gedichtes aus dem 15. Jahrhundert wie folgt beschreibt:
»Aphrodite, die Schöne, die Tüchtige, will ich besingen,
sie mit dem goldenen Kranz, die des meerumflossenen Cypros Zinnen beherrscht,
wohin sie über des Kephysos Schwellen der Wind sanft hinweg trug.«
Die vom völlig überwältigten Paris erlebten Symptome Herzklopfen, Schweißausbrüche bei kalten Füßen und Heiserkeit finden sich auch im Arzneimittelbild der Pflanze Paris quadrifolia.

Persönlichkeitsportrait

Paris-Persönlichkeiten sind sehr geschwätzig, sprechen dabei meist über sich selbst und neigen zu Gedankensprüngen, Sie haben keinerlei Lust zu geistiger Anstrengung, sind leicht erregbar, wirken meist ärgerlich und unzufrieden und gebärden sich häufig albern. Paris quadrifolia neigt im Übrigen dazu, die Mitmenschen herablassend, ja sogar verächtlich zu behandeln.
Häufig wird das Gefühl geäußert, die Augen würden heraustreten und gleichzeitig an einer Schnur in die Höhlen gezogen. Paris leidet weiterhin an Steißbeinbeschwerden ohne pathologische Causa und meint oft, der Kopf sei vergrößert.
Der Nachtschlaf ist sehr unruhig, weshalb tags-

über ein großes Schlafbedürfnis besteht. Links empfindet Paris ein Hitze-, rechts ein Kältegefühl.

Arzneimittelbild

Wichtige Symptome

- Gefühl, als ob die Augen an einer Schnur in den Kopf gezogen würden
- Neuralgie des Ganglion Pterygopalatinum mit retrobulbärem Schmerz, krampfartigem Erröten der Wangen und Tränen in den Augen
- Gefühl, als ob der Kopf zu groß oder aufgeblasen sei
- Gefühl des Pulsierens am Hals bis in den Kopf hinein
- heißer Kopf bei kalten Füßen
- kalte und taube Fingerspitzen
- nicht schmerzhafte Heiserkeit und Trockenheit im Hals
- Darmtenesmen mit Stuhldrang
- Neigung zu Erektion und große sexuelle Libido
- Kopfschmerzen mit Gesichtsschmerzen
- Herzklopfen, auch in Ruhe
- Schweißausbrüche am Kopf

Modalitäten

Verschlimmerung: durch Störung; abends, morgens.
Besserung: durch Ruhe.

Toxikologie

Der Verzehr der giftigen, Paristhypin und Paradin enthaltenden Beere führt zu Kopfweh, Schwindel, Übelkeit, Erbrechen und Magen-Darm-Krämpfen.

Wichtige Indikationen

- neuralgischer Kopfschmerz, Gesichtsneuralgie
- sexuelle Übererregbarkeit
- Nackenschmerzen

Piper methysticum

Ursprung

Der Rauschpfeffer gehört zur Familie der Piperaceae und wächst in Polynesien. Der mehrjährige Strauch wird zwei bis fünf Meter hoch und hat einen knotigen Stamm mit starkem Wurzelstock. Er wächst auf vulkanischer Erde am besten.
Den Südseebewohnern dienen Zubereitungen aus dem Wurzelstock als Getränk, das Müdigkeit und Mattigkeit vertreibt und muskelrelaxierend wirkt. Bei Einnahme einer größeren Menge kommt es zu großer Gelassenheit, die aber auch in Euphorie münden kann, ähnlich dem Zustand nach reichlichem Alkoholgenuss.
Von den als Kannibalen bezeichneten Ureinwohnern ist bekannt, dass sie ihre Opfer mit Rauschpfeffer beruhigten, bevor sie sie verzehrten.
Mittlerweile ist erwiesen, dass aus der aromatisch duftenden Wurzel dieser volkstümlich auch Kava-Kava genannten Pflanze ein beruhigend wirkendes, wechselhafte Stimmungen harmonisierendes Mittel hergestellt werden kann, das die Erregbarkeit des limbischen Systems harmonisiert. Wirkstoffe sind die so genannten Kava-Pyrone Kavain, Dihydrokavain, Methysticin, Dihydromethysticin und Jangonin.

Persönlichkeitsportrait

Die Piper-methysticum-Persönlichkeit kann häufig ihre Gedanken nicht zügeln und benötigt ständig Beschäftigung und Anregung, um sich wohl zu fühlen. Ist dies nicht gegeben, fällt sie erschöpft in einen traurigen, schläfrigen Zustand, in dem sie auf geringste Geräusche sehr heftig reagiert und quasi »aus der Haut fährt«.
Gelegentlich verfällt Piper in Euphorie und fängt plötzlich an zu tanzen oder herumzuhüpfen, unterlässt dies aber nach kurzer Zeit wieder. Im sexuellen Bereich besteht sehr starker Erotismus.
Vor Prüfungen sind diese Patienten sehr aufgeregt, unruhig und ängstlich. Das Leitsymptom Erwartungsangst findet sich auch bei anderen Arzneimitteln < 5 >.
Schuppige Veränderungen an der Haut fallen nach einiger Zeit ab und hinterlassen weiße Flecken, an denen sich später kleine Ulzera bilden.

Arzneimittelbild

Wichtige Symptome

- Schmerzen , auch Kopfschmerzen, verbunden mit Bewegungsdrang
- starke Geräuschempfindlichkeit
- Hauterscheinungen bei seelischer Belastung
- Erwartungsangst, insbesondere bezüglich wichtiger Aufgaben wie Examen, Vorstellungsgespräche oder Gespräche mit Vorgesetzten.
- trockene Haut mit gelegentlichen Hautveränderungen, auch Geschwüren

Modalitäten

Verschlimmerung: durch Denken an bevorstehende Aufgaben und geistige Arbeit.
Verbesserung: durch starke Ablenkung, nach intensiver körperlicher Bewegung.

Wichtige Indikationen

- Erwartungsangst vor Prüfungen, Vorstellungsgesprächen oder Begegnungen mit Respektspersonen
- Schlaflosigkeit , Schlafstörungen oder unruhige Träume als Folge von Erwartungsangst
- Zystitis mit brennendem Gefühl während der Miktion
- Arthrotische Beschwerden mit Bewegungsdrang, obwohl der Patient sich kaum aufrecht halten kann.

Praxistipp
Piper methysticum **D4**, selten auch **D3**, 2- bis 3-mal 5 – 10 Tropfen abends oder nachmittags gegeben, gewährleistet bei Erwartungsangst eine ungestörte Nachtruhe.
Die stündliche Gabe von 5 – 10 Tropfen am Abend vor der Prüfung und drei bzw. zwei Stunden vor der Prüfung mindert die Anspannung.

< 4 >

Arzneimittel	**Leitsymptom Erwartungsangst**
Argentum nitricum	Bei großer Aufregung vor belastenden Anlässen, wie Examina. Der Patient hat das Gefühl, die Zeit vergehe viel zu langsam. Kurz vor dem Termin verspürt er imperativen Stuhldrang.
Gelsemium	Bei unüblicher Belastung; beispielsweise vor dem Treffen mit schwierigen Partnern oder bei Lampenfieber vor öffentlichen Auftritten, das den Patienten innerlich und äußerlich zittern lässt. Der Patient verspürt häufig schon Stunden oder einen Tag vor dem Ereignis Stuhldrang.
Piper methysticum	Vor Prüfungen und Begegnungen mit Respektspersonen, die mit großem psychischem Druck verbunden sind. Die Angst schnürt dem Patienten die Kehle zu; er hat das Gefühl, alles in wochenlanger Arbeit Gelernte vergessen zu haben.
Acidum arsenicosum (Arsenicum album)	Bei gespannter Vorfreude alter Menschen, beispielsweise auf einen lieben Besuch. Die Patienten haben dann Beschwerden im Magen-Darm-Trakt und leiden unter Blähungen.
Acidum phosphoricum	Bei freudiger Erwartungshaltung von Kindern und jungen Menschen. Diese sind meist etwas träge und apathisch. Nach schweren, mit starken Schweißen verbundenen Erkrankungen oder Anstrengungen kommt es zu psychischer Asthenie und Durchfall. Die Patienten suchen nach Worten.

Pulsatilla pratensis (Pulsatilla)

Ursprung

Pulsatilla pratensis (Küchenschelle) wächst in Europa. Sie ist eine sehr kalkliebende Pflanze. Als wesentlichen Bestandteil enthält sie den Anemonen- oder Pulsatillen-Kampfer, einen wichtigen Hautreizstoff, der in anderen Ranunculus-Arten ebenfalls vorkommt und deren Wirkung mitbestimmt. Die Pulsatilla-Urtinktur besitzt nur eine beschränkte Haltbarkeit. Der Gehalt an Anemonen-Kampfer geht schon im ersten Jahr um einen beträchtlichen Anteil zurück. Es empfiehlt sich daher, die tiefen Potenzen, insbesondere die Urtinktur, alljährlich neu herzustellen.
In den antiken Mythen ist die Anemone nur äußerlich dargestellt. Die Pflanze ist eines Tages, so erzählt man, aus dem Blute des schönen Jüngling Adonis gewachsen. In Ovids Metamorphosen ist nachzulesen, dass Aphrodite, die Göttin der Liebe, sich in den Jüngling Adonis verliebte. Dieser war Symbol für die Schönheit des jugendlichen Mannes. Der Kriegsgott Ares, der Aphrodite begehrt, brennt nun vor Eifersucht auf seinen Rivalen Adonis und lässt ihn umbringen: Adonis ist auf der Jagd, als ihm Ares einen ganz besonders wilden Eber sendet, der ihn tödlich verletzt. Aphrodite lässt weiße Vögel zu Adonis fliegen und verspricht in ohnmächtigem Trauergebet, dass sich zu seines Todes Gedächtnis das vergossene Blut zu lieblichen Blumen entwickeln wird. Sie besprengt das Blut mit Nektar.
Es entstehen verschiedenfarbige Blumen, die nach allen Seiten vom Wind verweht werden (Anemone – Windröschen). Jedes Jahr im Frühling erinnert Pulstilla an den Tod von Adonis.
Am besten verstehen wir das Arzneimittelportrait von Pulsatilla, wenn wir uns ansehen, wie und wo sie in der Natur wächst, welche Reaktionen sie dort zeigt.
Pulsatilla pratensis wächst fast immer in kleinen Grüppchen, ganz selten einmal alleine. Sie kann auf trockenem, wenig kalkhaltigem Boden gedeihen, aber im Alpenland beispielsweise gedeiht sie auch auf kalkigem Boden. Sehr früh im Jahr, bevor der Frühling seine ersten Boten sendet, steckt sie ihr Köpfchen aus dem Schnee in die kühle Luft. Um gegen diese Unbill des Frostes gefeit zu sein, kleidet sie sich mit einem ganz dichten, feinen Haarkleid, das sowohl am Blütenstamm als auch auf den Blättern deutlich zu sehen ist, besonders im Gegenlicht. Auf Kalkböden zeigt ihr Köpfchen mit der Blüte häufig nach oben. Scheu wendet sie sich im trockenen oder verfaulten Gras des Vorjahres dem Spaziergänger zu – wie ein sehnsuchtsvolles Mädchen, das nach einem Prinzen Ausschau hält. Die Engländer nennen sie »Windblume«. Im Volksmund wird sie auch das »schamhafte Mädchen« genannt, denn häufig ist ihr Glöckchen auch schamhaft der Erde zugewandt, je nachdem auf welchem Boden sie wächst.
Wir kennen 100 Untergruppen der Spezies Pulsatilla und 45 Varietäten nach Farbe, Behaarung und Form. Diese Differenzierungen stellen sich in der Natur wie im Arzneimittelbild sehr wesenhaft dar. Die Farben, die vom leuchtenden pastellenen hellen Rosa bis zum Violett reichen, verweisen auf die stark ausgeprägten Sinnesorgane der Persönlichkeit.

Persönlichkeitsportrait

Erwachsene

Lefort schreibt in seiner Pulsatilla-Studie aus dem Jahre 1953:
»Wie ihr Körper den Malern der italienischen Renaissance als Modell gedient hat, so hat ihre Seele alle Dichter der Romantik inspiriert, wo wir sie in Tausenden von Exemplaren wiederfinden ...
Um ein Nichts, um noch weniger als das, setzt sich ihr Gesicht in Flammen, die Brust glatt und zart, marmoriert sie pflichtschuldig mit den Flecken der Unschuld.
Leider hat dieser so harmonische Körper schon in seiner ersten Jugend Fehler: die venöse Stase, die bläulichen Beine mit geschwollenen Knöcheln.
Sie leiden unter Frostbeulen, die Hände entgehen nicht der Missetat des Winters.«
Die Pulsatilla-Persönlichkeit ist in Gesellschaft ausgesprochen beliebt. Pulsatilla benötigt Gesellschaft und Sympathie und findet sich selbst auch liebenswert. Sie ist ein angenehmer, strahlender, positiver, sanguinischer Mensch, liebt die Kühle, braucht im Froststadium aber auch

Wärme. Pulsatilla ist weich, nachgebend, emotional sehr bewegt, physisch deutlich gebessert durch Bewegung. Ihre dem Erscheinungsbild der Pflanze ähnliche Wechselhaftigkeit ist auch für die Pulsatilla-Persönlichkeit charakteristisch: Die emotionalen Symptome wechseln sehr rasch. Fast charakteristisch ist die Neigung zum Weinen, das allerdings schnell wieder in Fröhlichkeit übergeht. Die Nachgiebigkeit kann plötzlich zur Reizbarkeit werden, und Pulsatilla wird kurzfristig auch sehr ärgerlich, wenn sie sich verletzt fühlt. Auch in der Symptomatik zeigen sich Pulsatilla-Menschen wechselhaft, so beispielsweise bei Masern, wo Pulsatilla oft angezeigt ist. Der Ausschlag verschwindet, und schlagartig kommt es zu Erkrankungen im Respirationstrakt. Auch Stärke und Charakter der Menstruationssymptome variieren stark: vom kleinen Schmerz bis zu heftigen psychotischen Veränderungen der Patientin sind alle faszinierenden und schillernden Komplexe zu finden, die möglich sind. Alle Schmerzen kommen langsam, verschwinden aber plötzlich.

Sowohl für die Pflanze als auch für den Menschen ist die Wechselhaftigkeit charakteristisch, dieses »Thema mit Variationen«, wie sie gelegentlich in Musikstücken zu finden sind.

Pulsatilla, häufig auch »Windmännlein« oder »Bergmännlein« genannt, darf nicht nur als Frauenmittel gesehen werden, obwohl es häufiger bei Frauen vorkommt. Auch Männer sind Pulsatilla-Typen. So erlebte ich in der Praxis einen Mann, der aussah wie Siegfried, kraftvoll, körperlich sehr stark mit strahlenden Augen, ein Adonis-Typ, über 190 cm groß. Er besaß 600 Stück Großvieh und war in der Lage, kraft seiner Muskeln einen jungen Stier, den er mit einem Arm an den Hörnern packte, in die Knie zu zwingen. Er tat seine Arbeit und war nie müde dabei. Aber aussehend wie Adonis, war er wechselhaft in seinem Wesen, er war der starke, ja der überstarke Mann, Jung-Siegfried ähnlich, und er hatte Angst vor Frauen.

Auch hier findet sich wieder die Wechselhaftigkeit, die eine so große Rolle spielt und die wir in dem Typus wiederfinden, der weich und nachgiebig, aber auch ärgerlich und aggressiv, ja sogar cholerisch sein kann. Hier ist seine Verbindung zur Funktion der Gallenblase, zur Überempfindlichkeit gegenüber Fett und der psychosomatischen Reaktion im Gallentätigkeitsbereich zu sehen.

Pulsatilla ist immer verzögert. Kinder kommen zu spät in die Schule, bei Frauen kommt die Regel zu spät. Als Patient kommt Pulsatilla trotz mehrfacher Aufforderung immer zu spät in die Sprechstunde. Er ist auch oft unzufrieden und möchte mehr, als er hat, immer etwas Neues. Auf der einen Seite will er mit seinem Weinen die Aufmerksamkeit auf sich ziehen und Mitleid erregen; vor allen Dingen braucht er Liebe. Gibt man ihm jedoch nur ein wenig Zuneigung, ein wenig Liebe, wird man voll ergriffen von der Persönlichkeit, die einen absolut in Anspruch nimmt, von der man – wie von einer Klette – nicht mehr loskommt. Ein Wesenszug von Pulsatilla ist auch der Geiz. Pulsatilla ist eine gute Hausfrau, vielleicht gerade, weil sie so geizig ist. Sie ist sehr sparsam, verwendet alles, auch die Reste und träumt auch gern von Geld. Im Altersheim finden wir Pulsatilla Menschen, die selbst ein Stückchen Zucker oder eine halbe Wurstscheibe in der Schublade verstecken, um sie am nächsten Tag beim Frühstück zu essen, was sie dann vergessen.

Pulsatilla hat oft kalte Hände und Füße. Bei Durchnässung kommt es dann zu Katarrhen an Nase, Bronchien und Stirnhöhle oder zu Durchfällen. Dabei gleicht kein Stuhlgang in Form, Konsistenz, Geruch oder Farbe dem anderen. Hier also auch die Wechselhaftigkeit, die äußerst vordergründig ist.

Schon das Spektrum der Pflanzenfarben zeigt uns, dass die Sinnesorgane von Pulsatilla sehr stark ausgeprägt sind, denn ein einziges Wort kann Pulsatilla schon zum Weinen bringen. Kümmert man sich dann darum, kommt man nicht mehr los. Der Geschmacks- und Geruchssinn ist ungeheuer stark. Schon der Geruch von fetten Dingen kann Übelkeit erregen. Was nicht schmeckt, wird nicht gegessen. Die Haut ist äußerst berührungsempfindlich. Pulsatilla ist sehr empfindsam, anlehnungsbedürftig und für Streicheleinheiten sehr empfänglich.

Im geistigen Bereich ist außer den schon erwähnten Momenten auch noch die Aktivität der Pulsatilla-Persönlichkeiten zu erwähnen. Bei der Nahrung oder in ihrem religiösen Bereich neigen sie häufig zur Einseitigkeit, sind aber in gewisser Weise flexibel. Ihre Wechselhaftigkeit führt sie wieder zu anderen Lebensformen. So kann Pulsatilla ein Heiligen gemäßes Leben führen, vielleicht ins Kloster gehen. Das Leben kann in Fanatismus ausarten. Eines Tages bricht sie alles ab, um sich hinaus ins freie Leben, in das von Bacchus und Venus geprägte Dasein zu stürzen. Hier nun wieder der Abbruch, die Rückkehr zur heiligen Lebensweise. Es ist an bestimmte Bibelsekten und deren Mitglieder zu erinnern, die eine sehr große Geduld und Empfindsamkeit, eine fast unvorstellbre Diskussionsbereitschaft aufweisen und deren Meinung kaum zu beeinflussen ist. Dies finden wir sehr häufig bei Pulsatilla-Menschen

Ein eindrucksvolles Symptom sollten wir nicht vergessen, die Durstlosigkeit. Der Körper braucht keine Flüssigkeit, und Pulsatilla will einfach nicht trinken. Entgegen allen Hinweisen bei Erkältungen, Pneumonien oder medikamentösen Gaben lehnt der Patient das Trinken ab. Pulsatilla klagt sändig und ist betrübt, elegisch oder auch entsetzt. Sie liebt den Abend nicht mit seiner Dunkelheit, sondern wegen seiner Melancholie, auch wenn ihre Beschwerden sich dabei vergrößern. Sie weiß, dass der Traum voller Angst und Furcht sein wird und traut sich nicht einzuschlafen.

An der Haut finden wir häufig Flecken mit emotionell bedingten Erythemen.

Venöse Stasen in den Beinen hängen hier nicht mit dem Lebensalter zusammen. Schon die Beine der jungen Mädchen sind rot-blau, schwellen leicht an oder erfrieren sogar. Die Knöchel schwellen an, schon in der Pubertät. Der Winter quält, die Kälte verursacht auch an den Händen Frostbeulen.

Pulsatilla ist ein liebenswerter, eigentlich guter Mensch, dem alle negativen emotionalen Regungen zuwider sind und der sie sehr schnell bereut. Er ist sehr anhänglich und liebenswert.

Kinder

Pulsatilla-Kinder sind in ihrem typischen Erscheinungsbild jedem bekannt. Es sind zarte, feine Kinder mit dünnen, hellen Haaren und feiner Haut, einer schon in frühester Kindheit ausgeprägten unausgeglichenen Zirkulation, besonders in den Extremitäten, und somit kalten Fingerchen, die im Winter blau-rot anlaufen. Bei jeglichem Anlass erröten sie, werden aber schnell wieder blass. Dann sind sie ausgesprochen scheu, empfindsam, aber leicht zu führen, entgegenkomend, mit einem Wort »pflegeleicht«.

Sie sind aber nicht immer ganz schlank, können auch einmal Fettpölsterchen ansetzen und das Haar kann auch etwas dunkler sein. Sie tendieren sehr dazu, bei jeder Gelegenheit zu weinen. Man hat immer das Gefühl, sie verlangen nach liebevoller Zuwendung.

Pulsatilla-Kinder haben es sehr gern, wenn man ihnen Geschichten erzählt, und sind besonders zu beeindrucken durch Märchen, in denen der schwarze Mann, die Hexe oder irgendwelche anderen Figuren auftreten, die geeignet sind, in der Dunkelheit Furcht und in der Nacht Alpträume auszulösen.

Sie sind sehr empfindlich gegen Hitze und schlapp bei warmem Wetter, sie verlieren dann sehr schnell ihre Lebhaftikgeit, ihre manchmal erstaunliche Witzigkeit und auch ihre gesamte Energie. Sie lassen sich gehen, sind dann weinerlich, reizbar.

Häufig löst bei ihnen der Wechsel von kalt zu warm akute Erkrankungen aus. Die Unterkühlung bei heißem Wetter verursacht Durchfälle, Entzündungen der Schleimhäute, Ohrenschmerzen, aber auch Erkältungen. Der Genuss von zu viel Eis kann bei warmem Wetter zu Erkältungen oder Erkrankungen des Darmes führen.

Fette Ernährung lehnen sie von sich aus ab. Die Abneigung gegen Schweinefleisch ist schon bei kleinen Kindern vorhanden, und in der Wurst darf kein Fettstückchen enthalten sein. Auch kalter Luftzug ist ihnen unangenehm. Er löst sofort wieder Erkältungen aus, aber auch Reizzustände am Ohr und an den Augen. Ein Symptom, das man sich merken sollte: Das gesunde Pulsatilla-Kind schläft gern mit über den Kopf gelegten Armen ein.

Literatur

Nach Stübler finden wir in der – von Simrock übersetzten – Parzival-Sage sehr viele Anzeichen von Pulsatilla.

So stellen sich sowohl die ältere Obie als auch die junge Obilot als Pulsatilla-Mädchen dar. Obie ist etwas aggressiver apostrophiert, während Obilot eher das sanfte, sich hingebende Element verkörpert. Beide Charakterzüge gehören zum Persönlichkeitsportrait von Pulsatilla.

In einem Gespräch zwischen der alten Herzogin und ihren beiden Töchtern meint die ältere Obie etwas hartherzig, Gawan sei doch nur ein Kaufmann, der mit Schildern daherkomme, während Obilot antwortet:

»Er ist so minniglich und hold.
Zum Ritter ich ihn haben wollt ...«

Gawan lässt sich nun mit seinem Gefolge im Schatten nieder. Nachdem der Herzog ihn um seine Hilfe gebeten und er abgelehnt hat, kommt die kleine Obilot und bittet ihn ebenfalls um Hilfe.

»Die junge süße, klare Maid,
sprach da ohne Schüchternheit:
wie mir Gott bezeugen kann,
so seid Ihr, Herr, der erste Mann,
der je mein Sprechgeselle ward.
Ist meine Zucht dabei bewahrt,
und auch mein verschämter Sinn,
das gibt mir freudigen Gewinn ...«

Nach dem Kampf, in dem Gawan Herzog Metjanz besiegt, erreicht die kleine Obilot die Versöhnung der Kontrahenten.
Von Obie aber heißt es:

»Mit Weinen küsst ihr roter Mund,
ihn, der von der Tjost noch wund.
Manche Zehre seinen Arm begoss,
die ihr aus lichten Augen floss.
Wer macht sie vor dem Volk so dreist?
Die Lieb ermutigt allermeist.«

Neben der sanftmütigen, liebevollen, anlehnungsbedürftigen Schwester Obilot sehen wir hier in den letzten Versen die ältere Schwester Obie, die etwas reizbarer, kampfesfreudiger, aber auch tränenreich ihre Liebe bekundet.
Die Empfindungswelt einer Pulsatilla-Frau, die ein großes Zärtlichkeitsbedürfnis hat und ganz in ihrer Liebe zum Partner aufgeht, findet sich auch in einem Gedicht des schlesischen Dichters Ernst Jandl:

»Ich liege bei dir, deine Arme
halten mich. Deine Arme
halten mehr, als ich bin.
Deine Arme halten, was ich bin,
wenn ich bei dir liege und
deine Arme mich halten.«

Arzneimittelbild

Wichtige Symptome

- hellhäutige Menschen, meist Frauen, aber auch Männer, weich und nachgiebig, etwas phlegmatisch, launenhaft und sehr weinerlich
- traurig, niedergedrückt
- Symptome sind sehr stark veränderlich. Auch Schmerzen, Schwellungen ziehen immer von einem Ort zum andern.
- starker und schneller Wechsel von Lachen und Weinen
- Nach Charette ist Pulsatilla »wie das Aprilwetter«. Er ist immer nachgiebig, kompromissbereit und bereit zu resignieren, selten herausfordernd und widerspenstig, aber doch sehr stur.
- Menstruation kommt verspätet, ist ungenügend oder bleibt ganz aus, vor allem, wenn die Füße kalt und nass geworden sind.
- Häufiges Frösteln, besondes abends, mit dem Gefühl, als würde kaltes Wasser über den Leib geschüttet werden.
- Alle Schmerzen werden von Kälteschauern begleitet.
- Am Morgen sind die Beschwerden größer als am Abend.
- beim Erwachen häufig Vorahnungen, Befürchtungen, Ängste, besonders Erwartungsängste
- Die Absonderungen aller Schleimhäute sind mild und dickflüssig, nicht ätzend.
- Durch fette, auch durch süße Speisen wie Torten ist der Magen rasch verdorben, es kommt auch zu Sodbrennen. Der Stuhlgang ist ständig wechselnd.
- Bei fast allen Erkrankungen besteht kein Durst, selbst wenn man ihn erwarten könnte. Der Mund ist hier trocken, mit einem schlechten Geschmack, besonders morgens beim Erwachen.
- venöse Kongestionen, vor allem als variköser Symptomenkomplex beim Stehen, Sitzen und bei Erkrankungen
- Schwitzen während des Schlafes, das beim Erwachen sofort verschwindet. Häufiges einseitiges Schwitzen
- Einschlafschwierigkeiten, besonders vor Mitternacht
- Schmerzen wechseln in der Art, in der Intensität und der Lokalisation, treten plötzlich auf, verschwinden aber allmählich, immer von Frösteln begleitet.
- Selten Verstopfung, dann aber mit häufigem Drang, häufiger Durchfall, besonders nach fetten Speisen. Die Durchfälle sind nicht wundmachend und immer veränderlich; niemals gleicht ein Stuhlgang dem anderen. Amenorrhö durch kalte Füße

Modalitäten

Verschlimmerung: durch Hitze, im warmen Zimmer, bei Tiefdruck, vor Gewitter, durch fette Speisen, Ruhe, abends und nachts.
Besserung: durch Bewegung in frischer Luft, dabei aber Empfindlichkeit gegen Kälte; durch kalte Anwendungen.

Toxikologie

Hautreizung durch das frische Kraut ist möglich, in therapeutischen Dosen keine Nebenwirkung.

Wichtige Indikationen

- Wichtigstes Heilmittel bei sanftmütigen jungen Mädchen in der Pubertät mit verzögerter geschlechtlicher Reife, unregelmäßiger und spärlicher Menstruationsblutung, Amenorrhö und Hypomenorrhö.
- Akute oder chronische Verdauungsstörungen mit gastrischer oder bilärer Belastung, besonders infolge von Fett- und Eisgenuss in übermäßiger Form. Dabei ist die Zunge schmutzig weiß.
- Rhinitis und Sinusitis mit rahmigem, milchigem Eiter
- Konjunktivitis und Blepharitis
- Otitis externa
- chronische Bronchitis
- Migräne bei Amenorrhö und Unregelmäßigkeiten der Menstruation
- Hauterkrankungen als Vikariation mangelhafter Hormontätigkeit
- bei Venenentzündungen, besonders im Wochenbett
- Ausgezeichnetes Mittel bei hysterischer Schwangerschaft (Grossesse nerveuse). Hier kommt besonders die Verknüpfung von psychischen und genitalen Symptomen zum Tragen.
- Kopfschmerzen mit unregelmäßigen Anfällen, die sich zum Auge hin ausbreiten, mit Unbehagen im Magen und Brechreiz, wie bei einem verdorbenen Magen. Abendliche Schmerzen, als würde der Schädel zerspringen und die Augen aus dem Kopf heraustreten.
- Wandernde Neuralgien, die durch Veränderung der Lage gebessert werden. Nächtliche Verschlimmerung, Frösteln.
- Schwindel, besonders morgens beim Aufstehen, man muss sich wieder hinlegen.
- Schwächeanfälle bis zur Ohnmacht, besonders beim Betreten eines warmen Zimmers
- Bei Kindern, wenn während des Tages plötzlicher unwiderstehlicher Drang zum Wasserlassen auftritt.
- Farrington nennt es »das verheulteste Arzneimittel der Materia medica homoeopathica«.

Secale cornutum

Ursprung

Die Stammpflanze ist Claviceps purpurea (Schlauchpilz). Sie schmarotzt auf Getreide, hauptsächlich auf Roggen, und zerstört dort den Fruchtknoten der jungen Roggenblüte vollständig.
Daraus entsteht ein Gebilde, das in seinem unteren Teil einem jungen Getreidekorn ähnelt, aber aus verflochtenen Pilzfäden besteht. Hier findet eine überreiche Erzeugung von Konidien statt. Gleichzeitig wird ein süßer Honigtau abgesondert und von Insekten aufgenommen, die auf diese Weise die Konidien auf andere Blüten übertragen. Im Laufe des Sommers trocknet dieser Honigtau und der obere Myzelteil ein, der untere wächst zu einem dunkelviolett gefärbten, gekrümmten harten Körper, dem Secale cornutum (»Mutterkorn«) heran und ragt aus der reifen Ähre hervor. Secale cornutum ist über alle Erdteile im Gefolge der Roggenkultur verbreitet, vielfach auch an bestimmte Sorten gebunden.
Das Mutterkorn führte in früheren Jahrhunderten durch ungenügende Säuberung des Brotgetreides zu schweren Krankheitsschäden, die epidemisch auftraten.
Auffallend dabei waren Zuckungen, teilweise auch Nekrosen ganzer Gliedmaßen, der Ergotismus gangraenosus. Volkstümlich wurde der Ergotismus als »Kribbel-Krankheit« bezeichnet. Der Zusammenhang dieser Krankheit mit Secale cornutum wurde erst später erkannt. Zunächst kannte man die Krankheit als »Ignis sacre« oder »St. Antonius-Feuer« und sah sie als Strafe des Himmels an, die meist das arme Landvolk betraf, weil seine Äcker stärker mit dem Pilz verseucht waren.
Schom im 16. Jahrhundert war Secale cornutum als Wehenmittel bekannt.
Für seine Anwendung als Blutungsmittel bei Lungenkrankheiten haben wir Mitteilungen aus späteren Jahrhunderten. Verwendet wurde es auch als antikonzeptionelles Mittel, als Abortivum und zur Anregung der Geburtswehen in Ostasien. Eine gefährliche Rolle spielte es wegen seiner Giftwirkung.
Erst im 19. Jahrhundert wird das Mittel offizinell. Im Jahre 1906 ist das erste Alkaloid, das Ergotoxin gefunden, kurze Zeit auch das Hydroergotinin, dann das Ergotamin und schließlich das Ergobasin. Secale cornutum enthält drei Alkaloidgruppen: die Ergotoxin-Gruppe mit den Lysergsäure-Derivaten Ergotamin und Ergosin, weiterhin Ergochristin, Ergokryptin und Ergokornin, schließlich die Ergometrin-Gruppe. Ferner enthält es verschiedene Amine und Clavin-Alkaloide.

Persönlichkeitsportrait

Menschen, die dem Secale-Arzneimittelbild ähneln, sind sehr alt, schwach und kraftlos mit dünnen kraftlosen Muskelfasern. Sie erscheinen ausgezehrt, haben ein blasses und eingefallenes Gesicht, sind reizbar bei nervösem Temperament, das sich sehr schnell erschöpft infolge der Kraftlosigkeit. Sie sind kaum zu einer Tätigkeit fähig, empfinden ein Brennen in allen Körperteilen, die sich eiskalt anfassen. Dennoch verträgt der Patient keine warme Decke, keine warme Anwendung. Er möchte nur kalte Anwendungen haben, weil dann das Brennen nachlässt.
Die Gesichter sind fahl und totenbleich, eingesunken, sie sehen abgehärtet aus, eine richtige Fascies hypocratica. Die tief eingesunkenen Augen zeigen eine Halonierung, wie wir sie sonst kaum finden. Bei dieser großen Schwäche fällt auf, dass sie unnatürlich großen Hunger entwickeln, der allerdings sehr schnell wieder gestillt ist, weil sie zu schwach sind zum Essen. Sie haben großen Durst und verlangen immer wieder etwas Erfrischendes, etwas Saures zum Trinken. Zitronen lutschen sie völlig aus, lieben sogar Obstessig mit Wasser vermischt. Nach einigen Minuten treten neuerlich Hunger und Durst auf.
Sie kollabieren sehr oft.
Am liebsten gehen sie an die kalte Luft. Ist dies beispielsweise im Winter wegen Eisglätte nicht möglich, lassen sie sich gerne in der kalten Luft herumfahren. Dann nehmen sie die Decke, die man ihnen überlegt, weg, weil sie sich erst dann richtig wohl fühlen.
Im Sommer bleiben sie lieber zu Hause, weil sie schon Temperaturen um 20 Grad als viel zu unangenehm empfinden.

Fallbeispiel

Ich erinnere mich an einen 88-jährigen Patienten, der ein Secale-Portrait darstellte, im Übrigen keinerlei Krankheiten hatte. Er litt lediglich gelegentlich an Nasenbluten oder einer Hautverletzung und blutete, ohne dass man die Blutung kurzfristig stillen konnte. Er war einfach entkräftet und alt, war immer müde und konnte immer schlafen. Und seine glücklichste Stunde war, wenn er ein kaltes Bad nehmen konnte und man ihm dabei half, sich von oben bis unten mit einer kalten Dusche zu erfrischen. Danach ein Glas kalte Zitronenlimonade, zwei Zitronen für ein Glas Wasser, dann war er für einige Zeit froh und glücklich.

Literatur

Stanislaw Przybyszewski beschreibt in seinem Werk »Die Synagoge des Satans« ein Secale-Portrait:

»Das heilige Feuer fraß auf das Fleisch des Menschen, so dass es in brandigen Fetzen von den Knochen abfiel, die Erde delirierte, und die Menschen wurden zu Bestien.«

Arzneimittelbild

Wichtige Symptome

- Große Kälte der ganzen Körperoberfläche, dennoch kann der Kranke das Zugedecktsein nicht ertragen (ähnlich wie Camphora und Nicotiana).
- Taubheit und Ameisenkribbeln in den Gliedmaßen
- Abmagerung und Schwäche trotz großem Appetit mit großem Durst. Gefühl von Brennen an allen möglichen Körperstellen, als wenn glühendes Eisen darauf gebracht worden wäre
- Besserung durch kalte Anwendungen

Modalitäten

Verschlimmerung: durch Wärme, warmes Zudecken und Bewegung.

Besserung: durch Kälte, Aufdecken der kranken Körperteile, kaltes Baden. Dieses letzte Symptom widerspricht dem pathologisch-physiologischen Geschehen und ist deshalb ein ganz wichtiges Leitsymptom.

Toxikologie

Aufnahme größter Mutterkornmengen bewirkt Übelkeit, Speichelfluss, Erbrechen, Schweißausbrüche, harten, langsamen Puls, Augenflimmern, tonische Muskelstarre, Parästhesien, auch Muskelzuckungen, epileptiforme Krämpfe, Lähmungen und Delirien, die schließlich zum Tode im Kollaps führen können. Bei Frauen auch Gebärmutterkontraktionen, die zu Aborten führen können, wobei ein ausgesprochener Tetanus uteri auftreten kann mit nachfolgender Ruptur.
Bei den seltenen gangränösen Formen der Vergiftung, dem Ergotismus gangraenosus, sind die Parästhesien unter furchtbaren, brennenden Schmerzen, das Schwarzwerden und der trockene Brand der Glieder anzuführen.
Vergiftungsepidemien, wie sie früher vorgekommen sind, sind selten, doch hören wir gelegentlich in jüngster Zeit über Beimengungen von Mutterkorn in Getreide aus alternativem Anbau. Über Intoxikationen ist aber hier noch nichts bekannt.

Wichtige Indikationen

- Altersgangrän. Die Beschwerden der kalten Extremitäten verschlimmern sich durch warmes Zudecken und bessern sich durch kaltes Bad oder Kälteanwendungen.
- In der Geburtshilfe ist Secale nützlich in homöopathischer Dosierung, wenn die Wehen schwach sind oder fehlen.
- nach der Entbindung in hohen Potenzen, wenn die Wehenschmerzen anhalten
- Bei entsprechender Modalitäten- und Symptomähnlichkeit lassen auch Sensibilitätsverlust oder Parästhesien und fehlende Reflexe, wie bei einer Paraplegie, an Secale denken.
- Kopfschmerzen, besonders supraorbital oder okzipital, mit Hemikranie und Übelkeit

Semecarpus anacardium (Anacardium)

Ursprung

Anacardium zählt zu den Anacardiaceae, ist in Indien beheimatet und heute in ganz Südostasien und Australien verbreitet. Das Arzneimittel wird aus einer Art Milch hergestellt, die sich zwischen Schale und Kern der reifen Frucht, genannt Elephantenlaus, befindet und sich an der Luft schwarz färbt.

Unter dem Namen »Balador« war das Arzneimittel schon bei den Arabern bekannt und wurde nach Hahnemann auch von Avicenna und Mathiolus zitiert. Schon im Mittelalter diente die so genannte Confectio sapientium als vorzügliches Heilmittel alter Menschen bei einer Unterfunktion des Gehirns, besonders um das Gedächtnis zu bessern. Im Übermaß verwendet, macht Anacardium allerdings auch geistesschwach, weshalb es den Spottnamen »Confectio stultorum« erhielt.

Anacardium wurde u.a. von Hering und Hahnemann geprüft. Schon bei der Prüfung durch Hahnemann ergaben sich die Symptome Fantasie und Täuschung. Hering verweist vor allem auf das Gemütssymptom, dem eigenen Ehepartner oder Kind einen anderen Stellenwert zuzuweisen, wie das in dem Geschehen um den griechischen Protagonisten »Ödipus« gegeben ist.

Persönlichkeitsportrait

Anacardium-Patienten sind Menschen, bei denen das Wollen vom Verstand dominiert wird, wobei eigentliche Wünsche und das Ego verdrängt werden. Wollen und Ratio stehen in einem starken Spannungsverhältnis. Da es an Selbstvertrauen mangelt, ist der Patient sehr ambivalent und befindet sich in einer ausweglosen Situation: Er vertritt Meinungen, mit denen er letztlich nicht übereinstimmt, und handelt anders, als er eigentlich beabsichtigt. Dies erzeugt Frustration, aufgrund der er depressiv oder stumpfsinnig wird und sich nicht mehr konzentrieren kann. In manchen Fällen entlädt sich der innere Druck nach außen: Es kommt zu hemmungslosen Zornesausbrüchen, die bis zu Gewalttaten führen. Anacardium schreit, wirft mit Gegenständen um sich, wird gehässig selbst gegenüber Personen, die er liebt und respektiert, möchte sich aber ab und zu auch ausweinen. Äußerlich betrachtet, wirken diese Menschen sehr charmant, zu Hause können sie unerträglich sein. Nach ständigem Schimpfen geraten sie in einen regungslosen Zustand und sind tief bedrückt.

Reizbar, eigensinnig, gefühllos, missmutig und unverschämt wirkend, zeigen sie ein großes Verlangen zu fluchen, zu verfluchen und Unheil zu schwören. Dabei sind sie sehr nachtragend. Manchmal finden sich auch alberne Reaktionen. Unverdiente Kränkungen lösen mitunter Verwirrung mit tobsuchtartigem Verhalten aus.

Anacardium befindet sich oft in diesen zwanghaften Zuständen und ist dann argwöhnisch und sehr leicht beleidigt; er glaubt, dass ihn jemand verfolgt und ihn verleumdet.

Der Kopf ist oft benommen, vor allem nach dem Genuss alkoholischer Getränke, die Anacardium besonders liebt. Dann kommt es zu besonders starkem, extremem und widersprüchlichem Verhalten, manchmal auch zu Ohrensausen und vorübergehender, schwach ausgeprägter Schwerhörigkeit.

Mitunter hat man den Eindruck, dass Anacardium in Wahnideen verfällt. Manche Patienten bestätigen in der Tat, sich manchmal doppelt zu empfinden oder Halluzinationen zu haben, z.B. in der Realität nicht vorhandene Menschen neben sich zu bemerken. Die Realität erscheint als Traum, Körper und Seele werden nicht mehr als Einheit erlebt. Anacardium hört Stimmen, wird melancholisch, apathisch, menschenscheu, vergesslich und geistesabwesend und sieht furchtsam und angstvoll in die Zukunft. In den Morgenstunden besteht deutliche geistige Trägheit, die sich im Laufe des Tages bessert.

Nach Flury erlebt der Arzt Menschen, die auf der einen Seite von einem freundlichen Engel, auf der anderen von einem Teufel begleitet sind.

An der Haut treten unbestimmte, immer wieder wechselnde Effloreszenzen auf. Im Mund finden sich Bläschen und ein bitterer Geschmack, die Zunge ist weiß und rau »wie ein Reibeisen«. Ekel vor häufig geschätzten Speisen wechselt mit Appetitlosigkeit und enormem Hunger. Den ganzen Tag über besteht ein Druck im Bauch. Juckende Hämorrhoiden und Afterekzeme sind weitere Symptome.

Die Gelenke schmerzen, als ob sie zusammengeschnürt wären. Neben Muskelkrämpfen finden sich oft Sehnenzerrungen. Die Patienten bewegen sich nur langsam; besonders das Treppensteigen führt zu allgemeiner Schwäche. Sie frösteln leicht. Kälte und Luftzug sowie geistige Anstrengung verschlechtern alles. Kopfschmerzen werden besser durch Hinlegen.
Sehr häufig bestehen Magenbeschwerden, die dem klinischen Nüchternschmerz entsprechen, wie wir ihn oft bei einer Duodenitis oder beim Ulcus duodeni finden. Alle Symptome verschwinden während des Essens.
Mit diesen misstrauischen Patienten umzugehen ist sehr schwierig, kann aber zu äußerst erfreulichen Ergebnissen führen: Durch eine dem Symptomenbild entsprechende Therapie werden sie sehr aktiv und überraschend kreativ.

Literatur

Anacardium ist das Arzneimittel der griechischen Tragödie »Oidipos tyrannos« von Sophokles. Gewalttätig gegen sich und andere, fühlt sich Ödipus zwei einander widerstrebenden Willensmächten ausgesetzt, von denen die eine befiehlt, was die andere verbietet. Er begegnet dem erbarmungslosen Geschehen mit Reizbarkeit, bösen Worten und unbeherrschtem Verhalten, kann dem schicksalhaften Erbteil jedoch nicht entkommen und verdeutlicht dies mit folgenden Worten:

»Wehe, wehe, wohin werd' ich geführt?
Zu welcher Erde, stürmend wie der Flug der Aare,
Dämon, reißt mich deine Macht?«

Den Konflikt des Anacardium-Typus Ödipus beschreibt auch Erich Fromm in seiner Abhandlung »Märchen, Mythen, Träume«. Er erkennt die relevanten psychischen Grundlagen dieses ambivalenten Menschen, der die untergehende matriarchalische Geisteshaltung verkörpert, gegen die seine Mutter verstoßen hat, indem sie ihn aussetzte.
Anacardium, dessen weiße Milch sich schwarz färbt, steht auch für Umwälzungen bestehender gesellschaftlicher Ordnungen und Veränderung einzelner Persönlichkeiten, wie sie sich über Jahrtausende ergaben und in der Orestie von Aischylos beschrieben sind.
Nachdem Klytaimnestra ihren Gatten Agamemnon getötet hat, rächt Orestes, Sohn von Agamemnon und Klytaimnestra, dessen Tod, indem er seine Mutter und deren Liebhaber ermordet. Muttermord war zur Zeit des Matriarchats das schlimmste Verbrechen überhaupt, da die Bindung von Mutter und Kind als heilig galt. Orestes wird deshalb von den alten Muttergottheiten und das matriarchalische Prinzip repräsentierenden Rachegöttinnen, den Erinyen, verfolgt. Athene, die nicht von einem Weibe geboren wurde, sondern aus dem Haupt des Zeus entsprungen ist, steht jedoch als Vertreterin der neuen patriarchalischen Ordnung auf der Seite des Muttermörders und Vater-Rächers Orestes. Die Götter, für die die Gesetze der patriarchalischen Ordnung zählen, sehen Muttermord nicht als Verbrechen an, wenn der Tod des Vaters damit gesühnt wird: Sie sprechen Orestes frei.
Der archetypischen Angst der Männer vor dem matriarchalischen Prinzip liegt das Konzept einer Frau zugrunde, die als Abbild der großen Mutter Erde Leben sowohl gebären als auch zerstören kann. Auf diesem Hintergrund wird Klytaimnestra in der Odyssee wie folgt beschrieben:

»Fraulichen Weibern indessen
schafft sie bedrückenden Leumund, auch denen, die tüchtig
geraten.« (Od. 14, V. 201 f.)

Paul Celan schließlich gibt die Zusammenschau einer existenziellen Umbruchsituation in seinem Gedicht »Todesfuge« wieder, dessen erste Strophe wie folgt lautet:

»Schwarze Milch der Frühe wir trinken sie abends
Wir trinken sie mittags und morgens wir trinken sie nachts
Wir trinken und trinken
Wir schaufeln ein Grab in den Lüften da liegt man nicht eng
Ein Mann wohnt im Haus der spielt mit den Schlangen der schreibt
Der schreibt wenn es dunkelt nach Deutschland dein goldenes Haar Margarete
Er schreibt es und tritt vor das Haus und es blitzen die Sterne
er pfeift seine Rüden herbei
Er pfeift seine Juden hervor lässt schaufeln ein Grab in der Erde
Er befiehlt uns spielt auf nun zum Tanz«

Die Spannung zwischen Leben und Tod, in der sich der Mensch befindet, findet ihre Übersetzung in dem Terminus »schwarze Milch«, der mittels der Assoziation der Farbe Weiß Gegensätzliches charakterisiert: Im Gegensatz zu der Leben spendenden weißen Milch steht die schwarze Milch als Metapher für den Tod. In überhöhtem Maße findet sich hier die Ambivalenz von Anacardium: Die weiße Milch der Frucht färbt sich in unmittelbarem Kontakt mit der sauerstoff- d.h. lebensspendenden Luft schwarz.

Arzneimittelbild

Wichtige Symptome

- Neigung zu Überspanntheit: Fröhlichkeit neben Reizbarkeit, Aggression
- einerseits fähig zu geistiger und intellektueller Tätigkeit, große Arbeitslust auch zu harter Arbeit, andererseits Schlaflosigkeit oder Schläfrigkeit, Verwirrtheit, verbunden mit Schwindel und der Unfähigkeit, eine Arbeit durchzuführen
- plötzlicher Gedächtnisverlust, über den der Patient sehr bestürzt ist
- Mangel an Selbstvertrauen
- Misstrauen gegenüber anderen Menschen
- Fühlt sich immer verfolgt.
- Hypochondrische Reaktionen. Lacht bei ernsten Angelegenheiten und ist ernst bei lustigen Vorfällen.
- Meint, einen Reifen um verschiedene Körperteile zu spüren.
- Isst und trinkt sehr hastig.
- Leeregefühl, morgendliche Übelkeit
- Schmerzempfindung am Mageneingang
- Alle Beschwerden des Magens bessern sich sofort durch Essen.
- häufig imperativer Stuhldrang ohne Entleerung
- Beim Fluchen kann das Gesicht ausdruckslos oder blass sein, manchmal aber auch erregt aussehen.
- schmerzhafte Fülle und Pulsationen im Kopf mit Schmerzen, besonders am Scheitel
- Zucken in den Oberlidern, Ohrensausen, Schwerhörigkeit
- Urtikaria
- Appetitverlust
- Kältegefühl an der ganzen Hautoberfläche

Modalitäten

Verschlimmerung: morgens; durch geistige Anstrengung, Aufregung, Ärger; durch Reiben, Kratzen und Sprechen; bei leerem Magen.
Besserung: durch Essen, Einschlafen und Hinlegen.
▶ Essen bessert zerebrale und vegetative Beschwerden wesentlich stärker als bei allen anderen homöopathischen Mitteln.

Toxikologie

Die giftige Fruchtschale erzeugt durch die scharfen Phenole lokale Dermatitiden, die etwa Verbrennungen zweiten Grades entsprechen. Sie können sich vom Ort der direkten Einwirkung aus über den ganzen Körper ausbreiten und ähneln einem Erythem, manchmal auch einer Urtikaria mit großen Blasen. Auch beim Kontakt mit bestimmten Lackarten, z.B. Japan-Lack, die aus getrocknetem Milchsaft der Anacardiaceae und Rhus-toxicodendron-Arten bestehen, kann es zu den erwähnten Hauterscheinungen kommen.
Die Aufnahme per os verursacht heftige Gastroenteritis, manchmal auch Respirationsstörungen und motorische Lähmungen. Weiterhin finden sich Schleimhautkatarrhe, nach Olpp gelegentlich auch kongestive Hirnerscheinungen.

Indikationen

- nervöse Erschöpfungszustände, Überreiztheit
- nervöse Kopfschmerzen, Neuralgien, Migräne
- nach Voissan ein hervorragendes Verdauungsmittel vor einem Essen mit zu erwartendem, reichlichem Alkoholgenuss
- Blutandrang und Schwere im Kopf
- unwiderstehliche Schläfrigkeit
- verlangsamte Rekonvaleszenz
- Ulcus duodeni, Duodenitis

Praxistipp
Ähnlichkeit zu Nux vomica, aber deutlich bösartiger.

Strychnos ignatii (Ignatia)

Ursprung

Ignatia wurde nach Ignatius von Loyola benannt, der viele Ignatia-Symptome verkörpert. Er wurde 1491 auf Schloss Loyota als Sohn spanischer Adliger geboren, als Edelknabe am spanischen Königshof erzogen und bei der Verteidigung der Stadt Pamplona gegen die Franzosen im Jahre 1521 schwer verwundet. Zeitlebens hinkte er. Er war ein großer, heldenhafter Mann, der sich kurzerhand ein Knochenstück, das nach einer Fraktur aus dem Knie herausragte, absägen ließ, weil es ihn beim Reiten und Tanzen behinderte. Irdischen Freuden war er sehr zugeneigt.
Auf Umwegen bekam er religiöse Bücher in die Hand und entschloss sich während einer Krankheit dazu, ein Ritter Christi zu werden. Er studierte in Paris und beendete sein Studium mit dem Magisterdiplom in Philosophie und Theologie.
Auf der einen Seite steht also der strenge und tapfere Offizier, auf der anderen Seite die später von ihm gegründete Ordensverfassung mit den Gelübden Armut, Ehelosigkeit, Gehorsam. Sein Leben war somit von starker Widersprüchlichkeit geprägt, wie wir sie auch im Arzneimittelbild finden.
So schreibt er:
»Mögen die übrigen religiösen Genossenschaften uns durch Fasten, Nachtwachen und Strenge übertreffen – durch wahren und vollkommenen Gehorsam, durch Verzicht auf Willen und Urteil müssen unsere Brüder hervorleuchten. Überhaupt, ich darf mir nicht gehören, sondern meinem Schöpfer und dessen Stellvertreter. Ich muss mich leiten und bewegen lassen, wie ein Wachsklümpchen mich kneten lassen und muss mich verhalten wie ein Toter ...«
Hier ist an den Kadavergehorsam von Franz von Assisi zu erinnern.
Ignatius besaß Taktgefühl und Zurückhaltung, verbunden mit einem feinen und selbständigen Unterscheidungsvermögen. Zu dieser Geisteshaltung wollte er seine Schüler führen:
»Bete so, als hänge alles nur von Gott ab; aber wirke so mit, als ob es ganz von Dir abhinge, ob Du gerettet wirst.« Ignatius konnte die Spannung aus den Gegensätzen aktiv – passiv durchstehen; seine Nachfolger waren dazu nicht immer in der Lage. Ein berühmter Kirchenhistoriker, Josef Lortz, urteilt wohl ganz aus dem Geist des Ignatius, wenn er schreibt:
»Ein Orden, der so viel geleistet hat, kann auch ein starkes ›mea culpa‹ (Geständnis der Schuld) tragen.«

Persönlichkeitsportrait

Erwachsene

Alte homöopathische Arzneimittellehren verweisen immer wieder darauf, dass Ignatia besonders bei zarten, sensiblen, launischen Frauen, aber auch bei Kindern angebracht ist. Die Indikation bei Männern ist wesentlich seltener. In den letzten 20 Jahren treten häufiger Männer als Ignatia-Persönlichkeit in den Vordergrund. In Amerika benötigten früher 5 bis 10 % der Männer Ignatia, heute dagegen 60 %. Ob hier die Emanzipation der Frau, die sich befreien will von allen Zwängen, oder ob Evolutionssituationen, die das Problembewusstsein des Menschen überhaupt schärfen, mitspielen, ist nicht geklärt. Zu bedenken ist freilich die tragende Rolle, die Frauen in den vergangenen Jahren beispielsweise bei der Kriegsführung spielten, so Indira Gandhi im indischen Krieg und Margret Thatcher im Krieg England – Argentinien. Auch im Sport überflügelten die Frauen die Männer häufig. So erzielten bei der letzten Olympiade Frauen die meisten Gold- und Silbermedaillen. Hier stellt sich die Frage: Erleben wir hier Tendenzen der Natur oder eine sich im Umschwung befindliche Welt?
Sicher ist, dass wir im Persönlichkeitsportrait des Ignatia-Menschen sehr vielfältige, weit über die Borderlinie der Homöopathie hinausragende Aspekte finden. Dies wirkt faszinierend, aber auch bedrückend.
Wir wissen, dass der Ignatia-Mensch sehr empfindsam sowie äußerst intelligent, musisch, sehr kompetent, aktiv ist und über eine rasche Auffassungsgabe verfügt. Die Ignatia-Frau zeigt zunächst fast den Charakter eines Managers, kennt man sie aber besser, lässt sie romantische Züge erkennen. So können Ignatia-Frauen in bedeutenden Positionen überzeugend logisch und zielbewusst denken und klare Entscheidungen treffen, um in einer anderen Situation Tränen zu ver-

gießen, als Ausdruck des Affektwechsels von Ausgelassenheit zu Niedergeschlagenheit oder des von ungeheuerer noetischer Vigilanz geprägten Charakters. Auf der einen Seite steht der Geist der »blauen Blume«, auf der anderen die eigene Zielsetzung und Mentalität.

Die Ignatia-Frau legt sich selbst ungemein strenge Maßstäbe nach logischen Richtlinien an und strebt ein sehr hohes Ziel an, das sie sich selbst setzt, bis die Überlastung plötzlich im Vordergrund steht und sie diese nicht mehr bewältigt. Dem berechtigten Stolz auf ihre Leistung, ihren großen Erfolg in Beruf, Politik und Gesellschaft, steht die Frustration in ihrem Gefühlsleben gegenüber. Dieser Konflikt ist sehr stark ausgeprägt. Sie erlebt ihn als großen Zwiespalt zwischen ihrem Gefühlsleben und dem, was sie selbst von sich oder auch die Feministen von ihr verlangen.

Private Kümmernisse bleiben tief in ihrer Seele verborgen. Es ist schwer, sie davon zu überzeugen, dass hier ein Missverhältnis zwischen Soll und Haben besteht, das unter Umständen auch zu einem Konkurs führen kann: Ein kleiner Anstoß durch ein winziges stressauslösendes Moment, durch Kummer oder eine unbedeutende Beleidigung bewirkt Neuralgien und Krämpfe; ein Kartenhaus bricht zusammen, was die Ignatia-Frau allerdings geheimhalten will. Sie hat große Angst, andere Menschen könnten ihr Seelenleben ergründen. Dazu kommen körperliche Probleme. Schließlich verliert die Ignatia-Frau sogar an Weiblichkeit, was sie allerdings nicht bedauert. Sie wird auf einmal sehr kühl, ja sogar abweisend und man hat das Gefühl, sie lebt unter einer Plexiglasglocke, aus der sie nicht mehr herausfindet, die aber auch keiner durchdringen kann. In diesem Stadium muss der Arzt sehr liebevoll, vorsichtig, behutsam mit ihr umgehen, da sie emotional ungeheuer heftig reagieren kann und dann Nux vomica, dem großen Bruder, gleich ist, ihre Gefühle also nicht kontrolliert. So kann sie in neurasthenische, neurotische oder hysterische Weinkrämpfe ausbrechen, aber auch alleine in sich hineinschluchzen, wodurch sich die Problematik des Versagens weiterhin verschlimmert. Sie zeigt sich unausgeglichen, opfert sich für andere auf, wird aber zornig, wenn man sich um sie kümmert, weil man spürt, dass sie Hilfe benötigt.

Im Bereich freundschaftlicher oder intimer Beziehungen ist sie sehr verletzlich, ja überempfindlich und kann ständig zwischen Ablehnung und Freundlichkeit wechseln. Einmal zeigt sie wie ein Igel die Stacheln, dann verhält sie sich wieder wie ein schnurrendes Kätzchen. Bei großem Kummer ist sie entweder mit Schuldzuweisungen an andere bei der Hand und kaum einmal selbst schuld, oder sie nimmt alle Schuld auf sich. In dieser Ambivalenz ihrer Gefühle droht sie sich selbst zu strangulieren.

Dies äußert sich auch in ihrem Verhalten gegenüber ihren Beschwerden. Sie sagt, sie bekäme keine Luft, redet aber pausenlos. Sie hat keinen Hunger, in der Magengegend Beschwerden und dürfte eigentlich nur leicht Verdauliches essen, aber sie verlangt nur nach Schwerem, wie Gänsebraten oder Hering in Sahne mit viel Zwiebeln und Äpfeln. Isst sie leicht Verdauliches, so liegt es schwer im Magen, das schwer Verdauliche verträgt sie gut.

Widerspruch ist ihr absolut zuwider. Selbst von ihren Nächsten verlangt sie unbedingte Bestätigung, dass sie wirklich recht hat.

Sie kann nicht alleine sein, denn sie braucht jemand, dem sie ihre Einsamkeit, ihren Kummer vortragen kann. Falls sie sich von einem Partner getrennt hat, bereut sie dies sofort und ist somit auch in ihrem Gefühlsleben ständig so unzufrieden, dass sie das Leben nicht mehr lebenswert und auch nicht liebenswert findet. Diese Spannungsfelder verursachen Krämpfe sowohl der glatten Muskulatur als auch der gestreiften, die plötzlich kommen und gehen und in dieser Spontaneität ihren Gefühlsäußerungen entsprechen.

Die Ignatia-Frau ist einerseits eine bewundernswerte, manchmal sogar sehr liebenswerte Frau, andererseits zu beklagen, da sie nie glücklich wird. Sie ist ein sehr enttäuschter Mensch, der sich nach einer Heimat für die Seele sehnt, unter emotionellem Psychomasochismus leidet und überall das Unberechenbare, das Paradoxe sieht, auch immer neue Überraschungen erlebt. Ihr Verlangen kann nie befriedigt werden, sondern steigert sich und wird zur Qual, wenn ihre Wünsche befriedigt werden.

Auch im Hinblick auf den anfangs beschriebenen, wachsenden Anteil der Männer, die Ignatia benötigen, sollen einige wichtige Aspekte erwahnt werden. So hat sich das Bild des Mannes, des Helden, völlig verändert: Er trägt möglicherweise einen langen Rock, lange lockige Haare, Ohrringe und duftet nach Parfum. Hier werden auf einmal Gefühle präsentiert, Emotionen gezeigt. Die früher beim Mann ausschließlich wichtige Leistung ist freilich vorhanden; somit finden wir beim Mann die Ambivalenz zwischen Gefühl und Verstand ebenfalls. Wenn aus diesen Gründen Magenbeschwerden oder andere

Krankheiten auftreten, so wird der Mann genauso Ignatia benötigen wie die Frau.
Zur Objektivierung der beschriebenen Tendenzen dient neben der Beobachtung von motorradfahrenden Mädchen und kinderwagenschiebenden Männern auch ein körperliches Merkmal: Die Schambehaarung vieler Frauen geht bis zum Nabel, die vieler Männer ist dagegen fast waagerecht abgegrenzt.

▶ Kinder

Wie der Erwachsene ist auch das Ignatia-Kind von vielen ambivalenten Symptomen bestimmt. Es ist häufig sehr empfindsam, geistig ungeheuer beweglich, intellektuell hochentwickelt, sogar kapriziös. Die Schulleistungen sind sehr gut, das Nervensystem wird bei dem Leistungszwang mitunter allerdings überfordert. So ist bei Schulkindern der Kopfschmerz eine besondere Indikation, der nicht gleich nach der Schule auftritt, sondern erst am Abend, wenn das sehr zielstrebige und ehrgeizige Kind die Schularbeiten zu erledigen hat.
Das Ignatia-Kind bewegt sich wie kein anderes zwischen den gefühlsmäßigen Extremen himmelhochjauchzender Begeisterung und einer zu Tode betrübten Grundhaltung.
Die Überempfindlichkeit gegenüber Geräuschen ist schon beim Kleinkind sehr ausgeprägt. Bei diesem finden wir neben der Nervosität auch eine unglaublich starke Emotionalität, die bei den geringsten Belastungen zu aggressiven Reaktionen führen kann und mit den widersprüchlichsten Syndromen verbunden ist.
Das Essen von schwerverdaulichen Speisen wird vertragen, bei leicht Verdaulichem kommt es jedoch zum Erbrechen. Haben die Kinder Halsweh, können sie mit Sicherheit keine Flüssigkeit, wohl aber feste Speisen zu sich nehmen.
Die erfolgreichen Ignatia-Kinder haben immer Angst, sich zu blamieren, und aus dieser Angst heraus werden sie nie einen Fehler zugeben und bemühen sich inbrünstig, nie einen Fehler zu machen. So sind sie auch sehr eifersüchtig auf andere Kinder, die in der Schule besser sind, daneben aber ungeheuer liebebedürftig. Sie sind richtige »Mama-Kinder«, die sich vor allem an der Mutter festhalten und von ihr geliebt werden wollen. Von allen Geschwistern verlangen sie die meiste Zuwendung.
Wird das Kind einmal gestraft oder scharf angefasst, kann es zum respiratorischen Affekt-Krampf kommen, bei dem das Kind plötzlich blass wird, die Augen verdreht, sich hängen lässt und sogar bewusstlos wird. Dieses ausgesprochen beängstigende Ereignis tritt meist dann auf, wenn ein Schreck vorausgeht oder das Kind seinen Willen nicht bekommt. Ignatia ist hier eines der wichtigsten Mittel: Es beherrscht diese Zustände nicht nur in akutem Zustand, sondern bringt sie auf die Dauer zum Verschwinden.

Literatur

Um den Gemütszustand von Ignatia zu verdeutlichen, sei auf das Märchen der Gebrüder Grimm: »Vom Fischer und sin Fru« verwiesen.
Ein Fischer fängt einen großen Butt. Dieser berichtet, er wäre ein verwünschter Prinz und bittet, man solle ihn am Leben lassen. Er schmecke sowieso nicht (Arzneimittelbild: Verzauberung). Dann gesteht er dem Fischer drei Wünsche zu. Der Fischer lässt den Fisch frei. Die durch den Angelhaken entstandene Wunde verursacht eine lange Blutspur (Arzneimittelbild: Stiller Kummer). Seine Frau wünscht sich schließlich ein schöneres Haus. Dieser Wunsch geht in Erfüllung, sie ist aber weiter unzufrieden. Als ihr Mann sich gegen weitere Ansprüche sträubt, wird sie heftiger. Wetter und See werden unruhig. Sie wünscht sich, Graf, König, Kaiser oder Papst zu sein. Schließlich lässt die Gier sie nicht mehr schlafen. Sie weckt ihren Mann, der vor Schreck aus dem Bett fällt (Arzneimittelbild: Schreckt im Schlaf jählings auf, klägliche Gesichtszüge, wimmert). Dabei sieht sie ihn so garstig an, dass ihn ein Schauer überläuft. Als er vor ihr auf die Knie fällt und sie bittet, sie möge sich doch als Papst zufriedengeben, wird sie böse und die Haare fliegen ihr wild um den Kopf (Arzneimittelbild: Glattes Haar, weigert sich nach unten zu fallen), sie reißt sich das Hemd vom Leib und gibt ihm einen Tritt (Ignatia-Syndrom). Der Mann läuft ganz verstört weg.
Draußen herrscht Sturm und Unwetter. Man kann nichts hören und kaum auf seinen Füßen stehen (Arzneimittelbild: Sie träumt zu stehen, kann aber nicht fest stehen). Der Himmel wird pechschwarz, die See donnert an die Felsen (aufgewühlte Emotionen, Stimmung unberechenbar). Dann trifft der Fischer den Butt und sagt ihm, seine Frau möchte dem lieben Gott ähnlich werden. Plötzlich ist der ursprüngliche Zustand wieder hergestellt.
Dies ist der typische Ablauf einer Ignatia-Biographie: Immer höher hinaus und dann mit einem Sturz hinab zu dem Ausgangspunkt.
Friedrich Nietzsche bringt in seinem Gedicht die Reaktion eines Ignatia-Menschen auf Liebeskummer zum Ausdruck:

»Liebeslied eines Hirtenjungen

Da lieg ich, krank im Gedärm, –
mich fressen die Wanzen.
Und drüben noch Licht und Lärm!
Ich hör's, sie tanzen ...

Sie wollte um diese Stund
zu mir sich schleichen.
Ich warte wie ein Hund, –
es kommt kein Zeichen.

Das Kreuz, als sie's versprach?
Wie konnte sie lügen? –
Oder läuft sie jedem nach,
wie meine Ziegen?...

Wie graus und giftig macht
verliebtes Warten!...

Die Liebe zehrt an mir
gleich sieben Übeln, –
nichts mag ich essen schier.
Lebt wohl, ihr Zwiebeln!
Der Mond ging schon ins Meer,
müd sind alle Sterne,
grau kommt der Tag daher, –
ich stürbe gerne.«

Nach großem Kummer, besonders nach Liebeskummer, verfällt der Ignatia-Mensch in große Melancholie. Er wirkt dann geistig und körperlich völlig übermüdet. In ihm steckt das Gift des Misstrauens in die Liebe, das ihn völlig verzehrt. So wird er gereizt und ärgert sich. Das kann sich steigern bis zum Todeswunsch. Dann kommt noch große Wut dazu, aber am Schluss bleibt nur eine grenzenlose Traurigkeit.

Arzneimittelbild

Wichtige Symptome

- rasch von einem Ort zum anderen wechselnde Symptome
- widerspruchsvolle und paradoxe Symptome
- Unbeständigkeit der Symptome mit plötzlichem Wechsel des Gemütszustandes
- hastiges Reden, bedingt durch Ängstlichkeit
- häufiges, zwanghaftes Seufzen und Gähnen
- Gefühl einer Schwellung, eines Knödels und einer Kugel im Rachen
- starke geschlechtliche Erregung mit Impotenz
- gegen zwei Uhr morgens plötzlich Hunger und Leeregefühl, aber keine Besserung durch Essen
- Starke Gerüche und Exzitanzien werden vom Geruch, aber auch von der Einnahme her nicht vertragen.
- Muskelzuckungen vereinzelter Muskelgruppen

Modalitäten

Verschlimmerung: durch Kummer, Aufregung, Kaffee, Nikotin, Alkohol, Kälte und Berührung.
Besserung: durch Wärme, Druck und ständige Veränderung der Haltung bzw. Körperstellung.

Toxikologie

Wirksame Inhaltsstoffe sind Strychnin, Bruzin und andere Indoalkaloide sowie das Iridoidglycosid Loganin. Strychnin wirkt auf Gehirn und Rückenmark erregend.
Dosen von 0,02 g und mehr führen zum Auftreten von Strychninvergiftungen. Nach kurzer Frist setzt ein Muskeltetanus ein, alle quergestreiften Muskeln kontrahieren sich, die Wirbelsäule wird überstreckt, so dass der steife Körper in konkavem Bogen auf Kopf und Ferse ruht. Nach ein bis zwei Minuten löst sich der Krampf. Bei starker Vergiftung kann auch der Tod durch Ersticklung eintreten.

Wichtige Indikationen

- Folgen von lange getragenen Kümmernissen und heimlichem Liebeskummer
- hervorragendes Heilmittel bei allen Störungen seelischer Harmonie
- Spasmen zarter, empfindsamer Menschen, besonders von Frauen und Kindern
- Neuralgien morgens und mittags
- pulsierende Kopfschmerzen infolge geistiger Arbeit, Aufregung, Tabakgeruch
- Dyspepsie bei Anämikern
- hysterische Dyspepsie mit Spasmen der Speiseröhre und des Darmes, Singultus
- Asthmaanfälle, besonders als Folge von Kummer, Gram und Liebeskummer

Strychnos nux-vomica (Nux vomica)

Ursprung

Strychnos nux-vomica (Brechnussbaum) gehört zu der Familie der Loganiaceae und ist in Indien beheimatet. Die Früchte dieses sehr hohen Baumes enthalten vor allem die Alkaloide Strychnin und Brucin sowie das weniger bedeutende Vomicin.

Persönlichkeitsportrait

▶ Erwachsene

Das Arzneimittelbild ist vielgestaltig, vielschichtig und faszinierend. Dementsprechend reicht das Persönlichkeitsportrait vom völlig erschöpften, niedergeschlagenen Menschen über den wählerischen und anspruchsvollen Typ bis zum ehrgeizigen, intelligenten, mit ausgesprochenem Pflichtgefühl und hoher Arbeitsmoral belasteten und übermäßig strapazierten Managertyp.

Immer mehr werden wir den Persönlichkeitstyp von Nox vomica nicht nur bei Männern, sondern auch bei Frauen finden. In Amerika ist diese Entwicklung sehr deutlich und zeigt sich nicht nur an der Kleidung, sondern auch an der Art des Auftretens und des Kontaktes mit anderen Menschen. Auch im erotischen und im intimen Bereich sehen wir eine deutliche, stärkere Formierung beim weiblichen Geschlecht zum Strychnos-nux-vomica-Persönlichkeitsbild hin. So wird heute der sorgfältig untersuchende Arzt an der Anlage der Schambehaarung bereits bei jungen Mädchen deutlich maskuline Zeichen finden, die früher nie oder nur sehr selten zu sehen waren.

Die Nux-vomica-Persönlichkeit ist kein seltener Typus, wir finden ihn in sämtlichen Gesellschaftsschichten. Er ist robust gebaut, häufig pyknisch, muskulös, aber auch leptosom, auf jeden Fall kräftig. Er versucht immer, selbständig und an führender Stelle tätig zu sein. Sein ganzes Denken ist auf das Ziel ausgerichtet, seinen Ehrgeiz, seine Intelligenz, seine ganzen Fähigkeiten und seine Auffassungsgabe pragmatisch einzusetzen und mit seinem Fleiß auf der Stufenleiter des Erfolges nach oben zu kommen. Für dieses Ziel setzt er seine ganze Energie ein und überzieht auch möglicherweise sein energetisches Potenzial. In leitender Position kann er unendlich viel leisten. Er ist ein typischer Manager, Geschäftsmann, ein Mensch, der andere Menschen führen, auch einmal verführen kann.

Nux vomica ist wie Argentum nitricum äußerst ehrgeizig. Argentum nitricum will viel mehr leisten, als er überhaupt an Substanz und Qualifikation enthält. Nux vomica nimmt keine Rücksicht auf seine Gesundheit, wenn es darum geht, sein Ziel zu erreichen. Der Arbeitseifer kann zur Arbeitswut führen. Da er auch Erfolge zeigt, wird ihm immer mehr an Arbeit und Verantwortung übertragen. Er ist zunächst sehr glücklich darüber, kommt aber früher oder später an die Grenzen seiner energetischen Kapazität. Nicht nur sein Pflichtbewusstsein, sondern ein innerer Zwang treibt ihn immer wieder zum Arbeiten. Er stellt an sich selbst sehr hohe Ansprüche, was seinen Bezug zur Realität fraglich erscheinen lässt. Der Nux-vomica-Patient kann schließlich die Stufenleiter des Erfolges so hoch erklimmen, dass er die damit verbundenen Leistungen und Anforderungen nicht mehr erfüllen kann. Denoch setzt er seine ganze Kraft ein. Da er seine eigene Fähigkeitsgrenze nicht akzeptieren kann, gerät er in die große Gefahr, Kaffee, Alkohol, Zigaretten, auch Medikamente, vielleicht sogar Drogen zu benutzen, um allen Ansprüchen gerecht zu werden.

Ein anderes Interessengebiet, das ihm viel Lust bereitet, ist der Sexus. Hier will er Höchstleistungen vollbringen und benutzt deshalb Stimulationsmittel, deren Missbrauch freilich Spätschäden bewirken kann.

Sein sehr stark ausgeprägtes Triebleben verleitet ihn auch dazu, die Grenzen zu überschreiten, die von Gesundheit und konventioneller Moral, mitunter auch von der ihm zur Verfügung stehenden Zeit bestimmt sind. Er hat zwar eine ausgesprochen klare Arbeitsmoral, ist aber im Übrigen kein Moralist. Da jede Überbeanspruchung des Organismus früher oder später zu Erschöpfung führt, wird er zwangsläufig arbeitsunfähig und im Bereich der sexuellen Leistung impotent und muss somit seinen Tribut für den übertriebenen Genuss oder Gebrauch von Reizmitteln zahlen.

Der Magen-Darm-Trakt gerät in Unordnung, das Nervenkostüm wird angegriffen. Die Sinnesorgane werden überempfindlich gegenüber äußeren

Eindrücken, er ist erschöpft, wird ärgerlich, kann wegen geringfügiger Ursachen cholerisch werden, schimpft und zerstört Gegenstände. Missgestimmt kommt er nach Hause, und die Familie zieht sich ängstlich zurück.

Er schläft unruhig, wacht immer wieder auf und kann besonders in den Morgenstunden nicht mehr einschlafen, weil ihn geschäftliche und private Sorgen bedrücken. Erst nach wiederholten Überlegungen kann er einschlafen und muss dann müde und erschöpft und aus bestem Schlaf geweckt den neuen Tag beginnen.

Becker zitiert als aussagekräftiges Beispiel für diesen Menschen das aus der Werbung noch gut bekannte »HB-Männchen« und stellt dieses als ein für unsere moderne Zeit häufiges und typisches Verhaltensmuster dar. Der Mensch hat sich zuviel vorgenommen, er wird einfach nicht damit fertig. Eine Kleinigkeit nach der anderen geht schief. Seine Arbeit wird immer unkoordinierter, verkrampfter. Schließlich geht er heftig fluchend und schimpfend »in die Luft«, anstatt ganz einfach an die »frische Luft« zu gehen.

So kommt es wegen der geringsten Kleinigkeit zum Streit in der Familie, wenn zwei Nux-vomica-Persönlichkeiten zusammentreffen: Der eine ist »mit dem falschen Bein« aufgestanden, ihm geht sowieso alles schief; muss er auch noch den Kaffee kochen, lässt er die Kaffeekanne fallen, weil etwas im Weg lag. Wird dieser »Morgenmuffel«, der Kopfweh hat beim Aufwachen und noch unausgeschlafen ist, angesprochen, ist es mit seiner Selbstbeherrschung völlig zu Ende. Unbeherrscht schreiend will er dem anderen dann noch seine Meinung aufzwingen, ist aber schon völlig erschöpft und würde sich gerne vor der Arbeit drücken, die vor ihm steht.

Vor der Arbeit muss er seinen Darm entleeren. Das ist für ihn sehr schwierig, denn er braucht absolute Ruhe, ist jedoch sehr gehetzt und legt dann die Stirn in ärgerliche Falten, wie der Säugling mit Pylorospasmus, bevor er erbricht. Kinder von Nux-vomica-Persönlichkeiten bekommen schnell eine Ohrfeige, wenn ihnen beim Spielen etwas nicht gelingt und sie deshalb schreien: Nux vomica hat eine lockere Hand, ist unausgeschlafen, überarbeitet, nervös und reizbar.

Hier ist auch der »Nux-vomica-Kater« zu erwähnen, der nach einem Fest in baccho eine typische Situation für die Nux-vomica-Persönlichkeit darstellt. Sie hat, am Abend nach einem sehr späten und zu reichlichen Essen zunächst einmal ein oder auch mehrere Verdauungsschnäpschen zu sich genommen, geraucht und ein paar Flaschen Bier getrunken. Führt dann jemand beleidigende Reden, ist man ruhig, bis der »Kragen platzt«. Dann kommt es zum Wortgefecht, das in Tätlichkeiten ausarten kann. Torkelnd oder geführt kommt Nux vomica dann nach Hause. Morgens hat sie das Gefühl, der Schädel sei doppelt so groß wie sonst, leidet unter ekelhafter Übelkeit, kann aber nicht erbrechen. Schrank, Spiegel, die eigene Frau, alles dreht sich um einen. Die Partnerin ist ärgerlich und erklärt, Nux vomica habe wieder so laut geschnarcht, dass die ganze Familie nicht schlafen konnte. Nux vomica hat das Gefühl, verrückt zu werden, weil jedes Wort wie ein Presslufthammer auf den Kopf einstampft. Hände, Kopf und Magen zittern. Und dabei weiß er, dass bei der Arbeit sicher wieder einiger Ärger ansteht.

Außer durch Alkohol und Arbeit kann sich der Nux-vomica-Patient auch noch mit Essen überlasten. Er isst hastig und gierig, keine gewöhnlichen, bürgerlichen Speisen, sondern Ausgefallenes. Scharf und deftig muss das Essen sein. Seltene, auch brennende Gewürze sind gerade recht und verursachen angenehmen Durst.

Fühlt man sich satt, muss man den Gürtel öffnen. Auch wenn einem übel ist, isst man weiter. Stunden nach dem Essen hat man das Gefühl, ein Stein liege im Magen, man möchte gern aufstoßen, aber es geht nicht, wie man auch unfähig ist, sich zu konzentrieren: Plenus venter non studet libenter. In diesem Zustand entwickelt der Nux-vomica-Patient das Bedürfnis zu schlafen, um sich nach dieser Entspannungsphase entleeren zu können. Bei dem überfüllten Bauch ist der After zu verkrampft und Stuhlgang bei aller Anstrengung unmöglich – eine äußerst unangenehme Situation.

Folge der dargestellten Verhaltensweisen ist die Einnahme von Medikamenten, wie Abführ-, Kopfschmerz-, Schlaf-, Aufputsch-, Beruhigungsmitteln und Stimulanzien (»Ich muss es ja nehmen, denn sonst kann ich es nicht aushalten.«), die zu den oben beschriebenen Konsequenzen führen.

Anzuführen sind auch die Nux-vomica-Beamten, von Hahnemann »Staatshämorrhoidarier« genannt, die unübersehbar viele Vorschriften zu berücksichtigen haben. Ein Nux-vomica-Beamter bewältigt die Aktenberge nicht, was ihn sehr bedrückt. Auch auf entnervende Fragen darf er nicht aus der Rolle fallen, nicht aufbrausen und muss sich ducken. So bekommt er einen steifen Nacken oder eine akute Lumbago. Da man sich

nicht immer bücken kann vor den Vorgesetzten, muss man sich bei den Untergebenen Luft schaffen, die das eigene kreative Denken ersetzen. Das dauernde Sitzen verursacht Hämorrhoiden und Hexenschuss.
Auch Schüler können Nux-vomica-Patienten sein: Sie nehmen Pillen, um angeregt zu sein, der »Schulstress« plagt sie, auch als Studenten sind sie geplagt von Anstrengung beim Sex, Ärger mit BaföG und anderen Schikanen. Vorlesungen frühmorgens sind ein Zumutung: Wer soll da hingehen und auch noch aufpassen? Nux-vomica-Persönlichkeiten können Querulanten und Nörgler sein, oft sind sie unzufrieden, immer müssen sie kritisieren, sind widerspenstig und trotzig. Widerspruch können sie nicht ertragen, müssen sich vielmehr immer aufregen. Auch können sie keine Reue zeigen und sich nicht entschuldigen. Nur im Hinblick auf die eigene Person sind sie sehr empfindlich, manchmal sogar hypochondrisch und denken beim geringsten Schmerz an ernste Krankheiten.
Nux-vomica-Menschen verkörpern das moderne Großstadtleben, ständige Überreizung, Hektik, Jagen. Bei der Rush-hour sind hauptsächich solche Typen zu beobachten: Jeder besteht auf seinem Recht, tendiert zu verkrampftem Fortschreiten oder Vorwärtsfahren, will schneller sein als die anderen, obwohl man nicht überholen kann, weil die Straße zu eng ist. Man muss sich als ebenbürtig erweisen und die Überflussgesellschaft genießen können mittels Genuss- und Nahrungsmitteln. Das gilt manchmal auch für den Nux-vomica-Menschen. Beim kleinsten Schmerz folgt der Griff zur Tablette. Der Blick für eine umfassende Harmonie, für übergeordnete Strukturen geht verloren. Das sind die großen Zivilisationsschäden unserer Zeit, die sich auch im Schlaf sowie bei vielen, sich widersinnig durchkreuzenden Ideen, in Träumen über Zank, Zorn, fatale Unfälle, große Erfolge und Misserfolge sowie in der Hypochondrie manifestieren.
Zu erwähnen sind hier noch einige schlechte Eigenschaften. Nux vomica kann in seiner Boshaftigkeit manchmal grausam sein und zur Gewalt tendieren. Auch kann er, vielleicht als Folge eines Konkurrenzdenkens, hinter dem Rücken der Kollegen üble Nachrede führen. Er behandelt Untergebene schlecht, kann aber auch seinen Konkurrenten übel mitspielen. Nicht zuletzt kann Nux vomica bei völliger Erschütterung seiner ganzen Lebensart auch Gewalt gegen sich selbst anwenden, sich beispielsweise aus großer Höhe herabstürzen oder sich erschießen. Auch anderen Gewalt anzutun steht nicht außerhalb seines Wunschdenkens. Bei genauer Betrachtung des Nux-vomica-Typus ist unter Einbeziehung der Modalitäten des Arzneimittelbildes sehr schnell das richtige Arzneimittel zu finden. Nux vomica ist ein Beispiel dafür, dass wir die Gesamtheit der Symptomatik betrachten müssen, um das richtige Mittel zu finden, aber auch die Grundstruktur der Nux-vomica-Persönlichkeit in Einklang mit der Grundstruktur des Arzneimittelbildes bringen müssen.
Obwohl das Nux-vomica-Persönlichkeitsbild umfassender dargestellt ist als andere Portraits, ist es aufgrund seiner Vielschichtigkeit noch nicht erschöpfend behandelt.

Kinder

In der einschlägigen Literatur über Konstitutionstypen bei Kindern wird Strychnos nux-vomica kaum erwähnt. Die nicht sehr häufigen Kindertypen sind sehr schwierige Charaktere, äußerst zänkisch und manchmal sehr destruktiv. Sie sind mager, haben dunkle Haare, zeigen ein mürrisches Gesicht und werden aufgrund ihrer Streitsucht und Zerstörungswut von anderen Kindern gerne gemieden. Besonders in den Morgenstunden sind sie mürrisch und somit echte »Morgenmuffelkinder«, die nicht recht essen wollen, schon zum Frühstück etwas Saures oder Obst verlangen, aber es dann einfach nicht vertragen. Manche dieser Kinder frieren gerne, wollen aber trotzdem kein warmes Zimmer. Nach Mitternacht wachen sie auf, nörgeln und ärgern ihre Eltern und schlafen erst in den Morgenstunden wieder ein, um in dem Augenblick, in dem sie geweckt werden, um zur Schule zu gehen, sofort wieder mürrisch zu werden. Im Vordergrund bei Krankheitsgeschehen stehen Gastritis, besonders nach dem sehr geschätzten, reichlichen Essen. Schlafstörungen treten auch in frühen Morgenstunden auf.

Literatur

Jürgen Becker interpretiert Nux vomica aus dem Grimm'schen Märchen »Die Bremer Stadtmusikanten«, das das Großstadtnachtleben illustriert. Zunächst wird ein arbeitsmüder Esel beschrieben, den man als Beamten vor der Pensionierung apostrophieren könnte, weiterhin ein japsender alter Jagdhund, wohl ein Angestellter, der sich bis zu dem Zeitpunkt seines Rentenalters abgemüht hat. Auch eine alte Katze mit schon stumpfen Zähnen wird erwähnt, die die Chefsekretärin eines Managers sein könnte: Bis zuletzt hatte sie den Riesenbetrieb in ihren Händen, jetzt ist sie arbeitslos. Schließlich folgt ein Hahn, den wir uns als jungen, politisch eher links orientierten Studenten vorstellen können.

Alle Tiere sollten zum Sonntagsschmaus verzehrt werden. Sie konnten fliehen und wollen jetzt zusammen musizieren. Hier wird die Sehnsucht nach Harmonie bei so stark gestressten Nux-vomica-Persönlichkeiten deutlich.

Nachts entdeckt der Hahn in weiter Ferne ein hell erleuchtetes Räuberhaus, das als Zentrale eines multinationalen Konzerns anzusehen ist. Das wollen sie nun in einer gemeinsamen Nacht- und Nebelaktion besetzen. Mit gemeinsamem Geschrei stürzen sie durchs Fenster in die Stube. Die Scheiben klirren, alles erinnert an Demonstration, Randale und ähnliche Geschehnisse. Die Räuber, die dieses Haus bewohnen, flüchten. Die Tiere essen und trinken und legen sich schließlich schlafen.

Währenddessen schicken die Räuber einen Spion. Er will in das Haus spähen, berührt dabei aber versehentlich die Katze. Diese versteht keinen Spaß, springt ihm ins Gesicht, speit ihn an und kratzt ihm das ganze Gesicht auf. Auf der Flucht zur Hintertür beißt ihn der Hund ins Bein (Ischias), vom Esel erhält er einen Tritt (Lumbago – Zerschlagenheitsgefühl!), und der Hahn ruft sein schlechtes Gewissen in ihm wach. (Wie oft denkt Strychnos nux-vomica darüber nach, sein Leben zu bessern!) Hätten alle Nux vomica genommen, hätte sich das Märchen nicht so abgespielt. Jürgen Becker empfiehlt jedem, der nicht an einen Zusammenhang zwischen diesem Märchen und Nux vomica glaubt, 14 Tage lang dreimal täglich Nux vomica **C30** zu nehmen. Es könnte sein, dass er dann im Traum oder im Wachtraum die Geschichte oder das Märchen von den Bremer Stadtmusikanten am eigenen Leibe erfährt.

Arzneimittelbild

Wichtige Symptome

- große Reizbarkeit, schlechte Laune, Boshaftigkeit, Streitsucht und Zerstörungslust, Suizidneigung, Hyperästhesie der Sinne
- Traurigkeit beim geringsten Anlass, vor allem nach dem Essen
- Hyperästhesie aller Sinne, das geringste Geräusch, Licht, Gerüche oder gar Schmerzen sind unerträglich.
- Verstopfung mit vergeblichem Drang. Erwachen gegen drei Uhr morgens mit Schlaflosigkeit bis sechs Uhr
- Die Beschwerden laufen intermittierend ab. Die Zunge ist stark belegt, besonders im hinteren Teil.
- Der Kranke kann um die Brust herum kein festes Kleidungsstück ertragen. Patient fühlt sich besonders wohl und weiß dabei, dass er kurz darauf akut erkranken wird.
- Die Schmerzen haben verschiedenen Charakter, sind meist aber krampfartig reißend. Die Empfindung zusammengeschnürter Glieder ist charakteristisch.
- Das Auftreten der Schmerzen besonders in den Morgenstunden ist typisch. Der geringste Schmerz lässt aufschreien.
- nächtliche Kreuzschmerzen, gefolgt, besonders am Morgen, von großer Kraftlosigkeit
- alle Folgen von Vergiftungen, Alkohol, dionysischen Festen, Medikamenten, Narkosen

Modalitäten

Verschlimmerung: in den Morgenstunden, bald nach dem Erwachen, nach geistiger Anstrengung, schweren Mahlzeiten, bei kaltem, trockenem Wetter, Berührung, Sinnesreizungen.

Besserung: abends, nach einem ununterbrochenen Schlaf, bei feuchtem Wetter, starkem Druck, Wärme.

Toxikologie

Die Samen von Nux vomica enthalten mehrere Alkaloide und Glykoside. Der Alkaloidgehalt beträgt durchschnittlich 2,5 bis 3 %, kann in einigen Fällen aber auch auf 0,25 % absinken oder sogar, wie etwa in Sri Lanka auf 5 % steigen. Etwa die Hälfte davon entfällt auf Strychnin. Ein weiteres in großer Menge vorhandenes Alkaloid ist das Brucin. Beides sind stark toxische Indolalkaloide. Mehrere andere Alkaloide und Glykoside spielen nur eine geringe Rolle. Die moderne Pharmakologie entdeckte den Wirkungsmechanismus von Strychnin, es blockiert die inhibitorische Wirkung des Transmitters der hemmenden Interneurone der polysynaptischen Großreflexe in Rückenmark und Formatico reticularis (Desinhi-

bition), die Agonist-Antagonist-Koordination wird gestört, die Reizschwelle stark herabgesetzt (Rückenmarkskonvulsivum).
Strychnin entfaltet seine Wirkung am Nervensystem, indem es die Hemmung der Neurone aufhebt. Die Funktion der Sinnesorgane wird gesteigert. Der Magen reagiert mit Übelkeit, selten mit Erbrechen. Krampfanfälle treten nach vorhergehender Angst und Bangigkeit plötzlich auf mit Zuckungen und Tetanus der Gesichtsmuskeln. Auf Krampfanfälle kann eine Lähmung folgen.
Hühner und auch andere Vögel besitzen bei peroraler Aufnahme eine verhältnismäßig hohe Widerstandsfähigkeit gegen die Giftwirkung des Strychnins.
Brucin ist wesentlich weniger giftig, im Übrigen aber Strychnin sehr ähnlich. Die tetanische Starre der Strychnin-Krämpfe fehlt allerdings.
Vomicin hat nur eine geringe krampferregende Wirkung. Eine alte homöopathische Erfahrung ist, dass wir mit Nux vomica ein kaum versagendes Gegengift bei Nikotinvergiftung haben. Es wirkt deutlich besser als das idiopathisch gegebene Tabacum.
Das Vergiftungsbild ist abhängig von der Beschaffenheit des Präparates und dem Füllungszustand des Magens. So treten wenige Minuten bis zu mehreren Stunden nach Einnahme des Giftes Unruhe und Schreckhaftigkeit auf, worauf sich bald schmerzhafte Zuckungen in verschiedenen Muskelgruppen, besonders der Nacken- und Kaumuskulatur einstellen. Später folgt Steifigkeit und Gefühl von Schwere in der Brust mit erschwerter Atmung, schließlich krampfhaftes Zusammenfahren bei exogenen Reizen. Danach kommt es wie durch einen elektrischen Schlag plötzlich zu einem typischen Tetanusanfall. Alle Skelettmuskeln gehen auf einmal in tonische Kontraktion über, der Körper ruht rückwärts gebogen auf Kopf und Fersen, selten ist der Kopf nach vorne gezogen oder die Wirbelsäule nach einer Seite gekrümmt. Die Bauchmuskeln sind bretthart kontrahiert, der Brustkorb unbeweglich fixiert. Durch Einschränkung und spätere Einstellung der Atmung wird das Gesicht dunkelrot und zyanotisch. Die Venen schwellen an, die Bulbi treten hervor, die Pupillen erweitern sich und es kann zu starken Erektionen kommen. Dabei ist das Bewusstsein erhalten. Dieser Zustand ist äußerst schmerzhaft.
Nach Sekunden, oder auch Minuten erschlaffen die Muskeln, der Anfall ist vorbei und der Patient kann sich wieder ungehindert bewegen.
Nach kurzer Zeit, verursacht durch äußere gesteigerte Reflexerregbarkeit und scheinbar sehr spontane, aber immer äußere Reize (leiseste Berührung, ein Ton, ein Lichtstrahl, ein Luftzug), bricht ein neuer Anfall aus. Nach höchstens drei bis fünf Anfällen tritt der Tod ein, einige Sekunden nach Abschwächen der Krämpfe unter dem Bild der Atemlähmung, die mit Vasomotorenlähmung einhergeht. Häufig noch starke Salivation, selten Erbrechen.
Bei schweren Vergiftungen ist die Prognose verhältnismäßig günstig, wenn der Patient die ersten zwei Stunden lebend übersteht. Nachwirkungen sind allgemeine geistige und körperliche Schwäche, Abspannung, psychische Störung, Ikterus, häufig auch dauernde Blindheit.

Wichtige Indikationen

- Dyspesie nach Alkohol-, Kaffee-, Nikotin- und Medikamentenabusus
- spastische Obstipation, besonders in Verbindung mit Hämorrhoiden
- gastrisch bedingte Kopfschmerzen
- Spastik und Koliken im Magen-Darm-Bereich
- Herzneurose nach Tabak- oder Kaffeegenuss
- Muskelrheumatismus, akute Lumgabo mit Ischias
- intermittierende, morgendliche Neuralgien, besonders im Trigeminusbereich
- starke Krämpfe der Extremitäten, besonders bei Trinkern
- morgendlicher Schwindel, sogar im Bett, mit Völlegefühl und Flatulenz
- Hypochondrie
- Husten, besonders bei Personen, die gewohnheitsmäßig schlemmen.
- Migräne, besonders in den Morgenstunden, mit Übelkeit und Erbrechen, dabei Besserung durch Bettruhe
- chronischer Alkoholismus

Tabacum (Nicotiana tabacum)

Ursprung

Der Tabak stammt aus Süd-, Mittel- und Nordamerika. Er wurde im 16. Jahrhundert nach Europa gebracht und wird mittlerweile in allen Erdteilen in zahlreichen Variationen angebaut. Das einjährige Nachtschattengewächs wird bis zu 3 m hoch, hat 20 bis 25 wechselständige, lanzettlich geformte Blätter und blüht im Sommer rot, selten auch weiß.
Der Rauchtabak wird aus den fermentierten Blättern hergestellt, die Nikotin, Pyridinalalkaloide, Myosin, Isonicotin, Tabakkampfer, Anabasin, Cholin, Flavone, Cumarine und Spurenelemente enthalten. Aus den nicht fermentierten Blättern des echten Havanna-Tabaks wird nach der Vorschrift des Homöopathischen Arzneibuches eine Tinktur angefertigt, die die flüchtigen Alkaloide Nikotein und Nikotinin sowie das sehr feste Alkaloid Nikotelin enthält. Wirksamster Bestandteil ist das Nikotin.
Die erste Arzneimittelprüfung führte Trinks vor Allen und Hering im Jahre 1847 durch.

Persönlichkeitsportrait

Tabacum zeigt eine große Ambivalenz im Geistes- und Gemütsbereich. Die Patienten sind häufig sehr vergnügt, manchmal sogar albern, und redegewandt. Diese Heiterkeit kann sich plötzlich in Verdrossenheit oder gar Schwermut wandeln; Tabacum fühlt sich dann elend und ist sehr ängstlich, fürchtet sich vor dem Tod und hat Herzbeklemmungen; es kommt zu Vergesslichkeit und Konzentrationsstörungen. Manchmal treten Wahnideen und die Illusion auf, alle Gegenstände würden sich verkleinern. Die Angst bessert sich durch Weinen.
Bei Bewegung, besonders beim Autofahren, finden sich häufig Schwindel sowie eiskalter Schweiß am ganzen Körper. Dem Betroffenen ist »sterbensübel«. Dabei empfindet er ein Kollapsgefühl.
Da sie sehr geräuschempfindlich sind, sprechen die Patienten sehr leise. Nachts schlafen sie wie betäubt.

Arzneimittelbild

Wichtige Symptome

- zerebraler Reizzustand mit Abmagerung und entkräfteter Muskulatur
- eiskalte und totenblasse Haut, bedeckt mit eiskaltem Schweiß
- Alle krankhaften Symptome treten anfallsweise und mit Kollapsgefühl auf.
- Übelkeit und Erbrechen; der Bauch will den Bauch nicht bedecken
- Schwindelgefühl beim Öffnen der Augen, einhergehend mit Schweißausbrüchen bei der kleinsten Bewegung
- Sehirritationen wie Doppeltsehen und Schielen
- ohnmachtsartiges Schwächegefühl in der Magengrube

Modalitäten

Verschlimmerung: durch Bewegung, Fahren, Liegen auf der linken Seite, Schaukeln und bei Öffnen der Augen.
Besserung: durch frische und kalte Luft, durch Entblößen des Bauches, Weinen.

Toxikologie

Das weltweit verbreitete und überaus geschätzte Genussmittel Tabak ist vor allem im Hinblick auf seine Zugehörigkeit zu den Solanaceen zu betrachten. Zu dieser Pflanzenfamilie zählen große Rausch- und Zaubermittel, wie Belladonna, Hyoscyamus oder Datura Stramoni, aber auch Nahrungsmittel, wie die Kartoffel, deren Beeren, und die Tomate, deren Blätter sogar giftig sind. Tabacum zeigt viele Symptome von Rauschmitteln. Einem starken Raucher fällt es beispielsweise sehr schwer, sich das Rauchen abzugewöhnen.
Das im Tabak enthaltene Nikotin ist ein sehr starkes Toxin. Eine Nikotin-Vergiftung kann bis zum Tod durch Atemlähmung führen. Da beim Rauchen, Schnupfen oder Kauen von Tabak Nikotin und Teerstoffe aufgenommen werden, ist dieser Genuss unter medizinischem Aspekt also

nicht zu empfehlen. Diese Substanzen schädigen Blut und Blutzirkulation und beeinträchtigen die Lungenfunktion und das Nervensystem sowie die Schilddrüse. Es kommt zu Herz- und Kreislaufbeschwerden und Krebserkrankungen im Respirationstrakt.

Wichtige Indikationen

- Seekrankheit
- Sterbensübelkeit
- Angiospasmen
- Migräne
- Morbus Ménière
- gastrokardialer Symptomenkomplex
- Nausea
- Singultus
- Parästhesien, die mit Neuralgien wechseln
- Beschwerden durch Tabakmissbrauch

Praxistipps
Tabacum wird nur sehr selten als Konstitutionsmittel verwendet.
Bei Seekrankheit wirkt Tabacum wesentlich besser als Cocculus, auf das in der Literatur meist verwiesen wird.
Schwindelgefühl beim Schließen der Augen erfordert **Lachesis**, **Sepia** oder **Theridion**.

Thuja occidentalis (Thuja)

Ursprung

Thuja occidentalis ist ein bis zu 20 m hoher Baum mit pyramidenförmigem Wuchs, manchmal auch strauchartig. Die Äste sind verzweigt, nadelartig, dachziegelartig bedeckt mit Blättern, die rückseitig Öldrüsen tragen.
Der Name geht zurück auf griechisch »thyon« oder »thyein« (räuchern und opfern), da das Holz in der Frühzeit beim Opfern zum Räuchern verwendet worden ist.
Verwendet werden meist die Zweigspitzen jüngerer Triebe für Arzneimittel.
Inhaltsstoffe sind ätherische Öle mit der Hauptkomponente Thujon und verschiedene Monoterpene.

Persönlichkeitsportrait

Erwachsene

Thuja-Persönlichkeiten sind erst zu beschreiben, wenn man schon sehr viele erlebt hat. Es sind jene Patienten, die man als Arzt in der Sprechstunde zunächst einmal gar nicht so gern hat: Thuja kann sehr bestimmend sein und fast Unglaubhaftes erzählen. Man erfährt im Laufe der Anamnese und des Gespräches doch einiges, das darauf hinweist, dass er sehr argwöhnisch ist, Gedanken in Frage stellt, ja sogar bezweifelt, ob der Arzt wirklich so viel von der Homöopathie versteht. Sein Argwohn trifft dann besonders, wenn man ihm grundsätzlich in harmloser Naivität äußerstes Vertrauen entgegenbringt. Man darf ihm auch nicht alles glauben. Es ist jedoch sehr schwierig zu wissen, wann er die Unwahrheit sagt und welche Besonderheiten er aufweist.
Thuja ist zurückhaltend und beobachtet den Arzt genau. Dieser hat zunächst einmal das Gefühl, mit diesem Patienten nicht umgehen zu können. Es wird sehr lange dauern, das volle Vertrauen einer Thuja-Persönlichkeit zu erringen und alle für das Arzneimittel wichtigen Hinweise zu erhalten. Man geht also zunächst von körperlichen Anzeichen aus; gerade Thuja bietet einige äußerst signifikante Charakteristika.
Er hat fast immer ganz ausgeprägte Falten zwischen den Augenbrauen sowie zwischen den Mundwinkeln und der Nase. Mitunter, aber nicht oft, hat er auf der Nase kleine Teleangiektasien. Sein Gesicht sieht immer aus, als ob er sich gerade mit einem besonderen Kosmetikum versehen hätte. Außerdem fällt auf, dass an den unbedeckten Körperstellen, im Gesicht, besonders aber an der Hand, einige Venen deutlich hervortreten. Bei der Untersuchung sollte man sich deshalb auch die Unterseite der Zunge ansehen. Hier sind ebenfalls variköse Veränderungen festzustellen.
Thuja ist kein sehr sauberer Mensch. Seine Haut zeigt viele krankhafte Merkmale, angefangen von einem Muttermal bis zu Leberflecken, warzigen und hornigen Bildungen. Er schwitzt, und sein Schweiß riecht, besonders im Bereich des Perineums. Die Fingernägel sind häufig missgebildet, zeigen Streifen, tief eingefurchte Rillen, nicht nur längs, sondern auch quer. Finger- bzw. Fußnägel sind häufig an ihren Enden gespalten. An den Augenlidern finden wir häufig Gerstenkörner. Wenn Thuja einmal sein Schweigen gebrochen hat, wird er sehr ungeduldig und hastig. Er überstürzt seine Worte und Bewegungen. Widersprechen sollte man ihm möglichst nicht. Er ist sehr reizbar. Schon aufgrund geringfügiger Ursachen kann er zornig werden. Mitunter hat er auch fixe Ideen, beispielsweise, seine Knochen seien aus Glas und würden jetzt gleich brechen. Oder es verfolge ihn jemand, und es könnte plötzlich eine Extremität abgetrennt werden. Er kann sehr schnell aufgebracht sein und erwartet eigentlich immer nur das Schlimmste. Da er ständig über seine schreckliche Zukunft nachdenkt, schläft er schlecht. Morgens gegen drei Uhr wacht er mit verzweifelten und ängstlichen Gedanken wieder auf, die sich alle um seine Gesundheit drehen. Auch alle Erfahrungen helfen ihm nicht, er wird weiter zweifeln, auch an seinem Partner, seinem Arzt, mitunter sogar an seiner eigenen Art. Er möchte sich ändern, aber dies gelingt ihm nicht. Freilich hat er keine Angst darüber nachzudenken, was andere von ihm sagen. Er ist nie auf die Meinung der anderen angewiesen. Manchmal kennzeichnet ihn auch berechnendes Verhalten. Man weiß nie, was er in der Tiefe der Seele verschweigt, und ob das, was er sagt, der Wahrheit entspricht.
Wird Thuja älter, so kommt es zur Vergesslichkeit, zu einer gewissen geistigen Trägheit und als Folgeerscheinung auch zu Unzufriedenheit.

Nichts passt ihm und alles ängstigt ihn, besonders, wenn es die Gesundheit angeht.
Das Gewebewachstum, das bezüglich der Haut besonders angesprochen wurde, besteht natürlich auch im Inneren. Wir sollten immer überlegen, ob nicht bei Tumoren, deren Gutartigkeit durch Untersuchungen bewiesen ist, mit Thuja, dem sykotischen Mittel, etwas zu erreichen ist.
Die Wetterfühligkeit ist hier ebenfalls herauszustellen. Besonders, wenn nasses Wetter angezeigt ist mit Nebel, Regen oder Schnee geht es ihm erst richtig schlecht.
Die Wechselhaftigkeit, wie wir sie bei Wetterwechsel immer wieder finden, zeigt sich auch in seinem Benehmen. Er kann sich zu Hause völlig anders benehmen als beim Arzt, wieder anders in seinem Büro oder bei irgendeiner Gesellschaft. So finden wir manchmal einen sehr guten Gesellschafter als Tyrannen in seinem Geschäft oder als vornehmen Herrn beim Arzt. Es wird also sehr schwer, ihn richtig zu sehen, und wir werden eine Persönlichkeit, die zu Thuja passt, am ehesten über die somatischen Erscheinungen finden.
Eines ist bei Thuja überraschend: Sollten Sie ihm mit diesem Mittel geholfen haben bei irgendeiner, auch kleinen Erkrankung, wird er alles Misstrauen, Ängstlichkeit und Zurückhaltung abstreifen und ein vertrauensvoller und dankbarer Patient sein, bei dem man sicher sein kann, dass er wirklich alles sagt, was nötig ist. Dies erfordert allerdings viele Monate Geduld.

▶ Kinder

Die kleinen Thuja-Persönlichkeiten sind etwas aufgedunsen, weil sie Flüssigkeit in ihrem Gewebe zurückhalten. Die Muskulatur ist schlaff. Sie haben eine lymphatische Konstitution, somit sind bei Entzündungen häufig die Lymphdrüsen beteiligt. Das Gesicht wirkt wächsern und glänzt immer, als ob es mit Fett eingerieben wäre.
Diese Kinder schwitzen viel, sogar beim Ausziehen. In der ersten Schlafperiode schwitzen sie allerdings nicht am bedeckten Körper, sondern nur im Gesicht und an den Händen. Der Schweiß hat die seltsame Eigenschaft, das Bettzeug gelb zu färben.
Das Beschwerdebild der Thuja-Kinder ist vielgestaltig. Typisch sind beispielsweise Erkältungen der oberen Luftwege.
An den unbedeckten Körperstellen finden sich gelegentlich Hautausschläge. Besondere Prädilektionsstellen für Effloreszenzen sind Haut und Schleimhäute. Thuja ist ein sykotisches Mittel. Die Kinder haben viele Warzen sowie vergrößerte Schleimhautpapillen und Schleimhautschwellungen in Form von Polypen in der Nase.
Das regelmäßige, aber gelblich und schmutzig wirkende Gebiß hat viel Zahnstein und ist sehr empfindlich gegen kaltes Wasser. Die Zahnkronen sind gesund, während die Wurzeln deutliche destruktive Veränderungen zeigen, im Gegensatz zu Delphinum staphisagria, wo es umgekehrt ist.
Auffallend ist das große Verlangen nach Salz und kalten Getränken. Trockene Speisen werden nur unter Schwierigkeiten verzehrt. Der Appetit ist schwach. Diese Kinder sind immer sofort satt. Kartoffeln und fettes Fleisch lehnen sie ab, Süßigkeiten und auch Fett werden nicht vertragen. Der Stuhl kann durchfällig sein, und explosionsartig zum Vorschein kommen, Gas und harte dunkle Brocken beinhalten.
Nachts verschlimmert sich alles. Etwa um drei Uhr nachmittags und drei Uhr nachts fühlen sie sich immer schlecht, können nachts nicht mehr schlafen, weil sie schlecht träumen oder sich Gedanken machen über den vorigen Tag und unangenehme Ereignisse.
Alle Krankheiten, besonders aber Schmerzzustände werden von häufigem Harndrang begleitet. Dies beruht auf dem verhältnismäßig großen Flüssigkeitsrückstau im Körper. Ein Aufenthalt an der Meeresküste oder feuchtes Wetter löst erhebliche Beschwerden aus oder verschlimmert bestehende Beschwerden. Klagen oder Krankheiten nach Impfungen sind ebenfalls charakteristisch für Thuja-Kinder.
In Gegenwart fremder Menschen sind die Kinder äußerst nervös. Sie sprechen dann hastig oder versprechen sich, verschlucken manche Wörter und können sich sehr schwer ausdrücken. In der Schule sind sie vergesslich, zerstreut und konzentrationslos. Diese Kinder sind schnell verärgert und verhalten sich dann widerspenstig. Andererseits sind sie für Freundlichkeiten jeglicher Art dankbar und geradezu glücklich darüber.
Auffällig ist die Überempfindlichkeit gegenüber Musik, die sie völlig fasziniert und manchmal sogar zum Weinen bringt. Die emotionelle Labilität ist allerdings im Allgemeinen nur im Gefühlsbereich der Trauer zu finden.
Wie beim Erwachsenen finden wir bei älteren Kindern das Gefühl, Körper und Geist wären getrennt.

Literatur

Mit den Worten »Die Blattlaus zerstört Blätter, der Rost zerstört Eisen, die Lüge zerstört die Seele« beschreibt Anton Tschechow das Bild von Thuja. Dessen ängstliche Gedanken gibt ein nach Brinton (1887) zitiertes, aztekisches Lied wieder:

»Lass meine Seele wohnen in verschiedenen Blumen,
lass sie sich an ihrem Duft berauschen,
nur zu bald muss ich weinend fortgehen,
um im Totenreich vor das Angesicht
unserer Mutter zu treten.«

Arzneimittelbild

Wichtige Symptome

- Schwitzen, aber nur an den entblößten Teilen des Körpers
- Schweiße sind schon bei geringster Anstrengung vorhanden. Der Schweiß stinkt, besonders im Perineum-Bereich, am Anus und am Skrotum.
- Die Zahnkronen sind ganz gesund, ohne Karies, aber an den Wurzeln bestehen schwere destruktive Veränderungen.
- warzenähnliche Wucherungen, pathologische Bildungen, auch Kondylome und Polypen
- Geräusche und Kollern im Bauch. Gefühl, immer etwas Bewegliches im Bauch zu haben. Psychisch Kranke glauben, ein lebendes Wesen sei darin.
- Die Patienten haben keinen Appetit, essen sie doch etwas, so sind sie nach dem ersten oder zweiten Bissen schon völlig satt.
- Die belegte Zunge ist an der Spitze äußerst empfindsam.
- Die Beine sind außerordentlich schwach. An der Vorderseite der Tibia beim Beklopfen ein starker Schmerz.
- Rasche Erschöpfung und Abmagerung. Verlangen nach Salz, aber Abneigung gegen Fleisch, Kartoffeln und Zwiebeln.
- außerordentliche Furcht vor Wind
- Gelegentlich besteht das Gefühl, zwischen den Miktionen flössen einige Tropfen Urin durch die Harnröhre, was nicht der Realität entspricht.

Modalitäten

Verschlimmerung: durch Kälte, feuchte Kälte, feuchte Luft, Bettwärme, nachts. Verschlimmerung drei Uhr nachmittags und drei Uhr morgens.
Besserung: durch Abreiben und Frottieren, Ausstrecken der Glieder, Druck.

Toxikologie

Boerhave behandelte Geschwulstkrankheiten, Parkinson, Podagra und von zähem Auswurf begleitete Bronchitis mit Thuja.
Wegen der Toxizität des Thujons kann das Trinken von Lebensbaumtee, das gelegentlich in der Volksmedizin empfohlen wird, zu schweren Intoxikationen führen. Bei Verwendung der thujahaltigen Arzneimittel ist bei bestimmungsgemäßem Gebrauch nicht mit Nebenwirkungen zu rechnen.
In alten Zeiten wurden Thujatee gelegentlich zur Unterbrechung der Schwangerschaft benutzt, was allerdings häufig zu schweren Intoxikationen der Mutter führte.
Die Wirkungsrichtung ist aufgrund des Thujongehaltes krampferregend, für Thuja-Extrakte ist antivirale Effektivität beschrieben worden. Daher auch die Bekämpfung von Warzen in der Urtinktur. Levin schildert an einem Fall genau den langgestreckten Zeitlauf der Intoxikationen nach Einnahme eines Thuja Dekoktismus: erst akute heftige Leibschmerzen, dann Durchfälle, dann Ödeme, Erbrechen, eklamptische Anfälle mit Anurie, Albuminurie und Zylindrurie, schließlich Koma. Innerhalb der nächsten Stunden und Tage Fruchtabgang.

Wichtige Indikationen

- Thuja ist das wichtigste Mittel bei sykotischer, miasmatischer Belastung.
- Schädigungen oder Folgeerscheinungen bei Tee-, Kaffee- und Nikotinmissbrauch, auch nach Schlangenbissen, um deren Nebenwirkungen auszuschalten.
- Dentale Eiterungen, besonders wenn sie gehäuft auftreten in Form von eitrigen Wurzelentzündungen.
- Dysmenorrhö. Heftige, zur Bettruhe zwingende Schmerzen in der Leiste und Ovarialgegend.
- Neuralgien im Faszialisbereich
- Ischias
- Starke Schmerzen beim Gehen und beim Stehen, die beim Sitzen besser werden.
- Migräne von drei Uhr morgens bis drei Uhr nachmittags. Dabei bestehen Schmerzen oberhalb des linkes Auges, als würde ein Nagel in den Kopf geschlagen.
- Husten, besonders schlimm in den frühen Morgenstunden, mit geringen Mengen festen Schleims, besonders bei feuchtkühlen Schlafzimmern.
- Thuja ist das große Heilmittel bei Impfschäden mit allen danach auftretenden Komplikationen, vor allem aber bei Magen-Darm-Beschwerden und Hautproblemen.

Praxistipp

Thuja-Patienten **niemals eine Kneipp-Kur** empfehlen: Es geht ihnen danach noch schlechter!

Toxicodendron quercifolium (Rhus toxicodendron)

Ursprung

Obwohl Toxicodendron quercifolium alle Gewebe des Körpers beeinflusst und zu den Polychresten gehört, die in allen Organen wirksam sind, wird es in vielen Arzneimittellehren, so auch bei Mezger, nicht zu den Konstitutionsmitteln gezählt. Da es nicht nur funktions- und organotrop, sondern auch im mentalen, emotionalen, geistigen und seelischen Bereich wirksam ist und die Ganzheit der Symptome beinhaltet, möchte ich es im Folgenden dennoch als Konstitutionsmittel beschreiben.
Toxicodendron quercifolium, der Giftsumach, gehört zur Familie der Anacardiaceae. Er ist in Nordamerika beheimatet und findet sich in Deutschland gelegentlich als Zierstrauch. Verwendet werden die frischen Blätter, die oft schon bei geringer Berührung erhebliche, sehr schwer zu behandelnde Reizerscheinungen der Haut verursachen. Eigenartigerweise wirken die Blätter weniger giftig, wenn sie von der Sonne beschienen werden.

Persönlichkeitsportrait

Ein Toxicodendron-quercifolium-Patient ist nicht in der Lage, seine Gefühle spontan darzustellen. Er strahlt keine Wärme aus, sondern wirkt »cool«, was für ihn eine wichtige Eigenschaft im Zusammenhang mit zwischenmenschlichen Beziehungen zu sein scheint. Von anderen verlangt er Wärme, Zuneigung, Geborgenheit oder Liebe. Leicht reizbar, hat er große Angst, dass ihn jemand kränken könnte.
Häufig kommt es zu einer Überforderung der Sinnesorgane bei zu hellem Licht, zu großem Lärm oder üblen Gerüchen.
Auch auf geistiger Ebene ist er wenig flexibel. Er scheint an seiner Meinung starr festzuhalten und entwickelt dabei mitunter skurrile Ideen. Ganz allgemein ist er völlig unfähig, sich zu entspannen, und geistig und körperlich, aber auch emotional unbeweglich.
Da er alles in sich hart und steif empfindet, hat er den Zwang, sich dauernd zu bewegen, um seine Beschwerden zu bessern und um lockerer zu werden. Bei den ersten Bewegungen nach längerem Sitzen oder nach der Nachtruhe empfindet er sehr starke Schmerzen, die aber deutlich besser werden, je mehr er sich bewegt.
Kommt er einmal zur Ruhe, hat er sofort wieder das Bedürfnis, seine Lage zu ändern. Dieser Drang ist jedoch nicht mit dem von Sepia vergleichbar, die sich bewegen, tanzen und einen in ihr lebenden Rhythmus umsetzen will. Toxicodendron quercifolium muss sich bewegen, um seine Steifheit zu verlieren.
Häufig findet sich ein deutliches Knacken in allen Gelenken, auch denen der Wirbelsäule, die recht steif sind. Auch Hautausschläge mit Bläschen, die stark brennen und jucken, was durch heißes Wasser gemildert wird, sind typisch. Bei Toxicodendron-quercifoliuim-Patienten tritt Herpes zoster häufiger auf als bei anderen Patienten.
Großes Verlangen besteht nach Milch und Milchprodukten, besonders nach Käse, wie bei Ignatia und Pulsatilla. Auch Joghurt wird sehr gerne verzehrt.
Außer Ruhe kann Toxicodendron quercifolium feuchte Luft, vor allem feuchte Kälte, wie z. B. Regen oder Schweiß, gerade im Hals- und Nackenbereich überhaupt nicht vertragen. Verschlechterung aller Beschwerden erfolgt auch nach Durchnässung sowie durch Wasser und Baden. Wasser ist in der Lage, Toxicodendron quercifolium zu antidotieren. Auch auf emotionale und geistige Kälte wie Aggression, Opposition, Ironie und Sarkasmus, reagiert er mit einer Verschlimmerung seiner somatischen Beschwerden.
Wohl fühlt sich Toxicodendron quercifolium bei trockenem, warmem Wetter und im warmen Zimmer. Auch lokale Wärme, wie sie zum Beispiel bei Gelenkentzündungen angewendet wird, bessert.
Die Besserung durch Wärme finden wir auch im emotionellen Bereich. Toxicodendron quercifolium kann von sich aus weder für sich noch für andere Wärme entwickeln, genießt aber liebevolle Zuwendung und Zuneigung.
In Band 2 der Arzneimittellehre schreibt Hahnemann, dass bei dieser Arznei die stärksten Beschwerden dann erregt werden, wenn Körper oder Glieder in Ruhe gehalten werden. Er vergleicht dieses Symptom mit der Wirkung von Bryonia (Zaunrübe) und bezeichnet sie als die »antagonistischen Schwesterarzneien«. Im Zusammenhang mit dem Hinweis darauf, dass Toxicodendron quercifolium und Bryonia bei der Behandlung des Typhus 1813 ihm ungemein ge-

holfen haben, schreibt er: »Es gab nirgends so einen Triumph für diese einzig wahre homöopathische Heilkunst als die Behandlung des Typhus. Es starb nicht ein einziger von 183 Kranken in Leipzig, was bei der damals russischen Regierung in Dresden viel Aufsehen erregte, aber von den medizinischen Behörden daselbst in Vergessenheit gebracht ward.«

Fallbeispiel

Mein eindrucksvollstes Toxicodendron-quercifolium-Erlebnis erfuhr ich durch Waterloo. Er stellte vor Jahrzehnten zwei Patientinnen vor, die am Kriegsende auf einem großen Kreuzfahrtschiff aus Ostpreußen flüchteten. Von einem Torpedo getroffen, gingen sie unter und wurden erst nach einigen Stunden gerettet. Eine Patientin trug eigenartige Ekzeme an den Extremitäten davon, die andere lebte danach mit einer ständig rezidivierenden Zystopyelitis. Beide wurde monatelang erfolglos behandelt. Erst die Gabe von Toxicodendron quercifolium in der **C30** führte zur völligen Heilung.
Die Arzneimittelfindung resultierte also allein aus den Causae Unterkühlung, Durchnässung und Anstrengung (Trauma).

Arzneimittelbild

Wichtige Symptome

- Reizbarkeit, Ärgerlichkeit und Empfindsamkeit, besonders bei Wetterwechsel, bei trübem Wetter, aber auch bei fehlendem Sonnenschein. Ist die Reizbarkeit nicht vorhanden, fühlt er sich unglücklich, hoffnungs- und mutlos.
- Große Ruhelosigkeit und Gliederschmerzen, muss sich ständig bewegen. Nach langer Ruhe Zwang zur Bewegung, die zu Beginn starke Beschwerden macht, bei weiterer Bewegung sich aber bessert.
- Wundes Gefühl auf der Zunge; die Zungenspitze ist rot.
- gelegentlich Durchfälle mit üblem Geruch
- Der ganze Körper fühlt sich verzerrt und versteift an.
- Folgen von Distorsionen und Überanstrengungen
- Gefühl, als ob sämtliche Glieder gelähmt seien; dabei neuralgische Schmerzen, die sich bei Bewegung bessern.
- Bläschen, Quaddeln, Herpes-Effloreszenzen an der ganzen Haut, am ganzen Körper mit starken Schmerzen
- große Überempfindlichkeit gegen kalte Luft
- übelriechende und saure Schweiße am ganzen Körper

Hinweis: Toxicodendron quercifolium hat eine deutliche Leitsymptomatik, die einen sehr schnell zu dem Mittel hinführt. Der Behandler hat jedoch die Diskrepanz zwischen dem sich nach Zuneigung sehnenden Wesen und der Tatsache, dass der Patient sich gegen jedes freundliche Entgegenkommen zu wehren scheint, zu bewältigen. Grundsätzlich sollte man sich gerade diesen Patienten gegenüber besonders freundlich und entgegenkommend verhalten.

Modalitäten

Verschlimmerung: in Ruhe, bei Kälte, kaltem Wind und Durchnässung, auch bei starkem Schwitzen, nachts in der Bettwärme.
Besserung: durch Reiben und Kneten, Wärme und Schweißausbruch.
▶ Keine andere Arzneimittelprüfung ergab diese eindeutige Verschlimmerung in Ruhe und Besserung bei Bewegung.

Wichtige Indikationen

- alle Folgeerscheinungen von Durchnässung, Unterkühlung und Anstrengung (Traumata)
- akute Haut- und Schleimhauterkrankungen nach o. a. Veranlassungen
- rheumatische Erkrankungen der Muskeln und Gelenke
- Typhus abdominalis und ähnliche hochfieberhafte Erkrankungen
- Kopf- und Gesichtsneuralgien
- Grippe, Bronchitis
- Enuresis nocturna bei entsprechendem Symptomenbild
- nässende und blasenbildende Hauteffloreszenzen
- Herpes labiales und genitalis und Herpes zoster

Praxistipp
Potenzen **unterhalb D3** können unangenehme Nebenwirkungen haben.
Bei Neuritis und Neuralgien kann man mit der **30. Potenz** gut helfen.

Veratrum album (Veratrum)

Ursprung

Veratrum album (Weiße Nießwurz, Weißer Germer) aus der Familie der Liliaceae ist etwa 1 bis 1,5 m hoch und eine Staude mit einem graubraunen Wurzelstock, der auch zur Arzneimittelherstellung benutzt wird.
Diese den Boden sehr stark aussaugende Pflanze finden wir im Voralpenland, in Flachmooren, in feuchten Fluren. Beliebte Standorte sind die großen Weiden Oberbayerns.
Interessant ist, dass die Kuhherden und auch Kälber an dieser Pflanze vorbeigehen. Da sie sonst alles rupfen, was fressbar ist, stehen dann auf der nackten Weide die großen Veratrum-Pflanzen mit dieser langen herausragenden Blüte eigenartig einsam.
Der Name »Veratrum« ist schon bei Plinius zu finden, gemeint ist der in der Antike häufig erwähnte Helleborus leukos.
Neben Camphora und Cuprum war Veratrum Hahnemanns großes Heilmittel für die Cholera. Er vertrat in seiner Habilitationsschrift »Dissertatio historico medica des Helleborismo veterum« aus dem Jahre 1820 in Leipzig die Ansicht, Veratrum album und Helleborus albus seien identisch. Dafür gibt es sehr viele Anhaltspunkte in der alten Literatur.
Bei Plinius wurde die Pflanze noch gegen Ungeziefer gebraucht. Aetius berichtet von der Heilung Wahnsinniger durch Veratrum. Auch in den Kräuterbüchern des Mittelalters finden wir diese Pflanze. Der Glaube, dass man mit Veratrum album den Wahnsinn heilen könne, zieht sich bis ins 19. Jahrhundert. Dann erst wurde die überschätzte Bedeutung der Pflanze ein wenig eingeschränkt. In der Volksmedizin wird es heute fast nicht mehr verwendet, allenfalls äußerlich gegen Ungeziefer bei Mensch und Vieh. Alle Beobachtungen zeigen, dass dieser Weiße Germer wohl die übelsten, schärfsten narkotischen Gifte enthält.
Inhaltsstoffe sind Protoveratrin, Germerin und Jervin.
Nieswurz wird heute noch als Schnupfpulver verwendet. In dieser Eigenschaft beschrieb es schon Leonhard Fuchs in seinem »Kräuterbuch« aus dem Jahre 1543 (Kap. XIII):
»Nieswurz gepulvert in die Nasen getan reinigt das Hirn und macht niesen.«

Persönlichkeitsportrait

Die Veratrum-Persönlichkeit fällt zunächst einmal auf durch ihre ungemeine, vordergründige Motorik. Sie hat einen Motor in sich, den man einfach nicht auskuppeln kann, der immer wieder zwingt, etwas zu tun, manchmal sogar zu wiederholen. Sie pflegt dabei nicht einfach aggressiv zu sein, etwas zu zerstören. So malt sie beispielsweise wiederholt dasselbe Bild. Bei einem sechsjährigen Jungen erlebte ich, wie er einen Schreibblock seiner Mutter aus feinstem Büttenpapier völlig auseinandernahm, jedes einzelne Blatt zu einem kleinen Schiff faltete. Er stellte eine ganze Flotte her, freute sich daran und wollte eigentlich die Aufmerksamkeit der anderen auf sich lenken. Es ist nicht ganz leicht, schon bei Kindern dieses Merkmal zu erkennen.
Später können diese Patienten in ihrer Aktivität Wahnideen entwickeln und sich jemandem anschließen, der andere belehrt und ihnen überlegen ist. Sie werden dann nicht nur selbstbewusst, sondern sogar überheblich und merken gar nicht, dass sie einer Sinnestäuschung unterliegen. Ihre eigene Persönlichkeit wird ihnen überhaupt nicht richtig klar. Diese Menschen halten sich gelegentlich für großartige Persönlichkeiten, die vielleicht sogar schon verstorben sind. Deshalb werden sie auch gelegentlich übertrieben hochmütig und entwickeln eine besondere Art der Moral: Was sie tun, ist moralisch zu akzeptieren, was die anderen tun, ist sicher unmoralisch. Diese Selbstgerechtigkeit ist unkritisch, die anderen werden jedoch gerne kritisiert. In diesen mitunter manischen Zuständen, die von starken halluzinatorischen Täuschungen geprägt sind, kann Veratrum plötzlich umschwenken und aus dem agitierten Stadium in ein depressives Zustandsbild wechseln, wie wir es manchmal bei manisch-depressiven Psychosen finden.
Bei Frauen führt die Zeit vor der Periode und diese selbst immer wieder zu irgendwelchen Verschlimmerungen. Sie weisen eiskalte Schweiße auf der Stirn oder alle somatischen Veratrum-Zeichen auf: das Eisnadelgefühl, eiskalte Extremitäten, Schweißausbrüche, besonders auf der Stirn und im Gesicht, dabei noch Diarrhö. Es ist manchmal nicht leicht, diese wie bei einem manisch-depressiven Krankheitsbild ablaufenden Symptome der Patienten zu differenzieren für das Arzneimit-

telbild. Wichtig sind hier die somatischen Erscheinungen. Sie haben Durst auf kalte Getränke, erbrechen sie aber sofort wieder, wenn sie zuviel davon trinken. Sie haben Verlangen nach Eis, nach kaltem Obst, nach Saurem, wie saures Obst, saure Getränke, auch nach Salz. Alles wird gesalzen, oft zusätzlich. Das wichtigste Symptom des Veratrum-Bildes ist gerade bei psychischen Erkrankungen die große Kälte des ganzen Körpers: Kälte vom Kopf bis zu den Füßen, eiskalte Hände und Füße, eiskalter Schweiß. Alles ist kalt, trotzdem wollen sie etwas Kaltes trinken.
Die Aktivität dieser Patienten im motorischen Bereich ist auch im Bereich der glatten Muskulatur zu finden. Bei Durchfall bedeutet dies eine plötzliche massive und massige Entleerung. Kommt es zu Erbrechen, wird der Mageninhalt unter ungeheuerem Druck herausgeschleudert.
Alle Absonderungen sind sehr reichlich, unabhängig davon, ob sie durch Durchfall, Periode oder einfache Rhinitis ausgelöst werden. Dabei gehen große Flüssigkeitsmengen verloren, so dass es zum Kollaps kommt, worauf Extremitäten und Körper eiskalt werden. Aufgrund des sicherlich gegebenen Kalium-, Calcium- und Magnesiumverlustes treten Krämpfe auf.
Gerade bei den psychischen Alterationen, die man noch nicht einmal als Geisteskrankheiten bezeichnen kann, wandelt man auf der schmalen Grenze zur geistigen Gesundheit. Bei diesen Zuständen sind die somatischen Zeichen äußerst wichtig.
Wenn man den Patienten darauf anspricht, geistig möglicherweise nicht ganz gesund zu sein, wird er dies leugnen. Er hält sich für den einzigen Gesunden, die anderen dagegen sind krank.
Besonders in der manischen Phase tritt seine religiöse Meinung sehr stark in den Vordergrund. Auch hier kommt es vor, dass er sich für jemanden hält, der die anderen unbedingt bekehren muss, oder er hält sich sogar für die Reinkarnation eines großen Religionshelden. Sehr schnell lässt sich dann wieder nur aufgrund der körperlichen Symptomatik erkennen, dass es sich um eine Veratrum-Persönlichkeit handeln muss.

Arzneimittelbild

Wichtige Symptome

- Kälte der gesamten Körperoberfläche. Gefühl von Kälte im Magen und Bauch, auf dem Scheitel, der Stirn, an den Händen und Füßen. Gefühl, als wenn Eisnadeln oder Eisstücke darauf liegen würden.
- kalter Schweiß auf der Stirn, gleichgültig, ob bei Infektionen oder Kollaps, bei starkem Kräfteverfall oder Flüssigkeitsverlust
- Alle Ausscheidungen sind überreichlich, reichlicher Stuhlgang, Diarrhö, Erbrechen, Urin, Speichel und auch Schweiß.
- Erbrechen mit viel Übelkeit, schlimmer durch Trinken und bei der geringsten Bewegung
- Großer Durst auf kaltes Wasser, was aber sofort nach dem Trinken wieder erbrochen wird. Das Gleiche gilt auch für Obst, wenn es kalt ist.

Modalitäten

Verschlimmerung: durch die geringste Bewegung, Trinken von kaltem Wasser, kalte und feuchte Witterung.
Besserung: durch Ruhe, warmes Wetter, Wärme, horizontale Lage.

Toxikologie

Innerlich gegeben, wirkt Veratrum album bereits in Zentigrammdosen sehr giftig. Der Puls wird verlangsamt infolge der Vagusreizung, starker Vomitus und sensorische Störungen sind die ersten Vergiftungssymptome. Bereits 2 g dieser Droge führen zu letalen Vergiftungen.

Wichtige Indikationen

- Ganz kalter Körper und Krämpfe in den Waden sind die wichtigsten Zeichen für den Einsatz von Veratrum.
- Kollaps mit kaltem Schweiß auf der Stirn, raschem Kräfteverfall, kaltem Atem
- Gemütsstörungen bei Amenorrhö und im Wochenbett
- Rheumatismus, schlimmer durch Feuchtigkeit und durch langes Liegen im Bett. Die Schmerzen sind heftig und führen bis zum Delirium.
- Husten, besondes beim Eintritt in ein warmes Zimmer oder nach Trinken von kaltem Wasser
- Herzschwäche
- Folge von Schreck mit Durchfall, Körperkälte
- Diarrhö, die sehr profus ist und mit wässrigen Stühlen und kalten Schweißen einhergeht

Mineralien

Es ist dem Stein ein rätselhaftes Zeichen
Tief eingegraben in sein glühend Blut,
Er ist mit einem Herzen zu vergleichen,
in dem das Bild der Unbekannten ruht.
Man sieht um jenes tausend Funken streichen,
um dieses woget eine lichte Flut.
In jenem liegt des Lichtes Glanz begraben,
wird dieses auch das Herz des Herzens haben?

aus: Novalis, Heinrich von Ofterdingen

Einleitung

Mineralien sind Bestandteile der festen Erdkruste und können in wunderbarer Form auftreten. So bestehen Edelsteine zu einem großen Teil aus Aluminiumoxyd, Kieselsäure, die wir mit viel Erfolg in der Homöopathie anwenden. Kohlenstoff ist als Graphit, Carbo vegetabilis, Diamant oder Brillant bekannt und verkörpert die ganze Entwicklungsgeschichte der Erde in konserviertem Zustand. Wir pflegen allerdings andere Bezeichnungen dafür zu gebrauchten. »Torf« steht für Moor, »Bleistift« für Braun- oder Steinkohle in einem etwas älteren Stadium (Graphit) und »Schmuck« für Diamanten. In der Industrie verbrauchen wir mit Erdgas und Erdöl die Überreste unserer lebendigen Vorfahren, der Pflanzen und Tiere.

Dass Mineralien auch leben, beweisen Wachstum und Formveränderung sowie die Zusammensetzung des menschlichen Blutes: Es enthält alle Stoffe, die auch im Meerwasser gelöst sind. Sie haben nachweislich heilende Funktion, was verständlich macht, dass man das Meer als »Fruchtwasser« der Entstehung unserer Erde definiert.

Zu betonen ist an dieser Stelle die therapeutische Relevanz vor allem der organischen Säuren, wie Acidum arsenicosum, Acidum formicicum, Acidum silicicum, Acidum phosphoricum und Acidum picrinicum, die in der modernen homöopathischen Literatur stark vernachlässigt werden.

Der Mensch wird häufig als Geschöpf dargestellt, das mangelhaft ausgestattet, nackt und wehrlos ist.

Im Gegensatz zu den Tieren, die ein Fell, Hufe und Krallen haben, hat der Mensch nur eine Haut, braucht Kleider und Schuhe. Er muss sein Haus heizen, Tiere wärmen sich aneinander oder in Höhlen. Der Mensch hat keine Fotoperiode wie beispielsweise die Zirbel, die bei bestimmtem Herbstsonnenstand Wasser und Zucker speichert, der dem Frostschutz dient, oder die Hermeline, die sich im Winter weiß färben. Er wird zu einem ihm völlig unvorhersehbaren Zeitpunkt vom Winter »überfallen«.

Anders als der Vitamine benötigende Mensch produziert die Kuh ihre eigenen Vitamine. Um in seiner Schwäche überleben zu können, braucht der Mensch sogar Medikamente. **Schwäche, Ängste, Schweiße** und **Zwänge** zeigen sich in ihrer Gemeinsamkeit als Grundwesen der in der Homöopathie verwendeten 28 Säuren. Sie können unterschiedlich stark ausgeprägt sein und finden sich bei alternden Menschen viel häufiger als bei anderen Altersgruppen. Belegt wurden sie schon von Hahnemann, seinen Schülern sowie von Flury, Dorcsi und Pière Schmitt. Auch in der Mythologie ist die Vorstellung vom wehrlosen Menschen verankert.

Als die Brüder Prometheus und Epimetheus, zwei Titanen-Abkömmlinge, mit der Herstellung der Lebewesen aus Erde, Wasser und Feuer sowie dem, was sich damit mischt, beschäftigt sind, lässt sich der klügere Prometheus von Epimetheus, dem Praktiker, überreden, ihm die Ausrüstung der Geschöpfe zu überlassen. Dem zerstreuten Epimetheus unterläuft das Missgeschick des »Akosméton genos«, was sowohl den Mangel seiner Ausstattung als auch einen Verstoß gegen die Kosmoqualität der Welt bezeichnet. Die Verantwortung des Prometheus beruht darauf, dass er dem Bruder den entscheidenden Anteil am demiurgischen Werk überlassen hat. Um dem nackt und schutzlos Gebliebenen wenigstens das Überleben (»sôtería«) zu ermöglichen, wird er zum Frevler, indem er den Göttern die »techné« stiehlt: Der Mensch bekommt die Fertigkeiten des Schmiedens und Webens, zusammen mit dem Feuer, das den Logos darstellen soll, als genereller Ersatz für das, was dem Menschen entgangen war.

Säuren spielen im menschlichen Leben eine sehr große Rolle. Schon im Verlauf der Zeugung entsteht die DNS, in der vier Aminosäuren als Träger der genetischen Information die Bausteine darstellen für die Entwicklung des Menschen. Im Verdauungstrakt des Menschen wird zu Beginn der Verdauung bereits alles mit Säure gesättigt und später wieder alkalisiert.

Auch im zwischenmenschlichen Bereich sind Säuren von großer Bedeutung. Jemand kann »sauer« im Sinne von verstimmt sein, der saure Weg auf der Stufenleiter des Beamten ist dornig und steinig, langwierig und unbequem. Hier ist auch an den in der Bibel erwähnten Sauerteig, die gesäuerten und ungesäuerten Brote, den Essigschwamm des Karfreitag zu erinnern. Und im Volksmund »macht sauer lustig«!

Von den vielen zur Verfügung stehenden Säuren werden im Folgenden lediglich die dargestellt, deren Persönlichkeitsportrait von Bedeutung ist.

Die Erde besteht aus Mineralien. Und wir sind Teil dieser Erde. Wenn man die Welt der Mineralien verstehen will, braucht man sich nur einen Edelstein anzusehen und zu meditieren, um sein **lebendiges Sein** zu erleben und die Kraft der Arzneimittel zu spüren, mit denen wir den geschilderten Persönlichkeiten sehr gut helfen können.

Acidum arsenicosum (Arsenicum album)

Ursprung

In der Natur kommt Acidum arsenicosum (arsenige Säure) vereinzelt gediegen in Bleierzgängen als Scherbenkobalt vor, in Verbindung mit Metallen und Schwefel vielgestaltig zum Teil auch in großen Lagerstätten als Löllingit, Weißnickelkies, Rotnickelkies, Speiskobalt, Glanzkobalt, Realgar und Auripigment. Darüber hinaus befindet sich Arsen regelmäßig in wechselnder Menge im Erdreich. Kulturboden enthält im allgemeinen etwa 1,1 mg% Arsen. Im Wasser ist es in geringen Mengen vorhanden. Arsenhaltige Quellen werden therapeutisch genutzt, so in Bad Dürkheim.

Entsprechend dem natürlichen Vorkommen des Arsens in allen Kulturböden findet sich der Stoff auch in den Pflanzen. Im tierischen und menschlichen Organismus finden wir ebenfalls Arsenspuren; in gesundem Zustand ist die Schilddrüse am arsenreichsten.

Als Element des periodischen Systems ist Arsen vielwertig, kann also nach vielen Seiten Bindungen eingehen.

Arsen war bereits im Altertum gut bekannt, da es vereinzelt auch in gediegenem Zustand in der Natur vorkommt. Bereits Hippokrates gebrauchte eine Arsensulfidpaste zur Behandlung von Geschwüren. Die Kenntnis der Giftwirkungen des Arsens reicht nachweislich bis ins 2. Jahrhundert v. Chr. zurück.

»Arsenik« war das klassische Gift des Mittelalters und am byzantinischen Hof ebenso in Gebrauch wie im Dogenpalast zu Venedig. Auch die Borgias bedienten sich des Arsens für ihre niedrigen Zwecke, wie viele andere berüchtigte Giftmörder bis in unser Jahrhundert hinein.

Arsen wurde aber nicht nur als Gift missbraucht, sondern auch schon sehr früh zur Schädlingsbekämpfung benutzt, wie wir von Plinius erfahren.

Die Bedeutung als kriminelles Gift bzw. Schädlingsbekämpfungsmittel hat Arsen in unserer Zeit völlig verloren. Zur Krebsbehandlung wird es ebenfalls nicht mehr eingesetzt.

Auch als Aphrodisiakum und Mittel zur Hebung des Allgemeinbefindens war Arsen bekannt und in Gebrauch, wie Avicenna (IBN SAD) im Jahre 1165 berichtet. Bekannt sind heute die »Arsenic-Esser« aus der Steiermark, die Arsen als Stimulans in steigenden Dosen einnehmen. Beim Militär wurden nach meiner Erinnerung die alten, müden Mähren vor der Kontrollbesichtigung vier bis sechs Wochen lang mit Arsen in kleinen, langsam gesteigerten Dosen ein wenig gedopt. Kam dann die Besichtigung, waren gerade die alten müden Tiere äußerst lebhaft, hatten ein glattes, glänzendes Fell, strahlende Augen und bebende Nüstern. Diese so temperamentvollen Pferde wurden dann schnell zur Stabskompanie abkommandiert. Wirkte das Arsen nicht mehr, musste sich der Stab mit Mähren befassen.

Persönlichkeitsportrait

Während meiner Arbeit in einem homöopathischen Krankenhaus beschrieb mein Vorgesetzter die Arsen-Persönlichkeit als den sorgfältig gekleideten, eine saubere Krawatte tragenden, in einen Pelzmantel gehüllten Geheimrat, der etwas müde und entkräftet aussehe, sich aber zwinge, aufrecht zu gehen und nicht krank zu scheinen. Er trage Handschuhe, einen Schal unter dem Pelzmantel, seinen Hut aber in der Hand, weil er häufig ein Brennen auf dem Kopf empfinde.

Weiterhin sei der Arsen-Typus pedantisch, er nehme alles sehr genau, räume den Schreibtisch immer sorgfältig auf, wobei er jeden schrägliegenden Bleistift in die richtige Richtung bringe und sich ärgere über schiefhängende Bilder oder irgendeine Veränderung der sorgfältigen Ordnung im Arbeitsbereich.

Diese Ordnung geht einher mit einer großen Genauigkeit in allen Lebensbereichen, so auch in Fragen der Kleidung und der Geschäftsabläufe. Die Manie, alles immer wieder neu zu ordnen, zu säubern und zu kontrollieren wird zur Besessenheit, die Zwänge mit sich bringt.

Hier ist daran zu erinnern, dass alle Säuren durch Zwänge, Schwäche, Schweiße und Ängste charakterisiert sind. Auch bei Arsen treten sie in Erscheinung.

Arsen wird bedrängt von klaren und unklaren, begründeten und unbegründeten, kleinen und auch sehr großen Ängsten, die er meist verbirgt. Die Verschlossenheit beruht auf Unsicherheit, die bei oberflächlicher Betrachtung nicht erkannt wird.

Arsen ist der Umgebung gegenüber schutzlos und empfindsam, verwundbar und empfindlich, hat immer das Gefühl, allein zu sein und gleich-

zeitig Furcht davor. Das Bedürfnis nach Gesellschaft beruht auf dem Wunsch, vor Angriffen geschützt und somit angstfrei leben zu können.
Arsen hat die unerträglichste Angst aller mineralischen Arzneimittel überhaupt, neben der nur noch die Angst der Schlangengifte und von Aconit bestehen kann. Sie wird von einer im tiefsten Inneren verhafteten Verzweiflung begleitet. Diese Menschen haben Angst um ihre Gesundheit und meinen schon zu Beginn der kleinsten Krankheit verzweifelt, sie können ein schreckliches Ende finden. All diese Ängste steigern sich ins Unermessliche wenn sie allein sind. Verspüren sie zum Beispiel irgendwo am Körper einen geringen Juckreiz, so gehen sie sofort zum Arzt. Sie stellen ihm Lokalisation und Art des Juckreizes überdeutlich dar, um dann zu fragen, ob das nicht ein Zeichen für forgeschrittenen Diabetes wäre, der große Durchblutungsstörungen ausgelöst habe und somit zum Tode führe.
Gerade Arsen verdeutlicht die Zusammenhänge zwischen den naturwissenschaftlich erhobenen Eigenschaften einer Substanz und den Ergebnissen einer Arzneimittelprüfung in der Homöopathie, die nicht nur die Symptomatik der Krankheit erfasst. Wie das im periodischen System vielwertige Element Arsen, das sich nach allen Seiten binden kann, benötigt der Arsen-Typus Gesellschaft, um nicht allein zu sein. Einsamkeit verursacht große Angst.
Die Angst vor dem Tod ist für diese Persönlichkeiten am schlimmsten.
Zu der Angst vor dem Alleinsein, vor Krankheiten und dem Sterben sowie dem Zwang, alles immer sehr ordentlich auszuführen und sehr sauber zu halten, tritt ein weiteres wichtiges Symptom: Eventuelle bestehende Beschwerden oder Schmerzen sind immer von brennendem Charakter und verschlimmern sich bei Kälte, die der Patient als grausam empfindet. Kälte und Angst bringen ihn in eine logisch nicht nachzuvollziehende, quälende Situation, die von großer Ruhelosigkeit bestimmt ist, auch im geistigen Bereich. Möglicherweise gibt ihm dies die Möglichkeit, seine Angst zu besänftigen.
Die Arsen-Persönlichkeit ist immer auf der Suche nach Wärme, Ordnung, Sicherheit und Schutz, nach Kontaktwärme. Auf der anderen Seite aber ist sie auch sehr exakt und genau und kann sehr fordernd sein. Für den Arzt ist Arsen kein allzu angenehmer Patient, da er nicht leicht zu behandeln ist. Die Angst ist groß, den Arzt und damit einen Freund zu verlieren, eines Tages allein gelassen zu werden.
Bedeutsam ist auch der Durst, der so heftig ist, dass eine Sulfur-Persönlichkeit einen halben Liter Flüssigkeit in zwei Zügen austrinken würde. Arsen dagegen nimmt nur winzige Schlucke und ist bereits beglückt, seinen Durst gestillt zu haben.
Der Besitzanspruch ist ein Symptom, das bei keinem anderen Arzneimittel in solch vordergründiger Form auftritt. Die Art des Besitzes ist dabei gleichgültig. Geld ist beispielsweise ebenso wichtig wie Immobilien, schöne Möbel oder Bilder. Arsen will sich mit Werten umgeben und ist aus diesem Bestreben heraus geizig. Dieser Geiz ist hervorragend dargestellt in Molierès Komödie »Der eingebildete Kranke«, die eine Fundgrube für das Arsen-Persönlichkeitsbild darstellt.
Die Entwicklung eines solchen Patienten über Jahre und Jahrzehnte wird zunächst durch die Tatsache bestimmt, dass er sehr genau, geizig und unsicher ist und Angst um die Gesundheit hat. Später entwickelt sich Misstrauen, mitunter eine Depression. Die Angst, man könne nicht mehr gesund werden, wird immer größer.
Verzweiflung und Selbstmordgedanken kommen auf, und der Patient befürchtet bei allen Hilfsangeboten, die Menschen wollten sein Geld. Er wird dann introvertiert, starrsinnig. Sein Verhalten ist nicht mehr nachzuvollziehen.
Hier wird die Arsen-Persönlichkeit sehr schwierig, zumal sie plötzlich nicht mehr alle Symptome des entsprechenden Persönlichkeitsportraits aufweist.
Schließlich wird Arsen schwer krank, liegt auf dem Sterbebett und hat entsetzliche Angst vor dem Tode, die ihn bis zur Verzweiflung treibt. Er behauptet, dem Irrsinn nahe zu sein, und kann den Gedanken nicht ertragen, jetzt sterben zu müssen.
Hier kann Arsen, in höheren Potenzen gegeben, eine unglaubliche Hilfe sein. So habe ich Patienten erlebt, die voller Angst, Unruhe und Verzweiflung waren und sich in ihrer Todesfurcht am liebsten umgebracht hätten, aber dazu zu schwach waren. Nach Arsen wurden sie ruhig und still, führten noch ein Gespräch, beteten und entschliefen dann sanft.

Literatur

Arsen-Portraits sind mehrfach gut dargestellt, so beispielsweise mit dem geizigen Argan in Molières Komödie »Der eingebildete Kranke«. Dieser reiche Bürger von Paris bildet sich ein, an einer schweren Krankheit zu leiden. Hier allein werden sehr viele Züge des Arsen-Arzneimittelbildes gezeigt; mit satirischen Ausdrücken wird aber auch der Geiz der Arsen-Persönlichkeit in gesunden Tagen dargestellt.

Arsen-Persönlichkeiten können kommandieren und anordnen, sie lieben einen straffen Dienstbetrieb. Menschen individuell zu behandeln, ist ihnen völlig fremd. Argans Auftreten geht mitunter bis zur Borniertheit und zeigt manchmal verletzende, menschenfeindliche Kälte. Er zeigt wenig Feuer und hat kaum Witz, lächelt allenfalls schwach und zeigt mitunter linkische Gebärden. Manchmal ist er erstaunlich schweigsam, sogar fast stumm, wenn er nicht etwas Ironisches oder gar Sarkastisches zu sagen hat. Skrupel- und bedenkenlos wenn es um Geschäfte geht, ist er gewandt und kühl, durch und durch nüchtern und freundlich nur, wenn er etwas erreichen will. Man bekommt den Eindruck, er sei der geborene Subalterne, im Grunde aber ist er ein Geck.

Acidum-arsenicosum-Menschen verkehren nur in einem Milieu, das ihnen Gewinn bringt, und verhalten sich dort stur, geizig, unberechenbar, eigensinnig und als herrschsüchtige Haustyrannen. Eine Arsen-Persönlichkeit stellt z. B. Theophrastos in dem Charakter »Der Geizige« dar:

1. Der Geiz ist ein Streben nach schändlichem Gewinn, der Geizige ist einer,
2. der seinen Gästen nicht genug Brot vorzusetzen,
3. von einem Fremden, der bei ihm einkehrt, Geld zu borgen pflegt.
4. Wenn er Portionen austeilt, sagt er, es sei gerecht, dass der Austeiler eine doppelte Portion bekomme, und teilt sich gleich selbst aus.
5. Verkauft er Wein, gibt er Gepanschten auch dem Freund.
6. Ins Theater nimmt er nur dann seine Söhne mit, wenn die Ordner kostenlos Einlass gewähren.
7. Geht er auf eine offizielle Gesandtschaftsreise, lässt er die Spesen der Gemeinde zu Hause und borgt von seinen Mitgesandten. Seinem Diener lädt er eine größere Last auf, als dieser tragen kann, und gibt ihm am wenigsten Verpflegung. Von den Gastgeschenken verlangt er seinen Teil und verkauft ihn.
8. Im Bad salbt er sich, sagt: »Ranzig ist das Öl, das du gekauft hast, Bursche!« und salbt sich mit fremdem Öl.
9. Von den Kupfermünzen, die unterwegs von seinen Dienern gefunden werden, pflegt er seinen Teil zu fordern: ein Fund sei Gemeingut.
10. Er gibt seinen Mantel zur Reinigung, borgt sich einen von einem Bekannten und lässt einige Tage verstreichen, so lange, bis man ihn zurückverlangt
11. Er kauft unter der Hand von einem Freund, der glaubt, richtig zu verkaufen.
12. Er hat eine Schuld von 30 Minen zurückzuzahlen und bezahlt vier Drachmen weniger.
13. Wenn seine Söhne wegen Krankheit nicht den ganzen Monat in die Schule gehen, zieht er den entsprechenden Betrag vom Schulgeld ab. Im Februar schickt er sie wegen der vielen Feiertage gar nicht zu den Lektionen, um das Schulgeld zu sparen.
14. Ein Sklave bringt ihm den Pachtzins, und er verlangt noch das Wechselgeld für das Kupfer dazu. Ebenso umgekehrt, wenn er vom Verwalter die Rechnung bekommt.
15. Bei der Bewirtung seiner Phratrie fordert er für seine eigenen Sklaven Verpflegung aus der Gemeinschaftskasse. Die auf dem Tisch übriggebliebenen Rettichhälften schreibt er auf, damit sie die Kellner nicht nehmen …
16. Wenn er mit Bekannten verreist, bedient er sich ihrer Sklaven, den eigenen vermietet er, ohne das erzielte Geld in die Gemeinschaftskasse einzubringen.
17. Bei einem Gastmahl, das bei ihm veranstaltet wird, setzt er auch das von ihm gestiftete Holz, Linsen, Essig, Salz und Öl mit auf die Rechnung.
18. Wenn einer seiner Freunde heiratet oder seine Tochter vermählt, verreist er einige Zeit vorher um kein Geschenk schicken zu müssen.
19. Von den Bekannten borgt er sich Dinge, die man weder zurückverlangt noch sich zurückgeben lassen mag.

Arzneimittelbild

Wichtige Symptome

- Todesfurcht bei Alleinsein mit großer Angst und Unruhe. Am Wichtigsten ist die Verschlimmerung für die Stunden nach Mitternacht bis drei Uhr morgens.
- friert ständig
- Periodizität der Symptome alle zwei, vier, acht oder 14 Tage
- eigenartiger, leichenhafter Geruch aller Ausscheidungen und Absonderungen
- äußerste Erschöpfung, die in keinem Verhältnis zur Krankheit steht

- marastische schwere Krankheiten
- Schneller Wechsel von Depression und Regung. Abwechselnd fühlt der Patient sich elend oder auch gut.
- Vikariation von Beschwerden. Ekzemunterdrückung führt zu Asthma. Brennende Schmerzen, die durch Wärme besser werden
- Großer Durst. Der Kranke trinkt sehr oft, aber winzig kleine Schlucke. Er hat besonders Durst auf kaltes Wasser, weiß aber, dass das seinen Zustand verschlechtert.
- Übelkeit beim Geruch von kochenden Speisen
- Eigentümliches Symptom: Er will nicht angesehen bzw. angesprochen werden. Er sieht den Gesprächspartner nicht an und spricht auch nicht.

Modalitäten

Verschlimmerung: nach Mitternacht von ein bis drei Uhr morgens, durch Kälte, durch Anstrengung, wenn der Kopf niedrig liegt.
Besserung: alles Warme tut gut; durch Bewegung leichter Art, Höherliegen des Kopfes und frische Luft.

Toxikologie

Wie weit Arsen eine physiologische Rolle im Organismus spielt, ist bis heute nicht restlos geklärt.

Die Aufnahme des Giftes erfolgt in der Regel durch den Mund oder auch durch Einatmen arsenhaltigen Staubes. Gewerbliche Vergiftung kommt vor bei Verhüttung von Erzen, dem Rösten von Schwefelkies, der Herstellung arsenhaltiger Farben und der Verwendung von arsenhaltigen Spritzmitteln im Obstbau. Im Weinbau sind wegen der vielen Vergiftungen bei Winzern seit 1942 Arsenspritzmittel verboten. Auch im Gemüsebau dürfen arsenhaltige Schädlingsbekämpfungsmittel nicht mehr verwendet werden. Bei kriminellen Vergiftungen wird im Allgemeinen Arsenik verwendet, aber auch andere Arsenverbindungen werden benutzt, die in Speisen und Getränke gemischt werden. Die leichte Nachweisbarkeit von Arsen in Leichen hat der Beliebtheit des Giftes als Mordmittel großen Abbruch getan. In Fingernägeln exhumierter Leichen kann man noch nach vielen Jahren Arsen nachweisen.

Die toxische Dosis bei Arsen hat eine variable Größe. Die verschiedene individuelle Empfindlichkeit und die Möglichkeit der Gewöhnung erschweren die Angabe exakter Zahlen. Bei großer Empfindlichkeit können Erwachsene schon nach Einnahme von 0,1 bis 0,3 g arseniger Säure sterben. Nach jahrelanger Gewöhnung, z. B. bei den »Arsenik-Essern«, kann man bis zu 1 g arsenige Säure täglich ohne Schaden aufnehmen. Die akute, stürmische Arsenvergiftung beruht im wesentlichen auf einer Lähmung der kontraktiven Elemente der Kapillaren. Dabei kommt es vor allem zu einer Lähmung der Mesenterialkapillaren, wodurch das choleraähnliche Bild zustande kommt. Kreislaufkollaps und Herzsymptome beruhen auf der gleichen Ursache. Ausscheidung des Giftes erfolgt durch Urin, Galle und Darm, nicht zuletzt auch durch den Schweiß. Auch in die Milch geht Arsen über. In Speicheldrüsen ist es nur in Spuren auszumachen.

Die Therapie der akuten Arsenvergiftung besteht in ausgiebiger Magenspülung mit Tierkohle, subkutaner Verabreichung von Apomorphin. Im Übrigen sollte man sofort mit einer BAL (British Anti Lewisit = Dimercaprol)-Kur beginnen.

Wichtige Indikationen

- besonders heftige akute Gastroenteritis mit brennenden Schmerzen, brennendem Durst
- Nachlassen der Kräfte, in kurzer Zeit völliger Marasmus, besonders bei progressiven malignen Tumoren
- Hautkrankheiten
- Gastralgien
- brennende Hämorrhoiden, die sich durch warme Umschläge bessern
- Asthma, insbesondere bei Unterdrückung von Hauterkrankungen
- Pneumonie mit heftigem Fieber, starker Entkräftung und nächtlicher Unruhe
- Todesangst, Sterbehilfe
- Geschwüre, die wie Feuer brennen, mit schwarzem nekrotischem Grund. Sehr unangenehm riechende Sekretion
- Gangräne
- schuppige Ausschläge an der Haut, die durch Kälte schlimmer werden
- Ekzeme mit Verschlimmerung im Winter und bei Kälte, Besserung im Sommer
- Neuralgien und Kopfschmerzen bei entsprechenden Modalitäten

Acidum hydrofluoricum

Ursprung

Kaum ein Element außer einigen Edelgasen kann Acidum hydrofluoricum (wässrige Flusssäure, H_2F_2) widerstehen; sogar Platin wird von dieser Säure angegriffen. Fluor hat eine sehr große Bindungsfreudigkeit, kann aber andererseits nie aus einer Verbindung gelöst werden und kommt deshalb in der Natur nie frei vor. Bereits 1771 entdeckte der schwedische Chemiker Karl Wilhelm Scheele, dass in Fluorid (Flussspat) ein neues Element enthalten sein müsse. Bei den vielen Versuchen, das Element rein darzustellen, gab es sogar einige Todesfälle. Grund für die zahlreichen Experimente war, dass Fluor sofort mit der Materie der Apparatur reagiert, ob diese aus Stahl, Gold oder Glas bestand. Dieses Verhalten, so aggressiv zu sein, nicht loslassen zu wollen, macht Fluor zu einem für die Wirtschaft sehr interessanten Faktor: Fast alles aus Plastik Hergestellte wird auf der Grundlage von Kohlenstoff erzeugt und ist deswegen gegen hohe Temperaturen nicht beständig. Fügt man ein wenig Fluor hinzu, wird das Material wärmebeständig. Diese Beständigkeit hat Fluor den Beinamen »das Unantastbare« eingebracht.

Im menschlichen Körper werden Knochen und Gebiss während ihres Wachstums durch Fluor gefestigt. Im Alter erfolgt eine Fluorablagerung auch an anderen Orten.

Persönlichkeitsportrait

Erwachsene

Acidum fluoricum ist am häufigsten bei jungen Männern zu finden, aber auch bei älteren sowie bei Frauen, die häufig geboren haben, und bei Kindern.

Diese kraftstrotzenden Menschen vermitteln den Eindruck, ein dionysisches Leben zu führen. Sie genießen das Leben, haben kaum geistige Interessen, aber eine unglaubliche Energie. Sie äußert sich vor allem im sexuellen Verlangen, ähnlich wie bei Acidum picrinicum, aber in noch stärkerem Maße.

Die Persönlichkeit ist zunächst schwer zu erkennen. Sie fühlen sich ungemein stark und gesund, vital und aktiv, sind allerdings geistig nicht sehr kreativ und kommen ungern zum Arzt. Hier berichten sie über unbedeutende Beschwerden wie Stauungen in den Beinen, Hauterscheinungen oder heiße Füße, die sie immer aus dem Bett herausstrecken müssen. Schließlich findet man heraus, dass in ihrem Leben der Sex die Hauptrolle spielt. Erotik mit ihren Feinheiten, mit ihren vielen Facetten, die das Leben ausgesprochen schön gestalten können, fehlt ihnen völlig. Allein das sexuelle Verlangen und die sexuelle Befriedigung ist wichtig, wie auch die Freude an leichtlebigen Schönheiten. Acidum hydrofluoricum hat gleichzeitig mehrere FreundInnen, die ihn aber immer wieder verlassen, weil er aufgrund seiner Oberflächlichkeit rücksichtslos mit den Partnerinnen umgeht.

Oberflächlich betrachtet, ist er ein hilfsbereiter Mensch, der jedoch keinesfalls in der Lage ist, auf Probleme oder gar Gefühle einzugehen.

Wie alle Säuren befürchtet auch er, später krank zu werden, und trifft möglichst viele Vorkehrungen, um gesund und aktiv bleiben zu können. Dieses Streben führt doch eines Tages zu Zusammenbruch und Erschöpfung, einer großen Schwäche, die ebenfalls allen Säuren eigen und so groß ist, dass selbst bei hoher sexueller Potenz keine Erektion mehr möglich ist, eine Ejakulation aber schon bei dem Gedanken an eine Frau ohne besonderen Anlass stattfindet.

Diese vitalen Menschen sind auch in finanziellen Dingen erfolgreich.

Als heißblütige Patienten lieben sie kaltes Wasser, kalte Zuwendungen, brauchen ein kaltes Duschbad, waschen sich auch kalt. Auch Getränke müssen eiskalt sein.

Warme Anwendungen und warme Getränke sind ihnen zuwider. In fortgeschrittenem Alter zeigen sich mitunter auf der Haut Verhärtungen und eigenartige tumorartige Erscheinungen, die nicht immer maligne sind.

Es kann auch zu Prostata-Vergrößerungen kommen und so zu einem imperativen Harndrang, der Kopfschmerzen verursacht.

Beherrschender Gedanke im Alter ist immer noch der Sex.

Kinder

Das Acidum-hydrofluoricum-Kind ist sehr aufgeweckt und von großer Lebensfreude. Es ist mit sich selbst und allen anderen zufrieden und hat zunächst keinerlei Angstgefühle: »Ich bin ich, und ich schaffe es.«

Hat man mit solchen Kindern den ganzen Tag herumgetobt, Fußball gespielt, Wanderungen oder Skifahrten durchgeführt, so dass man selbst schon müde ist, verlangen sie immer noch nach weiteren Aktivitäten. Auf die Dauer kommt es auch hier zu Schwäche und Erschöpfung und zu einem gewissen Kräfteverfall.
Entsteht dieser während der Schulzeit auf der geistigen Ebene, so zeigt sich eine innere Unruhe. Das Gefühl, gleich geschähe ein Unheil, dominiert: Die Freude am Leben schlägt plötzlich um. Man interessiert sich nicht mehr für seine Freunde, seine Geschwister, alles wird gleichgültig. Die Kinder werden dann sehr eigenartig.
Ihre Erschöpfung zeigt sich auch, wenn die Schularbeiten gemacht werden müssen oder man in der Schule ruhig sitzen soll. Für Fehler und mangelnde Konzentration werden Kopfschmerzen verantwortlich gemacht.
Ein Acidum-hydrofluoricum-Kind ist immer begeistert, wenn es kalt baden oder sich selbst mit dem Schlauch bespritzen kann. Weiterhin hat es, wie Jodum, großen Appetit, bleibt aber trotz vielen Essens schlank und zart gebaut. Das trockene, spröde Haar zeigt bei starkem Haarausfall häufig kahle Stellen am Kopf. Die Nägel brechen leicht, zeigen Rillen und splittern auch plötzlich ab, wachsen aber sehr schnell.
Das Gebiss ist schon bei Kindern problematisch. Schon in jüngsten Jahren muss Acidum hydrofluoricum zum Zahnarzt wegen seines Zahnverfalls und häufiger Zahnschmerzen oder Abszessen. Der Atem riecht oft unangenehm.

Literatur

Die große Bedeutung des Sexes im Alter verdeutlicht das Gedicht »Reue« von Wilhelm Busch:

»Die Tugend will nicht immer passen,
im ganzen lässt sie etwas kalt,
und dass man eine unterlassen,
vergisst man bald.
Doch schmerzlich denkt manch alter Knaster,
der von vergangenen Zeiten träumt
an die Gelegenheit zum Laster,
die er versäumt.«

Arzneimittelbild

Wichtige Symptome

- vermehrter Tätigkeitsdrang ohne Ermüdung
- Karies und Nekrose der langen Röhrenknochen
- Ulzera an den Beinen, aber auch Dekubitus
- rapider Zahnverfall

Modalitäten

Verschlimmerung: durch Wärme.
Besserung: durch Kälte.

Toxikologie

Bei Vergiftungen durch Acidum hydrofluoricum sind die Knochen weiß, porös und enorm brüchig. Die Markräume sind auf Kosten der Kompakta deutlich verbreitert. Die Zähne sind stark abgenutzt, es besteht Karies, und an den Kiefern finden sich Eiterungen, Sequesterbildung, Periostitis und Nekrosen.
Bei langsamer Vergiftung mit kleinen Dosen, die sich über Jahre und Jahrzehnte hinzieht, ergibt sich ein gegensätzliches Bild. In einer Kopenhagener Fabrik fanden sich nach mehrjährigen Arbeiten bei den Röntgenuntersuchungen sehr dichte Knochenschatten mit welligen und unscharfen Konturen plumper Gestalt, periostale Auflagerungen und Verengung der Markhöhle, am Becken und an der Wirbelsäule bedeutende Bänderverkalkungen und Spangenbildungen. Gelenkknorpel und Zwischenwirbelscheiben blieben unverändert.
Bei Sektionsbefunden wies man nach, dass das Gewicht der Knochen bis auf das Dreifache erhöht war und eine extreme Osteosklerose bestand.
Beim Menschen kann durch große Gaben von Acidum hydrofluoricum das Bild einer Osteomalazie erzeugt werden. Dabei finden wir eine Verkürzung der Blutgerinnungszeit sowie multiple Thrombosen. Die Kalkausscheidung im Harn und Stuhl ist erhöht.

Wichtige Indikationen

- Zahnerkrankungen mit Karies und Nekrosen
- Exostosen an den Gesichtsknochen, aber auch Knochenerkrankungen mit Nekrosen, besonders im Hüftgelenksbereich
- venöse Stauungen mit varikösen Ulzera, besonders bei Frauen mit häufigen Geburten

Acidum nitricum

Persönlichkeitsportrait

Erwachsene

Acidum nitricum (Salpetersäure) ist eine sehr starke Säure, die nicht nur organische oder anorganische Substanzen, sondern unter gewissen Voraussetzungen sogar Edelmetalle angreifen kann. So ist auch ein Acidum-nitricum-Patient sehr aggressiv und belastend: Er ist »ein Kreuz«, nicht nur für sich selbst, weil er ständig an seine Krankheit, an vergangene Kümmernisse denkt und deprimiert ist oder in Angst lebt, er sei krank.

Körperliche Schwäche macht es ihm schwer, sein Kreuz zu tragen. Dabei bemerkt er nicht, wie belastend er auf andere wirkt. Er ist ein ständig reizbarer Mensch, dabei hasserfüllt und rechthaberisch, äußerst starrköpfig und hartnäckig, manchmal böswillig. Er nimmt keine Entschuldigungen an.

Mein Lehrer Oehmisch bezeichnete Acidum nitricum als den Arzneimitteltyp, »in dessen Haut er zu allerletzt stecken möchte«.

Was das Allgemeinbefinden anbelangt, so sind auch hier die vier Säulen des Säure-Patienten vorhanden: Schwäche, Ängste, Schweiße und Zwänge.

Die Angst betrifft vor allem die eigene Gesundheit. Schon bei Magenbeschwerden, wie Sodbrennen oder anderen leichten Erkrankungen, treten Todesängste auf. Er zweifelt an seiner Genesung.

Ausdruck seiner Angst ist auch seine umfassende Unzufriedenheit. Er ist unglücklich, kann sich einfach nicht freuen, selbst wenn es ihm gut geht; er hat ständig Angst, es könne ihm wieder schlechter gehen. Er unterliegt dem Zwang, sich immer wieder mit seinen Krankheiten zu beschäftigen.

Acidum nitricum ist gekennzeichnet durch eine große körperliche Schwäche, die mit Anämie und einem blassen, eingesunkenen Gesicht einhergeht. Er wirkt krank, auch wenn er es nicht ist. Es kommt dann schließlich zu großen Enttäuschungen. Die ganze Welt, das ganze Leben, auch sein eigener Erfolg, enttäuschen ihn. So werden seine Gefühle stumpf und er wird zum Nihilisten. Er kann nicht mehr glauben und hat keine Kraft mehr, neu anzufangen. Aktivität und Kreativität gehen verloren, er hat keine Hoffnung mehr und wird sehr empfindlich und reizbar.

Kontakte zu anderen Menschen fallen sehr schwer. Abgründe trennen Acidum nitricum von allen anderen.

So ertrinkt ein echtes Zusammenleben, eine echte Zusammenarbeit oder ein echtes Miteinander in einer Welt des Misstrauens. Verbindungen, Freundschaften und Ehen gehen auseinander; man versteht sich einfach nicht mehr.

Emotionale Kontakte bedeuten Acidum nitricum ohnehin wenig. Auch ein wirklich interessantes Gespräch ist für ihn unwichtig. Ihm wirklich wichtige Kontakte sind rein sexueller Art auf einer dumpf-animalisch-triebhaften Ebene. So sind diese Patienten, auch in jenen Etablissements zu finden, in denen man die »Liebe« für Geld erwerben kann.

Letztlich ist diese Persönlichkeit mit dem Leben völlig unzufrieden und wünscht sich den Tod. Ein Suizid unterbleibt nur, weil sie sich sehr vor dem Tod fürchtet. Neben den oben bereits aufgeführten geistigen und emotionellen Schwierigkeiten leiden diese Patienten häufig unter Herzklopfen.

Alle durch Erkrankungen verursachten Sekrete sind ätzend und führen zu Entzündungen, gleichgültig, ob sie aus Nase, Mund, After oder Harnröhre kommen. Bereits der Speichel erzeugt wunde Stellen.

Am Übergang von Haut zu Schleimhaut entstehen überall stark ätzende Sekrete.

Kinder

Aicdum nitricum ist als Erwachsener und als Kind geistiger Arbeit gegenüber sehr abgeneigt. Acidum-nitricum-Kinder zu Schularbeiten oder überhaupt zu regelmäßigen Lernübungen zu überreden, ist sehr schwierig. In ihrer eigenen, manchmal großen, abwehrenden Art weisen sie alle guten Ermahnungen zurück und verhalten sich widerspenstig. Sie sind sehr empfindlich, besonders bei Schmerzen.

Im Bereich der Haut-Schleimhaut-Grenze bestehen immer wieder Beschwerden aufgrund von Entzündungen oder Reizzuständen, ob in den Augen, im Mundwinkel, auf der Nase, am After, im Genitale oder an der Zunge.

Auch Aphthen mit widerlich riechendem Sekret

treten auf. Die Neigung zu Blutungen bei den Kindern ist so stark, dass sie sich sogar bei Rhagaden manifestiert. Manchmal führt dies zu ängstlichen, eher noch zu aggressiven und ausgesprochen oppositionellen Reaktionen.
Dabei sind diese Kinder unglaublich frostig und neigen zu Katarrhen, die ebenalls mit Rhagaden und Entzündungen an den Haut-Schleimhaut-Grenzen einhergehen. Es kommt zu schlecht abheilender, chronischer Otitis mit übel riechendem, ätzendem Ohrenfluss. Die Haut zeigt, besonders am Kopf, impetiginöse, krustige Effloreszenzen, die leicht nässen und ebenfalls ein sehr übel riechendes Sekret produzieren. Großes Verlangen besteht nach fetten und unverdaulichen Substanzen. Das Fett bleibt immer unverdaut, so dass der Stuhl klebrig ist, was auch bei reichlichem Milchgenuss der Fall ist. Der Urin riecht stechend oder stinkt sogar. Schmerzempfindungen ähneln den durch Splitter hervorgerufenen, vor allem bei Entleerungen des Darmes oder der Harnblase, der Nase oder der Bronchien bei Husten.

Arzneimittelbild

Wichtige Symptome

- Neigung zu Geschwürbildung mit stinkender, wässriger ätzender Sekretion
- Afterfalten und Mundwinkel sind rissig, schmerzhaft und mit Geschwüren behaftet.
- Schmerzen nach dem Stuhlgang, tenesmenartig, mehrere Stunden anhaltend, selbst nach weichem Stuhl
- Der Urin riecht sehr stark nach Ammoniak.
- Hämorrhagien aus Körperöffnungen
- profuse Schweiße an Händen und Füßen
- Er spürt im ganzen Oberkörper das Klopfen von Schlagadern.
- Herzklopfen mit Extrasystolen und großer Angst
- Abneigung gegen Milch, Brot und Fleisch
- heftiges Verlangen nach unverdaulichen fetten Speisen
- friert leicht, fürchtet die Kälte und fröstelt beständig
- Die Schwäche führt zu so heftigem Zittern, so dass man sich immer wieder hinlegen muss.
- krampfartige Schmerzen im Bauch
- eigentümliches Gefühl beim Wasserlassen und das Gefühl eisiger Kälte in der Urethra

Modalitäten

Verschlimmerung: abend, nachts, durch Witterungswechsel, beim Erwachen, durch Berührung, in kaltem Klima.
Besserung: bei passiver Fortbewegung; durch Schleimhautsekretion, die im Allgemeinen eine Besserung der Beschwerden ankündigt.

Toxikologie

Die schlechte Heilungstendenz der Ätzwunden durch Salpetersäure ist der der anderen Mineralsäuren vergleichbar und lange bekannt.
Eine Organrichtung ist allen Säuren eigen, so auch der Salpetersäure. Bei den Schleimhäuten des Verdauungstraktes, vor allem der Mundschleimhaut, kommt es zu Wundsein, leichten Blutungen, Schwellungen, Aphthen und Geschwürsbildung, üblem Mundgeruch, Lockerung der Zähne, Speichelfluss. Gelegentlich folgen dyspeptische Erscheinungen. Bei schweren Vergiftungen von Salpetersäure kommt es zu disenterischen Symptomen, die auch schwere Kreislaufzustände hervorrufen können.

Wichtige Indikationen

- Geschwüre, Aphten mit dem Gefühl, als steckten Splitter darin. Analfissuren.
- Gastralgie und Gastritis
- Impetigo im Gesicht und an behaarten Hautstellen
- Diarrhö mit stinkenden, klebrigen Stühlen und Blutungen
- Gefühl der Taubheit, die sich bessert durch Erschütterung beim Fahren
- Schlechtes Sehen abends und nachts, Nachtblindheit. Husten mit reichlichem, schleimartigen Auswurf. Dabei ein wie durch Nadeln oder Glassplitter ausgelöstes Stechen in der Brust
- Kopfschmerzen mit dem Gefühl, man habe ein Band um den Kopf oder dieser stecke in einem Schraubstock. Dies beginnt morgens beim Erwachen und geht mit Sehstörungen und heftigem Kältegefühl einher.

Acidum phosphoricum

Ursprung

Acidum phosphoricum (Phosphorsäure) ist Phosphor in oxidierter Form. Da der elementare Phosphor jedoch bei seiner Verarbeitung und Potenzierung vermutlich auch oxidiert, sind sich Arzneimittelbilder von Phosphor und Acidum phosphoricum bei verschiedenen Potenzstufen sehr ähnlich.
Nach Braun entspricht Acidum phosphoricum etwa dem erloschenen Phosphor. Hier die trägere Wirkungsweise, dieser flackernde, eretische, exaltierte und sensitive Charakter des Phosphors.

Persönlichkeitsportrait

Erwachsene

Wie bei allen Säuren ist die Persönlichkeit von Acidum phosphoricum geprägt durch große geistige, körperliche und emotionale Schwächezustände, deren Ursache sehr verschieden interpretiert wird. Vithoulkas behauptet, die große Schwäche beginne zunächst auf emotionaler und nicht auf geistiger oder körperlicher Ebene. Dagegen steht meine auf vierzigjähriger Praxis fußende Meinung, dass wohl gelegentlich gewisse auslösende Momente eine Rolle spielen, jedoch körperliche und geistige Schwäche in etwa gleichem Grade die ersten pathologischen Stadien darstellen.
Acidum-picrinicum-Persönlichkeiten sind vor allem Intellektuelle, bei denen schon eine geringe Einbuße an Kreativität und Aktivität zu deutlich sichtbaren geistigen Mängeln führt.
Acidum phosphoricum leidet weniger unter Kummer und Sorgen als unter den Folgen mancher Auseinandersetzungen, die sich als Enttäuschungen nach moralisch begründeten Emotionen oder als enttäuschte Zuneigung manifestieren. Bestehen einmal Beschwerden, werden sie durch Kummer, Gram, Ärger und auch Sorgen deutlich verschlimmert.
Der Acidum-phosphoricum-Erwachsene ist von seiner Konstitution her nicht schwächlich oder schlaff, sondern sehr kräftig.
Für die Schwächezustände spielt der Verlust von Lebenssäften eine sehr große Rolle, verursacht durch Blutungen, Blutverluste nach Unfällen oder nach Operationen sowie durch schwächende, heftige, akute Krankheiten mit schweren Schweißausbrüchen, z. B. Malaria, Fleckfieber oder Paratyphus, die auch nach der Entfieberung mit plötzlichem, starkem Schwitzen verbunden sind. Bei diesen Patienten und denen, die einen Verlust von Lebenssäften nach sexuellen Exzessen haben, ist Acidum phosphoricum gut anwendbar.
Die früher durchaus aktiven Patienten sind plötzlich lustlos und apathisch, gleichgültig gegenüber den Anforderungen und Begebenheiten des Lebens. Wie alle Säuren empfinden sie eine deutliche Besserung im Liegen und schon bei geringer Belastung, auch bei Geräuschen, besonders Musik oder einem besonderen Geräuschpegel, eine Verschlimmerung. In manchen Situationen ist der Patient völlig erschöpft, fühlt sich sehr wohl im Liegen und ist völlig apathisch. Macht man ihn dann auf seine Umgebung aufmerksam und erzählt ihm eine traurige Begebenheit, die ihn psychisch zusätzlich belastet, fängt er leicht an zu weinen und ähnelt hierbei sehr stark einem Pulsatilla-Menschen. Solche Zustände können aber auch auftreten nach einem Säfteverlust, wie er bei schwerer, erschöpfender Diarrhö stattfindet. Hier ist Acidum phosphoricum ein Mittel, das, ähnlich wie China, nur mit anderen Modalitäten, wirksam ist, um dem Patienten bald wieder auf die Beine zu helfen. Einmal genesen, ist er ein ausgesprochen lieber Mensch von sanfter Gemütsart, leicht lenkbar und anpassungsfähig.

Kinder

Bei Kindern kommt in den meisten Fällen Calcium phosphoricum in Frage, ein Salz von Acidum phosphoricum.
Die kleinen Persönlichkeiten, zu denen Acidum phosphoricum passt, sind meist körperlich etwas schwächlich und fallen durch allgemeine, leichte Unruhe sowie ihr Schlafbedürfnis auf. Sie sind lebhaft, haben aber sowohl bei körperlicher als auch bei geistiger Anstrengung oft das Bedürfnis, kurz auszuruhen, sogar zwischendurch zu schlafen: Schon die kleinen Kindern toben herum und legen sich dann plötzlich in eine Ecke, um

zehn Minuten zu schlafen und dann weiterzuspielen.
Diese nie langweiligen oder tolpatschigen, aber schnell völlig erschöpften und müden Kinder haben großen Durst und leiden oft unter Krämpfen, bei großer Anstrengung auch unter Schwitzen. Gelerntes vergessen sie schnell.

Literatur

Im Zusammenhang mit Acidum phosphoricum stoßen wir auf eine seit dem Jahre 1850 immer wieder sehr gern gelesene Bildgeschichte, die für Kinder geschrieben ist. Möglicherweise hatte der Autor, Hoffmann, ein Arzt, Kinder, deren Charakter und Temperament dem Prinzip von Acidum phosphoricum entsprach. »Die Geschichte vom Hans-guck-in-die-Luft« ist ein Teil des bekannten »Struwwelpeter«:

»Wenn der Hans zur Schule ging,
stets sein Blick am Himmel hing.«

Wie der sehr viel Phosphorsäure enthaltende Kunstdünger die Pflanzen in die Höhe treibt, veranlasst die Schule Hans, hoch hinauf in die Wolken und zu den Schwalben zu blicken. Ihm fehlt der feste Boden unter den Füßen:

»Nach den Dächern, Wolken,
Schwalben schaut er aufwärts,
allenthalben:
Vor die eigenen Füße dicht,
ja, da sah der Bursche nicht.
Also dass ein jeder ruft:
›Seht den Hans-guck-in-die-Luft!‹

Schließlich wird Hans aber aus allen Beobachtungen herausgerissen:

»Einst ging er an Ufersrand
mit der Mappe in der Hand
nach dem blauen Himmel hoch
sah er, wo die Schwalbe flog.
Also, dass er kerzengrad
immer mehr zum Flusse trat.

Und die Fischlein in der Reih
sind erstaunt sehr alle drei.
Noch ein Schritt!
und plumps! der Hans
stürzt hinab, kopfüber ganz!
Die drei Fischlein sehr erschreckt
haben sich sogleich versteckt.«

Hier kommt er also in die Nähe des Abwassers, das wir uns voller Phosphate und völlig verschlickt denken können. Die Fische vertreten möglicherweise Vitamin D, das in der Fischleber in hoher Konzentration enthalten ist.
Hansens Sturz demonstriert das bei Acidum phosphoricum symptomatische, nächtliche Aufschrecken aus der Traumsituation, als Fallen von der Höhe oder ins Wasser. Die drei erschreckten Fischlein verweisen darauf, dass Acidum phosphoricum auch ein Mittel bei Schreckfolge ist.

»Doch zum Glück da kommen zwei
Männer aus der Näh herbei.
Und sie haben ihn mit Stangen
aus dem Wasser aufgefangen.

Seht! Nun steht er triefend nass! ...
Wasser läuft dem armen Wicht
aus den Haaren ins Gesicht,
aus den Kleidern, aus den Armen;
und es friert ihn zum Erbarmen.

Doch die Fischlein alle drei,
schwimmen hurtig gleich herbei ...
lachen fort noch lange Zeit;
und die Mappe schwimmt schon weit.«

Hans ist zu erschöpft, um auch nur den Kopf zu heben. Hier sehen wir Schwäche und Schwitzen, Kraftlosigkeit, Erschöpfung, Enttäuschung und Kummer. Die Mappe, d. h. alles Gelernte schwimmt jetzt weg, und ihm bleibt nur, nach Hause zu gehen, sich ins warme Bett zu legen und zu hoffen, dass man ihn in Ruhe lässt; ihn hält vielleicht auch die Hoffnung auf Acidum phosphoricum.

Arzneimittelbild

Wichtige Symptome

- Schwäche mit Apathie, sowohl im körperlichen als auch im geistigen und emotionalen Bereich
- Sensorielle Schwäche, besonders bei typhösen Zuständen. Der Kranke ist somnolent, nimmt kaum seine Umgebung wahr. Wird er geweckt, ist er völlig klar, aber weinerlich.
- Schwächegefühl in der Brust beim Sprechen und Husten
- Schmerzen im Kopf, als liege ein großes Gewicht auf dem Scheitel
- Gefühl, als wenn Ameisen über den ganzen Körper kriechen, besonders nach sexuellen Exzessen.
- Kopf- und Barthaarausfall
- reichliche Schweiße, besonders in der Nacht und in den Morgenstunden

Modalitäten

Verschlimmerung: durch geistige und körperliche Anstrengung, beim Stehen, durch sexuelle Exzesse, große Aufregung, starke Geräusche, Heimweh und Ärger.
Besserung: durch Liegen, Bettwärme, warmes Einhüllen, Schlafen.
Causa: Verlust von Lebenssäften wie Blut, in Durchfällen, Schweißen, Samenergüssen.

Toxikologie

Von den üblichen Erscheinungsformen des Phosphors ist der Phosphor in seiner elementaren Form als gelber Phosphor am giftigsten.
Acidum phosphoricum wird sehr häufig in Nahrungs- und Genussmitteln verwendet und kann Schwäche- und Erschöpfungszustände zumindest palliativ beeinflussen.
In großen Mengen bewirkt es lediglich eine Art Hypermotorik und Hypersensorik.
Alle Limonaden enthalten Acidum phosphoricum → Hyperkinetik!

Wichtige Indikationen

- zu rasches Wachstum bei körperlicher oder geistiger Überanstrengung
- Müdigkeit und Erschöpfung, die durch Krankheit, Ausschweifung, Säfteverlust, durch Kummer oder beklemmende Gemütserregungen verursacht wurde. Die betroffenen Patienten sind mager, vorzeitig ergraut und ohne Hoffnung.
- Erkrankungen der Knochen
- Incontinentia urinae bei Kindern mit reichlichen Urinmengen
- Spermatorrhö, besonders nachts, ohne Erektion, aber auch nach dem Stuhlgang
- Schwere Diarrhö, wenn Darmblutungen oder Petechien bestehen.
- Kopfschmerzen, besonders durch Übermüdung der Augen am Bildschirn oder auch nach langem Lesen und Lernen
- Husten tagsüber und abends, mit gelblichem eitrigen Auswurf, leicht sanguinolent
- hyperkinetische Kinder

Acidum picrinicum

Ursprung

Acidum picrinicum (Pikrinsäure) ist in ihrer wässrigen Lösung und mit ihren Salzen eine starke Säure. Als eiweißfällendes Mittel ist sie älteren Ärzten unter dem Namen »Esbachsche Reagenz« bekannt.

Die Aufnahme der Pikrinsäure erfolgt über Schleimhäute und Wundflächen, die sich bei längerer Berührung mit dem Mittel entzünden. Die Ausscheidung erfolgt hauptsächlich durch den Harn, der sich orangegelb bis rot, beim Stehen an der Luft sogar braun-schwarz färbt durch die Reduktion zu der giftigeren Pikraminsäure.

Im Krieg wurde die bei der Herstellung von Sprengstoffen viel benutzte Pikrinsäure von Soldaten eingenommen, da bereits 0,3 bis 1 g Haut und Schleimhäute sowie Skleren gelb färben und das Bild eines Ikterus vortäuschen. Dies beruht jedoch keineswegs auf Leber- und Gallenabsonderungen oder einem Rückstau dieser Substanzen. Die Bilirubin-Werte, auch im Urin, sind negativ.

Persönlichkeitsportrait

Der rote Faden aller Säuren ist, wie schon mehrfach beschrieben, die Gruppe der vier starken Symptome: Schwäche, Ängste, Zwänge und Schweiße.

Die Acidum-picrinicum-Persönlichkeit leidet weniger unter Ängsten vor äußeren Einflüssen, empfindet aber ganz große Angst im Bereich der Intimsphäre, aufgrund der dort vorhandenen großen Schwäche und des Zwanges, gedanklich immer wieder nur um das sexuelle Geschehen zu kreisen oder sich auch diesbezüglich zu betätigen, so die Möglichkeiten bestehen. So entsteht das Bild einer schweren Neurasthenie, bei der die Schwächezustände im Bereich der Intimsphäre im Zusammenhang stehen mit sexuellen Überreizungen, aber auch mit deutlicher Erschöpfung nach sexueller Aktivität.

Im Vordergrund steht dann die Angst, ständig zu versagen.

Erektionen heftigster Art ergeben sich bei Tag und Nacht; Pollutionen, Priapismus und vordergründige deutliche Kälte der männlichen Geschlechtsorgane sind vorhanden. Der gelegentlich zwanghaft auftretende Priapismus bleibt über Stunden und Tage, geht aber ohne Libido einher. Mit der sexuellen Überreizung und der sehr starken geschlechtlichen Erregung ist allerdings auch eine sehr große Erschöpfung des gesamten Nervensystems und der körperlichen und geistigen Leistungsfähigkeit nach sexueller Betätigung vergesellschaftet.

Acidum-picrinicum-Patienten sind Intellektuelle, die geistig sehr hart arbeiten können, dabei aber immer wieder durch zwanghafte Gedanken sexueller Art gestört werden. Durch körperliche Erschöpfung nach sexueller Betätigung geraten sie immer wieder in einen Zustand, der keine geistige Arbeit erlaubt.

Aufgrund ihrer geschlechtlichen Erregung feiern diese Menschen häufig Orgien in baccho et in venere. Ihr Zustand gleicht dann dem eines von schwerem Infektionsfieber Genesenen, der kaum auf den Beinen stehen kann. Kälte bessert im allgemeinen. Nicht selten hat Acidum picrinicum Kopfschmerzen, die ihn daran hindern, geistig zu arbeiten. Im Bereich des Skelettes hat er ein Gefühl, als wäre er mit einem Holzscheit verprügelt worden.

Kummer und Sorge belasten die Acidum-picrinicum-Persönlichkeit besonders stark. Sie ist dann völlig erschöpft und nicht in der Lage, irgendwelche geistigen oder auch körperlichen Tätigkeiten durchzuführen. Auch die sexuelle und erotische Stimmung gleitet dann sofort ins Negative.

Der Patient wird entschlussunfähig, seine Willenskraft versagt, sein Gemüt ist völlig verstimmt bis zur Depression. Die Kopfschmerzen werden durch geistige, aber auch körperliche Anstrengung, sowie bei grellem Licht deutlich verschlimmert.

Kommt er an frische, kühle Luft oder kann er sich hinlegen, geht es ihm deutlich besser. Schwindel und Ohrensausen sind bei starker Erschöpfung häufig vorhanden, verschwinden aber wieder, sobald es dem Patienten besser geht.

Die Schweiße von Acidum picrinicum sind kalt, besonders bei großer Erschöpfung. Bei frischer Luft, Kühle und beim Niederlegen bessern auch sie sich deutlich.

Ein Ausflug in die Etymologie des Wortes **Priapismus**. Priapos ist der griechische Gott der Fruchtbarkeit, der in den Kunstwerken der Antike oft auch mit nicht erigiertem Penis dargestellt ist. Die Sinnenfreudigkeit in der Literatur und der Kunst der Antike beruht auf der zu unserer

mosaisch-christlichen Weltanschauung unterschiedlichen Auffassung von Erotik. Der Priapos-Kult breitete sich seit dem dritten vorchristlichen Jahrhundert von den kleinasiatischen Städten Lamsacos und Priapos nach Westen hin aus. Nach der Schlacht am Cranicus (334 v. Chr.) mit Alexander dem Großen trat der Gott Priapos wohl erstmalig auf.
Mit dem Aufschwung der dionysischen Religion, zu der sehr enge Beziehungen bestanden, verdrängte Priapos in Hellas seine ithyphallischen Vorgänger Aphroditos, Ithyphallos, Conisalos, Orthanes, Gavon und Tychnon.
Als Vater von Priapos werden Dionysos, Adonis, Zeus, in manchen Literaturhinweisen sogar ein Esel angegeben, als Mutter Aphrodite oder eine Nymphe.
Die bekannteste Sage erzählt, dass Priapos der Sohn von Dionysos und Aphrodite gewesen sei. Somit entstammte er der Verbindung des Weingottes mit der Liebesgöttin.
In der alexandrinischen und römischen Dichtung wurde der ursprüngliche Zusammenhang zwischen Priapos und dem Eselskult abgewertet, indem auf die Feindschaft der beiden verwiesen wurde. Eine Sage aus der alexandrinischen Literatur berichtet, Priapos habe nach einem bacchischen Fest der Nymphe Lotis nachgestellt. Als er glaubte, bei der schlafenden Nymphe das Ziel seiner Wünsche zu erreichen, schrie der Esel des Silen und weckte Lotis auf. Priapos wurde zum Gespött der Götter. Wütend tötete er das Tier, das darauf als Sternbild an den Himmel versetzt wurde. Eine andere Sage begründet dies damit, dass Priapos bei einem Wettstreit um die Größe des Penis einem Esel unterlegen sei. Im mittelalterlichen Europa war Priapos oder Priapiscus ein Spottname, der das männliche Glied bezeichnete. Als Krankheitsbegriff wurde Priapismus in Sinne sexueller und erotischer Geilheit durch Galen (129–210 n. Chr.) in die Medizin eingeführt.

Arzneimittelbild

Wichtige Symptome

- Erschöpfung des Nervensystems, des Gehirns und des Rückenmarks
- Erschöpfung der geistigen und körperlichen Leistungsfähigkeit
- starke geschlechtliche Erregungen mit Priapismus
- Kopfweh, das häufig im Nacken beginnt und sich bis zu den Augen ausbreitet
- Ständige sexuelle Gedanken und sexuelle Erregung. Wacht fast immer mit heftigen Erektionen auf.

Modalitäten

Verschlimmerung: durch jede Anstrengung geistiger und körperlicher Art, besonders nach starker sexueller Erregung und sexueller Betätigung, durch Kummer und Sorge, Hitze und heißes Wetter.
Besserung: in frischer Luft, durch kaltes Wasser, festen Druck und vor allem durch Niederlegen und allgemeine Ruhe.

Toxikologie

Acidum picrinicum färbt alle Gewebe intensiv gelb und wird wohl deshalb zur Vortäuschung von Gelbsucht verwendet. Sie besitzt ein starkes Fällungsvermögen für Eiweiß und ist deshalb als Eiweißgift zu betrachten, wie in der Verwendung als Esbachscher Reagenz zu sehen.
Im Tierversuch konnten neben anderen Veränderungen auch schwere organische Schädigungen des Rückenmarks hervorgerufen werden. Dennoch ist es fraglich, ob daraus auf die Brauchbarkeit der Säure als toxische Verbindung für die Nerven und das Rückenmark zu schließen ist.
Zu den wichtigsten nervlichen Erscheinungen allgemeiner Art zählen die Schwere des Kopfes, Kopfschmerzen, Schwindel, Delirien, Prostration, seltener Krämpfe, manchmal Ischiadikus-Neuritis. Diese toxischen Wirkungen von Acidum picrinicum wurden in ihren Einzelheiten erst durch die absichtlichen Prüfungen an Gesunden in der Homöopathie erkannt und konnten dadurch therapeutisch genutzt werden.

Wichtige Indikationen

- geistige Schwächezustände
- sexuelle Schwächezustände
- übermäßige sexuelle Erregbarkeit
- Impotenz, auch bei Altersschwäche
- Spermatorrhö bei erhaltener oder übersteigerter Libido, mitunter ohne Erektion
- Priapismus
- bei Übereinstimmung aller Symptome: Folge von Narkoseschäden

Acidum silicicum (Silicea)

Ursprung

Acidum silicicum (Kieselsäure) gehört zu den ältesten Heilmitteln der Menschheit und wurde schon in den Papyri des alten Ägypten genannt. Nach Paracelsus geriet es in Vergessenheit, bis Hahnemann sein Interesse dafür entdeckt und mit seinen Schülern die Arzneimittelprüfung vornahm. Diese wurde in dem Werk »Chronische Krankheiten« veröffentlicht.

Acidum silicicum ist nächst dem Sauerstoff das am weitesten verbreitete Element der Erdrinde und kommt im Gestein in Form von Quarz, Feldspat und Glimmer vor.

Kieselsäure ist ein notwendiger Bestandteil des menschlichen und tierischen Körpers und hauptsächlich im Bindegewebe enthalten, wobei das Bindegewebe jugendlicher Individuen einen größeren Gehalt an Kieselsäure besitzt als das älterer. Der Gesamtgehalt an Kieselsäure des menschlichen Körpers beträgt nur 0,001 %.

In den Pflanzen ist sie am reichlichsten vertreten in Kieselalgen, Gräsern, Knöterich und Schachtelhalm-Gewächsen. Im Bambusrohr schlägt sie sich in der Nähe der Knoten nieder.

Persönlichkeitsportrait

Erwachsene

Die Silicea-Persönlichkeit ist frostig, meist verzagt und schüchtern, gibt in allen Dingen gern nach und hat kein Durchsetzungsvermögen, auch nicht gegenüber Umwelteinflüssen. Sie ist kälteempfindlich, wobei schon der geringste Luftzug verschlimmert. Sie leidet an Energiemangel auf allen Ebenen, ist intelligent, nicht aggressiv, sondern sanftmütig und verständig; sehr empfindsam und verträglich.

Im Gegensatz zu Sulfur beispielsweise oder anderen cholerischen Typen lassen sich diese Patienten auch gern Ansichten aufdrängen, widersetzen sich einfach nicht. Dabei wissen sie genau, dass ihr Gesprächspartner im Unrecht ist, halten nur ihre Meinung zurück. Pulsatilla, die auch eine eigene Meinung hat, ist es viel zu mühselig, diese zu vertreten. Die Silicea-Persönlichkeit ist sehr reserviert, isoliert sich aber nicht. Sie kann über sich reden, wenn die Umstände es erlauben, und schließt auch Freundschaften, ist dabei aber nicht unkritisch. Energiemangel und Müdigkeit stehen im Vordergrund, besonders, was geistige Arbeit anbelangt. Silicea lernt gut, aber nur das Wesentliche und hat keine Lust, unbedeutende Sachverhalte zu diskutieren.

Der Energiemangel zeigt sich auch bei der Verschlimmerung durch die kalte Luft im Winter, in der Nacht. Der innere Wärmemangel äußert sich deutlich in Erkältungsneigung, schlechter Heilung der Haut, Neigung zu chronischen Eiterungen, Lymphdrüsenschwellungen und vielen anderen entzündlichen Reaktionen. Reizbare Schwäche mit Zerstreutheit und Schwindel, besonders im höheren Alter, ist dann sehr häufig.

Nicht selten finden wir chronische Katarrhe an sämtlichen Schleimhäuten, den Luftwegen, dem Verdauungskanal und an den Drüsen.

Schon durch den leistesten Luftzug tritt Verschlimmerung aller Beschwerden ein. Im zirkadianen Bereich finden wir häufig tagsüber starke Schläfrigkeit, aber nächtliche Unruhe und schreckhafte Träume, Erinnerungsschwäche und starke Erschöpfbarkeit bei geistiger und körperlicher Anstrengung und durch sexuellen Kontakt.

Ein eigenartiges Verhältnis besteht zu spitzen Gegenständen, worüber die Patienten allerdings nie von sich aus sprechen. Sie haben Angst vor spitzen Nadeln, was sich bei Injektionen oder Blutabnahmen bei entsprechenden Fragen zeigt.

Gelegentlich findet sich die Empfindung eines Haares auf der Zunge, ein seltsames Symptom, das auch bei Kalium bichromicum gelegentlich auftritt.

Bei Silicea ist es wichtig, zwischen dem Kind und dem Erwachsenen zu differenzieren.

Kinder

Der dem Silicea-Kind entgegengesetzte Typus ist das phlegmatische, etwas rundliche Calcium-Kind. Silicea ist mager und viel frostiger als Calcium, das friert, aber schnell warm wird und schwitzt, wenn es sich bewegt. Acidum silicicum ist durch und durch kalt und blass. Körperlich scheint es etwas unterentwickelt, es ist dünner, schmaler als die anderen Kinder, aber nicht so hochgeschossen wie das Phosphor-Kind. Es hat eine blasse, feine Haut, feine Haare, ist empfindsam, defensiv, erlebt Störungen als Einmischung in das eigene Leben und verträgt dies schon in frühester Kindheit sehr schlecht. Es neigt dann dazu, sich zurückzuziehen, ist leicht ermüdbar, schwach, blass, aber durchaus intelligent und gutherzig. Es ist still, vielleicht ein bißchen zaghaft und macht einen sehr sauberen und gepflegten Eindruck. Interessant ist, dass es äußerst akkurat ist und sofort die Wäsche wechseln möchte, wenn es das Gefühl hat, sie sei schmutzig, was bei Kindern sonst kaum vorkommt.

Besonders bei Mädchen muss alles, auch das Spielzeug, sauber sein. Ich erinnere mich an ein zweieinhalbjähriges Mädchen, dass in der Praxis herumlief, alle Tücher, die herumlagen, geradezog, alle Bleistifte exakt hinlegte, einfach alles sorgfältig ordnete. Ein völlig ungewohntes, bei einem zweieinhalbjährigen Kind doch seltenes Verhalten. Das Kind war wegen chronischer Infekte zur Behandlung gekommen und litt, wenn es sich nicht im Stadium der akuten Entzündung der Luftwege befand, an sehr starkem Fußschweiß.

Kinder dieses Types sind nicht nur seelisch, sondern auch körperlich hochgradig empfindlich. So reagieren sie auf atmosphärische Störungen und Wetterlagen. Der Mond spielt eine große Rolle. Das Verschwinden des Fußschweißes beim Auftreten akuter Krankheiten ist ein sehr wichtiges Symptom. Das Auftreten von solchen Sekreten bessert den Allgemeinzustand. Die stark stinkenden Fußschweiße und anderen Schweiße sollte man deshalb auf keinen Fall durch äußerliche Maßnahmen, wie Desodoranzien, behandeln, da diese Ausscheidungen dann gehemmt werden und eine Krankheit einfach provoziert wird.

Beim jugendlichen Erwachsenen wird Silicea zu einem Konstitutionsmittel.

Auch die Jugendlichen sind intelligent. Weiterhin vergessen sie niemals, wenn man sie einmal zurechtgewiesen hat. Sie verstehen den Grund der Zurechtweisung, sind aber zunächst beleidigt, um ihr Verhalten bald darauf dennoch zu ändern. Zu große Strenge kann bei diesen Jugendlichen zu geistiger Unterdrückung führen, ein der Behandlung der Drüsensekretion ähnlicher Effekt.

Die Silicea-Persönlichkeit wird auf geistiger Ebene leicht unterdrückt trotz ihrer Intelligenz. Man muss sie also frühzeitig dazu erziehen, sich durchzusetzen, oder aber Silicea geben, damit sie sich in einen Menschen verwandelt, der sich in dieser Welt gut behaupten kann: Bei fortwährender Zurückhaltung und Unterordnung, auch im beruflichen Leben, entstehen Krankheiten, die sehr schwer zu behandeln sind.

Arzneimittelbild

Wichtige Symptome

- Schwache Persönlichkeit mit erheblichem Mangel an Selbstvertrauen und Angst vor Misserfolgen. Sehr unentschlossen, aber empfindlich gegen Widerspruch, äußerste nervöse Überempfindlichkeit mit beträchtlicher Erschöpfung
- Abmagerung mit deutlichen Assimilationsstörungen. Häufig bei chronischen Eiterungen
- Körperliche und geistige Schwäche verlangt, liegenzubleiben.
- Überempfindlichkeit aller Sinne, besonders Empfindlichkeit gegen Berührung
- Kältegefühl mit großer Empfindlichkeit gegen Kälte
- großer Mangel an Eigenwärme
- Neigung zu chronischen Eiterungen
- schmerzhafte Schwellung und Verhärtung der Drüsen, besonders am Hals, in den Achselhöhlen und in den Leisten
- Es besteht eine fixe Idee, was Nadeln anbetrifft: Patient fürchtet sich vor Nadeln (Injektionen), sucht sie aber auch und zählt sie.
- Stinkender Fußschweiß, der häufig die Zehen wund macht. Schweiße des ganzen Kopfes
- mitunter lebhafte Röte der Nasenspitze
- *Eigentümliches* Symptom: Patient hat die Empfindung eines Haares auf der Zunge, wodurch immer wieder neuer Reizhusten ausgelöst wird.

Modalitäten

Verschlimmerung: durch Kälte, beim Entblößen, durch Geräusche, starkes Licht, bei Mondwechsel (Voll- und Neumond), während der Morgenstunden, während der Regel.

Besserung: durch Wärme; bei Beschwerden am Kopf durch warmes Einhüllen des Kopfes.

Toxikologie

Bekannt ist lediglich eine durch intravenöse Injektion oder ein von feinstverteiltem kristallinischen Quarz an Versuchstieren typisches silikotisches Granulom. Dieser Quarzstaub wurde von den Zellen des retikuloendothelialen Systems phagozytiert und ziemlich gleichmäßig auf Leber, Milz, Lymphknoten und Knochenmark verteilt. Beobachtet wurde auch eine Ähnlichkeit der Acidum-silicicum-Granulome mit menschlichen Tuberkel-Vernarbungen.

Wichtige Indikationen

- Chronische Eiterungen. Hier ist Silicea das Hauptmittel. Dies gilt auch für eiternde **Fistelgänge** und Hautabschälungen, chronische Geschwüre und chronische Eiterungen der Knochen.
- Silicea hilft, Fremdkörper an der Oberfläche abzustoßen.
- Schwächemittel bei allgemein schwacher, empfindlicher, zu Erkältungen neigender Konstitution mit starker Ermüdbarkeit und Schweißneigung
- Schwäche von Skelett und Bindegewebssystem
- Chronische Kopfschmerzen in Verbindung mit Sehstörung, die, vom Nacken her beginnend, in den Kopf und in die Augen steigen. Häufig durch geistige Arbeit hervorgerufen. Suborbitale Schmerzen. Die Schmerzen werden von Geräuschen, Bewegung und Erschütterung verschlimmert, aber gebessert durch warmes Einhüllen des Kopfes.
- chronischer, sekundärer Rheumatismus
- trockene, schuppende Exzeme und Dyskeratosen, besonders in Verbindung mit Impfungen und deren Folgen
- Ganglien und Hyperostosen sowie deformierende Arthrosen. Fersensporn.
- Chronische Bronchitis mit reichlich gelbem, dick eitrigem Auswurf, der auf Wasser schwimmt. Der Husten wird durch kalte Getränke ausgelöst und durch warme Getränke gemildert.

Acidum sulfuricum

Ursprung

Acidum sulfuricum (Schwefelsäure) H_2SO_4 hat eine deutlich gewebszerstörende Wirkung, die für das Arzneimittelbild höchstens dann verwertbar ist, wenn wir blutige Sekrete der Schleimhäute, nekrotisierende Geschwüre und die Neigung zu Blutungen finden.
Die physiologische Wirkung beschränkt sich auf Bindung und Entgiftung schädlicher Ausscheidungsprodukte, aufgrund oxidativen Stoffwechsels in der Leber entgiftet. Eine gestörte Entgiftungsfunktion der Leber kann somit durch Gaben von Schwefelsäure gebessert werden.
Schwefelsäure ist notwendig auch für die Bildung der sauren Mukopolysaccharide, die einen wesentlichen Bestandteil der Gelenkknorpel darstellen und zu denen auch das die Blutgerinnung hemmende Heparin zählt.
Da das Sulfat-Ion auch zur Entgiftung von Stoffwechselschlacken dient, entsteht bei Störung dieses Mechanismus immer eine chronische Intoxikation, deren Symptome vor allen Dingen absolute Schwäche, Schweiße, Reizbarkeit darstellen.

Persönlichkeitsportrait

Erwachsene

Im seelischen Bereich der Acidum-sulfuricum-Persönlichkeit besteht große Reizbarkeit, nervöse Hast und große Ungeduld. Nichts geht ihm schnell genug.
Im Gegensatz dazu steht die große körperliche Schwäche, die sich immer wieder durch ein zwanghaftes Zittern und Zucken ausdrückt. Es kann den ganzen Körper betreffen, ist aber nicht sichtbar. Die Schweiße riechen ausgesprochen sauer und sind sehr profus und erschöpfend, vielleicht ein Versuch des Körpers, Stoffwechselschlacken auszuscheiden. Dabei besteht deutliche Neigung zu etwas dünnflüssigen, dunklen Blutungen an Haut, Schleimhäuten, Genitalien und Zahnfleisch.
Die Schwefelkomponente zeigt sich hier wieder in sehr starken Wallungen, besonders in Zusammenhang mit den Erschöpfungszuständen.
Im Mund und der Mundhöhle sowie am Zahnfleisch kommt es zu sehr starken, schmerzhaften Blutungen. Häufig finden sich Magengeschwüre. Es besteht chronisches Sodbrennen mit saurem Aufstoßen, wobei sogar die Zähne durch den aufgestoßenen Saft stumpf werden.
Am häufigsten finden wir Acidum sulfuricum bei Frauen in den Wechseljahren, wenn plötzliche, Tag und Nacht auftretende Hitzewallungen in profuse Schweiße übergehen, die die Patientin nicht nur schwächen und erschöpfen, sondern auch psychisch so verändern, dass sie reizbar wird, unwillig, Fragen zu beantworten, nicht an Halsstarrigkeit, sondern einfach aus Schwäche.
Ungemein starke Schwäche, Ängste, Schweiße und auch Zwänge, die vor allem einen Rückzug vor Menschen bewirken, verweisen also auf Acidum sulfuricum als das Mittel der Wahl.
Acidum-sulfuricum-Persönlichkeiten leiden oft nach Gehirnerschütterungen, einem Sturz oder Schlag immer wieder unter sehr kalter Haut oder einem wie in kaltem Schweiß gebadeten Körper mit nachfolgender starker Erschöpfung. Selbst bei geringfügigen Kopfverletzungen, die solche Folgeerscheinungen haben, sollte an Acidum sulfuricum gedacht werden.
Die dritte Gruppe, der man bei entsprechender Symptomatik mit Acidum sulfuricum helfen kann, sind die Trinker, die auf klare Schnäpse, vom Branntwein bis zum Korn, vom Whisky bis zum Himbeergeist fixiert sind. Sehr häufig erleben sie gerade diese Zustände von Erschöpfung und völligem Nachlassen der Körper- und Lebenskräfte bei kalter Haut und heftigen Schweißen, werden aber immer wieder vom Zwang bestimmt, nach der Flasche zu greifen.

Kinder

Wie alle Kinderportraits bei Säuren zeigt auch das der Acidum-sulfuricum-Kinder eine große Schwäche, die in Krankheiten und familiären Ereignissen begründet scheint. Schon bei geringer Gewalteinwirkung entstehen kleine blaue Flecken, oft haben sie Nasenbluten und eine hämorrhagische Purpura, häufig auch ohne große, infektiöse Ursache. Sie neigen sehr zu Blutungen und Hämatomen, auch nach geringfügigen Traumen. Ihre Schweiße sind sauer, insbesondere nach länger dauernden Infektionskrankheiten.
Immer wieder verlangen sie nach Obst und es-

sen dies mit gutem Appetit, obwohl sie es nicht vertragen und Bauchweh, Dyspepsien, saure Stühle und einen quälenden Singultus bekommen.
Nur selten sind sie fähig zu geistiger Arbeit.
Schwäche und geringfügige Schmerzen, manchmal auch Kopfschmerzen, bessern sich schnell durch kurzen Schlaf und Wärme.
Verschlimmerung ist die Folge von Kälte und Zugluft, aber auch von Sinneseindrücken, gegenüber denen sie sehr empfindsam sind.
Häufiges Umknicken der kleinen Gelenke, besonders im oberen Sprunggelenk, aber auch im Kniegelenk, sollte im Zusammenhang mit den anderen beschriebenen Symptomen immer an Acidum sulfuricum denken lassen.
Gold- und Silberschmuck tragende Frauen haben oftmals schwarze Stellen auf der Haut an den Kontaktstellen.

Arzneimittelbild

Wichtige Symptome

- Schwäche von Geist und Körper, dabei völlig unfähig, eine Tätigkeit auszuführen
- Traurigkeit und Weinen, große Hast und Gehetztheit, aber Unfähigkeit, sich überhaupt zu bewegen
- unsichtbares Zittern und Schwäche des ganzen Körpers
- profuse saure Schweiße, dabei aber auch Hitzegefühle mit kalten Schweißen danach
- Neigung zu Haut- und Schleimhautblutungen
- Berührungsempfindlichkeit der Haut
- rheumatische Beschwerden der kleinen Gelenke, z. B. Arthropathia ovarica der Frauen in den Wechseljahren
- Beschleunigte Herztätigkeit mit Kongestion zum Kopf und kalten Extremitäten, dabei Hitzewallungen. Juckreiz am ganzen Körper, sehr heftig, besonders nachts

Modalitäten

Verschlimmerung: durch feuchte Witterung, morgens.
Besserung: durch Wärme (trotz Schwitzen und Hitzewallungen).

Toxikologie

Toxikologisch bedeutsame Schwefelverbindungen sind Schwefelwasserstoff, Schwefeldioxid, Schwefelkohlenstoff und Schwefelsäure. Meistens kommt es zu Verätzungen oder Inhalationsintoxikationen.
Sowohl in der chemischen Industrie als auch in Kläranlagen und Jauchegruben bestehen Vergiftungsmöglichkeiten. Unglücksfälle in der chemischen Industrie werden meist durch den Kontakt mit der stark ätzenden und lebendes Gewebe zerstörenden Schwefelsäure verursacht. Auch Kinder, die aus einer Schwefelsäure enthaltenden Flasche trinken, erfahren diese Einwirkungen auf Larynx, Pharynx und die Speiseröhre.

Wichtige Indikationen

- klimakterische Hitzewallungen
- Gastritis der Alkoholiker
- Schleimhautgeschwüre, besonders im Mund
- Morbus Werlhof

Aluminum oxydatum (Alumina)

Herkunft

Alumina ist Aluminiumoxid (Tonerde) und wurde früher »Argilla pura« genannt. Das Arzneibild gründet sich auf eine Arzneiprüfung von Hahnemann, Hartlaub und Trinks und ist in dem Werk »Chronische Krankheiten« beschrieben.
Alumina macht etwa 7% der Erdrinde aus und ist vor allem im Gestein als Silikat, aber auch in Ton- und Lehmböden vorhanden (Tonerde).
In vielen Plfanzen, z.B. in Bärlapp-Gewächsen und in Farnen, ist der Aluminagehalt sehr groß, in Tierkörpern dagegen nur in Spuren nachweisbar.
Der Aluminagehalt des Menschen beträgt etwa 0,001%. In der Tier und Pflanzenwelt ist Alumina ein notwendiger Bestandteil, der das Wachstum anregt. Fehlt es, so können Samen nicht keimen. Andererseits kann ein großer Reichtum an Alumina in der Bodenlösung das Wachstum der Pflanzen beeinträchtigen.
Alumina regelt bei Pflanzen die Membrandurchlässigkeit für Wasser und Ionen. So verhindert es bei wasserreichen Pflanzen das Austreten der biogenen Elemente aus der Pflanzenzelle. Bei einer Störung dieser Funktion ist der Verlust von Mineralstoffen und damit auch des Zellwassers zu erwarten, was zu einer »großen Magerkeit« der Zelle führen würde. Dies ist bereits ein deutlicher Hinweis auf den Persönlichkeitstypus.
Angeblich war Alumina schon bei den alten Ägyptern in Gebrauch. Die Beweise hierfür sind allerdings noch nicht erbracht.

Persönlichkeitsbild

Erwachsene

Die Alumina-Persönlichkeit ist im Allgemeinen recht gut zu erkennen und schon nach den ersten Minuten zu diagnostizieren. Allerdings darf man sich nicht auf einen bestimmten Gesichtsausdruck, eine bestimmte Körperhaltung oder Verhaltensweisen fixieren, da es auch Ausnahmen gibt.
Alumina ist schwächlich, sehr mager und erscheint frostig, legt beispielsweise auch im warmen Zimmer seinen Mantel nicht ab. Er macht im Allgemeinen einen sehr vorzeitig gealterten, etwas »zusammengeschrumpften« Eindruck. Haut und Schleimhäute sind sehr trocken. Der Gesichtsausdruck ist depressiv. Weiterhin ist ein Zucken im Nacken und im Gesicht zu bemerken sowie ein Zittern, trotz der Schwäche des ganzen Körpers. Alumina geht langsam, äußerst bedächtig und hat eine merkwürdige Art, sehr umständlich Platz zu nehmen. Zwei ganz wichtige Symptome der Persönlichkeit sind somit Verlangsamung der gesamten Motorik sowie eine innere Unruhe, die kaum zu beschreiben ist. Starke Ambivalenz.
Der Bericht über die Erkrankung zeigt auch eine starke Verlangsamung des Gedankenflusses, die ebenfalls für Alumina signifikant ist. Berichtet er ein Symptom, vielleicht einen Schmerz, und man fragt ihn nach dessen Qualitäten, so wird er sehr unruhig und kann seine Gedanken nicht in Worte fassen. Die sehr langsame Redeweise verstärkt diesen Eindruck. So kann er für einen Satz Minuten benötigen, ohne dabei zu vermitteln, welche Art der Schmerz hat.
Das dritte Schüsselsymptom für Alumina ist also die Schwierigkeit, eigene Gedanken auszudrücken. Natürlich ist ihm klar, dass er hier der Umwelt Schwierigkeiten bereitet, weil seine Informationsfähigkeit deutlich herabgesetzt ist. Er bekommt dann häufig Angst, er könne an einer beginnenden Geisteskrankheit leiden, und verzweifelt an sich selbst, weil er der Meinung ist, es könne ihm doch niemand helfen. Die Angst oder Furcht vor geistigen Erkrankungen, Furcht überhaupt, ist in ihrer Art typisch für Alumina.
Freilich handelt es sich meist um senile Patienten. Dennoch sollte der Arzt bei entsprechenden Anzeichen auch an einen beginnenden geistigen Verfall denken. Die innere Unruhe vermittelt dem Patienten das Gefühl, immer in sehr großer Eile zu sein. Die Zeit vergeht ihm zu langsam. Schon frühmorgens befürchtet der Patient, er könne seine Arbeit trotz größter Anstrengung nicht bewältigen. Schließlich wartet er darauf, dass ihm ein Unglück zustößt, was dann zu Depressionen und Suizidvorstellungen führt.
Diese allgemeine Retardierung geistiger, emotionaler und körperlicher Funktion führt auch zu Muskelschwäche, manchmal sogar zu Lähmungen.
Im Darm manifestiert sich die Verlangsamung

als Obstipation. Der Patient muss sich sehr anstrengen, um den vollen Darm zu entleeren, auch wenn der Stuhl weich ist. Diese Schwierigkeiten hat er auch mit der Blase.
Die Parese der gestreiften Muskulatur, der Gliedmaßen, betrifft vor allem die Beine, die Alumina häufig trotz großer Anstrengungen nicht mehr koordinieren kann, was zu Gehunfähigkeit führt. Dabei besteht außerdem ein Taubheitsgefühl, besonders an den Fußsohlen. Die Reflextätigkeit ist dann stark verlangsamt, Reflexe sind allerdings vorhanden.
Alumina-Persönlichkeiten leiden weiterhin an Schwindelanfällen, die bei Dunkelheit, aber auch schon beim Schließen der Augen auftreten. Der Patient kann nicht stehen, wenn er die Augen schließt; er muss sie bewusst und kräftig offenhalten.
Erhebliches sexuelles Verlangen geht mit großer Erektionsschwäche einher, so dass der Patient keinen Koitus durchführen kann. In manchen Fällen kommt es bei frustriertem Kohabitationsverlangen schließlich zur Masturbation.
Die Trockenheit der Haut mit Juckreiz, eigenartigen trockenen Hautausschlägen führt zu dem Verlangen, immer wieder kräftig zu kratzen, oft so lange, bis es zum Bluten kommt. Dann erst fühlt Alumina sich wohl. Sogar die Schleimhäute im Mund und in den Augen sind von der Trockenheit betroffen.
Alumina-Persönlichkeiten sind gekennzeichnet durch eine deutliche Verlangsamung aller motorischen, sensorischen und sensiblen Fähigkeiten sowie eine große innere Unruhe mit teilweise auch sichtbaren Muskelzuckungen, weiterhin durch Melancholie bis hin zur Depression und Resignation (»Niemand kann mir helfen«).

Kinder

Alumina-Kinder sind mager und sehr schwach. Sie frösteln bei jeder Gelegenheit, haben aber keine Abneigung gegen kaltes Wasser. Auffällig ist ihre sehr trockene Haut und Schleimhaut.
Der manchmal harte oder mit Schleim überzogene Stuhl klebt am After fest und lässt sich schwer aus den Windeln herauswaschen. Die Entleerung verursacht häufig schneidende Schmerzen, so dass die Kinder anfangen zu weinen.
Sie haben wenig Appetit, essen jedoch gerne unverdauliche Substanzen, beispielsweise Sand, Kalk, Kreide, Gartenerde oder Pflanzen. Beim Spaziergang beißen sie auf Holzstäbchen herum, die sie unterwegs abgebrochen haben, an ihren Bleistiften kauen sie das Holz ab.

Arzneimittelbild

Wichtige Symptome

- Obstipation. Selbst die Entleerung eines weiches Stuhls erfordert große Anstrengung. Das Gesicht fühlt sich an, als wäre es mit Spinnengewebe oder mit getrocknetem Eiweiß überzogen.
- Miktion ist nur unter großer Anstrengung möglich, wie beim Stuhlgang. Schmerzen im Rücken, als ob glühendes Eisen in die Wirbelsäule hineingetrieben wird
- Mit geschlossenen Augen kann er nicht laufen. Auch bei Dunkelheit ist Gehen unmöglich.
- völlig anormaler Appetit auf unverdauliche Dinge (Kalk, Holzkohle, Kaffeebohnen, Teeblätter)
- Abneigung gegen Kartoffeln
- Konstriktionsgefühl in der Kehle und in der Speiseröhre
- Gefühl, als ob eine Gräte im Hals steckengeblieben wäre
- Die Zeit vergeht viel zu langsam.
- Suizidideen schon beim Anblick eines großen scharfen Messers, eines Dolches oder bei Blut

Modalitäten

Verschlimmerung: im Winter, bei Kälte, bei Neumond und bei Vollmond.
Besserung: im Sommer, durch Wärme.

Toxikologie

Die Allgemeinwirkung von Alumina geht über die spinalen Nerven und betrifft vor allem die Schleimhaut von Dickdarm und den Mastdarm, aber auch auf andere Schleimhäute, wo es große Trockenheit erzeugt. Außerdem kommt es zu tiefer Erschöpfung des zerebrospinalen Nervensystems.
Alumina wirkt tiefgreifend, aber äußerst langsam. In Tierexperimenten kommt es zu einem ganz auffälligen Reizverzug, was aus der hauptsächlichen Wirkung, der Hemmung oder Unterbrechung von Reizübertragungen des zentralen Nervensystems, verständlich wird. Lähmungen dieser Art kommen bei allen chronisch und langsam wirkenden Giften, z. B. auch bei Blei, vor. Tödliche Vergiftungen treten auf unter dem Bild einer akuten Bulbärparalyse.

Wichtige Indikationen

- Obstipation. Dieses Mittel ist ausgezeichnet bei der Verstopfung von Kindern. Vor allem, wenn Kinder von der Mutterbrust abgesetzt werden. Insbesondere zusammen mit Bryonia ausgezeichnete Erfolge.
- Anämie, besonders bei starkem Fluor, seltener Menstruation und absonderlichen Gelüsten nach unverdaulichen Speisen
- chronische Sinusitis
- Dyspepsie mit Blutandrang zum Gesicht nach dem Essen sowie mit saurem Aufstoßen und Erbrechen mit Erstickungsanfällen
- Blähsucht

Argentum nitricum

Ursprung

Argentum nitricum (Silbernitrat) ist sehr leicht löslich und besitzt bakteriostatische Eigenschaften.

Persönlichkeitsportrait

Erwachsene

Argentum nitricum ist geprägt durch Argentum mit seiner großen Schwäche und Erschöpfung als Folge von Überreizungen und Überlastungen sowie durch das so destruktive Mittel Acidum nitricum. So ergibt sich das Bild eines Menschen, der sich ständig in ungewöhnlicher Weise überfordert, meist im geistigen Bereich. Er ist von starken Emotionen und großem Ehrgeiz beherrscht, der dazu zwingt, immer wieder etwas Neues anzufangen.

Dabei ist Argentum nitricum äußerst impulsiv. Alles muss sehr schnell gehen. Er ist immer gehetzt und dadurch sehr reizbar und nervös.

Meist ist er intellektuell hoch stehend und kritisch, allerdings nur anderen gegenüber, die er auch heftig zur Arbeit antreibt. Aber auch er selbst wird zum Sklaven seines Wunschdenkens. Seine Ziele sind sehr weit gesteckt, so dass er hetzen und jagen muss und manchmal den Eindruck macht, er wolle sich selbst sowohl geistig als auch körperlich überholen.

An dem Weg, den er sich einmal vorgenommen hat, hält er fest und verfolgt sein Ziel äußerst konsequent. Hat er eine neue Idee, geht er dieser zwar nach, findet aber durchaus wieder zu seiner urprünglichen Strategie zurück.

Seine größte Schwierigkeit besteht darin, dass er selbst gesetzte geistige und körperliche Ziele in den meisten Fällen nicht erreichen kann. Ist er jedoch erfolgreich, strebt er sofort ein neues Ziel an, das noch höher gesteckt ist und ihn in eine noch stärkere Stresssituation bringt. Dazu kommt die Angst, sich zu blamieren. Steht der Partner auf einem geistig höheren Niveau, strengt sich Argentum nitricum ungemein an und arbeitet oder bildet sich weiter, um ebenfalls diese Ebene zu erreichen.

Dies führt zu einer völligen Überforderung im geistigen Bereich, die sich auch am Körper zeigt. So finden wir einen Patienten, der deutlich älter aussieht, als er eigentlich ist. Seine Haut wirkt oft verwelkt. Der behandelnde Arzt findet hier mitunter das Bild eines chronisch Kranken und bemerkt dann dieses Spannungssystem zwischen dem Wollen, dem Können und dem Wünschen.

Auch die Schleimhäute verursachen erhebliche Beschwerden. Der Magen steht im Vordergrund mit reichlichem Aufstoßen nach jeder Mahlzeit, mit Verdauungsstörungen und heftigsten Blähungen sowie Motilitätsstörungen, die insbesondere bei Erwartungssituationen eine große Rolle spielen. Ereignisse, wie Examina oder gesellschaftliche Veranstaltungen, z. B. Einladungen oder Opernbesuche, führen dazu, dass der Darm in seiner Mortilität angeregt wird, so dass ihn der Patient mehrmals schnell entleeren muss.

Die Stimulation des Vegetativums zeigt sich auch im emotionellen Bereich. Argentum nitricum gehört im beruflichen und privaten, vor allem aber im erotischen Bereich zu den impulsivsten Menschen, die die Materia medica kennt. Aufgrund des körperlich schwachen Befindens werden solche Emotionen, mit denen eine Überaktivität aller Organsysteme einhergeht, nur sehr schwer vertragen und führen zu Symptomen, die von Herzklopfen bis zu Schwierigkeiten bei der Kohabitation reichen.

Hitze ist Argentum nitricum unerträglich, und er sucht gern die frische Luft auf, um sich ein wenig »abzukühlen«, hat jedoch nie Zeit dafür: Immer wieder zwingt er sich aufs Neue, aktiv zu sein. Kommt es zu Entzündungen oder zu Veränderungen an Haut- und Schleimhaut, tritt ein Splitterschmerz auf.

Dieser ist charakteristisch und so stark im Mittel verankert, dass ich einmal bei einem Patienten, der die gesamte Symptomatik von Argentum nitricum besaß, Schwierigkeiten bekam, weil er trotz Gastroduodenitis und Kolitis nichts vom Symptom »Splitterschmerz« berichtete. Erst nach weiterer Befragung erzählte er, ohne das Wort »Splitterschmerz« zu erwähnen, dass er häufig einen sehr unangenehmen Traum habe: Er schwimmt alleine in seinem Swimmingpool im eigenen Haus, was ihm große Angst bereitet: Das Wasser ist geleeartig und enthält unendlich

viele Glassplitter, an denen er sich verletzen kann.
Hier zeigte sich im Unbewussten der Splitterschmerz deutlich.

Kinder

Argentum-nitricum-Kinder sind eigenartige Persönlichkeiten, die nach Nash wie kleine, alte, vertrocknete Männer aussehen, so, als ob sie schon viele Sorgen und Krankheiten erlebt hätten. Sie leiden unter starken, sehr schmerzhaften Blähungen, begleitet von explosivem Aufstoßen, besonders nach dem Genuss des von ihnen sehr begehrten Zuckers, aber auch nach erschreckenden Erlebnissen und Aufregungen. Häufig kommt es dann auch zu Durchfällen mit spritzender Entleerung, ziemlich bald nach der Nahrungsaufnahme. Bei Säuglingen verfärbt sich der Stuhl grün.
Die Schule verursacht Angstzustände. Schon der Schulweg, aber auch schulische Aufgaben sind unangenehm. Häufig klagen die Kinder vor Schulbeginn über Bauchschmerzen und haben Durchfall. Diese verzagten und ängstlichen Kinder bevorzugen kühle Zimmer und öffnen gerne die Fenster.
Bei entsprechendem Selbstbewusstsein können diese Kinder durchaus intellektuell und fleißig sein, sehr viel lernen, auch alles behalten und dann die anderen leicht überflügeln. Eine Gefahr stellt allerdings ihr großer Ehrgeiz dar.

Literatur

Ein Portrait von Argentum nitricum finden wir bei Wilhelm Busch:

»Wirklich, er war unentbehrlich!
Überall, wo was geschah
Zu dem Wohle der Gemeinde,
Er war tätig, er war da.

Schützenfest, Kasinobälle,
Pferderennen, Preisgericht,
Liedertafel, Spritzenprobe,
Ohne ihn, da ging es nicht.

Ohne ihn war nichts zu machen,
Keine Stunde hat er frei.
Gestern, als sie ihn begruben,
war er richtig auch dabei.«

(aus: »Kritik des Herzens«)

Arzneimittelbild

Wichtige Symptome

- allgemeine, große Schwäche mit Zittern
- Schwindel, der oft von Ohrensausen begleitet ist
- Angst, von großer Höhe oder Brücken herabzusehen, dabei Schwindelgefühl
- Schleimhautulzerationen
- großer Appetit und Verlangen nach Zucker und Süßigkeiten, die aber nicht vertragen werden
- Hat das Gefühl, bestimmte Körperteile würden sich vergrößern.
- »Splittergefühl« an vielen Körperstellen, besonders Übergang von Haut zu Schleimhaut
- schleimige und eitrige Absonderungen geschwüriger Schleimhäute
- Die Zeit vergeht dem Patienten zu schnell, er ist aufgeregt, macht alles in Hast und möchte sich am liebsten »selbst überholen«.

Modalitäten

Verschlimmerung: durch Wärme, Zucker und Süßigkeiten, während der Regel, nachts, durch geistige Arbeit, beim Liegen auf der rechten Seite.
Besserung: in frischer Luft, wenn der Wind ins Gesicht bläst, durch starken Druck, beim Baden in kaltem Wasser.

Toxikologie

Der Toxikologe Levin beschrieb schon Ende des 19. Jahrhunderts alle Formen der akuten sowie der chronischen Vergiftung in ihrer subjektiven und objektiven Symptomatik, nachdem er sich auch über autoptische Befunde informiert hatte. Weitere Erfahrungen stammen von Kobert und Erben, die deutlich zeigten, dass reines Silber ungiftig, Argentum nitricum aber ein starkes Gift ist.
An Schleimhäuten erzeugt Silbernitrat hochgradige Vasokonstriktionen mit Ätzschorf, der sich nach Tagen ablösen kann. Die Haut färbt sich zunächst weiß und bildet Blasen, unter Lichteinwirkung wird sie allmählich grauschwarz und glänzt silbrig. Als Folge örtlicher Resorption in den Atemwegen und im Magen-Darm-Trakt werden zunächst käsig aussehende, am Licht dunkel

werdende Massen erbrochen, später kommt es zu kolikartigen Schmerzen und Durchfällen. Nach der Resorption erfolgt die Einlagerung in Schleimhäute des Magen-Darm-Traktes, in Leber, Niere und Milz, später noch in das Nervensystem mit Empfindungslosigkeit, Krämpfen, Bewusstlosigkeit.

Bei massiver, intestinaler Anwendung kommt es zu Herzklopfen mit Arrhythmie, Gedächtnisschwäche, Benommenheit und Neuralgien.

Industrielle Vergiftungen ergeben sich für Silberarbeiter beim Feilen, Polieren und Sägen, wobei Silberstaub entsteht und inhaliert oder durch die Haut resorbiert wird. Häufiger aber sind medizinale Vergiftungen, die infolge Unkenntnis nur bei Todesfällen nachgewiesen werden konnten. Levin beobachtete bei akuten Argentum-nitricum-Vergiftungen raschen Eintritt von Symptomen, schon nach ein bis zwei Stunden. Er war der Meinung, dass schon viel kleinere Mengen als die gewöhnlich angenommene Dosis von 10 g zu schweren akuten Vergiftungen und damit zum Tode führen können.

Bei jahrelanger Anwendung von früher üblichen silberhaltigen Haarfärbemitteln werden einwandfreie Resorptionen von Silber durch die Haut nachgewiesen. Im Magen wird Argentum nitricum in Silberalbuminat überführt, das durch seine Löslichkeit in Chloralkalien schnell als Chlorsilber aufgenommen wird.

Wichtige Indikationen

- Kopfschmerzen
- Gastroenteropathien, Gastritis, Magengeschwüre
- Zwölffingerdarmgeschwüre
- psychoneurotische Herzbeschwerden mit erheblichen Ängsten
- Erwartungs- und Angstneurosen, besonders vor Prüfungen und anderen belastenden Situationen
- Kehlkopferkrankungen
- pathologischer Ehrgeiz

Barium carbonicum

Ursprung

Die Erdrinde enthält durchschnittlich 0,04 % Barium. Der höchste Gehalt an Barium wurde im basischen Gestein, in Graniten, festgestellt. Barium wird auf dem Seegrund als Schwerspat angereichert. Im Sediment bildet sich dabei häufig Bariumsulfat sowie Baryt, wovon der in früheren Arzneimittellehren gebrauchte Name »Baryta« abgeleitet wurde.
Bariumreiche Böden sind unfruchtbar, weil Barium auf Pflanzen giftig wirkt. Auch für den tierischen und menschlichen Organismus spielt es keine Rolle, sondern ist ein körperfremdes Element, das z. B. als Chlorid sehr giftig wirkt.

Persönlichkeitsportrait

Erwachsene

Bei Barium carbonicum sind vor allem die Kinder und die Greise zu betrachten. Interessant dabei die Ansicht eines Autors, bei Kindern stehe der Lymphatismus im Vordergrund, bei den Greisen dagegen die Sklerose, die vom homöopathischen Standpunkt aus als Spätlymphatismus anzusehen sei.
Das gesamte Gewebesystem des Barium-carbonicum-Greises ist sehr schlaff. Besonders gestört ist der Hirnkreislauf, wie wir ihn bei der Zerebralsklerose finden, mit Kopfschmerzen und dem Gefühl, als säße das Gehirn locker im Schädel. Dabei bestehen Schwindel, Schlaflosigkeit und ganz erhebliche Intelligenzeinbußen, als Folge des Gedächtnisverlustes oder eines fehlenden Lernprozesses.
In der Literatur wird der Barium-carbonicum-Greis als misstrauisch und kindisch (nicht kindlich!) apostrophiert.
Er hat nachts das Gefühl, die Fußsohlen seien zu heiß und wie in einen Schraubstock gepresst, was sich dann beim Aufstehen bessert. Kommt es nicht zu dieser schmerzhaften Störung, so ist er durch Jucken am ganzen Körper und an den Fußsohlen geplagt, das durch Kratzen nicht gelindert wird. Als Folge der Durchblutungsstörungen kommt es auch zu trophischen Störungen wie Haarausfall am Kopf. Manche Hautstellen sind schlecht durchblutet und sehr trocken. Der Patient hat in Brustkorb und Bauch ein Leeregefühl. Vor allem nachts plagen ihn häufig Herzklopfen und trockener Husten, wie bei Herzasthma. Der Kehlkopf ist trocken, so dass es häufig zu Heiserkeit und Räuspern kommt.
Es ist schwierig, beim Erwachsenen den Intelligenzverlust festzustellen. Barium carbonicum hat im Laufe des Lebens gelernt, auf diesem Gebiet zu kompensieren, redet in Gesellschaft nicht viel, hört nur, kann der Unterhaltung aber nicht folgen.
Viel deutlicher ist das kindische Auftreten. Über die törichte Bemerkung könnte man lachen, wenn der Ernst der Situation dies zuließe.
Dennoch können diese Patienten ihre täglichen Haus- oder sonstige Arbeiten und Geschäfte erledigen. Lediglich bei neuen, ungewohnten Aufgabenstellungen versagen sie, weil sie plötzlich große Probleme vor sich sehen, die sie nicht anpacken können. Die Unentschlossenheit führt schließlich dazu, dass sie nicht mehr wissen, wie sie sich verhalten sollen. Schreitet der Prozess weiter fort, finden wir bei den alten Leuten eine kindisch-kindliche Haltung. Sie spielen mit der Eisenbahn (nicht jeder Mann, der gerne mit der Eisenbahn spielt, ist schon ein Barium-carbonicum-Typ!), kaufen sich Spielzeug, Hampelmänner und ähnliches, um die Zeit zu vertreiben.
Die Kälteempfindlichkeit ist sehr groß. Schon der geringste Temperaturabfall führt zu Erkältungen. Auch kalte Speisen werden nicht geschätzt, insbesondere haben sie eine ausgesprochene Abneigung gegen Obst.
Letztlich besteht ein großer Mangel an Selbstvertrauen, der ihre Abgeschlossenheit vor der Gesellschaft und die Angst vor der Meinung anderer Menschen noch verstärkt.

Kinder

Die Persönlichkeit eines Barium-carbonicum-Kindes hat sehr viel Ähnlichkeit mit der eines Calcium-carbonicum-Typus. Allerdings ist das Barium-carbonicum-Kind für sein Alter deutlich zu klein und körperlich und geistig retardiert. Es ist eher dünn und schwach, klein und untersetzt, in allen Bereichen und auf allen Ebenen ein »Zwerg«.
Außergewöhnliche Schüchternheit bestimmt sein ganzes Verhalten. Kommt ein Barium-carboni-

cum-Kind in die Praxis, versteckt es sich sofort hinter dem Stuhl, auf dem die Mutter sitzt, unter deren Rock oder einem Tisch oder es dreht dem Arzt den Rücken zu.
Nicht nur Schüchternheit, sondern auch mangelndes Selbstvertrauen und Misstrauen führen hier zu völliger Passivität. Die Kinder sind entschlussunfähig. Geht man auf sie zu und bittet sie näherzukommen, so klammern sie sich zunächst an der Mutter fest, kommen dann aber ohne jeglichen Widerstand und ohne eine eigene Meinung zu äußern, näher, fangen höchstens an zu weinen.
Diese Kinder lernen sehr spät laufen und sprechen, bekommen sehr spät Zähne. Das somatische Wachstum ist stark verlangsamt.
Kennzeichnend sind weiterhin große Vergesslichkeit und mangelhaftes Konzentrationsvermögen, auch während der Schulzeit. Hat das Kind eine Rechenaufgabe gelöst, weiß es schon nach einer Stunde nicht mehr, wie es dabei vorgegangen ist. Der Lernstoff wird nicht über längere Zeit behalten.
Das Barium-carbonicum-Kind ist schnell erschöpft, und jede Bemühung, etwas durchzuhalten, verschlimmert den allgemeinen Zustand. Fast immer bestehen chronisch geschwollene Mandeln, häufig eine akute Angina. Hier findet sich die Kombination von Lustlosigkeit, retardierter Entwicklung, Konzentrationsschwäche und einem dümmlich wirkenden Ausdruck im Gesicht. Dabei steht der Mund immer offen. Aus der Nase fließt häufig dicker Schleim, die Oberlippe ist geschwollen.
Ein Symptom, das man beachten sollte, ist der übelriechende Fußschweiß, der sich häufig auch bei Calcium-carbonicum-Kindern findet. Nachts juckt oft die ganze Haut.
Barium carbonicum ist bei Persönlichkeiten angebracht, die an den beiden Polen des Lebenslaufes stehen: dem viel zu früh alt erscheinenden Kind und dem kindischen Greis.

Literatur

Theophrastos beschreibt in seinem 9. Charakter, »Der Misstrauische«, ein Barium-carbonicum-Bild. Der ältere, im zerebralen Bereich vielleicht bereits sklerosierte Mensch ist äußerst misstrauisch:

»1. Das Misstrauen ist natürlich ein Verdacht der Unredlichkeit gegen alle, der Misstrauische aber ist einer,
2. der einen Sklaven Lebensmittel kaufen schickt und einen anderen Sklaven hinterher sendet, der erfahren soll, wie viel es gekostet hat.
3. Er trägt selbst sein Geld und alle paar hundert Meter setzt er sich hin und zählt, wie viel es immer noch ist.
4. Seine Frau fragt er, während er schon im Bett liegt, ob sie die Geldtruhe verschlossen habe, ob der Becherschrank versiegelt und der Riegel vor das Hoftor gelegt sei. Und wenn sie es bejaht, kommt er dennoch nackt vom Lager und barfuß mit der Laterne in der Hand, läuft überall umher und sieht nach. Auf diese Weise kommt er kaum zum Schlafen.
5. Seinen Schuldnern treibt er mit Zeugen den Zins ein, damit sie es nicht leugnen können.
6. Wenn jemand kommt, um sich Trinkgefäße geben zu lassen, so lehnt er das am liebsten ab; ist er aber ein Verwandter oder ein guter Bekannter, dann verleiht er sie nur, nachdem er die Feuerprobe gemacht, sie gewogen und fast einen Bürgen dafür gewonnen hat.
7. Den Sklaven, der ihn begleitet, lässt er nicht hinter sich gehen, sondern voraus, um zu verhindern, dass er ihm unterwegs entläuft.
8. Hat jemand etwas bei ihm gekauft und fragt: ›Wieviel macht es? Schreib es auf! Ich habe jetzt keine Zeit!‹, bekommt er zur Antwort: ›Bemühe Dich nicht, es mir zu schicken, ich werde Dich nämlich begleiten, bis Du Zeit hast!‹«

Arzneimittelbild

Wichtige Symptome

- langsam in den Bewegungen, im Verstehen, verzögerte Erinnerung
- So großer Gedächtnisverlust, dass der Mensch sich in seiner eigenen Wohnung, sogar der eigenen Gegend verirrt, auch in Straßen, durch die er täglich geht.
- Verhärtung und Hypertrophie der Drüsen am ganzen Körper, besonders an Hals und Nacken
- Tonsillenhypertrophie mit häufiger Entzündung und Neigung zu Eiterungen, dabei Schwellung der Unterkieferdrüsen. Große Empfindlichkeit gegen Kälte. Bei jeder Temperatursenkung sofort Erkältung und Schnupfen sowie Mandelentzündung
- Das Gesicht fühlt sich an, als ob es von einem Spinnennetz überzogen wäre.

Modalitäten

Verschlimmerung: beim Denken an die Krankheit, nach dem Essen, nach Waschen betroffener Körperteile, vor allem mit kaltem Wasser. Nach geistiger und körperlicher Belastung, unterdrücktem Fußschweiß im Alter.
Besserung: durch Wärme, Zudecken. Beim langsamen Gehen, während leichter, freundlicher Unterhaltung.

Toxikologie

Gefährlich sind die löslichen Barium-Verbindungen wie Bariumchlorid und Bariumkarbonat. Die tödliche Vergiftungsdosis liegt bei 2 bis 4 g. Häufig beruhen Vergiftungen auf Verwechslungen, kommen aber auch bei Fälschungen von Mehl vor. Früher wurde Bariumkarbonat zur Vernichtung von Ratten und Kellerasseln als Gift verwendet.
Im letzten Krieg erfolgte eine Vergiftung durch Bariumkarbonat, weil es mit Mehl verwechselt und davon Brot gebacken wurde. Im Anfangsstadium der Vergiftung zeigen sich Krankheiten des Magen-Darm-Kanals, dann werden Muskelzellen der Skelett- und Herzmuskulatur angegriffen. Es kommt zu schlaffen Paresen und einer ausgesprochenen Bradykardie (bis zu 40 Pulsschlägen in der Minute).
Das zweite Stadium, ein Lähmungsstadium, beginnt zwei bis drei Stunden nach der Vergiftung und hält 24 bis 30 Stunden an. Dabei entsteht die schlaffe Parese der oberen Extremitäten, der Halsmuskulatur, weniger der unteren Extremitäten. Die Sehnenreflexe sind abgeschwächt bis aufgehoben.
Durchfälle und Bradykardie halten auch im zweiten Stadium an, es kommt dann nicht selten zu Bigeminie und Vorhofflimmern, QRS-Komplex-Verbreiterungen, Senkung der Zwischenstöcke und einer QT-Verlängerung.
Die EKG-Veränderungen sind denen bei Hypokaliämie auffallend ähnlich. Leichtere Vergiftungen klingen nach 24 bis 48 Stunden ab.
In schweren Fällen kann ein drittes Stadium mit völliger Paralyse der Extremitäten dazukommen. Dabei wird auch eine Zellvermehrung im Liquor beschrieben, außerdem Obstipation und Anurie.
Außer einer tödlich endenden Herzlähmung heilten alle bekannten Fälle.
Therapeutisch sind als Lokalmaßnahme Natriumsulfat 30 g als Antidot, eventuell Kaliumzufuhr mittels Infusion empfohlen.

Wichtige Indikationen

- bei Kindern: Hemmung der körperlichen und geistigen Entwicklung, »zwergenhafter« Typ
- bei Greisen: vorzeitiges Altern mit arterieller Hypertonie, geistiger Verwirrung und Störung der Intelligenz
- akute Angina
- Arteriosklerose
- Asthma sehr alter Menschen
- Husten, schlimmer nachts mit Atemnot
- Lymphatismus
- Gicht der Kniegelenke

Calcium carbonicum Hahnemanni (Conchae)

Ursprung

Ein Drittel der Erdoberfläche besteht aus Kalkgestein, einem Sedimentgestein, zwei Drittel aus dem Eruptivgestein Silicium. Die Sedimentgesteine setzen sich in den Meeren an Bänken in Platten ab und schließen dabei Tiere und Pflanzen ein, die dann versteinern. Eruptivgesteine dagegen werden aus dem Innern der Erde herausgeschleudert und sind meist als Urgestein vorhanden.

Im Gestein kommt Calcium in bedeutenden Mengen in Form von Calcium carbonicum (Calciumkarbonat) vor. Es tritt als Calcit kristallin auf, seltener als Aragonit. In mikrokristalliner Form ist der Kalkstein als Marmor oder Kreide bekannt. Bei Kreide ging man früher davon aus, sie sei tierischen Ursprungs und aus den Schalen von Meereskleinstlebewesen früherer geologischer Epochen entstanden. Mittlerweile ist bekannt, dass chemische Fällungsvorgänge eine größere Rolle bei der Bildung der Kreide gespielt haben.

Die Bildung des Kalkgesteins verweist auf den Zug des Kalkes zur Sedimentierung, d. h. zur Schwere, der Kreislauf des Kalkes auf die Tendenz zur Kälte. Dabei spielen für den Kreislauf des Calciums in der Natur Wasser und Kohlensäure eine überragende Rolle, für den Kreislauf des Calciums in den Organismen dagegen Phosphor.

Calciumkarbonate sind in Wasser unlöslich. Lediglich in kohlensäurehaltigem Wasser bildet es saure Karbonate und ist somit besser löslich.

Die Möglichkeit, Kalk auszuscheiden oder auch aufzunehmen, hängt also weitgehend vom Vorhandensein oder der Konzentration der freien Kohlensäure im Wasser ab. Kälteres Wasser kann viel mehr Kohlensäure aufnehmen als warmes und wirkt damit stärker löslich. Mit zunehmender Temperatur nimmt die Löslichkeit der Kohlensäure und damit des Calciums stark ab, bei Zunahme von 0 auf 20°C etwa um die Hälfte.

Kalk ist also ein ausgesprochen kaltes Mittel.

Durch Brennen von Calciumoxid wird Ätzkalk erzeugt, der zur Herstellung von Mörtel benötigt wird. Zu diesem Zweck löscht man den gebrannten Kalk mit Wasser, das er aufnimmt. Dabei geht er unter Wärmeabgabe in Calciumhydroxid über. Durch Zugabe von aus Silikaten bestehendem Sand zum Kalk erhält man den Mörtel, der unter Aufnahme von Kohlendioxid aus der Luft erstarrt, wobei er Wasser abgibt.

Das Calcium carbonicum Hahnemanni, das wir in der Homöopathie verwenden, ist nach der Hahnemannschen Vorschrift hergestellt aus der schneeweißen, mürben inneren Schicht der Austernschale. Hahnemann betrachtete dies als den reinsten kohlensauren Kalk. Da alle Arzneimittelprüfungen mit diesem Präparat durchgeführt worden sind, halten wir uns bis heute an diese Herkunft.

Persönlichkeitsportrait

▶ Erwachsene

Der Calcium-carbonicum-Typ ist geprägt durch innersekretorisch bedingte Unterfunktion der Schilddrüse und der Keimdrüsen sowie durch Überfunktion von Thymus und Lymphdrüsen. Während der Entwicklung erfährt die Thymusdrüse eine physiologische Rückbildung, so dass der Calcium-carbonicum-Typ in den einzelnen Lebensabschnitten ganz verschiedene Bilder bietet.

Beim Erwachsenen ist die Neigung zu Adipositas groß und mit Schwitzen und Erkältungsanfälligkeit verbunden. Es besteht großer Kräftemangel, Muskelschlaffheit, Mattigkeit, aber auch Kältegefühl in den Gliedern. Häufige Katarrhe der oberen Luftwege und Obstipation stehen hier im Vordergrund. Die Störungen im Wasserhaushalt werden mit zunehmendem Alter immer größer.

Nach Stiegele ist die Psyche von einer deutlichen Mattherzigkeit geprägt, die verschlimmert wird durch geistige und körperliche Anstrengungen. Der Kopf ist immer etwas benommen, es fällt schwer etwas aufzufassen, und man leidet unter rasenden Kopfschmerzen, die sich bei Kälte verschlimmern. Dazu kommt die Angst, verrückt zu werden, und eine Sucht, immer nachts zu grübeln, Selbstgespräche zu führen und sich bis zum Einschlafen voller Mutlosigkeit eine schlimme Zukunft auszumalen. Dies führt zu Herzklopfen und Stenokardie.

Calcium carbonicum hat Angst vor Geisteskrankheiten, vor dem Verlust des Verstandes und da-

mit der Eigenkontrolle und vor Unbekanntem, aber auch davor, unter zu viel Stress und Überanstrengung zusammenzubrechen.
Die Erwachsenen werden, obwohl sie verhältnismäßig gesund sind, meist durch die Belastungen des täglichen Lebens in die Knie gezwungen. Der größte Feind des Calcium-carbonicum-Menschen ist und bleibt eine Anstrengung, die über das Maß hinausgeht, das seinen Kräften entspricht. Im körperlichen Bereich finden wir kalte Extremitäten. Calcium carbonicum trägt sogar nachts Socken im Bett, zieht sie allerdings nach Mitternacht wieder aus, weil die Füße dann zu heiß werden, als ob im Schlaf Körperhitze produziert würde. Die Erwachsenen schwitzen nicht so stark wie die Kinder, zeigen aber deutliches Verlangen nach Zucker, den sie esslöffelweise essen können, und nach Süßigkeiten, trinken auch alle Getränke möglichst stark gesüßt.
Eier essen sie in jeder Form, ob gekocht, als Rührei oder gebraten. Die Ambivalenz des Mittels ist allerdings so groß, dass Calcium carbonicum auch helfen kann, wenn Eier abgelehnt werden. So leiden Calcium-carbonicum-Menschen häufig an Ekzemen bei Überempfindlichkeit gegenüber Hühnerei.
Die Belastung kann sehr groß sein und jahrelang andauern, bis sie eines Tages plötzlich zusammenbrechen und den kleinsten Anforderungen nicht mehr gewachsen sind. Dann wachsen die Sorgen um die Zukunft, auch in finanzieller Hinsicht. Die Künstler zweifeln daran, ihre Arbeit bewältigen und beispielsweise ein Bild fertigstellen zu können. Die Mütter machen sich Sorgen um die Entwicklung ihrer Kinder. Vergangene enttäuschende und erfreuliche Erlebnisse verlieren schnell an Bedeutung, wichtig ist nur noch die schwere Zukunft. Bei weiter fortschreitendem Lebensalter fängt man plötzlich an, sich auf völlig unwichtige Dinge zu konzentrieren, wiederholt dauernd völlig bedeutungslose Scherze und erzählt viele uninteressante Begebenheiten.
Gehen Konzentration oder das Begriffsvermögen völlig verloren, weiß Calcium carbonicum nicht mehr, was er will, wird sehr nervös, erregt und impulsiv, zerstört Gegenstände und weint. Bei der kleinsten Provokation fängt er an zu schreien und bekommt dann große Angst, andere könnten merken, dass er sich auf einer Gratwanderung zwischen geistiger Erkrankung und Gesundheit befindet.
Mit zunehmender geistiger Symptomatik verschwinden die körperlichen Symptome immer mehr, so auch das Verlangen nach Süßigkeiten und nach Eiern.

Kinder

Der Calcium-carbonicum-Kindertypus ist häufig anzutreffen.
Im ersten Lebensabschnitt leiden die meist blonden, blauäugigen Kinder in ausgeprägten Fällen an Kalkstoffwechselstörungen und Vitaminmangel wie bei Rachitits. Sie zeigen mangelhafte Knorpelverkalkung, verzögerten Fontanellenschluß, Kopfschweiße, Epiphysenverdickung, Dentitionsstörungen sowie Gasbauch, Milchschorf, Spasmophylie. Es sind blasse, etwas aufgeschwemmte Kinder mit gutem Appetit, die erst spät laufen und sprechen lernen. Auch die geistige Entwicklung erfolgt verzögert.
Alle Drüsen sind vergrößert, so auch die Tonsillen und die submandibulären Lymphdrüsen; auch der Bauch erscheint zu groß.
Diese Kinder sind empfindlich gegen Kälte und Feuchtigkeit, schwitzen leicht und haben immer nasskalte, unangenehm riechende Füße. Dabei sind sie durchaus »pflegeleicht« und für die Mutter gut zu haben. Meist sehen sie gut aus, wirken trotz des Energiemangels manchmal sogar übergewichtig und dann auffallend gesund. Die Arm- und Beinmuskulatur ist allerdings nicht so kräftig wie bei anderen Kindern, sondern besteht eher aus einer schwabbeligen Fettmasse. Häufig schwitzen sie nachts am Kopf, wobei der Schweiß etwas sauer riecht.
Trotz der frostigen Veranlagung können sie sich bei Spiel und Sport sehr erhitzen und fangen dann an zu schwitzen. Nachts strecken sie aufgrund des Hitzegefühls und des Schwitzens die Füße aus dem Bett.
Da die Kinder kaum Eigeninitiative aufweisen, werden sie von anderen beim Spiel mitgerissen, sind dabei aber auch etwas ängstlich. Umgekehrt sind sie äußerst zufrieden, wenn sie nur herumsitzen und gar nichts tun müssen, schauen den anderen beim Spiel sogar zu.
Beim Spiel selbst sind sie schwerfällig und neigen dazu, sich sehr bald zurückzuziehen. Sie haben kein Durchhaltevermögen, um eine Sache intensiv durchzudenken und sich lange mit ihr zu beschäftigen. Ihre geistige Trägheit ist jedoch nicht krankhaft.
Schon im Kleinkindalter hasst Calcium carbonicum es, ausgelacht oder gar verspottet zu werden. Aus Angst davor trauen sich die Kinder bei schulischen Frage- und Antwortspielen nicht zu antworten, auch wenn sie die richtige Antwort

wissen. Mitunter bestehen in der Schule in verschiedenen Fächern große Schwierigkeiten. Heiße Nahrung wird abgelehnt. Eis dagegen sehr gerne verzehrt. Abneigung besteht auch gegen Fleisch, Eier sind in jeder Form sehr begehrt. Nervös sind diese Kleinen neben ihrer Ängstlichkeit und Schreckhaftigkeit besonders dann, wenn sie müde und schläfrig werden. In Gesellschaft sind sie immer sehr froh und glücklich und spielen, bei Dunkelheit allerdings bekommen sie Angst. Deshalb muss man sich noch eine Weile mit ihnen beschäftigen, wenn sie bei Dunkelheit zu Bett gehen.

Arzneimittelbild

Wichtige Symptome

- pastöse, etwas gedunsene Menschen mit Neigung zu Fettleibigkeit
- Schwerfälligkeit mit großem Mangel an Spannkraft. Die Reaktionslage ist deutlich herabgesetzt. Rasche Ermüdbarkeit bei körperlicher und geistiger Arbeit
- Frostigkeit mit Abneigung gegen frische Luft. Der geringste Luftzug verursacht Erkältungen.
- Kältegefühl an den Füßen und Beinen, als wenn man kalte, feuchte Strümpfe tragen würde, dabei Gefühl von innerer Kälte
- Gefühl von Schwäche und Erschöpfung schon durch die leichteste Beschäftigung, besonders durch Gehen
- Der ganze Verdauungstrakt ist sauer: saurer Geschmack, saures Aufstoßen, saures Erbrechen, saure Stühle. Milch wird schlecht vertragen, verursacht Urtikaria und wird in Klumpen ausgebrochen.
- Blutandrang zum Kopf
- morgendlicher Kopfschmerz, bazilläre Schweiße besonders der harten Kopfhaut
- Die Haut heilt schlecht, kleine Wunden eitern leicht, Milchschorf am Kopf
- Abneigung gegen Fleisch und gekochte Speisen, aber Verlangen nach Eiern, Gezuckertem und Unverdaulichem wie Bleistiften, Kohle, Kreide, Erde
- Eigentümlich ist die schmerzhafte Eiterung am Nagelfalz.

Modalitäten

Verschlimmerung: durch Feuchtigkeit und Kälte, bei Vollmond und durch geistige und körperliche Arbeit.
Besserung: durch trockenes Wetter, beim Liegen auf der erkrankten Seite. Fühlt sich bei Verstopfung wohl (vor allem Kinder).

Toxikologie

Calcium carbonicum ist nicht toxisch, abgesehen von der lokalen Wirkung des Ätzkalks.

Wichtige Indikationen

- Lymphatismus
- exsudative Diathese
- Störungen des Kalzium-Stoffwechsels: verzögertes Zahnen, verzögerts Gehenlernen, häufig auftretende Kopfschweiße
- Verdauungsstörungen bei Kindern. Entscheidend ist der Typ des Kranken, wichtig sind aber auch die sauren, mit nicht verdauten Bestandteilen behafteten Stühle. Jedes Kind, das an chronischer Enteritis leidet und abzumagern beginnt, sollte Calcium carbonicum bekommen.
- Schwindel bei raschem Aufstehen und beim Wenden des Kopfes, selbst in Ruhelage
- Kopfschmerzen mit Übelkeit, Aufstoßen und Gefühl von Kälte in und auf dem Kopf. Die Schmerzen beginnen beim Erwachen, werden immer schlimmer durch geistige Arbeit, aber auch durch alkoholische Getränke.
- chronische Trigeminusneuralgie, die vom rechten Foramen mandibulare zum Ohr hin ausstrahlt

Calcium fluoratum

Herkunft

Zu Calcium sei auf die bisherigen Ausführungen verwiesen. Das Vorkommen von Fluor in der Erde ist weitverbreitet. Die gesamte anorganische und organische Natur lässt einen – wenn auch geringen – Gehalt an Fluor erkennen. Fluor findet sich vor allem als Flussspat in der Lithosphäre. Frühere und gegenwärtige vulkanische Gebiete weisen einen sehr hohen Fluorgehalt auf: Hier zeigen sich gelegentlich Fluorose-Erkrankungen. Bei Fluormangel in der Nahrung kann es sehr schnell zu Karies kommen. Der genaue Mechanismus dieser biochemischen Wirkung ist noch nicht ganz bekannt.
Die Calciumverbindung des Fluors besitzt gegenüber den Calciumverbindungen der übrigen Halogene eine Ausnahmestellung, da sie wasserunlöslich ist. Wir kennen wunderschöne Fluoridkristalle. In China hat man in der letzten Zeit Fluoridsteine gefunden, die fest mit Pyrit verbunden waren.

Persönlichkeitsportrait

Erwachsene

Die Verschlimmerung durch jede geistige und körperliche Anstrengung, wie sie bei Calcium vorhanden ist, wird durch Fluor, das auf die Schilddrüse wirkt, verstärkt. Es kommt zu einem Schwinden der Unternehmungslust, jede Initiative geht mit Gereiztheit, mit Unruhe, Hast und ängstlich depressiver Stimmung einher. Calcium carbonicum empfindet Angst vor den Aufgaben des Tages und ist dabei sehr ungeduldig und gereizt gegen andere. Fängt er eine Arbeit an, dann kann sie nicht schnell genug beendet werden. Die korrekte Durchführung fällt schwer. Essen bessert die Konzentrationsfähigkeit. Nachts wachen diese Patienten häufig zwischen drei und fünf Uhr auf. Verdauungsstörungen treten auf. Es besteht eine Abneigung gegen Fett. Nach dem Essen erfolgt eine Besserung, allerdings kommt es nach Fettgenuss auch zu Durchfällen. Ein Völlegefühl im Bauch wird durch Bauchlage gebessert. Es bestehen deutliche Beziehungen zur Bauchspeicheldrüse, was sich teilweise über die Schilddrüse, teilweise über die Bauchspeicheldrüse manifestiert.
Hauterscheinungen sind häufig eitrig. Typisch sind häufig rezidivierende Gerstenkörner. Hauterscheinungen betreffen bevorzugt die Umgebung der Körperöffnungen. Das lästige Jucken der Haut verschlimmert sich deutlich in Bettwärme; sogar alte Narben fangen an zu jucken.

Kinder

Hier finden wir eine ganz eigenartige Symptomatik mit Böse-Buben-Situationen, einem Kopf voller Flausen, guten Ideen, einem unruhigen Geist. Im Hintergrund steht immer der Gedanke, etwas zu zerstören, jemanden zu ärgern. Calcium fluoratum ist als Inbegriff dieser fast nur bei Knaben, seltener bei Mädchen vorkommenden Haltung, zu bezeichnen.

Fallbeispiel

Der zwei Jahre alte Sohn eines Arztes litt an Ichthyosis. Immer wieder traten plötzlich Blasen an den Extremitäten, am Rumpf, Bauch und anderen Körperregionen auf, die dann aufplatzten. Die wunden Stellen heilten nur langsam ab. Sonneneinstrahlung verschlimmerte das Krankheitsbild. Das Kind war sehr berührungsempfindlich und verspürte Juckreiz, der an den Körperöffnungen besonders stark war; auch schwitzte es sehr bei Belastung. Ständig litt es an Nasennebenhöhlenentzündung, die Wimpern fielen aus. Bei reichlicher Nahrungsaufnahme wurde der Junge sehr mager, klagte aber trotz aller Beschwerden kaum. Da sich diese trotz aller Bemühungen verschlechterten, wurde eine klinische Behandlung notwendig, die allerdings auch erfolglos blieb.
Eine genaue Betrachtung fand viele Allergien in den Herkunftsfamilien, wie Heuschnupfen, Heuasthma oder Urtikaria, sowie schwere, destruktive Krankheiten. Auffällig war weiterhin die Besserung der Hautausschläge durch Abkühlung mittels eiskalter feuchter oder auch trockener Frotteetücher aus dem Kühlschrank.
Das Kind erhielt zunächst wöchentlich bis 14-tägig eine Gabe Calcium fluoratum **D6**, was eine deutliche Besserung der Hauterscheinungen erzeugte. Auch die Empfindsamkeit der Sinnesorgane ging zurück. Im Anschluss daran erhielt

es alle 14 Tage eine Gabe **C30**. Die Blasenbildung erfolgte immer seltener. Der kleine Patient verlor keine Wimpern mehr und litt nicht mehr an der chronischen Nebenhöhlenentzündung; das Allgemeinbefinden wurde stabil.
Auch das Wesen des Kindes änderte sich; es verhielt sich mittlerweile ausgesprochen unauffällig.

Literatur

Als bestes Beispiel einer Calcium-fluoratum-Geschichte ist die von Wilhelm Busch geschriebene Darstellung von Diogenes und den bösen Buben von Korinth. Auf der einen Seite steht Diogenes, auf der anderen die beiden Buben Max und Moritz, die Böses im Schilde führen. Es sind Kinder, die manchmal angeberische Züge aufweisen, häufig trotzig sind, immer etwas Böses planen, im ganzen aber das Bild eines temperamentvollen, kleinen, sich entwickelnden Menschleins zeigen.
Diogenes verkörperte den antiken Kynismus in der reinsten Form. Er kam von Synope am Schwarzen Meer nach Athen, wie es heißt, weil er oder sein Vater dort Falschmünzerei betrieben hatten. Auf alle Fälle war er ein armer Flüchtling, der so sparsam wie möglich leben musste. Daraus machte er eine Tugend und schlug seine Wohnung in einem Fass auf. Es heißt, er habe, in der Sonne liegend, dem großen Alexander, der ihn einen Wunsch äußern ließ, entgegnet: »Geht mir aus der Sonne!« Ob dies nun, wie vieles andere, was man ihm nachsagt, anekdotisch ist oder nicht: Fest steht, dass dieser Diogenes ein Kauz, ein Original, war, der die Athener mit seiner Lebensweise herausfordern wollte. Verbürgt ist immerhin, dass er sich mitten auf dem Athener Marktplatz gewisse Obszönitäten leistete und sich als »Weltbürger« bezeichnete, also ein »Hippie des Altertums« war.

Der Text der Bildgeschichte Wilhelm Buschs lautet:

»Nachdenklich liegt in seiner Tonne
Diogenes hier an der Sonne.
Ein Bube, der ihn liegen sah,
ruft seinen Freund; gleich ist er da.
Nun fangen die zwei Tropfen,
am Fasse an zu klopfen.
Diogenes schaut aus dem Fass
und spricht: ›Ei, ei, was soll denn das?‹
Der Bube mit der Mütze
holt seine Wasserspritze.
Er spritzt durchs Spundloch in das Fass.
Diogenes wird pudelnass.
Kaum legt Diogenes sich nieder,
kommen die bösen Buben wieder.
Sie gehen ans Fass und schieben es;
Halt, halt, schreit da Diogenes.
Ganz schwindlig wird der Brave,
passt auf, jetzt kommt die Strafe.
Zwei Nägel, die am Fasse stecken,
Fassen die Buben bei den Röcken.
Die bösen Buben weinen
und zappeln mit den Beinen.
Da hilft kein Weinen und kein Schrein,
sie müssen unters Fass hinein.
Die bösen Buben von Korinth,
die platt gewalzt wie Kuchen sind.
Diogenes der Weise aber kroch ins Fass
und sprach: ›Ja, ja, das kommt von das.‹«

Arzneimittelbild

Wichtige Symptome

- innere Unruhe und Hast. Abmagerung bei reichlicher Nahrungsaufnahme
- Hautausschläge an Körperöffnungen, starker Juckreiz
- schwitzt bei leichten Belastungen
- Krampfadern, Schwere der Beine mit Besserung beim Hochlegen

Modalitäten

Verschlimmerung: durch heißes Wetter und Sonneneinstrahlung, große Kälte außer an Kopf und Beinen, leichte Berührung, geistige und körperliche Anstrengung, starke Sinneseindrücke.
Besserung: durch Herausstrecken der Beine aus dem Bett in der Nacht, starken Druck, Essen, mäßige Wärme.
▶ Besserung von Hautausschlägen durch Abkühlung.

Wichtige Indikationen

- vegetative Dystonie mit hyperthyreotischem Einschlag
- latente Tetanie
- HWS-Syndrom
- chronische Nasennebenhöhlenentzündung
- variköser Symptomenkomplex
- chronische Hepatopathie
- Proktitis mit Analfissur
- Osteochondrose und Arthrose der Wirbelsäule
- Ausfall der Augenwimpern und der Schamhaare
- Knochenfisteln nach alten Kriegsverletzungen (Schussfrakturenfolgen)

Calcium phosphoricum

Ursprung

Hinsichtlich der biologischen Kalkeinlagerung der Knochenmatrix wird jetzt anerkannt, dass die Kollagenfasern die Eigenschaft besitzen, einen Inhibitor enzymatisch zu beseitigen und zur Kristallisation von Calciumphosphat beizutragen. Da das normale Serum mit Calcium und Phosphaten hoch übersättigt ist, benötigt er diesen Inhibitor.

Wird das Kalkgerüst der Erde von der Kohlensäure gebildet und gewandelt, so ist für den Gestaltwandel des Kalkes im Organismus Phosphorus ein bestimmender Faktor, der im Organismus in noch stärkerem Maß als Karbonat die Gestalt und den Funktionswechsel des Calciums bestimmt.

Der Calciumhaushalt ist daher nicht ohne Einbeziehung des Phosphatstoffwechsels zu betrachten. Der Mechanismus, der den normalen Calciumphosphatstoffwechsel beim Menschen regelt, ist noch nicht vollständig erforscht. Bekannt ist, dass Hormone der Nebenschilddrüse, auch Vitamin D, eine entscheidende Rolle spielen.

Normalerweise besteht ein Fließgleichgewicht zwischen Knochenbildung und Knochenabbau. Wir kennen jedoch Hypokalzämien und Hyperkalzämien und jene Veränderungen des Knochens, die sich bei jungen Menschen durch plötzliche Ruhigstellung infolge von Knochenbrüchen oder Sportverletzungen ergeben. Hier kommt es zur Verringerung von Calciumablagerungen bei gleichbleibendem Plasmastrom. Die Osteoporose gehört zu den Krankheiten, deren Pathogenese und Therapie bis heute noch nicht vollständig geklärt sind. Calciumphosphat ist ein für den lebenden Organismus unbedingt wichtiges Salz.

Persönlichkeitsportrait

▶ Erwachsene

Der meist sehr schlanke Calcium-phosphoricum-Mensch ist hochgewachsen und grazil. Er zeigt eine gewisse geistige und körperliche Schwäche, ist reizbar, gleichzeitig aber sehr lebhaft und von äußerst vielseitiger Geschäftigkeit. Der geistigen Beweglichkeit steht die Trägheit seines ganzen Organismus gegenüber, was zu einer deutlichen Unzufriedenheit der Calcium-phosphoricum-Persönlichkeit führt.

Beim Übergang vom Kind zum Erwachsenen, manchmal auch schon früher, kommt es nicht selten zu einem großem Typenwechsel, wenn aus dem trägen Calcium-carbonicum- ein hochschießender, graziler Calcium-phosphoricum-Mensch entsteht, mit Schwächezuständen, die auf allen Ebenen auftreten können. Geistig sind diese Patienten träge, können nicht lange lernen, sind sofort erschöpft, emotionell sind sie häufig gleichgültig, und körperlich besteht keine große Ausdauer. Sie sind deutlich vitalitätsgeschwächt, was wiederum ihre Unzufriedenheit mit sich selbst verstärkt.

Calcium phosphoricum braucht Zeit zur Ausführung einer Arbeit. Er hat nur dann Erfolg, wenn er nicht abgelenkt oder gestört wird. Dabei arbeitet er immer langsam und angestrengt, muss sich immer wieder erholen.

Wenn der Stoff so interessant ist, dass das Arbeiten Spaß macht, kann Calcium phosphoricum geistig sehr vital werden. Routinearbeiten werden von ihm dagegen kaum richtig durchgeführt. Der geistige Kummer, auch wenige schlechte Nachrichten überwältigen ihn spontan, er fängt an zu weinen, bricht sogar zusammen, ist der Situation nicht gewachsen.

Im Bereich der oberen Wirbelsäule ist der Calcium-phosphoricum-Patient sehr empfindsam, besondes bei feuchtkaltem Wetter oder auch, wenn Hals- und Wirbelsäulenbereich feucht werden. Der dann entstehende steife Hals engt die ohnehin nicht große Vitalität noch weiter ein, was zur Genugtuung des Patienten einen sichtbaren Grund für seine langsamen Reaktionen darstellt.

▶ Kinder

Calcium phosphoricum ist lebhaft, lebendig und bekommt durch geistige Belastungen sehr schnell Kopfschmerzen sowie einen heißen Kopf und kalte Füße. Weiterhin verfügt es über alle lebenswerten Eigenschaften von Calcium carbonicum: Es ist »pflegeleicht«, wenn auch etwas lebhafter und mitunter reizbar. In der Schule zeigt es ein etwas besseres Auffassungsvermögen, ist aber vergesslich und leicht ablenkbar, unruhig,

aber auch ideenreich. Auch Schlafstörungen sind gegeben, das Kind redet im Schlaf. Zähneknirschen ist nicht selten. An den Knochennähten, in den Epiphysenbereichen und an den Gelenken kommt es zu Beschwerden infolge raschen Wachstums. Im Bauch betehen dyspeptische Beschwerden und Nabelkoliken. Die Neigung zu Erkältungen mit Schweißen ist ähnlich wie bei Calcium carnicum, aber nicht so stark ausgeprägt. Nasskaltes Wetter führt gern zu Erkältungen.
Während Calcium carbonicum eine Vorliebe für Eier zeigt, isst der Calcium-phosphoricum-Typ lieber Geräuchertes und Gesalzenes. Milch ist ihm nicht so wichtig. Der Bauch ist eher weich gegenüber dem hartleibigen Bauch von Calcium carbonicum.
Das Kleinkind ist häufig appetitlos, es hat nie Zeit zum Essen.
Neben der Furcht vor der Dunkelheit, wie bei Calcium carbonicum, finden wir eine Überempfindlichkeit gegenüber atmosphärischen Störungen, die sich in Angst vor Gewittern und vor allem in großer Angst vor dem Alleinsein äußert. In Gesellschaft kann sich Calcium phosphoricum jedoch viel besser behaupten als sein dickerer Bruder Calcium carbonicum.
Es kann sich gut ausdrücken und ist trotz Frostigkeit fähig, sich bei Anstrengungen zu erhitzen, z. B. beim Sport.

Literatur

Calcium phosphoricum ist ein Kindermittel, das die Kinderliteratur z. B. in Hoffmanns »Struwwelpeter« als »Suppenkaspar-Typ«, beschreibt. Dieses Kind isst normalerweise mit gutem Appetit, nimmt aber nie an Gewicht zu. Calcium-phosphoricum-Kinder verbrauchen sowohl somatisch als auch psychsisch zu viel Energie. Sie haben Schulkopfschmerzen, Lernschwierigkeiten, verlangen nach Saurem, Geräuchertem, nach Salzstangen; eine ganz gewöhnliche, nicht besonders gewürzte Suppe mögen sie nicht:

»Der Kaspar, der war kerngesund,
ein dicker Bub und kugelrund,
er hatte Backen rot und frisch;
die Suppe aß er hübsch bei Tisch,
doch einmal fing er an zu schrei'n
›Ich esse keine Suppe! Nein!
Ich esse meine Suppe nicht!
Nein, meine Suppe ess' ich nicht!‹
Am nächsten Tag – ja sieh nur her!
Da war er schon viel magerer.
Da fing er wieder an zu schrei'n:
Ich esse keine Suppe, Nein! ...

Am dritten Tag, oh weh und ach!
Wie ist der Kaspar dünn
und schwach! ...

Am vierten Tage endlich gar,
der Kaspar wie ein Fädchen war.
Er wog vielleicht ein halbes Lot
und war am fünften Tage tot.«

Arzneimittelbild

Wichtige Symptome

- Asthenische, sehr bewegliche und lebhafte, aber zartgliedrige, nervöse Personen. Sie sind ängstlich und schreckhaft.
- Vergesslichkeit, mangelndes Konzentrationsvermögen
- rasche geistige Ermüdbarkeit und Verschlimmerung durch geistige Arbeit (siehe Schulkopfschmerzen)
- gelegentlich Beschwerden in der Herzgegend beim tiefen Atmen
- Katarrhe der oberen Luftwege. Fließen bei Kälte, aber stocken in der Wärme
- Kälte der Extremitäten mit Taubheitsgefühl und Kribbeln
- Verlangen nach Salzigem und Geräuchertem
- Übelkeit bei Tabakrauch und Kaffeegenuss
- nach kalten Getränken Durchfälle

Modalitäten

Verschlimmerung: durch kaltes und feuchtes Wetter, besonders zur Zeit der Schneeschmelze. Durch Nachdenken über die Beschwerden.
Besserung: im Sommer bei warmem und trockenem Wetter.

Toxikologie

Toxikologisch ist Calcium phosphoricum nicht relevant.

Wichtige Indikationen

- adenoide Wucherungen und vergrößerte Mandeln, Verschlimmerung bei jeder Erkältung
- Konstitutionsmittel, besonders bei ängstlichenen und schwachen, aber erethischen Kindern, Wachstumsanregung
- Schulkopfschmerzen, besonders bei geringer geistiger Anstrengung und Arbeit. Diese Kinder kommen immer mit Kopfschmerzen aus der Schule nach Hause.
- rheumatische Zustände, die im Herbst und Frühjahr schlimmer werden, besonders bei kalter, feuchter Witterung und zur Zeit der Schneeschmelze
- Frakturen. Zur Besserung und Beschleunigung der Kallusbildung, besonders, wenn Frakturen nur langsam heilen
- Wachstumsschmerzen in den großen Enden der Röhrenknochen bei zu schnell wachsenden Kindern

Carbo vegetabilis

Ursprung

Carbo vegetabilis (Holzkohle) erhält man durch trockene Destillation von Holz. Hahnemann verwendete bei seinen Prüfungen Birkenholz, andere dagegen Buche.

Das Produkt bei der trockenen Destillation des Holzes besteht zum größten Teil aus Kohlenstoff, enthält aber auch Aschenbestandteile, deren wichtigster wohl Kaliumkarbonat ist. Im großen und ganzen entspricht die Wirkung von Carbo vegetabilis der des Kohlenstoffes. Holzkohle hinterlässt 1 % Asche und enthält keinen Schwefel.

Schon Plinius empfahl Holzkohle zur Behandlung von Karbunkeln. In späteren Jahren wurde sie bei eiternden Geschwüren angewendet, um die Fäulnis aufzulösen und den Gestank zu beseitigen.

Als Mundwasser mit »Geruchsbinder« diente es bei Foetor ex ore, und in der konventionellen Medizin wird es gelegentlich noch bei übermäßiger Gasbildung im Bauch eingesetzt. Bei allen Filtern finden wir als Aktivteil noch Holzkohle.

Sokrates wies darauf hin, dass nicht nur jedes Wort, sondern auch Farbe und Art des Gegenstandes Bedeutungsträger sind. Bei Carbo vegetabilis ist somit die Farbe Schwarz zu betrachten. Sie symbolisiert zumindest in Europa immer den Tod und etwas Negatives, Böses. So sprechen wir von einem »schwarzen Tag« in unserem Leben, einem »Schwarzseher« oder der »schwarzen Liste«, einer »schwarzen (schmutzigen) Weste«. Der negative Bereich zeigt sich auch in den Ausdrücken »schwarze Magie« und »schwarzer Tod«, wie die Pest genannt wurde, die so viele Menschen hinwegraffte.

Die Anwendung der Adsorptionswirkung der Holzkohle ist nach Hahnemann als chemische, d. h. allopathische Therapie anzusehen. Die dynamische, somit arzneiliche Wirkung zeigt sich unter Verreibung mit Milchzucker.

Für ein angemessenes Verständnis von Carbo vegetabilis ist es wichtig zu bedenken, dass der beispielsweise in Graphit, Petroleum, Steinkohle enthaltene Kohlenstoff fossiler Überrest von längst zugrunde gegangenen Pflanzen oder Tieren ist und somit das tote Lebewesen als Arzneimittel angewendet wird.

Persönlichkeitsportrait

Erwachsene

Carbo vegetabilis ist das typische Arzneimittel für die »carbonitrogene« Konstitution nach von Grauvogl, bei der eine Ansammlung und unvollständige Ausscheidung von Stoffwechselprodukten im Kohlenstoffwechsel vorhanden ist. Hiervon sind nach von Grauvogl Menschen mit geschwächter Blutzirkulation, mit kapillaren und häufig venösen Stauungen auf der Grundlage eines schlechten Blutgasaustausches betroffen, wie er sich bei alten, gebrechlichen Leuten sowie vor allem bei Kreislaufschwäche und nach oder bei Infektionskrankheiten findet.

Auch bei Kreislaufschwäche auf dem Hintergrund einer kardialen Krankheit ist Carbo vegetabilis häufig den Mitteln aus der Herzglykosidreihe vorzuziehen oder zusätzlich zu verabreichen.

Häufig sehen Carbo-vegetablis-Menschen livide aus und haben ein längliches, zyanotisches und hageres Gesicht. Sie haben ein großes Verlangen nach frischer Luft, sind kühl; sogar der Atem ist von einem Außenstehenden spürbar kalt zu empfinden.

Es besteht ein großer Mangel an Lebenswärme, der sich in enormer Schwerfälligkeit und Trägheit äußert. Man hat den Eindruck, das Blut zirkuliere viel zu langsam; dabei besteht Kollapsneigung.

Deutliche Verschlimmerung zeigt sich bei feucht-warmem Wetter, wobei erhebliche Kälte von den Knien abwärts verspürt wird, dabei aber ein innerliches Brennen.

Besserung dieser Beschwerden erfolgt durch Hochlagerung der Beine.

Alle Katarrhe der Luftwege haben einen unangenehm riechenden Auswurf.

Diese Patienten sind teilnahmslos und geistiger Arbeit vollkommen abgeneigt. Im Dunkeln haben sie Angst und befürchten sogar Gespenster.

Zeitweise zeigen sie hypochondrische Reizbarkeit sowie, wenn auch selten infolge der großen Schwäche, emotionelle, zornige Wallungen, mitunter schwache, läppische Heiterkeit.

Immer steht die Trägheit aller physischen und psychischen Funktionen im Vordergrund. So ist die körperliche Schwäche sehr groß, im emotionalen Bereich herrscht Gleichgültigkeit bis zur Apathie und im geistigen eine ungeheure Konzentrationsschwäche. Schwierige Zusammenhänge werden nicht verstanden, die gewohnte Arbeit kann kaum verrichtet werden, so als ob der Verstand nicht richtig funktioniere. Am deutlichsten ist dies zu sehen an der Entschlusslosigkeit, die auftritt, wenn Entscheidungen zu treffen sind.

Interessant ist eine nur kurze Zeit anhaltende Phase des Gedächtnisschwundes. Auch fixe Ideen sind vorhanden, die sich durch Nachrichten und Berichte von Freunden festigen und trotz aller Arzneimittel nicht mehr aufgegeben werden.

Bei diesen äußerst trägen Menschen verschlimmet sich eigenartigerweise alles, wenn sie sich hinlegen. Diese Modalität ist durch die Trägheit des Kreislaufs zu erklären, der in dem Augenblick, in dem die Bewegung aufhört, deutlich reduziert wird, die Organe mit weniger Sauerstoff versorgt und damit eine Verschlimmerung herbeiführt.

Bei allen Carbo-vegetabilis-Persönlichkeiten, bei denen ein Mittel in der Ganzheitsbetrachtung indiziert ist, finden wir immer extreme Blähungen, die äußerst lange anhalten können und sich nur etwas bessern, wenn häufiges Aufstoßen eintritt. Ein solches Bild entsteht meist, wenn sich der Patient als »Vielfraß« betätigt hat. Da er normalerweise sehr geringe Mengen zu sich nimmt, kommt es bei größerer Menge von Fett, Milch oder Butter zu Zuständen, die bis zum Kollaps führen können, da das Herz in seiner Funktion eingeschränkt wird. Diese Persönlichkeiten mit dem hageren, lividen, zyanotischen Aussehen findet man gelegentlich in Gesellschaften der Classe suprême, wo man sich mit Speisen der Nouvelle cuisine den Leib »vollschlägt« und vielleicht noch bei Tisch kollabiert. Dann hilft Carbo vegetabilis schnell und sehr sicher.

Diese Menschen können auch Ulzera haben, die groß, entzündlich verändert, aber fast schmerzfrei sind.

Neben Fett wird Alkohol nicht vertragen. Carbo vegetabilis lehnt selbst bei einem Kollaps oder einer Kreislaufschwäche jeden Tropfen Alkohol ab. Möglicherweise ein Schlüsselsymptom für Carbo vegetabilis ist das Verlangen, gefächelt zu werden, das im Übrigen auch bei Apis oder Pulsatilla zu finden ist. Dies sind allerdings heiße, warme Typen, während Carbo vegetabilis kalt ist. Symptome, bei denen durch Wind eine Verbesserung oder gar Verschlimmerung eintritt, sind nicht auf Carbo vegetabilis zu beziehen. Zwischen »Wind« und »angefächelt werden« ist zu unterscheiden!

Im somatischen Bereich finden wir die meisten auf eine Persönlichkeit abgestimmten Symptome. Ausgeprägt ist allerdings die Angst, nicht vor dem Tod, sondern schon in jungen Jahren um die Gesundheit, auch bei geschlossenen Augen.

Dabei ist ganz wichtig, dass Carbo vegetabilis keine Angst *vor* der Dunkelheit hat, sich aber fürchtet, wenn es dunkel ist.

Von sehr großer Bedeutung ist die Tatsache, dass das Krankheitsbild des gesamten Menschen meist als Folge eines Schocks, entweder eines Unfalls oder einer schweren Krankheit, auftritt.

Hier kommt es dann bei dem sonst gesunden Menschen plötzlich zu einer empfindlichen Schwächung der gesamten Persönlichkeit, die sich vor allem in Kälte, Schwäche, Gleichgültigkeit, Schwerfälligkeit zeigt. Nach einem Unfall besteht Angst vor dem Verkehr und dem Autofahren. Diese Symptome sollte man sich sehr sorgfältig überlegen, wenn man Spätfolgen eines Unfalls behandelt.

Kinder

Auch beim Kind besteht Lustlosigkeit, aber nicht im zerebralen oder emotionellen Bereich. Hier ist vielmehr der Blutkreislauf, der Stoffwechsel gestört. Das Kind kommt beispielsweise über ein bestimmtes Krankheits- oder auch Wachstumsstadium nicht hinaus.

Es besteht große Ermüdbarkeit und eine Neigung zu Ohnmachtsanfällen, die Haut ist kalt, manchmal sogar blass. Das Sprechen fällt sehr schwer, Begriffsbildungen fehlen völlig, man hat das Gefühl, der Denkvorgang läuft anders ab als bei anderen Menschen.

Dazu kommt ein etwas schwaches Gedächtnis und ein recht träges Reaktionsvermögen. Entscheidungen fallen dem Kind sehr schwer.

Will man es zu einer Tätigkeit bewegen, wird es recht mürrisch; seine Aggressivität ist aufgrund der Schwäche jedoch nicht allzu groß.

Der Bauch des Kindes ist aufgetrieben, alle Akren sind bläulich und eiskalt. Nachts allerdings ist das Kind unter der Decke ganz warm, heiß, sogar schwitzig, wobei der Schweiß säuerlich riecht.

Das Schularbeiten verrichtende Kind klagt nach kurzer Zeit über Kopfschmerzen. Es fällt ihm dann sehr schwer, sich zu konzentrieren, nachzudenken oder überhaupt irgendwelche Arbeiten durchzuführen, und es ist an Schultagen müde. Trotzdem geht es nicht gerne zu Bett wegen seiner Angst vor Gespenstern, Geistern und ei-

genartigen Wesen, die herumstreichen könnten. Man muss im Zimmer das Licht brennen lassen.
In dem Bereich der allgemeinen Trägheit finden wir auch Verstopfung mit großen Gasmengen in den Därmen. Beim Kind führen die Verdauungsprobleme mit den Blähungen und Verstopfungen zu ausgesprochener Neigung für oder zu Abneigung gegen bestimmte Nahrungsmittel. Fleisch und Fett sind ihm, wie auch dem Erwachsenen, zuwider, und es besteht erhebliches Verlangen nach Salzigem und Süßem. Milch verursacht sehr viele Blähungen.
Abends hat das Kind eine raue und heisere Stimme, manchmal besteht ein deutlicher Stimmverlust. Interessant sind die Angst und Empfindlichkeit gegenüber Kälte. Dabei besteht ein großer Bedarf an frischer Luft und auch hier der Wunsch, mit einem Buch oder einem Blatt Pappe Wind zuzufächeln.
Auch bei den Kindern bestehen als vordergründige Symptome Schwerfälligkeit, Verlangsamung, Trägheit, Kälte.

Literatur

Shakespeares Dramen beschreiben häufig die menschliche Psyche, sowohl des Gesunden als auch des Kranken. Der Carbo-vegetabilis-Typus findet sich beispielsweise in der zweiten Szene des viertes Aktes von »Romeo und Julia«, in der Lorenzo die Wirkung schildert, die der Schlaftrunk auf Julia haben wird:

»Dann rinnt alsbald ein kalter,
matter Schauer
durch Deine Adern und bemeistert sich
der Lebensgeister; den gewohnten Gang
hemmt jeder Puls und hört
zu schlagen auf.
Kein Odem, keine Wärme
zeugt von Leben;
der Lippen und Wangen
Rosen schwinden
zu bleicher Asche;
Dein Augenvorhang
fällt, wie wenn der Tod
den Lebenstag verschließt.
Ein jedes Glied,
gelenkter Kraft beraubt,
soll steif und starr und
kalt wie tot erscheinen.«

Hier finden sich alle Leitsymptome: große Schwäche und Mattigkeit, Erlahmen der Blutzirkulation, eisig kalte Haut, kalte Hände, Füße und Beine, allgemeines Frieren, kalter Atem und Mund, kalte Schweiße, blasse und kalte Lippen. Allgemeiner Verlust der Lebenswärme. Die Füße und Beine sind steif und lassen sich kaum bewegen.

Arzneimittelbild

Wichtige Symptome

- völlig erschöpfte Lebenskraft, Neigung zu Kollaps
- Die Haut des ganzen Körpers, somit auch der Akren, ist eiskalt.
- Ein wichtiges Symptom: Sogar der Atem ist kalt.
- Im Innern spürt der Patient ein Brennen.
- übermäßige Flatulenz, Meteorismus mit Schmerzen
- Immer wieder auftretende Beklemmung mit Atemnot. Der Patient hat Angst, er bekomme keine Luft mehr, und bittet ständig darum, dass ihm Luft zugefächelt wird.
- Herzschwäche schreitet fort, dabei wird die Körperoberfläche immer bläulicher, zyanotisch.
- Hämorrhagien an den Schleimhäuten, aber auch unter der Haut
- Widerwillen gegen Milch und Fett sowie Speisen mit solchen Bestandteilen
- Breiartige Speisen mag der Patient überhaupt nicht.
- übermäßige Sekretion aus der Lunge
- übler Geruch aller Ausscheidungen und aus dem Mund
- schwere Anämie

Modalitäten

Verschlimmerung: am Abend, durch fette Nahrungsmittel, Milch, feuchte und warme Witterung, im Winter, bei Kälte, zwischen 16 und 17 Uhr.
Besserung: durch Aufstoßen, bei Gasabgang durch den Darm, Kälte, Zufächeln von Luft.

Toxikologie

Carbo vegetabilis ist nicht toxisch, aber hier erwähnenswert, weil die Adsorption von Giften in einer Reihe von Arbeiten bewiesen ist. Schon im Jahre 1830 gab es Untersuchungen, dass Carbo vegetabilis tödliche Strychnindosen neutralisierte. Außerdem gilt die Kohle als Adsorbens bei durch übermäßige Säureausscheidung verursachten Gärungsprozessen im Magen. Bei der Bakterienadsorption hat sich die Kohle anderen Adsorbenzien gegenüber weit überlegen gezeigt.

Wichtige Indikationen

- Völlig erschöpfte Lebenskraft, verminderte Lebensqualität. Alle Endzustände von Krankheiten mit Kälte, Zyanose, fadenförmigem Puls, also Erkrankungen vor dem Lebensende
- Linderung des Todeskampfes
- alle Zustände von großer Schwäche bei alten Leuten mit venöser Kongestion
- Asthma bei Greisen mit Zyanose der Haut. Häufig aussichtslose präletale Fälle
- Altersgangrän, an den Zehen beginnend (nicht bei Diabetes)
- Ulzera, besonders der Unterschenkel, mit jaucheartigem, brennendem, stinkendem, ätzendem Eiter. Schlimmer bei Nacht. Die Schmerzen sind sehr heftig.
- Dyspepsie mit stinkender Flatulenz. Aufstoßen und Gasabgängen
- Schwindelgefühl, besonders dann, wenn der Bauch voller Wind ist
- Windkoliken
- bei gefülltem Magen auftretende Extrasystolien
- Carbo vegetabilis ist anzuwenden als Mittel der letzten Stunden oder als Akutmittel bei plötzlich auftretenden Schockzuständen, die deutlich ein letales Ende anzeigen. Carbo vegetabilis kann in einem solchen Falle, wie ich selbst gesehen habe, noch »Wunder wirken«.

Causticum Hahnemanni

Ursprung

Der Name »Causticum« steht in der alten Schulmedizin für alle möglichen Substanzen, die etwas verätzen oder vernichten können, wie starke Säuren, Jod, Fluor, Flusssäure, Chlor, Salpetersäure, Silbernitrat. Samuel Hahnemann suchte ein altes Mittel, das dieses zerstörende Prinzip so rein wie möglich verkörpert. Dieses Präparat, hergestellt aus jenem Wasser, mit dem Kalk gelöscht wurde, hat schon zu Hahnemanns Lebzeiten, aber auch noch viele Jahrzehnte, sogar ein Jahrhundert später unter den homöopathischen Ärzten und Chemikern Streit entfacht. Die Gegner der Homöopathie argumentieren immer wieder, Causticum enthalte keinerlei wirksame Bestandteile. Die behauptete Wirkung sei ein »Hirngespinst«.
Wir wissen bis heute nicht, worauf die Wirkung des Präparates beruht. Sicher ist aber, dass das Wirksamkeitsspektrum ausgesprochen groß ist, und jeder homöopathische Arzt, der über Jahre und Jahrzehnte eigene Beobachtungen gemacht hat, weiß, wie wertvoll dieses Mittel ist. Um den Grundzug des Arzneimittels zu verstehen, sollte man wissen, dass die Grundsubstanz aus Marmor oder anderen Kalkverbindungen besteht und beispielsweise zu Grabsteinen und Altären verarbeitet wird. Diese schließen Millionen von Überresten kalkhaltiger Lebewesen ein, sind also eigentlich Massengräber. Schon in diesem Gedanken findet sich eine wichtige Leitschiene für das Verständnis des Arzneimittelbildes.

Persönlichkeitsportrait

Erwachsene

Causticum ist das in der ganzen homöopathischen Pharmakopoe einzige alkalische Mittel und somit die einzige Lauge. Säuren sind dagegen in der Homöopathie zahlreich vertreten. Dementsprechend sind Causticum-Menschen in tiefster Seele aus-gelaugt oder aus-geätzt von ihrem Leben und dessen Ereignissen: von der eigenen Krankheit, dem Leid eines Nahestehenden, dem Tode eines lieben Menschen und von allem, was damit im Zusammenhang steht. Folgen von Verdruss, Gram, Kummer, Leid und Mitleid finden sich in diesem bei richtiger Indikation wunderbar wirksamen Mittel in hohem Maße.
Der Erwachsene ist eher der blasse, etwas psorische Schwächling mit dunklen Haaren und Augen, äußerst empfindsam. Nicht selten finden wir gestörte funktionelle Aktivitäten von Gehirn und Rückenmark. Wesentlich aber ist die Verstimmung im Sinne von hoffnungsloser Traurigkeit durch Sorgen, Kummer und Leid, verbunden mit viel Weinen. Alle Ereignisse und Zustände nach dem Tod eines lieben Menschen werden intensiv erlebt: die Beerdigung, davor die heilige Messe, hernach das Beisammensein mit der Familie und schließlich die Erbstreitigkeiten. Alles laugt restlos aus. Immer wieder fließen die Tränen.
Tränen bilden das erste große Merkmal eines Causticum-Menschen, leidvolle Erlebnisse das zweite. Diese Menschen erlebten Leid durch Familientragödien, Krieg, jahrelange Gefangenschaft, schwere Krankheiten. Entsprechend ihrem Temperament und ihren Anlagen werden sie entweder selber chronisch krank oder aber radikal und dann auch brutal.
Dritte typische Eigenschaft ist, aus Mitleid krank zu werden, mit anderen zu leiden, deren Leid miterleben und daran auch fast oder ganz zu zerbrechen. Das starke Mitgefühl für die Leiden anderer kann zu Schlaflosigkeit führen. Wochen-, monatelange Nachtwachen oder aber pausenlos unterbrochener Nachtschlaf führt zu einem großen Schlafdefizit, das auch gelegentlich die Folge von Ärger und »heiligem Zorn« darstellt, wie wir ihn gern bei Menschen finden, die sehr viel Leid erlebt haben, denen eimal der »Kragen platzt« und die sich einmal Luft machen wollen. Diesen Ausbruch muss der Arzt gelassen abwarten, um den Patienten wirklich helfen zu können. Als Ärzte dürfen wir nicht selbst zum Causticum-Patienten werden. Unser Mitleid äußert sich in dem Willen, mit dem Herzen, aber auch mit der Ratio und unserer Arzneimittelkenntnis zu helfen.
Diese kranken, leidgeprüften und durch Mitleid gequälten Menschen sind meist jedoch sehr friedlich und bescheiden. Eine letzte Gruppe stellen die Menschen mit angeborener oder durch Krankheit, Unfall oder andere Einwirkung entstandener somatischer und geistiger Behinderung dar.

Trotz dieser Schwäche müssen sich diese Menschen dauernd bewegen, finden aber keine Erleichterung dadurch. Sogar nachts ist es ihnen unmöglich, eine bequeme Lage zu finden oder gar nur einen Augenblick still zu liegen. Sie frieren ständig, aber es gelingt ihnen nie, sich so warm zuzudecken, dass die Wärme Erleichterung bringt. So kommt es leicht zu Erkältungen. Der Husten ist rau mit schmerzhaftem Wundgefühl in der Brust. Besserung folgt immer beim Trinken von kaltem Wasser. Die Patienten sind leicht heiser. Eine raue Aphonie liegt vor, besonders in den Morgenstunden.
Nach Exposition in kalten Winden oder in Zugluft, auch nach schweren fieberhaften Krankheiten entwickeln sich allmählich Lähmungen im Stimmapparat, an der Zunge, gelegentlich an den Augenlidern, überhaupt sehr häufig im Gesicht, seltener an Extremitäten. Die rechte Seite ist bevorzugt. An der Blase kommt es besonders bei alten Damen zu Sphinkterschwäche, die zur unwillkürlichen Entleerung von Harn bei Husten, Niesen und Lachen führen kann.
Die Haut ist trocken und heiß, besonders in der Nacht. Hautveränderungen, wie Ekzeme, Rhagaden, auch Warzen jucken und brennen mitunter und sind meist trocken. Selten bestehen vesikuläre Veränderungen, häufig Parästhesien.
Genau wie bei den Kindern sind Narben, besonders nach Verbrennungen und Verbrühungen, die immer wieder wund werden und aufbrechen, oder alte Verletzungen, die sich wieder öffnen, eine Indikation für Causticum. Und wenn der Patient sagt, dass er sich seit einer vor Jahren erlittenen Verbrennung nie wieder wohl gefühlt habe, so muss man als Arzt zuallererst an Causticum denken.
Causticum ist auch ein gutes Antidot bei Bleivergiftungen, die Lähmungen verursachen, wie dies beispielsweise früher bei Schriftsetzern der Fall war, die mit Bleitypen arbeiteten. Causticum wurde hier erfolgreich angewendet.

▶ Kinder

Das Causticum-Kind hat meist dunkle Haare, aber eine gelblich-blasse, sogar fahle Hautfarbe. In seinen Bewegungen etwas ungeschickt, stolpert es oft und verstaucht sich des öfteren seine Gelenke. Es ist ungelenk, stolpert sogar im Traum oder beispielsweise über kleine Figuren, die im Teppich eingewebt sind. Das Kind ist verdrießlich und ruhelos, hat immer Angst vor der Zukunft, besonders vor dem Abend und der so dunklen Nacht, kann nicht alleine schlafen gehen. Es fürchtet sich davor, die Augen zu schließen, denn dann sieht es unheimliche Bilder.
Es ist äußerst sensibel und beginnt leicht zu weinen, wobei es selber wenig schmerzempfindlich ist und wenig Leid, aber sehr viel Mitleid empfindet. Es leidet mit anderen, wenn andere weinen oder Schmerzen haben.
An diesem Charakteristikum kann man ein Causticum-Kind sehr schnell erkennen, besonders nach dem Bericht der Mutter.
Das Mitleid bewirkt sehr leicht eine Verkrampfung, kann aber auch völlig entspannen, bis zur Unfähigkeit der Muskelbewegungen. Schlaffe Lähmung besteht besonders dann, wenn der Blasenschließmuskel beim Husten, Lachen und Springen nicht mehr voll funktioniert. Auch Bettnässen ist eine häufige Störung, die sich beim ersten Schlaf einstellt und von unwillkürlichen Muskelzuckungen großer Muskelgruppen sowie kleinerer Muskeln begleitet wird, die im Schlaf andauern.
Beim Husten haben die Kinder das Gefühl, die Luftröhre sei voll, in der sie auch ein raues Brennen empfinden. Sie können schlecht abhusten. Aber alles bessert sich nach einem Schluck kalten Wassers: Sie »löschen den Brand«. Hier ist an den gelöschten Kalk zu erinnern. Ein weiteres Merkmal, an dem man Causticum-Kinder sehr leicht erkennen kann, ist ihre Ablehnung von Süßigkeiten; mitunter ekeln sie sich sogar davor. Das ist bei Kindern wirklich selten. Typisch für ein Causticum-Kind ist auch die Vorliebe für Geräuchertes, Wurst und Gesalzenes. Die Haut ist trocken und ungesund, rissig und mit Warzen behaftet; häufig sind die Nägel deformiert oder von Warzen umgeben.
Bei Folgen von Verbrennungen, durch die die Kinder nicht nur körperlich, sondern auch seelisch geschädigt wurden, können wir mit Causticum sehr viel erreichen.
Causticum-Kinder gehen wegen ihrer Furcht vor der Nacht und der Dunkelheit sehr spät zu Bett. **Die Trias** des Spät-zu-Bett-Gehens, der Ablehnung von Süßigkeiten und der geringen Bewertung des eigenen Schmerzes bei großem Mitleid mit fremdem Schmerz lässt den Weg zum Causticum-Kind sehr leicht finden.

Literatur

Causticum liebt feuchtes Wetter, vor allem den Nebel, der ihn zu besonders tiefgründigen Gedanken anregt, wie sie Hermann Hesse in dem Gedicht »Im Nebel« verdeutlicht:

»Seltsam, im Nebel zu wandern!
Einsam ist jeder Busch und Stein,
Kein Baum sieht den anderen,
Jeder ist allein.

Voll von Freunden war mir die Welt,
Als noch mein Leben licht war;
Nun, da der Nebel fällt,
Ist keiner mehr sichtbar.

Wahrlich, keiner ist weise,
Der nicht das Dunkel kennt,
Das unentrinnbar und leise
Von allen ihn trennt.

Seltsam, im Nebel zu wandern!
Leben ist Einsamsein.
Kein Mensch kennt den andern,
Jeder ist allein.«

Arzneimittelbild

Wichtige Symptome

- große körperliche und geistige Schwäche mit Zittrigkeit, Frösteln und lähmungsartiger Schwäche, besonders der Hirnnerven, Atonie an Blase und Mastdarm
- Angst vor Dunkelheit, Muskelzucken, Schreibkrampf, choreatische Zuckungen
- an den Schleimhäuten Gefühl von Brennen und Wundsein
- Nach den Mahlzeiten großes Schlafbedürfnis. Man kann sogar während der Unterhaltung und im Sitzen einschlafen.
- Bei allen möglichen Krankheitszuständen, von Husten bis zu Zuckungen im Gesicht oder hysterischen Anfällen, lindert ein Schluck kalten Wassers deutlich.
- Die Schmerzen sind qualvoll, reißend, immer mit dem Gefühl verbunden, als sei die schmerzhafte Stelle rohes Fleisch.
- Stuhlgang, häufig Verstopfung mit heftigem, vergeblichem Drang, wie bei Nux vomica. Die Stühle werden nur mit größter Anstrengung entleert, können aber auch unfreiwillig abgehen. Am besten kann der Patient, der Causticum benötigt, in halb stehender Stellung den Stuhl absetzen.
- eigentümliches Symptom: das Gefühl eines leeren Raumes zwischen dem Gehirn und der Stirn

Modalitäten

Verschlimmerung: durch trockene Kälte und morgens nach dem Aufstehen, durch schönes kaltes Wetter, kalte Luft, bei der Fahrt im offenen Wagen oder mit dem Fahrrad.
Besserung: durch regnerisches oder nebliges Wetter, beim Trinken von kaltem Wasser.

Toxikologie

Eine toxische Wirkung von Causticum ist nicht bekannt.

Wichtige Indikationen

- Folge von Gram, Kummer, Zorn, Ärger und vor allem von großem Leid und Mitleid
- rheumatische und gichtige Leiden bei trockener Haut, Besserung durch Feuchtigkeit
- Neuralgien mit Brennen, Herpes zoster
- Parese und Lähmungen, infektiös oder mechanisch bedingt
- trockens Ekzem, Ulcera cruris
- chronische Laryngitis, Tracheitis
- Blasenatonie, Enuresis
- Bronchitis

Cinnabaris (Mercurius sulfuratus ruber)

Ursprung

Hahnemann interessierte sich sehr für Cinnabaris, auch »Zinnober« genannt. Das rote Quecksilbersulfid mit der Formel HgS bildet sich u. a. bei etwa 80 °C aus vulkanischen Quellen und ist ein wichtiges Erz, das 86 % Quecksilber enthält.
In der zweiten Auflage seiner »Reinen Arzneimittellehre« aus dem Jahre 1882 beschrieb Hahnemann das Arzneimittelbild. Später prüften Trinks, Allen, Hering und Clarke dieses Mittel. Es stellte sich heraus, dass das Arzneimittelbild dem des reinen Quecksilbers (Mercurius vivus, s. S. 295) sehr ähnlich ist.
Cinnabaris als Bestandteil der grauen Salbe gegen Lues evozierte bei vielen Patienten Quecksilbervergiftungen. Bei Malern war die Substanz sehr beliebt wegen der eindrucksvollen roten Farbe.
Die Quecksilberwirkung ist eher auf akute, die Sulfurwirkung eher auf chronische Erkrankungen ausgerichtet.
Der sich im Namen Mercurius spiegelnde, den Götterboten Hermes apostrophierende Bezug zur Mythologie wird bei Mercurius vivus näher beschrieben (s. S. 295).

Persönlichkeitsportrait

Das Portrait dieser Patienten ist durch das wechselhafte, unruhige Verhalten von Mercurius bestimmt und wird durch das energieverstärkende Potenzial von Sulfur ergänzt. Die Verbindung der beiden Elemente erzeugt mitunter heftige Temperamentsausbrüche, so bei starken Schmerzen, die Cinnabaris nicht ertragen kann. Tritt bei der Behandlung der Beschwerden keine unmittelbare Besserung ein, werden die Patienten böse. Sie sehen nicht ein, dass der Verzicht auf Antibiotika zwar eine etwas längere Krankheitsdauer, dafür aber Rezidivfreiheit bewirkt.
Der Cinnabaris-Patient wirkt immer ungeduldig, ist häufig verstimmt oder reizbar, auch schreckhaft und schüchtern. Er erkrankt bevorzugt an Sinusitis. Manche Patienten neigen zu Zuckungen und Tremor.

Arzneimittelbild

Wichtige Symptome

- Kopfdruck beim Bücken
- Druck an der Nasenwurzel beim Bücken oder Waschen, auch durch einen Finger ausgelöst
- stinkender Atem
- welke Zunge, Zahneindrücke am Zungenrand
- Halsschmerzen (äußerlich)
- Empfindlichkeit gegen kalte Luft
- oberflächliche Geschwüre
- Stuhldrang, Gefühl des »Nie-fertig-Werdens«
- Neigung zu Schweißen
- Urtikaria, Erythem, Exanthem
- pemphigusartige Bläschen, Abszesse und Furunkel
- verstärkte Diurese im Wechsel mit Anurie
- Entzündungserscheinungen im oberen Verdauungstrakt

Modalitäten

Verschlimmerung: durch Bettwärme, starke Bewegungen, Kälte, nächtliche Schweiße; nachts.
Besserung: im Bett, durch Ruhe, kalte Getränke, Schlaf.

Wichtige Indikationen

- chronische Nasennebenhöhlenaffektionen
- Stomatitis aphthosa
- Proktitis
- Hauteffloreszenzen mit Eiterungen

Praxistipps

Bei chronischen Erkrankungen kann Cinnabaris auch als Konstitutionsmittel in der **C 30** und höher verwendet werden.

Bei Sinusitis mit schmerzhafter Berührung der linken oder rechten Kieferseite ist **Kalium bichromicum D4** angezeigt.

Hartnäckige Nasennebenhöhlenaffektionen mit Druck an der Nasenwurzel *und* Schmerzen bei Berührung der linken und rechten Kieferseiten verlangen **Cinnabaris und Kalium bichromicum**; alle zwei Stunden im Wechsel, bis das Sekret farblos ist.

Bei Sekretstau einen halben Tag lang stündlich **Hydrastis D3** auf die Zunge geben.

Graphites

Ursprung

Kratylos, der Lehrer von Sokrates, wies immer wieder darauf hin, dass Namen deutliche Aussagen treffen über Gehalt und Inhalt des Bezeichneten. Dies trifft auch für die Bezeichnung »Graphites« zu. Sie kommt vom Griechischen »grapho«, »ich schreibe, ich ritze ein, ich kerbe«. Der Graphit ist ein Griffel, den man benutzte, um auf Wachstafeln zu schreiben, später auch zum Beschreiben der Stimmtafel. Will man etwas tief einritzen, sprechen die Griechen von »charatso«, worauf auch der Begriff »Charakter« basiert. Charakter ist also das in Seele und Konstitution Eingeritzte, fest mit ihr Verbundene. Tatsächlich haben wir in Graphites ein Mittel, das auch hinsichtlich des Charakters eine Rolle spielen kann.
Eine weitere Kohlenstoffverbindung aus reinem Kohlenstoff, die aber wesentlich dichter und härter ist, ist der Diamant. Etymologisch betrachtet, heißt »dia« »tief hindurch« und »manteo« »wahrsagen«. Das prophetische Weissagen, das Ahnen und Vermuten, das Tief-Hineinblicken-Lassen sind dem Diamant eigen. Aufgrund seiner Kristallstruktur verdichtet der Diamant das Licht in sich, indem er dessen Frontgeschwindigkeit von etwas 300 000 km/sec auf die Hälfte herabsetzt. Durch diese Verdichtung entstehen im Licht Spannungen, die dann in immer wieder neuen, feurig funkelnden Farben aufleuchten.
Wenn man Licht im geistigen Sinn als Bewusstsein und Farbe als Seele vesteht, erlebt man das »Seelenleben« eines Diamanten. Der Kohlenstoff, aus lebendiger Substanz in ungeheurer Dichte, muss hier nicht das Erlebnis des Lichtes, sondern von Leben beinhalten und damit ein Bewusstsein schaffen, das sich als Seele im Diamant zeigt. Das Licht wird zur Farbe, das verdichtete, geordnete Bewusstsein zur Seele. Man sieht mit den Augen der Entstehung der Seele aus dem Geistigen, der Verinnerlichung des Geistes zur Seele und dem Feuer des Diamanten einfach zu. Seele wäre dann am Widerstand verdichteter und verinnerlichter Geist.
Graphit dagegen, dessen Dichte nicht so groß ist, blockt Licht einfach ab. Es wird nicht einmal mehr zurückgestrahlt, sondern völlig vernichtet, geschluckt, allenfalls in Wärme umgewandelt. Graphit ist undurchsichtig und geheimnisvoll. Wer hierüber weiter meditieren möchte, sollte sich mit der Apokalypse des heiligen Johannes beschäftigen. Er wird dann eine Transparenz von Kohlenstoff finden, die über den Rahmen chemischer und physikalischer Aussagen weit hinausgeht.

Persönlichkeitsportrait

▶ Erwachsene

Eine Graphit-Persönlichkeit ist bereits beim Betreten der Praxis im allgemeinen sehr deutlich zu erkennen, bevor sie spricht (wobei sie den Mund äußerst langsam öffnet). Graphites ist übergewichtig und schlapp, hat eine etwas unreine Haut. Hat man eine gute Nase, kann man ihn »erriechen«. Er ist langsam, sowohl in seiner Bewegung als auch in seinen Emotionen. Intellektuelle Tätigkeiten fallen ihm äußerst schwer. Er ist träge, nimmt alles sehr langsam auf. Er scheint ein Mensch zu sein, der Schallmauern um sich erbaut hat, so dass nur ein Teil der Sinneseindrücke bis zu seinem Bewusstsein gelangen kann.
Das alles ist schon bei der Anamnese deutlich erkennbar. Man hat das Gefühl, der Patient, der hier vor einem sitzt, hat gar keinen eigenen Willen, sondern reagiert automatisch wie ein Roboter, der allerdings deutlich schnellere Reaktionen zeigt.
So ist er auch leicht vergesslich. Was auf ihn einstürmt, wird nicht so fest eingeritzt in seine Seele, als dass man es gleich wieder abrufen könnte. Man muss ihm langsam Denkanstöße geben, damit er sich wieder erinnern kann.
Spricht man den Patienten darauf an, dass man ihm alles aufschreiben muss, verweist dieser darauf, in seinem Kopf habe nichts mehr Platz.
Die Patienten sind sich ihrer Emotionslosigkeit und ihrer verlangsamten Reaktion durchaus bewusst, die sich beispielsweise beim Einkaufen zeigt, wenn sie nie wissen, was sie wollen oder sich nicht entscheiden können wegen des Preises. Sie haben Angst, es könnte irgend etwas passieren. Die im emotionalen, geistigen und somatischen Bereich bestehenden Symptome sind in den Morgenstunden immer schlimmer. Morgens haben sie die meiste Angst und zeigen die größte Unfähigkeit, irgendeiner Arbeit nachzugehen. Erst am Abend, wenn der Druck des Tages etwas nachlässt, fühlen sie sich erleichtert, gehen sogar

manchmal aus sich heraus, können auch einmal emotional reagieren. So können sie Musik vor allem nach negativen Erlebnissen nicht ertragen. Sie fühlen sich dann noch elender, können in Tränen ausbrechen und schalten das entsprechende Gerät dann einfach ab.
Im körperlichen Bereich sollte man vor allen Dingen in der Behandlung sehr hässlicher Narbenkonstriktionen und Keloiden an Graphites denken. Hier ist er das Mittel der Wahl. Ich habe bei einer Tracheaoperation nach einem schweren Motorradunfall erlebt, dass man ein bestehendes Stoma nicht rückoperieren konnte wegen einer schweren Narbenstriktur, die dann unter Graphites nach einem halben Jahr völlig in Ordnung kam.
Die Haut der Graphit-Persönlichkeit ist meist in Ellenbeugen, Kniekehlen, an und vor allem hinter den Ohren und am Haaransatz sehr rissig und sondert gelbe, dicke, klebrige Flüssigkeit ab. Dieses Sekret stinkt, wie alle Arzneimitteltypen, die ein Kohlenstoffmedikament brauchen. Häufig bestehen sehr üble Ekzeme, die allerdings, wenn der Patient auch noch dem Arzneimittelbild entspricht, äußerst gut auf Graphit ansprechen.
Die Nägel sind häufig deformiert und können leicht in allen Richtungen einbrechen.
Auf unterdrückte Hautausschläge können Beschwerden wie vikariierende Kopfschmerzen oder Magen-Darm-Beschwerden, Colica mucosa oder sogar Asthma folgen. Hier kann mit Graphit schnell geholfen werden.
Der Patient fühlt sich wohl, wenn er sich hinlegt, ruhig verhält und untätig ist, dazu noch etwas isst, somit seinen Lieblingsbeschäftigungen nachgehen kann.
Häufig sind die Patienten sehr empfindlich gegenüber Lichtreizen und empfinden ein Taubheitsgefühl an den Extremitäten; Krämpfe sind dabei selten.
Es besteht eine große Abneigung gegen Süßigkeiten und Salz, meist auch noch gegen Fisch.
Die gesamten Nahrungsmittelmodalitäten findet man in dieser Kombination kaum noch bei einem anderen Arzneimittel. Im Vordergrund stehen immer Fettsucht, Müdigkeit, Kälte, Trägheit und Verstopfung.

Kinder

Das Kind, das Graphit braucht, ist ungesund dick, friert leicht und ist obstipiert. Es hat kein Selbstvertrauen, kann sich überhaupt nicht entscheiden. Auf eine Frage antwortet es so lange nicht, bis sie sich erledigt hat. Obwohl es den Eindruck äußerster Interesselosigkeit hinterlässt, ist es an allem interessiert, denkt ständig über die Zukunft nach. Es hat einfach nicht den Mut, sein eigenes Ich in den Vordergrund zu stellen.
Es weint leicht, besonders beim Musikhören, streitet aber auch gern und beginnt plötzlich im Streit zu lachen. In vielen Fällen versucht es so seine eigene Unfähigkeit, klare Handlungen zu vollführen, zu verbergen und bewegt sich recht schwerfällig.
Die Verdauung ist gestört; der Stuhl besteht aus kleinen, harten, von Schleim umhüllten Knollen.
Die Haut steht im Vordergrund bei diesen kleinen Graphites-Patienten. Sie ist trocken, sehr rauh und springt gern auf, besonders, wenn man viel wäscht, bei kaltem Wetter oder in kaltem Wasser. Bald entstehen blutende Rhagaden. Die trockene, aufgesprungene Haut sondert auch Sekrete ab.
Am meisten ist die Haut gestört in großen Hautfalten, so in den Augen- und Mundwinkeln, der Leistenbeuge, den Beugeseiten der Ellbogen und Knie, an den Handgelenken, um den Anus herum und besonders hinter den Ohren. Hier finden wir tiefe, mitunter sogar sehr schmerzhafte Spalten, aus denen eine dicke, klebrige, honigartige, gelbe Flüssigkeit tritt, die mit zunehmender Absonderung immer dickere Krusten bildet beim Eintrocknen. Das Sekret riecht äußerst unangenehm.
Diese Kinder haben auch sehr viele chronische Nasen- und Mittelohrabsonderungen mit nachfolgendem scharfen Ohrsekret, wodurch die ganze Umgebung des Gehörganges, der Augen und der Nase gereizt ist. Dabei vergrößern sich auch die Halsdrüsen, die Rachenmandeln und verhärten sich.
Sehr positiv ist der Appetit dieses Kindes. Wenn aus irgendeinem Grund eine Mahlzeit ausfällt, z. B. auf Reisen, kann es das kaum verkraften, denn es fühlt sich besonders gut, wenn es viel gegessen hat. Sogar Magenbeschwerden oder Bauchschmerzen werden besser nach dem Essen. Dabei besteht deutlicher Widerwille gegen Süßigkeiten und Gekochtes, Geräuchertes oder Scharfes wird dagegen gerne verzehrt.
Der Erwachsene, der Graphites braucht, kann sich ohne weiteres aus einem Graphites-Kinder-Typ entwickeln, kann sich aber auch im Laufe der Entwicklung nach der Pubertät oder noch etwas später so entwickeln. Er zeigt dann zwar einige, dem kindlichen Typ ähnliche Merkmale, ist aber im Wesentlichen doch ein eigenständiger und mit den Kindern nicht zu vergleichender Typ.

Arzneimitteltyp

Wichtige Symptome

- Man kann die wichtigsten Merkmale eines Graphit-Menschen zusammenfassen in: faul, fett, frostig, isst viel, ist verstopft.
- Neigung zu Fettleibigkeit
- Empfindlichkeit gegen Kälte
- Alles nässt: die Haut, der Darm, die Schleimhäute, die Genitalorgane; Nässen aber auch auf dem behaarten Kopf.
- Fissuren in den Mundwinkeln, an Brustwarzen, Fingerspitzen, Zehen, Anus, Vulva
- rissige, eingewachsene oder missgebildete Nägel an Füßen und Händen, die mitunter sehr häufig verdickt sind.
- Gefühl eines Spinnengewebes auf der Stirn
- Kältegefühl am Herzen
- Kann mitunter besser hören in rollenden Fahrzeugen, weil möglicherweise durch die Erschütterung der Gehörknöchelchen eine stärkere Schwingung entsteht.
- Die Schmerzen strahlen nach allen Seiten aus, danach bleibt die befallene Stelle noch schmerzhaft gegen Berührung.
- viele Schmerzen im Periostbereich

Modalitäten

Verschlimmerung: während und bei verzögertem Eintreten der Menstruation, bei Kälte.
Besserung: durch warmes Einhüllen.

▶ Verschlimmerung des Juckens durch Bettwärme, der Ekzeme durch Wärme allgemein.

Toxikologie

Eine toxikologische Wirkung von Graphites bei bestimmten Dosen ist nicht bekannt. Nach dem umfangreichen Arzneimittelbild und in Analogie zu der durch Graphit und andere Kohlenstoffe verursachten großen Luftverschmutzung ist jedoch anzunehmen, dass Graphites toxikologisch wirkt, was bisher nicht mit Sicherheit diagnostiziert werden konnte. Hier ist an die träge Reaktionsweise, die Müdigkeit und Abgeschlafftheit vieler Menschen, besonders in Großstadtzonen zu erinnern sowie an die so häufigen, in unendlich vielen Variationen auftretenden Hauterscheinungen.

Wichtige Indikationen

- meist chronische Erkrankungen
- In seltenen Fällen, wie auch zum Beispiel einer akuten Diarrhö, kann es auch einmal im akuten Fall eingesetzt werden.
- Obstipation, wobei knotige, reichliche Stühle, gelegentlich mit Schleimfäden verbunden, vorhanden sind, die nur unter großen Anstrengungen abgesetzt werden können.
- Diarrhö, glasige, schleimige Stühle, die einen penetranten, infernalischen Gestank verbreiten
- Bei fast allen chronischen sehr kranken Zuständen der Haut, die immer mit Rhagaden, Exkoriationen und immer stärker chronisch werdenden Geschwüren einhergehen, passt Graphites sehr gut.
- Rezidivierendes Erysipel kann gelegentlich bei entsprechender Konstitution Graphites erfordern.
- Lymphdrüsenschwellung des Halses, der Achselhöhle, der Leiste und des Mesenteriums, besonders bei Kindern, wenn es als Arzneimittel dazu passt
- Dyspepsie. Der Magen-Darm-Trakt ist in seiner Tätigkeit ungeheuer verlangsamt, wobei außerdem erhebliche Blähungen mit wiederum entsetzlichem Gestank auftreten.
- Kopfschmerzen, besonders beim Erwachen, wenn sie einseitig rechts auftreten
- Entzündliche Zustände im Bereich von Narbengewebe, bei Keloiden und schließlich bei Konstriktionen von Narben, die dann dazu führen, dass Verengungen im Bereich der Schleimhaut und Haut (Speiseröhre, Luftröhre) operativ behandelt werden müssen. Hier kann mit Graphites, über längere Zeit hinweg gegeben, ein positiver Effekt erzielt werden.
- Amenorrhö, besonders der blutarmen Frauen
- Fluor albus bei entsprechendem Habitus
- Arthritis urica bei entsprechendem Habitus
- Hilfe am Sterbebett bei entsprechender Symptomatik

Hepar sulfuris (Hepar sulfuris calcarea)

Ursprung

Das in der Homöopathie bekannte Mittel Hepar sulfuris calcarea bedeutet Kalkschwefelleber. Trotz seiner äußerst geringen Löslichkeit im Wasser wirkt Hepar sulfuris calcarea in der **D3** oder **D4** oft überraschend schnell.

Durch Erhitzen von Kalk, d. h. der mittleren Lage der Austernschale mit Schwefelblume, entsteht ein gelb-graues, kristallinisches Gemenge von Calciumpolisulfiden (CaS_2, CaS_4, CaS_5) und Calciumsulfat.

Innerliche Anwendungen sind in der Schulmedizin nicht üblich.

In der Homöopathie nimmt Hepar sulfuris calcarea eine hervorragende Stelle ein. Es wirkt im wesentlichen wie Schwefel, ist also sehr aktiv und reaktionsmittelähnlich, auch durch die Mitwirkung von Calcium.

Es gibt sehr viele Arzneimittelprüfungen und ein sehr gutes Arzneimittelbild.

Persönlichkeitsportrait

Erwachsene

Dieser Persönlichkeitstyp ist nicht besonders ausgeprägt. Der Hepar-sulfuris-calcarea-Patient steht dem lymphatischen, blonden und schlaffen Typ von Calcarea sehr nahe. Als Besonderheit weist er eine ungeheuere Empfindlichkeit nicht nur gegenüber körperlicher, sondern auch gegenüber geistiger und mentaler Berührung auf. Diese Besonderheit hat Calcium carbonicum nicht.

Die Patienten von Hepar sulfuris calcarea machen immer den Eindruck, das Leben nicht bewältigen zu können und nervlich erschöpft zu sein. Sie fühlen sich dabei innerlich zerrissen. Beim geringsten Druck, bei der leisesten körperlichen oder psychischen Berührung werden sie ärgerlich, garstig und beschimpfen die Umwelt.

Ihre generelle Schwäche und Überempfindlichkeit bewirkt eine ungeheure nervöse Erregung. Alles wird sehr eilig verrichtet, sie wollen sich selbst überholen, sprechen, essen und trinken sehr schnell. Alle Verrichtungen erfolgen überregt, hastig und sind hinsichlich des Nervensystems von großer Intensität. Wird dieses weiter strapaziert, wird die Überempfindlichkeit offensichtlich: Es kommt zu extremer Empfindlichkeit gegen Kälte, trockene kalte Luft, besonders gegen kalten Wind oder Zugluft. Feuchtes und kaltes Wetter beeinträchtigen diese Persönlichkeiten zwar, sie leiden jedoch deutlich weniger darunter als alle anderen Menschen.

Bemerkenswert ist die große Sensibilität beim Berühren kalter Oberflächen. Ob Marmor oder Metall – schon das Berühren mit den Fingerspitzen verursacht eine Verschlimmerung der Beschwerden. Diese Patienten vermitteln den Eindruck, ihre Nerven würden nicht in der Hautoberfläche enden, sondern darüber hinausgehen und offenliegen.

Da Luftzug oder kalter Wind, auch schon frische Luft, sofort zu allgemeiner Verschlimmerung führt, ist Hepar sulfuris ein gutes Mittel bei Erkältungen durch kalte Luft. Man sollte es aber erst geben, wenn Aconitum, Belladonna, Bryonia oder die üblichen Erkältungsmittel nicht mehr helfen. Mittel der Wahl ist es vor allem, wenn die Nasennebenhöhlen beteiligt sind.

Hier ist darauf hinzuweisen, dass bei der durch **Klimaanlagen** verursachten kalten Zugluft neben Aconitum auch einmal Hepar sulfuris benötigt wird.

Bei Hepar sulfuris finden wir häufig rezidivierende Erkältungen der oberen Luftwege, auch Asthma, gelegentlich in kalter und trockener Luft, Besserung durch feuchte Wärme. Es verhält sich also genau umgekehrt wie bei Natrium sulfuricum oder Dulcamara.

Vor allem neigt der Patient immer wieder zu Erkältungen in der Rekonvaleszenz. Bewährt ist das Mittel auch bei Hauteiterungen, vor allem zur Beschleunigung einer Eiterung, die schon langsam anfängt, sich zu einem Abszess zu entwickeln. Hier wird die **D3** oder **D4** in häufigen Gaben angewandt.

Will man eine beginnende Entzündung, möglicherweise zur Resorption bringen, sind Potenzen um **C30** angebracht.

Wie Chamomilla-Typen können diese armen Menschen ihre Leiden einfach nicht ertragen. Jede körperliche Beschwerde wird als schlimm empfunden und zeigt die Intoleranz gegenüber Leiden oder Leidensdruck. Das ganze Nervensystem ist dann in Aufruhr. Der Patient schimpft, reagiert schon bei geringstem Anlass sowohl in

Familie als auch im Beruf ärgerlich und aufbrausend. Die Mitmenschen werden für die eigenen Probleme verantwortlich gemacht.
Stress ist für Hepar-sulfuris-Patienten nicht auszuhalten. Sie sind ständig ängstlich, aber auch besorgt, z. B. was Geld anbelangt. Der in die Praxis kommende Patient bittet aufgrund seiner unendlich großen Leiden um Hilfe. Der beim gelenkten Bericht seine Fragen stellende Arzt wird immer nur um Hilfe angefleht, erhält aber keine deutlichen Antworten. Ist das Jammern und Schelten im Vergleich zum vorhandenen Befund äußerst gering, müssen wir an Hepar sulfuris denken.
Im weiteren Verlauf kommt es zu Depressionen. Die Patienten denken über ihre eigenen zerstörerischen Impulse nach und kommen endgültig zu der Überzeugung, innerlich sehr schwach zu sein. Dann beschäftigen sie sich mit Selbstmordgedanken, unter gewissen Voraussetzungen aber auch in ihrer Wut mit Mordideen.

▶ Kinder

Hier steht vor allem das eigenartige sulfurische Moment im Vordergrund, aber auch das Calcium-Element ist zu bemerken. Sie reagieren sehr heftig und lassen sich schwer, manchmal nur mit Gewalt, von Mutter oder Vater in das Sprechzimmer bringen. Sie wehren sich mit Händen und Füßen und lassen sich nicht berühren. Es ist sehr schwer, mit ihnen ins Gespräch zu kommen, es sei denn, man versucht mit ihnen irgend etwas gemeinsam zu zerstören, beispielsweise Papier zu zerreißen und dann in kleine Girlanden zu verwandeln.
Im übrigen haben wir auch hier immer wieder Kinder, die sehr leicht erkältet sind, in der Rekonvaleszenz sich immer wieder erkälten und sehr lebhaft, aber auch destruktiv sind.
Ihre Empfindlichkeit gegenüber Kälte ist groß, aber auch Wärme kann, vor allem nachts, sehr schaden.

Arzneimittelbild

Wichtige Symptome

- lymphatische Konstitution
- Frostigkeit, Erkältlichkeit
- Neigung zu eitrigen Entzündungen
- Überempfindlichkeit gegenüber äußeren Eindrücken, verträgt keinen Schmerz
- ärgerlich, reizbar, niedergedrückt
- empfindlich gegen Berührung, gegen kalte Luft
- Selbst kleinste Verletzungen eitern.
- Schweiße riechen nach Käse.
- Verlangen nach sauren oder gewürzten Speisen
- Bei Schleimhautentzündungen wie Schnupfen: wunde Nase, Schmerzen um die Nase oder den Mund herum. Zahnschmerzen bei kalten Speisen, und vor allem, wenn bei geöffnetem Mund kalte Luft eingeatmet wird.
- unreine Haut mit vielen eitrigen Hautveränderungen, sehr empfindlich gegenüber Schmerz, Kälte und Berührung

Modalitäten

Verschlimmerung: durch Berührung, Kälte, Zugluft.
Besserung: durch Wärme, vor allem aber durch Feuchtigkeit, im Unterschied zu Dulcamara und Natrium sulfuricum.

Wichtige Indikationen

- lymphatische Entzündung der oberen Luftwege, eitrige Sekrete, Plepharitis
- Otitis media und externa
- absteigende Katarrhe
- Laryngitis, Bronchitis, Tracheitis, Pneumonie
- eiternde Hautprozesse
- allergische Erkrankungen infolge bakterieller Infekte
- überschießend temperamentvolle Kinder, die krankhaft wirken
- drückende Kopfschmerzen, wie von einem Nagel oder Pflock verursacht, oft über der Nasenwurzel, aber auch an Scheitel und Schläfen
- Lymphdrüseneiterungen, dabei insbesondere Abszessbildung der Bartholini-Drüsen

Praxistipp
Beim Auftreten einer immer wieder rezidivierenden Drüsenentzündung zunächst Hepar sulfuris **D3** in zweistündlichen Abständen, bis es aufgeht, dann **C30**, einmal in zwei oder drei Tagen. Die Entzündung heilt dann schnell und vor allem kosmetisch viel besser als nach chirurgischen Eingriffen.

Hydrargyrum bichloratum corrosivus (Mercurius corrosivus)

Ursprung

Das ätzende Quecksilber(II)chlorid $HgCl_2$ entsteht aus Quecksilber(II)sulfat und Natriumchlorid beim Erhitzen auf über 300 °C: Die weiße kristalline Verbindung ist in Wasser leicht löslich. Sie schmeckt widrig und scharf. Die chemische Substanz wirkt ätzend und ist sehr giftig. Bei der Herstellung des Arzneimittels wird Quecksilbersublimat in einer Mischung aus Weingeist und Äther gelöst. Triturationen werden aus dem Salz hergestellt.
Mercurius corrosivus wirkt vor allem auf die Schleimhäute und führt zu starken Entzündungen.

Persönlichkeitsportrait

Das Zusammenwirken zweier großer, sehr intensiv wirkender chemischer Substanzen potenziert deren jeweilige Giftigkeit, was sich im Arzneimittelbild deutlich zeigt und auch die Persönlichkeit prägt. Die launischen, einmal friedlichen, einmal aufbrausenden, oft niedergeschlagenen Patienten sind nicht leidensfähig und klagen ständig über ihre Verfassung, vor allem aber darüber, dass sich Schweißausbrüche, Unruhe und Bewegungsdrang nachts verschlimmern.
Häufig besteht eine Schwäche des Intellekts, der vor allem in Gesprächen deutlich wird: Mercurius hört intensiv zu, versteht aber den Inhalt des Vorgetragenen nicht.

Arzneimittelbild

Wichtige Symptome

- schleimige und schwarze, manchmal auch erdfarbene, gelb-grüne oder blutige Stühle
- Plötzlicher Stuhldrang mit spärlicher Entleerung bei dem Gefühl, eine große Menge entleeren zu müssen. Dabei Brennen am After und Drang zum Wasserlassen.
- Nach dem Stuhlgang starker Stuhldrang mit schneidenden Tenesmen, die dazu zwingen, beim Gehen stehen zu bleiben.
- Nachts auftretende Tenesmen, die zum Gang auf die Toilette zwingen, ohne dass eine Entleerung stattfindet.
- starke Empfindlichkeit gegen kalte Luft, vor allem Zugluft
- Lichtscheu und Tränenfluss mit gereizter, schmerzender Augenregion und manchmal begleitender Iritis
- Dunkelrote Mundschleimhaut mit brennenden Geschwüren und geschwollenem Zäpfchen, das beim Schlucken von Nahrung Krämpfe auslöst.
- Bei Urethritis heftiges Brennen in der Urethra; Urin wird als sehr heiß und brennend empfunden.

Modalitäten

Verschlimmerung: abends und nachts; in frischer Luft; durch Bewegung; durch fette Speisen.
Besserung: in Ruhe.

Wichtige Indikationen

- Erkrankungen des Magen-Darm-Traktes
- akute Schleimhauterkrankungen mit geschwürigen Veränderungen und ätzendem, manchmal blutigem Sekret
- Analfissur
- Stomatitis
- Colitis ulcerosa
- Blasenentzündung

Hydrargyrum stibiato-sulfuratum (Aethiops antimonialis)

Herkunft

Der Spießglanzmohr ist ein Gemenge von Quecksilbersulfid und Antimonsulfid, Hydrargyrum stibiato-sulfuratum. Dieses Arzneimittel wurde im ausgehenden Mittelalter gegen Lues, Krebs, Gicht, Krätze und Fisteln angewendet. In der Schulmedizin heute nicht mehr üblich, wird es in der Homöopathie angewendet und hat dort einen festen Platz durch Stiegele bekommen.

Persönlichkeitsportrait

Ein fest umrissenes Persönlichkeitsportrait ist hier kaum darzustellen, da das Arzneimittel die Bestandteile Sulfur, Antimon und Mercur in sich vereinigt, deren Symptome abwechselnd bei den Patienten auftreten. Somit finden wir einerseits manchmal sehr aktive oder überaktive, dann wieder müde, völlig erschlaffte, reaktionslose Menschen ohne initale Antriebskräfte. Häufig bestehen Entzündungen um Augen und Augenlider sowie Fisteln nach Operationen. Aethiops antimonials wird nach meiner Erfahrung bei Colitis mucosa, Colitis ulcerosa und allen Folgen der Ruhrerkrankung angewendet, zumal wir hier in der Praxis ein Krankheitsbild finden, das durchaus allen diesen Symptomen entspricht. Da Aethiops antimonialis weder im KK oder im EK noch im Repetitorium generale (Barthels) zu finden ist, habe ich viele Colitis-ulcerosa- und Colitis-mucosa-Patienten erfolglos repertorisiert. Obwohl diese Patienten fast immer ein gleiches Maß an Symptomatik von Sulfur, Mercur und Antimon zeigten, vermochte keines dieser Mittel allein eine Änderung oder Besserung herbeizuführen. Aethiops antimonalis dagegen führt bei dieser schwer zu beeinflussenden Krankheit fast immer zu einem prompten Erfolg. Dabei sollte man einige Tage die **D3** geben, danach, wenn eine Besserung auftritt, **D4**. Über **D6, D8, D12** kann man bis zu **D30** und notfalls auch höher gehen. Die Beschwerden bessern sich meist schon bei der **C30**.

Arzneimittelbild

Wichtige Symptome

- Imperativer Stuhldrang. Häufiger Stuhlgang. Tenesmen vor, während und nach dem Stuhlgang. Stühle durchfällig, viel Schleim, selten Blut und Eiter, übelriechend und scharf brennend im After
- Hauteffloreszenzen nach Schreck mit ekzematösem, gelegentlich herpetiformem Charakter
- chronisch stinkene Otorrhö
- schmerzhafte, entzündliche, schorfige Ausschläge im Gesicht (passen in die luetischen Miasmen)

Modalitäten

Verschlimmerung: durch Kälte und extreme Hitze, Bewegung, nächtliche Schweiße.
Besserung: durch Ruhe und milde Wärme.

Wichtige Indikationen

- Colitis ulcerosa; besonders im subchronischen und chronischen Stadium
- Fisteln nach Darmoperationen
- chronische Otorrhö
- destruktive Hauteffloreszenzen im Gesicht
- manche Form von Psoriasis

Jodum

Urprung

Jodum (Jod) stellt ein relativ seltenes Element dar. Es wurde im Jahre 1811 durch Courtois in der Asche einiger Meeresalgen nachgewiesen, während seine elementare Natur 1815 von Gay-Lussac erkannt wurde.
Mit den Elementen Chlor, Fluor und Brom gehört Jod zu den Halogenen (Salzbildnern), die sich direkt mit einem Metall zu Salz verbinden. Bestes Beispiel hierfür ist das häufig in der Küche verwendete Kochsalz, das aus Natrium und Chlor besteht.
Alle Halogene sind hochgiftig und werden aufgrund ihres desinfizierenden, ja sogar ätzenden Charakters zur Vernichtung von Bakterien benutzt.
Jod ist ein schwarzer, fester Stoff, der unter Erwärmung in ein violettes, prachtvoll aussehendes Gas übergeht. Bei Abkühlung geht es direkt in den festen Zustand über, ohne eine flüssige Zwischenphase zu durchlaufen. Der Name »Jodum« kommt vom griechischen Wort »iod nephas«, d. h. »veilchendunkel« oder »dunkelblau« und spricht das violett gefärbte Gas an.
In freiem und reinem Zustand findet man Jod in der Natur nicht, wohl aber in seiner Verbindung mit Natrium, und zwar in der Gesellschaft von Chile-Salpeter. Es sind dies in den meisten Fällen fossile Reste prähistorischer Lebewesen, denn Jod reichert sich praktisch nur in Geweben lebender Organismen an.
Am meisten finden wir Jod in den Seetieren, in Korallen, Muscheln, Tang, aber auch auf dem Land in Zwiebeln, Kohlrabi, Wassermelonen, Gurken, Spinat und Eiern, die besonders viel Jod enthalten. Der menschliche Organismus enthält Jod besonders in der Schilddrüse, dem größten Regulator des Jodstoffwechsels, sowie in Haut und Haaren, im Blut und in den Gonaden der Frau.
Im Laufe des Lebens wechselt der Jodgehalt im Oganismus. Während der Pubertät steigt er steil an, etwa zwischen dem 20. und 50. Lebensjahr befindet er sich auf seinem höchsten Niveau, um dann allmählich abzufallen.
Auch von den Jahreszeiten ist der Jodgehalt des Körpers abhängig. So finden wir im Frühling den stärksten Jodgehalt, der im Sommer fast bleibt. Im Winter nimmt er sehr ab.
Die wichtigste Funktion von Jod liegt in der Beschleunigung des Stoffwechsels, wodurch das Wachstum begünstigt und Energie zur Verfügung gestellt wird, die schließlich nicht nur zum »Handeln«, sondern auch zum »Begreifen« führt. Diese Tatsache wird erhellt durch die Jodverstärkung im Organismus während der Pubertät, im Wachstum und auch im Frühling. Hier haben wir besondere Zeichen großer Kreativität und großer Aktivität. Auf dieses Verhalten des Organismus durch Jod werden wir im Persönlichkeitsportrait zurückkommen.

Persönlichkeitsportrait

Erwachsene

Jodum-Persönlichkeiten sind immer voller Angst, die sich mitunter bis zur Unerträglichkeit steigert, besonders dann, wenn sie stillhalten sollen. Immerzu müssen sie sich bewegen, immer tätig sein, obwohl sie eigentlich sehr müde und erschöpft sind.
Nie haben sie Zeit, sich auszuruhen, denn in dem Augenblick, in dem sie beispielsweise beim Arzt, in der Kirche, im Kino oder im Theater ruhig sitzen, übermannt sie Unruhe und Angst. Dies bessert sich erst bei körperlicher Betätigung, bei Entspannung durch lebhafte Bewegung, z. B. Sport, besonders an der frischen Luft. Ihr pausenloser Energieverschleiß führt zwangsläufig auch zu Gewichtsverlust.
Im geistigen Bereich sind sie ebenfalls lebhaft und ungemein anstrengend, weil sie unkonzentriert sind und gedanklich so sprunghaft, dass man ihnen kaum folgen kann. Hat man eine Frage beantwortet, stellen sie schon die nächste aus einem ganz anderen Gebiet. Dieses unstete Wesen steigert wiederum ihre Unruhe, so dass sie sich über sich selbst ärgern. Nun neigen sie auch zu jähzornigen Wut- und Gewaltausbrüchen, die, durch einen plötzlichen Impuls ausgelöst, alle Emotionen freisetzen, mitunter ohne äußeren Grund, lediglich als Folge einer Überspannung der inneren Ambivalenz.
Gelegentlich kommt es dann zu einem emotionellen Chaos, das zu Aggressionen und destruktiven Handlungen führt und diese Menschen gewalttätig werden lässt, bis zu dem Grad, dass sie

Lust bekommen, jemanden grundlos zu ermorden, ja sogar Suizid zu begehen. Sie drohen, die Kontrolle über einen krankhaft gesteigerten Tätigkeitsdrang zu verlieren.
Da dieser Jähzorn unterschwellig immer vorhanden ist, werden sie schon durch die banalsten Anlässe zu Gewalttätigkeiten und emotionalen Ausbrüchen angeregt.
Ein Stressfaktor, der Jodum-Persönlichkeiten das Leben zur Hölle macht, ist Wärme oder Hitze. So werden sie schon bei normalen Sommertemperaturen und in einem angemessen temperierten Zimmer ängstlich, nervös und reizbar. Die mit Erregung verbundenen Hitzegefühle führen dann zu starken Schweißausbrüchen.
Besonders bei schwülem Wetter, vor Gewittern fühlen sie sich äußerst unruhig und unausgeglichen; man sollte sich dann hüten, mit ihnen ins Gespräch zu kommen, da die Gefahr besteht, dass sie etwas falsch verstehen. Interessant in diesem Zusammenhang ist das plötzliche Auftreten von kalten, aber trotzdem gut durchbluteten Händen und Füßen. Auch Digitus mortuus ist hier zu sehen. Obwohl es diesen Patienten immer zu heiß ist, brauchen sie eine Wärmflasche. Es ist möglich, dass sie warm ins Bett gehen und nachts frierend aufwachen. Diese plötzliche Ambivalenz der Thermoregulation in Richtung Frost- oder gesteigertem Wärmegefühl ist ein äußerst relevantes Zeichen, um die Jodum-Persönlichkeit zu erkennen und auch in der Arzneimittelprüfung zu finden.
Es ist kein Widerspruch, aber auffällig, dass Patienten oft frostig sind, aber im warmen Zimmer nervös werden und die Fenster aufreißen, weil die Hitze Beklemmungen verursacht.
Aus der Überreizung der Schilddrüse ist auch der unmäßige Hunger zu verstehen. Die Jodum-Persönlichkeit wird nervös, reizbar, sehr ungeduldig, wenn sie nicht zur rechten Zeit etwas zu essen bekommt. Die von einem leeren Magen ausgehende Unruhe steigert sich bis zu großer Schwäche und Magenschmerzen. Die Jodum-Menschen essen nur »einmal am Tag«, d. h. von früh bis abends; immer wieder müssen sie etwas zu sich nehmen, um ihre nervöse Unruhe zufriedenzustellen. Sie verlangen dann meist etwas Pikantes, das die Magen- und Darmtätigkeit anregt. Deswegen sind sie diätetisch sehr schwer zu beeinflussen; man kann kaum mit einer Compliance rechnen. Dabei erscheint der Jodum-Patient eher mager, obwohl er gut isst, ein weiteres Charakteristikum des »Janus-Kopfes« von Jodum. Gerade bei der Jodum-Persönlichkeit ist die Ambivalenz der Wirkung eines Arzneimittels äußerst genau zu beobachten.

▶ Kinder

Hier finden wir ausgesprochen unruhige, niemals stillsitzende, gejagte und sehr hochgeschossene »Menschlein«, die noch nervöser werden, wenn sie ruhig sitzen müssen. Sie neigen immer dazu, herumzurennen. Die Unruhe nimmt ab, je mehr und je schneller sie sich bewegen.
In der Schule gilt das Jodum-Kind als ruhelos, kann nicht stillsitzen, ist sehr impulsiv und wird in den Pausen meist in der Raufecke gefunden.
Auch bei den Kindern besteht im emotionellen Bereich plötzliche, grundlose und chaotisch wirkende Reizbarkeit mit unerwarteter Gewalttätigkeit, wobei selbst diese kleinen, mageren Gestalten plötzlich eine erstaunlich starke Energie freisetzen.
Die innere Unruhe ist sehr vordergründig, weil sie, wenn man ihr freien Lauf lässt, alles bessert. Sie führt und zwingt pausenlos zum Handeln, Rennen und Sich-Bewegen. So verweisen auch die starke Logorrhö und übertriebene Fröhlichkeit darauf, dass Bewegung die Unruhe bessert.
Dem Jodum-Kind ist es immer heiß; es möchte am liebsten an die frische Luft, auch im Winter. Umgekehrt aber kann es plötzlich sehr stark frieren. Auch im Stoffwechselbereich besteht eine ungemein starke Überaktivität, so dass ständig Nahrungsnachschub gefordert wird. Wenn sie auch nur kurze Zeit ohne Essen bleiben, bekommen Jodum-Kinder Kopfschmerzen. Dabei bleiben sie aber mager und verlieren, genau wie die Erwachsenen, auch noch an Gewicht. Im weiteren Verlauf werden die Gewebe etwas trocken. Kommt es zu einer Erkältung, so haben wir scharfe Sekrete der Schleimhäute mit einer richtigen Entzündung. Nase und Kehlkopf können dann sehr schmerzhaft und trocken werden. Die Stimme ist heiser und das Sprechen schmerzt, beim Atmen ist ein kruppartiges Geräusch zu hören, und der Patient ist immer sehr warm, die Haut ist außerordentlich heiß.

Arzneimittelbild

Wichtige Symptome

- Angst und Unruhe, besonders in Ruhe und bei Hunger
- sehr großer Hunger mit reichlicher Aufnahme von Nahrungsmitteln, dabei trotzdem Abmagerung

- Alle Beschwerden bessern sich durch Nahrungsaufnahme.
- Atrophie von Drüsen (besonders Hoden und Brustdrüsen)
- Hypertrophie der Schilddrüse und sämtlicher anderen Drüsen, besonders im Mesenterium
- Alle Sekrete, besonders aber Fluor, haben einen üblen Geruch und sind reichlich und ätzend.
- Gefühl, als ob das Herz von einer eisernen Faust zusammengepresst würde. Es stolpert und jagt.
- auffälliges, unerklärliches Schwächegefühl und Atemnot beim Treppensteigen oder anderen Belastungen
- Indolenz bei vielen Erkrankungen
- Schmerzen, als ob ein Keil zwischen Ovar und Uterus in den Leib hineingetrieben wird.
- Magenbrennen mit Übelkeit und hartnäckigem Erbrechen. Viel Spannungs- und Völlegefühl im Oberbauch
- übler Mundgeruch mit starkem Speichelfluss
- häufige Diarrhö, besonders am Morgen und nach Milch

Modalitäten

Verschlimmerung: durch Wärme, in Ruhe, bei Sonne, leerem Magen, Hunger.
Besserung: durch Kälte, Waschen mit und Baden in kaltem Wasser, beim Gehen in kühler, frischer Luft, beim Essen.
Schmerzen werden bei Jod selten angegeben und dann meist in großer Wärme oder im Bett, was sicher auch von der Wärme herrührt.

Toxikologie

Eine akute Jodvergiftung ist sehr selten. So beschreibt Moeschlin in »Klinik und Therapie der Vergiftungen«, dass fast alle der zahlreichen Suizidversuche mit Jodtinktur nicht letal verliefen. Allerdings wird auch geschildert, dass schon bei 30 g Jodtinktur Todesfälle auftreten können. Wahrscheinlich führt die starke Reizwirkung in den meisten Fällen zu Erbrechen, so dass eine akute Jodvergiftung sehr selten vorkommt.
Bei einer Vergiftung ist sofortiges Eingeben von reichlich mit Mehl verdünntem Wasser, d. h. von Stärke, angezeigt, um das Jodum zu binden. Dann sollten eventuelle Emetika gegeben werden, danach sollte eine Magenspülung mit Natriumthiosulfat erfolgen.
Die häufigere chronische Jodvergiftung kommt durch ärztliche Überdosierung zustande. Dabei spielen z. B. Jodkontrastmittel eine Rolle, es kommt zu Hyperthyreose mit Tachykardie, Tremor, Abmagerung, Schlaflosigkeit und Durchfällen, daneben auch Katarrhen der Schleimhäute wie Konjunktivitis, Jodschnupfen und Bronchitis. Der durch Jodkontrastmittel ausgelöste Jodschock führt unter Umständen zu Zyanose, Erschwerung der Atmung, Lungenödem, schwerstem Blutdruckabfall und sehr rasch eintretendem Exitus. Deswegen sollten bei Jodkontrastmittelverwendung immer Vortestungen stattfinden.
Von der Vergiftung chronischer Art ist die Jodallergie abzugrenzen, bei der schon kleinste Mengen auch in unterschwelligen Dosen zu Hauterscheinungen, Jodschnupfen oder sogar zu Jodasthma führen können.

Wichtige Indikationen

- Herzklopfen bei körperlicher Arbeit; Gefühl, als ob das Herz zusammengeschnürt würde; große Schwäche, dass man kaum sprechen oder arbeiten kann.
- vegetative Dystonie, Pseudohyperthyreose
- Kopfschmerzen mit Schwindel, kongestiv pulsierend, mit Angst verbunden
- idiopathischer Speichelfluss
- Asthma bei entsprechenden Modalitäten
- adenoide Wucherungen
- Katarrhe aller Schleimhäute
- Husten mit Schmerzen in der Brust und Kehlkopfschmerzen, die bis zum oberen Brustbeindrittel ziehen
- Beim Husten wird dicker, grauer, salzig oder süßlich schmeckender Schleim expektoriert.
- hektische Zustände mit erhöhter Sympathikotonie
- Rhinitis vasomotorica
- Auch die Hyperthyreose und Thyreotoxidose kann mit Jodum behandelt werden, jedoch nur von fachlich qualifizierten Kollegen mit sorgfältiger Kontrolle des Schilddrüsenhormonstatus.

Kalium bichromicum

Ursprung

Das Chromsäurepräparat wird ausschließlich in der Homöopathie angewandt. Hier gibt es ausgezeichnete Prüfungen. Bereits im Jahre 1844 wurde es in den homöopathischen Arzneischatz eingeführt.

Persönlichkeitsportrait

Die Persönlichkeit Kalium bichromicum ist genauso schwierig zu beschreiben wie alle anderen Kaliumsalze. Sie ist etwas undurchschaubar, verschlossen, äußerst zurückhaltend, aber ein sehr guter, äußerst korrekter und tüchtiger Mitarbeiter, Untergebener oder Freund.

Die Gewissenhaftigkeit und Fähigkeit, in erlernten Bereichen sehr positiv aktiv zu werden, sind äußerst befriedigend für den Arbeitgeber, beglückend für den Partner. Wie andere Kalium-Typen bauen sie sich eine kleine eigene Welt auf. In diesem Bereich sind sie glücklich, zufrieden und erreichen sehr viel. Umgewöhnung fällt ihnen ungemein schwer, so dass sie mitunter den Eindruck machen, einen beschränkten Horizont zu haben. Da sie sich nur in ihrem kleinen Kreis wohl fühlen, ist es sehr schwer, ihnen neue Ideen, moderne Formulierungen oder Vorgehensweisen nahezubringen.

Sie sind sehr exakt und streben nach Materiellem, haben aber auch Spaß an allem Schönen und Guten. Jedoch müssen alle von ihnen bevorzugten Aktivitäten, Essen, Trinken und die Sexualität, nach einem sorgfältigen, traditionell aufgebauten, genau durchdachten Terminkalender ablaufen. So verkümmert ihr esoterisches Denken fast, zumal sie sich mit transzendentalen Methoden keinesfalls beschäftigen.

Die Kalium-bichromicum-Persönlichkeit lebt, liebt und herrscht und gehorcht nur innerhalb ihrer besonderen Welt, in der sie voll konzentriert und zufrieden ist und sich an manchen Tagen und bei besonderen Gelegenheiten weder durch Telefon noch durch die Haustürklingel stören lässt.

Sie hat ihre Familie, kaum Freunde und so finden wir diese Patienten mitunter als Eigenbrötler, die sich deutlich abschließen und manchmal sogar menschenfeindlich wirken.

Dieses Abgeschlossensein und die Engstirnigkeit erschweren die Erhebung einer guten homöopathischen Anamnese, die den ureigenen persönlichen Plan ansatzweise erkennen lässt, in erheblichem Maße.

Aufgrund ihrer Abkapselung und ihrer Kontaktarmut stellen sich die Patienten sehr genau dar und beschreiben alles so, als ob der Gesprächspartner ein Dummkopf wäre. Zu Erklärungen benötigen sie sehr viel Zeit, bauen sie aber exakt und pragmatisch auf.

Die ständigen Wiederholungen und sorgfältigen Darstellungen können einem lebhaft und schnell Denkenden große Schwierigkeiten bereiten. So passt Kalium bichromicum sehr gut auch zur gesamten Mentalität älterer oder jüngerer Menschen, die frühzeitig verkalken.

Im körperlichen Bereich findet sich die dauernde Entzündung der Schleimhäute, insbesondere der Nasennebenhöhlen, selten auch der Gelenke. Auffallend sind Schmerzen an eng umschriebenen Stellen des Gesichts in Höhe der Nasennebenhöhlen, die bei Druck ebenfalls äußerst schmerzhaft sind.

Ganz typisch ist die große Menge an Sekreten, die äußerst zäh und klebrig, eitrig, gelbgrün sind, mit sehr viel blutigen und krustigen Bestandteilen.

Der Schleim ist manchmal so zäh, dass sich der Patient sehr anstrengen muss, ihn herauszuschneuzen.

Mit zunehmendem Alter fühlen sich diese Menschen etwas isoliert, weil sie nie große soziale Kontakte gepflegt haben. Da sie sich lange mit ihren Gefühlen abgekapselt haben, können sie ihrer Umwelt gegenüber eines Tages sehr verdrießlich werden, auch einmal »aus der Haut fahren« und grantig sein.

Sie zeigen dann mit ihrer Abgeschiedenheit und dem eigenwilligen Wesen häufig das Bild eines etwas beschränkten Menschen, von dem man sich aber nicht täuschen lassen darf, da sie sehr geistvoll sind und mitunter überraschend viel wissen.

Wichtig sind das Verlangen nach Bier und der Genuss beim Biertrinken. Ab einer gewissen Grenze, die mit zunehmendem Alter immer enger gesteckt wird, verträgt der Patient das Bier jedoch nicht mehr und bekommt einen ganz er-

heblichen »Bier-Kater«, der am besten mit Kalium bichromicum in tiefer Potenz und häufigen Gaben gebessert werden kann. Das Verlangen nach Bier und seine Unverträglichkeit ist zumindest für Männer zunehmenden Alters äußerst signifikant.
Der Ausspruch eines Patienten in mittleren Lebensjahren, der ungeheuer gern Bier trank, das er aber nach zwei bis drei halben Litern schon nicht mehr vertrug, ist signifikant: »Ich liebe das Bier. Es ist das einzige Getränk, das mit jedem Schluck neuen Durst verursacht und mit keinem einzigen Schluck, und sei er noch so groß, den Durst löscht!«

Arzneimittelbild

Wichtige Symptome

- Entzündungen der Schleimhäute von Bronchien und Magen-Darm
- festhaftende, zähe Absonderungen, die sich in langen Fäden ziehen
- Schmerzen in den Gesichtsknochen an verschiedenen Stellen von Oberkiefer und Stirn
- schmerzhafter Druck über der Nasenwurzel
- Geruchsverlust
- rauer Husten und Heiserkeit mit schwer löslichem, zähem Auswurf
- Sekret ist eitrig, blutig, borkig
- kleine runde Geschwüre in den Schleimhäuten der oberen Luftwege
- Folgen von Biergenuss mit Übelkeit und Erbrechen
- Magen-Darm-Störungen, häufig abwechselnd mit rheumatischen Beschwerden
- eigenartiges Symptom: Gefühl eines Haares auf der hinteren Zungenpartie

Modalitäten

Verschlimmerung: morgens ab drei Uhr; durch kaltes Wetter; durch Kaffee, nach Biergenuss und nach Koitus.
Besserung: tagsüber, durch feucht-warmes Wetter.

Toxikologie

Erstmals fiel bei gewerblichen Vergiftungen in englischen Fabriken auf, dass dicke und hellhaarige Leute besonders leicht von Kalium bichromicum angegriffen werden. Aus diesen Arbeitern in Chromfabriken ist auch die Modalität der Verschlimmerung mancher Symptome durch heißes Wetter beobachtet worden. Das toxische Bild verschiedener Chromsalze und Chromsäure überhaupt ist uns aus der Gewerbemedizin am besten bekannt und zeigte sich in Färbereien und elektrischen Chrombatterie-Fabriken, bei fotografischen Chrom-Silber-Verwendungen und Chromatzusatz zum Kühlsatz, bei Radiatoren zur Korrosionsverhütung in Chromgerbereien.
Auch bei unzweckmäßigen medizinischen Anwendungen sind uns toxische Veränderungen bekannt.
Die gelbe bis gelbrote Färbung der Haut oder Schleimhaut oder des Erbrochenen nach lokaler oder resorptiver Einwirkung zeigt die besondere Einwirkung des Giftes an. Es kommt zu Übelkeit, Erbrechen, Magenschmerzen, Appetitlosigkeit, Leberschäden und profusen Durchfällen mit Wadenkrämpfen und Kollapszuständen. Weiterhin zu schweren Nierenschäden mit Hämaturie, Anurie und Urämie. Der Tod erfolgt in schwerem Schock und Kollaps im ersten Stadium.
Erholt sich der Patient von dem Kollaps, kommt es zu einer Urämie am achten bis zehnten Tag, ähnlich wie bei Sublimat-Vergiftungen.

Wichtige Indikationen

- Beschwerden im Bereich der oberen Luftwege, der Kopfregion, mit Schleimabsonderung
- Kopfschmerzen
- Gesichtsneuralgie bei Sinusitis
- Konjunktivitis, Blepharitis, Keratitis, Otitis media et externa
- chronische Rhinitis, Sinusitis, Laryngitis und Tonsillitis

Kalium carbonicum

Ursprung

Kalium kommt im Mineralreich vor. Der Kaliumgehalt der Erdrinde (Lithosphäre) wird auf etwa 2,4 % geschätzt. Ein gediegenes Vorkommen dieses Metalls ist nicht bekannt. Kaliumsalze finden sich in zahlreichen Gesteinen, wie Granit, Felsspat, Glimmer sowie in Salzlagerstätten. Durch Verwitterung und Auslaugung gelangt Kalium in den Boden, wo es im wesentlichen von Ton und anderen Bodenbestandteilen absorbiert wird.
Im Pflanzenreich hat Kalium als Nährstoff eine überragende Bedeutung. Bei Kaliummangel zeigen sich an den Blättern starke Turgorverluste und Erschlaffung. Die wichtigsten Prozesse im pflanzlichen Stoffwechsel sind von der Kaliumversorgung der Pflanze stark abhängig. Im tierischen, besonders im menschlichen Organismus ist Kalium eines der wichtigsten Elemente für den Zellhaushalt. Der größte Kaliumanteil findet sich intrazellulär, während extrazellulär nur etwa 3 % vorhanden sind. Der normale Tagesbedarf eines Erwachsenen beträgt etwa 3 g Kalium und ist an sich durch die Nahrung, gleich in welcher Form, so reich gedeckt, dass es nie zu Mangelerscheinungen kommt.
Natrium, Kalium, Magnesium und Calcium können als »tonische Elemente« bezeichnet werden, weil ihr Zusammenspiel im Organismus die Spannung zwischen intra- und extrazellulären Räumen, von der Stoffaustausch und Erregungsvermittlung abhängig ist, aufrechterhält.
Die Konzentrationsverhältnisse der Kaliumsalze sind vor allem im Hinblick auf Muskeln und Nerven wichtig, da sie für Funktion, Erregbarkeit sowie Leitung der Erregung bedeutsam sind. Insbesondere beim vegetativen Nervensystem spielt Kalium eine sehr große Rolle im Parasymphatikusbereich.

Persönlichkeitsportrait

Der Kalium-carbonicum-Patient hat die Devise »Alles oder Nichts«, von der er in seiner Sturheit nicht abweicht. Alles, was nicht vom Verstand beherrscht werden kann, findet in seinem Leben keinen Platz. Sein Verstand dominiert über Gefühle und Körper.
Die Kalium-carbonicum-Konstitution ist gekennzeichnet von Frostigkeit, schwachem Blutkreislauf, Muskelschwäche und Muskelschlaffheit sowie Ödembereitschaft. Die vegetativen Symptome entsprechen im allgemeinen einer gesteigerten parasympathischen Erregung, dem Zustand der Vagotonie. Die leichte geistige und körperliche Erschöpfbarkeit ist mit Reizbarkeit verbunden.
Nach Kent ist Kalium carbonicum ein Mittel, das in seinem Wesen in der Materia medica, aber auch beim Patienten schwer zu erfassen ist. Wir finden häufig Patientensymptome sowohl objektiver als auch subjektiver Art, die nicht sofort aus einer Kalium-carbonicum-Prüfung heraus sichtbar oder verfügbar sind. Erst nach langer Erfahrung und genauer Beobachtung kann Kalium carbonicum als Mittel verstanden werden, das tatsächlich sehr lang, aber auch sehr tief wirkt. Nicht nur im mentalen, sondern auch im körperlichen Bereich finden sich ganz eigenartige Symptome.
Zu den Mitteln der Materia medica, die der Anfänger sehr schwer erfassen kann, zählt auch Thuja, ein sehr großes und gut geprüftes Mittel. Die im somatischen Bereich kalte Persönlichkeit ist empfindlich gegen Kälte, gegen den geringsten Luftzug und liebt das warme Zimmer.
Kalium carbonicum fühlt – wie Hepar sulfuris – die Kälte gewissermaßen an den Nervenenden, klagt aber auch über Kälte einzelner Teile, zum Beispiel der Nerven. Schmerzen betreffen meist die kalten Partien. Führt man diesen Wärme zu, verschwinden die Schmerzen, um an anderer Stelle wieder zu erscheinen. Generell treten die Schmerzen immer wieder an verschiedenen Stellen auf. An den betroffenen Teilen zeigt sich neben kaltem Schweiß auch das allgemeine Schwitzen, wie wir es bei Vagatonikern kennen.
Manchmal überwiegt ein partieller Schweiß, so bei der für Kalium carbonicum sehr charakteristischen Kreuz- oder Lendenschwäche mit stechenden Schmerzen oder auch bei Kopfschmerzen beim Fahren im kalten Wind, die dadurch entstehen, dass der Wind die Nasenschleimhaut sehr schnell austrocknet und brennen lässt. Dabei besteht Unempfindlichkeit gegen Kälte. Kalium carbonicum möchte dann seinen Kopf am liebsten warm einhüllen und sich in einem sehr warmen Zimmer aufhalten. Dort verschwinden die Beschwerden, die Nasenabsonderung tritt wieder ein, der Patient fühlt sich wohl. Generell werden

alle Beschwerden, auch die der oberen Luftwege, deutlich schlimmer in der Kälte und besser im Warmen. Dies gilt auch für die klimatischen Verhältnisse bei Ortswechsel: In einem warmen Klima fühlen diese Patienten sich wohler.
Die Frostigkeit ist schlimmer am Abend, bei Frauen vor der Menses, nach Anstrengung und nach dem Essen. Es kann vorkommen, dass diese Patienten sehr stark frieren, aber innerliche Hitze empfinden.
Beim Essen, bei der Aufnahme von warmer Nahrung, bei geistiger und schon bei leichter körperlicher Anstrengung kommt es zum Schwitzen.
Besonders bei Frauen findet sich eine Schwäche des Blutkreislaufes. Die Haut ist dann kalt, blass und gedunsen und zeigt das von Bönnighausen im Arzneimittelbild angegebene Kalium-carbonicum-Säckchen, eine kissenartige Schwellung zwischen Augenbrauen und Oberlid. Bei älteren Menschen finden wir eher eine allgemeine Gedunsenheit. Deutliche Verschlechterungen des Zustandes in Form von Müdigkeit, sogar Schläfrigkeit zeigt sich nach langwierigen Erkrankungen, Blutverlusten, aber auch nach Verlust von Körpersäften, so beispielsweise nach der Menses, nach Koitus. Nach sexuellen Exzessen kommt es zu asthenopischen Beschwerden.
Im mentalen und geistigen Bereich fällt eine fast dogmatische Starrheit bis Unbeugsamkeit auf, die im beruflichen sowie familiären Bereich an starkes Pflichtbewusstsein gebunden ist. Immer ist die noetische Kontrolle aller Erlebnisse dem Gefühl übergeordnet. Kalium carbonicum differenziert genau zwischen Gut und Böse, ordentlich und unordentlich, korrekt und unkorrekt, schwarz und weiß und versucht immer, das Leben klar und zweckbetont zu gestalten. Er ergreift häufig einen Beruf, bei dem Ordnung und Pflichtbewusstsein im Vordergrund stehen, und wird beispielsweise als Beamter auch in höherer Funktion tätig. Die Betonung des Verstandes betrifft vor allem Ordnung und Systematik, weniger eine geistig attraktive, künstlerische oder auch kreative Tätigkeit. Diese mitunter gefühlsarm wirkenden Patienten lassen erst nach längerer Bekanntschaft Ängstlichkeit, Verzagtheit, Furcht vor dem Alleinsein, vor allem, was sie bedrohen könnte, auch vor Fantasiebildern, erkennen. Diese Zustände finden wir häufig bei Patienten mit Herzmuskelschwäche. Sie fühlen Schreck und Angst in der Magengegend, was auch auf eine große Empfindlichkeit hinweist. Ohne es jemandem mitzuteilen, leiden diese Patienten still. Sie brauchen dann einen sehr verständnisvollen Partner, zumal sie absolut gefühllos erscheinen, kaum Gefühle ausdrücken können und dennoch alle Geschehnisse sehr stark empfinden. Auch fällt es ihnen schwer, einem Arzt vollständiges Vertrauen entgegenzubringen, was zu einer auch für den behandelnden Arzt sehr schwierigen Situation führt. Die Patienten neigen dazu, auch ernsthafte Probleme beiseite zu schieben, antworten manchmal nur mit einem Kopfschütteln oder Nicken. Trotz vielleicht erheblicher Beschwerden äußern sie häufig keine wesentlichen Symptome und beantworten möglicherweise Fragen nach Angst oder Furcht mit einem Schulterzucken, obwohl sie sich extrem vor Dunkelheit fürchten. Der erfahrene Arzt bringt diesem Verhalten Verständnis entgegen und wird herauskristallisieren müssen, was wirklich dahintersteckt. Dadurch, dass sich der Kalium-carbonicum-Patient hermetisch gegenüber der Umwelt abschließt, begrenzt er nach Hahnemann seine Lebenskraft, die dann nicht mehr den Anstoß dazu geben kann, Symptome auf der Gemüts- oder Gefühlsebene zu äußern. Dies kann auch zu somatischen Störungen führen: Wir finden bei solchen Patienten nicht selten Gelenkverformungen, Strukturverformungen von Zellgruppen, Deformitäten an der Wirbelsäule und an Knochen.
Starke Belastungen empfinden diese Menschen immer in der epigastrischen Region. Sie äußern das Gefühl, unterhalb des Processus xyphoideus einen Boxstoß erhalten zu haben. Furcht, Angst spüren sie immer im Magen. Diese Beschwerden können so stark werden, dass die Betroffenen meinen, jetzt gehe es mit ihnen bald zu Ende.
Da der Patient weder Angst noch Furcht zugibt, erfährt der Arzt auch kaum etwas von der Schlaflosigkeit, während der Patient über die Ursachen seiner Beschwerde nachdenkt. Der sich von der Umwelt abschließende Mensch folgt dem Geschehen in dieser Welt nicht mit dem Herzen, sondern nur noch mit dem Hirn, das durch dieses Geschehen wiederum in reizbare Bahnen gelenkt wird. Allerdings entsteht Reizbarkeit auch aus Pflichtgefühl, aus dogmatischem Verhalten.
Es ist sehr schwer, mit solchen Leuten im religiösen, im politischen Bereich zu diskutieren oder zu arbeiten, weil sie nur das für richtig halten, was sie selber als richtig erkannt haben und nicht klar erkennen können, dass die Situation möglicherweise anders geartet ist. Sie sind unbeugsam und werden dann sogar zur sehr unangenehmen Kämpfernatur, die auch die Wege zum Gericht nicht fürchtet. Der so unbeugsame Verstand dogmatisiert das eigene Ich. Werden

sie von einer Krankheit befallen, wollen sie diese nicht wahrhaben. Nie fühlen sie sich krank. Häufig finden sich Erkrankungen der ausscheidenden Organe, der Lunge, der Niere, der Leber, was sich durch die oben erwähnten Ödeme bestätigt. Chronische Bronchitis, Bronchietkasen sind so heftig, dass das Husten mit Magenbeschwerden, Übelkeit, Erbrechen und Würgen einhergeht.

Die Hauptaufgabe des homöopathischen Arztes besteht hier darin, sehr frühzeitig zu erkennen, welchen Patienten er vor sich hat und ihm dann Kalium carbonicum zu geben. Er muss sich darüber im Klaren sein, dass es diese eigenartigen, fest umschriebenen Kalium-carbonicum-Patienten gibt, die ausgesprochen korrekt, konservativ sind und eine nur verstandesmäßige Kontrolle bei sich vornehmen, aber selbst kaum an das Symptom herankommen.

Wichtig sind freilich auch die somatischen Symptome sowie die Verschlimmerungszeit gerade in der Nacht zwischen zwei und fünf Uhr, die große Empfindlichkeit gegen Zugluft, die Schwellung der Augenlider sowie die im Magen empfundene Angst. Außerdem zeigt Kalium carbonicum wie Sulfur, Lycopodium und Argentum nitricium ein fast gieriges Verlangen nach Süßigkeiten.

Der einen Kalium-carbonicum-Patienten behandelnde Arzt ist glücklich, wenn er diesen entschlüsseln, ja aufschließen kann, um rechtzeitig mit Kalium carbonicum fortschreiten und ein Prozedere des Krankwerdens aufhalten zu können. Selbst bei älteren Menschen ist mittels seltenerer Gaben in höheren Potenzen ein Erfolg zu erzielen.

Arzneimittelbild

Wichtige Symptome

- Sehr empfindlich gegen Kälte und Luftzug, Kälte wird als schmerzhaft empfunden. Frostigkeit. Nach Anstrengung wird diese Empfindung schlimmer.
- Kältegefühl und Schmerzen an Gliedern und Rücken, an verschiedenen Stellen, auch hier durch Wärme Besserung
- kalter Schweiß, besonders an betroffenen Stellen
- Schmerzen, die vom Kreuz über die Hüften in die Oberschenkel ausstrahlen. Große Erschöpfung, Taubheitsgefühl, Gefühl einschlafender Glieder, nach Anstrengung häufig »Mouches volantes«
- Herzrhythmusstörungen mit Schwäche des Herzmuskels und Neigung zu Ödemen. Säckchen unter den Augenbrauen. Unter Herzbeschwerden Ängstlichkeit
- Flatulenz, Kältegefühl im Leib, viel Aufstoßen bei Meteorismus mit Besserung nach Abgang von Winden
- Foetor ex ore wie alter Käse
- Ängstlichkeit, mutlos, reizbar, schlecht gelaunt. Alle psychischen, emotionalen Belastungen werden im Magen umgesetzt.

Modalitäten

Verschlimmerung: durch Kälte, durch Liegen auf der betroffenen Seite; vor, während und nach der Menses, nach Koitus; Verschlimmerungszeit morgens zwischen drei und vier Uhr.
Besserung: durch Wärme, durch lokale Wärme, bei langsamer Bewegung, beim Aufrichten, durch Vornüberbeugen.

Toxikologie

Durch orale Zufuhr von Kaliumsalzen ist bei intakter Nierenfunktion eine Vergiftung kaum zu erzielen, da sehr bald eine erhöhte Ausscheidung einsetzt. Solche Vergiftungen gibt es nur nach exzessiver Einnahme und eingeschränkter Nierentätigkeit. Es kommt dann zur Hyperkaliämie mit Herzschwäche. Im EKG verschwindet der P-Zacken, Senkung der ST-Strecke, Verlängerung der Qt-Dauer. Bei starker Hyperkaliämie kommt es zum AV-Block und Kammerflimmern.

Wichtige Indikationen

- chronische und subchronische rezidivierende Bronchitis
- chronische Herzinsuffizienz, Herzschwäche infolge schwerer Infektion
- Spinalirritation in Verbindung mit BWS-Veränderung
- Adynamie und Schwäche infolge von Anämie, Hypokaliämie
- Sphinkterinsuffizienz der Blase bei alten Menschen

Praxistipp

Bei Hyperkaliämie empfiehlt sich **D15** bis **D30** in seltenen Gaben, höchstens einmal pro Tag oder einmal alle zwei Tage.

Magnesium carbonicum

Ursprung

Das Leichtmetall Magnesium ist am Aufbau der Erdrinde zu 2,5 Gewichtsprozent beteiligt. Es kommt nur gebunden vor, vor allem als Karbonat. Im menschlichen Körper finden wir Magnesium zu 0,04 %. Das silberweiße, sehr leichte Metall ist aufgrund seiner geringen Widerstandsfähigkeit gegenüber Wasser ziemlich unedel.
Magnesium carbonicum (Magnesiumkarbonat) kommt rein als Magnesit oder im Doppelsalz Dolomit vor und bildet hier mit Calcium carbonicum zusammen ganze Gebirgszüge.
Auch im Meerwasser ist es zu finden. Magnesia alba, ein lockeres, weißes Pulver, ist ein komplexes Magnesiumkarbonat.
Um die in dem Arzneimittelbild und dem Persönlichkeitsportrait vorkommende Ambivalenz der mentalen Symptome besser verstehen zu können, muss man kurz einen Blick auf die biochemische Wirkung des Magnesiums werfen.
Magnesium ist ein starkes Reduktionsmittel. Es reagiert leicht mit Sauerstoff und verbrennt unter starker Lichtentfaltung. Während es beim Verbrennungsvorgang Sauerstoff an sich reißt, sendet es sehr starkes, UV-Strahlen enthaltendes Licht aus, was sich bei Blitzlicht oder bei Feuerwerk deutlich zeigt.
Andererseits wirkt es dabei mit, dass das Chlorophyll Lichtenergie bindet, dabei aber Sauerstoff abgibt. Diese Ambivalenz in der biochemischen Wirkung des Magnesiums ist bei der Persönlichkeitsbetrachtung zugrunde zu legen, um die Ambivalenz der mentalen und geistigen Symptome besser verstehen zu können.
Auch in Pflanzen kommt Magnesium vor, so in Klee, Tomaten, Sonnenblumen und Wacholder.
Magnesium carbonicum wurde bereits von Hahnemann in den »Chronischen Krankheiten«, später von Hartlaub und Trinks in der »Reinen Arzneimittellehre« beschrieben.
Arzneimittelprüfungen bestehen seit langem.
Im Folgenden soll kurz auf die Stellung von Magnesium im periodischen System der Elemente eingegangen werden.
Die 3. Periode bzw. horizontale Reihe beginnt mit Natrium. Es hat die Ordnungszahl II. Sein Periodennachbar Magnesium besitzt die Ordnungszahl 12. In der Gruppe nimmt die Kernladungszahl gleich Ordnungszahl und Atomgewicht von oben nach unten zu, weil in jeder Periode eine neue Elektrodenschale hinzukommt. Das bedeutet also, dass der Atomdurchmesser von Beryllium kleiner ist als von Magnesium und von Calcium größer als von Magnesium.
In der Waagerechten nimmt der Atomdurchmesser ab. Der Atomdurchmesser von Natrium ist somit größer, der von Aluminium etwas kleiner als von Magnesium.

Geschichte

Im klassischen Altertum wurden eisenhaltige Manganmineralien als »Magnesia« bezeichnet, weil das Mineral in der Landschaft Magnesia im östlichen Tessalien in Griechenland gefunden wurde.
Auch der eigentümliche Magnetismus erhielt daher seinen Namen.
Im Mittelalter hieß der Braunstein »Magnesia nigra«, die heutige Magnesia dagegen »Magnesia alba«. Sie wurde oft mit Kalkpulver verwechselt. Später wurde das von Dary erstmals rein dargestellte Metall als »Magnesium« bezeichnet, während das bisherige Magnesium nach Klapprot 1808 den endgültigen Namen «Mangan« erhielt.
Industrielle Verwendung finden Legierungen von Magnesium im Flugzeug-, Schiff- und Fahrzeugbau. Magnesium selber ist ungiftig wie sein Nachbar Aluminium, mit dem es oft verarbeitet wird. Allerdings verursacht dieses Leichtmetall, auch in Form kleinster Splitter oder als Metallstaub beim Eindringen in Wunden hartnäckige Entzündungen und chronische Infiltrate, die sehr schlechte Heilungstendenz zeigen.
Alle bekannten Adenosintriphosphorsäuren (ATP) verbrauchenden enzymatischen Reaktionen benötigen Magnesium. So sind hier alle häufig autretenden Veränderungen an Skelettmuskel, Gefäßmuskel, Herzmuskel zu erwähnen. Die Einwirkung von Magnesium auf Thrombosen ist ebenfalls gegeben. Nicht zuletzt sind tetanische Erscheinungen sicher nicht allein dem Calcium zuzuschreiben, sondern bei normaler Calciumkonzentration im Serum als kryptotetanische Erscheinungen bei Magnesiummangel zu verstehen. Viele vegetative Störungen zeigen sich in der Gemütssphäre oder im vegetativen Bereich,

aber auch besonders im Verdauungskanal. Atmung und Nervensystem können von sogenannten Magnesiumneuralgien betroffen sein.

Persönlichkeitsportrait

Erwachsene

Magnesium carbonicum ist ein Arzneimittel, das zunächst nicht einfach zu verstehen ist und sich nicht aus den einzelnen Bestandteilen, Magnesium und dem Kohlenstoff, rekrutieren lässt. Es ist ein sehr ambivalentes Mittel, auf der einen Seite voller Aktivität, auf der anderen zurückgezogen und ängstlich, dann wieder geprägt von Aggressionen, auch gegen sich selbst, bei ausgesprochen hohem Intellekt. Schließlich ist es sehr furchtsam und unruhig.

Alle diese wie ein roter Faden die Persönlichkeit begleitenden Symptome sind immer gleichzeitig vorhanden. So finden wir beispielsweise eine erhebliche Aggressionsbereitschaft neben der Angst vor möglichen Geschehnissen. Fehlt ein Ansprechpartner, gegenüber dem man sich aggressiv verhalten kann, rennt man beispielsweise mit dem Kopf gegen die Wand und schlägt sich die Stirn an, trotz der Angst vor Schmerzen. Trotz großer Furcht vor Unglücksfällen unternimmt man eine möglicherweise große und gefährliche Reise.

Innerlich sind diese Menschen sehr unruhig. Sie sehnen sich nach Schönem, Idealem, gleichzeitig nach animalisch triebhaften Erlebnissen. Dies führt sehr häufig zu seelischen Spannungszuständen, in denen wiederum die Angst, unheilbar zu sein, bestimmend sein kann.

Trotz ihres sehr guten Appetits nehmen diese Patienten nicht zu, sondern eher ab, besonders dann, wenn sehr starke Emotionen im Vordergrund stehen.

Im körperlichen Bereich gehen Durchfälle einher mit schneidenden, zum Zusammenkrümmen nötigenden Kolikschmerzen. Die Stühle sind grün und sehen aus wie schaumiges Wasser in einem Froschtümpel, in dem weiße, kalkartige Inseln schwimmen. Vor allem nachts werden diese Durchfälle oft von trockenem Husten begleitet.

In erstaunlich regelmäßiger Periodizität wiederholen sich die Beschwerden alle drei Wochen. Nicht selten bestehen Neuralgien, die so heftig sind, dass sie zu starker Unruhe führen, so dass der Patient sich ständig bewegen muss. Im Gegensatz zueinander stehen die große, rein biologische Schwäche und eine unglaubliche Variabilität der Sprache. Der Patient ist in der Lage, sehr vieles mit immer neuen Worten auszudrücken.

Diese Ambivalenz finden wir auch im Schlaf. Hier schreit der Patient und lacht, weint aber auch, möchte im Traum gerne sprechen, wird aber durch irgendein Hemmnis daran gehindert. Er träumt von ungleichen Kämpfen, in denen er einmal unterliegt und dann wieder siegt und hat Angst, wenn er ins Bett geht. Im Bett wird er so unruhig, dass er wieder aufsteht.

Neben den immer parallel verlaufenden ambivalenten körperlichen Symptomen besteht eine starke Ambivalenz der Gemütssymptome. Einerseits ist Magnesium carbonicum sehr streitsüchtig, andererseits fürchtet er eine Auseinandersetzung. Er ist sehr schwach, aber äußerst unruhig und geprägt von verschiedenartigen Ängsten. So hat er Angst, jemandem etwas wegzunehmen, insbesondere Süßigkeiten, die er sehr liebt. Er stiehlt sie sogar, ähnlich wie Natrium carbonicum, hat allerdings Angst, dabei erwischt zu werden. Weiterhin hat er Angst vor dem Arzt und vor einer Krankheit.

Ist er krank, dann fühlt er sich besser, wenn er dauernd daran denkt.

Häufig besteht eine Aversion gegen Frauen, oft aber auch eine ungeheuere Sehnsucht, mit Frauen zusammen zu sein. Diese Menschen fühlen sich besser in der Geborgenheit einer Umarmung, haben aber gleich wieder Angst, verlassen zu werden.

Sie sehnen sich sehr nach Liebe und träumen auch davon. Obwohl sie ganz konkrete Vorstellungen von einem Liebesverhältnis haben und den Partner mit Zärtlichkeit überschütten wollen, zeigen sie ein äußerst streitsüchtiges Verhalten. Diese Menschen sind geprägt von einem chaotischen Innenleben und befinden sich auf Wegen zur Selbstfindung.

Kinder

Sie sind sehr sensibel und nervös, ohne Ausdauer und Widerstandsfähigkeit. So haben sie weiche, schwache Muskeln und sind großen körperlichen und geistigen Anstrengungen überhaupt nicht gewachsen.

Als Schulkinder sind sie sehr leicht erschöpft und kommen mit heftigen Kopfschmerzen aus der Schule, wachen aber auch nachts mit Kopfschmerzen auf und können dann nicht mehr schlafen. Aufstehen und Herumlaufen bringen deutliche Besserung. In der Schulzeit sind sie sehr müde, immer unausgeschlafen, selbst bei ausreichend langer Nachtruhe.

Alle Magnesium-carbonicum-Kinder haben ein starkes Verlangen nach Fleisch, aber große Abneigung gegen Gemüse und Salat. Hinzu kommt als wesentliche Modalität die Unverträglichkeit von Milch, sogar von Muttermilch, die saures Erbrechen verursacht und zu farblosen, unverdauten, durchfälligen Stühlen führt. Diese gehen in eine wässrige Substanz über und werden von heftigem Wundsein in der Aftergegend begleitet. Nicht selten ist dann auch eine trockene Bronchitis festzustellen.
Die Haut ist trocken und schuppig. Auf der Kopfhaut zeigen sich eigenartige schuppige Effloreszenzen, besonders bei Säuglingen und Kleinkindern.
Die Durchfälle treten in eigenartiger Periodizität alle drei Wochen auf.
Nach heißen Speisen finden sich oft Hitzewallungen und Schwitzen im Gesicht und am Kopf. Die Kinder sind sehr empfindlich gegen Kälte; dennoch bessert frische Luft.

Arzneimittelbild

Wichtige Symptome

- starke nervöse Erschöpfung, die sich in Frieren und beständigem Frösteln äußerst
- Periodizität aller Beschwerden, etwa alle drei Wochen
- Menstruationsblutung fließt nur nachts oder im Liegen.
- viele Schmerzen während der Regel
- Überempfindlichkeit gegen geringfügige Geräusche, Berührung und kalte Luft
- Alle Schmerzen sind von Schweißen begleitet.
- Der ganze Körper schmerzt und ist müde, besonders aber die Unterschenkel und die Füße.
- Alle Sekretionen und Exkretionen haben einen sauren Geschmack und äußerst sauren Geruch.
- Unverträglichkeit von Milch

Modalitäten

Verschlimmerung: durch Ruhe, Bettwärme.
Besserung: durch Bewegung im Freien.

Toxikologie

Magnesium ist ungiftig. In Verbindung mit Aluminium, mit dem es industriell, z. B. im Elektron Leichtmetall, oft verwandt wird, kann es beim Eindringen in kleine Wunden auch als Metallstaub hartnäckige Entzündungen und Infiltrate mit schlechter Heilungstendenz verursachen.

Wichtige Indikationen

- Diarrhö mit schneidenden Leibschmerzen, regelmäßig alle drei Wochen
- bleiche und krank aussehende Kinder
- meist nach Genuss von Milch auftretende Diarrhö
- blitzartig auftretende und verschwindende Schmerzen
- Nächtliche Zahnschmerzen. Der Kranke muss aufstehen und herumlaufen.
- Kokzygodynie. Plötzliche durchbohrende Schmerzen
- Rheumatismus, vor allem der rechten Schulter
- Angst vor Abenteuern, aber stürzt sich hinein

Magnesium muriaticum

Persönlichkeitsportrait

Das Mittel zeigt deutliche Verwandtschaft zu seinem Periodennachbarn Natrium, hier zu Natrium muriaticum. Dies gilt besonders auch für die Art der Verstopfung. Wie bei Natrium muriaticum findet sich harter, trockener Stuhl, der mit intensivem Pressen und langen Pausen entleert wird. Weiterhin bestehen wie bei Natrium muriaticum Kopfschmerzen, die durch festen Druck und warme Umhüllung besser werden, anders als bei Magnesium carbonicum. Magnesium-muriaticum-Patienten sind verdrießlich, mitunter scheinbar verbittert, jedoch nicht hart, sondern eher unzufrieden, was sich in ihrem gequältem Gesichtsausdruck widerspiegelt. Sie gehen jeder Auseinandersetzung möglichst aus dem Weg, sind sehr sensibel und wollen immer Frieden stiften und sind dann glücklich und zufrieden, wenn alles harmonisch abläuft. Um einen Ausweg aus einem Konflikt zu finden, kann Magnesium muriaticum sich selbstzerstörerisch einsetzen, mitunter allerdings ohne großen Erfolg, was ihn wiederum verbittern lässt.

Die ein starkes Pflichtbewusstsein aufweisenden Menschen verlangen von sich mehr, als sie eigentlich leisten können und haben immer das Gefühl, nicht alles geleistet zu haben, was man von ihnen erwartet. Diese Gegebenheiten belasten das Nervensystem sehr, so dass schließlich Schlafstörungen auftreten. Es kommt zu großer Unruhe, zu Ruhelosigkeit, worunter sie ungemein leiden. Dennoch arbeiten sie immer weiter, sind schwierig, manchmal hysterisch, manchmal reizbar, auch sehr depressiv. Sie kapseln sich von ihrer Umgebung ab, um sich gegen jegliche Verletzung zu schützen, was auf die Dauer quälend und kaum erträglich ist. Angstgefühle kommen hinzu. Leberstörungen ergeben sich vor allem aufgrund von Alkohol, der in entsprechenden Situationen gelegentlich in zu großen Mengen getrunken wird.

Morgens geht es diesen Patienten viel schlechter. Sie fühlen sich so elend, dass manchmal Tränen fließen, und sie brauchen eine ganze Weile, um den Tag zu beginnen.

Legen sich Magnesium-muriaticum-Patienten hin und schließen die Augen, empfinden sie sofort oder nach kurzem Schlaf Ruhelosigkeit. Dann müssen sie, sogar bei Nacht, wieder aufspringen und arbeiten, um schließlich wieder erschöpft ins Bett zurückzugehen.

Die Verschlimmerung durch Hinlegen gilt auch für die Angst sowie für alle körperlichen Symptome, wie das Frostig-Sein.

Die Patienten lieben das Meer nicht. Schwimmen im Meer ist unangenehm, und der Wind laugt sie aus und raubt ihnen ungemein viel Energie.

Kälte vertragen sie schlecht. Dennoch fühlen sie sich an der frischen Luft besser, gehen gern spazieren, wandern gern. Milch möchten sie überhaupt nicht, sie wird einfach nicht vertragen, wird erst gar nicht getrunken. Schon der Geruch ist unangenehm.

Im Gegensatz zu Magnesium carbonicum essen sie aber Obst und Gemüse sehr gern.

Magnesium muriaticum ist nicht ganz auszuschließen bei hysterischen Reizsituationen.

Arzneimittelbild

Wichtige Symptome

- Verstopfung mit bröckeligen Stühlen
- Kopfschmerzen, besser durch festen Druck und warmes Einhüllen des Kopfes
- Druckschmerz in der Lebergegend, belegte Zunge
- Keislaufstörungen mit Herzklopfen, Stichen am Herzen
- gierig, manchmal auf Süßigkeiten, oft auf Gemüse

Modalitäten

Verschlimmerung: durch Ruhe, am Meer, bei extremer Hitze und Kälte. Frostigkeit bei starkem Schwitzen.

Besserung: bei Bewegung, bei Anstrengung in der frischen Luft, durch harten Druck, lokale Wärme.

Temperament: schlechtlaunig, missmutig.

Wichtige Indikationen

- Obstipation bei Brustkindern
- Singultus bei Säuglingen nach dem Stillen

Praxistipp

Obstipation erfordert die Gabe von **D4** in kurzen Abständen.

Singultus bei Säuglingen: **D4** alle halbe Stunde. Meist genügt schon eine Gabe, um das Krankheitsbild zu bessern.

Magnesium phosphoricum

Persönlichkeitsportrait

Das Persönlichkeitsportrait dieses von Schüssler in die Therapie eingeführten Mittels ist nur im Hinblick auf Kinder interessant. Sie sind am besten zu verstehen, wenn man sich klarmacht, dass auf der einen Seite das stark ambivalente Magnesium, auf der anderen Seite der deutlich abgegrenzte Phosphor steht.
Wärme und Zusammenkrümmen führen bei diesen Kindern zu einer Besserung aller Beschwerden, die häufig im Bereich von Krampfzuständen der glatten Muskulatur zu finden sind. Dies entspricht etwa dem Bild bei Colocynthis, allerdings fehlt hier der bei Colocynthis im Besserungsbereich vorhandene Druck auf die schmerzhafte Stelle.
Eine deutliche Verschlimmerung ergibt sich bei Kälte, Berührung und Bewegung. Die Kinder krümmen sich, ziehen die Knie an. Sie sind häufig sehr sensibel, ängstlich und deprimiert und dadurch schon in der frühen Kindheit problematisch für ihre Eltern.
Schon in den ersten Säuglingstagen finden sich ein Singultus und Nabelkoliken bei starken Blähungen, die als Folge einer Aufregung auftreten können.

Arzneimittelbild

Wichtige Symptome

- ängstlich, deprimiert, sehr sensibel
- häufig Blähungen nach Aufregung mit Nabelkoliken
- Singultus, auch schon bei Säuglingen, ältere Kinder äußern dabei häufig ein sehr wichtiges IF-IS-Symptom.
- Sie haben das Gefühl, dass sie mit kaltem Wasser begossen worden sind, verlangen dringend nach Wärme.

Modalitäten

Verschlimmerung: durch Kälte, Berührung und Bewegung.
Besserung: durch Wärme und Zusammenkrümmen.

Wichtige Indikationen

- Singultus, der nicht selten bei psychischen Belastungen auftritt, aber auch dann, wenn der Wunsch des Kindes nicht erfüllt wird.
- Durch Blähungen verursachte Krampfschmerzen, bei denen das Kind spontan die Knie anzieht und nach Wärme verlangt. Die Schmerzen treten blitzartig auf, können aber genauso schnell wieder verschwinden.
- Nabelkoliken

Praxistipp
Bei Singultus hilft **D4**, ein- bis zweimal gegeben, meist sehr schnell.
Bei Nabelkoliken sollte man im Abstand von einer halben Stunde eine Tablette **D6** lutschen lassen.
Langfristig können wir mit **höheren Potenzen** die Sensibilität dieser Kinder zumindest hinter die Borderline des pathologischen Verhaltens zurückdrängen, so dass sie sich bald wieder sehr normal verhalten.

Natrium carbonicum

Ursprung

Das Charakteristikum von Natrium ist seine unter gewöhnlichen Bedingungen gegebene Unbeständigkeit. Es zersetzt Wasser und kommt in der Natur vor allem in Form seiner Salze vor.
Neben Magnesium, Kalium und Calcium ist es eines der vier tonischen Elemente. Diese Spannungselemente wirken als Strukturen, an denen sich Lebensvorgänge abspielen können.
Der Kohlenstoff ist Ausgang und Pfeiler der gesamten organischen Welt, wie Silicea das anorganische Gerüst der festen Erdschale darstellt. Ist er einmal über eine Sauerstoffverbindung in den Kreislauf des Lebens eingetreten, entfaltet sich die ganze unübersehbare, menschliche Begriffe übersteigende Fülle organischer Verbindungen, zu denen der Kohlenstoff mit seiner großen Fähigkeit zur Selbstbindung und zu überaus mannigfaltigen, leicht wandelbaren Bindungen vorbestimmt ist.
Diesem grenzenlosen Gestaltwandel steht die Sauerstoffbindung des Siliciums (SiO_2) als starres anorganisches Prinzip gegenüber.
Die beiden erwähnten Substanzen kommen in der Natur als Natriumcarbonat vor. Da es hier zu weit führt, die diesbezügliche Rolle von Natrium carbonicum umfassend darzustellen, sollen an dieser Stelle lediglich die bei der Arzneimittelprufung deutlich sichtbaren Beziehungen zum Natrium betont werden.
Die Arzneimittelprüfung von Natrium carbonicum finden wir in Hahnemanns »Chronischen Krankheiten« (2. Auflage, Band 4) sowie bei anderen Autoren.

Persönlichkeitsportrait

Diese Menschen sind eigenartig, sehr schwer durchschaubar, aber zunächst einmal sehr sympathisch und sehr hilfsbereit. Haben sie jemandem geholfen, ziehen sie sich schnell zurück. Sie helfen hingebungsvoll und sanftmütig. Öffentliche Anerkennung ist ihnen nicht besonders angenehm. Sie sind lieber allein oder in Gesellschaft von Menschen, die sie sehr gern haben. Etwas zu offene, aggressive Menschen haben in ihren Kreisen keinen Platz.

In der Entwicklung spielt der Vater eine große Rolle, der sich entweder verleugnete oder die Betroffenen im Stich ließ. Ein solcher Mensch erzählt vieles über Mutter und Geschwister, jedoch nichts über den Vater. Er wird verleugnet, ignoriert, und man erfährt nicht einmal, ob er noch lebt.
Natrium-carbonicum-Patienten sind lieber allein als mit anderen Menschen zusammen, die sie nicht richtig verstehen. Möglicherweise haben diese wertvollen Menschen Angst, verkannt und als wertlos angesehen zu werden.
Das Selbstwertgefühl kann durch Natrium manchmal etwas gestärkt, durch Carbonicum etwas abgeschwächt werden.
Auf der anderen Seite hat Natrium carbonicum eine Bewertung auch gar nicht nötig; er ist sich genug. Er verleugnet teilweise sein eigenes Wesen, zieht sich einfach still zurück in seine ihm eigene Stille und will dann nicht von der Gesellschaft eingebunden sein.
Im Unterbewusstsein liegt auch hier das Gefühl vor, keinen Wert zu haben.
Bei Sankaran finden wir Natrium carbonicum als den Aussätzigen, den Verstoßenen. Diese Menschen ziehen zwischen dem eigenen Selbst und den anderen eine Trennungslinie. Manchmal stellt dies freilich nur eine Illusion dar. Sie fühlen sich in der Gemeinschaft nicht wohl, haben Angst vor den Menschen und wünschen sich einen oder zwei Freunde, aber keine Gesellschaft, bei der sie »persona non grata« sind. Sie reagieren immer ruhig, werden kaum zornig, schreien selten. Immer wieder sind sie still und ziehen sich zurück.
Im somatischen Bereich finden wir eher Abneigung gegen frische Luft und Anstrengung. Diese Menschen sind oft sehr schwach, besonders bei großer Hitze oder nach körperlichen und geistigen Anstrengungen. Oft haben sie ein blasses Gesicht mit halonierten Augen. Wenn sie zuviel arbeiten, bekommen sie manchmal Kopfschmerzen, worüber sie aber kaum sprechen. Häufig haben sie nur traurige Gedanken und sind von Bangigkeit, manchmal auch Angst und Unwohlsein bestimmt, z. B. bei Musik, bei Gewitter. Langes Arbeiten bei künstlichem Licht oder in der Sonne ist fast unmöglich.
Es besteht eine Abneigung gegen Milch, mit-

unter sogar manchmal Durchfall nach Milch. Gekennzeichnet aber ist die Persönlichkeit durch eine hochgradige Frostigkeit trotz der Unverträglichkeit von Sonnenhitze und körperliche Schlaffheit. In gewissem Umfang finden sich auch depressive Zustände bei starker geistiger Erschöpfung, aber auch Verdaungsschwäche.
Gemüse und Mehlspeisen werden schlecht vertragen. Im Widerspruch hierzu steht, dass die bei Natrium carbonicum sehr große Frostigkeit, z. B. auch gegenüber Zugluft, sowie Kopf- und Herzklopfen durch Essen besser werden. Dennoch sind dies keine Patienten, die nur um des Essens willen leben oder sich dafür begeistern können.
Natrium-carbonicum-Patienten sind nach Kent sehr empfindsam gegenüber Stimmungen, Menschen und Musik. Gesellschaft macht unruhig, Musik macht weinerlich, psychische Belastungen wie Melancholie werden schlimmer durch Essen. Außerdem besteht Abhängigkeit von Gewitter.
Darüber hinaus finden sich Schlaffheit der Glieder und Gelenke, besonders aber der Fußgelenke, d. h. sie vertreten sich sehr leicht.

Literatur

Das Portrait eines typischen Natrium-carbonicum-Patienten zeichnet Hermann Löns in seinem Gedicht »Die Distel«:

»Du bist als wie ein Distelkraut,
Das sticht den, der es bricht,
Und wer da Blumen pflücken geht,
Die Distel nimmt er nicht.

Was hilft die schönste Blume mir,
Kann sie nicht werden mein,
Was hilft das schönste Mädchen mir,
Schlaf ich des Nachts allein.

Ein Mädchen, das nicht lieben will,
Kein einer nach ihr sieht,
Es steht da wie ein Distelkraut,
Das ungepflückt verblüht.

Ein Mädchen, das kein Lieben kennt,
Das bleibt die Nacht allein,
Die eine Nacht, die andre Nacht,
Im dustren Kämmerlein.«

Arzneimittelbild

Wichtige Symptome

- Schlaffheit
- geistige Apathie
- Kopfschmerzen bei Gewitter, bei Sonneneinstrahlung
- häufige Müdigkeit

Modalitäten

Verschlimmerung: Luftzug, Kälte, Sonnenhitze, bei Gewitter.
Überempfindlichkeit gegenüber Sinneseindrücken, besonders gegen plötzliche Geräusche. Musik bringt zum Weinen.
Besserung: durch Essen bei Allgemeinbeschwerden wie Frostigkeit, Kopfschmerzen und Herzklopfen.

▶ Verschlimmerung von Bauchbeschwerden und Depressionen besonders durch Essen. Dabei stehen Gemüse, Mehlspeisen und Milch im Vordergrund.
Manchmal kommt es sogar zu Durchfällen.

Toxikologie

In der Reinsubstanz können Natriumkarbonate durch hydrolytische Dissoziation reagieren und mehr oder weniger stark alkalisch eine Ätzwirkung auf Haut und Schleimhaut entfalten.
In homöopathisch potenzierter und verdünnter Form sind keine toxischen Wirkungen zu erwarten.

Wichtige Indikationen

- Folgen von Hitze und Sonnenstich
- Pharyngitis und chronische Nebenhöhlenentzündung
- Verdauungsschwäche, Hepato- und Pankreopathie
- chronische Hauterkrankungen mit Pemphiguserscheinungen

Natrium chloratum

Ursprung

Natrium chloratum (Kochsalz) enthält zwei Elemente, deren Beachtung zum Verständnis des Arzneimittelbildes sehr wichtig ist.
Das Element Natrium kann selbst Wasser zerstören und in seine Bestandteile zerlegen. Wirft man es in ein schmalhalsiges, mit Wasser gefülltes Gefäß, so kann es sich sogar selbst entzünden, und der durch Natrium aus dem Wasser dislozierte Sauerstoff trägt zur von einem schwachen, explosiven Knall begleiteten Bildung einer Flamme bei, die nicht sofort verlischt. Ein Stückchen Natrium, das in ein Wasserbecken geworfen wird, ist in seiner Beweglichkeit faszinierend zu beobachten: Es springt so wild umher, dass man es kaum im Auge behalten kann.
Auch Chlor, der zweite Bestandteil, hat einen destruktiven Charakter. Wie wir aus der modernen Hygiene des Trinkwassers wissen, zerstört es Parasiten im Wasser, da es lebendige Eiweißsubstanzen angreift und vernichtet.
Beide Elemente sind somit äußerst temperamentvoll und kraft ihrer Dynamik von destruktivem Charakter.
Bringt man sie zusammen, so entsteht Natrium chloratum, unser Kochsalz, teils in amorpher, teils in kristalliner Form. Kaum kommt es ins Wasser, dissoziiert es, und wir finden ein in Ionen gespaltenes, aber im allgemeinen völlig ruhiges, zwar dynamisches, aber nicht mehr destruktives Element.

Persönlichkeitsportrait

Erwachsene

Die beiden Elemente vermitteln somit in ihrer Verbindung ein völlig neues Charakterbild: Aus dem eben noch aggressiv-destruktiven wird ein mildes, sanftes, lebenserhaltendes, Lebensqualität verbesserndes chemisches Teilchen, das wir zum Leben brauchen. Natrium-chloratum-Persönlichkeiten sind häufig Hypochonder, die jeden Zuspruch ablehnen, sogar wütend werden, wenn man ihnen freundlich und liebevoll zuredet.
Bei geistiger Arbeit, die ungemein verschlimmert, treten Kopfschmerzen auf, die durch kaltes Wasser gebessert werden. Sonnenbestrahlung und Sonnenhitze verschlimmern ebenfalls. Sogar Musik wird nicht vertragen.
Der verschlossene, ruhige, etwas geheimnisvolle Mensch braust aber auch leicht auf. Morgens ist er nicht gut aufgelegt. Er ist ein »Morgenmuffel«; vor allem von zehn Uhr bis zwölf Uhr ist es schwierig, mit ihm umzugehen. Am liebsten legt er sich dann hin, träumt und geht seinen wechselnden Stimmungen nach.
Der Heiterkeit mit einer Neigung zum Tanzen und Singen stehen Zornesausbrüche gegenüber, die bei Tröstungsversuchen enorm exaltieren.
Mitunter ist Natrium chloratum sehr verletzlich, äußerst sensibel. Spott, Demütigung oder Abweisung sind unerträglich, auch wenn andere Menschen davon betroffen sind. So vermeidet er es auch tunlichst, den anderen zu verletzen oder ihm ein Leid zuzufügen. Aufgrund der so starken Sensibilität lebt er wie in einer Glasglocke, hat seine eigene Welt, regelt seine Angelegenheiten selbst und kann auf diese Weise vermeiden, emotionell angesprochen zu werden. Das Sich-Abschließen des Patienten kann sogar aus der Atomstruktur heraus verstanden werden: Die zwei einwertigen, destruktiven Substanzen Natrium und Chlor binden sich gegenseitig, lassen keine weitere Beziehung zu und werden so zu einem lebenswichtigen Mineral.
Der großen Sensibilität steht im noetischen Bereich ein hoher Grad an Objektivität gegenüber. Das äußerst wache Problembewußtsein ist mit einem sehr starken Verantwortungsgefühl sowie mit Mitleid für andere verbunden, die ihre Probleme nicht lösen können. Die Patienten sind dann äußerst geduldig und haben ein sehr klares Urteil, wenn es um andere geht. Sie selbst sind sehr verletzlich und nachtragend.
Ihr verschärftes Problembewusstsein führt dazu, dass sie, auch wenn sie sich von anderen isolieren, ihre eigenen privaten Probleme sehr gut lösen können.
Der moderne Natrium-chloratum-Mensch neigt dazu, abends fernzusehen und auch bei spannenden Filmen einzuschlafen. Wird das Gerät vom Partner ausgeschaltet, erwacht er, ist todmüde, geht zu Bett und kann nicht schlafen!
Große Schwierigkeiten bestehen bei herzlicher, intensiver Zuneigung zu anderen Menchen. Nie

werden Gefühle gezeigt, so dass der Partner, wenn er dies nicht genau erkennt, mitunter auch einmal die Fassung verlieren kann und ärgerlich wird.

Alle von außen kommenden Belastungen, wie Demütigung, Kummer, Schmerz, fixieren sich sehr schnell in der somatischen Ebene des Magen-Darm-Traktes, äußern sich aber auch in rheumatischen Beschwerden.

Das außerordentliche Wesen spiegelt sich auch in den extremen Ab- und Zuneigungen. Es besteht größtes Verlangen nach Salz, aber auch Abneigung gegen schleimige Speisen und Fette.

Eine Blasen- oder Darmentleerung in Gegenwart anderer ist völlig unmöglich: Die Angst, ausgelacht zu werden, verursacht eine Verkrampfung des Sphinkters. Wird bei dem zwar nie durchschaubaren, aber doch liebenswerten Natrium-chloratum-Menschen die Grenze emotioneller Belastbarkeit überschritten, wird er melancholisch, sogar depressiv. Bei plötzlichem Kummer oder Liebesverlust fällt er in eine tiefe Depression, die er mit eigener Kraft nicht bewältigt, in der er sich aber auch nicht helfen lässt. Musik wird auch in diesem Zustand völlig abgelehnt.

Mitunter kommt es auch zu unerklärbaren, emotionalen Zuständen, wie Heiterkeit oder Traurigkeit. Traurigkeit bei heiteren Anlässen oder auch Heiterkeit bei traurigen Anlässen sind für den Außenstehenden oft unverständlich.

Bei zunehmendem Alter zeigt sich die Angst vor Krankheiten, vor allem vor Herzkrankheiten, wenn plötzlich ein Kältegefühl in der Brust auftritt. Es können sogar Zwangsneurosen entstehen, die sich in Putzen, Sich-Waschen und anderen derartigen Handlungen äußern.

Natrium chloratum erweist sich bei näherem Kennenlernen als so tief wirksames Mittel, dass es im innersten psychischen Bereich angesiedelt ist. Der behandelnde Arzt wird selten erleben, dass der Natrium-chloratum-Patient seinen Empfindungen Ausdruck verleiht, im Gegensatz zum Phosphor-Patienten, der alles ausplaudert.

Aufgrund der chemischen Verbindung zweier aggressiv-destruktiver Elemente, die sich in dieser Form weder aggressiv noch destruktiv äußern, ist Natrium chloratum eine erstaunliche Persönlichkeit. Beide Elemente führen im Innersten der Persönlichkeit ein ionisiertes Dasein und kommen wie ein Vulkan nur gelegentlich zum Ausbruch. Natrium chloratum ist ein Arzneimittel, das bei genauer Kenntnis dem Patienten, selbst dem mit schwersten Krankheitserscheinungen, sehr gut helfen kann, wenn es passt.

Kinder

Das Portrait eines Natrium-chloratum-Kindes ist sehr vielschichtig. Die kleinen Kinder sind mager und untergewichtig und neigen zu Blutarmut, haben aber keinen schlechten Appetit und großen Durst. Sie entwickeln sich nur langsam. Die Haut ist blass, wenig elastisch und mitunter etwas fettig, was während der Pubertät zu starker Akne führen kann.

Natrium-chloratum-Kinder lernen spät laufen. Sie sind sehr hastig, unruhig, aber zu schwach, um ihrer Hast auch entsprechen zu können. Die Sprache ist etwas holprig. Manchmal machen sie einen nicht sehr intelligenten Eindruck.

Ein Natrium-chloratum-Kind wird zunächst leicht mit einem Barium-carbonicum-Kind verwechselt. In der Sprechstunde erkennen wir es daran, dass es sich gegen eine Behandlung wehrt, wenn es den Arzt nicht schon lange kennt. Leicht kommen ihm die Tränen, interessanterweise nicht aus Angst oder Furcht, sondern eher aus Wut.

Wenn man diese Tränen nicht beachtet und nicht versucht das Kind zu trösten, hört das Weinen und Schreien auf. Das Kind wird ruhig und beobachtet seine Umgebung.

Häufig bestehen Schwierigkeiten mit dem Flüssigkeitshaushalt. Schwitzen wechselt mit trockener Haut und Schleimhaut, mitunter finden sich eine sehr trockene Zunge und ein dementsprechend großes Verlangen nach Flüssigkeit. Diese ständige Bewegung hinsichtlich des Flüssigkeitsaustausches im Körper entspricht den Gegebenheiten im Meer, wo Natrium chloratum durch sein Vorhandensein ebenfalls Bewegung hervorruft. Die Ambivalenz von Natrium chloratum ist freilich sehr groß: Tränende Augen können von stark fließendem Nasensekret begleitet sein, der Durchfall ist häufig dünnflüssig und der Speichel oft dünn und reichlich vorhanden, so beispielsweise bei Heuschnupfen, bei dem sehr häufig Natrium chloratum angezeigt ist.

Bei der trockenen Haut springen häufig die Lippen auf und die Mundwinkel reißen ein. Besonders bei Fieber bilden sich oft Bläschen. Dieser Herpes febrilis ist bei Natrium-chloratum-Kindern so häufig wie bei Natrium-chloratum-Erwachsenen.

Am Haaransatz finden wir gerne Hauteffloreszenzen. Natrium-chloratum-Kinder sind frostig, empfindlich gegen Zugluft, frösteln und niesen dann sofort. Andererseits verursachen Sonne und Sommerwetter, vor allem schwüle Hitze, Kopfschmerzen, meist im Bereich der Stirn. Bestehende Hauterscheinungen verschlimmern sich durch Sonne und warmes Wetter, häufig auch durch Salzwasser, also am Meer. Das Gegenteil kann allerdings auch der Fall sein.

Im Zusammenhang mit dem erwähnten guten Appetit ist das große Verlangen nach Kochsalz interessant. Alle Speisen werden zusätzlich gesalzen; so werden in Salzwasser eingetauchte Gurkenscheiben verzehrt, aber auch Maggi und Senf sind sehr begehrt, so dass großer Durst schon beim Essen entsteht. In dem Maße, in dem alle anderen Kinder Zucker mögen, lecken Natrium-chloratum-Kinder an einem Salzstein oder Salzfass. Wie bei Erwachsenen steht zwischen zehn und elf Uhr morgens im Allgemeinen die geringste Energie zur Verfügung. Zu dieser Zeit fühlen die Kinder sich sehr schlecht, bekommen Kopfschmerzen, auch während der Schulzeit, werden müde und träge. Kreativität und Aktivität setzen erst wieder nach der Mittagsstunde ein, wobei diese Kinder dann nicht unbedingt nach Essen verlangen, weil sie nur essen, wenn sie Hunger haben. Festgelegte Zeiten und Handlungen sind für den Natrium-chloratum-Menschen nicht bindend.

Im emotionalen Bereich sind Lachen und Weinen, Fröhlichkeit und Zorn im Wechsel vorhanden. Das Natrium-chloratum-Kind kann wie ein Erwachsener vergessen, wird aber nie verzeihen und rächt sich auf seine besondere Art.

Die Schule bringt wegen der erforderlichen Konzentration und Aufmerksamkeit Schwierigkeiten.

Das Kind ist gern allein, vermeidet den Kontakt zu anderen Menschen und zieht sich in sich selbst zurück. Lediglich die nächsten Angehörigen finden Kontakt zu ihm. Hier spielen möglicherweise frühzeitige **Isolationserlebnisse** eine Rolle, verursacht beispielsweise durch den Brutkasten oder durch Entwicklungsstörungen und Krankheitszustände bei Frühwaisen oder Kindern, die, aus dem Elternhaus herausgerissen, ihre Geborgenheit frühzeitig verloren haben.

Im Allgemeinen kann man bei einem Verständnis der Reaktionen ein Natrium-chloratum-Kind gut führen, vorausgesetzt, es wird nicht von schweren seelischen Erschütterungen, wie dem Verlust von Vater oder Mutter oder Scheidung der Eltern, belastet. In solchen Fällen kann es sehr schwierig und verschlossen werden. Es geht dann überhaupt nicht mehr aus sich heraus und bereitet der Umwelt auf diese Weise erhebliche Mühe.

Literatur

Hahnemann schreibt in den »Chronischen Krankheiten« über das klassische psychische Symptom: »Melancholie, zugefügte Beleidigungen können nicht aus den Gedanken losgesprengt werden. Beim Denken an die längst vergangene Not treten Tränen in die Augen.«

Im Kapitel »Kind« finden wir unter dem Stichwort »Schwermut, er kann nicht weinen« ebenfalls Natrium chloratum.

Eine zusammenfassende Darstellung dieser Symptome bietet in der Bibel das 1. Kapitel Mose, 19. Hier wird vom Weibe des Lot erzählt, deren anlässlich der Vernichtung der Städte Sodom und Gomorrha beschriebenes Symptom sprichwörtlich wurde:

»Da nun die Morgenröte aufging, hießen die Engel den Lot eilen und sprachen: ›Mache Dich auf, nimm Dein Weib und Deine zwei Töchter, ..., dass Du nicht auch umkommest in der Missetat dieser Stadt.‹

Und als sie ihn hatten hinausgebracht sprach er: ›Errette Deine Seele und seh nicht hinter Dich. Auf den Berg rette Dich, dass Du nicht umkommst!‹ ...

Da ließ der Herr Schwefel und Feuer regnen ... auf Sodom und Gomorrha ... Sein Weib aber sah hinter sich und ward zur Salzsäule ...«

Diese Frau befand sich an diesem Morgen in schrecklicher Not. Eine gewaltige Naturkatastrophe hatte in ihren Augen ein Teil ihres eigenen Ichs zerstört: Sie sieht, wie ihre Heimat vernichtet wird. Weder Einsicht noch Liebe, nicht einmal Gott können den Schmerz lindern. So ist es ihr nicht übelzunehmen, dass sie sich entgegen dem Rat des rettenden Engels umdreht und Abschied nimmt. Sie muss sich umschauen und wird zur Salzsäule. Sie versteinert innerlich, erstarrt vor Kummer und Not.

Der Natrium-chloratum-Mensch ist sehr gefühlvoll und daher sehr mitfühlend, möchte aber seine Gefühle verbergen. Keiner soll merken, wie es in ihm arbeitet. Der Säftehaushalt mit Mineralien, Elektrolyten und ernährendem Flüssigkeitsstrom ist gestört. Die Psyche ist geprägt von kummervoller Not, dem Schock, den beim Erleiden nicht geweinten salzigen Tränen.

In der Musik gibt es eine Komposition von Chopin, die sehr deutlich und klar das Arzneimittelbild von Natrium muriaticum zeigt. Das Seife und Alkali bildende Natrium ist hier mit Moll gleichzusetzen, während Chlor das Säure bildende harte Dur darstellt. Beide Tonarten finden sich in dem Musikstück, das Chopin im Verlauf einer auf Liebeskummer beruhenden schweren Erkrankung komponierte. Er weilte während dieser Zeit in Valldemosa auf Mallorca, wo heute noch das Zimmer zu besichtigen ist und auch das Klavier, das er im Zuge dieser Komposition benutzte.

Valldemosa ist ein Bergdorf mit steilen Gassen und nur geringer Bevölkerungszahl. Die berühmte Kartause, eine Herberge angesehener Persönlichkeiten der schönen Künste und Naturwissenschaften, hat diesen kleinen Ort in den größten Anziehungspunkt für den nationalen und ausländischen Fremdenverkehr von Mallorca verwandelt.

Hier, in der Sonne und in der Nähe des Meeres, hielt sich Chopin nur kurze Zeit auf, arbeitete allerdings intensiv, u. a. auch an dem Werk Nr. 15 mit dem Namen »Wassertropfen«. Fast besser noch passt das Scherzo Nr. 3 auf den homöopathischen Bereich: Es beinhaltet die ganze Natrium-muriaticum-Wesenheit, d. h. Moll und Dur, zwischen denen es dauernd abwechselt: einige Takte Moll, dann wieder Dur, immer wieder aufspringend und herabsinkend, immer wieder melancholisch werdend und dann wieder fröhlich heiter aufsteigend. Es ist ein typisches, aus tiefster Seele heraus entstandenes Werk. Unter den Einflüssen von Meer und Sonne wurde Chopin völlig gesund und kehrte nach der Komposition des Scherzos Nr. 3 wieder nach Hause zurück. Das perlende, quirlende, melancholische und doch jauchzende Musikstück ist ein enormes Erlebnis, wenn man selber einmal Kummer oder Depression bei Liebesverlust erleidet, aber auch in gesunden Tagen: Man erlebt das ganze Natrium muriaticum.

Arzneimittelbild

Wichtige Symptome

- Müdigkeit, Schwäche, häufig durch Säfteverlust überanstrengte Menschen mit auffallender Neigung zum Weinen, aber Verschlimmerung durch tröstenden Zuspruch
- Viele Träume, insbesondere von Einbrechern. Beim Aufwachen muss er sich überzeugen, dass niemand da ist. Träume auch von brennendem Durst. Große Schwäche und trotz starkem Appetit Abmagerung, besonders am Hals, bei Kindern auch am ganzen Körper.
- »Bearing-down« morgens beim Erwachen
- Man ist hier zum Hinsetzen gezwungen, um das Schwächegefühl zu beheben, dabei Schmerzen in der Kreuzgegend
- häufiger Herpes an den Lippen mit trockenen, rissigen Schleimhäuten, häufig tiefer Riss in der Mitte der Oberlippe, gelegentlich auch in den Mundwinkeln
- Landkartenzunge
- häufige Ausschläge in den Gelenkbeugen, am Rand der behaarten Haut, hinter den Ohren
- heftiger Durst, Verlangen nach großen Mengen Wasser, die auf einmal und kurz hintereinander getrunken werden
- Abneigung gegen Brot und fette Speisen
- großes Verlangen nach Salz
- starke Schweiße im Gesicht beim Essen
- Ein eigentümliches Symptom ist ein Kältegefühl in der Herzgegend bei großer geistiger Überanstrengung.

Modalitäten

Verschlimmerung: durch jede körperliche oder geistige Beschäftigung, Hitze, an der See, durch Ruhe, tröstenden Zuspruch. Die schlechteste Zeit ist zwischen zehn und zwölf Uhr morgens.

Besserung: beim Liegen, besonders auf dem Rücken, bei starken Schweißen, leerem Magen, kalten Bädern.

► Zu beachten ist bei Natrium chloratum die Ambivalenz der Wirksamkeit. So kann beispielsweise Besserung **oder** Verschlimmerung an der See oder an der Sonne auftreten.

Toxikologie

Kann bei übermäßiger Zufuhr zu chronischer Schädigung der Organe führen. Akuter Salztod durch Wasserentziehung. Verwendung hypertonischer Kochsalzlösungen als Emetikum kann bei Kleinkindern lebensgefährlich sein. 200 g Kochsalz, innerlich verabreicht, kann beim Erwachsenen ad exitum führen.

Wichtige Indikationen

- chronische Entzündungen des Lidrandes, der Bronchien, der Magenschleimhaut mit Abmagerung und Kräfteverfall
- chronische Gastritis, Appetitlosigkeit mit Widerwillen gegen Brot und Fleisch. Übelkeit, Erbrechen und hartnäckige Verstopfung
- Migräne. Der Anfall beginnt morgens im Bett mit Übelkeit, Erbrechen. Die Schmerzen werden besser beim Aufstehen, verschlimmern sich wieder bei Bewegung.
- funktionelle Herzstörungen. Patient hat das Gefühl, ein Vogel flattere in seiner Brust. Die Pulsation kann sehr stark sein, so dass der ganze Körper erschüttert ist
- heftige, krampfartige Niesanfälle in der Frühe, sobald man anfängt, sich zu bewegen oder sich aufdeckt
- Heuschnupfen
- trockener Husten, besonders in der Kehle ein Kitzeln
- bei jedem Anfall Stirnkopfschmerzen, mitunter auch unwillkürlicher Harnabgang
- Kopfschmerzen als Begleiterscheinung von Überanstrengung der Augen
- Menschen, die am Abend vor dem Fernsehschirm einschlafen, nachts im Bett aber schlaflos sind.
- erschöpfte, ermüdete und anämische Menschen, die trotz reichlicher Nahrungsaufnahme weiter abmagern

Natrium nitricum

Herkunft

Das Natriumnitrat oder Chilesalpeter galt bei den alten Ärzten als entzündungswidriges Mittel von milder Wirkung. Rademacher hat es bei verschiedenen Erkrankungen, besonders bei Rheuma angewendet, machte aber keine Angaben über die exakte Symptomatik. Wie Ferrum und Cuprum zählte er es zu den Universalia.

Persönlichkeitsportrait

Ausgehend von den Angaben von Grauvogl, zeigen diese Patienten eine hydrogenoide Körperkonstitution: Der Kranke zeigt ganz klare und deutliche Modalitäten. Bei Kälte, feuchtem Wetter und Regen geht es ihm schlechter; außerdem tritt Verschlimmerung durch kalte und kühlende Speisen und Getränke, Gurken und andere wasserhaltige Nahrungsmittel sowie durch saure Milch auf. Schließlich ergibt sich eine deutliche Verschlimmerung aller Beschwerden insbesondere durch den Aufenthalt an stehenden Gewässern.

Diese Patienten frösteln ständig und werden im Bett nicht warm; im Schlaf zeigen sie allerdings gelegentlich Hitzerscheinungen. Vordergründig leiden sie an starker Mattigkeit, großem Energiemangel, Arbeitsunlust, Müdigkeit, Schläfrigkeit, Zerschlagenheitsgefühl in sämtlichen Extremitäten, aber auch in anderen Muskeln und Knochen. Trotz der großen Müdigkeit bestehen Schlafstörungen. Kopfschmerzen sind nicht selten. Sie treten vor allem in der Wärme, im warmen Zimmer auf, bessern sich aber im Freien wieder.

Herausragendes Symptom ist das immer wieder auftretende Nasenbluten ohne pathologische Ursache.

Diese Patienten haben außerdem einen sehr starken Blähbauch, einen Meteorismus, der einhergeht mit großem Durst, häufig aber auch mit Durchfall. Sie trauen sich dann nicht, den Ort der Defäkation zu verlassen, weil sie immerfort das Gefühl haben, noch nicht fertig zu sein. Gelegentlich treten, gerade bei Nässe, Kälte, feuchtem Wetter, Bronchitiden auf, die sich bis zu asthmatischen Erscheinungen steigern können.

Bei den männlichen Patienten vor allem finden sich nicht selten pektanginöse Beschwerden, die sich ebenfalls bei kaltem, nassem, feuchtem Wetter oder Nebel oder auch auch in der Nähe von Binnenseen verschlimmern.

Die Symptome von Natrium, wie Energiemangel, Arbeitsunlust, stehen neben den Symptomen der Nitrate, zu denen die dumpfen Kopfschmerzen, Schmerzen am Herzen, Hitzewallungen am Kopf und nächtliche Schweiße zählen.

Neben dem Thuja- und Natrium-sulfuricum-Patienten zeigt sich hier ein Typus mit individuellen Eigenheiten. Wichtig sind vor allem degenerative als auch entzündliche rheumatische Beschwerden bei nasskaltem Wetter, einer nasskalten Umgebung, nicht aber die primär chronische Polyarthritis.

Auch bei noch feuchten Neubauten oder alten Kellerräumen, in die Feuchtigkeit eingedrungen ist, sollte man an Natrium nitricum denken. Dieses leider nur selten gebrauchte Arzneimittel erwies sich gerade bei den vom Patienten immer wieder in Form von Wetter, Seen, Mooren oder feuchten Häusern dargestellten Modalitäten Kälte und Nässe als hilfreich. Daher ist zu empfehlen, mit tieferen Potenzen zu beginnen.

Toxikologie

Natrium nitricum gehört, was die Wirksamkeit und die Wirkungsrichtung anbelangt, zu den Arzneimitteln, die wie alle Nitrate und Nitrite eine große Affinität zu den Blutgefäßen aufweisen. Schon bei leichten Vergiftungen kommt es zu Hitzewallungen, besonders zum Kopf hin. Nachtschweiße werden im Freien gebessert. Dumpfe Kopfschmerzen verschlimmern sich bei Ruhe und Wärme, bessern sich aber auch im Freien.

Arzneimittelbild

Wichtige Symptome

- Zerschlagenheitsgefühl, besonders in den Extremitäten
- Blutung aus allen Schleimhäuten, Nasenbluten
- Gefäßspasmen, Kongestionen, Stenokardien, kalte Füße, verlangsamter Puls
- Im Vordergrund steht die große Mattigkeit, unglaubliche Arbeitsunlust, Zerschlagenheitsgefühl in Muskeln und Knochen, Schlafsucht, dabei aber schlechter Schlaf. Neigung zu Nasenbluten.
- Das Zahnfleisch ist häufig geschwollen, aufgelockert, leicht blutend. Am Zahnfleischsaum zeigt sich ein roter Streifen.
- Der Puls ist langsam, schwach und weich, manchmal unregelmäßig. Am Herzen ist deutliches Druck- und Engegefühl zu verspüren, eine Beklemmung wie bei einer Angina pectoris.
- Schmerzen unklaren Charakters, flüchtig, stechend in Muskeln und Gelenken mit Unsicherheit beim Gehen und Zusammenknicken. Ständiges Frösteln und Kältegefühl, besonders an den Füßen und Unterschenkeln, aber auch Hitzewallungen und Nachtschweiße.

Modalitäten

Verschlimmerung: bei Kälte, feuchtem Wetter, bei Nebel, an Binnenseen, in der Nähe von Mooren. Häufig Durchfälle durch sehr wasserhaltige Speisen wie Melonen, Gurken etc.

Besserung: durch Wärme

Wichtige Indikationen

- Rheumatismus, besonders bei deutlicher Veränderung durch Nässe und Kälte, Bronchialkrankheiten
- Asthma, besonders bei nebligem, nasskaltem Wetter
- Magen-Darm-Katarrhe nach nassen, kalten Speisen
- Nasenbluten

Praxistipp

Bei Kindern können mit der **D3** bis zur **D6**, mehrmals täglich bis stündlich gegeben, sehr bald gute Erfolge erzielt werden, besonders wenn man bei Erfolg die Potenz langsam erhöht und immer seltener Gaben gibt.

Natrium sulfuricum

Herkunft

Die Hauptmasse des Schwefels findet sich in der mittleren Erdschale, der Chalkosphäre, die in etwa 1200 bis 2900 km Tiefe reicht. In der äußeren Erdschicht, der Lithosphäre, kommt Schwefel als Sulfit, als Sulfat und gasförmig vor.
Natrium sulfuricum ist das »Karlsbader Salz«, also ein Sulfat, ähnlich wie Magnesium sulfuricum, das »Glaubersalz«, das beispielsweise in der Bad Kissinger Quelle vorkommt.
Natrium ist schon als ein sehr destruktives Element, das sogar Wasser zerstören kann, beschrieben worden. Sulfur ist das wichtigste Reaktionsmittel, das wir in der Homöopathie kennen. Es wirkt sehr stark und ist in der Lage, darniederliegende Reaktionsfähigkeiten wieder aufzurichten.

Geschichte

Natrium sulfuricum gehört zu den salinischen Abführmitteln und zeichnet sich trotz guter Wasserlöslichkeit durch schwere Resorbierbarkeit im Magen-Darm-Kanal aus. Es gibt sehr viele Erzählungen, Geschichten, aber auch ärztliche Berichte über die Wirkung der salinischen Abführmittel, besonders der der Karlsbader Quelle. Deren choleretische Wirkung wurde von den Ärzten schon vor der homöopathischen Zeit betont, also bevor Arzneimittel geprüft wurden. Auch kannte man früher schon die Beziehung zum Wasserhaushalt des Körpers. Ein Arztbericht aus dem vorigen Jahrhundert enthält die Beobachtung, dass alle Patienten, die in Karlsbad zur Kur waren, nach vier bis fünf Tagen, während denen sie regelmäßig von der Quelle getrunken hatten, sehr empfindsam gegenüber Musik waren. Sie wurden melancholisch, und Musik machte sie traurig, so dass sie das Kurkonzert nicht mehr besuchten. Beim Kurkonzert traf man also nur noch Menschen, die gerade angekommen waren. Der beobachtende Arzt wunderte sich darüber und konnte es sich nicht erklären, bis einschließlich dieses Symptom bei der homöopathischen Arzneimittelprüfung deutlich zum Vorschein kam.

Persönlichkeitsportrait

Natrium-sulfuricum-Patienten haben in der Tiefe ihrer Seele immer das Gefühl, von den anderen Menschen abgeschlossen zu sein. Sie stehen allein, insbesondere was ihre stärksten emotionalen Kräfte betrifft, die Liebe. Sie meinen, keine echte Liebe zu kennen oder zu empfinden.
Finden sie eine Beziehung zu einem Partner, so sind sie sehr schnell verliebt; sobald die Bindung jedoch ernsthaft wird, verliert sich die Zuneigung und sie haben das Gefühl, sich physisch und psychisch zu verschließen. Im Repertorium findet sich die Entfremdung zu Familie, Frau oder Partner überhaupt.
Aufgrund dieser eigenartigen emotionellen Befindlichkeit benötigen häufig gerade die im Kloster lebenden männlichen und auch weiblichen Ordensleute Natrium sulfuricum, zumal sie schon aus relgiösen Gründen keine echte körperliche oder seelische Beziehung eingehen können. Allerdings sehen sich Natrium-sulfuricum-Patienten dazu verpflichtet, Partner und Familie ständig in Pflichterfüllung zur Seite stehen und die Verantwortung für alle übernehmen zu müssen. Dies schränkt sie teilweise so ein, dass sie für sich selbst keine Zeit mehr haben.
Schon aus diesen Gründen gehen diese Patienten Beziehungen aus dem Wege. Weiterhin besteht das Gefühl, keine Freude erleben zu können oder gar zu dürfen. Diese Menschen werden melancholisch oder depressiv bis zur Suizidneigung. Im Repertorium findet sich das Symptom, »Abscheu vor dem Leben«. Dennoch führen diese Patienten keinen Suizid durch: Obwohl sie keine Liebe empfinden, haben sie Angst davor, Partner oder Familie ein Leid zuzufügen.
Natrium-sulfuricum-Menschen können sich niemand gegenüber bloßstellen, sie schließen sich in ihr eigenes Ich ein. Die doch sehr intensive Befragung in der homöopathischen Praxis, bei der sie fast »ausgezogen« werden, ist ihnen äußerst unangenehm und lässt sie seelisch frieren. Neben Melancholie und Misslaunigkeit finden sich auch Beschwerden im körperlichen Bereich. Besonders in der Lebergegend treten Spannungs- und Druckschmerzen auf, mitunter auch Stechen, viele Blähungen, Durchfälle, aber auch Blähungskoliken. Alle Natrium-Patienten frösteln leicht, sind

äußerst kälteempfindlich und haben gelegentlich auch eine Diarrhö.
Alle Beschwerden verschlimmern sich bei Kälte, Nässe, feuchtem Wetter, Nebel, in der Nähe von Seen, auch durch Musik. Sogar Obst- und Gemüsesorten, die besonders saftig, also wässrig sind wie Melonen, Kürbisse, Weintrauben oder reife Pfirsiche werden nicht vertragen und deshalb nicht geschätzt.
Im Bereich der oberen Extremitäten, auch des Schultergürtels, finden sich häufig rheumatische Gelenkschmerzen. Verschlimmerung erfolgt auch hier durch Feuchtigkeit und Kälte. Die gelegentlich vorhandene Wasseretention bestätigt die Theorie Grauvogls, über die »hydrogenoide Konstitution«.
Natrium-sulfuricum-Patienten haben auch in den frühen Morgenstunden beim Erwachen häufig Durchfälle, aber nicht so imperativ wie Sulfur.
Nicht selten sind auch Hautausschläge zu sehen.
Bei den Leitsymptomen finden wir vor allen Dingen Beziehungen zu den Atmungsorganen, hier in Form des Bronchialasthmas. Vor allem bei Kindern verschlimmert sich dies durch feuchtkühles Wetter. Schmerzen in der Brust beim Husten und gelb-grüner Auswurf verweisen auf die Indikation.
Natrium sulfuricum ist wie Medorrhinum oder Thuja jenen Menschen zuzuordnen, die möglicherweise ein sykotisches Terrain aufweisen.

Literatur

Samuel Beckett beschreibt in seinem ohne Titel verfassten Gedicht Natrium sulfuricum:

»Ich bin der sandstreifen der sich
zwischen dem geschiebe und der düne hinzieht

der sommerregen regnet auf mein leben
auf mich mein
leben das mich flieht mir folgt
und enden wird am Tage seines Beginns

teurer augenblick ich sehe dich
in dem weichenden nebelvorhang
wo ich nicht mehr die langen treibenden
schwellen zu
betreten brauche

und leben werde solange eine tür
sich öffnet und wieder schliesst«

Arzneimittelbild

Wichtige Symptome

- missgelaunte, melancholische Stimmung
- Morgendurchfälle, die aus dem Bett treiben oder bei den ersten Bewegungen auftreten
- Fröstelt stets und wird selbst nachts im Bett nicht warm.
- Musik greift sehr an und macht melancholisch.
- Denkt an Suizid, lässt sich aber leicht abhalten.
- rheumatoide Beschwerden
- Asthma bei nebligem oder kaltem Wetter

Modalitäten

Verschlimmerung: durch Kälte, feuchtes Wetter, Musik.
Besserung: durch Wärme.

Toxikologie

Natriumsulfat kann nur in seiner reinen Form als Abführmittel bei zu häufiger oder chronischer Einnahme zur Störung des Kalkstoffwechsels, Entkalkung der Knochen, Osteomalazie führen, was durch Bildung des schwer löslichen Calciumsulfats verursacht wird.

Wichtige Indikationen

- bei entsprechenden Modalitäten: Rheumatismus, spastische Bronchitis, besonders bei Kindern, Asthma bronchiale
- Hauterkrankungen
- morgendliche Durchfälle nach den ersten Bewegungen
- zur Anregung der Cholerese bei chronischen und subchronischen Hepatopathien und der oben genannten Symptomatik
- Spätfolgen von schweren Schädelverletzungen mit Retardierung auf allen Persönlichkeitsebenen

Phosphorus

Ursprung

Phosphorus (Phosphor) tritt weiß, gelb, rot und schwarz auf und kommt fast ausschließlich in den Phosphatmineralien Phosphorit und Apatit vor. Phosphorit findet sich vor allem auf der Kolahalbinsel in Rußland, in Nordafrika und in Florida, Apatit in alpinen Klüften und magmatischem Gestein. Der als Guano bekannte mineralisierte Vogelmist der Südseeinseln besteht aus einer Mischung von Phosphaten und Uraten.
Die größten Phosphorusvorkommen vermutet man aufgrund der Analysen von Meteoriten im Erdkern. Im Pflanzenreich kommen sie in verschiedenen Verbindungen vor. Im tierischen und menschlichen Organismus begegnen wir anorganischem Phosphorus in allen Körperflüssigkeiten und Zellen des Organismus, hauptsächlich in den Knochen. Organische Phosphorusverbindungen dienen in allen Körperzellen als Träger wichtiger Lebensfunktionen.
Die Entdeckung des Elements Phosphorus wird dem Hamburger Chemikalienhändler und Alchimisten Henik Brandt zugeschrieben, der im Jahre 1669 eingedämpften Harn unter Luftabschluss stark erhitzte, ist möglicherweise aber bereits im 12. Jahrhundert durch einen arabischen Alchimisten, Alchid Bechil, erfolgt. Der Name »Phosphorus« beruht auf dem griechischen Adjektiv »phosphoros«, zu deutsch »lichttragend«, und bezeichnet die Eigenschaft des gelben und weißen Phosphorus, im Dunkeln zu leuchten; Phosphorus ist somit ein »Lichtträger«. Der geistige Vater dieses, angesichts der biochemischen Rolle des Phosphorus als Energieträger sehr treffenden Namens, war der beim großen Kurfürsten Friedrich Wilhelm von Brandenburg tätige Hofmedikus Esholz.

Persönlichkeitsportrait

Erwachsene

Die Etymologie des Wortes »Phosphorus« trägt zur Erklärung dieses Elements entscheidend bei. So entspricht dem Begriff »Phosphorus« in der Bedeutung »Lichtträger« lateinisch »Luzifer« auch als Beiname des Teufels bekannt.
Als Licht und Lichtträger erscheint Phosphorus im Periodischen System, wo es die einzige leuchtende, nicht radioaktive Substanz ist. Sie ist sehr unruhig. Das zeigt sich bei nächtlichen Schifffahrten, wenn bei Neumond phosphoreszierende kleine Schaumkrönchen faszinierend aufleuchten.
Phosphor-Persönlichkeiten strahlen Liebenswürdigkeit und Liebe aus, suchen aber auch nach Liebe. Sie sind aufregend, haben ein anziehendes Wesen und fesseln ihre Umgebung.
Man verfällt ihnen unter Umständen mit »Haut und Haaren«. Sie sind sehr intelligent, sprühend, äußerst wach, sportlich. Abends sind sie in der leicht abgedunkelten Bar zu finden, wo sie ihre langen blonden Haare im Takt der Musik wiegen und mittels eines oft sehr schönen Körpers Partner »angeln«. Phosphor-Menschen in jungen Jahren scheinen manchmal »Angelhaken des Teufels« zu sein. Die starken Emotionen dieses gut aussehenden, zarten, anmutigen und sportlichen Menschen mit den feinen Gesichtszügen und der zarten Haut spürt man bereits bei einer leichten Berührung von Schulter oder Arm. Die Haare sind fein und weich, von natürlichem Glanz und eigenartigem Schimmer. Oft sind sie blond, können aber auch rot- oder schwarzhaarig und dunkeläugig sein und ähneln dann in dieser Hinsicht fast dem Teufel.
Auffallend sind vor allem die Augen mit den langen Wimpern und den sehr aufreizenden Augenbrauen. Der Blick ist etwas weich, verträumt, sinnlich und dann wieder aufregend.
Mit diesen Augen erfahren sie jegliche Zuwendung, die sie sich wünschen. Pulsatilla, ebenfalls weich und liebevoll und mit seelenvollem Blick eines widerkäuenden Kälbchens, wartet auf Zuwendung. Phosphor dagegen »angelt« mit den »Werkzeugen des Teufels«.
Schon die Struktur des Phosphor-Atoms, das bis zu fünf andere Atome an sich binden kann, verdeutlicht dieses Bedürfnis nach Gesellschaft.
Phosphor-Persönlichkeiten sind äußerst sensibel und einfühlsam, können sich genau auf ihre Gegenüber einstellen und sind gern bereit, über alle Themen zu diskutieren. Auch ohne Fachkenntnis erweisen sie sich hierbei als äußerst redegewandt.
Sie verhalten sich rücksichtsvoll, überaus großzügig und sehr hilfsbereit. Frauen finden Kinder

geradezu bezaubernd und setzen sich immer für diese ein.
Trotz ihrer Sensibilität sind diese Patienten extrovertiert und haben aufgrund ihrer Unterhaltsamkeit, Fröhlichkeit und Hilfsbereitschaft sehr viele Freunde. Kritik äußern sie kaum. Kleine Schwächen sind für den Außenstehenden eher amüsant und werden durch die beständig gute Laune von Phosphorus akzeptiert.
Phosphor-Patienten vermitteln den Eindruck, rundherum glücklich und humorvoll zu sein, allerdings mit ernstem Hintergrund, was manchen Menschen unangenehm ist. Aber immer begeistern das Improvisationsvermögen und die Fähigkeit, Freude zu bereiten, gerade in Gesellschaft. Die natürliche Offenheit bereitet großes Vergnügen, und die ausgestrahlte Wärme wird an andere weitergegeben. Herzlichkeit, Sensibilität und das Talent, auch andere aufgrund ihrer so guten »Gottesgaben« zu loben, bringen dem Phosphor-Menschen Dankbarkeit und Freude ein. Phosphor ist immer dominant, aber nicht aggressiv, sondern einfach unterhaltsam und erreicht seine Position auf stille und bescheidene Weise.
Diese Menschen sind auch eitel. Sowohl Männer als auch Frauen könen sich stundenlang vor dem Spiegel verschönern.
Der höchste Grad der Empfindsamkeit zeigt sich bei übersinnlich veranlagten Menschen mit telepathischen Fähigkeiten.
Phosphor sagt die Zukunft vorher, ist ein gutes Medium und in Zirkeln zu finden, die mit der Welt der Geister, auch der Naturgeister, verkehren. Diese magische Dimension trifft man bereits bei jungen Phosphor-Persönlichkeiten. Sie kann zu Nervosität und Erregbarkeit führen, auch zu Ängsten vor Krankheiten. Häufig besteht ein undefinierbares Grauen im transzendentalen Bereich. Man fürchtet, dass etwas passieren könnte, fährt aus Angst nicht im Auto mit und ist, wenn man hört, das Auto habe tatsächlich einen, wenn auch kleinen, Unfall gehabt, froh über die eigene Entscheidung.
Die kleinen Ängste äußern sich besonders bei Gewittern. Es gibt keinen Arzneimitteltyp, der die Veränderungen der elektrischen Spannungen in der Luft so stark fühlt wie Phosphor.
Größere Ängste hat Phosphor, wenn er einsam ist, was aber ganz selten der Fall ist. Dann kommt es zu einem Gefühl der Hilflosigkeit. Er begibt sich dann in die Gesellschaft anderer Menschen und benötigt Zuspruch. Kaum eine Arzneimittelpersönlichkeit ist dann so vertrauensvoll und dankbar wie der Phosphor-Patient.
Phosphor verkörpert auch als Erwachsener ein Kind, das fröhlich und leichten Herzens durchs Leben geht. So finden wir bei Phosphor-Männern wie bei -Frauen ungewöhnlich starke, flatterhafte, emotionale kindliche oder jugendliche Wesenszüge. Es ist schwierig, dieser froh durch das Leben tanzenden Phosphor-Persönlichkeit Ketten anzulegen; geschieht dies, so darf sie diese nicht spüren, was aber bei der beschriebenen Sensibilität ganz schwierig zu erreichen ist. Die Art, anderen entgegenzukommen, kann auch in Verschwendungssucht ausarten. Phosphor kann sehr großzügig Geld ausgeben, ohne zu wissen, wie er es wieder beschaffen kann.
Phosphor-Persönlichkeiten können ihre Umwelt positiv, aber auch negativ stark beeinflussen. Umgekehrt sind sie selbst sehr beeinflussbar und damit auch verwundbar, dies auch im rein somatischen Bereich. Eine Verletzung blutet lange. Bei relativ starker Berührung, wie einem Schlag auf den Arm oder einer heftigen Umarmung, entstehen Blutergüsse und »blaue Flecken«.
Auch im Bereich der Sinneswahrnehmungen ist die Beeinflussbarkeit sehr groß und führt zu schmerzhaften Erfahrungen, besonders im Bereich der Liebe. Im geistigen Bereich birgt die große Aufgeschlossenheit häufig die Gefahr in sich, auf »zu vielen Hochzeiten zu tanzen«, schließlich unkonzentriert zu werden und den Boden unter den Füßen zu verlieren.
Für den Arzt ist der Phosphor-Patient angenehm. Er zeigt eine gute Compliance und spricht uneingeschränkt und vertrauensvoll über alle Symptome. Eventuelle Befürchtungen kann der Arzt sehr schnell zerstreuen.
Beim Träumen baut die Phosphor-Persönlichkeit Wolkenschlösser, die dann gelegentlich plötzlich zusammenbrechen. Die so lebhaften Menschen überschreiten sehr schnell die Grenzen ihrer eigenen Fähigkeiten und werden müde, wenn sie sich intensiv mit einer Angelegenheit beschäftigen. Aber bereits ein sehr kurzer Schlaf bringt Erquickung und erneute Fröhlichkeit, Heiterkeit, Humor und die Fähigkeit, den Mitmenschen zu helfen.
Auffällig sind der Durst, besonders nach kalten Getränken, sowie das Verlangen nach Obst, Salaten und Salz und der Appetit auf Fisch. Phosphor genießt alles Kühle oder Kalte.
Das Liebesleben von Phosphor, besonders der Frauen, ist äußerst interessant. Die Faszination, die sie ausstrahlen, wird noch größer, wenn sie

verliebt sind. Sie sind in verliebtem Zustand so begeistert, dass sie sich Illusionen hingeben: Alles, was sie lieben, wird von ihnen übersteigert gesehen. Hier ist an den »Sommernachtstraum« von Shakespeare zu erinnern, in dem Titania dem Eselskopf Schönheit verspricht.
Hat sich Phosphor einmal verliebt, vergisst er völlig, dass er diesen Zustand in regelmäßigen Abständen und jedesmal als die große Liebe schlechthin erlebt hat. In vorgerücktem Alter neigt er noch zu pubertärem Schwärmen, lässt sich auch gerne noch einmal auf romantische Abenteuer ein, kultiviert das Verliebtsein und ist bestrebt, seine Leidenschaft lange zu erhalten.
Wiederholte Liebesbeziehungen oder mehrfache Ehen lassen an Phosphor denken. Da im Bereich der Sinnlichkeiten alle Elemente im Übermaß vorhanden sind, kann Phosphorus zu außerordentlicher Triebhaftigkeit, Schamlosigkeit, Erotomanie, ja sogar zu Nymphomanie oder Satyriasis neigen. Dies zeigt beispielsweise das Verhalten hübscher, junger Mädchen, die Männer nach Belieben verführen. Phosphorus-Persönlichkeiten sind sexuell überaus anziehend und dynamisch, was auch zu Schwierigkeiten in einer Beziehung führen kann. Sie finden sich in übertriebenem Maße begehrenswert und schön und sind von so starken Emotionen bestimmt, dass sie einen Partner damit überfordern und sich somit mehreren Menschen gleichzeitig zuwenden.
Freilich sind diese Menschen auch anfällig für melancholische Reaktionen. Überschwänglichkeit und Lebenslust können auch Schutzmechanismen darstellen gegen das große Gespenst der Melancholie oder der Langeweile.
Gelegentlich reagiert Phosphor jedoch auch mit Niedergeschlagenheit auf seine Höhenflüge. Diese Trostlosigkeit, die sich bis zu einer Abscheu vor dem Leben steigern kann, führt zu tiefster Verzweiflung mit unaufhörlichem Weinen und tiefen Depressionen. In diesen Phasen besteht auch Suizidgefahr.
Diese Züge der sonst so lebhaften und extrovertierten Persönlichkeit beruhen auf der großen Ambivalenz aller vorhandenen Elemente. Zeigt sich die Schattenseite des Lebens nicht in jungen Jahren durch Enttäuschungen, erfährt Phosphorus sie sicher im Alter, wenn er der Jugend weichen muss.
Ein letzter Aspekt ist im Zusammenhang mit Luzifer zu erwähnen, der in Phosphor steckt, sinnlich ist und anregend wirkt. Nachdem er ein Lustobjekt »geangelt« hat, lässt er es wieder fallen, ohne Rücksicht auf die verwundete Psyche des Betroffenen. Gegen ein eventuell aufkommendes Schuldgefühl setzen Phosphor-Personen die Ansicht, alles gegeben und geschenkt, dem anderen das Leben verschönert zu haben. Sie fragen sich, warum dieser jetzt beleidigt ist.
Diese Arzneimittelpersönlichkeit enthält wie keine andere die Pole stärkster Lebensfreude und tiefster Verzweiflung: Auf der einen Seite ist das Leben herrlich, kann aber auch in den Schatten tiefster, schwerster Depressionen führen, die nur an der Seite eines Partners aufzufangen sind, der alle Spannungen miterlebt hat und dennoch am geliebten Menschen festhält.

▶ Kinder

Bei der Besprechung der Elemente trat Phosphor schon hervor als ein leuchtendes Element, ein »Lichtträger«. Diesen Eindruck vermittelt auch ein Phosphor-Kind. Es gewinnt schnell die Sympathie aller Menschen, ist allerdings sensibel und reagiert überempfindlich auf Sinneseindrücke jeder Art, auf Berührung wie auch auf atmosphärische Veränderung. Auch im persönlichen Kontakt spürt es genau, ob ihm jemand wohlgesonnen ist oder nicht, und reagiert entsprechend. Die Responsibilität des Phosphor-Kindes ist ungemein groß. Tritt man ihm offen, ehrlich und sympathisch gegenüber, so wird es sich schnell anschließen, Einblick gewähren in die Tiefe seiner Seele und sich als ein »glühendes« Wesen präsentieren.
Im somatischen Bereich ist das Wachstum des Körpers deutlich dem der inneren Organe überlegen, was auch dazu führt, dass die Kinder hoch aufschießen, aber immer eine etwas vornüber gebeugte Körperhaltung zeigen.
Im geistigen Bereich finden wir eine sehr zarte Seele, die zwar sehr enthusiastisch ist, ganz heftig aufflammen kann, um sich für etwas zu engagieren, und vielen Freude bereitet, aber sich infolge schneller Erschöpfung auch wieder zurücknimmt. Phosphor-Kinder gleichen einem Schmetterling, der schwerelos von einer Blüte zur anderen flattert, sich überall ein wenig amüsiert und wieder verschwindet. Aufgrund der Lebhaftigkeit im körperlichen und im geistigen Bereich ist das Kind schnell erschöpft. Ein immer wieder eingeschaltetes kurzes Schläfchen wird sehr schnell wieder Kräfte herbeiführen, wobei die Phasen der Erregbarkeit und der Erschöpfung sehr rasch und schlagartig wechseln. Das Kind ist nicht gerne allein, besonders nicht im Dunkeln, fürchtet sich deshalb vor dem Abend, hat Angst vor Gewittern und ängstliche Vorahnun-

gen. Im Bett steigert sich die Unruhe noch mehr, so dass man ihm abends keine Geistergeschichten erzählen sollte, da es sonst nicht einschlafen kann. Nicht selten sind Schlafwandler – mondsüchtig gelegentlich – bei Phosphor-Kindern zu finden.
Das Kind hat großen Appetit, erwacht nachts mit Hunger und muss etwas essen, um dann wieder schlafen zu können. Typisch ist das auch bei Erwachsenen vorhandene Verlangen nach Frischem, Saftigem, wie Salat, Gemüse, Obst, Eis und eiskalten Getränken. Magenbeschwerden werden durch eiskalte Getränke gebessert.
Die Neigung zu Blutungen ist sehr groß. Vor allem bei Erkältungen kommt es schnell zu Nasenbluten. Zahnfleischbluten und kleine Blutergüsse im Unterhautgewebe sind ebenfalls häufig. Zu einem Schnupfen kommt bald eine Bronchitis oder ein sehr unangenehmer Reizhusten. Alles verschlimmert sich an der kalten Luft, besonders beim Sprechen, Lachen und Singen.
Im Gegensatz zu vielen anderen Mitteln lassen sich Phosphor-Kinder auch gern massieren und einreiben. Sie suchen Kontakt und Anlehnung, aus dem Verlangen heraus, des anderen Kraft und Lebensqualität zu übernehmen. Einreiben, überhaupt Reiben sowie Streicheln bringen Linderung der Beschwerden.
Alles in allem ist dieses Kind zwar hilfsbedürftig und nicht pflegeleicht, macht aber sehr viel Freude.

Literatur

Bei Tolstoi zeigt die Persönlichkeit der Anna Karenina absoluten Phosphor-Charakter. In großer Liebe ist sie ihrem Liebhaber Bronski zugeneigt, gibt ihm alles, um ihn und sich selbst glücklich zu machen. Als Bronski nicht mehr mit der gleichen Leidenschaft reagiert, sie nicht mehr der einzige Bezugspunkt seines Denkens und Lebens ist, ist sie völlig unfähig, sich leise zurückzuziehen, etwas stiller zu werden. In dem Nachlassen von Bronskis leidenschaftlichen und schmeichelnden Emotionen sieht sie eine Zurückweisung, ist verzweifelt und beginnt jetzt zwischen leidenschaftlicher Liebe und unvernünftigen Forderungen zu schwanken. Sie wirkt gekünstelt, immer wieder versucht sie, ihre alles verzehrende Leidenschaft aufrechtzuerhalten und grollt Bronski sehr, als sie damit scheitert.
Aufgrund ihrer übermäßig sensiblen Phosphor-Persönlichkeit ist sie jedoch darauf angewiesen, Liebe zu geben und zu empfangen. Sie kann nicht ohne Liebe oder mit dem emotionalen Missklang weiterleben, den sie selbst hervorgerufen hat. Damit tritt die unbewusste emotionale Instabilität ihrer Persönlichkeit deutlich in ihr Bewusstsein. Sie verliert die Kontrolle über ihre Gefühle, wird hysterisch und nimmt sich das Leben, indem sie sich unter einen Zug wirft. Das Verhalten Annas und die Reaktion auf ihre Zwangslage sind ganz typisch für Phosphor.
Den Notizen Tolstois ist zu entnehmen, dass er ursprünglich beabsichtigte, Anna als böse Verführerin darzustellen, die für ihre moralischen Vergehen gerecht leidet. Beim Schreiben nahmen jedoch ihre Warmherzigkeit, ihr Charme und ihre impulsive Liebenswürdigkeit, alles Kennzeichen der Phosphor-Persönlichkeit, immer mehr Raum ein und begannen ein Eigenleben zu führen. So ruft sie mehr Sympathie und Mitleid hervor als Missbilligung und zeigt auch hier ein Merkmal des Phosphor-Menschen.

Arzneimittelbild

Wichtige Symptome

- Brennende Empfindungen an allen Körperteilen, besonders aber an den Armen und Händen. Die Füße sind bei Phosphor meist nicht beteiligt und kalt.
- Neigung zu Blutungen
- Überempfindlichkeit aller Sinnesorgane
- Hunger, besonders nachts, Verlangen nach kalten und frischen Speisen, wie Obst, Salat, kaltes Gemüse und Getränke
- Durst. Der Kranke fühlt sich wohler, wenn er kalte Getränke, am besten kaltes Wasser, getrunken hat.
- Leeregefühl im ganzen Abdomen
- schmerzhafte Larynx und Pharynx
- Beklemmungen und Schweregefühl auf der Brust bei Lungenerkrankungen, besonders bei Pneumonie. Diese Empfindung ist äußerlich.
- große Angst vor Gewitter und große Unruhe bei Gewitter
- sehr empfindlich gegen verschiedene Düfte wie Blumen, aber auch gegen üble Gerüche

Modalitäten

Verschlimmerung: vor und während Gewitter, durch geistige Anstrengung, Liegen auf der linken Seite, abends in der Dämmerung.
Besserung: durch kalte Speisen und Getränke, Liegen auf der rechten Seite und nach Schlaf.

Toxikologie

Von den herkömmlichen Erscheinungsformen des Phosphors am giftigsten ist der elementare gelbe Phosphor. Vergiftungen mit gelbem Phosphor waren früher sehr häufig, solange dieses Element zur Zündholzherstellung gebraucht wurde. Auch die jetzt verworfene Rattenvertilgungsart mit Phosphorpaste wurde gerne zu Mord oder Selbstmord benutzt. Zur Bekämpfung schädlicher Vögel wird gelegentlich heute noch gelber Phosphor in Gifteiern angewandt. Aufgrund der Vergiftungsgefahr sollten Kinder diese nicht in die Hand bekommen.
Die akute Vergiftung kommt auf verschiedenem Wege zustande. So lösen Phosphordämpfe heftige Reizerscheinungen an der Bronchialschleimhaut aus, die in sehr kurzer Zeit zu einem Lungenödem führen können.
Die tödliche Dosis für den Menschen liegt bei 0,05 bis 0,1g gelbem Phosphor. Beim klassischen Bild der akuten Phosphorvergiftung lassen sich drei Stadien unterscheiden.
Im **ersten Stadium** tritt kurz nach peroralem Einbringen des Giftes eine schwere Gastroenteritis mit brennenden Schmerzen auf sowie Erbrechen und Schockerscheinungen. Dazu kommen Durchfälle, der Atem riecht knoblauchartig und die Stühle leuchten gelegentlich im Dunkeln.
Überlebt der Kranke dies, folgt ein symptomfreies **zweites Stadium** von ein bis acht Tagen. Dabei besteht relatives Wohlbefinden, sogar mit Euphorie gepaart, allerdings auch mit Störungen des Bewusstseins und Schwächeanwandlung. Im **dritten Stadium** folgen Erbrechen, Übelkeit, Durchfälle, Schmerzen im Bauch und Leberbereich sowie massives Bluterbrechen. Es besteht ein typischer Phosphorikterus.
Extremitätenschmerzen sind sehr heftig, der Puls wird klein und schnell, Herztöne immer weniger hörbar. Es kommt zu Hämorrhagien, Leukopenie, manchmal auch zu Monozytose, die Harnausscheidung ist verringert. Im Urin finden sich pathologische korpuskuläre Bestandteile. Zuletzt erfolgen Somnolenz, Delirien und konvulsivische Anfälle.

In der Abwasserreinigung ist die Phosphorelimination in der BRD eine gesetzliche Forderung. In Versuchsreihen konnte gezeigt werden, dass in Anlehnung an die Homöopathie durch Zugabe homöopathisch potenzierter Arzneimittel (Phosphor **D30** und **D200**) eine Phosphorelimination unter dem gesetzlichen Grenzwert von 1mg gesPO_4 möglich wird (Ärztezeitschrift für Naturheilverfahren 36, 10/1995).

Wichtige Indikationen

- Blutungen aller Art, z. B. Nasenbluten, subkonjunktivale Blutungen
- Schwindel, besonders bei alten Menschen, mit Blutandrang zum Kopf
- erschöpfende geistige Anstrengung und körperliche Arbeit
- Leber- und Nierenerkrankungen
- Bronchitis, Bronchopneumonie
- Kehlkopferkrankungen bis zur Aphonie bei Pharyngitis und Laryngitis
- Karies und Nekrose der Röhrenknochen
- Hämorrhagien, Purpura, hämorrhagische Form der exanthematischen Fieber
- Kopfschmerzen
- Schlaflosigkeit
- lang andauernde Fieber
- Erkrankungen der tiefen Augenregionen, Retinitis, Korneitis, Glaskörpertrübung

Praxistipp
Ein wichtiges Symptom ist Brennen im Hirn.

Stibium sulfuratum nigrum (Antimonium crudum)

Ursprung

Metallisches Antimon war den Chinesen schon vor 5000 Jahren bekannt und wurde auch von den alten Ägyptern verwendet, die es als eine Abart des Bleis betrachteten.

Die ersten zu Beginn unserer Zeitrechnung gegebenen Vorschriften zur Bearbeitung des »stibi« (ägypt. stim = Grauspießglanz) stammen von den griechisch-römischen Klassikern Pedanios, Dioskorides und C. Plinius secundus. Bereits in ägyptischer Zeit wurde der Grauspießglanz als Schminke begehrt und als Medikament bei der Behandlung von Wunden und Hautkrankheiten benutzt. Auch heute noch wird Antimonium crudum im Orient zur Behandlung der Bagdad-Beule verwendet.

Von den sieben Arcana des Paracelsus sind zwei antimonhaltig: Pulvis solaris niger und Pulvis solaris ruber.

Mythologie

Nach einer Sage soll der Name »Antimonium« von Mönchen des ausgehenden Mittelalters geprägt sein, die das Mittel an Schweine verfütterten und beobachteten, dass die Tiere damit besser gediehen und kräftiger wurden. Den Frauen war der Gebrauch als Schminke durch einen bischöflichen Erlass verboten worden, da kosmetische Veränderungen des Gesichtes als Sünde betrachtet wurden.

Heute noch gibt es Gänsezüchter, die ihren Tieren eine geringe Menge Antimon zusetzen, um eine Leberverfettung und damit delikate Gänseleber zu erzeugen.

Als der Abt eines großen Klosters seinen Mönchen ebenfalls Antimonium crudum verabreichen ließ, musste er feststellen, dass es ihnen gar nicht gut bekam und sie zum Teil sogar schwer erkrankten. Sie wurden immer magerer, hatten eine belegte Zunge und Magenschmerzen. Das bei Schweinen gut wirkende Mittel richtete sich hier gegen die Mönche und war ein »Antimonachicum« oder »Antimonium«.

Im 16. und 17. Jahrhundert galt Antimonium fast als Allheilmittel. Dies geht aus dem Werk »Currus triumphalis antimonii« von Basilius Valentinus, einem Benediktinermöch, hervor.

Die großzügige Therapie in den damals noch üblichen hohen Dosen erzeugte viele Vergiftungen mit tödlichem Ausgang, was schließlich zur Ächtung des Mittels führte. An einigen deutschen Universitäten wurde schließlich bei der Promotion die eidliche Versicherung verlangt, dass der Promovierende kein Antimon-Präparat in seiner Praxis verwenden würde.

Persönlichkeitsportrait

Erwachsene

Verdrießliche Menschen sind es, auch oft reizbar, ständig müde, ängstlich und schreckhaft, weinerlich. Geringfügige Einflüsse von außen greifen sie so stark an, dass sie in Mutlosigkeit und Verzweiflung verfallen. Am liebsten begingen sie dann Suizid.

Diese Menschen sind sentimental, geben sich bei Kerzen- oder Mondlicht ihren Träumen hin. Sie verausgaben sich völlig in einer Liebesbeziehung, fallen andererseits bei unerwiderter Zuneigung in schwere Depressionen.

Oft sind sie sehr schlecht gelaunt, haben keine Lust, auch nur ein Wort zu sprechen oder gar angesprochen zu werden. Bei der geringsten Störung ärgern sie sich sehr.

Ihre Schläfrigkeit ist begleitet von großem Gähnen. Haben sie endlich Zeit zum Schlafen, dann ist der Schlaf unruhig oder fehlt völlig. Sie werden dann ganz munter im Bett, frieren aber dabei. Die Träume sind entweder von Schrecken und Angst erfüllt oder aber äußerst wollüstig.

Der Magen reagiert bei jeder Belastung und Spannung, so bei Terminnot oder anderen Geringfügigkeiten. Dabei kommt es häufig zu Durchfall, aber auch zu Verstopfungen. Das für diesen Menschen ganz typische Symptom ist immer die wie mit weißer Milch bedeckte Zunge.

Trotz der Frostigkeit wird Sonnenhitze, aber auch das lodernde Feuer eines Kamins nicht vertragen. Bei warmem Sommerwetter ist er völlig erschöpft. Trotzdem besitzt er eine ungeheuere Abneigung gegen kaltes Baden.

Die Kinder schreien beim Waschen mit kaltem Wasser, und Schwimmen in kaltem Wasser führt gelegentlich zur Regelsupression. Es gibt kaum eine Antimonium-crudum-Persönlichkeit, die

nicht an Nagelwachstumsstörung, Warzen, schmerzhaften Schwielen an den Fußsohlen, gelegentlich juckenden Ekzemen sowie alimentären Urtikaria leidet. Hier sind allerdings die Modalitäten zu berücksichtigen.
So werden die Hauterscheinungen durch extreme Temperaturen wie kaltes Baden oder strahlende Sonne verschlimmert, aber auch durch übermäßiges Essen, besonders den Genuss von Saurem, beispielsweise Wein. Dabei essen gerade Antimonium-crudum-Patienten gerne und viel, obwohl sie wissen, dass sie in dieser Hinsicht sehr empfindlich sind.

Kinder

Sie sind aufgeschwemmt, haben vergrößerte Lymphdrüsen, besonders am Hals und wunde Nasenlöcher. Um den Mund herum finden sich Pusteln und Herpesausschlag. Nach Kautzsch »haben sie dauernd Ausschläge um die Schnut herum«. Diese pastösen Kinder weisen entzündliche Reizzustände an den Augen auf und leiden an chronischer Gastritis. Die Zunge ist belegt.
Äußerst widerborstig, übelgelaunt und abweisend, ja unleidlich schrecken diese Kinder jeden ab. Sie wollen sich nicht ansehen, vor allem aber nicht anrühren lassen und können auch dem Arzt Probleme bereiten.

Arzneimittelbild

Wichtige Symptome

- sehr ärgerlicher, reizbarer Mensch mit einem Mangel an Vitalität und Neigung zu Lebensüberdruss
- dick weiß belegte Zunge mit Rhagaden an den Mundwinkeln
- Wechsel zwischen Appetit und Appetitlosigkeit, Unverträglichkeit von Saurem und Kaltem, aber Verlangen danach
- Durchfälle wechseln mit Verstopfung ab
- Kopfschmerz, als wollte die Stirn zerspringen, sehr abhängig von Magen-Darm-Beschwerden
- Konjunktiven meist gerötet
- Herz und Kreislauf erzeugen Schweregefühl auf der Brust, erschöpft, Kollapsneigung mit kaltem Schweiß
- Die Haut hat chronische Leiden, meist trockene schwielenartige Bildungen, Nagelwachstumsstörungen, besonders bei alten Menschen, aber auch bei Kindern.
- bei älteren Menschen immer wieder rezidivierende Bronchitiden mit Rasseln und Atemnot
- Bei Benommenheit, Hinfälligkeit, Schlafsucht sind die Patienten häufig kraftlos und können nicht aushusten. Dabei häufig Wechsel zwischen Gähnen und Husten
- Wollen nicht angeredet, vor allem nicht angefasst werden, weil sie ängstlich, abweisend und mutlos sind.
- Der Patient will nicht alleine bleiben.

Modalitäten

Verschlimmerung: durch kalte Bäder, strahlende Hitze, Sonne, offenes Feuer, saure Speisen, reichliches Essen.
Besserung: durch warme Bäder, frische Luft.

Toxikologie

Vergiftungen mit Antimon kommen in erster Linie bei der Verarbeitung in Technik und Industrie vor. Die Giftigkeit des metallischen Antimons ist dabei umstritten. Meist kommen Verunreinigungen durch Blei oder Arsen in Betracht. Allgemeine Krankheitszeichen sind Müdigkeit, Schwindel, Schlaflosigkeit, Reizbarkeit, Entzündungen in Mund und Rachenhöhle, Magen-Darm-Störungen, Koliken, Neuritiden und Blutschädigungen. Durch Schmelzdämpfe werden Entzündungen der oberen Luftwege, Magen-Darm-Störungen sowie Hautreizungen verursacht.
Die giftigste Antimonverbindung ist Antimon-Wasserstoff (SbH_3), der ähnlich wie Arsen-Wasserstoff wirkt und das zentrale Nervensystem erheblich angreift.
Im Gegensatz zu Arsen ist es nicht möglich, eine Gewöhnung an Antimon zu erzielen. Die Resorption nimmt bei chronischer Darreichung nicht ab, sondern sogar noch zu. Dabei scheint die Vorbehandlung mit Antimon die Empfindlichkeit noch zu steigern, was wohl auch mit der langsamen Ausscheidung und der Speicherung zusammenhängt.
Nach der Einnahme toxischer Dosen (mehr als 0,2 g pro Gabe) treten Schmerzen im Mund mit metallischem Geschmack auf. Auf der Mundschleimhaut bilden sich Aphten, Blasen, Pusteln, die Lippen schwellen an. Es kommt zu Übelkeit, Ekelgefühl, kolikartigen Schmerzen in Magen und Unterleib. Der Bauch ist sehr stark aufgetrieben, es besteht vermehrter Speichelfluss mit

Würgen und Erbrechen. Stuhlentleerungen sind schleimig und mit Galle vermengt.
Das Gesicht wird blass, der Hals rau. Die Stimme versagt, der Puls wird klein, Krämpfe treten auf und unter Schwindel, Kollaps und Bewusstlosigkeit tritt der Tod ein.

Wichtige Indikationen

- Gastritis, besonders nach zu üppigem Essen und Weingenuss
- Ausschläge, besonders bei Kindern, mit honiggelben Krusten, rissigen Hautpartien, besonders an Nasenflügeln und Mundwinkeln
- Migräne, die sich sofort bessert, wenn eine Ausscheidung in Gang kommt, z. B. Schnupfen, Durchfall, Husten mit Auswurf
- Folgen von Unterdrückung eines Hautausschlages
- chronische Rötung der Augenlider und Entzündung der Konjunktiven
- deutliche Verschlimmerung durch Sonnenlicht und offenes Feuer
- Flatulenz, Meteorismus bei chronischer Gastroenteritis

Sulfur

Ursprung

Elementarischer Sulfur (Schwefel) wird aus Erzen und Sulfaten gewonnen. Er verbindet sich beim Erhitzen mit fast allen Elementen, oft unter Feuererscheinung, und ist Ausgangsprodukt aller wichtigen Schwefelverbindungen, insbesondere der Schwefelsäure, die technisch eine äußerst wichtige Bedeutung erlangt hat.
Zu den wichtigsten Schwefelverbindungen für das organische Leben gehören die schwefelhaltigen Aminosäuren.
Pharmakologische Bedeutung erlangten organische Schwefelverbindungen, wie Sulfonsäure (Ichthiol), die Sulfonamide, die Schwefelsäure-Ester mit Polysacchariden (Heparin), Antibiotika, Zytostatika, viele Hormone und auch Narkotika < 5 >.
Die Hauptmasse des Schwefels findet sich in der mittleren Erdschale (Chalkosphäre) in etwa 1200 bis 2900 km Tiefe. In der äußeren Erdschicht (Lithosphäre) kommt der Schwefel elementar als Bleiglanz oder als Sulfat und gasförmig als Dioxid und Schwefelwasserstoff vor. Durch vulkanische Ausbrüche kommt er aus großen Tiefen an die Erdoberfläche. Balneologisch wichtige Schwefelquellen sind in Aachen, Wiesbaden und Bad Homburg zu finden.
Im pflanzlichen, tierischen und menschlichen Organismus ist Schwefel von sehr großer Bedeutung, zumal er, besonders im menschlichen Organismus, in mehreren Vitaminen, Hormonen, Ko-Enzymen vorkommt sowie in schwefelhaltigen Aminosäuren, die an der Eiweißbildung beteiligt sind.
Wegen Farbe, Brennbarkeit und des stechenden Geruchs der Verbrennungsprodukte wurde Schwefel bereits im Altertum zu religiösen Zwecken verwendet. Um 2000 v. Chr. verwandten ihn die Ägypter zum Bleichen, um 1600 v. Chr. zur Herstellung von Farben.
Homer erwähnt brennenden Schwefel als Desinfektionsmittel, Dioskorides im 1. Jh. v. Chr. seine Verwendung in der Heilkunde. Die Römer benutzten ihn zu pharmazeutischen Zwecken.
Zum Beginn des 12. Jahrhunderts erlangte Schwefel große Bedeutung bei der Schießpulverherstellung und mit dem Ende des 18. Jahrhunderts für die Schwefelsäureindustrie.
Den elementaren Charakter von Schwefel entdeckte Lavoisier im Jahre 1777.

Mythologie

Im griechischen Mythos verkörpert der Gott Hephaistos eine Schwefel-Persönlichkeit. Er war der große, überlegende, hilfreiche Gott, der künstlerisch sehr begabt war. Im Auftrag des Zeus erschuf er Pandora und schmiedete für sie eine Büchse, in der alle Leiden, Sorgen und Nöte der Menschen verschlossen waren. Schalkhaftigkeit bewies er, als er von Hermes erfuhr, dass seine Gemahlin Aphrodite ein Liebesverhältnis mit Ares habe: In Windeseile schmiedete er ein riesiges, goldenes Netz, das er über die Liebenden spannte, und rief alle Götter zusammen, um dieses Schauspiel zu betrachten. Und alle kamen (mit Ausnahme der Damen des griechischen Götterhimmels) und ließen »melieusi geleusi«, »honigsüßes Gelächter«, erschallen.
Die Griechen verbrannten zum Dank für empfangene Wohltaten oder um zürnende Götter zu versöhnen vielfach auf den Altären neben den Schlachtopfern allerlei wohlriechende Kräuter. Wenn die Götter trotz vieler Bittopfer nicht reagierten, streuten die Griechen schließlich Schwefel auf die Opfertiere. Sein penetranter Geruch sowie die Farbe des Rauches, der von gelb bis orangerot in verschiedenen Variationen leuchtete, sollten die Aufmerksamkeit der Götter erregen. Dieses die Sinnesorgane der Götter ansprechende Verfahren verlieh dem großen Reaktionsmittel Schwefel den griechischen Namen »theion«, zu deutsch »das Göttliche«, während Phosphor, das zweite große Reaktionsmittel, dem lateinischen »Luzifer« und somit dem Teufel gleichzusetzen ist. Dies mag zunächst verwunderlich erscheinen, ist aber bei genauer Kenntnis der griechischen Mythologie verständlich.
Das heutige Problem des schwefligen Säureregens, des »sauren Regens«, gab es schon in biblischen Tagen, als »Pech und Schwefel« vom Himmel fielen. Sulfur ist eine Zivilisations- und Kulturkomponente, die uns zwar im technischen Fortschritt Vorteile bringt, aber auch sehr viel Abfall beschert. Hier ist daran zu erinern, dass der Abfall ein teuflisch-sulfurisches Geschehen

darstellte, als Adam und Eva von den Geboten Gottes im Paradies abfielen.
Der Abfall ist die Kehrseite des Vorteils, den wir von der Industrialisierung haben, und so entstehen jetzt Krankheiten der Haut als Ausschläge, als juckende und brennende Veränderungen, als wenn der Teufel selbst den Kranken berührt hätte. Das Leben dieser Kranken wird zur Hölle, in der Pech, Schwefel und Teufel stinken und Unreinheit herrscht.

Persönlichkeitsportrait

Erwachsene

Generationen homöopathischer Ärzte unterschieden zwei Sulfur-Typen, die beide in der Literatur oft beschrieben wurden und regional verschiedene Portraits zeigen.
Der eine Typus ist mager, schmal, hat hängende Schultern, der andere plethorisch, gut genährt und robust, mit allen Anzeichen vollendeter Gesundheit.
Der magere Sulfur-Typ, den Kent besonders herausstellte, ist groß und wirkt häufig schmuddelig. Wegen der Schwäche seines Rückens steht er häufig krumm und muss sich aufstützen. Aufrechte Haltung ist unbequem, stehen fällt ihm schwer. Dies ist ein Leitsymptom bei Schwefel. Sehr häufig ist er träge und faul.
Die früher vertretene Ansicht, der Patient trage Hemden und Hosen, die monatelang nicht gewechselt würden, ist nicht mehr zu vertreten.
Diese Persönlichkeiten sehen oft weder den Schmutz an ihrem Hemd noch die Schuppen auf dem Jackett, sind jedoch durch jeglichen Schmutz in ihrer Umgebung sehr irritiert: Trotz ihrer sehr belastenden Libido würden sie sich niemals mit einem noch so hübschen, aber ein schmutziges Kleid tragenden Mädchen zusammensetzen oder eine Kaffeetasse mit Lippenstiftspuren zum Munde führen. Sie ekeln sich beispielsweise vor der unaufgeräumten oder schmutzigen Wohnung ihrer Freundin, befinden sich dabei aber nicht in einer Zwangssituation wie Luesinum, der sich ständig die Hände wäscht, weil er einer angeblich schmutzigen Person die Hand gegeben hat, eine schmutzige Türklinke oder einen nicht mehr ganz neuen Geldschein angefasst hat. Freilich ist hier anzumerken, dass es auch sehr saubere und ordentliche Sulfur-Patienten gibt, die manchmal etwas hyperaktiv sind und dann auf einmal krankhaft pedantisch werden, wie wir es auch bei Arsen finden.

Der Patient ist sehr stark auf geistige Tätigkeit ausgerichtet. Er liebt geistreiches Debattieren und Disputieren, er ist, wie die frühere Materia medica sagt, ein »Philosoph im schmutzigen Hemd«. Seine philosophische Neigung ist sehr stark, zumal er sich gerne in wissenschaftliche Probleme vertieft. Auf seinem Arbeitsplatz, dem Schreibtisch, auf Regalen, deren es nicht genug geben kann, auf Fensterbänken, selbst auf Stühlen stapeln sich Bücher, Konzepte und Zettel. Niemals herrscht Ordnung, und er kommt auch nicht auf die Idee, sauberzumachen. Er bemerkt den Schmutz gar nicht, es sei denn, er wird darauf aufmerksam gemacht, und sieht lediglich das ihn packende Thema. Alles andere ist unwichtig.
Dabei stößt er gedanklich zum Kern der Probleme vor, will aber auch als erster Erkenntnisse gewinnen, die er – etwas eigensüchtig – anderen vermitteln will. Sehr gerne findet er neue Aspekte und immer wieder stellt er sich Fragen, um sie zu lösen. Dabei wird er manchmal müde, bricht zusammen und hat dann keine Kraft mehr, intensiv zu arbeiten und seine Studien zu vollenden. Auch auch, wenn seine geistigen Fähigkeiten abnehmen, behält er das Gefühl, er sei der Beste.
Er liebt es, für Vorträge oder Bücher gelobt zu werden. Je mehr er umschmeichelt wird, desto stolzer und eitler wird er. Reicht seine Kraft nicht mehr aus, um mit der Welt zurechtzukommen, zieht er sich in seine Welt der Philosophie oder hinter seine eigene Meinung zurück.
Hat Sulfur eine klar definierte Aufgabe übernommen, lässt er sich bisweilen vom Thema ablenken, weil er immer wieder andere Aspekte findet, die ihn ebenfalls interessieren. Sehr lange kann er sich mit ziellosen, auch metaphysischen, Gedanken beschäftigen. Auch in seinen Vorträgen und Büchern entfernt er sich ab und zu vom Thema. Drängt dann die Zeit, kommt er oft nicht weiter.
In solchen Momenten ist er trotz seines Wissens, trotz seines Fleißes nicht mehr in der Lage, über sich selbst zu bestimmen. Auf seiner Suche nach Entspannung trinkt er Alkohol, um die aus seinem Versagen resultierenden Depressionen zu unterdrücken, und entwickelt Angst vor Krankheiten, dem Tod und Unglücksfällen. Allerdings ist die Sulfur-Persönlichkeit auch dazu fähig, in einer derartigen Phase ihr Ich wieder zu entdecken und somit wieder sehr fleißig zu werden.
Der zweite Sulfur-Typ ist äußerst aktiv und robust, voller Vitalität, Energie und Kreativität. Er

ist immer der Beste und überarbeitet sich, indem er jede Stunde benutzt, um vorwärtszukommen. Er verwendet aber auch seine »Ellbogen«, nicht nur seinen genialen Geist. Wenn er bemerkt, dass er sich und seine Kräfte überfordert hat, ist er sehr enttäuscht, fühlt sich als Versager und sieht sich am Ende seines Lebens vor dem Nichts, obwohl er immer gearbeitet hat.
Sein sehr großes Geltungsbedürfnis muss immer wieder befriedigt werden. Bricht er unter Schuldkomplexen und Versagungsgefühlen zusammen, braucht es wenig Zuspruch, um ihn wieder aufzurichten.
Er ist geistig sehr gewandt, kann immer mitreden, hat viel gelernt. Auch meditieren kann er. Weiterhin leistet er sehr viel, setzt sich für seine Mitmenschen ein und hilft ihnen auch, braucht allerdings auch Anerkennung im Sinne von »everybody's clap clap«. Dabei stört es ihn nicht, wenn andere schlecht über ihn reden. Er opfert sich für andere auf und ist ein enthusiastischer Idealist, aber nicht ohne selbstsüchtiges Element.
In seiner großen Vitalität ist er mit einem sehr starken, erotisch stigmatisierten Gefühlsleben ausgestattet, das bis zu einer triebhaften Sexualität führen kann. Auch hier ist er wieder der große Egoist, der zwar idealistische Anwandlungen hat und dem anderen Geschlecht eine Freude bereiten will, aber im Grunde wieder die Bestätigung braucht, die ihm aufgrund seiner Kapazitäten in diesem Bereich auch zuteil wird. Er braucht die Anerkennung seines Idealismus, seines Könnens und seiner Fähigkeiten, um leistungsfähig zu sein.
Auf Geld kann dieser Typus gut verzichten, zumal für ihn ideelle Anerkennung viel wichtiger ist, über die er sich sehr freut.
Neben den beiden beschriebenen, klar umrissenen Sulfur-Konstitutionstypen, dem Mageren, Hageren und dem Plethorischen, Vollblütigen, gibt es Sulfur-Menschen, bei denen manche Symptome fehlen oder vertauscht sind. Auf jeden Fall bleibt Sulfur immer ein Egozentriker, ein praktischer, strebsamer, auch fauler, manchmal sehr triebhafter, aber auch bequemer Mensch, der in sich ruhend sehr zufrieden sein kann, aber immer danach strebt, noch mehr Wissen anzusammeln.
Äußerlichkeiten sind so unwichtig, dass man Sulfur beispielsweise mit farblich vollkommen uneinheitlicher Kleidung antreffen kann; so trägt er manchmal sogar zwei verschiedenfarbige Schuhe. Sulfur geht davon aus, dass das Wesentliche des Menschen in dessen Innerem, nicht in seinem Spiegelbild zu erkennen ist.
Im Folgenden soll eine exemplarische Situation mit einigen Schlüssel- und Leitsymptomen vorgestellt werden.
Typisch für Sulfur ist ein verhältnismäßig geordneter Büroraum, dessen Schreibtisch allerdings ein »Tohuwabohu« zeigt: Bücher, Bleistifte und Briefe liegen kreuz und quer, die Uhr geht falsch. Einzelne Ständer quellen beispielsweise von unbezahlten Rechnungen über. Ein derartiger Schreibtisch würde jedem Acidum-arsenicosum-Konstitutionstyp sehr missfallen, der Sulfur-Typ weiß jedoch ganz genau, wo alles zu finden ist und wann er etwas zu erledigen hat, da er alle Papiere mit beschrifteten Klammern geordnet hat.
Ist der Benutzer dieses Schreibtisches ein Arzt mit allen bereits vorher beschriebenen Charakteristika und Emotionen, wird er von seiner Frau sicher als sehr großer Idealist und »Sprücheklopfer« beschrieben, der es versteht, seine Bemerkungen klug zu verbrämen und die Aufmerksamkeit anderer auf sich zu lenken. Obwohl er mit seiner Intelligenz verblüfft, setzt er diese nicht ein, um Geld zu verdienen, er bereichert sich vielmehr zu seiner eigenen Freude mit Wissen. Er ist sehr klug und weiß genau die gerade aktuellen Themen vorzubringen. Da er viel liest und wenig Schlaf braucht, ist sein Wissen viel umfassender als das der anderen. Wie Theophrastos ist er ein gottbegnadeter Redner und zeichnet sich häufig durch eine vitale Lust am Umgang mit der Sprache aus. So wird er sehr häufig und nicht zu Unrecht als intelligenter Phantast mit »Pfadfinderromantik« charakterisiert.
Sulfur ist im Grunde ein mit sich selbst zufriedener Mensch, der allerdings an der Umwelt einiges auszusetzen hat. Dabei kann er auch als liebenswerter, kindlicher »Taugenichts« mit viel Herz und Gemüt auftreten.

▶ Kinder

Da Sulfur möglicherweise eines der fundamentalsten Mittel der Homöopathie überhaupt ist, zeigen auch die Kinder mitunter ein sehr stark ambivalentes Bild. Dem lebhaften, kräftigen, äußerst gut genährten und gut durchbluteten Kind mit warmen Händen und Füßen steht das etwas gebeugte, schmächtige, magere Kind gegenüber mit bleicher Haut, vielen Hauterscheinungen, wie rauen Flecken oder roten Streifen, und einem großen Kopf. Oft sind die Kinder praktisch veranlagt und denken materiell, können aber auch Träumer ohne Sinn für Praktisches sein.

Entweder haben sie großen oder gar keinen Appetit und immer ist die Haut betroffen.
Sie zerstören als Kleinkinder alles, was sie in die Hand nehmen. Schon sehr früh entwickeln sie ihren eigenen Willen und sind somit sehr schwer zu beeinflussen, wollen auch ihr Zimmer, ihren Tisch oder Schreibtisch nie aufräumen. Alles wird in der Wohnung verstreut, man findet überall Abfälle, zerstörte Spielsachen. Auf Verbote reagieren sie mit Schrei- und Wutanfällen, bleiben ihre Wünsche unerfüllt, werden sie eigensinnig und zeigen destruktive Verhaltensweisen. Besonders dann tritt Verschlimmerung ein, wenn sie ihrer großen Lust nach Süßigkeiten ungehindet und ungebremst nachgehen und diese in großen Mengen essen dürfen. Es scheint so, als wenn hierdurch das Sulfur-Ich gestärkt wird.
Diese kleinen »Sulfur-Herren« oder »-Damen« sind kleine Teufelchen, die großen Spaß daran haben, ihre Mitmenschen zu ärgern und ihnen alle möglichen Streiche zu spielen. Sie sind sehr nervenaufreibend, andererseits aber aktiv und kreativ, wenngleich zunächst vordergründig in destruktiver Richtung.
Letztlich werden diese Kinder, die ungeniert nach dem eigenen Lustempfinden handeln, aus gesellschaftlichen und anderen Gründen von den Erwachsenen beneidet, denen dies verwehrt ist.
Schwierig wird es allerdings, wenn diese Sulfur-Kinder den Eltern »auf der Nase herumtanzen« und die Eltern zu dem Ausruf veranlassen »Das sind ja richtige Teufel!«
Natürlich ist es möglich, diese Kinder autoritär zu unterdrücken. Auf jeden Fall muß man Macht demonstrieren, konsequent und streng sein.
Wichtig ist, ein solches Kind angemessen zu bestrafen und nicht die eigene Wut an ihm abzureagieren.
Inkonsequenz wird sehr schnell ausgenutzt. Lässt man einen großen Freiraum, entsteht ein Teufelskreis, der sehr schwer zu durchbrechen ist.
Schlägt man diese Kinder, hat man nie das Gefühl, die Oberhand zu behalten: Sie ordnen sich in Gegenwart des Strafenden unter, um danach erst recht ungehorsam zu sein.
Nach Bestrafungen für ein bewusst begangenes Vergehen sind Sulfur-Kinder erstaunlich froh und heiter, einsichtig und ganz »erlöst«.

Literatur

Das Märchen von den Gebrüdern Grimm »Des Teufels rußiger Bruder« stellt als Sulfur-Typus einen abgedankten, mittellosen Soldaten vor, der dem Teufel in Gestalt eines kleinen Männchens begegnet und für sieben Jahre dessen Knecht wird. Bedingung hierfür ist, dass er sich in dieser Zeit nicht wäscht, nicht kämmt, sich weder Nägel noch Haare schneidet und kein Wasser aus den Augen wischt. Der Soldat zeigt hier ein typisches Sulfur-Verhalten, indem er sich in die neue Situation schickt und sie zuversichtlich zu bewältigen sucht.
In der Hölle soll er während des Teufels Abwesenheit das Feuer schüren und das Haus rein halten. Streng verbietet ihm der Teufel, in die Kessel hineinzuschauen, unter denen das Feuer brennt. Als Sulfur-Typ will der Soldat jedoch Wissen »schaufeln« und öffnet die Kessel, in denen er seine früheren Vorgesetzten findet, worauf er das Feuer noch stärker schürt.
Nach sieben Jahren wird er mit einem »Ranzen voll Kehrdreck« entlassen mit der Auflage, ungewaschen und ungekämmt mit langen Haaren, mit ungeschnittenen Nägeln und trüben Augen zu gehen und sich als »des Teufels rußiger Bruder« zu bezeichnen, der aus der Hölle kommt. Obwohl der Soldat mit diesem Lohn nicht zufrieden ist, wird er nicht wütend. Er hat gelernt, sich nicht aufzuregen.
Im Wald findet er jedoch statt dem Kehrdreck Gold im Ranzen und wandert somit beschwingt in die Stadt zu einem Wirtshaus, dessen Wirt vor dem ungewaschenen, unordentlichen Sulfur-Typen erschrickt, ihn aber einlässt, nachdem er das Gold gesehen hat, und ihm köstlich aufwartet. Als der Soldat schläft, stiehlt er das Gold und zeigt hier ebenfalls sulfurisches Verhalten: Man reißt alles an sich, was man bekommen kann.
Nach dem Erwachen bemerkt der Soldat das Fehlen des Goldes und kehrt wieder um in die Hölle, um dem Teufel seine Not zu klagen. Nachdem dieser ihn gewaschen und gekämmt, ihm Haare und Nägel geschnitten und die Augen ausgewischt hat, beauftragt er den Soldaten, dem Wirt auszurichten, wenn er das Gold nicht herausgebe, komme der Teufel und hole ihn ab, damit er als Knecht das Feuer anstelle des Soldaten schüre. Nachdem der Soldat das Gold wieder bekommen hat, ist er reich und auch frei von egoistischem Haben, Treiben und Gewissensbissen. Er ist geläutert, sein eigener König.
Auf dem Weg zu seinem Vater kauft er sich einen schlichten Drillich-Kittel, da ihm die äußere Erscheinung nicht mehr wichtig ist, und musiziert: Der Weg zum Vater beginnt bei Sulfur erst nach Spaß, Genuss, materiellem Wohlergehen, sexuellem Genuss.

In seinem Drillich-Kittel spielt er auch am Königshof, worauf ihm die älteste Königstochter versprochen wird. Diese lehnt ihn aufgrund seines bescheidenen Erscheinungsbildes jedoch ab. Hier ist ein Sulfur-Symptom bei Frauen zu sehen: Sie lieben das Portemonnaie eines Mannes oder das gesellschaftliche Ansehen mehr als ihn selbst.
Die jüngste Tochter ist gerne bereit, ihn zu heiraten. Sie liebt ihn und ist nicht so oberflächlich wie ihre Schwester. Die Voraussetzungen für ein glückliches Zusammenleben sind gegeben.
Nach dem Tode des Königs wird »des Teufels rußiger Bruder« Herrscher über das ganze Reich.

Das Bild des liebenswerten Taugenichts findet sich beispielsweise bei dem Protagonisten aus dem Roman Eichendorffs »Aus dem Leben eines Taugenichts«, dem es »wie ein ewiger Sonntag im Gemüte (war)«. Als intelligenter und intellektueller, phantasievoller Mensch wendet sich Sulfur gegen einen eindimensionalen Fortschrittsglauben, der übereiltes und oberflächliches Handeln zur obersten Maxime macht, erfährt dadurch allerdings manche Zurückweisung und wird in seiner Bedeutung für eine positive Entwicklung der Gesellschaft häufig verkannt: »So wurde jeder als Taugenichts verbannt, der umherschwärmte in unbestimmten Geschäften, als wenn dem Staate und der Welt nicht gerade diese schwärmenden Landsknechte und irrenden Ritter, die ewige Völkerwanderung ohne Grenzverrückung, diese wandernde Universität und Kunstverbrüderung zu seinen besten, schwierigsten Unternehmungen allein taugten.«

Arzneimittelbild

Wichtige Symptome

- Brennen am ganzen Körper, aber auch an einzelnen Stellen. Im Bett besonders stark an den Füßen. Er streckt die Füße aus dem Bett, um sie zu kühlen. (Tagsüber hat er kalte Füße.)
- Rötung aller natürlichen Körperöffnungen. Die Lippen sind rot. Um den After und andere Körperöffnungen Erkrankungen, Rötungen
- Im Magen großes Leeregefühl, besonders zwischen zehn und zwölf Uhr vormittags, dabei auch Hungergefühl, das schmerzhaft sein kann mit Anwandlung von Schwäche.
- Beklemmung, besonders nachts beim Liegen, mit Blutandrang zum Herzen, dabei auch Herzklopfen mit etwas erschwerter Atmung, als wenn man ersticken wollte. Die Beklemmungen können sich aber auch am Tage bei körperlicher Anstrengung, z. B. beim Treppensteigen, einstellen.
- Die Haut ist schuppig, trocken und sieht im allgemeinen ungesund aus. Die Kopfhaut ist sehr trocken. Neigung zu Hauterkrankung bis zu Ulzerationen in den Hautfalten. Hautausschläge haben unterschiedlichen Charakter. Sie vikariieren häufig mit anderen Krankheiten (Asthma, Migräne).
- Beständiges Hitzegefühl auf dem Kopf und im Gesicht, Kältegefühl an den Füßen. Schweißausbrüche bei Nacht, übelriechend, auch bei körperlicher Belastung und bei Erwartungsspannungen
- Hitzewallungen im Gesicht, auf die häufig ein leichter Schweißausbruch folgt, der Erleichterung verschafft.
- Abneigung gegen Fleisch, Milch und zu saure Nahrungsmittel
- sehr heftiges Verlangen nach Süßigkeiten
- Trinkt häufig sehr große Mengen auf einmal, isst aber wenig.
- Sulfur hat große Freude am frühen Aufstehen, kann aber tagsüber auch sehr müde sein.
- Stimmungslage ist sehr wechselhaft. Ein sehr eigenartiges Symptom ist, entsprechend § 153 des »Organons« von Hahnemann, »Ihm scheint, dass der eigene Körper nach Kot rieche.«
- Schmerzen wie bei Rheuma und ähnlichen Erkrankungen haben immer einen brennenden Charakter und sind verschieden lokalisiert, nicht nur an Gelenken, sondern auch an anderen Körperstellen, auch bei inneren Organen.

Modalitäten

Verschlimmerung: durch Stehen, Bettwärme, Waschen, besonders mit kaltem Wasser, beim Aufstehen sowie gegen elf Uhr vormittags. Gelegentlich Beschwerdeverschlimmerung bei Wetterwechsel.
Besserung: durch trockenes und nicht zu warmes Wetter, Liegen auf der rechten Seite.

Toxikologie

Toxikologisch bedeutsame Schwefelverbindungen sind Schwefelwassertoff, Schwefeldioxid, Schwefelkohlenstoff und Schwefelsäure < 5 >.

Zur Inhalationsintoxikation mit Schwefelwasserstoff kommt es in der chemischen Industrie wie auch in Viskose-Spinnereien.
Selbst in Kläranlagen und Jauchegruben ergeben sich Vergiftungsmöglichkeiten. Schwefeldioxidintoxikationen wurden nach Entwanzung in mit SO_2 vergasten Räumen beschrieben, die ungenügend belüftet worden waren, Schwefelkohlenstoffvergiftungen kommen vor allem in der Viskose-Industrie vor.
Unglücksfälle in der chemischen Industrie können zu äußerem Kontakt mit der stark ätzenden und lebendes Gewebe zerstörenden Schwefelsäure führen.
Akute Vergiftungen führen, besonders bei Schwefeldioxid, zur Reizung der Augen mit Konjunktivitis und Tracheitis und quälendem Reizhusten. Auch Pneumonien und Lungenödeme können sich ausbilden.
Schwefelkohlenstoff führt bei akuten Vergiftungen zu einem Erregungszustand, der über eine Narkose zum Tod durch Atemlähmung führen kann.
Subakut bestehen Kopfschmerzen, Erregungszustand mit Logorrhö und Schlaflosigkeit.
Chronische Vergiftungen können Störungen des Geruchs- und Geschmackssinnes bewirken. Bei Anstrengungen und Müdigkeit kommt es zu Dyspnoe und Reflexabnormitäten.
Die Schädigung des Pallidums und der Substantia nigra kann bis zu einem Parkinson-Syndrom führen.
Die hygienischen Grenzwerte für Arbeitsräume liegen bei 20 ppm.
Chronische Vergiftungen hemmen den Klärfaktor des Blutes und führen deshalb zu tiefgreifenden Störungen des Lipidstoffwechsels mit Förderung einer Arteriosklerose, besonders im Bereich kleinerer Gefäße, sowie zu Störungen im ZNS.

Wichtige Indikationen

- Die wichtigste Indikation für Sulfur ist die Reaktionsschwäche des Organismus. Wenn ein sorgfältig gewähltes Heilmittel versagt, besonders bei chronischen Krankheiten, ist Sulfur das Reaktionsmittel par excellence.
- Sulfur ist das große Antipsorikum von Hahnemann.
- chronische Rheumatismen (*nicht* PCP); < 6 >
- Chronische Rhinitis und Sinusitis. Hier wird Rezidiven vorgebeugt und die lokale Affektion gemildert; dazu gehört auch die Ozaena.
- Asthma, besonders, wenn ein Wechsel zwischen Asthma und Hauterscheinung auftritt
- Keuchhusten, besonders am Ende der Erkrankung
- Pneumonie am Ende des zweiten Stadiums, in der letzten Phase der Resorption
  Bei Pleuritis ist Sulfur nach Bryonia das beste Folgemittel.
- Chronische Hypertonie, besonders bei Menschen, die Wärme oder geschlossene Räume schlecht vertragen, sich nicht gern mit kaltem Wasser waschen, häufig geringe Hauterscheinungen aufweisen, etwas unsauber sind und deren natürliche Körperöffnungen gerötet sind.
- Viele Magen-Darm-Störungen, besonders Kongestionen des Pfortadersystems und Dyspepsie der Alkoholiker, aber auch Dyspepsie infolge zu reichlicher Kohlehydratnahrung, besonders beim Verzehr von weißem Mehl
- Obstipation, besonders bei Brennen und Jucken am After, häufig mit Hämorrhoiden oder Ekzemen in der Umgebung des Anus
- Augenerkrankungen, besonders der Bindehaut, rezidivierende Entzündung und eine durch Fremdkörper verursachte Konjunktivitis
- Grippale Infekte, vor allem bei Fortdauern der Schwäche, der Unfähigkeit, sich aufrecht zu erhalten; immer dann, wenn der Patient sich nicht erholen kann. Bei Migräne kommt gelegentlich Sulfur in Frage, besonders bei acht- oder vierzehntägiger Periodizität.

Praxistipp
Bei chronischem Rheumatismus zunächst tiefe Potenzen verordnen und langsam zu höheren übergehen.
Bitte bei Patienten, die Gold- oder Silberschmuck tragen, auf die Haut sehen: Die Haut färbt sich bei Sulfurikern schwarz.

<5>

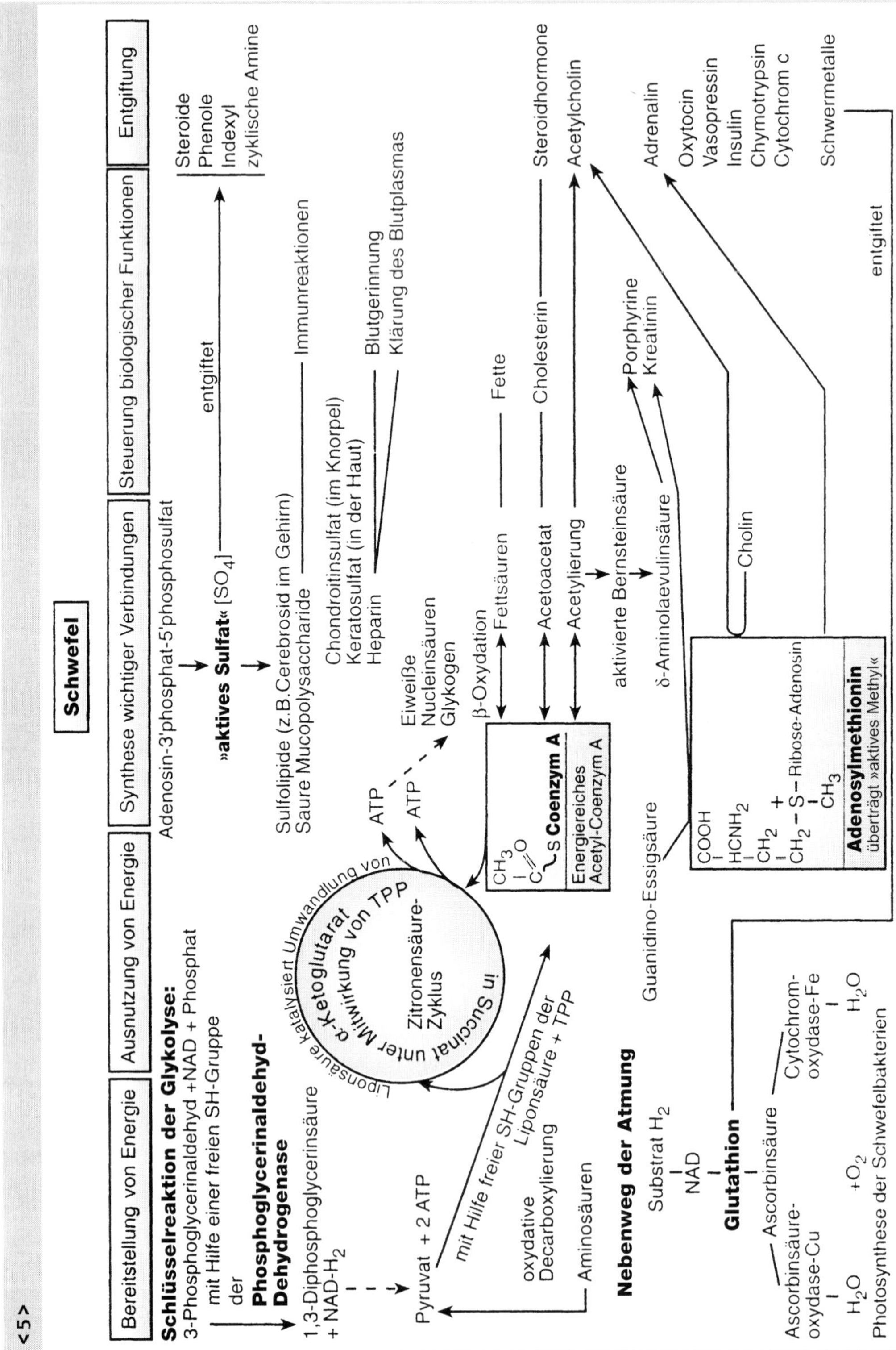

Schwefel
Bereitstellung von Energie
Ausnutzung von Energie
Synthese wichtiger Verbindungen
Steuerung biologischer Funktionen
Entgiftung
Schlüsselreaktion der Glykolyse:
3-Phosphoglycerinaldehyd +NAD + Phosphat
mit Hilfe einer freien SH-Gruppe
der
Phosphoglycerinaldehyd-Dehydrogenase
1,3-Diphosphoglycerinsäure
+ NAD-H2
Pyruvat + 2 ATP
mit Hilfe freier SH-Gruppen der Liponsäure + TPP
oxydative Decarboxylierung
Aminosäuren
Liponsäure katalysiert Umwandlung von
α-Ketoglutarat
unter Mitwirkung von TPP
in Succinat
Zitronensäure-Zyklus
ATP
ATP
Eiweiße
Nucleinsäuren
Glykogen
β-Oxydation
Fettsäuren
Fette
Acetoacetat
Cholesterin
Steroidhormone
Acetylierung
Acetylcholin
aktivierte Bernsteinsäure
Porphyrine
δ-Aminolaevulinsäure
Kreatinin
S Coenzym A
Energiereiches Acetyl-Coenzym A
Adenosin-3'phosphat-5'phosphosulfat
»aktives Sulfat« [SO4]
entgiftet
Steroide
Phenole
Indexyl
zyklische Amine
Sulfolipide (z.B.Cerebrosid im Gehirn)
Saure Mucopolysaccharide
Immunreaktionen
Chondroitinsulfat (im Knorpel)
Keratosulfat (in der Haut)
Heparin
Blutgerinnung
Klärung des Blutplasmas
Guanidino-Essigsäure
Cholin
COOH
HCNH2
CH2
CH2 – S – Ribose-Adenosin
CH3
Adenosylmethionin
überträgt »aktives Methyl«
Adrenalin
Oxytocin
Vasopressin
Insulin
Chymotrypsin
Cytochrom c
Schwermetalle
entgiftet
Nebenweg der Atmung
Substrat H2
NAD
Glutathion
Ascorbinsäure
Ascorbinsäure-oxydase-Cu
Cytochrom-oxydase-Fe
+O2
H2O
H2O
Cytochrom-oxydase-Fe
Photosynthese der Schwefelbakterien

<6>

Arzneimittel Akute Arthritis	Symptome und Modalitäten
Aconitum napellus	Causa: kalter Wind unerträgliche Schmerzen am ganzen Körper alle Beschwerden sind mit Angst verbunden Verschlimmerung: durch warmes Wetter Besserung: durch reichlichen Schweiß
Apis mellifica	Causa: unterdrückte Ekzeme brennende, stechende Schmerzen, die wandern Schwellungen es besteht kein Durst Verschlimmerung: durch Wärme, Ruhe Besserung: durch kaltes Wasser
Atropa belladonna	Causa: Luftzug heftige Schmerzen am ganzen Körper, pulsierende Arterien Unruhe Verschlimmerung: durch Geräusche, Kälte Besserung: durch Wärme, Ruhe
Pulsatilla pratensis	schnell wechselnde Schmerzen venöse Kongestionen beim Stehen und Sitzen oft Anämie Verschlimmerung: durch Hitze Besserung: durch Bewegung im Freien
Sulfur	Causa: Unterkühlung, Infektionen brennende Schmerzen, vor allem an den kleinen Gelenken Bewegungsdrang, kann schlecht stehen Waschen mit kaltem Wasser wird vermieden ständige Rückfälle Verschlimmerung: in der Bettwärme Besserung: bei trockenem, warmem Wetter

Metalle

Metalle haben eine große Übereinstimmung mit dem menschlichen Körper. Denn die Kräfte, die im Metall verborgen ruhen, sind auch im Menschen. Wenn Gleiches zu Gleichem kommt und mit Verstand gebraucht wird, so wird der Natur geholfen.

Paracelsus

Einleitung

Metalle bilden das Mark der Erde und sind Baustoffe von Mensch, Tier und Pflanzen. Fest, flüssig und gasförmig sind sie im Blut, den Muskeln und Knochen enthalten. Wir leben mit ihnen, sie leben mit uns.

Ihre tiefgreifende Bedeutung ist den meisten Menschen kaum bekannt. Wir wissen um chemische Zusammensetzungen, Atomgewichte, Kristall- und Metallstrukturen, Leitfähigkeit, Anwendungsmöglichkeiten, Historie sowie Fundorte. Bei intensiver Beschäftigung mit den Metallen sollte man jedoch lernen, sich Gedanken über das **innere Wesen**, die Seele dieser Metalle zu machen, die den jeweiligen Metallcharakter ausmacht. Im Gegensatz zu den genannten Ordnungsprinzipien findet man diese nicht messbare Eigenschaft weder im Chemie- oder im Biologielehrbuch.

Wie der Körper von Adern durchzogen ist, ist die ganze Erde von Metallen verschiedener Form durchsetzt. Wir finden sie in vielen Schichten in tiefen Zonen, aber auch an der Oberfläche. Nähern wir uns dem Kern der Erde, entdecken wir plötzlich glühende Substanzen, die möglicherweise reines Eisen darstellen. Diese Entdeckung kann uns dazu veranlassen, neue Maßstäbe anzulegen und darüber nachzudenken, dass Eisen auch in unserem Blut eine Rolle spielt, dass wir nicht leben können ohne das Eisen enthaltende Hämoglobin und wir durch dieses Eisen weiterleben, wie andere Lebewesen, Mollusken beispielsweise, durch Kupfer.

Wenn wir hier nur wenige Metalle vorstellen, dann deswegen, weil wir uns auf wirklich klare Persönlichkeitsportraits beschränken. Argentum, Aurum, Cuprum, Ferrum, Plumbum, Platinum, Hydrargyrum, Stannum und Zincum sollen zeigen, welche Menschen von ihnen beherrscht, aber auch geheilt werden können.

Argentum metallicum

Ursprung

In der Erdrinde kommt Silber zwanzigmal häufiger vor als Gold. Oft tritt es in Begleitung von Kupfer auf, sehr häufig auch in Form sulfidischer Erze. Meist finden wir den dimorphen Silberglanz (Ag_2S), der 87 % Silber enthält.
Silber ist weiß glänzendes, dehn- und biegbares Metall, weicher als Kupfer und härter als Gold. Aus einem Gramm kann man einen dünnen Faden von 2 km Länge spinnen kann. Silber leitet Elektrizität und Wärme besser als alle anderen Metalle, hat aber den niedrigsten Schmelzpunkt bei 9610° C. Der Siedepunkt liegt bei 21700° C. Eine glatte Silberoberfläche ist der beste Reflektor für sichtbares und infrarotes Licht.
Beim Schmelzen dehnt sich Silber stark aus, da es bei Erwärmung viel Sauerstoff aufnimmt, der beim Abkühlen und Erstarren wieder entweicht (»Spratzen«). Dabei entstehen eigenartige, kleine, den Mondkratern vergleichbare Vertiefungen. Hierin liegt ein Grund dafür, dass Luna, der Mond, der dem Silber zugehörige Himmelskörper ist. Wie metallisches Silber reflektiert er sehr stark und wandelt ständig seine Form. Diese Klarheit des Silbers wiederholt sich in dem besonders reinen und klaren Ton der aus Silber hergestellten Musikinstrumente; man denke an die Triangel oder das Glöckchenspiel der Chinesen und die silberne Flöte.
Im Körper findet sich Silber vor allem in der Leber und im Gehirn, aber auch in den Nebennieren, der Schilddrüse, den Ovarien und den Hoden.
Silber ist ein altbekanntes Metall, das beispielsweise in Mesopotamien schon drei Jahrtausende vor Christus, zur Zeit des Matriarchates, viel begehrter als Gold und so bedeutend war, dass es das Rohmaterial für viele Kultgegenstände darstellte. Die Phönizier brachten große Silbermengen von Spanien nach Ägypten. Auch den Griechen war das Metall vertraut: Homer erwähnt silberne Trinkgefäße. Im Alten Testament schließlich wird betont, dass Abraham in Kanaan Silbermünzen vorfand.
Heutzutage wird Silber für Schmuck, Tafelsilber und für Münzzwecke verwendet. Verwendet wird es auch im chemischen Apparatebau, für elektrische Batterien, Zahnfüllungen, fotografische Filme und Papiere und nicht zuletzt für Spiegel, die unter dem Glas mit einer Silberschicht versehen sind, die die Reflektion bewirkt. Dabei ist zu bedenken, dass der Spiegel nicht die Wahrheit sagt: Es präsentiert das rechte Ohr als das linke, das linke als das rechte. Diese Gegebenheit nimmt ein deutsches Sprichwort auf, das besagt: »Schimpfe nicht auf den Spiegel, wenn er dich so entsetzlich anschaut.«
Auch hier findet sich eine Beziehung zum Mond, der im astrologischen Bereich für Täuschungen, Illusionen, aber auch für Trance und Intuition steht. Bei Mondsüchtigkeit verhalten sich die Mensche wie in Trance und haben keinerlei rationalen Bezug zur Gegenwart.
Ein interessanter bäuerlicher Brauch ist es, dem Vieh am Neujahrsmorgen ein Silberstück in die Tränke zu legen, damit es während des ganzen Jahres gut gedeihe. Dem entspricht die Ansicht, in der Familie von einer Generation zur anderen vererbtes Silber schütze vor Verhexungen.
Brigitte Fuchs propagiert eine archetypisch tiefgreifende Einsicht zum Thema »Silber«: Die Verdrängung und Abwertung des Matriarchates provoziert die Begleiterin des Mondes, die Göttin »Ekstase«. Diese fordert ihr Recht: Unterdrückung führt zu Mond- und Silbersymptomen und verweist in letzter Konsequenz auf den Untergang des Patriarchates.
Ähnliche Anhaltspunkte finden sich in dem Werk über hebräische Etymologie von Professor Weinreb.

Persönlichkeitsportrait

Erstaunlicherweise habe ich mich in der Ausübung der Homöopathie lange Zeit kaum mit Silber beschäftigt und dieses Arzneimittel wie viele meiner Kollegen nur selten verordnet, obwohl ich durch Wortbildungen wie Silberfisch oder Silberfuchs, Silberakazie oder Silberdistel immer wieder damit konfrontiert wurde. Erst nachdem ich es als »Medika-ment« (lat. medicare = heilen, mens = Verstand) erfasst hatte und über den Verstand als Heilmittel einsetzten konnte, ist Silber mir nähergekommen. Auf diesem Hintergrund ist zu fragen, welche Eigenschaften des Silbers diese Scheu rechtfertigten: Wirkte es vorher auf

mich abstoßend, habe ich es übergangen oder hat es mich aktiv zurückgewiesen?
Das von uns täglich benutzte Silber zeigt ganz deutliche Hinweise auf einen ganz bestimmten Typus: Wie Silber selber jede Farbe annimmt, mit der man es anstrahlt, verhält sich auch die entsprechende Persönlichkeit. Der Arzt muss deshalb sehr darauf achten, den echten Patienten zu erleben und nicht das Spiegelbild zu behandeln, in dem er uns gegenübertritt. Es ist sehr langwierig, die wahre, verdrängte Argentum-Persönlichkeit zu erkennen.
Argentum hat den deutlichen Wunsch, über Gefühle zu reden, meint aber, diese nicht offen darstellen zu dürfen. Häufig vermittelt er diese dann über Musik oder Tanz, so dass das Wissen um die Lieblingsmusik des Patienten oft therapeutisch von großer Bedeutung ist. Diese ambivalent geprägten Patienten haben Sehnsucht danach, durch das Leben zu träumen, und begreifen die Grundlage der Philosophie, das Staunen, viel grundlegender als manch andere Intellektuelle, trauen sich aber nicht, dies mitzuteilen. Ich habe viele Patienten erlebt, die sehr gläubig waren und über Gott reden wollten, aber aus Angst vor Spott dieses Thema nie ansprachen.
Die müden, alt aussehenden, mitunter ausgemergelten Menschen blicken traurig und sind oft von Leid geprägt. Ihre Stimme klingt schwach, erschöpft. Sie sind häufig leicht erregbar, intelligent und sehr intellektuell, betonen diese Eigenschaft aber nicht, sondern reagieren eher zurückhaltend. Sie scheinen ihre seelische Balance verloren zu haben. Veranlassung hierfür können Ärger, Schreck, Angst oder ein psychisches Trauma sein, aber auch Überstimulation im geistigen oder körperlichen Bereich. Außerordentlich ausgeprägte noetische Vigilanz und Diskussionsfreudigkeit, wechseln sich mit Melancholie, Ermüdung, Erschöpfung und Gleichgültigkeit ab.
Beim älteren Argentum-Patienten stehen Inaktivität und Adynamie im Vordergrund. Die immer wieder festzustellende Zähigkeit, mit der sie alle problemtaischen Lebenssituationen bewältigen, verliert sich schon bei geringsten Anlässen. Geringe Anstrengungen, z. B. ein unbedeutendes unangenehmes Erlebnis, verschlimmern den Gesamtzustand. Das Gedächtnis lässt nach, sie verlieren bei jedem Gespräch den Faden und wissen nicht mehr, was sie gerade tun wollten. Völlig deprimiert, wollen sich nur hinlegen und allein sein. Es fehlt die Energie zu kommunizieren. Aus Angst vor Konflikten beginnen sie zu lügen.
Die Müdigkeit kann so stark werden, dass auch eine entsprechende Ruhezeit keine Besserung bringt. Das Leben ist nicht mehr lebenswert. Der Patient ist sehr unzufrieden, die Sprache wird immer flacher und leiser. In diesem Zustand kommt es zu Lidrandentzündungen, im Bereich der Knorpelgewebe treten Schwellungen auf. Häufig erkrankt der Patient an Alzheimer.
Auch der Bereich der Erotik und Sexualität ist geprägt vom Wechsel zwischen starker Erregung und Depression mit Adynamie. In jüngeren Jahren findet sich Libido, die sofort nach Befriedigung verlangt, dann wieder Erschöpfung, die auch durch Onanie eintritt. Schließlich kommt es zum Verlust jeglicher Libido; der Patient hat keine Erektionen und ist sehr deprimiert.

Arzneimittelbild

Wichtige Symptome

- intellektuelle Störungen, Denkhemmungen, Gedächtnisschwäche, Zwangsideen, Angst
- Nervenleiden mit Reaktionsschwäche, Neurasthenie
- Unterfunktionen, Abmagerung, frühe Alterung
- Frostgefühle
- Teilnahmslosigkeit, Verschlossenheit, mangelndes Selbstvertrauen
- chronische Hals-Nasen-Ohrenerkrankungen und Bronchialkatarrhe
- chronische Magen-Darm-Störungen mit Durchfällen
- Menstruationsstörungen mit Zyklusverschiebungen
- Fluor, ovariale Insuffizienz
- präkanzeröse Zustände
- Migräne linksseitig, verschwindet dann ganz plötzlich
- Akrozyanosen mit reaktiven konstriktorischen Zuständen
- degenerative Prozesse am Knorpelgewebe
- Kopfhaut sehr empfindlich gegen Berührung
- Schwindel beim Anblick fließenden Wassers
- Neuralgien auf der linken Seite
- rauer Hals, häufiges Räuspern
- morgendlicher Auswurf, dabei Gefühl einer wunden Stelle hinter dem Brustbein
- rheumatische Beschwerden der Gelenke, Schwellung der Knöchel

Modalitäten

Verschlimmerung: bei geistiger Anstrengung, Aufregungen, Angst und Schrecken, beim Denken an unangenehme Situationen; bei Fahren im offenen Wagen, bei Berührung, Druck, lautem Reden, Singen, Lesen, Lachen;
durch Wärme, während der Menstruation, nachts und morgens.
Besserung: durch Abkühlung und kaltes Waschen, an frischer Luft;
durch Druck bei Migräne, Magen- und Herzbeschwerden; im Freien.
Im Gegensatz zu Hyoscyamus bessert sich Husten durch Hinlegen.

Toxikologie

Metallisches Silber kann bei seiner Verarbeitung in Form feiner Körnchen in die Haut eindringen, diese blau-grau färben und somit zu Argyrie führen. Hierbei handelt es sich aber nicht um eine chronische Vergiftung, sondern um eine kosmetische Schädigung. Akute Vergiftungen kommen nur durch Silbernitrat zustande. Im Übrigen können alle therapeutisch längere Zeit innerlich angewendeten Silberverbindungen zur Argyrose führen, wobei dann in inneren Organen und der Haut feinste Körnchen von Silbersulfit abgelagert sind. Am Zahnfleisch kann sich ein Silbersaum ausbilden. Wiederholte Silberanwendung am Auge bewirkt in manchen Fällen eine Grauverfärbung der Hornhaut.
Früher führten intravenöse Injektionen von kolloidalem Silber (Collargol) bei der Pyelographie gelegentlich zum Tode der Patienten (Kapillargift -Wirkung).

Wichtige Indikationen

- einseitige Kopfschmerzen, Dumpfheit des Kopfes mit Leeregefühl und Schwindelattacken
- juckende Ohrläppchen
- reichlicher, etwas klebriger Speichel, dabei aber Gefühl der Trockenheit im Mund
- morgendlicher Räusperzwang, da zähflüssiger Schleim am Gaumen festklebt, dabei rohes und wundes Gefühl im oberen Larynxbereich
- manchmal übermäßiger Appetit bei vollem Magen, manchmal völlige Gleichgültigkeit gegenüber der Nahrungsaufnahme
- im Bauch schmerzhaftes Wundgefühl
- stechende rheumatisch-arthritische Gelenkschmerzen, verbunden mit großer Zerschlagenheit; die Schmerzen ziehen von innen nach außen
- starkes Schwächegefühl und Zittern der Beine morgens beim Aufstehen

Aurum metallicum

Ursprung

Aurum metallicum (metallisches Gold) ist ein gelbes, glänzendes, reines Metall. Man kann es hämmern, blättern, schneiden, schmelzen, verdampfen, in dünnster Schicht auflegen, aber auch in großer Masse schmieden. Durch Hämmern auch im kalten Zustand ist es bis zum äußersten dehnbar. Dünne Goldblättchen sind blau oder grünlich von durchscheinendem Glanz, aber ohne Reflektionsvermögen.

Aurum ist vornehm, gediegen, dabei aber unnahbar auch im Umgang mit anderen Elementen, mit denen es auf ganz besondere Weise reagiert. Es ist oder erscheint schön und erregt mit seinem gleißenden Glanz im Menschen eine große Gier, es zu besitzen. Es verändert sich nicht, rostet nicht wie Eisen. Das Selbstgefühl des Menschen, der Gold besitzt, wird durch den Einfluss einer magischen Kraft gestärkt, die sich über Jahrtausende entwickelt hat. In dem Maße, wie Gold glänzt und anziehend wirkt, ist es auch eiskalt und verursacht tiefe Depressionen.

Gold kommt meist gediegen vor, häufig in Quarzgängen, die durch Verwitterung »Seifen« enthalten, so in Brasilien, Indien, Südafrika und im Ural. In Goldminen finden wir Legierungen mit Antimon, Wismut und Tellur, so beispielsweise das Blättertellurid Nagyagit. Dieses dünntafelige, dunkel-bleigraue Kristall beweist, in welch unscheinbarer Form sich Gold verbergen kann. Der durch die Verwitterung aurumhaltiger Steine freigesetzte Staub setzt sich im Wasser als »Seifengold« ab.

Gold ist eines der seltensten Elemente dieser Erde und steht an 73. Stelle der Häufigkeit. Es ist zwanzigmal schwerer als Wasser, schmilzt bei 1062° C und bildet mit Quecksilber Amalgam.

Aus der Biochemie ist bekannt, dass Gold auf die Sekretion von ACTH und die Mineralkortikoide einwirkt.

Ferner beeinflusst es die zellulären Immunkörper, die humoralen Antikörper und die Antikörper-Bildungsorte des RES (Leber, Milz, Lymphknoten).

Mythologie

Bei allen alten Kulturen stand Gold fast ausschließlich im Dienste kultischer und sakraler Bereiche. Häufig war es ein Bestandteil der Mysterien, der göttliche bzw. magische Kräfte, auf jeden Fall etwas absolut Heiliges verkörperte.

Man war der Auffassung, Gold als wertvolles, gediegenes Material könne nie einem Menschen gehören, da es Eigentum der Götter war. Es durfte nur von Priestern und Königen verwaltet und berührt werden. Verarbeitet werden durfte es nur für kultische und sakrale Geräte, Skulpturen oder Gewänder. Hier ist an indische, persische, babylonische und ägyptische Kulturbereiche oder an die Inka-Kultur zu erinnern, in denen überall Aurum metallicum als Träger göttlichen Willens verstanden wurde.

In der hebräischen Sprache finden wir zwei Worte für Gold. »Zahab« bezeichnet die stoffliche Erscheinung, bedeuet aber auch »goldener Glanz des Himmels« und vor allem »der Sonne«. »Charuz« bedeutet »eifrig, betriebsam sein, seinen Geist einsetzen« und »kreativ sein« und wird niemals im profanen, stofflichen Sinn benutzt, sondern nur poetisch oder metaphorisch, wie in Psalm 68, Vers 14 nachzulesen ist.

Auch in der Offenbarung des Hl. Johannes leuchtet immer wieder Gold auf und verbindet sich mit dem Bild eines herrlichen, sonnenhaft leuchtenden Schöpfers. So ist der Engel, der dem Apokalyptiker die Stadt zeigt, mit einem goldenen Rohr versehen: »Der mit mir sprach, hatte ein goldenes Messrohr, um die Stadt und ihre Tore und ihre Mauern auszumessen.« (Ka. 21, V. 15)

Alexander der Große ließ schließlich seinen Kopf auf Gold prägen, wodurch aus dem sakralen Kultmetall profanes Geld wurde. Luzifer selbst schien sich mit den Mysterien und den sakralen Gewohnheiten befasst zu haben, um dem Menschen die göttliche Weisheit in die Hand zu spielen.

Damit stürzte das Gold aus geistig-göttlicher Dimension in die Abgründe dämonischer Flüche, ähnlich denen, die Alberich in der Nibelungen-Sage ausspricht über das Gold der Rheintöchter. Macht und Egoismus gesellten sich zu Aurum, das damit den Menschen nicht mehr durch die

Weisheit der Götter erhellt, sondern seine Seele verdunkelt.
So wanderte im Laufe der Geschichte das Gold wie die Sonne, deren Metall es ist, von Osten nach Westen. Aus den sakralen, geistigen Gefäßen, wo es als Eigentum der Götter die Menschen jahrtausendelang beherrschte, transformierte es sich im Westen in eiskalte, riesige Goldbarren, die als Machtmittel die Welt beherrschen.
Bei intensiver Beschäftigung mit Gold wird jedoch klar, wieviel unbegrenzte Innerlichkeit diesem Metall eigen ist, das sich entsprechend der Sentenz von Novalis präsentiert: »Nach innen geht der Weg«.
Alles Innerliche, alles Seelische ist Bewegung, Subjektivität, Individualität, Intention und Wesenhaftigkeit. Diese Charakteristika entsprechen dem Ego von Gold, das einerseits Materie und Gediegenheit, also Endlichkeit, andererseits Unsterblichkeit und dämonische Kräfte beinhaltet. Die Magie von Gold wird im Sinne reiner Wertmaterie genutzt: Gold ist der Maßstab für den Geldwert und dient als gehärtete Reserve eines aufgehäuften Kapitals.
Dabei wird materielles Gold nie Eigentum eines Menschen, sondern immer Eigentum der Götter bleiben, wie aus der Offenbarung des Hl. Johannes hervorgeht: »Darum rate ich dir, bei mir Gold zu erwerben, das im Feuer geläutert ist, damit du wieder reich werdest.« (Kap. 8, V. 18)
Für die Beschreibung des Persönlichkeitsportraits von Gold ist dieser Hinweis von großer Bedeutung.
Das in der Offenbarung auch in Form von Leuchten, Gürteln, Kronen und Schmuck erscheinende Gold wird schließlich verwandelt: »Die Mauer war aus Jaspis gebaut, die Stadt selbst aus lauterem Golde, das einem durchsichtigen Kristalle glich.« (Kap. 21, V. 18, 19)
Seiner Schwere und Undurchsichtigkeit der Materie entkleidet, prägt Gold das Bild des himmlischen Jerusalem und erinnert an das Sonnenlicht, das an manchen Tagen fast durchsichtig wirkt: Gold ist nicht mehr Substanz, sondern Wesen.
Aurum metallicum entspricht den drei Grundprozessen der Alchemie: dem erdhaften Sal und dem kosmisch-lichthaften Sulfur, die durch das vermittelnde Element Mercur verbunden werden.

Persönlichkeitsportrait

Der Aurum-Typ ist weniger ein Konstitutions- als vielmehr ein Arzneimittelreaktionstyp. Allerdings ist als dynamische Disposition von konstitutionstypischem Charakter der deutliche arterielle Hypererethismus eines vollblütigen, zu Insulten neigenden Menschen erkennbar. Dieser mitunter korpulente, schwerblütige Mensch verhält sich nie unbesonnen und scheint eine schwere Last zu tragen, wodurch sein Gang und Haltung deutlich beeinträchtigt sind. Er ist geprägt durch sympathikotone Übererregbarkeit, die sich auch in Hyperthermie äußert. Immer ist ihm zu heiß, er ist sehr empfindlich gegen warme Wettereinbrüche, zeigt aber auch eine deutliche Wärmeempfindlichkeit in der Sonne oder in zu warmem Wasser in der Badewanne. Auf Angriffe reagiert er heftig, manchmal sogar äußerst jähzornig, vor allem bei Widerspruch gegen seine eigene Meinung.
Häufig ist er nicht belastbar und wird schon bei geringer Beschleunigung kurzatmig. Der Blutdruck ist meist erhöht, das Gesicht ist gerötet, häufig sehr breit. Der kurze, dicke, verfettete Hals zeigt im Nacken gelegentlich einige dicke Falten. Weiterhin sind seine sehr formlose, klobige Nase sowie ein mitunter ebenfalls verfettetes Kinn zu erkennen, das auf der Vorliebe für gutes Essen beruht. Die Aurum-Persönlichkeit ist ein Genießer, nicht nur der Qualität, sondern auch der Quantität. Der Körperbau kann pyknisch, aber auch athletisch sein. Manchmal sitzen der dicke Hals und der rote Kopf auf einem etwas hageren Körper.
Misserfolge bringen Aurum häufig zur Verzweiflung. Er regt sich sehr auf, kann nachts nicht schlafen, macht sich Gedanken über sein ganzes Leben, die häufig frustrierend sind, weil er meint, alles falsch gemacht und sein Ziel nicht erreicht zu haben. Heftigen jähzornigen Explosionen folgt eine längere Phase tiefer Depression. Andererseits finden wir ein offenes, sehr gutmütiges Lachen. Aurum hat sehr viel Humor, ist aber nicht immer geistreich. Das laute Lachen verdeckt häufig eine tiefe Melancholie. Legt Aurum sich nieder, so lässt ihn der wohlgefüllte Leib, aber auch hoher Blutdruck kaum zur Ruhe kommen. Er hat Kopfschmerzen und leidet unter von Angst begleitetem Herzklopfen, das bis zum Zittern führt. Schläft er doch ein, lassen ihn oft sexuelle Träume aus dem Schlaf auffahren.
All diese Symptome bessern sich in den frühen Morgenstunden, was einem Leitsymptom von

Aurum entspricht. Der Patient schläft dann ein, wird aber bald wieder vom Wecker gestört. So entsteht schon in den frühen Morgenstunden eine chronische Gereiztheit mit Aggressivität und explosiven Affekten.
Mittels seiner Willensstärke erzwingt Aurum alles, was er haben will und beherrscht seine Umgebung; nur sich selbst kann er kaum bezwingen. Sein Denken ist häufig von Affekten gestört, so dass ihm der Weg zur Selbsteinsicht meist versperrt ist. Das macht ihn unversöhnlich und sichtbar ungeduldig. Diesen extrovertierten Egozentriker muss jeder anerkennen und sich seinem Expansionsdrang beugen.
Andererseits steht er mit beiden Beinen auf der Erde, sorgfältig alle Erfahrungen abwägend und praktisch handelnd. Plötzlich explosive Erregungszustände erscheinen im Augenblick gefährlich, sind aber von kurzer Dauer. Danach leidet Aurum an lange anhaltenden Erschöpfungszuständen mit melancholischen Akzenten, die sich auch als Suizidgedanken manifestieren können.
Ein bestimmter Aurum-Typus kann im erotisch-sexuellen Bereich die eigene Lust genießen und sieht dabei den Partner eher als Mittel zum Zweck.
Der Typus des Genießers ist jedoch vor allem auch im geistigen Bereich zu finden. Gemeint sind die großen geistigen Denker, die »immer strebend sich bemühen« und versuchen, sich durch intensive geistige Arbeit, die von hohem Genuss begleitet ist, ungeheueres Wissen anzueignen. Sie wollen damit andere Menschen verblüffen, mitunter sogar unterdrücken, beginnen infolge ihrer melancholischen Stimmungssituation am Sinn dieses Lebens zu zweifeln oder verstricken sich in den Wunschtraum, im nächsten Leben etwas Neues zu erleben, endlich Ruhe und Frieden von Gelüsten und Begierden zu finden sowie alle Erkenntnisse zu gewinnen, derer man auf Erden nicht habhaft werden kann. Goethes Faust ist ein solcher Typus.
Die beiden geschilderten Persönlichkeitstypen sind lebhaft und ruhelos sowie äußerst besorgt um ihre Zukunft. Das Leben ist ihnen eine ständige Last; bei den geringsten Beschwerden verfallen sie bereits in Melancholie. Streben sie jedoch ein Ziel an, muss alles sehr schnell gehen. Die Melancholie ist auch Folge von unterdrücktem Missvergnügen, Kränkungen oder Demütigungen.
Überempfindlich sind Aurum-Reaktionstypen gegen alle Sinneseindrücke.
Trotz ihrer Hyperthermie und ihres arteriellen Erythismus fühlen sie sich wohler in warmer Luft. Alles ist verschlimmert in kalter Luft. Viele Beschwerden treten im Winter auf.
Ein oft übersehenes, starkes Leitsymptom ist die Besserung aller Beschwerden durch Musik.

Literatur

In Goethes »Faust«, 1. Teil, »Im Studierzimmer«, finden wir die gesamten Modalitäten und Symptome des Aurum-Arzneimittel-Reaktionstyps.
Faust wird durch Famulus Wagner gestört:
»Oh Tod! Ich kenn's – das ist mein
Famulus – es wird mein
schönstes Glück zunichte!
Dass diese Fülle der Gesichter
der trockne Schleicher stören muss!« ...

Der Aurum-Typ Faust fährt bei der geringsten Störung ärgerlich auf. Als Faust wieder alleine ist, kommt es zu folgendem Monolog:

»Den Göttern gleich ich nicht ...
Dem Wurme gleich ich ...
Was grinsest du mir, hohler Schädel, her?
Als dass dein Hirn wie meines
einst verwirrt
den lichten Tag gesucht und
in der Dämmerung schwer,
mit Lust nach Wahrheit,
jämmerlich geirrt.«

Hier kommen neben mangelndem Selbstvertrauen Entschlusslosigkeit, selbstkritische Vorwürfe, Verzweiflung, Verstimmung, Angst und Mutlosigkeit zum Ausdruck. Ein Leitsymptom für Aurum ist seine Ansicht, nicht in diese Welt zu passen. So sehnt sich auch Faust nach dem Tod, an den er mit inniger Wonne denkt:

»Warum wird mir auf einmal
lieblich helle,
als wenn im nächt'gen Wald
uns Mondenglanz umweht?
Ich grüße dich, du einzige Phiole,
die ich mit Andacht nun herunterhole!
In dir verehr ich Menschenwitz
und Kunst,
Du Inbegriff der holden
Schlummersäfte,
Du Auszug aller tödlich-feinen Kräfte,
erweise deinem Meister deine Gunst!
Ich sehe dich, es wird
ein Schmerz gelindert, ...

Ein Feuerwagen schwebt auf
leichten Schwingen
an mich heran! Ich fühle mich bereit,
auf neuer Bahn, den Äther
zu durchdringen,
zu neuen Spären reiner Tätigkeit.
Dies hohe Leben, diese Götterwonne! ...
Der letzte Trunk sei nun,
mit ganzer Seele,
als festlich hoher Gruß
dem Morgen zugebracht!«

Dass Aurum in den frühen Morgenstunden den Zeitpunkt der Verschlimmerung hat, beweist auch Faust. Als er den Monolog beendet, ist es Morgen: Er setzt die Phiole an den Mund, um sich das Leben zu nehmen.
Ein weiteres Leitsymptom von Aurum zeigt Faust mit seiner Reaktion auf dann plötzlich einsetzenden Glockenklang und Chorgesang: Musik beruhigt alle Beschwerden, auch die der Melancholie, sowie die Neigung zum Selbstmord:

»Erinnerung hält mich nun mit kindlichem Gefühle,
vom letzten, ernsten Schritt zurück ...«

Arzneimittelbild

Wichtige Symptome

- Die Leitsymptome sind tiefe Depressionen, Hypochondrie, Neigung zu Selbstmord. Weiterhin bestehen Hyperämie und Hitzewallungen mit heftigem Herzklopfen, Blutandrang zum Kopf mit sichtbarem Klopfen der Karotis beidseits und der Temporalis.
- Der Aurum-Patient errötet, wenn man ihn etwas fragt.
- Häufig Stolpergefühle in der Brust und am Herzen. Bei Herzbeschwerden muß der Kranke vornübergebeugt sitzen.
- Durchblutungsstörungen in der Ader- und Netzhaut. Es kommt dann häufig zu Hemianopsie der unteren horizontalen Blickhälfte. Ein wichtiges Symptom ist der anfallsweise nächtliche Schmerz hinter dem Sternum.
- Mundgeruch mitunter stinkend wie alter Käse.
- deutliche Empfindlichkeit gegen Kälte, also auch gegen den Winter
- Aurum-Persönlichkeiten sind hypersensibel und empfinden ihre Beschwerden besonders stark. Schmerzen werden häufig in den Knochen angegeben, hier wiederum besonders im Gesichtsbereich (Jochbein, Augenhöhlen, Stirn, Hinterkopf).

Modalitäten

Verschlimmerung: im Winter, in der Kälte, bei Nacht, durch Stillsitzen und in den frühen Morgenstunden.
Besserung: durch Wärme (trotz Hitzewallungen) und beim Spazierengehen, durch Musik.

Toxikologie

Lösliche Aurumverbindungen führen nach oralen Gaben im Magen zu Ätzung sowie zu Eiweiß- und Schorfbildung. Nach längerem Einnehmen folgen Erbrechen, Koliken, Durchfälle, Kopfschmerzen und Ödeme an den Augenlidern, schließlich Hypotonie und Abmagerung. Toxische Störungen wurden auch nach der Aurum-Therapie registriert, bei der immer noch das Problem der Dosierung und die Kenntnisse der Nebenwirkungen eine Rolle spielen. Hier finden wir die akute Nephritis, Erythrodermie, auch exfoliativer Art, eine generalisierte Dermatitis, Ikterus mit Hepatose bis zur Leberatrophie, Purpura haemorrhagica, Thrombopenie, Agranulozytose, aplastische Anämien und Polyneuritiden, sogar mit Paresen und erheblichen psychischen Veränderungen.
Bei vielen Patienten tritt auch eine Erkrankung im Sinne einer allergischen Reaktion auf.
Bekannt ist, dass der Körper im Lymphgewebe am meisten Aurum speichern kann.

Wichtige Indikationen

- wichtigstes Mittel bei Gaumen- und Nasenbein-Knocheneiterungen mit stinkendem Nasenausfluss, Ulzerationen und Perforation des Septums (Abklärung einer Lues)
- Augensymptome: Diplopie, Hemianopsie, Glaukom als Folge von Hirnkongestion. Augenhintergrund: häufig starke Injektion der Blutgefäße, starke Vaskularisation
- Empfindlichkeit und Schmerzen um die knöcherne Augenhöhle herum
- chronische Otits mit anhaltender Eiterung und heftigen Schmerzen, stinkender Ohrfluss
- Genitalerkrankungen, begleitet von großer Melancholie und allgemeinen depressiven und kongestiven Beschwerden
- rechtsseitige Orchitis mit allen zur Konstitution gehörenden Symptomen
- Herzerweiterung und Fettherz bei korpulenten, übermäßig dicken und kongestionierten alten Menschen
- Rheumatismus, der von einem Gelenk ins andere zieht und schließlich am Herzen Beschwerden macht.
- Kopfschmerzen studierender junger Menschen, die schon bei geringfügiger geistiger Anstrengung Präkordialangst mit Hitzewallungen in Richtung Kopf aufweisen.
- Drüsenschwellungen, besonders im submaxillaren Bereich, schließlich Hypochondrie bei Patienten, die vor allem geistig arbeiten.

Cuprum metallicum

Ursprung

Cuprum metallicum (metalisches Kupfer) ist ein lebenswichtiges Element, dem vor allem beim Menschen katalytische Wirkung bei Hämoglobinaufbau, der Melaninbildung und der Wechselwirkung der Fermente, Hormone, Vitamine, Antitoxine und Redoxkörper zukommt. Ferrum (Eisen) ist erst nach der Aktivierung durch Kupfer zur Hämoglobinbildung fähig. Interessant ist die Übereinstimmung von Kupfer, Zink und Silber aufgrund der therapeutischen Erfahrung in der Affinität zum Nervensystem.
Die elektrische und auch kalorische Leitfähigkeit dieser Metalle findet in der lebendigen Struktur der neuralen Systeme eine Parallele, so dass sich, kybernetisch betrachtet, homomorphe Signale regulierend im Regelkreis beeinflussen können, wenn beide Systeme miteinander in Kontakt gebracht werden.

Mythologie

Jedes Metall unserer Erde stellt sich als besondere Wesenheit dar und wurde früher den entsprechenden Planeten zugeordnet. Kupfer war das Metall der Venus oder Aphrodite. Man glaubte, dass die Götter, die sich in einen funkelnden Planetenkörper kleideten, im Menschen und in der Natur bestimmte Eigenschaften zur Entfaltung bringen konnten. So ließ Aphrodite im Menschen die Liebe erblühen, das Verlangen nach Schönheit und Harmonie, und verlieh die Fähigkeit, durch schöne Künste das Leben zu bereichern.

Persönlichkeitsportrait

Erwachsene

Eine Kupfer-Persönlichkeit verstehen wir am besten, wenn wir von der Bedeutung der Venus, die diesem Metall entspricht, für die Menschen ausgehen. Als Göttin der Liebe erinnert sie die meisten Menschen sofort an Schönheit, Liebe oder Kunst. Der Begriff »Liebe« bezeichnet hier allerdings zum einen ein allgemeines Bindungsprinzip, das sich auf Menschen und auf Dinge bezieht, zum andere Inhalte wie Wertschätzung, Ehrfurcht vor jemandem, auch Anerkennung.

Kupfer-Persönlichkeiten können sehr kontaktfähig sein und auf emotioneller, geistiger sowie körperlicher Ebene starke Bindungsqualitäten entwickeln. Wir bezeichnen sie als »Hansdampf in allen Gassen«. Sie sind sowohl in großer Gesellschaft als auch im kleinen Kreis beliebt. Sie erwecken den Eindruck, Aphrodite habe sie auf Rosen gebettet: Weder im Elternhaus, im Beruf noch in der eigenen Familie gibt es Bindungsschwierigkeiten. In ihrer Umgebung herrscht eitle Wonne, Harmonie und froher Mut.
Ein anderer Kupfer-Typus kann sich zwar binden, erfährt dann aber sehr große Komplikationen; oft ist er auch völlig bindungsunfähig. Diese Menschen imponieren uns häufig als Junggesellen und müssen nicht unbedingt kontaktarm sein. Bestimmte Kupfer-Persönlichkeiten können nicht mit Pflanzen oder Tieren umgehen. Sie leben zurückgezogen und fernab von der großen Gesellschaft als Einsiedler oder aber nur mit geringsten Kontakten zu ihren Mitmenschen. Gemeinsames Merkmal der kontaktfähigen und der bindungsarmen Kupfer-Menschen ist, dass sie immer glücklich sind. Bindungsstörungen werden schon in der Kindheit angelegt, wenn Frühgeburten von der Mutter weggenommen werden, um im Brutkasten aufzuwachsen. Die Entwicklung dieser Kinder ist später gestört. Kupfer-Gaben in **D30** oder **C200** können jedoch eine deutliche Besserung erzielen, so dass die Kinder ihre Altersgenossen in der geistigen und körperlichen Entwicklung einholen.
Später gehen sie freilich möglicherweise immer wieder neue Beziehungen ein. Sie leiden darunter, nie eine enge Beziehung zu erfahren. Zu dieser Gruppe gehören Zölibatäre sowie jene Menschen, die sehr zurückgezogen leben, mitunter aber auch Personen, die sich so abkapseln, dass ihre Existenz völlig unbekannt ist und man als Arzt erst dann auf sie aufmerksam wird, wenn sie beispielsweise Beschwerden an der Haut haben, dem Kontaktorgan zur Umwelt.
Die Haut des Kupfer-Kranken ist besonders empfindlich und krankheitsanfällig. Die meist gegebene Unfähigkeit, psychische Bindungen einzugehen, besteht vergleichbar auf körperlicher Ebene, wenn Hauterkrankungen den Kontakt mit anderen Menschen von vornherein verhindern.

Hier bekommen wir plötzlich eine Erklärung für Akne, Pustelbildung und andere Hauterkrankungen. Viel zu schnell greifen wir bei Erkrankungen der Haut zu Einreibemitteln wie Salben und verstopfen somit den »Notausgang« des Körpers, den er benutzt, um sich von negativen Inhalten zu befreien. So kommt es häufig zu Folgeerscheinungen unterdrückter Hautausschläge. Auch über die Niere sucht der Körper sich zu entschlacken, und wir erkennen sehr häufig deutliche psychosomatische Beziehungen zwischen Bindungsfähigkeit, Bindung und den Nieren. Hier sollte sehr sorgfältig die Anamnese geprüft werden, um zu erkennen, inwieweit eine Bindungsstörung und eine Nierenerkrankung voneinander abhängig sind, um eventuell mit Kupfer eingreifen zu können.

Eine wichtige Funktionsstörung der Kupfer-Persönlichkeit sind Krämpfe oder krampfartige Zustände, nicht nur als Folge von unterdrückten Hautausschlägen, sondern auch von Kreislaufstörungen, die beispielsweise auf Elektrolytstörungen beruhen. Auch die so genannten Krampfadern sind hier zu nennen. Durch die Venen wird das verbrauchte, mit Schadstoffen belastete Blut über das Herz zur Lunge gebracht, die es wieder regenerieren soll. Liegt diese Venenfunktion brach, so reichern sich die Schlackenstoffe im Blut an, bei stärkerer Konzentration kommt es zu Krampfaderbildung. Krampfadern können auch als »Sammelbecken« für unverarbeitete Gefühle dienen. Gerade bei den Frauen, die wenig Möglichkeiten haben, ihre Gefühle umzusetzen, finden wir das Krampfaderleiden sehr häufig.

Aber auch gewöhnliche Krämpfe, die in der gestreiften Muskulatur auftreten, sind häufig bei Cuprum-Persönlichkeiten zu finden.

Im Zusammenhang mit der Mode, Kupferschmuck zu tragen, ist zu überlegen, ob nicht auf diese Weise dem Körper Kupfer in winzigen Dosen zugeführt wird. Wichtig ist auf jeden Fall, bei den Patienten darauf zu achten, ob sie gerne Aprikosen, Äpfel, Kopfsalat, Erbsen, Bohnen und Tomaten essen, die Früchte mit dem höchsten Kupfergehalt.

Gallensteine enthalten gelegentlich eine ganze Menge Kupfer. Wir finden sie bei Menschen, die ihre Liebeskräfte nicht verbrauchen können, weil man ihre Liebe nicht empfangen will. Vielleicht entledigt sich der Organismus auf diese Art und Weise des Kupfers, das kein Träger der Liebe sein kann oder darf und damit überflüssig wird. Nicht selten finden wir bei Kupfer-Persönlichkeiten Schilddrüsenstörungen.

Zusammenfassend ist festzuhalten, dass die meisten Kupfer-Persönlichkeiten genauso viel Wärme und Freundlichkeit ausstrahlen wie das Metall Kupfer. Auch wenn sie nicht schön sind, wirken sie durch ihre Wärme, Freundlichkeit und durch ihr Wohlwollen anziehend. Häufig sind sie sehr aufmerksam und lesen ihren Freunden alle Wünsche von den Augen ab. Immer bringen sie Blumen oder nette Kleinigkeiten mit, sind immer geschmackvoll angezogen, ohne dass sie viel Geld dafür ausgegeben haben. Sie sind rundlich, haben gute Manieren und sind immer darauf bedacht, niemand zu verletzen. Kupfer-Menschen machen gern Komplimente, haben Herzenstakt und sind liebenswerte, aber auch liebebedürftige und sich in Liebe verzehrende Geschöpfe.

Kinder

Ein eigentliches Persönlichkeitsportrait für Kinder gibt es nicht. Doch es gibt Kinder, die Kupfer brauchen, um wieder gesund zu werden und an diesem Leben auch wirklich teilhaben zu können.

Sie erlebten eine sehr schwere Geburt, nach der zunächst der Verdacht zerebraler Schädigung bestand, und leiden an Krämpfen der willkürlichen Muskulatur, schon bei geringen Fieberzuständen, und an Muskelzuckungen, an Darmkoliken, Speiseröhrekrämpfen, Singultus und Erbrechen. Schmerzen und Krämpfe kommen plötzlich und heftig, beginnen oft an Fingern oder Zehen und sind manchmal von epileptiformem Charakter, nicht selten von Kollaps mit Kälte und Zyanose mit Krämpfen begleitet. Verschlimmerung tritt besonders nachts ein, vor allem bei starker Hitze oder Kälte, weiterhin nach plötzlichen schrecklichen Erlebnissen.

Symptome, wie die schnappende Atmung mit Zyanose, ungeheure Unruhe, unaufhörliches Schreien, andauerndes Bewegen der Füße im Bett verlangen Kupfer als Mittel der Wahl. Oft verschlucken sich diese Kinder beim Saugen, bringen beim Schlucken die Flüssigkeit wieder durch die Nase zurück oder leiden an Pylorospasmus. Nicht selten finden wir dann zuckende Hände, die zu Fäusten geballt sind, sowie einen blauen kalten Arm oder ein derartiges Bein, besonders dann, wenn sie gebadet werden.

Kupfer kann nicht unter **C30** angewandt werden und muss täglich gegeben werden. Die Kinder verlieren dann in kurzer Zeit ihre Krampfbereitschaft, zeigen kaum noch Krampfzeichen und verlieren bald darauf ihre gesamten Beschwerden. Man kann die Cuprum-Gaben dann bis auf

C200 erhöhen und seltener verabreichen. Sie entwickeln sich normal und geben auch in späteren Jahren keinerlei Anhaltspunkte dafür, dass hier irgendwelche Schwierigkeiten vorlagen. Von einem Persönlichkeitsportrait ist hier also vor allem in der Neugeborenen-, aber auch in der Säuglingsperiode mit der Krampfdiathese zu sprechen.

Kunstgeschichte

Von Botticelli stammt »Die Geburt der Venus«, gemalt um 1486, ein zauberhaftes Bild der Liebesgöttin, die auf einer Muschel in Zypern landet. Zypern wurde nach Cuprum benannt, das auf dieser Insel gefunden wurde und Venus als Liebesmetall zugeordnet war. Botticelli konnte Mitte des 15. Jahrhunderts freilich nicht wissen, dass Muscheln Mollusken und diese wiederum nach neuesten Erkenntnissen der biochemischen Forschung Kupferatmer sind. Wir können nur darüber staunen, in welch prophetischer Genialität er Venus auf einer Muschel und nicht auf einem Delphin landen ließ, zumal Fische den Eisenatmern zugeordnet werden. Auf diese Weise wurde Kupfer, ein ungeheuer interessantes Metall im biochemischen Bereich des Lebens überhaupt, schon Hunderte von Jahren vor seiner Entdeckung als Atmungskatalysator dargestellt.

Arzneimittelbild

Wichtige Symptome

- Spasmen und Krämpfe an allen Muskeln der Extremitäten, auch am Zwerchfell
- große allgemeine Schwäche und Müdigkeit
- Übelkeit, die nach Hahnemann und Börike bei keinem anderen Arzneimittel so ausgeprägt ist.
- heftiges Druckgefühl im Magen mit krampfartigen, anfallsweisen Schmerzen
- Periodizität der Symptome
- Sehr *eigentümliches* Symptom: Das Gefühl, als wäre kaltes Wasser über den Kopf geschüttet.

Modalitäten

Verschlimmerung: durch Berührung und Druck, kalte Luft und kalten Wind, nachts, vor der Regel, bei Neumond, nach Unterdrückung eines Ausschlages.
Lateralität: links.
Besserung: durch Trinken von kaltem Wasser und durch Schwitzen.

Toxikologie

Akute Vergiftungen mit Kupfersalzen beruhen im Allgemeinen auf Cuprum sulfuricum und Cuprum aceticum und führen zunächst zu schweren Magen-Darm-Symptomen. Der metallische Geschmack der Kupfersalze, besonders bei Erbrechen, ist widerlich und nachhaltig. Kupfersulfat wird auch therapeutisch genutzt. So ist es bei Phosphorvergiftungen ein geeignetes Brechmittel, da Cuprum angeblich auch zugleich die Phosphorreste unschädlich macht.
Im Allgemeinen wird jedoch der oralen Aufnahme von metallischem oder gebundenem Kupfer toxikologisch keine große Bedeutung beigemessen, da die Kupfersalze infolge ihrer Erbrechen erregenden Wirkung (Vagusreizung) kaum zur Resorption kommen.
Moeschlin erwähnt das Metallfieber, das durch Einatmung von superfeinen Kupferteilchen auftreten kann, was auch für andere Schwermetalle gilt.
Freilich ist die Ablehnung toxischer Wirkungen bei oral aufgenommenem Kupfersalz bei Pharmakologen und Toxikologen nicht einheitlich, da Vergiftungserscheinungen auch noch nach sehr langer Zeit auftreten können.
Im Tierexperiment kennen wir eine Pigmentzirrhose der Leber nach wiederholten Cuprum-injektionen sowie Nekrosen von Leber- und Nierenzellen mit Pigmentationen. In einer späteren Phase chronischer Kupfervergiftung bei Tieren treten schwere Nervensymptome in den Vordergrund, Schwindel und Krämpfe, Zittern, Lähmungen, Wadenkrämpfe und Bewusstseinsverlust. Dieses Syndrom wurde zur Vergleichsobjektivierung für die homöopathische Anwendung von Kupfer bei akuten Zuständen herangezogen. Im akuten Vergiftungszustand im Tierexperiment kommt es erst zu fibrillären Muskelzuckungen, dann zu Muskellähmungen mit vollständigem Erlöschen der Erregbarkeit, schließlich zu Herzschwäche.
Levin hat einen Kupfersulfat-Vergiftungsfall angeführt, bei dem eine ekzematöse Kopfhaut mit Kupfersulfat behandelt wurde und nach 24 Stunden bedrohliche asphyktische Symptome auftraten.

Wichtige Indikationen

- Alle Erkrankungen, die mit Spasmen und Krämpfen einhergehen: Keuchhusten, Epilepsie, Chorea, Konvulsionen.
  Spasmen sind die wichtigste Indikation der homöopathischen Cuprum-Verordnung, gleichgültig, ob sie tonisch oder klonisch, lokal oder allgemein sind, im Bronchial- oder im Enteralbereich auftreten.
- Asthma, Konvulsionen, besonders im Säuglingsalter, dabei als Leitsymptom der in die häufig krampfartig geschlossene Hand eingeschlagene Daumen
- nächtliche, langdauernde Hustenanfälle
- Gehirnsymptome, die mit Konvulsionen einhergehen, als Folge der Unterdrückung eines akuten Exanthems, einer erschwerten Dentitio oder einer schwierigen Geburt
- Koliken mit starken Durchfällen
- Großer Reaktionsmangel bei allen Personen, die infolge übermäßig geistiger oder körperlicher Anstrengung völlig erschöpft und durch zu intensive geistige Arbeit zermürbt, schlaflos oder verzweifelt sind.
- Singultus

Praxistipp
Bei Keuchhusten **D6–D30**.
Bei Reaktionsmangel sind im Allgemeinen höhere Potenzen von **C12–C30** erfolgreich.
Singultus: Cuprum **C30** unter Proc. xyphoides bis an das Peritoneum mit feiner Nadel parenteral.

Ferrum metallicum

Herkunft

Eisen (Fe) stammt aus dem Erdkern, der sämtliche Metalle der Eisengruppen, besonders Nickel und Ferrum, in Form flüssig-fester Legierungen enthält. Durch basal-magmatische Entlastungsreaktionen gelangt Eisen in die silikathaltige Lithosphäre und geht hier kristalline Verbindungen mit Sauerstoff, Kieselsäure, Aluminium, Calcium, Magnesium usw. ein.

Geschichte

Der Zivilisationsauftrag der Menschheit steht in engem Zusammenhang mit der technischen Bearbeitungsmöglichkeit von Eisen. Der Übergang von der Bronzezeit (3000 bis 1500 v. Chr.) zur Eisenzeit (1500 v. Chr. bis zum Jahre 0) bedeutete nach Entdeckung von Eisen und seiner metallurgischen Verarbeitung ganz neue Möglichkeiten der Verwendung von Werkstoffen und Waffen.
Wir wissen aus einem Brief des Hethiter-Königs Hattuschili III. an Ramses II., dass die Eisengewinnung schon in Kleinasien betrieben wurde. In Lehmöfen wurde ein Gemisch von Eisenerz und Holzkohle erhitzt. Infolge der niedrigen Temperaturen und der dadurch geringen oxidativen Wirkung der zugeführten Luft gelangte nur wenig Kohlenstoff in das Eisen. Das Produkt war schmiedbar, aber nicht gießfähig.
Im biochemischen Bereich von Lebewesen traten Hämoproteide in Form von Ferrum-II-Prophyrin-Komplexverbindungen als Sauerstoffträger im Laufe der Phylogenie auf, und zwar, als sich bei den im Wasser lebenden Tieren die Kiemenatmung zur Lungenatmung ausbildete. Die Sauerstoffaufnahme und die Kohlensäureabgabe durch das das Blut transportierende Kreislaufsystem wurde zu der beherrschenden Funktion dieser Lebewesen.
In Zusammenhang damit kam es zur Ausbildung von Atmungsproteinen, über die schon Gliederfüßler und Weichtiere in Form von Hämolymphe (blaues Hämozyanin, braunrotes Hämerythrin) verfügten.
Beim Menschen übernimmt Hämoglobin als O_2-Transporteur die Atmungsfunktion.

Persönlichkeitsportrait

Bei diesem Arzneimittel finden wir sehr energische, resolute und mutige Menschen. Schon in der Kindheit wird ihnen klar gemacht, dass sie in dem Bereich, für den sie sich entschieden haben, energisch und stark sein müssen.
So entsteht bei Widerrede und Widerstand von anderer Seite häufig Gereiztheit. Sie können sehr böse werden, wenn die anderen ihre Grenze verletzen.
Es besteht eine erhebliche Angst, geschlagen, betrogen oder in die Ecke gestellt zu werden, dabei aber auch Schreckhaftigkeit, Überempfindlichkeit gegenüber allen Sinneseindrücken.
Ferrum gehört zum oxygenen Funktionstyp von Grauvogl mit gesteigerter Oxydation, erhöhtem Stoffwechselverbrauch und Stoffwechselabbau infolge gesteigerter extrovertierter Kraftentfaltung. Nicht selten besteht Blutzuckeranstieg, dieser wiederum in Zusammenhang mit sympathikotonischer Übererregbarkeit. Als vegetative Basis dieser Disposition finden sich erhebliche Psychosyndrome: gesteigerte Reizbarkeit, aggressive Aktivität, Unbeherrschtheit, dabei aber Empfindungsstärke. Sehr starke Gefäßreaktionsfähigkeit von ungleichmäßigem Verlauf. Starke Vitalität mit Selbstüberhebung und Selbstdurchsetzung begleiten ein egozentrisches Streben mit impulsiver Willensanspannung und Eigensinn, aber deutlichem Stehvermögen, um das Ziel zu ereichen. Der extrovertiere Ferrum-Typ denkt extensiv realistisch.
In der Jugendzeit findet sich häufig eine etwas eigenartige Seelenstruktur, wobei einerseits affektive Erregbarkeit, Zorn, inadäquate Motorik, schneller Denkablauf, andererseits schlechte Konzentrationsfähigkeit mit geringer Beherrschung, aber großer Zielstrebigkeit besteht. Es kommt zu spät eintretenden, dann aber lang andauernden Erschöpfungsreaktionen und Ermüdungserscheinungen.
Die Jugendlichen zeigen häufig asthenisch-athletische Tendenz, verbunden mit einem sehr schnellen Wachstumstempo. Später sind ihnen alle cholerischen Grundfunktionen eigen mit großer Ansprechbarkeit durch äußeres Erleben, aber ungleichmäßiger Verarbeitung. Diese raschen, nachhaltigen und starken Reaktions- und

Bewegungstypen zeigen eine deutliche muskuläre Disposition zur Bewegung mit erheblicher Kraftentfaltung, kräftigem Knochen- und Muskelaufbau.
Der ganze Mensch entspricht dem von Pawlow gezeichneten, unausgeglichenem kortikoviszeralen Funktionstyp.
Es lohnt sich, sich Gedanken über das Wesen von Eisen zu machen, das in Form der körpereigenen Substanz Hämoglobin unser Leben erhält: Hämoglobin ermöglicht Sauerstoffversorgung sowie Kohlensäuretransport und -ausscheidung. Dieses lebenserhaltende Eisen wurde in den letzten Jahrhunderten als Medium bei sämtlichen Kriegen, früher für Pfeile, Lanzen, Keulen und Speere, später für Granaten, Kugeln und Bomben verwendet, um zu töten. Somit zeigt Eisen eine deutliche Ambivalenz: Auf der einen Seite ist es lebenserhaltend, auf der anderen Seite wirkt es zerstörend.
Auf der einen Seite ist es energisch und standfest, auf der anderen Seite steht die Angst vor Kritik oder Schlägen, vor Handlungen, die von anderen als falsch angesehen werden.
Jugendliche oder Adoleszenten berichten häufig, glücklich zu sein, wenn sie gelobt werden, aber dabei schon wieder Angst zu haben, ein andermal geschlagen oder bedrängt zu werden. Die doch sehr sensiblen Patienten wollen somit alles beim ersten Mal gut und richtig machen, um schlimme Konsequenzen zu vermeiden.

Arzneimittelbild

Wichtige Symptome

- anämische Menschen mit Erethismus
- Wechsel zwischen Heißhunger und Appetitlosigkeit
- nächtliches Aufstoßen, manchmal auch Erbrechen unverdauter Speisen. Unverträglichkeit von Eiern
- Kältegefühl am ganzen Körper und umschriebene Hyperästhesien mit Brennen, besonders im Gesicht und an den Wangen
- Herzklopfen mit beschleunigtem Puls
- Schwindel beim Abwärtsgehen
- Heiserkeit, Husten, blutiger Auswurf
- Reizblase
- Rheumatoide Schmerzen, besonders der Muskeln und Gelenke, hauptsächlich im linken Schultergelenk
- Extremitäten sind kalt, Hitzewallungen, besonders im Kopf mit häufig einseitiger Rötung des Gesichtes, seltener beidseitig

Modalitäten

Beim Essen besteht Verlangen nach Tomaten und Fleisch, Abneigung gegen Eier.
Verschlimmerung: durch Essen und Trinken, bei Durchfällen, durch Ruhe.
Erhebliche Kongestionen, meist im Gesicht bei kontinentalem Klima mit extremen Temperaturen, bei Gewitter und Wetterstürzen.
Besserung: bei mildem und feuchtem Meeresklima, durch langsame, sehr schonende Bewegungen.

Wichtige Indikationen

- Eisenmangelzustände: **Ferrum citricum D2** oder **D3**
- bei allgemeiner Schwäche, nach Blutungen
- Katarrhe der oberen Luftwege: **Ferrum phosphoricum D6**
- Bei Pubertäts-Strumen bewährt: **Ferrum jodatum D6**. In dieser Verbindung ist Jod nicht mehr aggressiv.
- Hyperthyreose mit Struma und parallel laufenden hypochromen Anämien: **Ferrum sulfuricum D3–D6**
- eretische Hautreaktionen mit Schwindel und Gefäßlabilität

Hydrargyrum metallicum (Mercurius vivus)

Warum kein Persönlichkeitsportrait?

Mercurius (Quecksilber) ist eines der wenigen Arzneimittel, das einen Götternamen aus der griechischen oder römischen Mythologie trägt. Es weist einige Besonderheiten auf. Schon Herkunft und Name verweisen auf ein sehr eigenwilliges, faszinierendes Arzneimittel, das etwas außerhalb des gesamten Denkens über Polychreste steht. Einige Autoren zeigen einen roten Faden auf und verweisen auf essenzielle Aspekte, wie charakteristische körperliche, geistige und emotionelle Symptome, Syndrome und Phänomene. Entgegen ihrer Auffassung bin ich der Meinung, dass man durchaus kein Konstitutionsmittel bzw. Persönlichkeitsportrait aufstellen kann, wenngleich auch ich ein bestimmendes Element erkenne: die kalorische Instabilität. Beim Verzehr zu kalter Speisen sehnt sich der Patient sofort nach Wärme, zu warme Speisen lassen nach Kälte verlangen.

Der griechische Name für Mercurius, Hermes, bezeichnet den geheimnisvollen, sehr schweigsamen Götterboten aus der griechischen Mythologie. In der deutschen Sprache finden wir das Wort »hermetisch« als »geheimnisvoll«: Hermes ist ein großer Schweiger und sehr elitär, wie Mercurius auch das einzige flüssige Element des periodischen Systems darstellt. Hermes war in allen Bereichen zu Hause und der einzige der gesamten Götterwelt, der bei den Göttern Nektar und Ambrosia schlürfen durfte, aber auch von den Menschen verehrt wurde, unter ihnen weilte und ihnen in allen Bereichen und Künsten hilfreich zur Seite stand. Die verstorbenen Seelen führte er zum Hades hinab, um ihnen die Angst vor dem Überschreiten des Styx oder dem Höllenhund zu nehmen, und konnte danach den Hades wieder verlassen.

»Hermes Trismegistos« war der in den sämtlichen drei Weltbereichen ungeheuer Mächtige, der nicht festgelegt werden kann: Er lebte als Gott im Olymp, auf der irdischen Welt als Berater der Menschen und schließlich als Seelenführer und Seelentröster im Hades.

Durch feinste Kanäle vermag er hindurchzugehen. Wir kennen dies aus dem Arzneimittelbild, wo er selbst bei Entzündungen der Lymphwege wirksam wird.

Quecksilber, das in einem Ledersäckchen aufgehängt wird, durchdringt das Leder in weniger als zwei Stunden und kann in flüssiger Form in einem Gefäß aufgefangen werden. Mercurius ist das alles durchdringende, alles durchforschende, alles wissende, fast allmächtige Wesen. Er kennt die Geheimnisse von Himmel und Hades, auch der irdischen Welt. So stark ist er im Bereich der Elemente, dass er sogar Gold und Silber, mit denen kein anderes Element reagiert, angreifen kann.

Dieses so elitäre, faszinierende, dynamische und trotzdem so ungekannte und hermetische Arzneimittel in ein Persönlichkeitsportrait zu fassen ist unmöglich, zumal Mercurius keine feste Grenze hat und ohne Anfang und Ende ist. Es ist flüssiges Silber (Hydrargyrum), fällt auseinander, fließt in Bruchteilen von Sekunden wieder zusammen und lässt sich nicht mehr teilen. Ein Persönlichkeitsportrait lässt sich jedoch nur darstellen, wenn man auch seine Grenzen fassen kann.

Im Blick auf die Indikationen von Mercurius, die vor allem in entzündlichen Veränderungen der Haut und der Schleimhäute des Mundes in Form der Stomatitis aphtosa und ulcerosa bestehen, füge ich ein Gedicht von Gaius Valerius Catullus an, der zur Zeit Ciceros lebte. Er beschreibt das gesamte Krankheitsbild von Mercurius: übler Geruch aus dem Mund, geschwollenes, zerfetztes, leicht blutendes Zahnfleisch, Abdruck verlängerter Zähne und ein gerötetes Zäpfchen.

»Ein gemeines Pamphlet

Hätt nicht gedacht, so wahr die Götter mich lieben, ein anderes sei's
bei Ämilius, ob Hintern ich riech' oder Mund',
gar nicht sauberer ist der und nicht unsauberer jener;
aber der Hintern ist doch sauberer und besser auch noch,
denn er hat keine Zähne, der Mund hat sie anderhalb Fuß lang,
altem Wagen sitzt gleich drin das Zahnfleisch zerfetzt;
dazu ein Rachen, der klafft wie die Spalte des pinkelnden Maultieres,
die von der Hitze gedehnt und weit geöffnet sich zeigt.
Viele bearbeitet er und zeigt sich bei ihnen sehr niedlich,
wird er zur Mühle denn nicht und zu dem Esel geschickt?
Wenn ihn eine berührt, sollt man sie für fähig nicht halten,
dass sie dem Henker den Arsch lecken kann, selbst wenn er krank?«

Platinum metallicum

Ursprung

Platinum ist der Hauptvertreter der Platinmetalle. Das im Jahr 1735 in Kolumbien entdeckte Edelmetall wurde nach seinem silbrig-glänzenden Aussehen mit dem spanischen »platina«, zu deutsch »kleines Silberkörnchen«, benannt.
Es kommt in der Erde entweder gediegen vor, in den Mineralien anderer Metalle, besonders in Nickelerzen, oder erscheint selbst als das Mineral Sperrylit. Hauptfundorte sind Südafrika, der Ural, in Kanada Ontario und Kolumbien.
Platinum wird vor allem in physikalischen Bereichen verwendet, so bei elektrischen und elektronischen Geräten, wegen seiner Indifferenz in der Chirurgie, als Zahnersatz, insbesondere aber auch als Schmuck.
Über physiologische Wirkungen ist wenig bekannt. In der konventionellen Medizin wurde Platin nie verwendet. Es gilt als ungiftig und als unwirksam.

Persönlichkeitsportrait

Erwachsene

Platin-Persönlichkeiten sind dunkelhaarige, schlanke Frauen und Mädchen mit straffer Haut und festen Muskeln, meist sehr hübsch mit strahlenden Augen und vollen, sinnlichen Lippen. Sie sind äußerst sympathisch, wirken aber manchmal auch wie bildschöne, eiskalte Plastikfiguren.
Die ungemein spannungsgeladene Persönlichkeit erweist sich bei näherem Kennenlernen als äußerst sensibel. Im geistigen Bereich besteht ein durch Lernen und Studieren erworbenes großes Wissen, gleichzeitig aber auch sehr großes Einfühlungsvermögen für Kunst, wie Malerei, Musik oder Dichtung. Auf der einen Seite steht ein exzessives sexuelles Verlangen, auf der anderen großer Idealismus der intellektuellen und intelligenten Persönlichkeit mit großer Sehnsucht nach einer romantischen Beziehung.
Platin-Frauen können sehr früh sexuell äußerst aktiv sein und stürzen sich voll und ganz mit romantischem Idealismus in sexuelle Beziehungen. Die Platin-Frau wünscht sich von ganzem Herzen Kontakt zu einem Mann, der ihr sexuelles Verlangen genauso befriedigt wie ihr Verlangen nach geistiger Nahrung. Kaum ein Mann kann ihre hohen Ansprüche erfüllen. Nach ersten Enttäuschungen sucht sie einen anderen Partner. Jedes Scheitern einer Beziehung bereitet ihr großen Kummer, zumal sie sich dem geliebten Menschen und der Liebe ganz hingibt.
Eine weitere Spannung entsteht durch die ständigen Bemühungen, ihr emotionelles und sexuelles Verlangen in Einklang zu bringen mit den geistigen Bedürfnissen. Es kommt zu überspitzten, idealistischen Gefühlen, zu hochgeistigen Gedankenflügen, die in deutlichem Gegensatz stehen zu dem äußerst sinnlichen Verlangen nach Befriedigung. Hieraus können abartige Reaktionen entstehen.
Erstaunlicherweise wird Platin durch die ständigen Spannungen, das ständige Unbefriedigtsein und die sich immer wiederholenden Kummersituationen nicht verbittert oder depressiv, sondern reagiert mit einem übersteigerten Ichgefühl, das zu Hochmut, Arroganz und großer Verachtung für die Welt führt. Da diese Persönlichkeit weiß, dass sie sowohl im Bereich der Sexualität als auch in dem der Intellektualität viel mehr als andere geben kann, hält sie sich für den einzig wirklich hochstehenden Menschen. Als Arzt erkennt man dies mitunter sofort, manchmal allerdings erst nach langer Zeit.
Mit zunehmendem Alter verstärken sich Arroganz und Verachtung für die Umwelt. Dennoch bleibt das große, stark sinnliche Verlangen als Triebfeder bestehen. Immer wieder sucht die Platin-Frau neue Bekanntschaften; zugleich steigert sich ihre Verachtung für die Männer. Schließlich trennt sie zwischen Romantik, Liebe und Sex und interessiert sich nur noch für Sex. Es kommt zu Nymphomanie sowie allen Spielarten sexueller Perversion.
Der Wechsel von somatischen mit psychischen Symptomen ist typisch für Platinum-Persönlichkeiten. So verschwinden Kopfschmerzen in dem Augenblick, in dem Depressionen eintreten, Depressionen wiederum werden durch Kopfschmerzen abgelöst.
Ob der Konflikt zwischen körperlichen und geistigen Bedürfnissen zur Verzweiflung führt oder dennoch ein ausgeglichenes Wesen vorherrscht, hängt auch von der zugehörigen Gesellschaftsschicht oder der Führungskraft des Partners ab.

Freilich kann sich schließlich eine echte Geisteskrankheit mit Größenwahnsinn entwickeln. Platin hält sich dann für eine Imperatorin, die über alle Mitmenschen gebieten kann; sie allein verdient Respekt und Ehrerbietung.
Zu erwähnen sind hier auch Erotomanien mit Exhibitionismus.
Immer besteht die überaus große Empfindlichkeit der Genitalien.
Platin-Persönlichkeiten zeigen in ihrer intensiven Lebendigkeit auf der geistigen Ebene und im sexuellen Bereich ein zunächst faszinierendes Portrait, dessen spätere Stadien der Erotomanie, aber auch der übertriebenen Selbstüberhebung allerdings nicht mehr zu begreifen sind. Diese Menschen sind selten und für den homöopathischen Arzt immer beeindruckend, weil sie einen ganz ungewöhnlichen Facettenreichtum im Geistigen, Körperlichen und Seelischen bieten. Dieses Persönlichkeitsportrait beinhaltet alle Höhen und Tiefen: eine Mischung von Schönheit, animalischer Triebhaftigkeit, romantisierender Sehnsucht zur Höherem und eiskalter Berechnung, verbunden mit einer Gratwanderung hinsichtlich seelischer Gesundheit.

▶ Kinder

Eine Platin-Kinder-Persönlichkeit ist sehr selten. Die sehr überheblichen Kinder sind äußerst kontaktarm und reden nur mit den Eltern, kaum noch mit ihren Geschwistern, geschweige denn mit Außenstehenden. Für die Umwelt sind sie insofern schwer zu ertragen, als sie alles besser wissen. Sie verhalten sich Erwachsenen gegenüber ablehnend, manchmal sogar abwägend und abschätzend und verdeutlichen dies mimisch, als ob sie über den wesentlich größeren Erwachsenen hinweg und sogar auf ihn herabschauen wollten.
Hinter dieser äußeren Symptomatik verbirgt sich eine Natur, die Angst hat vor der Umgebung, vor allem, was auf sie zukommt, manchmal auch vor sich selbst.
Besonders bei Mädchen besteht eine ausgeprägte Eitelkeit. Schon in jüngsten Jahren sitzen sie vor dem Spiegel, kämmen und schminken sich mit Hilfe des mütterlichen Kosmetiktäschchens. Diese Kinder haben oft Kopfschmerzen.

Literatur

Die Platin-Frau Kunigunde in Schillers Gedicht »Der Handschuh« zeigt, dass neben Hochmut auch Labilität von Psyche und Soma und damit einhergehende Depressionen im Vordergrund des Arzneimittelbildes stehen: Dem durch den Ritter erfahrenen Affront wird Platin fassunglos und resigniert begegnen.
Viele hier zu erschließende Symptome sind im Kent nachzulesen. Arroganz ist nur zweimal in der Arzneimittellehre vorhanden; dagegen stehen 32 depressive Symptome. Ganz auffällig ist die Eigenschaft, dass ein lieber Mensch in den Tod getrieben werden soll (Keller-Kent, Bd. 1, S. 104).

»Vor seinem Löwengarten
das Kampfspiel zu erwarten,
saß König Franz,
und um ihn die großen der Krone
und rings auf hohem Balkone
die Damen in schönem Kranz.

Und wie er winkt mit dem Finger,
auf tut sich der weite Zwinger
und hinein mit bedächtigem Schritt
ein Löwe tritt
und sieht sich stumm
ringsum
mit langen Gähnen
und schüttelt die Mähnen
und streckt die Glieder
und legt sich nieder.

Der König winkt wieder,
da öffnet sich behend'
ein zweites Tor
daraus rennt
mit wildem Sprunge
ein Tiger hervor.

...

Da fällt von des Altans Rand
ein Handschuh von schöner Hand
zwischen den Tiger und den Leu'n
mittenhinein.

Und zu Ritter Delorges spottenderweis
wendet sich Fräulein Kunigund:
›Herr Ritter, ist eure Lieb so heiß
wie ihr mir's schwört zu jeder Stund,
ei, so hebt mir den Handschuh auf!‹

Und der Ritter, in schnellem Lauf,
er steigt hinab in den furchtbaren
Zwinger mit festem Schritte,
und aus der Ungeheuer Mitte
nimmt er den Handschuh mit keckem Finger.

Und mit Erstaunen und mit Grauen
sehen's die Ritter und Edelfrauen
und gelassen bringt er den Handschuh zurück.
Da schallt ihm sein Lob aus jedem Munde,
aber mit zärtlichem Liebesblick –
er verheißt ihm sein nahes Glück –
empfängt ihn Fräulein Kunigunde

Und er wirft ihr den Handschuh in's Gesicht:

›Den Dank, Dame, begehr' ich nicht!‹
Und er verlässt sie zur selben Stunde.«

Arzneimittelbild

Wichtige Symptome

- anmaßender, stolzer, hochmütiger Charakter
- ausgesprochene Nymphomanie, schlimmer durch Bettruhe
- Außerordentliche Empfindlichkeit der gesamten Genitalsphäre, deren Berührung kaum ertragen wird. Das führt zum Spasmus während gynäkologischer Untersuchungen bis zu Spasmus und Ohnmacht beim Koitus.
- krampfhafte Zustände, tetanische Versteifung mit Kälteschauern, abwechselnd mit Atemnot
- Kälte- und Taubheitsgefühl an umschriebenen Stellen, besonders am Kopf und im Gesicht
- Gefühl von innerem Zittern
- krampfartige Schmerzen
- Regel ist begleitet von Krämpfen oder schmerzhafter Schwere im Unterleib mit Überempfindlichkeit der Geschlechtsorgane.

Modalitäten

Körperliche Symptome verschwinden beim Auftreten von Gemütssymptomen und umgekehrt.

Verschlimmerung: abends, nachts und durch Ruhe.

Besserung: in frischer Luft und durch Bewegung

Toxikologie

Die Toxikologie zeigt wenig Charakteristisches für Platin, jedoch allergische Reaktionen bei höherer Dosierung mit dem typischen Bild einer Schwermetallintoxikation.

Auf der Haut erzeugt Platinchlorid Juckreiz, Urtikaria, Bläschen. Schon beim Öffnen einer Flasche mit salpetersaurem Platinoxid kommt es zu erysipelähnlichen Röten im Gesicht und an den Händen mit Jucken und Hitze. Beschrieben sind auch Allergien bei Kontakt mit Ammoniumchloroplatinat.

Aus der Arbeitsmedizin sind Symptome bekannt von Arbeitern, die in den Platin-Minen des Urals beschäftigt sind. Sie werden häufig von Sehstörungen befallen, die sich in einem kraftlosen Blick und einer allmählich zunehmenden Sehschwäche äußern und oft zu mehrmonatiger Arbeitsunterbrechung zwingen. Bedingt werden diese Erscheinungen durch eine Anämie tiefer liegender Gewebe und der Sehnerven. Hiermit können Lichtscheu, Ödeme der Augenlider, allergische Rhinitis und Asthmaanfälle sowie Eosinophilie einhergehen.

Bei weitergehenden Vergiftungen finden wir starken Speichelfluss, Erbrechen, kolikartige Schmerzen, mitunter auch blutige Stühle mit leichtem Ikterus, Vermehrung der Harnmenge, schließlich auch blutigen Urin und schwere Darmsymptome.

Wichtige Indikationen

- hysterische und neurotische Reaktionen: Hyperästhesie der Ovarien, Erstickungsgefühl, Konvulsionen, Globus hystericus, aufgetriebener Leib, Melancholie, Gastralgie, Neuralgie, Aphonie ohne somatische Manifestation
- seelische Störungen: Hypochondrie, Nymphomanie, dauernde geschlechtliche Erregung, Größenwahn, fixe Ideen von Reichtum und Einfluss und Monomanie mit hochmütiger Selbstüberschätzung und Maßlosigkeit
- Erkrankungen der Ovarien, chronische Ovaralgie, schmerzhafter ständiger Druck von oben nach unten und ein Gefühl innerer Kälte, Vaginismus
- Kopfschmerzen mit einem Gefühl, als ware der Kopf in einen Schraubstock gezwängt, Schmerzen gehen einher mit Parästhesie. Taubheitsgefühl am Kopf und im Gesicht
- Neuralgie der Trigeminuszweige mit lokalem Taubheits- und Kältegefühl, Ameisenkribbeln und krampfartiges Zittern in diesen Bereichen

Plumbum metallicum

Herkunft

Bei Plumbum metallicum handelt es sich um metallisches Blei mit dem Atomgewicht 207,21 und der Ordnungszahl 82. Im Periodischen System zählt es als Schwermetall zur Kohlenstoffgruppe. In seiner pharmakodynamischen Wirkung, besonders hinsichtlich des zentralen und peripheren Nervensystems, spiegelt sich die Verwandtschaft mit dem Nachbarelementen Thallium, Wismut und Zinn deutlich wider.
Plumbum ist das inaktive Endprodukt des radioaktiven Zerfalls von Uran und Thorium. Bei genauen Untersuchungen von Blei stieß man zum ersten Mal auf das rätselhafte Problem des »Stoffelementes«, das erst teilweise gelöst ist. Es ergab sich, dass die chemische Identität eines Stoffes wie Blei, die sich in der Gleichartigkeit einer Beziehung zu anderen Stoffen zeigt, nicht auf physikalischer Einheitlichkeit beruht. Vielmehr ist das, was chemisch immer als das gleiche Blei erscheint, eine Vereinigung verschiedener Bleiarten, mit jeweils strukturellen, physikalischen Besonderheiten. Obgleich von derselben Ordnungszahl sowie im stofflichen Verhalten bestimmt durch die gleiche Kernladung, haben sie verschiedene Atomgewichte. Die Bezeichnung »Isotope« bedeutet, dass sie »an den gleichen Orten« des Periodischen Systems stehen.
In der Natur findet sich Bleiglanz, das auch das Ausgangsmaterial für die Gewinnung von Blei bildet.

Geschichte

Die chronische Bleivergiftung scheint zunächst alle Anforderungen, die man an die Arzneimittelprüfung stellen kann, aufs Beste zu erfüllen, weshalb auch sehr bald entsprechende Versuche angestellt wurden.
Die Arzneimittelprüfungen gehen auf Hartlaub und Trinks zurück und wurden bereits Mitte des 19. Jahrhunderts durchgeführt. Allen kommt bei vielen Prüfern, d. h. insgesamt 588 Autoren auf 4263 Symptome. An dieser Stelle sei Paracelsus zitiert: »Wer den Saturn kennt, der erkennt auch das Blei; wer das Blei erkennt, weiß, was der Saturn ist – denn der Saturn ist nicht allein am Himmel, sondern auch am Grund des Meeres, in den tiefsten Höhlen der Erde und im Menschen.«
Im Mythos ist Chronos oder Saturn der Herr der Zeit. Er regiert die Erdvergangenheit. Der unscheinbare fahle, nur wenig strahlende Stern durchläuft den Tierkreis sehr langsam in etwa 30 Jahren. Schon aus der Planetenbahn ist zu ersehen, dass sich Saturn von dem Ganzen unseres Sonnensystems, von der übrigen Welt absondert, sich einfach unabhängig macht, abgrenzt, isoliert und eigenen Gesetzen folgt.
Dies gilt auch für unser Blutsystem. Das Absondern provoziert den Widerspruch der gesamten Welt, woraus Anpassung und somit möglicherweise Zerstörung resultieren. In diesem Zusammenhang sei an die Mythologie der Griechen erinnert, wo dieses Geschehen bildhaft geschildert wird: Chronos verschlingt seine Kinder.
Nach Paracelsus vereint das Saturn-Prinzip zwei Polaritäten. Sein Gestirn erhebt sich über alle anderen Planeten und grenzt bereits an andere Sonnenbereiche. Gleichzeitig nimmt sein Metall die unedelste Stelle unter allen Metallen ein, es hat einen anfälligen, leicht zersetzbaren Körper. Zwischen diesen beiden Polaritäten entfaltet sich seine Wirkung. Blei ist durch fortwährenden Abbau bestimmt. Das Materielle vermindert sich immer mehr; man denke an die radioaktiven Substanzen, bei denen Blei das Endstadium darstellt.
Man kann das Menschenleben in verschiedene Phasen einteilen, deren Dauer genau die Umlaufzeit des Planten Saturn beträgt. Die ersten 30 Jahre wären somit dem Aufbau und der großen Phase der Konstitution gleichzusetzen, angefangen mit dem Ausreifen der Frucht, der Entwicklung der Erdenreife, dem Zahnen, Aufrichten, Gehen, der Entwicklung des Sinneslebens und des Bewusstseins. Bereits nach 30 Jahren, entsprechend der Umlaufzeit des Saturns, beginnen die Abbauerscheinungen, die Körperkräfte lassen nach, die Regenerationsfähigkeit verlangsamt sich. Die dritte Phase nach dem 60. Lebensjahr führt langsam zu Sklerose, zur Vergreisung, zum Absterben. Die einzelnen Phasen können ineinander übergehen, aber auch deutlich differenziert auftreten.

Persönlichkeitsportrait

Johannes Kepler hat den Planeten sehr schön bezeichnet: »Saturn ist ungesellig und liebt die Einsamkeit, wie denn die Gradheit seines Winkels keinerlei Ungleichheit, auch nicht die geringste, zu ertragen vermag, wodurch er vielseitig würde.«
Der Arzneimitteltyp, der dem Blei entspricht, wirkt immer älter, als es seinen Jahren entspricht. Sein Körper ist ausgezehrt, die Haut ist grau, meist blass, trocken, rau und kalt. Die Muskulatur ist schwach, es bestehen wenig Fettpolster, das Knochensystem tritt überall, wo es sichtbar sein kann, markant hervor. Auch das Gesicht ist knochig und bleich, die Schläfen sind profiliert, die Wangen hohl. Die Stirn ist nicht selten von Sorgenfalten durchfurcht, die tief in den Augenhöhlen liegenden Augen blicken ernst, traurig oder finster. Ihr Blick haftet meist am Boden, sie schauen nicht gerne zur Sonne auf.
Die Haare sind struppig, glanzlos, sie ergrauen früh oder fallen bald aus. Die knochige, scharf profilierte Nase ist lang, der schmale Mund mit herabgezogenen Mundwinkeln und einer tiefen Nasolabialfalte wirkt immer pessimistisch und misanthrop. Der Hals ist hager, sehnig, die Schultern sind hochgezogen, der Rücken ist gekrümmt. Arme und Beine sind großknochig und mager, Hände und Füße ebenfalls hart und grob, die ganze Gestalt unproportioniert. Man hat den Eindruck, der Organismus mit dem zur Brust geneigten Kopf und schlaff herabhängenden Armen stehe unter einer schweren Last.
Selbst die Stimme kann rau, misstönend sein. Diese Menschen sprechen langsam, seufzen tief, sind gerne müde oder wirken zumindest so. Das Äußere ist betont ungepflegt, die Missachtung alles Äußeren steht im Vordergrund. Sie brauchen nur das Lebensnotwendige, leben sehr bescheiden, auch wenn sie genügend Geld haben. Der Überfluss geht gegen ihre Natur.
Im Gemütsbereich findet sich häufig Melancholie. Unfreundlichkeit gegen andere. Die Menschen sind mürrisch, grimmig oder, bayrisch ausgedrückt »grantig«. Sie muten sich meist sehr viel Arbeit zu, schlagen sich mit eigenartigen Grillen und Gedanken herum. Sie sind selten fröhlich und weder an Liebe noch an Zärtlichkeit interessiert. Weiterhin besteht Geiz und Habgier (Basilius valentinus).
Konflikte ergeben sich aus den völlig harten und unbeugsamen Grundsätzen, aus der Verschlossenheit, Bedürfnislosigkeit, aber auch Schwerlebigkeit.
Einen Verlust der Gedankenfreiheit, ein Handeln gegen ihre Überzeugung können sie keinesfalls ertragen. Ein Übermaß an solchen Anlagen wird sehr bald dazu führen, dass ein solcher Mensch vorzeitig vergreist. Sein Inneres erstarrt dann zu einem Skelett sturer Grundsätze und Gewohnheiten. Das Leben wird verneint. Er missgönnt sich nicht nur selbst alles, sondern lähmt auch jede Lebensfreude seiner Mitmenschen. Sein Herz wird teilnahmslos kalt, das Gemüt erinnert an eine Eislandschaft, in der kein Gras mehr wächst und keine Blume blüht – man denke an die Schneekönigin von Andersen. Der Betroffene wird zum Eigenbrötler, von dem wir bei Ferdinand Raimund in »Alpenkönig und Menschenfeind« lesen: »Er ist der Geist des Widerspruchs, der Unglücksbringer ›Kakodeimon mit dem ertönenden Basiliskenblick‹.«
Wir finden aber auch das Gegenteil: Menschen ohne seelisches Rückgrat, ohne Eigenständigkeit oder Urteilsvermögen, ohne Grundsätze und Ausdauer, die unzuverlässig und völlig verantwortungslos sind.
So gesehen sind Blei-Menschen Einzelgänger, die, sehr verfrüht schon eigenständig geworden durch biographische Krisensituationen oder durch Eigensinn, alles mit sich selbst abmachen. Gründliches abstraktes Denken ist prinzipiell vorhanden. Sie betrachten die Welt sehr kritisch, sehen in allem aber das Vergängliche. Ihr Gemüt zu erwärmen ist eine ungeheuer schwere Aufgabe; gelingt dies, werden Gewohnheiten und Zuneigungen dauerhaft. Wie sich beispielsweise an Silvester beim Bleigießen zeigt, ist Blei sehr zähflüssig, langsam, gründlich, zeigt aber ein deutlich abstraktes Bild.
An dieser Stelle sei nahegelegt, den Gedanken von Madame Curie nachzugehen und zu fragen, wie man die Wissenschaft trocken finden kann und ob es etwas Schöneres gibt als die unveränderlichen Regeln, die die Welt regieren, etwas Wunderbareres als den menschlichen Geist, der fähig ist, sie zu entdecken.
Das große Genie beschäftigt sich grundsätzlich mit gewonnenen Prinzipien, denkt nie an irgendwelche praktischen Folgen. Hier sei an die Entwicklung der Atomenergie erinnert, da die Gamma-Strahlen und Blei einen biochemischen Zusammenhang aufweisen. Jungk zitiert in einem Werk »Heller als tausend Sonnen« den Atomforscher Hahn, der tief erschüttert war von der Mitteilung, dass eine Atombombe abgeworfen worden war. Er, der Entdecker der Uranspaltung, musste dies erleben. Es war ihm unerträg-

lich, dass eine ohne jeden Gedanken an die praktische Auswertung unternommene Forschung Hunderttausenden Schaden zugefügt haben sollte.
Alle Blei-Menschen sind bekannt durch ihre unerschütterliche Prinzipientreue. Ganz selbstverständlich nehmen sie jeden Nachteil dafür in Kauf und sterben sogar, wenn es notwendig ist. So steht mancher gegen jede äußere Macht für seinen Glauben und für seine Überzeugung, auch wenn er seinen Beruf einbüßt, wenn er hungern muss, Verbannung und Tod zu erwarten hat. Die Saturn- oder Bleianhänger der radikalen Systeme verfolgen mit tödlichem Hass andere überzeugte Parteimenschen, sogar den besten Freund – man denke an Schillers Fiesko oder an die Inquisition, z. B. im Zusammenhang mit dem verkalkten Hochmut des Großinquisitors in den »Brüdern Karamasow« von Dostojewski.
Im postiven Bereich finden sich Beharrlichkeit und Gründlichkeit, jeder Entschluss muss reifen, jede Tätigkeit gegen alle, auch innere Widerstände, in Gang kommen. Dies beruht nicht auf Gleichgültigkeit. Alles Neue erweckt zunächst Zurückhaltung oder Antipathie.
Der Sinn für das leibliche Wohl ist bei Blei wenig ausgeprägt. Essen, Gesundheit und Ruhe interessieren ihn nicht. Der Körper hat zu gehorchen, ob bei der Arbeit, in den Ferien, bei der Erholung. Er isst gern Kartoffeln, Wasser und Brot und gönnt sich nichts Gutes. Gäste eines Blei-Patienten bleiben hungrig. Der Blei-Patient kann seinen Körper allerdings bis aufs Äußerste strapazieren. Er benutzt seinen Leib wie einen störrischen Esel, den er erbarmungslos antreibt, bis er dann zusammenbricht oder es bis zum Siechtum kommt.
Absolute Pflichterfüllung steht neben absoluter Härte gegen sich selbst. Die Lebensführung ist nach bestimmten Grundsätzen ausgerichtet bis hin zu einer mathematisch ausgeklügelten Ordnung, von der der Patient nicht abweicht. Das hohe geistige Niveau führt immer eine Eindämmung der Vitalität herbei und lähmt – notfalls durch Muskelatrophien – grundsätzlich überschießende Vitalität. Im Bereich der Sinnesorgane werden die Wahrnehmungen zurückgedrängt, weil die eigenen Vorstellungen dominieren. Der ohnehin schon abgesonderte Plumbum-Patient wird noch einsamer und erweist sich als kritischer Negativist und absonderlicher Zerebralsklerotiker.
Vor allem im Alter finden wir verlangsamte Regelungen. Das Denken wird erschwert, und es kommt zur »langen Leitung«. Der Betroffene wird hypochondrisch, furchtsam, melancholisch, er ist nur mit sich beschäftigt, die Umwelt ist uninteressant. Schließlich kommt es zu einer Hemmung des Willens, die Antriebskraft zum Sprechen und Handeln nimmt ab.
Der Plumbum-Patient isoliert sich, kann keine Kontakte mehr finden und wird zum gelähmten, langsamen, retardierten Greis. Er empfindet sein eigenes Ich als einen schweren Bleiklumpen und zeigt wie Blei zerstörerische Tendenzen. So wird es zum Zerrbild eines Lebewesens, er erstarrt.
Plumbum-Patienten haben oft eingentümlich schwere Schicksale hinter sich und haben im Laufe ihres Lebens oft die Nähe des Todes erfahren. Oft sind sie auch mit schweren Krankheiten ans Bett gefesselt. Häufig werden ihnen Angehörige entrissen, sie leiden an äußerster Armut und müssen schwer arbeiten. Nach Meinung der Umwelt leben sie jedoch glücklich.
Bedürfnislos und leidensbereit nehmen sie viele Lasten auf sich. In ihrer Familie bleiben sie wegen ihres freudlosen, oft missmutigen Wesens einfach Fremdlinge. Sie können sich nicht in das Leben ihrer Nächsten versetzen und stehen immer unter dem inneren Druck, sich nichts leisten zu dürfen und der eigenen Forderung nach Bedürfnislosigkeit nachkommen zu müssen.
Plumbum-Patienten stellen sehr hohe Anforderungen an die geistigen, mitunter aber auch an die emotionalen Kräfte des Arztes. Sie werden häufig überfordert. Man darf hier um keinen Preis in den Fehler verfallen, dieses Blei etwa mit seinem eigenen Temperament beweglicher oder flüssiger machen zu wollen, da es sich dann völlig verändert und uns ganz entgleitet. Wenn der Arzt großes Verständnis, auch für die Situation von Blei, aufbringt, kann er bei den erwähnten Erkrankungen, besonders des zentralen Nervensystems mit Blei manchmal überraschende Erfolge haben. Dabei ist zu bedenken, dass Blei zu jenen homöopathischen Arzneimitteln gehört, die bei alten Menschen in der Potenz um die **C30** erfolgreich sind. Allerdings sollte es im Blick auf die Umlaufzeit des Planeten nicht häufiger als alle 30 Tage gegeben werden.

Arzneimittelbild

Wichtige Symptome

- Bleisaum der Gingiva
- Extensorenlähmung der Hände
- hartnäckige spastische Obstipation mit Aftertenesmen
- Hypertonie, Angiospasmen
- große Empfindlichkeit von Hautbezirken gegenüber Berührung und kaltem Luftzug
- Beginn der Beschwerden fast immer im rechten Oberarm, nach links unten fortschreitend
- Im fortgeschrittenem Alter: Apathie. Um dagegen anzugehen, kommt es in den »besten Jahren« häufig zu riskantem und skandalösem, sogar perversem Verhalten auf sexueller Ebene.

Modalitäten

Verschlimmerung: durch Bewegung und nachts.
Besserung: durch Gegendruck und Zusammenkrümmen.

Toxikologie

Die so genannte Bleivergiftung, der Sarturnismus, war bereits im Altertum bekannt und wurde damals schon zu kriminellen Zwecken missbraucht. Es gibt unzähle toxikologische Berichte über Plumbumvergiftungen. Dieses Gefäßgift bewirkt eine Schädigung der Gefäßendothelien durch Zellatmungsblock infolge seiner starken Reduktionswirkung und durch Verfettung und Sklerosierung der Gefäße.
Andere Organschädigungen scheinen eine sekundäre Folge davon zu sein. Angiospasmen der terminalen Strombahn folgen häufig Ischämie und Sklerose sowie Blutdrucksteigerung.
Im hämatopoetischen System kommt es zu überstürzter Blutmauserung mit typischem Auftreten basophiler Tüpfelung der Erythrozyten. Später folgt schwere Anämie.
Die Leber wird weitgehend geschädigt, da Blei außer der Zellatmung auch Stoffwechselvorgänge der Lipoide, Albumine, Nukleinsäuren, Phosphate usw. blockiert. Auch die Niere erkrankt, es kommt zu Bleinephritis.
Am Zahnfleisch treten bekannte Bleisäume auf. Bleikoliken im Darm sind verbunden mit schwerer Obstipation. Durch Störung des Muskelglykogenaufbaus im Stoffwechsel von Lactacidogen und Adenylsäure kommt es zur Schädigung der glatten sowie der gestreiften Muskulatur.
Hartnäckig und therapeutisch praktisch unzugänglich sind Nervenschädigungen, Neuralgien, Parästhesien, Sensibilitätsdefekte, trophische Motilitätsstörungen, schließlich radikuläre Degeneration mit anschließender irreversibler Lähmung. Schließlich finden sich Symptomenkomplexe, die den Systemerkrankungen des ZNS sehr ähneln.
In meiner Studentenzeit habe ich als Famulus, später als Assistent in der Universitätklinik in Breslau viele Fälle von Bleivergiftungen erlebt, beginnend mit von rechts oben nach links unten fortschreitenden Beschwerden in Form von Neuralgien mit Muskelatrophien. Außerdem habe ich die basophile Tüpfelung der Erythrozyten noch in guter Erinnerung. Hinsichtlich der Zivilisationsgeschichte war die Tatsache interessant, dass immer nur Angehörige der armen Bevölkerungsschichten an Bleivergiftung erkrankten. Sie mussten sehr zeitig aufstehen und entnahmen als erste Wasser aus den aus Blei bestehenden Leitungen, um ein warmes Getränk zu bereiten. Den viel später aufstehenden Wohlhabenden stand dann kein in Bleileitungen abgestandenes, sondern frisches Wasser zur Verfügung.

Wichtige Indikationen

- Angiospasmen, Endarteritis, Arteriosklerose, Hypertonie, besonders bei deutlicher Erhöhung des diastolischen Druckes; spastische Obstipation; Tenesmen
- Sklerosen, von der Zerebralsklerose bis zur peripheren Sklerose
- Leberparenchymschäden
- Störungen im ZNS-Bereich, insbesondere Systemerkrankungen des ZNS
- Muskelatrophien

Stannum metallicum (Stannum)

Ursprung

Stannum metallicum (Zinn) ist ein Metall, das in Verbindung mit anderen Elementen lösliche, giftige Zinnsalze bildet. Hierzu zählen Zinnstein (SnO_2), eine Zinn-Sauerstoff-Verbindung, sowie Zinnkies ($CuFeSnS_4$), eine Verbindung von Zinn mit Schwefel, Kupfer und Eisen.
Das homöopathische Arzneimittelbild entstammt der Prüfung durch Hahnemann, der Stannum 1839 als Heilmittel gegen Epilepsie kennengelernt hatte. Von englischen Autoren besprochen, erlangte es damals in der Homöopathie keine Bedeutung.
Im Mittelalter wurde Stannum gegen die sogenannte geschwürige Lungensucht sowie als Abtreibungsmittel gegen Bandwürmer angewendet.

Mythologie

Im mythologischen Bereich findet sich Stannum in Prometheus wieder. Dem am Boden Liegenden, an einen Fels Geschmiedeten wird tagsüber von einem Adler, dem Boten von Zeus, ständig die sich nachts erneuernde Leber herausgehackt. Diese sich wiederholende Entwicklung von tiefer Erschöpfung zu neuer Kraft ist als adäquates Bild von Stannum zu verstehen. Prometheus steht hier auf derselben Ebene wie Zeus, dem er zum Sieg über die Titanen verholfen hatte. Auch gelang es ihm, die Tochter von Zeus durch einen Hammerschlag auf dessen Haupt ins Leben zu rufen.
Später betreute Prometheus gemeinsam mit Athene die Menschen, denen er allerdings das Feuer zu früh schenkte, wodurch er den Zorn von Zeus erregte.

Persönlichkeitsportrait

Großes Leitsymptom ist geistige und körperliche Erschöpfung.
Frühere Fachliteratur verglich die äußerliche Erscheinung von Stannum-Patienten immer mit der von Menschen, die eine Tuberkulose überstanden hatten, danach ständig unter Infekten litten und reichlichen Auswurf hatten.
Für diese Patienten bedeuten schon kleinste geistige oder körperliche Belastungen eine sehr große Anstrengung. Es fällt ihnen so schwer, sich zu konzentrieren, dass sie ihre Aufgabe oft nicht zu Ende führen können, und auch nach leichten beruflichen Arbeiten kommen sie völlig erschöpft nach Hause, um sich dann im Abstand von ein bis zwei Stunden wiederholt hinzulegen.
Schon in der Anamnese berichten sie, dass sie sich nicht lange unterhalten können, ja dass ihnen sogar das Telefonieren schwerfällt oder ein Besuch auf einer Behörde fast unmöglich ist, weil sie nicht in der Lage sind, die Fragen zügig zu beantworten, sondern immer Sprechpausen einlegen müssen. Auch das Zähneputzen, Rasieren, ja das Waschen des Halses oder des Körpers stellt häufig eine große Anstrengung dar, so dass nach jedem Vorgang eine kleine Pause eingelegt werden muss.
Ich erinnere mich an drei Patienten in meiner Praxis, die, als ich sie bat, sich hinzusetzen, mir erklärten, sie wollten sich doch lieber hinlegen und mir dann alles erzählen, dann ginge es wohl besser.
Diese ständige Erschöpfung führt in vielen Fällen zur Verzweiflung. Die Patienten sehnen sich danach, sterben zu dürfen. Da sie sogar durch Unterhaltungen geschwächt werden, fürchten sie sich auch davor, mit jemandem zusammenzutreffen und haben deshalb wenig Kontakte.
Wie Argentum wirkt Stannum sehr tief greifend und sollte gerade bei chronischer Schwäche herangezogen werden.
Die eher älteren Patienten waren als Kinder, während der Jugend und im Beruf körperlich und geistig sehr dynamisch, teiweise sogar Leistungssportler. Sie empfinden, nachdem sie auch im beruflichen Bereich früh erfolgreich waren, den plötzlichen Verlust ihrer Dynamik, die Mattigkeit und Schwäche, besonders stark als innerlichen Zerfall. Die Erfahrung am Krankenbett bezeugt weiterhin große Weisheit, Würde und einen guten Charakter. Klugheit ist oft gepaart mit Gerechtigkeit und Frömmigkeit.
Besonders im Kopfbereich treten sehr häufig Neuralgien auf, die, ganz im Gegensatz zu Belladonna, nicht plötzlich beginnen und enden, sondern ganz langsam stärker werden und nach Mittag wieder abklingen. Schon bei der Arznei-

mittelprüfung durch Hahnemann (RAL, Bd. 6, S. 280) fand sich als Hauptrichtung dieses homöopathischen Arzneimittelbildes eine Beziehung zum Nervensystem und hier wieder insbesondere zum Gehirn. Nicht nur Migräne und Kopfschmerzen, sondern auch neurasthenische Beschwerden stehen im Vordergrund.

Weiterhin wird Stannum bei chronischem Bronchialkatarrh und Bronchiektasien sowie chronischen Entzündungen der Nasennebenhöhlen angewendet.

Das Sprechen provoziert Husten. Der Auswurf hat den Charakter bronchiektatischen Sputums und ist wegen der Erschöpfung oft schwer abzuhusten.

Beschwerden des Verdauungstraktes verweisen auf funktionelle Leberstörungen, eine chronische Hepatitis oder eine Leberzirrhose.

Küchengeruch reizt zum Erbrechen und bewirkt Speichelfluss im Mund. Oft besteht ein Trockenheitsgefühl im Hals, wobei ähnlich wie bei Mercurius häufig geäußert wird, die Zähne wären zu lang.

Daneben findet sich heftiges Brech-Würgen, das bitter schmeckenden dunkelgrünen Schleim zutage fördern kann. Manchmal hat Stannum Heißhunger, obwohl der Patient nichts essen kann. Selbst nach dem Essen besteht ein großes Leeregefühl, ähnlich wie bei Lycopodium. Der Patient fühlt einen an- und abschwellenden Druck im rechten Hypochondrium, der von morgens bis mittags anhält und von Meteorismus begleitet ist. Mitunter zwingt ein starker Bauchschmerz dazu, sich über eine Stuhl- oder Tischkante zu legen, um durch den dadurch ausgelösten Druck Besserung der Schmerzen zu erfahren.

Nicht selten besteht breiig-knolliger, grünlicher Stuhlgang mit Schleim. Der After brennt und juckt.

Die Glieder fühlen sich wie gelähmt an, vor allem wenn der Patient die Treppe hinuntergeht. Stannum friert oft, hat kalte Hände und meint, die Finger wären abgestorben. Nachts können die Beine manchmal sehr heiß sein, auch brennen und von störendem Schweiß bedeckt sein.

Obwohl die Libido völlig erloschen ist, finden sich nächtliche Erektionen und Pollutionen.

Sehr typisch ist die langsame Aszendenz und Deszendenz der Schmerzen, deren Höhepunkte sich meist in der Mittagszeit, aber auch in den frühen Morgenstunden gegen vier und sechs Uhr finden.

Arzneimittelbild

Wichtige Symptome

- Erschöpfung, große Müdigkeit. Mattigkeit mit steter Neigung zu Liegen, mit Zittern
- Furcht, Abneigung und Scheu vor Menschen
- Reden strengt übermäßig an.
- nachlassendes Gedächtnis mit Benommenheit und Schwindel
- Schmerzen an verschiedenen Stellen des Kopfes; Neuralgien
- Alle Schmerzen beginnen schwach, steigen an und nehmen wieder ab.
- Viel Schleim in der Luftröhre bei großer Schwäche der Brust, dabei gelb-grüner, widerlich süßlicher Auswurf. Husten wird erregt durch Sprechen oder Lachen (was sehr selten ist).
- Küchengeruch reizt zum Erbrechen.
- großes Leeregefühl nach dem Essen
- krampfhafte Bauchschmerzen, Meteorismus, gelegentlich Diarrhö
- nächtliche Schweißausbrüche
- Der erschöpfte Patient versucht, trotz seiner Schwäche sehr schnell zu gehen, weil er hofft, er könne so eine große Strecke zurücklegen.

Hinweis: Im Gegensatz zur Phosphorsäure, dem zweiten großen Schwächemittel, ist Stannum von starken Gefühlen geprägt.

Modalitäten

Verschlimmerung: durch geringe Anstrengung, warme Getränke, Unterhaltung.
Besserung: durch Bewegung, die aber sofort zu Schwäche führt; durch Druck bei Bewegung.

Toxikologie

Anorganisches Zinn ist kaum gefährlich. Vor sauren Nahrungsmitteln aus Büchsen ist allerdings zu warnen. Organische Zinnverbindungen sind dagegen giftig und finden sich als halogenierte Verbindungen in Desinfektionsmitteln, Fungiziden und Kunststoffstabilisatoren. Sehr giftig ist Dijodo-Diaethyl-Zinn, ein Mittel gegen Furunkulose, das unter dem Namen »Stalinon« im Jahre 1954 über 100 Todesfälle in Frankreich verursachte.

Wichtige Indikationen

- Rekonvaleszenz
- beginnender Alzheimer
- chronische Nasennebenhöhlenentzündung, chronischer Kehlkopfkatarrh mit Stimmschwäche, Bronchiektasien
- funktionelle Leberstörungen, chronische Hepatitis, Leberzirrhose
- Arthrosis, Osteochondrose, Spondylarthrosis

Zincum metallicum

Ursprung

Schon zur Zeit der Pharaonen war Zincum (Zink) bekannt als »gelbes Kupfer«, das dazu benutzt wurde, Kupfer eine goldene Farbe zu verleihen. Nach den am schwarzen Meer ansässigen »Mossinöken« wurde es später als »Messing« bezeichnet; in alten Lehrbüchern findet sich der Begriff »Zinkoxyd«. Die Alchimisten bezeichneten es als »Lana philosophica« oder auch »Flores zinci« wegen der beim Schmelzen entstehenden Blümchenartigen Flocken.
Paracelsus kannte zumindest die pharmakologische Wirkung der Zinkerze, möglicherweise auch Zink.
Der Chemiker Georg Brand gewann im Jahre 1735 Zink erstmalig aus Galmei und Zinkblende. Erst im Jahre 1746 konnte es Markgraf in Deutschland als einen Bestandteil von Galmei rein darstellen. Das metallische Zink wurde gleichzeitig mit dem Planeten Uranus entdeckt und diesem zugeordnet. Uranus verkörpert das Wassermann-Zeitalter, mit dessen Beginn sich die Fototechnik entscheidend weiterentwickelt, was auf einen Zusammenhang in größerem Rahmen hinweist.
Umso erstaunlicher, dass große Kenner der Metalle wie Rudolf Steiner, Alla Selawry oder Pelikan das Zink nicht erwähnen. Steiner, der jedes Metall von einem Planeten geprägt sah, fand keinen Zusammenhang zwischen Zink und Uranus. Auch bei anthroposophischen Arzneimitteln ist kein Zink vorhanden, obwohl Steiner davon spricht, jedes Metall habe eine Beziehung zur menschlichen Gesundheit. Hier sei die Überlegung erlaubt, ob Zink die Anthroposophen und deren Gedankengänge oder ob Rudolf Steiner Zink »zudecken« wollte, indem er es einfach wegließ. Postulieren könnte man auch, dass Zink als »Punker« unter den Metallen Steiner ängstigte: Im Zusammenhang mit Uranus befürchtete er möglicherweise eine Zerstörung seines Weltbildes. Mit fortschreitendem Wassermann-Zeitalter werden Anwendungsmöglichkeiten für Zink immer umfassender. Zink ist in vielen Grundstoffen des täglichen Lebens enthalten. Die Art seiner Verwendung ist charakteristisch für unsere moderne Zeit, in der Zink dazu beiträgt, der Allgemeinheit eine ganze Reihe von Gegenständen zu ermöglichen, die früher nur begüterten Bevölkerungsschichten zugänglich waren. So ist Zink Hauptbestandteil der zahlreichen mittels Spritzgussverfahren hergestellten Haushaltsgeräte.
Ein sozialer Aspekt von Zink besteht somit darin, dass es für jedermann erschwinglich ist und als »Gleichmacher« wirkt. Dies zeigt sich auch bei seiner Verwendung in der Herstellung von Deodoranzien, die den individuellen Körpergeruch des Menschen beseitigen.
Ein weiterer Anwendungsbereich ist die Druckerei. Wo früher Blei zum Setzen der Buchstaben verwendet wurde, sind es jetzt dünne Zinkplatten. Dabei können nicht mehr einzelne Buchstaben ausgetauscht werden; man muss vielmehr die ganze Platte wechseln. Auch hier wieder ein Zeichen der modernen Zeit mit Phänomenen wie Betriebsumstellung, Rationalisierung, Computerdenken.
Durch Verzinken werden Gegenstände haltbarer. So werden Dachrinnen, Regenrohre oder in England ganze Dächer verzinkt und dadurch auch äußerlich vereinheitlicht.
Weiterhin wirkt Zink beschützend und bedeckend. In Verbindung mit Eisen schützt es dieses vor Rost. Zinksalbe bedeckt die Haut und schützt sie vor Wundsekreten. Zincum schützt auch in geringem Maße vor Radioaktivität, ähnlich wie Blei. Als Schutzfaktor wirkt es auch in unseren Enzymen, die alle Zink enthalten. Durch zu starke Nervosität verursachte Unruhe im Körper kann durch Zink beruhigt werden. So gaben die Erkennungsmarken während des Krieges allen Soldaten etwas Ruhe vor entscheidenden Phasen.
Bei zu hohem Zinkgehalt gibt es allerdings deutliche toxische Veränderungen. Der menschliche Körper enthält eine große Menge Zink.
In der Tierwelt haben wir hohe Zinkanteile in den Schlangengiften.
Ein Mangel an Zink, im Gemüse beispielsweise durch künstliche Düngung verursacht, kann zu Zivilisationskrankheiten führen.
Auch für die Pflanzenwelt ist Zink lebensnotwendig, wenn auch nur in geringer Menge, so bei ungenügender Blattgrünbildung, gefleckten Obstbaumblättern und Tomatenzwergwuchs. Wenig Zink findet sich in zuckerreichen Pflan-

zen, beispielsweise Zuckerrüben, sehr viel in eisenreichen Pflanzen, wie Pilzen. Sehr hohe Mengen finden wir bei Veilchenarten, die im Übrigen bei der Behandlung allergischer Hauterkrankungen in der Homöopathie eine Rolle spielen. Der tierische Organismus ist ebenfalls auf Zink angewiesen. Viel Zink enthält der an Phosphatiden-Nukleoproteiden reiche Organismus der Säugetiere. Wenig zincumhaltig sind Haare und Milch, deren Zinkgehalt allerdings während der Laktationsperiode ansteigt.

Die Orte bedeutender Zinkvorkommen fallen im wesentlichen mit denen für Bleivorkommen zusammen. Zink und Blei kommen mit Schwefel zusammen als Schwefelerz, Zinkblende und Bleiglanz immer in gemeinsamen Lagerstätten vor und sind meist so angeordnet, dass in höherliegenden Teilen Blei überwiegt, manchmal sogar allein vorkommt, nach der Tiefe zu aber immer mehr ab- und die Zinkblende zunimmt. Blei als das schwere Metall liegt somit über dem leichteren Zink.

Das reine Metall ist nirgends in der Natur vorhanden. Man erhält es durch Destillation der von Schwefel befreiten Erze mit Kohle aus Retorten. Das bläuliche, weiche, aber auch spröde Metall ist etwas blättrig und kristallin, schwerer als Blei, schmilzt bei 419 °C, verdampft aber bei weiterer Erhitzung schon bei 900 °C.

Mythologie

Ähnlich wie in der biblischen Schöpfungsgeschichte beginnt auch die griechische Darstellung von Himmel und Erde mit der Feststellung, dass alles öde und leer war.

Die Urmasse der Welt wurde als »Chaos« bezeichnet, aus dem Gäa, die Erde, und Uranus, der Himmel, entstanden. Sie vermählten sich und zeugten viele Kinder, darunter einige Missgeburten, die Uranus in die Unterwelt wies oder in den Mutterleib zurückstieß.

Gäa, daduch geschmäht, hielt eines ihrer gesunden Kinder, Chronos, dazu an, sich für die Untaten seines Vaters zu rächen und Uranus zu entthronen. Chronos oder Saturn, zu deutsch »die Zeit«, wurde selbst zum Herrscher der Welt.

Damit war der Zwiespalt geboren: Erde und Zeit, Gäa und Saturn, blieben zurück, der Himmel, Uranus, wurde vertrieben. Diese Erzählung hat eine sehr große Ähnlichkeit mit der Schöpfungsgeschichte und der Vertreibung aus dem Paradies.

Uranus, der Kosmos, symbolisiert die Gleichheit, die nicht durch Rang und Stand bestimmte Einheit, und ist zeitlos: Er gibt den Menschen den göttlichen Funken, Licht, Feuer, die als promethische Elemente für Intuition und Durchschaubarkeit der Dinge sowie Sensibilität für himmlische Schwingungen stehen. Uranus, das dem Zincum zugeordnete Sternbild, hat in diesem Bereich großen Einfluss und vermittelt mit Zink die Idee der – etwa gleichzeitig mit seiner Entdeckung beginnenden – Französischen Revolution, die auf »Freiheit, Gleichheit, Brüderlichkeit« abzielt.

Uranus-Menschen handeln entsprechend ihrer Eingebung und dem Durchsetzungsvermögen, ganz gleich, was mit ihnen geschieht. Sie lehnen vorprogrammierte Systeme ab und sind für göttliche Eingebungen, wie sie etwa intuitiv wahrgenommen werden können. Johannes, Christus, Galilei und Dostojewski sind hier als Beispiele zu nennen.

Im Wassermann-Zeitalter deutet alles auf eine Mentalitätsänderung hin, die sich im Laufe des 20. Jahrhunderts und wahrscheinlich auch im 21. Jahrhundert immer weiter entwickeln und festigen wird. Zink spielt eine immer größere Rolle als Heilmittel in diesem Abschnitt der Weltgeschichte.

Persönlichkeitsportrait

Erwachsene

Die heutige Gesellschaft ist bestimmt durch Ordnung, zum Teil Uniformierung und durch ein vorprogrammiertes Gesellschaftsleben. Individualisten, die danach streben, sich in dieser so perfekt durchorganisierten und durchtechnisierten Gesellschaft zu verwirklichen und vielleicht sogar intuitiv und spirituell ausgerichtet sind, werden sehr schnell zum Ärgernis: Die Gesellschaft ist der Meinung, solche genialen Außenseiter können ihr nicht dienen und verlangt nachdem Gleichschritt des Mittelmäßigen, dem Mach- und nicht nur dem Erlebbaren. Aldous Huxley hat in seinem Buch »Brave new world« ein solches Weltbild geschildert, in dem kein Raum mehr ist für Unregelmäßigkeiten und Besonderheiten.

Den Persönlichkeiten, denen dieses vorprogrammierte Gesellschaftsleben nichts bedeutet, die mit ihrer Beziehung zum Überirdischen offenstehen für Intuitionen, ist der Zincum-Typus zuzuordnen. Er ist der »Blitz aus heiterem Himmel«, kann »aus der Haut fahren«, ist somit stark emotionell geprägt und mitunter eretisch de-

pressiv, aber auch hypomanisch, aktiv und kreativ, dabei unberechenbar. Er ist immer in Eile und auch innerlich ständig unruhig. Normales Tempo ist ihm völlig fremd. Hier sind beispielsweise jene Hausfrauen zu erwähnen, die ständig mit Putzarbeiten beschäftigt sind.
Dieser feurige Idealist kann gut motivieren, ein Ziel setzen und ist in der Lage zu führen. Er lebt und erlebt alles intensiv, enthüllt Wahrheiten, dringt in die Seelen seiner Mitmenschen, bindet sich ungern und ist von beeindruckender Ausstrahlung, schützt und bedeckt, wie das Zink die Dachrinne.
In der Konfrontation mit alten Dogmen und verkalkten Menschen wirkt er zerstörend auf jüngere Menschen, die einen geistigen Führer erwarten, dagegen motivierend und inspirierend, als Kraftpol für prophetische Aufgaben, aber auch für himmlische Ruhe.
Unregelmäßigkeit, Eile, Unrast und Bewegungszwang sind wichtige Hinweise auf den Zink-Menschen, der aufgrund seiner Nervosität bei besonderer Belastung an Asthma- oder Krampfanfällen leidet oder auch nicht asthmatische Atemrhythmusstörungen bekommt.
Die ungewöhnlich starke Unruhe zeigt sich vor allem in der Hyperkinetik der Arme und Beine. Schon Kinder können nicht ruhig sitzen, zappeln auf ihrem Stuhl herum, bewegen fortwährend Beine und Füße. Im Bett wälzt der Patient sich unentwegt herum. Die Unrast ist so stark, dass die Umgebung ganz nervös wird. Der kleinste Anlass löst neue Bewegungsimpulse aus.
Auch die Alkoholempfindlichkeit ist sehr groß. Schon eine geringe Menge Wein erregt und löst motorische Reaktionen aus. Regelmäßigkeit ist mit diesem Menschentypus und seinem äußerst intuitiven Leben völlig unvereinbar.
Der homöopathische Arzt sollte bei der Dosierung der homöopathischen Medikamente vor allem den Aspekt der Unregelmäßigkeit beachten. Er muss die Medikamente dem Zink-Menschen als Partner zur Seite stellen. Die schematische Anweisung, ein Zincum-Medikament regelmäßig, beispielsweise dreimal täglich einzunehmen, ist mit dem Wesen von Zink, aber auch mit dem Wesen des Menschen, der Zink braucht, völlig unvereinbar. Der Patient muss selbst merken, ob er wieder eine Tablette Zincum oder Zincum valerianicum benötigt. Vielleicht nimmt er abends in Abständen von 20 Minuten, vielleicht auch nur jeden zweiten Tag eine Tablette. Das durch Unregelmäßigkeit geprägte Wesen eines Zink-Menschen sollte sich auch in der Dosierung manifestieren. Zink ist das Mittel für Patienten, die durch Unausgewogenheit bestimmt sind und deren Rücken oder Rückenmark, also Gehirn und Nerven, nach Stütze verlangt. Es ist das Mittel unserer Zeit.
Der Lebensrhythmus eines aktiven Zinkmenschen ist chaotisch, Abweichungen vom Normalen finden auf allen Ebenen statt: Alle Ereignisse überraschen, nichts läuft normal ab. Regelmäßigkeit und Ordnung sind dem Patienten genauso fremd wie der »goldene Mittelweg«. Alles muss außergewöhnlich sein, und das um jeden Preis.
Im Folgenden soll ein konstruiertes **Fallbeispiel** den roten Faden der Disharmonie und seine Auswirkungen beispielhaft darstellen.
Stellen wir uns vor, eine Zink-Persönlichkeit wird während der Arbeit von plötzlichem Herzklopfen befallen, erschrickt, bekommt große Angst, ist außerstande weiterzuarbeiten, steigert sich immer mehr in eine Panikstimmung hinein und lässt sich nach Hause fahren. Es zeigen sich die Symptome eines Herzinfarktes mit heftigen Schmerzen in der Brust, eigenartigem Kribbeln an Händen und Füßen und Schwindelgefühlen. Der Hausarzt muss sofort kommen und deshalb seine Sprechstunde unterbrechen. Der Puls des Betroffenen ist mittlerweile sehr schnell, unregelmäßig, der Blutdruck hoch, er ist erregt. Inzwischen geraten die engsten Angehörigen des Kranken in große Aufregung. Der Arzt vermutet Hyperventilation, Rhythmusstörungen, Alkalose oder Tetanie.
Als sich der Anfall wiederholt, wird der Patient ins Krankenhaus eingewiesen und mit Blaulicht und Martinshorn dorthin gefahren. Sogar die Nachbarn sind aufgeregt. Es folgen Notfallaufnahme, Intensivdiagnostik und Beginn der Behandlung. Nach zwei Stunden steht jedoch fest, dass kein Infarkt, kein fassbarer organischer Befund vorliegt.
Freilich wurde der Tagesverlauf vieler mittelbar und unmittelbar Beteiligter erheblich gestört: Wer auch immer sich in der Umgebung von Zink-Persönlichkeiten befindet, wird angesteckt, mitgerissen, gestört oder in irgendeiner Form aufgeregt.

Kinder

Die kindliche Zink-Persönlichkeit hat immer ein sehr angespanntes Nervensystem. Zwei Pole treffen hier zusammen: Nervosität und Erschöpfung, Erregung und Schwäche stehen in ständiger starker Spannung, die nicht zur Entladung

kommen kann. Diese Kinder gehen geistig oder körperlich völlig erschöpft ins Bett, kommen dort aber nicht zur Ruhe. Vor allem die Beine können einfach nicht stillhalten, und sogar im Schlaf zittern einige Muskelgruppen. Diese Unruhe kann so stark sein, dass das Kind durch das Zusammenzucken einer Extremität wach wird.
Während die Muskulatur übermäßig angespannt ist, ist das Kind geistig träge, vergesslich, von schlechtem Auffassungsvermögen. Deutlich vorhanden sind ein Mangel an Kreativität und Gedankenlosigkeit.
Auch innerlich ist das Kind unruhig. Das zeigt sich, wenn es, auf einem Stuhl sitzend, seine Füße nicht auf der Erde aufsetzen kann und sich dann unentwegt bewegt, was nicht nur motorisch bedingt sein kann, sondern tatsächlich durch den beschriebenen Spannungszustand im geistigen Bereich verursacht wird. Emotional sind sie durch Angst vor dem Alleinsein besonders belastet. Sie ängstigen sich vor Geistern, Gespenstern und Räubern.
Die zwischen Angst, schlechter Laune und Frohsinn wechselnde Gemütsverfassung entspricht ebenfalls dem Spannungszustand, der in Schlafdefizit, übermäßiger geistiger Anstrengung, aber auch in unterdrückter Körperausscheidung begründet sein kann: Häufig verschwinden Ekzeme mit Hilfe von Kortikosteroid-Salben und gelten somit als »geheilt«. Das Nervensystem reagiert dann mit Überspannung. Zink ist in diesem Bereich ein sehr gut wirkendes Mittel.
In diesem Zusammenhang ist auf die Erscheinung von Kinderkrankheiten mit Hautausschlägen hinzuweisen. Da aus dem Ektoderm sowohl die Haut als auch das zentrale Nervensystem und die Sinnesorgane hervorgehen, ist die Reizung des Nervensystems bei Unterdrückung von Hautausschlägen erklärlich. Aufgrund der Entwicklung aus demselben Keimblatt entwickelten frühere Forscher die Theorie, Gehirn und Haut könnten stellvertretend füreinander reagieren. Kommt es bei einer Infektionskrankheit bei Kindern nicht zu einem Hautausschlag, liegt tatsächlich häufig eine Beteiligung des zentralen Nervensystems, besonders des Gehirns, vor.
Nicht selten finden wir nach ekzematischen Erkrankungen im Kindesalter, bei denen der Hautausschlag ohne große Unterdrückung abheilte, eine deutliche geistige und körperliche Kräftigung des Kindes und eine Stärkung der Gestaltungsfähigkeit der eigenen Persönlichkeit.
Diese kleinen Zincum-Typen leiden gern einmal an Kopfschmerzen, sind kälteempfindlich, frieren ständig und sind bei kaltem Wetter sehr infektanfällig. Auffallend ist, dass sie gähnen, sobald sie sich schlapp fühlen, und vor Müdigkeit zittern.
Hunger und Durst sind häufig sehr groß. Sie stürzen sich aufs Essen, verschlingen es und trinken gierig große Mengen.
Häufig werden warme und gekochte Speisen, Milch, Fisch und Süßigkeiten abgelehnt.
Das Zink-Kind ist, vielleicht aufgrund seiner Schwäche, nicht leicht durchschaubar.

Arzneimittelbild

Wichtige Symptome

- Beständiges Gefühl von Unruhe in den Beinen. Sie müssen dauernd bewegt werden.
- heftiges Zittern des ganzen Körpers
- ruckartige Bewegung verschiedener Muskelgruppen
- Spasmen einzelner Muskelgruppen
- Magenschwäche gegen elf Uhr morgens mit dem Gefühl plötzlicher Kraftlosigkeit in allen Gliedern
- Intensive tiefe Schmerzen in Höhe des letzten Brust- und ersten Lendenwirbels, beim Sitzen schlimmer als beim Gehen
- Brennen entlang der gesamten Wirbelsäule
- Konstriktionsgefühl, als ob ein Band die Brust umschlänge, mit Atemnot, schlimmer in Ruhe. Bessert sich nur, wenn sich etwas Auswurf einstellt.
- Wein, auch in kleinen Mengen, wird nicht vertragen.
- Ein sehr eigenwilliges Symptom: Wenn die Blase voll ist, kann der Kranke nur im Sitzen mit gekreuzten Beinen wasserlassen.

Modalitäten

Verschlimmerung: durch Berührung, Wein und andere Stimulanzien, geistige Anstrengung, nach dem Essen, gegen 11 Uhr und zwischen 17 und 18 Uhr.
Vorherrschende Angriffseite rechts.
Besserung: durch Ruhe, durch Sekretionen, bei Hauteffloreszenz.

Toxikologie

Vergiftungen mit Zink ergeben sich bei der technischen Gewinnung sowie bei der industriellen, ökonomischen und medizinischen Anwendung von Zink oder zinkhaltigen Substanzen. Bei der zunehmenden Bedeutung der Chemie für die Gütererzeugung und Benutzung chemischer Produkte muss man damit rechnen, dass es zu einer zunehmenden Gefährdung, der an solchen Arbeitsstellen Beschäftigten, aber auch der Verbraucher kommen kann. Fahrlässigkeit und Unkenntnis der Giftwirkung von Zink spielen hier wohl die Hauptrolle. Vergiftungserscheinungen können durch orale Aufnahme gelöster Zincum-Verbindungen und Inhalation von Zink-Dämpfen, beispielsweise beim Verzinken mit einer Spritzpistole, beim Elektroschweißen und -schneiden verzinkter Metallgeräte sowie beim Löten hervorgerufen werden. Schon die Einatmung des Dampfes von 7 mg Zinkoxid kann »Gießfieber« hervorrufen.

Die spezifische Zinkwirkung ist hinsichtlich ihrer Toxizität abhängig vom physiko-chemischen Charakter der Verbindung. Zinkchlorid, Zinkoxid, Zinksulfat, aber auch das als Rostschutzmittel verwendete Zinkchromat erzeugen starke Reizerscheinungen an den Atemwegen, wirken aber auch hautsensibilisierend im Sinne hartnäckiger Ekzembildungen.

Ein Vergleich der bei der industriellen Vergiftung nachgewiesenen objektiven Symptomatik mit der durch die Arzneimittelprüfung gewonnenen subjektiven zeigt hinsichtlich der Hauptwirkungsrichtung deutliche Übereinstimmung.

Allgemeine Symptome bei Zink-Vergiftungen sind nervöse Unruhe, Betriebsamkeit, motorische Unruhe bis zum Tremor und Lidflattern, Abgeschlagenheit, Müdigkeit, Schlaflosigkeit, Frösteln und Verminderung der Potenz. Im zentralen Nervensystem finden wir Neuralgien, angioneurotische Störungen und Kältegefühl, Verschlimmerung aller bestehenden Symptome durch geringen Alkoholgenuss. Weiterhin zeigen sich Reizerscheinungen der Schleimhäute in Nase, Rachen und Bronchien, die Verdauungsorgane reagieren mit süßlichem und fadem Mundgeschmack. Es kommt zu Entzündung am Zahnhals mit grünlichem Belag sowie zu Stuhlverstopfung, selten Durchfällen. Auch Blasenreizung, Zystitis und Nierenschädigung, Lymphozytose und Retikulozytenvermehrung bis zu 35 % sind zu diagnostizieren.

Haarausfall, Akne, starkes Schwitzen (mit grünlicher Verfärbung der Wäsche) sind ebenfalls kennzeichnend.

Auch im häuslichen Bereich können Vergiftungen mit Zink entstehen, da das metallische Zink von Wasser, Salz und auch vegetabiler Säure angegriffen werden kann.

Das **erste Symptom** einer Zinksalzvergiftung ist ein heftiges, rasch verlaufendes Erbrechen, dem meist Übelkeit folgt. Die reflektorische Erregbarkeit wird gesteigert, so dass ein Reiz an irgendeinem Teil des Körpers heftige Zuckungen an anderer Stelle auslöst. Der Muskelsinn ist vermindert. Das führt zum Stolpern des Kranken, besonders bei Dunkelheit.

Wichtige Indikationen

- wichtigstes Heilmittel bei allgemeinem Zittern, besonders als Folge von zerebralen Störungen, gleichgültig welchen Ursprungs
- Exanthemerkrankungen, wenn die Hautausschläge sich nicht entwickeln und keine Sekretion eintritt. Sobald Haut oder Schleimhaut rezeniert oder Effloreszenzen bildet, bessert sich der Zustand des Kranken.
- blitzartig auftretende, tabesartige Schmerzen in allen Gliedern und im Bereich der Genitalorgane
- Hypochondrie und Hysterie
- Dumpfe, betäubende Kopfschmerzen mit Besserung in frischer Luft. Bei Husten krampfartige Beklemmung.
- Zink ist vor allem bei vom Zivilisationsstress geplagten Menschen mit allgemeiner innerer und äußerer motorischer Unruhe indiziert. Dabei besteht ein heftiges Unruhegefühl in den Füßen und Beinen (»restless legs«). Der Kranke hat ständig das Bestreben, die Extremitäten zu bewegen.
- Patienten, die nur ganz am Rand das Symptom angeben, dass selbst ein Schluck Wein schon eine erhebliche Verschlimmerung herbeiführt.
- Alle Patienten, die ihren Beruf den ganzen Tag vor dem Monitor sitzend ausüben und Nacken- und Rückenverspannungen davontragen (auch in der Bildröhre ist Zink enthalten).

Miasmatische Mittel

Meine Gedanken sind nicht eure Gedanken, und eure Wege sind nicht meine Wege.

Jes. 55, V. 8

Einleitung

Wichtigstes Prinzip bei der Therapie mit homöopathischen Arzneimitteln ist die Vorgabe »Similia similibus curentur«. Nach Hahnemann ist grundsätzlich das ähnlichste Mittel auszuwählen, ganz gleich, ob dies botanischer, tierischer, mineralischer oder metallischer Herkunft ist. Bei den im »Organon« dargestellten einfachen Krankheiten sind diese in der angemessenen Potenz angewendeten Mittel erfolgreich.

In Hahnemanns Abhandlung über »Chronische Krankheiten« zeigt sich allerdings, dass auch noch so ähnlich gewählte Medikamente nicht mehr greifen können, da ein Miasma, also eine **Verunreinigung** vorliegt, die grundsätzliche Symptome verursacht. Heilend wirkt hier ein Mittel, das eine solche Kunstkrankheit erzeugen kann, wie sie durch ein Miasma entstanden ist.

Nach § 19 des »Organon« sind »Krankheiten ... nichts anderes als Befindensveränderungen, die sich durch Krankheitszeichen ausrücken ...«. Also zeigt Krankheit nur den Einfluss einer Kraft, die in Verbindung mit der untergrabenen Lebenskraft wirkt und so alles ändert.

Wir alle wissen, dass manche chronische Krankheit sehr hartnäckig ist. Selbst unter der Voraussetzung, dass wir alle für den Patienten notwendigen Verordnungen treffen, angefangen von der Hygiene, der allgemeinen Gesundheitsführung, der allgemeinen Diät im alten griechischen Sinn, wird das scheinbar richtig gewählte Mittel oft nur mit kurzem Erfolg gegeben. Nach einiger Zeit tritt die Symptomatik wieder auf, da die Lebenskraft nicht in der Lage war, sich von wiederkehrenden bestimmten Krankheitszuständen frei zu machen. Sie zeigen sich als rezidivierende Entzündungen, Allergien usw.

Es ist hier nicht meine Aufgabe, ein Lehrbuch über Miasmen zu schreiben. Ich möchte nur versuchen, die wichtigen fünf antipsorischen Mittel der Grundmiasmen aufzuzeigen. Sie werden einem gesonderten Kapitel unterstellt, in dem aus extrem vielen Menschenbildern lediglich fünf Persönlichkeiten beschrieben werden. Da schon bei allen anderen Arzneimitteln immer wieder **Mischkonstitutionen** zu beschreiben sind, wird sich bei den miasmatischen Mitteln eine noch viel ausgeprägtere Mischung finden. Schon hier ist anzunehmen, dass ein großer Teil unserer ganz großen Mittel, z. B. Sepia und Lycopodium, nicht nur psorisch, sondern auch sykotisch und syphilinisch, also **dreimiasmatisch** wirksam sind.

In der Behandlung der Grundkrankheit sollte man zunächst ein sorgfältig nach den Grundprinzipien der Homöopathie als Simillimum ausgewähltes antipsorisches homöopathisches Mittel wirken lassen, solange es die Heilung sichtbar fördert. Erst dann, wenn die Heilung nicht weiter voranschreitet, sind wir in der Lage, dem Patienten mit einem antimiasmatischen Mittel weiterzuhelfen oder ihm den Anstoß zu geben, wieder zu reagieren.

Niemals jedoch darf gleich zu Beginn einer Behandlung chronischer Krankheiten sofort eine miasmatische Nosode gegeben werden.

Da unter solchen Voraussetzungen die einzelnen Persönlichkeitsportraits nur am Rande die zentrale Reaktion oder Responsibilität treffen können, müssen wir uns darüber im Klaren sein, dass wir uns grundätzlich an die wichtigsten Grundeigenschaften der Miasmen halten müssen. Das heißt, wir werden ausgehend von Temperament, Charakter und den Organsymptomen deutlich sehen, dass bei der **Psora** bzw. bei Psorinum deutliche Symptome einer Hyporesponsibilität auftreten: Es sind schwerfällige Menschen, die zum Negativen neigen und nervlich leicht überreagieren. Bei der **Sykose** dagegen findet sich eine Überreaktion: heftige Reizbarkeit mit allen dazugehörigen, auch somatischen Störungen, einer Hyperreaktion der Haut oder der Schleimhäute. Die **syphilinische** Reaktion schließlich ist stark destruktiv, verzagt, mutlos, aber auch äußerst unruhig, ängstlich und depressiv bis zum Suizid.

Oberflächlich betrachtet sind die Miasmen deutlich voneinander zu unterscheiden. Dennoch finden sich bei den chronischen Krankheiten immer wieder sich überschneidende Situationen. Ändert sich beim Ansprechen einer Behandlung der Typus der Krankheit, ist das Medikament sofort zu ändern. Zum zweiten sind nur seltene Gaben erforderlich, wobei die Potenzen, im höheren Bereich, aber nicht zu hoch liegen sollen. Hier sei an die §§ 275 und 276 im »Organon« erinnert.

Auf den folgenden Seiten soll jedes der fünf miasmatischen Mittel zumindest strukturell dargestellt werden. Allerdings ist nicht davon auszugehen, dass man solchen Menschen begegnen kann. Sollte dies der Fall sein, ist dies nicht als Behandlungsanstoß zu werten. Nur wenn sehr viele Symptome eines solchen Mittels bei einem chronisch Erkrankten zutreffen, können wir es uns leisten, ein solches miasmatisches Mittel einzusetzen. Die im Folgenden aufgestellten Persönlichkeitsportraits sind also nicht als feste

Strukturen, wie etwa Eiffelturm oder Cheops-Pyramide, aufzufassen, sondern als strukturell ähnliche Gebilde auf einer anderen Ebene.

Niemals – auch nicht bei der Diagnose eines Miasmas – als erstes Mittel eine Nosode einsetzen!

Carcinosinum-Nosode

Ursprung und Mythologie

Die Bedeutung dieser schon im 19. Jahrhundert bekannten Nosode wurde 1952 durch Donald Foubister erneut akzentuiert. Er entdeckte an kleinen Kindern blaue Skleren, kreisrunde schwarze Muttermale und einen »Café-au-lait-Teint« und erfuhr, dass deren Mütter während der Schwangerschaft an Krebs erkrankt waren. Mit Carcinosinum behandelte er sehr erfolgreich.

Die aus knotigem oder szirrhusartigem Krebsgewebe der weiblichen Brustdrüse gewonnene Nosode beinhaltet einerseits mütterliche Geborgenheit, andererseits Kräfte, die die Verwertung der mütterlichen Ernährung beeinträchtigen und die ganze Mutter zerstören können, wenn nicht rechtzeitig medizinische Maßnahmen rechtzeitig ergriffen werden.

Carcinosum wurde mehrfach geprüft und im Synthesis mit 381 Symptomen beschrieben.

Weitere Carcinosum-Nosoden mit der Bezeichnung »Cancerinum« werden aus Zellen anderer Karzinome gewonnen.

Das Grundproblem von Carcinosinum, die verzögerte oder unvollkommene Ich-Werdung, findet sich u.a. im griechischen Mythos von Demeter, der Göttin der Fruchtbarkeit, und deren Tochter Persephone. Sie verlässt ihre Mutter freiwillig, um sich mit Hades, dem Gott der Finsternis, der Unterwelt und des Todes zu verbünden. Zeus lässt sich von der verzweifelten Suche Demeters und der dadurch entstandenen Hungersnot anrühren und schickt Persephone im Sommer, der Zeit irdischer Fruchtbarkeit, wieder zurück auf diese Welt. Die Winter muss sie jedoch in der Finsternis verbringen.

Persephone steht also im Spannungsverhältnis zwischen Licht und Dunkel und erfährt dies als wesentliche Voraussetzung des Lebens. Sie muss sich der Polarisation zwischen Leben und Tod stellen. Ihr irdisches Leben beginnt letztlich mit dem Verlassen ihres Lebensmittelpunktes, d.h. ihrer Mutter.

Persönlichkeitportrait

Erwachsene

Vor allem Patienten, bei denen die Kinderkrankheiten durch unterdrückende Medikamente, wie Antibiotika u.a., nicht voll zum Ausbruch gekommen sind und eine optimale Entwicklung des Immunsystems nicht mehr möglich war, entsprechen Carcinosinum. Weiterhin sind hier Persönlichkeiten anzuführen, die sich – beispielsweise aufgrund autoritärer Erziehung – nicht frei entwickeln konnten und so mental zu schwach sind, um mit einer Krebserkrankung fertig zu werden.

Nach Dieter Gabanyi geht es bei Carcinosinum um die schwierige Entscheidung, das Leben anzunehmen. Grundlegende Voraussetzung hierfür ist die Ablösung von der Mutter, der Verlust der Geborgenheit. Wie bei der Vertreibung aus dem Paradies, die letztlich durch die Neugier des Menschen hervorgerufen wurde, geht es hier um die freiwillige Entscheidung eines Menschen, die zwangsweise zu Konsequenzen führt: Jegliche Selbstfindung ist mit der Aufgabe verbunden, sich selbst zu erziehen und den eigenen Weg zu finden.

Carcinosinum versucht, die fehlende Identität mittels Familie und Beruf zu kompensieren. Äußerliche Kriterien wie Ordnung im Haushalt oder Erfolg bestimmen diese »Kopfmenschen«, die oft auch konzentrationsschwach und vergesslich sind, manchmal sogar fehlerhaft lesen. Auseinandersetzungen fallen schwer, Kritik wird schlecht vertragen. Übertriebenes Pflichtgefühl ist mit Pedanterie verbunden. Häufig belastet ein Kummer, über den sie immer wieder nachdenken. Fleiß ist ein bestimmendes Element, das sich bei Frauen vor allem vor der Menses zeigt.

Die eifersüchtigen, eitlen und leicht zu beleidigenden Charaktere wünschen sich häufig Gesellschaft, um sie binnen kurzem wieder abzulehnen. Konfrontationen werden vermieden, Probleme trotz aller Bemühungen nicht gelöst. Um sich abzulenken, unternimmt Carcinosinum oft längere Reisen.

In der Sehnsucht nach Zuwendung und Zärtlichkeit entwickeln sie schon in der Kindheit ein starkes sexuelles Bedürfnis, bleiben aber häufig unfähig, eine tiefe Beziehung zu entwickeln und

echte Liebe zu empfinden. Bei Unstimmigkeiten sind sie leicht geneigt, die eigene Persönlichkeit aufzugeben. Sie ängstigen sich um die jeweiligen Bezugspersonen, vor Krankheit, Prüfungen, wollen nicht alleine sein. Gewitter oder eine Ansammlung vieler Menschen sind unangenehm.
Carcinosinum kann bösartig reagieren, aber auch sehr sentimental sein und ist oft sehr empfindlich gegenüber Geräuschen. Nach Gewittern sind Gemütssymptome oft besser. Auch Tanzen hilft, letztere abzuschwächen.
Alle Carcinosinum-Patienten wirken bedauernswert, resignieren sehr schnell und sehnen sich danach, glücklich zu sein. Die ganze Lebenssituation ist unbefriedigend. Ihre ängstliche Grundhaltung gegenüber der Umwelt demonstriert den permanenten Wunsch, von anderen akzeptiert zu werden. Die extreme Sensibilität für körperliche und seelische Schmerzen führt so weit, dass sie mitfühlend sogar den Schmerz anderer Menschen spüren. Mangelndes Selbstbewusstsein hält davon ab, sich eine eigene Meinung zu bilden und diese zu vertreten. Neben der Verordnung des adäquaten Arzneimittels besteht unsere ärztliche Aufgabe deshalb darin, das Selbstbewusstsein des Patienten zu stärken und ihn als Menschen zu akzeptieren.
Im somatischen Bereich finden sich neben Heuschnupfen mit Heuasthma Grimassieren, Herpes, Zahnfleischentzündungen, Karies, Globus hystericus, nächtlicher Reizhusten und Herzklopfen zwischen 14 und 18 Uhr. Krampfartige Beschwerden im Abdomen mit Flatulenz werden durch Zusammenkrümmen gebessert. Die Extremitäten fühlen sich oft taub an. Die Haut ist häufig mit kreisrunden Muttermalen bedeckt und zeigt eine charakteristische Café-au-lait-Verfärbung. Dabei besteht oft Neurodermitis. Weitere häufige Beschwerden sind Schwindel und Kopfschmerzen im Hinterkopf. Migräneattacken wechseln mit Asthma; der chronische Schnupfen ist begleitet von ständig verstopfter Nase.
Entsprechend der Miasmen-Lehre stehen nicht alle Symptome für Destruktivität. Wie Luesinum ist auch Carcinosinum ambivalent. So kann ein Mensch, der seine Krebserkrankung überwunden hat, eine sehr liebevolle Atmosphäre und Geborgenheit schenken.

Kinder

Der Säugling leidet häufig an Windeldermatitis und Flatulenz. Er wacht nachts häufig auf, kann nicht allein sein und muss ständig geschaukelt werden. Trotz Schlafdefizit ist er immer wach und aktiv, interessiert sich für alles.
Schon sehr früh und manchmal durch schwere Krankheiten ausgelöst, besteht ein Mangel an Selbstvertrauen. Die Kinder haben das Gefühl, kein Recht auf Leben zu haben und empfinden Schuldgefühle. Sie suchen nach Selbstverwirklichung und benötigen hierzu die Anerkennung durch andere Menschen. Sie haben Angst vor Versagen und vor Übernatürlichem, beispielsweise vor Hexen. Ähnlich wie Pulsatilla, wollen sie Liebe, Harmonie, Zuwendung aus der Umgebung erfahren.
Die Familie kann allerdings häufig diesem übersteigerten Anspruch nicht gerecht werden, weil hier meist ohnehin schon Defizite der Ich-Entwicklung bestehen.
Eine andere, allerdings seltenere Variante ist die aggressive, anspruchsvolle Haltung. Dabei bleibt das Kind konfliktscheu und vermeidet jeden Streit. Die sehr frühreifen, altklugen Kinder sind sehr empfindlich gegenüber Vorwürfen und reagieren äußerst heftig. Ausgesprochen pedantisch, zeigen sie fast zwanghafte Vorstellungen von Sauberkeit und ein unbegreiflich starkes Pflichtbewusstsein.
Kinderkrankheiten treten sehr spät auf, machmal erst nach der Pubertät. Schon sehr früh finden sich jedoch zwanghafte sexuelle Wünsche und Masturbation.
So entwickelt sich ein einsamer Mensch, der alles erduldet, scheu immer wieder um Erlaubnis fragt, fleißig und folgsam ist, dem aber die kindliche Fröhlichkeit fehlt. Alle Gefühle werden unterdrückt, eigene Bedürfnisse vernachlässigt.
Dies führt beim Erwachsenen zu den Leitsymptomen Scheu, Selbstaufgabe, Depression, Schuldgefühle, Verzicht.
Da wir Ärzte unseren Beruf nicht nur ausüben, um Kranke zu heilen, sondern auch als Sachverwalter der Schöpfung gefordert sind, haben wir also primär die Aufgabe, den Eltern die Bedeutung der kindlichen Persönlichkeitsentwicklung zu vermitteln. Ausschlaggebend ist, das Leben rechtzeitig und entschieden mit allen positiven und negativen Seiten anzunehmen.
Kinder sollten dazu geführt werden, ihre Lebensaufgaben zu erkennen sowie im Vertrauen auf die eigenen Kräfte ein gesundes Selbstbewusstsein zu erlangen, das nicht durch Arroganz und Borniertheit bestimmt ist. Schließlich sollte man ihnen auch im Blick auf die Angst vor einer ungewissen Zukunft ermutigend zur Seite stehen.

Arzneimittelbild

Wichtige Symptome

- Tics: mit den Fingerspitzen an die Schläfen tippen, Nägelkauen, Fingernägel beißen, Haare ausreißen, Grimassieren
- übertriebenes Pflichtgefühl, ständige Kontrolle
- Redseligkeit, Geschwätzigkeit, Ruhelosigkeit mit großem Verlangen nach Reisen
- Unverträglichkeit von Tadel. Er glaubt, er habe Unrecht erlitten, findet die Schuld für vorhandene Disharmonien aber immer bei sich.
- Schwindel, Kinetosen, Migräneattacken, die mit Asthma im Wechsel auftreten
- chronische rezidivierende Sinusitis, verstopfte Nase, Heuschnupfen, Heuasthma
- Herpes
- Globusgefühle, ständiges Räuspern vor dem Sprechen
- Herzklopfen nachmittags zwischen 14 und 18 Uhr
- Flatulenz
- Magenschmerzen, Blasen- und Nierenentzündungen, Obstipation
- Kribbeln und Ameisenlaufen am Rücken, in den Extremitäten
- Schlaflosigkeit, ähnlich wie bei Coffea bei Gedankendrang, Alpträume
- Liegt gern auf dem Bauch, das Gesicht aufs Kissen gepresst und die Hände über dem Kopf.
- übel riechender Achselschweiß, sehr reichlich
- Abneigung gegen Arbeit, Alleinsein, Kartoffeln und Senf
- Verlangen nach Rhythmus, Tanzen, Reisen, nach Gewürzen und Rauchfleisch, fettem Schinken, Salzleckerbissen und kalten Getränken

Modalitäten

Verschlimmerung: durch Kälte, Wärme, große Hitze, nach Gewitter; durch Baden im Meer, Seeluft; durch Gesellschaft, Musik; nach dem Entkleiden; durch Milch, Honig und Eier.
Besserung: durch mäßige Kälte; Gewitter verbessern Gemütssymptome; Meer und Seeluft bessern das Selbstvertrauen;
durch Musik und Tanzen, kurzen Schlaf, nette Gesellschaft, heiße Getränke.

▶ Die Modalitäten sind häufig wechselnd und widersprüchlich.

Wichtige Indikationen

- Krebsleiden und deren Folgen
- Schmerzen und Müdigkeit bei Krebs
- ständiger Wechsel der Beschwerden

Praxistipp

Die Indikation dieser Nosode ergibt sich häufig aus der **Familienanamnese**. Es ist sehr wichtig, die immer stärker zunehmende, häufig ererbte, destruktive karzinomatöse Diathese sicher zu erkennen.
Häufig kann Carcinosinum die Reaktionsbereitschaft des Patienten für ein gut gewähltes Simile herstellen, das vorher keinerlei Reaktion beim Patienten auslöste.

Medorrhinum-Nosode

Herkunft

Medorrhinum wird aus den Erregern der Gonorrhö, den Gonokokken, und deren Toxinen hergestellt. Die Gonokokken zeichnen sich dadurch aus, dass jeweils zwei Kokken gekoppelt sind, weshalb sie auch als »Diplokokken« bezeichnet werden. Etymologisch ist der griechische Wortstamm »medo-rrheo« mit »phallo-rrheo« (»es fließt aus dem Penis«) gleichzusetzen. Dies lässt darauf schließen, dass sich im Alten Testament die erste Schilderung der Gonorrhö findet: »Und der Herr redete mit Mose und Aaron. ›Saget den Kindern Israels: Wenn ein Mann an seinem Glied einen Ausfluss hat, so ist er unrein.‹« (3. Mose 15)

Der medorrhinische Geist unserer Zeit erweist sich in der übertriebenen Wertschätzung der betont plakativ gestalteten Medien und der gleichzeitigen Suche nach spiritueller Erfüllung auf vielen vermeintlich religiösen Ebenen. Die Menschen werden mit Hilfe chaotischer akustischer, visueller und taktiler Hilfsmittel »angemacht«, woraus klare luesinische destruktive Zustände resultieren können.

Persönlichkeitsportrait

Die sehr sensiblen, auch sensitiven Menschen vermitteln einen äußerst angegriffenen und chronisch leidenden Eindruck. Sie sind sehr ungeduldig, hastig und ängstlich im Blick auf bevorstehende Ereignisse und Handlungen, als ob ihre Widerstandskraft völlig erschöpft wäre. Hahnemann findet hier nach der lokalen Unterdrückung des Sekretes bei einem Infekt eine nach innen geschlagene Krankheit vor, d. h. der Körper befindet sich in einem ständigen Kampf gegen die Infektion ohne die Aussicht, sie aus eigener Kraft zu überwinden.

Es kommt zu chronischen, immer wieder rezidivierenden Entzündungen der Sehnenscheiden und der Gelenke sowie zu Neuralgien und Neuritiden mit größter Empfindlichkeit gegenüber Kälte und Nässe. Widerstandslosigkeit gegenüber Kälteeinfluss ist typisch für den ständig frierenden Patienten. Trotzdem geht es ihm bei Wärme besser; er muss sich nicht wie Psorinum auch dann noch warm anziehen.

Einzelne Körperteile, besonders die Akren, sind besonders kalt, und wie bei Sulfur kommt es häufig vor, dass die Füße nachts brennend heiß empfunden werden und dann unbedingt herausgestreckt werden müssen. Weiterhin begegnen wir chronischen Hautausschlägen, die heftig jucken und schlecht riechen.

Häufig bekommen die Patienten zu Beginn einer Behandlung mit Modorrhinum plötzlich eine akute Urethritis. Es kommt zu einer Sekretion der Urethra-Schleimhaut, ohne dass sich Bakterien finden. Allerdings zeigt sich dann eine deutliche Besserung des Allgemeinzustandes.

Auch hier ist es wichtig, nicht mit einer Medorrhinum-Behandlung anzufangen, sondern mit anderen Antisykotika, wie beispielsweise Thuja oder Natrium sulfuricum, um schließlich die Behandlung ein- bis zweimal pro Woche durchzuführen.

Die Reaktion im Bereich der Schleimhäute tritt vor allem in den oberen Luftwegen auf, aber auch im Magen-Darm-Trakt, schließlich auch im Bereich des Urogenitaltraktes. Häufig löst nasskalte Witterung die Beschwerden aus. Sturm ist für diese Mittel förmlich unverträglich.

Nicht selten finden wir überschießende Reaktionen der Haut und Schleimhaut sowie Warzen, Zysten, Fibrome, Tumoren, Ranula, Epulis usw. Manche Patienten sehen den Beginn ihrer Beschwerden in Zusammenhang mit der Entfernung ihrer Warzen, ihrer Fibrome oder des Fluors.

Die Patienten zeigen ungemein viele Reaktionen und sind häufig hyperton. Es bestehen Hypertrophien an allen Organen, an Haut und Schleimhäuten sowie Stoffwechselstörungen, Steinbildungen und gutartige Tumoren.

Bei der aus dem Sexualbereich kommenden Nosode findet sich eine insgesamt übertriebene Situation, sowohl im somatischen als auch im psychischen Bereich, wo wir starke, überschüssige, wirre und planlose Spannungsreaktionen haben. Vor allem im Eros besteht eine deutliche Polarität: Bedingungslose Liebe, die zart und weich ist und nicht unbedingt Gegenliebe erwartet, sowie fordernde, aussaugende, jede Grenze überschreitende Liebe. Immer ist sie begleitet von großen Gefühlen, bedrängender Verlassenheit und tiefer

Einsamkeit und verbunden mit großer Sehnsucht nach Verschmelzung. Schon die Struktur der zu Paaren vereinigten Gonokokken verweist auf diese unbewusste Sehnsucht, in eine Einheit einzugehen.
Die Reaktionen sind euphorisch bis misstrauisch. Medorrhinum ist häufig aufdringlich und prahlerisch, selbstüberschätzend und anspruchsvoll, immer unruhig und geschäftig. Er sehnt sich nach Anpassung, die er aber nicht findet aufgrund seines Temperamentes.
Medorrhinum zieht sich häufig übertrieben grell an, geht immer mit der Mode. Vor allem Frauen sind nach der letzten Mode gekleidet. Aufschlussreich erscheint hier, dass das Wort »modern« auf der ersten Silbe betont werden kann und dann einen ganz anderen Sinn erhält.
Die im psychischen Bereich festzustellenden fixen Ideen, die bis hin zu Neurosen gehen, sind oft Reaktionen auf Impfungen. Hierauf beruht auch die damals von Hahnemann angegebene Möglichkeit, mit Thuja Impffolgen zu behandeln, vor allem die Folge der Skarifikationsimpfungen gegen Pocken.
Gerade beim Versagen wirklich gut gewählter und richtiger Simile-Mittel ist Modorrhinum das Mittel der Wahl. Vorher sind jedoch noch andere Antisykotika anzuwenden, wie Magnesium carbonicum, Thuja, Natrium sulfuricum, Kalium jodatum, Acidum nitricum, Sepia, manchmal auch Sulfur und Lycopodium. Die Behandlung mit diesen Antimiasmatika erfordert auf jeden Fall ein Studium der einschlägigen Literatur der Miasmen.

Literatur

Im »Gastmahl« lässt Platon den Tragödiendichter Agathon alle wichtigen Männer der Wissenschaft, Kunst und Kultur einladen. Während des Gesprächs über den Gott Eros, an dem sich auch Sokrates und Aristophanes beteiligen, herrscht fröhliche Gastlichkeit, selbst Sklaven dürfen sich als Gäste fühlen. Der Arzt Eryximachos wird wegen seiner Einstellung gegenüber Eros geneckt: Er vertritt die Meinung, dass die Menschen ursprünglich einer Kugel ähnlich waren und über zwei Gesichter, vier Arme und vier Beine verfügten, bis Zeus sie wegen ihres Übermutes halbieren ließ. Diese Ansicht begründet den ebenso heiteren wie tiefen Mythos der Leidenschaften: Aus der Sehnsucht dieser beiden Teile nach Wiedervereinigung entstehen Liebe und Eros. Sehnsucht nach Verschmelzung und Trachten nach Ganzheit: Hier finden wir Medorrhinum.

Arzneimittelbild

Wichtige Symptome

- Das wichtigste Reaktionsmittel für den resistenten Organismus bei chronischen Folgen von Gonorrhö (Sykosis)
- Frieren am ganzen Körper oder an einzelnen Teilen, häufig kalte Nase oder nur kalte Hände oder Füße. Kalte Brustwarzen oder kalte Brüste
- Nervöse, überreizte Menschen, immer hastig und voller Ungeduld. Häufig widerstandslos gegenüber seelischen Eindrücken, die sie zu Boden drücken.
- Mangel an Konzentration
- Heißhunger, selbst nach dem Essen
- häufig Verlangen nach Stimulanzien, besonders Alkohol
- alle Ausscheidungen, wie Schweiß, mit üblem Geruch
- Alle Beschwerden ob Jucken oder Schmerzen, verschlimmern sich deutlich, wenn man daran denkt.
- Befindet sich gern in Knie-Ellbogen-Lage, liegt gerne auf dem Gesicht. Dabei Besserung, besonders von Husten, aber auch von anderen Beschwerden.

Hinweis: Die Knie-Ellbogen-Lage stellt ein Schlüsselsymptom dar.

Modalitäten

Verschlimmerung: bei Kälte und Sturm, bei Föhn, während des Gewitters; früh, von Sonnenaufgang bis Sonnenuntergang.
Besserung: von Schmerzen durch feuchtes und warmes Wetter, von rheumatischen Beschwerden durch Aufenthalt an der See, von brennenden Füßen durch Aufdecken, Besserung aller Beschwerden durch Eintreten von Sekretion.

Wichtige Indikationen

- alle rezidivierenden Entzündungen der oberen Luftwege, des Magen-Darm-Traktes, der Geschlechtsorgane
- Entzündungen rezidivierender Art an den Gelenken: rheumatische Arthritis und Polyarthritis

Praxistipp
Keine Simile-Behandlung mit einer Nosode beginnen.
Cave: Keine akute Gonorrhö mit Medorrhinum behandeln.

Psorinum-Nosode

Herkunft

Psorinum wird hergestellt aus der Hautaffektion der unbehandelten Krätze, genauer: aus dem seropurulenten Inhalt der Krätzebläschen, die durch die Milbenart Sarcoptes scabiei als Entzündungsreaktion hervorgerufen werden.
Die serösen Tröpfchen zeigen mit mikroskopischer Untersuchung zahlreiche veränderte polynukleäre Leukozyten, einige Blutkörperchen pathogene Keime, vorwiegend grampositiver Art.
1833/34 stellte Hering das erste Präparat her und machte eine Arzneimittelprüfung mit der dreißigsten Dilution bei etwa 450 Symptomen. Hahnemann wurde von diesen Versuchen unterrichtet. Psorinum wurde als erstes biotherapeutisches Mittel in die Materia medica eingeführt. Mit anderen Worten: Es war die erste Nosode.

Persönlichkeitsportrait

Kennzeichnend ist der Satz: »Wenn jemand ein abstoßendes Äußeres hat und übel riecht, sehr friert, dann benötigt er Psorinum.«.
Ich erinnere mich beispielhaft an eine Szene im Sommer 1994, die sich bei Temperaturen bis zu 35 Grad im Schatten auf den Stufen der Gedächtniskirche in Berlin abspielte. Inmitten einer großen Menge buntschopfiger Hippies saß eine Frau, bekleidet mit Pelzmantel, zwei Wollschals und einer Pudelmütze, eine Zigarette rauchend. Als homöopathisch erfahrenem Arzt kam mir sofort der Gedanke, hier auf Psorinum zu treffen. Bei vorsichtiger Annäherung an die Frau bemerkte ich, dass die Hippies einen Abstand von etwa 5 Metern hielten, und auch ich prallte, von einer unsichtbaren, infernalischen Duftwolke abgestoßen, zurück.
Ein Psorinum-Patient verrät ausgeprägte psychosomatische Reaktionen. Seine Empfindlichkeit gegenüber Kälte ist geradezu abnorm, ja pathologisch, worunter er ungemein leidet. Selbst bei großer Sommerhitze muss er sich warm anziehen. Auch die Behinderung der physiologischen Funktionen mit übel riechender Hautausdünstung bedrängt ihn.
Er ist hypoton, traurig, verzweifelt, mager oder abgezehrt, hat eine zerknitterte, verwitterte Haut, die immer schmutzig aussieht. Wasser und jeder kleinste Luftzug sind für ihn unerträglich. Einen Hut würde ein solcher Patient im Sommer nicht abnehmen. Er ist ständig erkältet, pessimistisch und verzweifelt.
Dr. Le Fort, ein französischer homöopathischer Kollege, hat in einem kleinen Gedicht von Maurice Donnay das Portrait eines Psorinum-Kranken gefunden. In deutscher Übersetzung heißt es:

»Er war hässlich und kümmerlich,
denn er trank stets nur Magermilch
von einer Amme, die pessimistisch war.
So blieb er ein trauriger Säugling, immerdar.
Zum Schluss starb er an einem Ekzem.
Er wollte, dass man ihn verbrenne,
ein Symbolist auf seiner Urne schrieb
die Worte: Hier liegt ein trauriger Typ.«

Alles macht diesen Patienten reizbar. Er wird immer wieder bei leisesten Geräuschen mürrisch, läuft dann weg, zieht die Einsamkeit vor. Die Zukunft ist für ihn beängstigend, und er fürchtet täglich schon beim Erwachen, dass alle Unternehmungen des angebrochenen Tages zum Scheitern verurteilt sind.
Diese Unruhe und innere Kälte lassen ihn an das Vorhandensein äußerer Kälte glauben.
Häufig finden sich fixe und bizarre Ideen und Gedächtnisschwund. Örtlich und zeitlich sind diese Patienten häufig den ganzen Tag über desorientiert. Sie leiden an großer Schwäche und können somit weder körperliche noch geistige Arbeit leisten, da ihnen schon der Weg zum Arbeitsplatz zu schwerfällt. Diese Menschen verzweifen an dauernden Krankheiten, die allerdings nur Erkältungen sind. Sie glauben, niemals wieder gesund zu werden und mit ihrer schwarzen Seele nie »in den Himmel« zu kommen.
Neben dem schlechten Körpergeruch besteht Juckreiz. Hautausschläge zeigen sich mit kleinen, erythematischen oder auch großen, vesikulären, ja ulzerativen Effloreszenzen. Dazu kommt diffuser Schweiß aus dieser schmutzigen, runzeligen und verwitterten Haut. Der Mangel an Abwehrkraft muss bei jedem, der nicht abweisend auf das Inferno des N. olfactorium reagiert, unbedingt Mitleid hervorrufen.

Der schlechte Geruch ist auch für den homöopathischen Arzt sehr schwer zu ertragen, und die Lüftung des Raumes nimmt nach der Behandlung eines solchen Patienten lange Zeit in Anspruch. Obwohl ich danach meist Camphora D1 verspritzt habe, zusammen mit Äther und Brennspiritus, den ich in der Waschschüssel angezündet habe, rümpfte noch mancher Patient nach ein bis zwei Stunden die Nase, als mein N. olfactorius bereits nicht mehr aufnahmefähig war. Der große Vorteil besteht darin, allein auf diesem Weg sehr schnell zur Diagnose zu kommen.

Arzneimittelbild

Wichtige Symptome

- Alles reizt, sehr mürrisch, springt bei leisesten Geräuschen hoch, erschrickt vor allem, ängstigt sich vor der Zukunft. Er weiß, dass alles, was er unternimmt, zum Scheitern verurteilt ist.
- Unruhe, innere Kälte, äußerst fröstelig, selbst bei heißem Wetter, erschaudert bei geringstem Luftzug
- Gedächtnisschwund, Schwierigkeiten der Orientierung (Ort und Zeit), erhebliche allgemeine Schwäche
- Juckreiz, schlechter Körpergeruch, schmutzige und runzlige Haut, völliger Mangel an Abwehrkraft und Krankheitsreaktionen. Die Haut zeigt viele nässende Effloreszenzen mit aashaftem Geruch. Ausschläge sind polymorph, besonders im Winter.
- Melancholie, sieht alles negativ
- Misanthrop mit Minderwertigkeitskomplexen. Migräne, Schlaflosigkeit, manchmal nächtlicher Heißhunger
- hartnäckige Neuralgien
- Verschlimmerung bei Vollmond, Angstträume
- Photophobie, chronisch rezidivierende Entzündungen der oberen Luftwege und der Nachbarorgane wie der Ohren, Nebenhöhlen
- Hypotonie, Herzschwäche, Atemnot bei geringsten Belastungen
- Verdauungsapparat: trockene Schleimhäute, unfreiwilliger Stuhlgang, Verstopfung infolge von Atonie, Meteorismus, Gasabgang mit schwefeligem Geruch
- Prostata-Sekrete, Impotenz, Schweiß mit üblem Geruch

Modalitäten

Verschlimmerung: durch Kälte, Druck, Gehen, Bewegung, Arbeit, geistige Belastung, Wetterwechsel, im Winter, nach Kaffee, durch Unterdrückung von Sekreten oder Hautausschlägen.
Besserung: durch große Wärme, durch Hinlegen mit flach gelagertem Kopf, beim Essen, bei völliger Ruhe ohne geringsten Reiz der Sinnesorgane.

Wichtige Indikationen

- lange oder verschleppte Rekonvaleszenz, Demineralisation, verfrühte Alterserscheinungen, mangelhafte Responsibilität und organische Irritabilität
- Psychasthenie, Melancholie, Migräne
- rezidivierende Blepharitis, Konjungtivitis, Otitis media, Rhinitis, Bronchitis
- Hypotonie, Herzschwäche, Heißhunger, Diarrhöen
- Bettnässen, Urethritis, Libidoverlust, Impotenz
- rezidivierende Distorsionen, Verstauchungen und Luxationen, chronisch rezidivierender Rheumatismus
- chronische Hauteffloreszenzen aller Arten
- chronisches Ekzem der Kopfhaut

Praxistipp
Psorinum ist ein Mittel, das abhängig von der Responsibilität des Patienten langsam und unregelmäßig wirkt. Es ist bei allen als »Psora« bezeichneten Zuständen, mit denen eine **Hyporeaktion** im Organismus verbunden ist, anzuwenden. Diese Nosode ist von großer Tiefenwirkung, muss aber häufig durch **andere antipsorische Mittel** ergänzt werden, so z. B. durch Baryta carbonica, Calcium carbonicum, Carbo animalis, Carbo vegetabilis, Causticum, Conium, Graphites, Kalium carbonicum, Magnesium muriaticum, Natrium carbonicum, Natrium muriaticum, Phosphor, Sepia, Petroleum, Silicea, Sulfur, Zincum.

Syphilinum-Nosode (Luesinum-Nosode)

Herkunft

Diese Nosode wird aus den Sekreten luetischer Geschwüre hergestellt.
Für die Behandlung einer Lues in allen drei Stadien ist Syphilinum nicht geeignet. Es wird nur dann interessant, wenn bei den Vorfahren vorgekommene luetische Infekte auftreten.
Syphilinum gibt uns den Schlüssel zu manchem aussichtslos scheinenden Fall, besonders wenn er sehr viele destruktive Symptome aufweist.

Persönlichkeitsportrait

Erwachsene

Hauptmerkmale der psychischen Reaktion sind die Aggressionen, die bei jeder kleinen Gelegenheit plötzlich auftreten. Es besteht einseitig diktatorische Aufdringlichkeit, aber auch läppische Zurückhaltung.
Das Verhalten kann apathisch sein, aber bis zum gewaltigen, destruktiven, körperlichen Einsatz gegen andere gehen. Diese Menschen sind nervös und gehässig, handeln ziellos und zerstörerisch und können sogar gegen das eigene Leben vorgehen. Ihre Grundtendenz liegt darin, immer so zu revolutionieren, dass die anderen dabei zu Schaden kommen.
Das Äußere ist unordentlich, verlottert, schlampig. Nicht selten finden wir Schuldkomplexe, zwanghaftes Handeln und psychotische Reaktionen mit destruktiven Zügen.

Kinder

Zu den Leitsymptomen siehe unten.
Weiterhin kommt es zu Ophthalmia neonatorum, eine der Indikationen auch bei der Zahnbildung sowie zu Geschwürsbildungen bei kleinen Hautverletzungen. Die Kinder sind eigenartig und zeigen Lern- und Konzentrationsschwächen, insbesondere bei mathematischen Problemen.
Vergleichsmittel bei Neigung zum Suizid ist Aurum, hinsichtlich der Schleimhautabsonderung mit eitrigen Geschwüren Acidum nitricum. Hastige Unruhe, Schwäche und Zittern kann auch mit Argentum nitricum, nächtliche Unruhe mit Angst und nächtlicher Verschlimmerung mit Mercurius behandelt werden. Weitere Vergleichsmittel sind Asa foetida, Mercurius, Calcium fluoratum, Calcium phosphoricum.

Arzneimittelbild

Wichtige Symptome

- Verschlimmerung bei Nacht, Schmerzen von der Abenddämmerung bis zum Tagesanbruch, enorme Angst vor der Nacht wegen der großen morgendlichen geistigen und körperlichen Erschöpfung.
- Bei Augen- sowie Ohrenkrankheiten und Kopfschmerzen sind die Nächte wesentlich schlimmer als die Tage.
- Der Husten dauert von Sonnenuntergang bis Sonnenaufgang. Schlaflosigkeit ist hier das führende Symptom, wobei hier auch manchmal das dreimiasmatische Mittel Sulfur mit großem Erfolg anzuwenden ist.
- Geschwüre finden sich am ganzen Körper, im Mund, an der Nase, an den Genitalien, auf der Haut. Sie sind graugrundig und sondern ein etwas reaktionsloses, übel riechendes Sekret ab. Vor allem Ozäna und stark foetider Fluor vaginalis können erfolgreich mit Syphilinum behandelt werden.
- Weiterhin finden sich Absonderungen und Furunkel oder Karbunkel mit faulen Sekretionen. Das Zahnfleisch ist angegriffen, die Zähne sind teilweise abgebrochen und konvergieren.
- Das Drüsensystem ist durchweg affiziert, der Patient kann extrem abgemagert sein.
- Nach Clark kann das gesamte Nervensystem befallen sein.

Modalitäten

Verschlimmerung: bei Nacht, vom Abend bis zur Morgendämmerung, durch extreme Hitze und extreme Kälte, am Meer, in der Sonne.
Besserung: durch Alkohol

Wichtige Indikationen

- Kopfneuralgien alter, miasmatisch geschädigter Patienten von 16 Uhr bis Tagesanbruch
- Ptosis des oberen Augenlides und der Augenmuskeln
- Haarausfall bis zur Alopecia areata
- Gesichtsneuralgie bis zu teilweiser Fazialisparese
- therapieresistente Stomatitis aphthosa und ulcerosa
- starkes Alkoholverlangen
- Viele Nahrungsmittel sind unbekömmlich.
- Multiple Beschwerden in der Dickdarm- und Aftergegend (Ulzera, Fissuren, Hämorrhoiden, Gummata, Kondylome, unklare Blutungen, Aftervorfall
  Hering: »Guiding Symptoms«: Der untere Teil des Rektums hängt nach außen wie eine Halskrause, ähnlich einer voll aufgeblähten Rose.)
- verschiedene chronische Erkrankungen der Sexualorgane
- Verschiedene Hauterkrankungen mit ekzematösem und destruktivem Charakter, aber immer ohne Juckreiz!

Praxistipp
Therapie mit Syphilinum nur nach genauer Kenntnis der Therapie mit Nosoden und miasmatischen Mitteln!
Hier gilt nicht nur das Symptomenbild, sondern auch die vollständig erhobene Anamnese der Familie mit Kenntnissen über durchgemachte Infektionen.
Cave: Auf keinen Fall Behandlung einer frischen Lues, gleich welches Stadium.

Tuberculinum KOCH Nosode

Herkunft

Tuberculinum Koch ist eine Kultur von Tuberkelbazillen aus Rinderbouillon, welche eingedampft und filtriert wird. Dieses Präparat ist teilweise als so genanntes Tuberkulin bekannt und enthält die Ekto- und Endotoxine der Tuberkelbazillen.
Hinsichtlich der Wirkung ist es mit dem genannten Tuberkulin Bacellinum Burnett vergleichbar. Es wird aus tuberkulösem Sputum und tuberkulösem Lungengewebe hergestellt. Nebel hat eine Arzneimittelprüfung durchgeführt und es entsprechend angewendet.
Im Blick auf das Arzneimittelbild von Tuberculinum sind vor allem die Angaben von Leon Vannier von Bedeutung. Er unterscheidet Tuberkulöse von Tuberkulinikern, zu denen er Patienten zählt, die durch Tuberkuloseinfektion nicht tuberkulös wurden, deren Konstitutionsbild jedoch durch latent gebliebene Infektionen einschneidend verändert wurde. Hier ist Tuberkulin das Hauptkonstitutionsmittel, wie auch für Patienten, bei deren Vorfahren Tuberkulose eine Rolle spielte.
Grundsätzlich ist die Anwendung von Tuberkulin für akut oder subchronisch an Tuberkulose Erkrankte nicht anzuraten. Selbst wenn schon vor Jahren eine Tuberkulose abgelaufen ist, sollte man immer daran denken Drainage-Mittel anzuwenden, wie sie Vannier angibt, d. h. in erster Linie Pulsatilla, Nux vomica, Ignatia, Rhus toxicodendron, Crataegus, Solidago, Berberis.

Persönlichkeitsportrait

▶ Erwachsene

Man muss Persönlichkeiten nicht nur danach betrachten, dass sie einmal eine Tuberkulose hatten oder in der Familie eine Tuberkulose bestand, sondern sich immer genau und exakt nach dem Arzneimittelbild richten, dann wird der Erfolg bei der Behandlung dieser Menschen auch sehr gut sein.
Diese Menschen sind mit sich selbst, aber auch mit den anderen, speziell der engeren Familie, nicht zufrieden. Sie sind sehr aktiv, kreativ und vital, können sich aber nicht schonen und sind so mit einer Kerze zu vergleichen, die an beiden Enden zugleich angezündet wird.
Die Unzufriedenheit resultiert auch aus der diesen Patienten eigenen Widersprüchlichkeit. Auf der einen Seite wird Befriedigung, auf der anderen Seite Abwechslung angestrebt. Sie glauben, mit sich selbst zufrieden sein zu können und haben gleichzeitig unerfüllbare Wünsche.
Sowohl Frauen als auch Männer wissen gar nicht, was sie wollen. Sie sind nicht zu erfreuen, sie zufrieden zu stellen ist unmöglich. Da die Umwelt in ihren Augen alles falsch macht, beschimpfen sie ihre Mitmenschen.
Mit solchen Menschen zu leben ist sehr schwer. Sie können auf der einen Seite voller Sehnsucht und sehr zärtlichkeitsbedürftig, auf der anderen Seite bösartig, aggressiv und egoistisch sein. Da es ihnen nie gelingt zufrieden zu sein, sind sie immer unzufrieden.
Aus dieser Situation entsteht eine Art Wandertrieb. Tuberculinum möchte immer wieder in ferne Länder reisen und kann nicht lange an einem Ort leben. Falls Geld vorhanden ist, fährt er mehrmals im Jahr in Urlaub. Nach einem Ortswechsel ist Tuberculinum zunächst sehr glücklich, nach ein paar Tagen jedoch schon wieder unzufrieden.
Die Patienten können asthenisch aber auch athletisch gebaut sein. Sie können sehr empfindlich wirken, aber auch seltener etwas beleibt sein, um möglicherweise sehr schnell wieder an Gewicht zu verlieren. Eine bestimmte Körperkonstitution ist somit nicht gegeben.
Die oben erwähnte Ruhelosigkeit zeigt sich auch im Bereich des Sexuellen. Beziehungen wechseln häufig und können sehr stürmisch sein. Alleinsein, vor allem in den Bergen, fördert die Gesundheit dieser Patienten. Nachts schwitzen sie zum Teil sehr stark und müssen sich umziehen. Der Schweiß ist nicht so übelriechend wie bei Mercurius, und es findet sich auch kein Fieber.
Ferner besteht Verlangen nach fetter Nahrung, besonders Schweinefleisch und nach gewürztem Fleisch, Salami, Geräuchertem, nach allem, was besonders herzhaft schmeckt. Aber auch Eiscreme wird geschätzt.
Fast ein Schlüsselsymptom ist die unglaubliche Angst vor Hunden und Katzen, die sich bei Kat-

zen bis zum Ekel steigert. Diese Patienten hassen Katzen und möchten sie nicht einmal anfassen.
Nicht so häufig wie in der Literatur beschrieben habe ich in meiner Praxis das Symptom erlebt, dass die Patienten bei Anblick eines scharfen Messers den Wunsch empfinden, dieses jemand in den Leib zu stoßen.
Grundsätzlich sollte man nicht routinemäßig Tuberculinum verschreiben, wenn bei dem Patienten eine Tuberkulose vorgelegen hat. Wichtig sind vielmehr immer die Gesamtsymptome und hier die Schlüsselsymptome. Zusätzlich zu den genannten Symptomen sind die häufigen Erkältungskrankheiten zu nennen. Erst wenn die Symptomatik passt, werden wir den Patienten gut behandeln können.

Kinder

Das Tuberculinum-Kind ist von völlig unerwarteter, impulsiver Launenhaftigkeit. Kennt man es besser, findet man eine tiefe Unzufriedenheit mit eigenartiger, fast bösartiger Zerstörungslust, die Dinge betrifft, die von anderen sehr geliebt werden. Soll es beispielsweise eine von den Eltern sehr geschätzte Vase nicht anfassen, wird es sie früher oder später hinunterwerfen. Diese Zerstörungssucht finden wir auch im Repertorium.
Eigenartigerweise scheint man in den letzten Jahren auf immer mehr Tuberculinum-Kinder zu treffen. Dies ist möglicherweise darin begründet, dass die Eltern oder Großeltern dieser Generation häufig an Tuberkulose erkrankt waren und somit eine gewisse Bereitschaft vorliegt. Das Terrain für Tuberculinum ist gegeben, und hier können und wollen sich, im Zusammenhang mit heutiger Erziehung, Gemeinschaft und Familienleben, solche rüden, aggressiven und bösartigen, dann aber doch wieder die Zärtlichkeit suchende Kinder behaupten, um ihren Stellenwert zu zeigen.

Arzneimittelbild

Wichtige Symptome

- Große Schwäche, aber immer das Bedürfnis sich zu bewegen und einen Lagewechsel durchzuführen. Manchmal rapider körperlicher Verfall mit starker Abmagerung
- außerordentliche Veränderlichkeit aller psychischen und physischen Symptome
- Friert leicht und braucht warme Kleidung, aber wünscht ein offenes Fenster.
- Immer wiederkehrende Erkältungskrankheiten der oberen Luftwege und der ableitenden Harnwege. Vor allem die Koli-Zystopyelitis spricht gut auf die Behandlung mit Tuberkulin an.
- Bettnässen, Schwäche und Reizbarkeit der Blase
- chronische und rezidivierende Ekzeme
- Lymphdrüsenschwellungen
- nervöse Reizbarkeit mit verschiedenen Erscheinungsbildern
- ständiger Lokalisationswechsel der Symptome
- Melancholisch bis verzweifelt, reizbar, mürrisch, schlecht gelaunt, verdrießlich, schweigsam und schmollend. Die psychischen Eigenheiten reichen von Liebenswürdigkeit bis zum beginnenden Wahnsinn.
- Die allgemeine nervöse Unruhe äußert sich vor allem in der großen Sehnsucht ständig zu verreisen, neue Eindrücke zu gewinnen.
- Angst vor Hunden, aber auch vor Katzen, manchmal auch Ekel vor Katzen. Die Patienten äußern dann die Katzen zu hassen, sie nicht anfassen zu wollen.

Modalitäten

Verschlimmerung: durch geringste Anstrengung wie z. B. einen Spaziergang; morgens ab drei Uhr, häufig Schwitzen, manchmal auch Durchfälle; in geschlossenen Räumen, durch schroffe Temperatur- und Wetterwechselsituationen, aber auch durch Sommerhitze, durch feucht-kaltes Wetter und Zugluft.
Besserung: durch Ruhe, durch Aufenthalt im Freien. Möchte stets frische Luft haben und ein offenes Fenster, mag auch frischen Wind.

Wichtige Indikationen

- Dieses Mittel muss als Nosode, nie nach klinischen Diagnosen eingesetzt werden, da es sonst meist nur zu einem Aufflackern bis dahin unbekannter Symptome kommt. Wendet man es nach der Simile-Regel an, entsprechend dem Arzneimittelbild oder dem Konstitutionsbild, wirkt es zuverlässig.
- Reiselust, häufige Ortswechsel
- Verlangen nach Speck
- Neurodermitiskinder, Allergiker mit großer Lust auf Gewürztes und Geräuchertes oder auf Speiseeis
- Boshafte Kinder, die Verbote übertreten und ihre Familie mit ihrer Zerstörungswut und ihren Wutanfällen tyrannisieren.
- Schulkopfschmerzen durch geistige Anstrengung, Besserung nach dem Essen
- rezidivierende Gerstenkörner, besonders am rechten Oberlid
- chronisch rezidivierende Mittelohrentzündungen
- Parodontose
- rezidivierende Angina
- chronische, über den ganzen Körper verteilte Hautausschläge, die stark jucken

Praxistipp

Bei Besserung durch kaltes Wasser sollte man an **Graphit** denken.
Weiße Schuppen und Besserung durch heißes Wasser erfordern **Arsen**.
Generalisierte Hauterscheinungen an Hautfalten, intensive Rötung und schmerzhaftes Jucken benötigen **Natrium muriaticum** und **Calcium carbonicum**.

Literatur

Es ist sehr schwierig, jedem einzelnen miasmatischen Mittel eine besondere Literaturstelle zuzuordnen: »Wir müssen uns ständig daran erinnern, dass die Miasmen in jedem Individuum immer gemischt auftreten. Daher sind auf jedem Fall stets einige Züge oder Spuren der anderen Miasmen vorhanden« (Ortega, S. 75).
Psorische, sykotisch und luesinische Literaturstellen werden deshalb anhand eines Werkes zusammengefasst dargestellt.
In Goethes »Iphigenie« finden wir das schwache, hypotone und retardierte psorische Wesen, aber auch die Sykose in ihrer Aktivität und Munterkeit, im Verlangen nach Erlebnis und Wandel; das psorische Wesen, bereit, sich anzupassen und einzufügen, geht schließlich bis zu destruktivem, ja selbstdestruktivem luesinischen Verhalten. Gerade die luesinische genetische Information der Atriden, deren Geschichte von schrecklichen Ereignissen, Handlungen und Taten geprägt ist, ist sehr gut zu erkennen.
Um ein solch megamiasmatisches Erlebnis innerlich angemessen nachvollziehen zu können, genügen Worte freilich nicht. Zusätzlich zum Besuch einer Aufführung der »Iphigenie« sollte man das Drama lesen und, den Text erinnernd, die Musik der Oper «Elektra« von Strauß hören.
Hier beginnt die Tragödie mit einem grässlichen Fortissimo des Agamemnon-Motivs, einem Horrorklang. Das Orchester schwelgt in Donner und Blitz, Posaunen ertönen und alle Streicher wogen und überschütten die Hörer mit sturmflutartigen Affektdissonanzen. Die Pauke verkündet unaufhörlich: »Orest lebt, Orest lebt.« Wenn dann Hören und Sehen, Herz und Verstand, Hass und Liebe ineinander übergehen, erbebt man und erlebt das Wesen der Miasmen.
Das luesinische Miasma zeigt sich in »Iphigenie« so klar und deutlich, wie es Ortega (S. 188) beschreibt: »Was Geist und Gemüt angeht, erreicht das Gefühl, das die Psychologen Urangst nennen, seinen höchsten Grad. Er hat große Angst, als ob er ein Verbrechen begangen hätte, was ihn ruhelos umhertreibt von einem Ort zum anderen. Er fühlt sich wie verrückt oder zerschlagen. Er fühlt sich als Märtyrer, sein Geist ist getrübt. Er wünscht zu sterben …«
Kurz das Geschehen: Iphigenie ist durch ein Wunder vom Opferaltar, auf dem sie sterben sollte, gerettet und in das Heiligtum der Diana auf Tauris gebracht worden. Dort wartet sie auf die Heimkehr zu ihrer Familie. Schließlich kommt ihr Bruder Orest nach Tauris, der schwere Schuld auf sich geladen hat: Er glaubte sich zum Rächer seines ermordeten Vaters bestimmt und tötete die Gattenmörderin, seine eigene Mutter. Die Erinnyen verfolgen ihn und treiben ihn zum Wahnsinn. Die Liebe der in der Einsamkeit lebenden Iphigenie erreicht es schließlich, die Wahnvorstellungen Orests aufzulösen; so bewirkt Iphigenie Heilung im geistigen Raum.
Hier soll daran erinnert werden, dass jeder Mythos, so auch der der Atriden, eine Wahrheit erkennen lässt, die in der Transzendenz wurzelt.
Bedeutsame Passagen des Dramas »Iphigenie« sind die Akte II/1 und III/21.

So klagt Orest:
»Bin ich bestimmt zu leben und zu handeln,
so nehm' ein Gott von meiner schweren Stirn
den Schwindel weg, der auf dem schlüpfrigen,
mit Mutterblut besprengten Pfade fort
mich zu den Toten reißt. Er trockne gnädig
die Quelle, die mir, aus der Mutter Wunden
entgegensprudelnd, ewig mich befleckt
…

O, könnte man von meinem Tode sprechen!
Wie gärend stieg aus der Erschlagenen Blut
der Mutter Geist
und ruft der Nacht uralten Töchtern zu.
Lasst nicht den Muttermörder entfliehn!
Verfolget den Verbrecher! Euch ist er geweiht!
Sie horchen auf, es schaut ihr hohler Blick
mit dem Begier des Adlers um sich her:
Sie rühren sich in ihren schwarzen Höhlen,
und aus den Winkel schleichen ihre Gefährten,
der Zweifel und die Reue, leis' herbei.
Vor ihnen steigt vom Acheron der Dampf,
in seinen Wolkenkreisen wälzet sich die ewige Betrachtung des Geschehenen verwirrend um des Schuldigen Haupt umher …«
(Zu Iphigenie:)
»Ich bin Orest, und dieses schuldige Haupt
senkt nach der Grube sich an und sucht den Tod.«
Iphigenie (mit Tränen gegen den Himmel, also psorisch):

»Ihr Götter, lasst das langerwartete, noch kaum
gedachte Glück nicht wie den Schatten
an mir vorübergehen …«
(Zu Orest:)
»O lass den reinen Hauch der Liebe dir die Glut
des Busens leise wehend kühlen.
O wenn vergossenen Mutterblutes Stimme
zur Höll hinab mit dumpfen Tönen ruft,
soll nicht der eigenen Schwester Segenswort
hilfreiche Götter vom Olympus rufen?
Orest, ich bin's! Sieh Iphigenien!
Ich lebe, o mein Bruder …
O höre mich, o sieh mich an, wie mir nach einer
langen Zeit das Herz sich öffnet,
der Seligkeit, dem Liebsten, was die Welt
noch für mich tragen kann, das Haupt zu küssen.
Mit meinen Armen, die den leeren Winden
nur ausgebreitet waren, dich zu fassen …
O lass mich! Lass mich! Denn es quillet heller
nicht vom Parnass die ew'ge Quelle sprudelnd
von Fels zu Fels ins gold'ne Tal hinab.
wie Freude mir zum Herzen wallend fließt
und wie ein selig Meer mich rings umfängt.
Orest! Orest! Mein Bruder!«

Aber Orest kann nicht an die Rettung glauben, das seelische Chaos ist zu übermächtig. Er wünscht sich das Ende seiner Gewissensqualen im Tod. So muss sich Iphigenie direkt an die göttlichen Geschwister Diana und Apollo wenden:

»Geschwister, die ihr an dem weiten Himmel
das schöne Licht bei Tag und Nacht
herauf
den Menschen bringet und den Abgeschiedenen
nicht leuchten dürfet, rettet uns,
Geschwister!
Du liebst, Diana, deinen holden Bruder
vor allem, was dir Erd und Himmel bieten,
und wendest dein jungfräulich Angesicht
nach seinem ew'gen Lichte sehnend still,
O laß den einz'gen, spätgefundenen mir nicht in
die Finsternis des Wahnsinns rasen!
So löst ihn von den Banden jenes Fluchs.«

Orest liegt lange, wie betäubt. Danach wendet er sich zu Iphigenie:

»Lass mich zum ersten Mal mit freiem Herzen
in deinen Armen reine Freude haben!
Ihr Götter, die mit flammender Gewalt
ihr schwere Wolken aufzuzehrend wandelt
und gnädig-ernst den lang erflehten Regen
mit Donnerstimmen und mit Windesbrausen
in wilden Strömen auf die Erde schüttet,
doch bald der Menschen grausendes
Erwarten
in Segen auflöst und das bange Staunen
in Freudenblick und lauten Dank verwandelt,
O lass mich in meiner Schwester Armen,
was ihr mir immer gönnen mögt, mit
vollem Dank genießen und behalten!
Es löset sich der Fluch, mir sagt's das Herz.
Die Eumeniden ziehn, ich höre sie,
zum Tartarus, und schlagen hinter sich
die ehrnen Tore fernabdonnernd zu.
Die Erde dampft erquickenden Geruch
und ladet mich auf ihren Flächen ein,
nach Lebensfreud' und großer Tat zu jagen.«

Das syphilinische Miasma ist aufgelöst zur sykotischen Aktivität eines gesunden Mannes. Hier hat das psorische (lymphatische) Miasma im Charakter von Iphigenie gewirkt. Sie hat alle Tugenden dieses Miasmas: Sie kann nachdenken, ist bescheiden, zurückhaltend und sensibel, gläubig, sanftmütig und schamhaft. Sie weiß um die Grenzen ihrer Fähigkeiten und ordnet sich unter.
Seine Heilung schildert Orest selbst in Akt V, 6:
»Du bist den Deinen wieder,
du Heilige, geschenkt. Von Dir berührt,
war ich geheilt. In deinen Armen fasste
das Übel mich mit allen seinen Klauen
zum letzten Mal und schüttete das Mark
entsetzlich mir zusammen; dann entfloh's
wie eine Schlange zu der Höhle.«

Alle Miasmen finden wir hier wieder.
Werke wie »König Ödipus« von Sophokles, »Faust« von Goethe – hier vor allem das »Vorspiel auf dem Theater« sowie Teil II – und die Bibel mit den Miasmen des »Hiob« sind ähnlich strukturiert. Aber auch unsere moderne Literatur ist geprägt von Arzneimittelbildern miasmatischer Mittel, wie dies bei Sepia ersichtlich ist.

Die Ambivalenz des Lebendigen

Das Wesen der zur Aufbereitung homöopathischer Arzneimittel verwendeten Substanzen

Alle homöopathischen Medikamente werden bei der Herstellung mit Wasser und Alkohol oder Milchzucker aufgearbeitet. Aufgrund ihrer in das jeweilige Medikament eingehenden, ganz besonderen Wesenhaftigkeit sollen diese von Hahnemann ausgewählten Begleiter der heilenden Wirkstoffe im Folgenden dargestellt werden. Da jedes Medikament bei der Herstellung zu 50 % aus Wasser besteht, erfordert dieses, seiner tragenden Rolle entsprechend, eine vergleichsweise ausführliche Beschreibung.

Wasser

Das Verhältnis des Menschen zum Wasser hat sich in den letzten Jahrhunderten vollkommen gewandelt. Heute so selbstverständlich benutzt, konnte es in vergangenen Zeiten oft nur mühevoll herbeigeschafft werden und erfuhr deshalb eine besondere Wertschätzung. Die Menschen erlebten es von göttlichen Wesenheiten erfüllt und verehrten Meeresgötter, Nymphen und Nixen.

Je mehr der Mensch erkannte, dass Wasser technisch nutzbar ist, desto mehr verlor sich sein Wissen von Geist oder Seele dieses Elementes. Wichtig wurde vielmehr die Bewertung des physischen Aspektes. Zu Beginn des technischen Zeitalters wurde das Wasser nur noch als Stoff- und Energieträger betrachtet. Persönlichkeiten wie Leonardo da Vinci, Goethe, Novalis und Hegel versuchten freilich weiterhin, mit ahnendem Bewusstsein dem eigentlichen Wesen des Wassers nahe zu kommen. So betrachtete die Naturphilosophie der Romantik das Wasser als universelles **»sensibles Chaos«** (Novalis) und Träger lebendiger Gestaltung.

Heute bändigt der Mensch die Kraft des Wassers, staut es mittels gigantischer Dämme auf und lässt es in riesigen Rohren als fließende Energie in die Turbinen der Kraftwerke stürzen. Ein nur auf Nutzen gerichtetes Denken kann aber Lebenszusammenhänge nicht erfassen: Es schien zunächst wirtschaftlich und nützlich, Flüsse zu begradigen oder Moore auszutrocknen. Mittlerweile erkennt man, dass durch diesen Umgang mit dem Element Wasser wesentliche Lebensfunktionen im Gesamtorganismus Natur empfindlich getroffen, ja verletzt sind. Lebendige Kreisläufe dürfen nicht ohne schwerwiegende Folgen zerstört werden: Das Wasser ist mehr als bloßer Energiefluss, mehr als Transportweg.

Etymologisch zeigt der Begriff »Wasser« in allen Sprachen indogermanische Wurzellaute, die das anschwellende, quellende, netzende Wesen des Elements darstellen, aber auch sein Feucht- und Wässrigsein beschreiben. Die Vorstellung gleichförmigen Rauschens vermittelt Beständigkeit und Ruhe. Eis allerdings kann unter dem Einfluss von Wärme und Druck geradezu unheimliche Töne entwickeln und präsentiert sich dann überraschend geheimnisvoll. Dieses Phänomen erlebte ich in Russland als das »Singen der Wolga«: Am Ende eines sehr kalten Winters gab das Eis unter Sonneneinstrahlung und plötzlich ansteigenden Lufttemperaturen laute Töne von sich, um nach einiger Zeit mit großem, Donner vergleichbarem Lärm zu bersten.

Es liegt mir viel daran, im Folgenden zur Erkenntnis des vielseitigen, wundersamen Elementes Wasser beizutragen. Mittels unserer Denkfähigkeit können wir seine Lebendigkeit erfassen und, ausgehend von seinen ganz besonderen substanziellen Eigenarten, quasi in ihm »lesen«. »Lesen« heißt »ernten«!

Physikalische Besonderheiten. Wasser bedeckt in gewaltigen Massen unsere Erde. Würde man es gleichmäßig verteilen, wäre die Erdoberfläche insgesamt von einer 2 500 m hohen Wasserschicht bedeckt. Wasser ist nass, durchsichtig, farblos, geschmack- und geruchlos und entsprechend seiner chemischen Zusammensetzung (H_2O) den Mineralien zugehörig.

Die meisten mineralischen Stoffe sind fest, einige präsentieren sich in Gasform. Wasser dagegen tritt – wie Quecksilber – unter gewöhnlichen Wärmeverhältnissen auf der Erdoberfläche in flüssigem Zustand auf, kann aber auch bei normaler Temperatur verdunsten und ist deshalb ständig sowohl flüssig als auch gasförmig zu finden. Die Menge des sich in der Luft befindlichen Wassers ist achtmal, die sich in den Lebewesen befindende dreißigmal größer als die sämtlicher Flüsse dieser Erde.

Die zum Schmelzen von gefrorenem Wasser bzw. zum Verdampfen von Wasser benötigte Wärmemenge ist beträchtlich höher als bei jeder anderen Flüssigkeit. Auch das Verhalten der Viskosität von Wasser bezüglich Druck und Temperatur ist äußerst eigenartig. Gefrorenes Wasser, d. h. Eis, kann unter einem Druck von 200 Atmosphären schon bei -20 °C schmelzen, Wasser kann aber auch ohne zu gefrieren bis zu dieser Temperatur unterkühlt werden. In Kesseln mit hohem Druck kann man den Siedepunkt auf über 100 °C erhöhen.

Bei steigendem Druck wird Wasser bis zu einer Temperatur von 35 °C immer beweglicher. Erst oberhalb dieser Grenze wird es immer zäher, hat also nicht nur einen Schmelzpunkt bei 0 °C und einen Siedepunkt bei 100 °C, sondern viele **innere Marken**, die nur ihm eigen sind. Dazu kommt, dass Wasser im Vergleich zu seinen chemischen Verwandten bei -150 °C gefrieren müsste, es sich also deutlich von ähnlichen wasserstoffhaltigen Verbindungen unterscheidet. Weiterhin ist festzuhalten, dass die dem Wasser analogen Wasserstoffverbindungen giftig sind, so z. B. H_2Se, H_2Te, HCl. Wasser dagegen ist ungiftig und chemisch neutral.

Eine weitere Besonderheit betrifft die Regel, dass jede Flüssigkeit bei Abkühlung schwerer wird. Wasser zeigt dieses Verhalten nur bis zur Grenze von 4 °C: Am Punkt seiner größten Dichte sinkt es ab, und wärmendes Tiefenwasser steigt an die Oberfläche. Das Wasser gibt so den Fischen die Möglichkeit, im Winter zu überleben. Beim Frieren dehnt es sich aus und sprengt so den Erdboden in kleine Teile, der dadurch wieder locker und fruchtbar wird. Da es Salze und Kolloide lösen kann, ist es **Transportmedium** für Nährstoffe innerhalb des Körpers. Grundsätzlich außerordentlich reaktionsfreudig, ist Wasser in der Aufnahme aller Stoffe und der Vermittlung ihrer Reaktionen unerreicht. Es hat die größte Adhäsion an andere Körper, ohne dabei seine eigene Kohäsion zu verlieren. Dabei dient es auch als ein Suspensionsmittel: Kleinste Teile werden in gleicher Entfernung voneinander schwebend im Wasser gehalten.

Eine Analyse mit Röntgen-Neutronenstrahlen hat ergeben, dass Eis ein den Quarzgittern des Tridymit (SiO_2) sehr ähnliches Kristallgitter ist. Dies beweist eine Verwandtschaft zwischen Silicea und Wasser, die von den alten Griechen geahnt wurde: Sie nannten den Bergkristall »kristallos gyros«, d. h. Frost, und bezeichneten Eis als »kristallos«.

Die oben genannten Eigenheiten offenbaren einen Wesensaspekt: Das **Wasser dient dem Leben.** Durch seine Verbreitung in Ozeanen, Flüssen, Seen, in der Luft, der Tier- und Pflanzenwelt sowie im Menschen ist es ein Mineral, das in einem sinnvollen Ganzen waltet, dem physischen Kreislauf übergeordnet ist und in einem besonders engen Verhältnis zur gesamten Sphäre des Lebendigen auf der Erde steht: Es durchläuft in seinem Kreislauf die Lithosphäre, die Atmosphäre und die Biosphäre in den drei Aggregatzuständen Eis, Wasser und Dampf.

Wo immer Wasser auftritt, ob als Regen oder als Tautropfen, zeigt es das Bestreben, in eine Kugelform zu kommen, ein organisches Ganzes zu bleiben, zusammenzufließen. Wasser ist das **»Kreislauforgan«** unserer Erde. Es kann hart, fest, kalt, flüssig sein, es kann vereisen, verdampfen und wird damit plötzlich zu einem nebligen, luftigen Wesen. In kühleren Zonen zieht es sich zu Wolken zusammen und fällt als Regen, Schnee, Hagel und Tau zur Erde. Fast ein Drittel der gefallenen Niederschläge tritt seinen Weg in die Bäche und Flüsse zum Meer hin an, der Rest löst sich in der Atmosphäre erneut auf. Dreißig- bis vierzigmal im Jahr erfolgt dieser räumlich sehr große Kreislauf vom Flüssigen über Dampf wieder zum Flüssigen; Wasser befindet sich quasi immer auf dem Weg. Nur scheinbar ist es im Meer am Ziel angekommen.

Auch die Pflanzenwelt hat Anteil an dem großen Kreislauf des Wassers. So gehen aus einem 1 ha großen Waldstück an einem Sommertag 40 000 Liter Wasser durch Verdunstung in die Atmosphäre ein. Was als Saftstrom in einer Pflanze sichtbar wird, ist ein winziger Teil des gesamten atmosphärischen Wasserkreislaufs. Die Pflanzen stellen kleine Kapillaren im Gefäßsystem der großen Wasserwelt dar.

Das lebendige Wesen Wasser kommt nie zur Ruhe, was Benesch wie folgt kommentiert: »Die Natur des Wassers ist vom Lebendigen her geprägt. Im Leben hat es seine eigentliche Heimstätte, aber zugleich verhält es sich wie ein Grenzgänger, in dem es auch im anorganischen Bereich tätig ist, um dort die Bedingungen für das Leben herzustellen.« Aus dem Bewegten heraus verstehen wir das Wasser, das Novalis in Beziehung zum Menschen setzt: »Dass unser Körper ein unglaublich gebildeter Fluss ist, kann wohl keiner bezweifeln.« Wasser ist der Luft, der Bewegung, dem Wind ausgesetzt, saugt sich in den Erdboden und steigt entgegen der Schwerkraft in den Gefäßen der Pflanzen in die Höhe. Durch fortwährende Bewegung entsteht ein inneres Gleichgewicht: In Meer und Luft sind fast immer konstante Wassermengen vorhanden. Auch das Verhältnis von Süß- und Salzwasser ist konstant. Der Salzgehalt des Meerwassers schwankt allerdings beträchtlich. So beträgt er im Roten Meer 40 Promille, an Orten, an denen beispielsweise Gletscher in das Meer hineinschmelzen, ist er dagegen wesentlich geringer. Im offenen Ozean gleicht sich der Salzgehalt aus.

Das Wesen des Wassers. Wasser erweist sich als **Sinnesorgan der Natur** und spielt im Stoffwechselgeschehen und bezüglich rhythmischer Vorgänge eine entscheidende Rolle.
Alle feinen, auch im planetarischen Umkreis möglichen Veränderungen zeigen sich im Wasser wieder. So konnte man Holz früher bei Vollmond sehr schlecht flößen, da die Stämme an das Ufer geschwemmt wurden, während sie bei Neumond problemlos in der Strommitte schwammen. Bei Sonnenfinsternis werden im Himalaya heute noch alle Wassergefäße ausgeschüttet, da das darin enthaltene Wasser zu diesem Zeitpunkt von schlechter Qualität ist.
Die Bedeutung des kosmischen Organes Wasser zeigt sich auch darin, dass Neugeborene zunächst Nahrung erhalten, die zu großen Teilen aus Wasser besteht. Als letztes, vor dem Tod angezeigtes Nahrungsmittel wird oft ebenfalls Wasser gewünscht und vertragen. Dies beweist die Affinität des menschlichen Körpers zu dem Element, aus dem er selbst zu 60 % besteht.
Die beschriebenen Eigenheiten verdeutlichen eine »Seele des Wassers«. Wasser übernimmt die Gesetzmäßigkeiten der Lebenswelt, trägt sie, vermittelt sie an Menschen und von Organ zu Organ: Wasser ist der **Träger des Lebens**. Wo kein Wasser ist, kann kein Leben existieren. Wasser strebt immer nach Ausgleich, kann reinigen, erfrischen, verkraften, ist offen für Licht, für Wärme, für Luft; es ist über alle Maßen aufnahmefähig. Selbstlos und karitativ, kann es durch viele Stoffe dringen, sie auflösen und so dem Leben öffnen. Nach Hegel ist das Wasser »... Element des selbstlosen Gegensatzes, das passive Sein – für andere ... Das Wasser hat somit sein Dasein als Sein für andere, und darum ist es früh die Mutter alles Waltenden genannt worden.« (Naturphilosophie, 2. Teil)

Die genannten Gründe haben Hahnemann dazu bewogen, Wasser als Trägersubstanz homöopathischer Medikamente einzusetzen und feste Elemente mit Milchzucker zu verarbeiten: Hahnemann propagierte intuitiv und prophetisch den einzigen Zucker, der mehr als 50 % Wasser enthält und damit die Fähigkeit besitzt, Substanzen zu verdünnen und gleichzeitig deren dynamisierte Wesenheit zu beinhalten und weiterzugeben.
So gilt auch für Wasser der Begriff des »Medikamentes«, des Mit-dem-Verstand-Heilens. Die Substanz, besser das Wesen Wasser mit seiner omnipotenten Fähigkeit, in unserer gesamten Welt zu wirken, Leben zu schaffen und zu erhalten, damit auch den Fortschritt zu programmieren, ist in der Lage, die Heilwirkung eines Arzneimittels weiterzugeben – auch im Hinblick auf naturwissenschaftlich nicht Beweisbares, nicht Wägbares, nicht Fassbares, nicht Berechenbares: Es dient als Träger der Schöpfung, der uns Heilung bringen kann, und erhellt unter diesem Aspekt die Bedeutung der Taufe und vieler anderer mit Hilfe des Wassers vorgenommener sakraler Handlungen.
Gerade dieser Aspekt legitimiert die Frage, die Benesch wie folgt formuliert: »Alle Wesen dieser Welt haben einen Ort, wo sie herkommen. Wo ist Wasser zu Hause?« Eine Anwort hierauf gibt Goethes Gedicht »Mahomets Gesang«:

»Seht den Felsenquell,
freudehell,
wie ein Sternenblick;
über Wolken
nährten seine Jugend
gute Geister
zwischen Klippen im Gebüsch.

Jünglingfrisch
tanzt er aus der Wolke
auf die Marmorfelsen nieder,
jauchzet wieder
nach dem Himmel.

Durch die Gipfelgänge
jagt er bunten Kieseln nach,
und mit frühem Führertritt
reißt er seine Bruderquellen
mit sich fort.
...

Bäche schmiegen
sich gesellig an. Nun tritt er

in die Eb'ne silberprangend,
und die Eb'ne prangt mit ihm;
und die Flüsse von der Eb'ne
und die Bäche von den Bergen
jauchzen ihm und rufen: »Bruder!
Bruder, nimm die Brüder mit,
Mit zu deinem alten Vater,
zu dem ew'gen Ozean,
der mit ausgespannten Armen
unser wartet,
...

»Kommt, ihr alle!«
Und nun schwillt er
herrlicher; ein ganz Geschlechte
trägt den Fürsten hoch empor;
Und im rollenden Triumphe
gibt er Ländern Namen, Städte
werden unter seinem Fuß.

Unaufhaltsam rauscht er weiter,
lässt der Türme Flammengipfel,
Marmorhäuser, eine Schöpfung
seiner Fülle, hinter sich.

Zedernhäuser trägt der Atlas,
auf den Riesenschultern: sausend
wehen über seinem Haupte
tausend Flaggen durch die Lüfte,
Zeugen seiner Herrlichkeit.

Und so trägt er seine Brüder,
seine Schätze, seine Kinder,
dem erwartenden Erzeuger
freudebrausend an das Herz.«

Auch die Apokalypse sowie der Prophet Hesekiel zitieren Wasser als aus dem Urquell des Seins stammenden Strom: »Ich bin das Alpha und das Omega, der Urbeginn und auch das Weltenziel. Dem Dürstenden will ich aus der Quelle das Wasser des Lebens spenden.« (Kap. 12, Vers 5, 6)

> Wasser ist mehr als Meer; Wasser kann viel mehr, als wir ahnen. Aus dem Wasser entsteht das Leben unserer Mutter Erde: Es ist das Fruchtwasser für das Leben auf der Erde. Wasser signalisiert Hoffnung und Glauben, vergleichbar der frischen Luft nach strömendem Regen, der sich über die Erde ergießt, die ihn gierig und durstig aufsaugt. Es kann erlösend und befruchtend wirken und gibt uns Kraft in verzweifelten Stunden.

Alkohol

Seit der Mensch die verschiedenen süßen Substanzen, die Zucker, kennt, stellt er daraus durch Fermentation mit Hefepilzen Alkohol her. Bei der Gärung spalten sich außer Alkohol Wasser und Kohlendioxid ab, so dass die entstehenden Lösungen maximal 20 % Alkohol enthalten. Da der Siedepunkt des Alkohols mit 78,3 °C niedriger ist als der des Wassers, kann Alkohol durch vorsichtiges Erwärmen abdestilliert werden. Ein Teil des Wassers wird in das Destillat eingebracht, da Alkohol stark wasseranziehend wirkt. Durch wiederholte Destillation lässt sich aus den Gärungsflüssigkeiten ein maximal 95,75 %iger Alkohol gewinnen.
Alkohol dient als wichtiges Lösungsmittel beispielsweise für Lacke und Kosmetika sowie zur Herstellung vieler Tinkturen. Seine keimtötende Wirkung wird zum Desinfizieren und Konservieren ausgenutzt. Im menschlichen Organismus entsteht Alkohol als natürliches Stoffwechselprodukt; der physiologische Blutalkoholspiegel beträgt etwa 0,03 Promille.
Aus der griechischen Mythologie ist bekannt, dass Dionysos viele alkoholische Getränke erfunden und deren Herstellung auch diejenigen gelehrt hat, die keine Weinberge besaßen, damit sie nicht »wie Gänse und Enten Wasser trinken müssen«. (Christoph Weige, Regensburg 1698)
Der Beginn der Destillationskunst liegt im Dunkeln. Nach Bosi wurden im Tempel vom Memphis Destilliergeräte gefunden, mit denen die alten Ägypter wohl schon um 4000 v. Chr. Wein destillierten. Im 8. Jahrhundert n. Chr. wurde das Destillierverfahren von den Sarazenen nach Spanien gebracht, spielte dann dort eine große Rolle und verbreitete sich über ganz Europa. Die Araber waren der Meinung, dass der Alkohol ein Medikament sei, das körperliche und seelische Leiden lindern könne. Stärke- oder zuckerhaltige Teile von Pflanzen und Tieren wurden vermaischt und durch Hefezusatz fermentiert. Der destillierte Alkohol wurde dann als »geistiges« Getränk oder »Spirituose« genossen. Die interessante Wesenheit des Alkohols zeigte im Übrigen, dass er ein gutes Lösungsmittel für Kräuter darstellt und gleichzeitig die extrahierten Stoffe haltbar macht. Dabei konserviert er nicht nur materielle Bestandteile, sondern auch **Informationen.**
Alle unsere Schnäpse sind Destillate, denen bestimmte Wirkstoffe zugesetzt sind. Die Gesetzgebung verbietet allerdings in der Regel den Zu-

satz von psychoaktiven Substanzen. Die Urvölker (Indianer) in den Anden genießen jedoch Schnaps, der den Extrakt des Rauschgiftes Peyotl (Mescalin) enthält. In Nepal schließlich gelten der Hindu-Gott Shiva und seine Gemahlin Parvati als Schöpfer des sogenannten Rhoksi, eines Schnapsbrandes aus Hirsemaische. Die Shiva verehrenden Gläubigen müssen ihn trinken, um sich mit ihrem Gott identifizieren zu können. Nach Brutsgi wurde noch im 19. Jahrhundert von den Schamanen der Samojeden und Ostjaken mit psychoaktiven Substanzen versetzter Schnaps verwendet.

Auch destillierter Alkohol wird als Rauschmittel benutzt. Frühere rituelle Anwendungen leben in der Gegenwart fort und manifestieren sich bei Empfängen und Familienfeiern, aber auch bei Trinkgelagen verschiedenartigster Kreise.

Der Genuss alkoholischer Getränke in kleinen Mengen wirkt anregend, in größeren berauschend. Die euphorisierende Wirkung hängt mit der Ausschüttung von Endorphinen zusammen und führt zu einer – allerdings vorübergehenden – **Bewusstseinerweiterung**. Durch Einwirkung auf das Zentralnervensystem werden die Koordination der Muskelbewegungen beeinträchtigt und psychische Abläufe nicht mehr zureichend kontrolliert. Dabei ist zu beachten, dass die Alkoholverträglichkeit individuell verschieden ist. Als kritische Tagesmenge gilt für Männer 60 g reiner Alkohol (etwa 1 Liter Wein), für Frauen etwas weniger; besonders empfindlich sind Kinder. Konstitution, Klima und körperlicher Zustand beeinflussen die Wirkung des Alkohols in erheblichem Maße. Wird zu viel Alkohol getrunken, kann es zur Alkoholvergiftung kommen. Regelmäßige Alkoholzufuhr führt auf jeden Fall zur Gewöhnung und meist zu körperlicher sowie seelischer Abhängigkeit, die entsprechende organische Schäden mit sich bringen.

Hans Falladas Erzählung »Der Trinker« und Jack Londons »König Alkohol« sind prächtige Beispiele für die literarische Bearbeitung von Alkohol und der damit verknüpften Problematik, die Timothy Leary in seinem Werk »Politik der Ekstase« wie folgt beschreibt: »Ich würde sagen, dass die Droge, die dich umhaut, die dein Blickfeld trübt und dein Bewusstsein aussetzt, Alkohol ist. Alkohol baut Hemmungen ab, die Menschen werden aggressiv, wahllos feindselig oder freundlich, vergehen vor Selbstmitleid und strotzen vor Eigenüberschätzung.«

In seinem Buch »Annäherungen – Drogen und Rausch« thematisiert Ernst Jünger die Frage, welche Mittel geeignet sind, den Menschen Anteil an der geistigen Welt zu verschaffen. Der Auffassung Baudelaires, hier seien Fasten, Gebet, Arbeit und »edler Tanz« angezeigt, setzt er die Nutzung der psychoaktiven Substanzen entgegen. Diese führen zur sublimen **Dekomposition der Materie** und damit zur **Ablösung von Berechenbarem**, zu einem Wandel der »Tat«-Sache, die sich dem Absoluten annähert. Eine konsequente Beschreibung dieser Gegebenheit findet sich in dem Satz »in vino veritas« – »im Wein ist Wahrheit«: Der Wein lässt außerhalb greifbarer Bereiche existierende Dimensionen gewähren und ist der Schlüssel, mit dem wir in die Halle der Wahrheit eintreten können.

Milchzucker

In § 270 des »Organon« beschreibt Hahnemann die homöopathische Aufarbeitung und Verreibung und verweist auf die Verwendung von Milchzucker. Damals schon gab es viele verschiedene Zucker, die jedoch chemisch noch nicht unterschieden wurden. Hahnemann wählte möglicherweise intuitiv den Milchzucker aus, nach Gutmann der wohl wasserreichste Zucker überhaupt. Damit stellt das Wasser (s. o.) die entscheidende Substanz dar. Allerdings: Wenn wir nach dem »Wesentlichen« fragen, müssen wir beim Milchzucker die Assoziation **Mutter-Milch-Zucker-Liebe-Schutz** und deren Anwendung auf den homöopathischen Bereich zulassen.

Der altruistische Charakter des Wassers und sein karitatives Wesen, die Gleichartigkeit des Alkohols sowie die Neutralität und Mütterlichkeit des Milchzuckers sind Trägermedien homöopathischer Information, von Hahnemann gewusst und genutzt vor der Zeit.

Der unvollkommene Mensch

Immunschwäche

Dieses Jahrhundert der Technik und der Wissenschaften weckt unser Misstrauen angesichts der aufbauenden, zugleich aber auch zerstörenden, destruktiven Kraft, die unter dem »Sinn des Fortschritts« wirksam ist. Wir suchen instinktiv nach dem Elementaren, Natürlichen und Absoluten, um Säulen zu finden, die stark genug sind, unsere Existenz sicher zu tragen.
Schon die Geschichte der Schöpfung, die Geburt des Seins aus dem Chaos, übersteigt bei weitem die Vorstellungskraft unseres menschlichen Verstandes. Obwohl die Wissenschaft enorme Fortschritte gemacht hat und unsere Erkenntnisse ständig erweitert, kann die Urfrage nach dem Sinn des Seins immer noch nicht beantwortet werden. Erfolg verspricht hier nur die Suche in der Tiefe der menschlichen Seele, in Bereichen menschlicher Empfindungen und religiöser Erkenntnisse.
Bei dem Versuch, diese Welt umzugestalten, kommt die Menschheit zu langsam zu der grausamen Erkenntnis, dass reiner Intellekt sie blind werden lässt in der rücksichtslosen Ausnutzung dessen, was uns der Schöpfer geschenkt hat.
Immer klarer zeichnet sich allerdings bei der heutigen Jugend weltweit die Sehnsucht nach dem Gleichgewicht zwischen Geist und Materie ab. Die reine Logik reicht hier nicht aus. Zeugnisse alter Kulturen und Religionen jedoch lassen die Wahrheit finden, so beispielsweise das erste Kapitel der Bibel: Wenige faszinierende Worte erregen und erhellen unsere Fantasie. Entsprechende Aufzeichnungen finden sich auch in den babylonischen und ägyptischen Kulturen sowie in dem »Rigweda«, der indischen Entstehungsgeschichte.
»Am Anfang schuf Gott Himmel und Erde.« Allein dieser Satz weckt in uns ein Gefühl von Ergebung, Bescheidenheit und Demut. Erst am letzten Tag der Schöpfung wurde der Mensch erschaffen. Er sieht sich von seiner Natur umgeben, die er nicht versteht. Aus ihr kommen Bedrängnisse in unabsehbarer Zahl, denen er eine höchst ungenügende Organisation entgegenzustellen hat. Er verfügt weder über die Schnelligkeit und Geschwindigkeit des Tieres noch über dessen Kampfmittel. Er hat kein wärmendes Fell, keine unempfindlichen Hufe. Seine aufrechte Haltung scheint zunächst mehr Gefahr als Nutzen zu bringen. Er ist gefährdeter als jedes Tier, das sich mit seinen Organen und Instinkten in die Umwelt eingepasst hat.
Schon im frühen Menschenleben zeigt sich, wenn auch noch unfrei, der Geist. Er wird im Laufe einer im Vergleich zu den biologischen Entwicklungsperioden unbeschreiblichen kurzen Zeit einen Zustand schaffen, den wir heute »Zivilisation« und »Kultur« nennen.
Schon Hahnemann hat sich Gedanken gemacht über diese Gegebenheiten. Im ersten Kapitel des zweiten Bandes der »Heilkunde der Erfahrung« zeigt er Faktoren auf, die auf unseren mit allen Teilen des Universums in Verbindung und Konflikt stehenden Organismus einwirken und die verschiedenartigsten Veränderungen hervorrufen können. Er betont in diesem Zusammenhang, dass jeder Krankheitsfall eine ganz **individuelle Krankheit** darstellt, die dementsprechend behandelt werden muss. Daher verweist er darauf, dass das Immunsystem des Menschen angeregt werden muss.
Weiter schreibt er: »... der Urquell der Liebe enterbt den Menschen nur seiner Tierheit, um ihn desto reicher mit dem Funken der Gottheit im Geiste auszustatten, ... Einem Geiste, welcher selbst unvernichtbar, ... stärkere Mittel zur Erhaltung, zum Schutze, zur Verteidigung, zum Wohlbehagen, zu erschaffen befähigt ist, als keine der begünstigten Kreaturen unmittelbar von der Natur erhalten zu haben sich rühmen kann.« Auch wenn Hahnemann das Immunsystem als solches nicht kannte, war ihm doch völlig klar, dass über Jahrtausende hinweg Abwehrkräfte geschaffen worden waren, mittels derer der Mensch Unbilden und Krankheiten bewältigte, die zum Teil heute vielleicht gar nicht mehr existieren.
Der frühe Mensch jedoch erlebt entsetzliche Entbehrungen und Beschwerden und leidet unter unvollstellbaren Ängsten vor den Mächten der Natur, die er nicht versteht, die ihm dämonisch erscheint. Seine erste Waffe, die er deshalb gegen die Natur richtet, ist die Erfahrung. Aus der Begegnung mit Bären weiß er beispielsweise, wie er sich zu verhalten hat, um sich zu retten. Wenn er sich aus einer bestimmen Windrichtung anschleicht, vermag er das Wild zu überlisten. Schwimmt er in schräger Richtung durch einen Fluss, dann hilft ihm die Strömung. Anders

als das Tier lernt er aus der **Erfahrung**, indem er versteht. Sein Verhalten wird sicherer, der Erfolg wird leichter. Er gibt das Gelernte an seine Kinder weiter, und diese setzen es mit noch besseren Chancen ein. Dabei helfen wieder neue Erfahrungen und das, was wir heute »Instinkt« nennen:

Die **unwillkürliche Einfühlung** in die Umwelt, der Sinn für die Gefahren und deren Abwehr, des unmittelbaren Empfindens für Dinge, die unseren Bedürfnissen als Mensch entsprechen.

Hier ist das Herstellen von Werkzeugen zu nennen. Der Mensch stellt fest, dass er mehr bewirkt, wenn er mit einem Stein zuschlägt, als wenn er dazu die bloße Faust einsetzt. Noch mehr erreicht er, wenn der Stein geschärft ist, und abermals mehr, wenn er diesen Stein an einen Stock bindet und so einen großen Hebel schafft. Das einfache Werkzeug bleibt zunächst noch in unmittelbarem Gefüge der Körperfunktion. Der Mensch macht aber weitgehende Erfahrungen: Holzstücke und Steine können so zu einem Ganzen angeordnet werden, dass eine Falle entsteht. Oder er entdeckt beispielsweise, dass die mühsame Arbeit einer Handmühle abgelöst werden kann, wenn man die Umdrehung der Steine durch Wasserkraft und durch Strömung bewerkstelligen lässt: Er erfindet die Wassermühle.

Er lernt somit, mit Naturenergien so umzugehen, dass bestimmte, seinen Absichten entsprechende Wirkungen entstehen.

Aus dem Fortgang der Erfahrungen, der Sicherheit des Instinktes, der Geschicklichkeit im Zurichten und Zusammenordnen vorgefundener Materialien und Energien entsteht so die Welt der Instrumente, mit denen der Mensch sich der Natur erwehrt bzw. sich ihrer bedient oder gar bemächtigt.

Er findet Regeln für ihren Ablauf, erkennt Gründe, was allmählich zur exakten Erkenntnis der Natur und ihrer Gesetze führt. Alle Feststellungen gibt er auf genetischem Weg an die nächste Generation weiter.

Aus alldem entsteht ein höchst vielfältiges Wirkungsgefüge. Die Lebensbedürfnisse des Menschen finden Befriedigung, die seelisch-geistigen Anlagen entfalten sich weiterhin, der Wert des Daseins steigt erheblich, ein vielschichtiges Ganzes bildet sich, wohingegen Gegenständliches und Persönliches verschmelzen zum Phänomen der »Kultur«.

Damit überwindet der Mensch jenes niederdrückende Gefühl des »Ausgeliefert-Seins« an die Natur und die Angst vor ihr, das Gefühl des »Nicht-vollkommen-Seins«.

Die Neuzeit beweist vordergründig, dass der Gang der Geschichte einen beständigen Fortschritt zu immer vollkommeneren Beherrschung der Dinge bedeutet. Dadurch werden die Menschen sicherer vor Gefahren, ihre Bedürfnisse werden besser befriedigt und verfeinert, das Leben der Persönlichkeit entfaltet sich, das Glück des menschlichen Daseins wird vollkommen.

Dennoch bestätigen Vergangenheit und Gegenwart, dass immer wieder Übersättigungen eintreten, in denen der Mensch den ergriffenen Werkstoff nicht mehr richtig verarbeiten kann.

Im Übermaß des Besitzes und der Macht kennt er dann keine Ordnung und Werte mehr, um sein Handeln zu orientieren. Er hat kein klares Bewußtsein vom Unterschied zwischen aufbauendem und zerstörendem Tun. Er unterliegt dem Zwang der materialen sozialen, ja sogar politischen Zustände wie auch der kulturellen Mode.

Der Mensch wird durch zunehmende Macht über die Natur nur dann sicherer, freier, schöpferischer, solange er die alles entscheidende Frage, wozu er sie einsetzen soll, richtig beantwortet.

Die tägliche Erfahrung wie auch die Vergangenheit zeigen, dass Macht zu törichten, zerstörerischen, bösen und destruktiven Handlungen verleitet.

Die diesbezügliche, freiheitliche Entscheidung, die auf unserer Vernunft basiert, darf nicht nur zur bloßen Funktion werden, auch nicht von der Erziehung abhängig sein. Die **Gesinnung** ist wichtig. Es geht um die Besinnung des Menschen auf sich selbst.

Die Gefahr der Macht liegt in der Tatsache, dass sie den Menschen instand setzt, die Natur zu bezwingen, aber auch andere Menschen zu beherrschen, zu schädigen, zu vernichten. Das heißt also, gegen andere zu richten, auch gegen die Schöpfung und ihre Wunder.

Es gilt also zu überlegen, ob die Unvollkommenheit des Menschen in seiner Ausrüstung oder im geistigen Bereich liegt, wo er sich nicht der Tatsache bewusst ist, dass Macht nicht nur helfen, sondern auch schaden kann. Hier sei daran erinnert, dass sich in unserer Umwelt immer mehr schädliche Einflüsse finden, die wir nicht beherrschen, wohl aber zu verantworten haben.

Ursachen der Abwehrschwäche. Es ist faszinierend zu erkennen, wie der menschliche Organismus in 600 Millionenen Jahren nicht nur gelernt hat, mit der Natur umzugehen, sondern auch auf

molekularbiologischer Ebene konditioniert wurde. Er vermochte seine Identität gegenüber allen anderen individuellen Daseinsformen zu wahren und in sich Regulationstechniken zu entwickeln, deren Variationsbreite alle potenziellen feundlichen Angriffe auf die eigene Integrität umfassen. Hundert und mehr Trillionen spezieller Moleküle, unsere Antikörper, werden von den menschlichen Lymphozyten produziert. Sie verfügen über ein deutungsfähiges Feindgedächtnis, in deren Erinnerung alle potenziellen Begegnungen mit Nicht-Selbstorganisationen lückenlos aufbewahrt werden. Mit diesem schier unerschöpflichen, archaischen Reservoir an gesammelter bewertungsfähiger Erfahrung ausgestattet, bleibt trotzdem die Möglichkeit für die Aufnahme neuer Informationen, die aus der Vielgestaltigkeit im Strukturwandel unseres ganzen planetarischen Umfeldes dem Individuum präsentiert werden. Kann das lebendige System ein neues Erfahrungsgewand in sich aufnehmen, steht es offen für den Kommunikationstransfer zusätzlicher Information, wird es eine neue Bewusstseinsdimension annehmen, eine differenzierte Reagibilität und Responsibilität entwickeln und neuen Erfordernissen genügen können.
Anderenfalls wird es der Degeneration anheimfallen und keine weitere Evolutionsstufen erreichen können.
Damit berühren wir das Thema »Immunschwäche«. Dieser Begriff ist heute zu dem Schlagwort geworden, das nicht nur von Immunologen gebraucht wird. Dabei sind Abwehrvorgänge und deren Störungen so alt wie das Lebendige und mit jeder Dysregulation unabdingbar verknüpft. Der erkenntnistheoretische Ursprung der Immunologie liegt im ideellen Wahrheitsbegriff der Antike begründet, wonach Gleiches durch Gleiches erkannt werde.
Immunität als Freiheit von Leistungen, teilweise auch von Verantwortung bedeutet bis zur kausalanalytischen Wende in der Medizin am Ende des 19. Jahrhunderts, in einer Norm, in einer selbstbestimmten Ordnung zu bleiben. Damit war medizinische Gesunderhaltung gemeint. Nicht Krankheitsbekämpfung.
Das Immunsystem ist sozusagen Schauplatz einer ständigen Abwehrschlacht von Tausenden von Feinden seit Tausenden von Jahren. Seit die Medizin zunehmend versucht, der zunehmenden Morbidität und der erschreckenden Therapieresistenz Herr zu werden, wurde die Immunforschung enorm intensiviert und durch Erfahrungen wie Aids und die steigenden Zahlen der Krebsstatistik vorangetrieben. Der Zuwachs an diesbezüglichen Detailkenntnissen ist seit meiner Universitätszeit enorm gestiegen.
Jede evolutionäre Entwicklung ist bestimmt durch die **freie Wahl**, die jedem Teilchen, auch der Summe von Teilchen eines organischen Ganzen überlassen bleibt. Unter den gesetzmäßigen Rahmenbedingungen der kosmischen Anordnungen und des angesammelten deutungs- und bewertungsfähigen Gedächtnisses, eingeschlossen der archaischen Erinnerung, die im Rahmen unseres Werdeprozesses der kosmischen Ordnung lange vor der Existenz individueller Lebensformen entstanden ist, kann frei unter den anstehenden Möglichkeiten gewählt werden. Der komplexen Relativitätstheorie ist diese Eigenschaft jedes »Teilchenbewusstseins« auf der Ebene der Psychomaterie beweisbar geworden. Ziel dieses ungeheuer aufwendigen Entwicklungsplanes ist, dass jedes individuelle Teilchen am Ende Anteil hat am Bewusstsein aller Teile:
Die Identität repräsentiert nicht nur Bewusstsein des eigenen Ichs, sondern auch das **Allbewusste**.
Übertragen wir diese Betrachtung auf die immunologische Matrize unseres Organismus, so verstehen wir die Vielgestaltigkeit und die vielgestaltigen Vorkehrungen, die im Laufe der Evolution entwickelt wurden, um einen ungestörten Fortschritt zu erhalten. Wir wissen, dass unser Organismus mit einer unvorstellbaren Geschwindigkeit innerhalb von drei Minuten etwa eine Billiarde Antikörpermoleküle bilden kann. Alle sind voneinander verschieden, alle erkennen mit untrüglicher Sicherheit ihren Feind, gegen den sie kämpfen sollen, um die Unversehrtheit der individuellen Ganzheit zu wahren, aber auch die Evolution weiter zu tragen.
Wie Hahnemann in seiner »Heilkunst der Erfahrung« bereits feststellte, können Krankheiten aufgrund vieler Faktoren entstehen. Selbst geschaffene Ursachen sind beispielsweise emittierende Cocktails der Industrie, falsche Ernährung, Rauschgift, Alkohol, stresshafte Umweltbelastung, Freizeitgestaltung, imbibierte Cocktails der Pharmaindustrie bei der heute üblichen Polypharmakotherapie, Antibiotika, Chemotherapie können eine chronisch veränderte Reaktionslage mit sich bringen. Obwohl sie in streng begrenzten Notfällen lebensrettend sind, sind sie nicht zur immerwährenden Anwendung geeignet.
Bei allen Auseinandersetzungen des Organismus mit der Umwelt oder auch der Innenwelt ist das

Erkennen des Fremden oder Neuartigen von der gleichzeitigen Rückversicherung der Identifikation des eigenen Ichs, des Selbst begleitet. Die **sichere Selbsterkennung** von seiten der Abwehrkompetenz-Strukturen hat eine Schlüsselposition bei allen regulativen Vorgängen des Immunsystems. Bei jeder Aktion wird die im genetischen Plan des Individuums kodierte Sinnhaftigkeit abgefragt.
Dieser Prozess, der bereits vor dem Computer-Zeitalter ablief, ist der Selbstentwicklung angemessen und förderlich.
Wir wissen aus der modernen Physik, die den reduktionistischen Scheuklappen – nur das Beobachtbare ist existent – inzwischen entwachsen ist, dass die Elektronenträger mentale Fähigkeiten haben. Diese Elementarteilchen pulsieren in einem Schwingungsmuster, das ihr einmaliges, typisches, augenblickliches Identitätsmuster unentwegt wiederholt. Selbsterkenntnis, Selbstfindung und Selbstkontrolle finden sich also im Hinblick auf Erfüllung der Evolution des Bewusstseins in jeder Ein- und Ausatmungsbewegung, ja in jeder kleinsten Bewegung des Herzens, des Blutkreislaufs und welchen Organes auch immer. Abwehrschwächen können verschiedene Grade der Modifikation aufweisen, in deren Folge bestimmte Krankheitsformen oder -phasen in Erscheinung treten. Alle Abwehrstörungen haben ihre Entsprechungen auf der feinstofflichen Ebene unserer Psyche. Es geht um Kränkungen, Hyperreagibilitäten, Abwehrschwächen aufgrund permanenter Reizüberflutung mit hemmungslosem Konsum, die die wirklichen Erfordernisse der Selbstentwicklung nicht mehr abfragt. Die Ursachen dieser Verdrängungsmechanismen werden dann in unterbewussten Sphären abgelagert, wo sie als Ballast den freien Informationsfluss psychischer Energie behindern.
Im Blick auf die heute übliche Form der Freizeitgestaltung stellt sich in diesem Zusammenhang die Frage, woher neue Energie für das Immunsystem, für seine ständige, richtige und ganz wichtige Abwehr kommen kann, zumal Stress, übermäßige Belastung, auch sportlicher Art, und Hetze das Immunsystem hemmen. Hier ist auch der selbstdestruktive psychische Prozess anzuführen, der schließlich zu einer psychischen Abwehrstarre führt. Es kommt zu Antriebslosigkeit, Depression, auf stofflicher Ebene vielleicht auch zum Karzinom.
Wenn wir die dauernden Informationen von außen nicht mehr richtig beantworten können, wenn wir bereits zerstörerische destruktive Auswirkungen am eigenen Körper sehen, müssen wir uns darüber Gedanken machen. Abwehrschwäche bedeutet auf allen Daseinsebenen eine unzureichende Selbstorganisation und Anfechtbarkeit, weil die innere harmonische Rhythmik, die informative Kommunikation mit dem kosmischen Umfeld zugunsten selbstherrlichen Autonomieverhaltens aufgegeben wurde. Wir machen den biologischen Menschen zum Mittelpunkt des Universums, ein geradezu lächerliches Unterfangen, wenn wir die Dimension von Raum-Zeit im Rahmen der Evolution betrachten. Wir rühmen uns selbst als die Krone der Schöpfung und machen aus Gott einen Geist nach dem Bilde des Menschen und nicht umgekehrt.

Immunologie und Homöopathie

Eine Verbindung der beiden Bereiche Immunologie und Homöopathie stellt den Betrachter vor schwierige Fragen: Erstens ist die Homöopathie eine Therapie, keine prophylaktische Medizin, wenngleich wir unter gewissen Voraussetzungen auch prophylaktisch vorgehen können. Man denke beispielsweise an die Gabe von Arnika vor Operationen. Grundsätzlich erscheint mir ein prophylaktischer Eingriff der Homöopathie in das Immunsystem faszinierend, aber utopisch. Eine Möglichkeit besteht darin, dass jeder Mensch aufgrund seiner eigenen Identität in einer Abwehrsituation selbst das Konstitutionsmittel darstellt.
Wir alle kennen diese Erfahrungen bei der Behandlung von Allergien. Haben wir das Konstitutionsmittel gefunden und am Anfang vielleicht noch eine organbezogene Behandlung durchgeführt, so können wir einen positiven Einfluss ausüben. Die **Identität** eines Menschen und seine **Individualität** bestimmen auch sein Immunsystem, seine Grundsubstanz. Jede einzelne Zelle wird durch das richtige Konstitutionsmittel in ihrer Identität gestärkt und dadurch immunfördernd wirken können.
Dies ist auch im Hinblick auf chronisch-rezidivierende Entzündungen und viele Schädigungen durch Umweltnoxen zu bedenken.
In der Homöopathie finden sich verschiedene Präparate, die im phytotherapeutischen Bereich eingesetzt werden können und von Heribert Wagner in München getestet worden sind. Zu nennen sind beispielsweise Allium cepa, Allium sativum oder Melisse. Wir haben somit die Mög-

lichkeit, auf mikrotoxischer oder naturwissenschaftlicher Basis einzugreifen.
Nach dem Studium der Arbeiten von Wagner habe ich tatsächlich die Erfahrung gemacht, dass Echinacea **D4** und Phytolacca **D4** als Prophylaktika bei rezidivierenden Erkältungen weitaus wirksamer sind als Echinacin-Tinktur oder ein anderes Echinacin-Medikament. Auch Tee ist nicht sehr zu empfehlen.
Die Homöopathie kann praktisch nur in ein großes Denkkonzept eingebaut werden, in dem die somatischen Reaktionen keine Rolle spielen.
Zusammenfassend ist also festzuhalten, dass die Immunschwäche homöopathisch nicht gezielt behandelt weden kann, da der Mensch nicht in einzelne Organe und deren Funktionen zu unterteilen ist. Konstitutionsmittel sind jedoch wichtig und werden einen Erfolg haben.
Wichtig bleibt im Endeffekt die oben erwähnte, im psychischen Bereich liegende Kraft einer Erneuerung aller Abwehrkräfte, die darin mündet, dass wir wieder Vernunft annehmen und uns nicht zu Tode hetzen, sondern dem Immunsystem immer wieder **Zeit zur Erholung** lassen.
Die Erfahrung zeigt, dass wir wieder lernen müssen, wie man ruhig wird, sich entspannt, sich sammelt und aufmerksam wird auf wesentliche Gedanken weiser Menschen.
Wir sollen versuchen, die **Realitäten des eigentlichen Lebens** deutlich und in vollständigem Zusammenhang zu sehen und uns nicht von Scheinnotwendigkeiten imponieren zu lassen.
Sinnvoll wäre auch, verstärkt transzendental zu denken. Dies kann damit beginnen, den Sonntag als Tag der Ruhe zu gestalten, nicht als Tag der Vergnügungsindustrie, der so genannten Freizeitgestaltung. Die Ruhe des siebten Tages macht deutlich, dass Menschenwerk seinen Sinn nur dann hat, wenn es in das Werk Gottes eingeordnet ist.
Das Immunsystem ist in der Lage, mit allem, was von außen aus der Natur auf uns zukommt, fertig zu werden und uns neue Informationen zu geben. Diese sind jedoch gestört, wenn unser Rhythmus gestört ist. Der gestörte Rhythmus lässt das Immunsystem in seiner Schwäche nicht wieder stark werden, wenn wir nicht unsere mentalen Fähigkeiten dafür einsetzen und auch einmal Zeit gewinnen, um uns einzuordnen in den Rhythmus des Kosmos, in der Schöpfung, um dort Geborgenheit und so Gesundheit zu finden.
Wir müssen lernen, dass bei vernünftiger Einsicht wieder Respekt vor den Gegebenheiten zu erreichen ist, die zu lange als selbstverständlich hingenommen und damit vernachlässigt wurden. Wir brauchen wieder eine Zeit der Ruhe, der Besinnung, Zeit für die Rückgewinnung von **Demut** und **Bescheidenheit**, Zeit und Möglichkeit auch für Informationsresponsibilität homöopathischer Arzneimittel. Dann wird die Schwäche der Immunität kleiner, die Abwehr in uns kann wieder wachsen. Nach Demostenes Savramis sollten wir die »Ataraxia taes psychaes« wiederfinden, die **»Windstille der Seele«**, um gesund zu werden, die Schönheit der Schöpfung wieder zu erleben, zu bewundern und staunen zu lernen.

Literatur

Allen, H. C.: Leitsymptome wichtiger Arzneimittel der homöopathischen Materia medica. Burgdorf, Göttingen 1982

Babor, Th.: Alcohol: Customs and Rituals. Burke, London

Bakody, A. V.: Hahnemann redidivus. Schwabe, Leipzig 1893

Bechelt, H.: Homöopathische Konstitutions-Typen in Wort und Bild. Haug, Ulm 1956

Benesch: Apokalypse. Urachhaus, 1981

Borchardt, L.: Klinische Konstitutionslehre, 2. Aufl., Urban & Schwarzenberg, Berlin 1930

Borland, D. M.: Kindertypen. Haug, Heidelberg 2000

Bosi, R.: Von der Kunst des Destillierens. Droemer-Knaur, München 1995

Brunner, H.: Die Botschaft der Natursubstanzen und ihr Ausdruck in der homöopathischen Arznei – Von der Kunde zur Kunst. In: Appell, R. G. (Hrsg.): Homöopathie zwischen Heilkunde und Heilkunst. Haug, Heidelberg 1997

Charette, G.: Homöopathische Arzneimittellehre für die Praxis. 7. Aufl., Hippokrates, Stuttgart 1997

Coulter, R.: Portraits homöopathischer Arzneimittel. 5. Aufl., Haug, Heidelberg 1997

Debon, G.: Das Heidelberger Jahr des Freiherrn Joseph von Eichendorff. Guderjahn, Heidelberg 1996

Donner, F.: Zwölf Vorlesungen über Homöopathie. Haug, Berlin 1948

Dorcsi, M.: Lernbuchreihe Homöopathie. Bd. 3: Konstitution. 5. Aufl., Haug, Heidelberg 1991

Dorcsi, M.: Lernbuchreihe Homöopathie. Bd. 1: Einführung die die Praxis. 7. Aufl., Haug, Heidelberg 1992

Eichelberger, O.: Hahnemann und der Konstitutionsbegriff. KH 1 (1971) 15–30

Eichelberger, O.: Miasma, Diathese und Konstitution. Documenta homöopathica. Bd. 7. Haug, Heidelberg 1986

Eichelberger, O.: Kent-Praktikum. Haug, Heidelberg 1984

Farrington, E. A.: Klinische Arzneimittellehre. Schwabe, Leipzig 1931

Focke, A.: Für und wider die Zeit. Herold, Wien 1971

Friedrich, E. und P.: Charaktere homöopathischer Arzneimittel. Traupe, Hohenkirchen 1991

Gabanyi, D.: Entschieden das Leben annehmen. Eigenverlag, Augsburg 1997

Gadamer, H.-G., Vogler, P. (Hrsg.): Neue Antropologie. Bd. 1–7. Thieme, Stuttgart, dtv, München 1972–1975

Gawlik, W.: Götter, Zauber und Arznei. Barthel u. Barthel, Schäftlarn 1994

Gawlik, W.: Homöopathie und konventionelle Therapie. Hippokrates, 3. Aufl., Stuttgart 1997

Gessner, O., Orzechoswski, G.: Gift- und Arzneipflanzen von Mitteleuropa. Winter, Heidelberg 1974

Gienger, M.: Lexikon der Heilsteine. Neue Erde, Saarbrücken 2000

Gladwin, F. E.: Die Materia-Medica-Familie. 3. Aufl., Haug, Heidelberg 1994

Grauvogl, E. v.: Lehrbuch der Homöopathie. Korn, Nürnberg 1866

Griesselich, L.: Handbuch zur Kenntnis der homöopathischen oder specifischen Heilkunst. Malsch und Vogel, Karlsruhe 1848

Gutman, W.: Grundlage der Homöopathie und das Wesen der Arznei. Haug, Heidelberg 1979

Haehl, R.: Samuel Hahnemann: Sein Leben und Schaffen. Bd. 1 u. 2. Schwab, Leipzig 1922

Hahnemann, S.: Organon der Heilkunst. 3. Aufl. (Nachdruck der 6. Auflage). Hippokrates, Stuttgart 1982

Hahnemann, S.: Reine Arzneimittellehre. 2. Aufl. Bd. 2. Arnold, Dresden 1824

Hahnemann, S.: Die chronischen Krankheiten, ihre eigentümliche Natur und homöopathische Heilung, T. 1. Unv. Nachdruck d. Ausg. letzter Hand (2. Aufl. 1835–1839). Haug, Heidelberg 1956

Imhäuser, H.: Homöopathie in der Kinderheilkunde. 12. Aufl., Haug, Heidelberg 2000

Jung, C. G.: Psychologische Typen. Ges. Werke, Bd. 6. Rascher, Zürich 1960

Kalbermatten, R.: Wesen und Signatur der Heilpflanzen. AT Verlag, Aarau 2002

v. Keller, G.: Conium. Haug, Heidelberg 1983

v. Keller, G.: Cimicifuga. Haug, Heidelberg 1975

v. Keller, G.: Ignatia. Haug, Heidelberg 1985

v. Keller, G.: Lilium. Haug, Heidelberg 1973

v. Keller, G.: Staphisagria. Haug, Heidelberg 1978

Kent, J.: Kents Arzneimittelbilder. 9. Aufl., Haug, Heidelberg 1996

Köhler, G.: Lehrbuch der Homöopathie. Bd. 1, 6. Aufl., Hippokrates, Stuttgart 1994

Köhler, G.: Lehrbuch der Homöopathie. Bd. 2, 4. Aufl., Hippokrates, Stuttgart 1998

Kretschmer, E.: Körperbau und Charakter. 9. Aufl., Springer, Berlin 1931

Kretschmer, W.: Konstitution und Rasse. In: Neue Anthropologie, Bd. 2: Biologische Anthropologie, hrsg. von Gadamer, H.-G., Vogler, P. Thieme, Stuttgart, dtv, München 1972

Leary, Timothy: Politik der Ekstase. Linden 1982
Leeser, O.: Lehrbuch der Homöopathie. Bd. A, Bd. B I + II, Bd. C. Haug, Ulm 1961
Mezger, J.: Gesichtete Homöopathische Arzneimittellehre. 11. Aufl. Haug, Heidelberg 1995
Moeschlin, S.: Therapie-Fibel der inneren Medizin für Kinik und Praxis. 5. Aufl. Thieme, Stuttgart 1976
Money, J.: Gay, straight and in-between. The sexology of erotic orientation. Oxford University Press, New York 1988
Money, J.: Homosexuell, bisexuell, heterosexuell. Z. Sexualforsch. 1 (1988) 123–131
Mössinger, P.: Konstitutionsbegriff in der Homöopathie. AHZ 4 (1970)
Nash, E. B.: Leitsysteme in der Homöopathischen Therapie. 19. Aufl., Haug, Heidelberg 1996
Ortloff, H.: Homöopathie und Konstitution. AHZ 7–8 (1959), 393–461
Pico della Mirandola, G.: Über die Würde des Menschen. Aus dem Italienischen von Werner Russel. Manon, Zürich
Quilisch, W.: Homöopathie als Therapie der Person. Haug, Ulm 1957
Rätsch, Ch.: Enzyklopädie der psychoaktiven Pflanzen. WVG, Stuttgart 1998
Ritter, H., Wünstel, G.: Homöopathische Propädeutik. 2. Aufl., Hippokrates, Stuttgart 1988
Saller, K.: Homöopathische Konstitutionstherapie. Haug, Saulgau 1946
Schuster, B.: Cola – ein homöopathische Arzneimittelprüfung der Cola-Nuß. Verlag für Homöopathie, Weilburg
Selawry, A.: Metall-Funktionstypen in Psychologie und Medizin. 2. Aufl., Haug, Heidelberg 1991
Schoeler, H.: Reaktionslage und Homöopathie. AHZ 7 (1957) 305–316
Spode, H.: Die Macht der Trunkenheit. 2. Aufl., Leske u. Budrich, Opladen 1998
Stauffer, K.: Symptomenverzeichnis nebst vergleichenden Zusätzen zur Homöopathischen Arzneimittellehre. 11. Aufl., Regensburg 1997
Stauffer, K.: Klinische homöopathische Arzneimittellehre. 12. Aufl., Sonntag, Regensburg 1995
Steiner, R., Selawry, A.: Metallfunktionstypen in Psychologie und Medizin. Haug, Heidelberg 1985
Stiegele, A.: Homöopathische Arzneimittellehre. 2. Aufl., Hippokrates, Stuttgart 1985
Tischner, R.: Geschichte der Homöopathie. Schwabe, Leipzig 1932–1939
Vermeulen, F.: Kindertypen in der Homöopathie. 4. Aufl., Sonntag, Stuttgart 1997
Vetter, A.: Personale Anthropologie. Freiburg 1966
Vithoulkas, G.: Die wissenschaftliche Homöopathie. Burgdorf, Göttingen 1986
Vogel, F.: Vererbung von Arzneimittelempfindlichkeit. Bericht der 64. Tg. Ges. innere Medizin, Wiesbaden. Med. Klinik 20 (1958) 832
Voisin, H.: Materia medica des homöopathischen Praktikers. 3. Aufl., Haug, Heidelberg 1991
Wiesenauer, M., Elies, M.: Praxis der Homöopathie. 2. Aufl., Hippokrates, Stuttgart 1995
Wirth, W., Gloxhuber, Ch.: Toxikologie. 4. Aufl., Thieme, Stuttgart 1985
Wünstel, G., Gawlik, W., Stübler, M.: Aktuelle Anwendungsmöglichkeiten der Homöpathie in der ärztlichen Praxis. WEKA-Verlag 1985
Zimmermann, W.: Homöpathische Arzneitherapie. 5. Aufl., Sonntag, Regensburg 1990

Quellennachweis

Autor und Verlag danken dem Suhrkamp Verlag für die Genehmigung zur Veröffentlichung folgender Gedichte:

Bachmann, I.: Schallmauer. In: Letzte unveröffentliche Gedichte. Frankfurt 1998
Brodsky, J.: An Urania. In: Haltestelle in der Wüste. Frankfurt 1997

Weitere in die 3. Auflage aufgenommene Gedichte finden sich in den in folgenden zitierten Ausgaben:

Beckett, S.: Ich bin der Sandstreifen ... In: Werkausgaben, Suhrkamp, Frankfurt 1976
Celan, P.: Todesfuge. In: H. Piontek (Hrsg.): Lieb, Leid und Zeit und Ewigkeit. Knaus, Hamburg 1981
Jünger, F. G.: Der Fliegenpilz. In: Chr. Rätsch (Hrsg.): Enzyklopädie der psychoaktiven Stoffe. WVG, Stuttgart 1998